# 文化遗产监测国际文献选编

本书编译组　编译

上海大学出版社

图书在版编目(CIP)数据

文化遗产监测国际文献选编 /《文化遗产监测国际文献选编》编译组编译. —上海：上海大学出版社，2020.9
ISBN 978-7-5671-3935-0

Ⅰ. ①文… Ⅱ. ①文… Ⅲ. ①文化遗产—保护—法律—汇编—世界 Ⅳ. ①D912.109

中国版本图书馆CIP数据核字(2020)第162123号

本书的编译出版，得益于国家文物局的项目资助和中国文物报社的指导，谨致谢忱！

责任编辑　陈　强　王悦生
封面设计　柯国富
技术编辑　金　鑫　钱宇坤

## 文化遗产监测国际文献选编

本书编译组　编译

上海大学出版社出版发行
(上海市上大路99号　邮政编码200444)
(http://www.shupress.cn) 发行热线 021-66135112
出版人　戴骏豪

\*

南京展望文化发展有限公司排版
江阴市机关印刷服务有限公司印刷　各地新华书店经销
开本 787mm×1092mm　1/16　印张 45　字数 985 千
2020年9月第1版　2020年9月第1次印刷
ISBN 978-7-5671-3935-0/D·226　定价 280.00元

版权所有　侵权必究
如发现本书有印装质量问题请与印刷厂质量科联系
联系电话：0510-86688678

# 目 录

## 第一部分 国际公约

保护世界文化和自然遗产公约 … 3
实施《世界遗产公约》操作指南(摘录) … 12
《世界文化遗产管理》(摘录) … 15
保护欧洲建筑遗产公约 … 27
欧洲景观公约 … 33
保护水下文化遗产公约 … 39
欧洲保护视听遗产公约 … 52
联合国教科文组织《保护非物质文化遗产公约》 … 58

## 第二部分 国际规范性文件(宪章、宣言、共识、声明等)

基多准则关于"保护与利用具有艺术与历史价值的古迹遗址"之最终报告 … 71
关于当代建筑融入古代建筑群的研讨会之决议 … 80
阿姆斯特丹宣言 … 81
建筑遗产欧洲宪章 … 86
非洲文化宪章 … 89
关于小聚落再生的特拉斯卡拉宣言 … 97
关于"重建被战争摧毁的古迹"的德累斯顿宣言 … 100
罗马宣言 … 102
考古遗产保护与管理宪章 … 104
魁北克城市宣言 … 108
关于保护古迹、建筑群、历史场所的教育和培训指南 … 110
关于美洲国家文化遗产保护真实性的圣安东尼奥宣言 … 114
古迹、古建筑及古遗址记录原则 … 123

非洲宪法有关文化和遗产保护部分的节选 127
《世界人权宣言》五十周年宣言(斯德哥尔摩宣言) 139
帕维亚宣言 140
关于乡土建筑遗产的宪章 142
木结构遗产保护准则 145
国际工业遗产保护联合会《关于工业遗产的下塔吉尔宪章》 148
联合国教科文组织关于蓄意破坏文化遗产问题的宣言 152
国际文物保护与修复研究中心章程 156
国际古迹遗址理事会世界遗产授权实施政策 162
国际古迹遗址理事会文化线路宪章 165
关于地方精神保存的魁北克宣言 173
文化遗产灾难风险管理利马宣言 176
关于遗产作为发展驱动力的巴黎宣言 181
工业遗产遗址、建筑物、区域和景观的保护准则(《都柏林准则》) 187
关于作为人类价值的遗产与景观的佛罗伦萨宣言(促进和平与民主社会的文化遗产和景观价值的原则与建议宣言) 191
国际古迹遗址理事会与国际景观设计师联合会关于乡村景观遗产的准则 197
有关城市历史公共公园的文件 203
公共考古遗址管理的塞拉莱指南 208

# 第三部分 国别文件

古迹和考古遗址及遗存法(1958年,印度) 219
关于组织保护具有历史或艺术特色的古迹、文物和遗址(喀麦隆) 237
关于设立国家博物馆和美术馆之规定的法案(博茨瓦纳) 242
关于历史和自然遗址遗迹的发掘与保护条例(阿尔及利亚) 245
1968年2月19日颁布68/45号法令确立1965年8月12日颁布的32/65号法案中第五条"国家可建立博物馆"的实施细则(刚果) 264
关于出口具有历史、艺术和考古学国家利益的物品的决定(阿尔及尔亚) 267
古迹与文物法(1970年第15号法案)(博茨瓦纳) 269
文物与艺术珍品条例(印度) 276
1976年9月3日第80/76号法令(安哥拉) 290
关于考古研究授权的决定(阿尔及利亚) 294
关于修订1967年12月《发掘和保护自然历史遗迹遗址的条例》(067-281号)(阿尔及利亚) 297
魁北克遗产保护宪章(德尚博宣言)(加拿大) 299

埃及文化部最高文物委员会文物保护法 304
保护和提升建筑环境阿普尔顿宪章(加拿大) 316
关于保护国家文化遗产的法令(布隆迪) 319
关于确定国家博物馆的标准及地位的决定(阿尔及利亚) 324
关于建立国家美术博物馆的决定(阿尔及利亚) 327
关于文化遗产保护的85-04/CNR/PRES法令(布基纳法索) 328
关于布基纳法索出口艺术品的条例(布基纳法索) 333
关于建立国家考古和历史遗址遗迹保护办事处的决定(阿尔及利亚) 335
1987年7月28日第87-806号法案《文化遗产保护法》(科特迪瓦) 339
国际古迹遗址理事会——巴西首届历史遗址保护与复兴研讨会决议 345
关于保护国家文化遗产的法案(第94-022/AF号)(科摩罗) 347
关于划定大巴萨姆建筑遗产保护范围的决定(科特迪瓦) 351
国家文物资源法1999年第25号法令(南非) 354
保护文化财产的第35/PR/MENJS号法令(贝宁) 396
印度尼西亚遗产保护宪章 402
埃及政府《关于未受影响建筑物拆除和建筑遗产建设保护的法律》 405
为保护文化遗迹特制定的国际古迹遗址理事会新西兰宪章 409
国家古迹、考古遗址与遗存保护政策(印度) 419

# 第四部分　监测世界文化遗产论文汇编

目录 437
序言 439
致谢 440
引言 441
**第一部分　咨询机构及世界遗产委员会** 443
监测世界遗产：世界遗产委员会代表的观点 444
咨询机构评世界文化遗产监测发展现状 452
监测世界遗产保护状况：操作实务(ICOMOS—咨询机构) 460
世界保护区委员会管理成效评估框架：监测和评估保护区管理工作的基础 464
**第二部分　世界遗产监测和定期报告之实践** 475
《世界遗产公约》背景下的监测与报告及其在拉丁美洲和加勒比地区的应用 476
改进世界遗产保护的监测 487
非洲定期报告进程的经验教训 492
**第三部分　监测系统的监测框架设计方案** 499
以明确目标监测世界遗产区遗址的重要性 500

监测历史中心的演变：基于摩洛哥非斯(Fes)的案例分析 …………………… 508
世界自然遗产管理成效评估 …………………………………………………… 517
世界遗产监测 …………………………………………………………………… 525

**第四部分　监测实践**
文化背景、监测和管理成效(监测的作用及其在国家层面的应用) ………… 534
以世界遗产管理者的视角看世界自然遗产地的监测和报告 ………………… 542
安第斯文化遗址的监测 ………………………………………………………… 554
监测与报告桑盖国家公园(厄瓜多尔)的管理成效 …………………………… 559

**第五部分　监测技术与工具**
计算机化的遗产信息系统和变化复杂性的监测 ……………………………… 568
利用卫星图像和地理信息系统监测世界遗产 ………………………………… 574
监测遗产属性，监测环境中的遗产价值 ……………………………………… 583
参与式监测历史文物的保护 …………………………………………………… 590

**结论**
维琴察世界遗产监测研讨会最后讨论概要 …………………………………… 600

# 第五部分　加强世界遗产反应性监测过程的有效性总结报告

目录 ……………………………………………………………………………… 609
缩写词 …………………………………………………………………………… 611
致谢 ……………………………………………………………………………… 613
报告 ……………………………………………………………………………… 614

**后记** …………………………………………………………………………… 711

文化遗产监测
国际文献选编

第一部分
# 国际公约

# 保护世界文化和自然遗产公约

(联合国教科文组织大会第十七届会议于 1972 年 11 月 16 日在巴黎通过)
Convention Concerning the Protection of the World Cultural and Natural Heritage

联合国教科文组织大会于 1972 年 10 月 17 日至 11 月 21 日在巴黎举行的第十七届会议:

注意到文化遗产和自然遗产越来越受到破坏的威胁,一方面因年久腐变所致,同时变化中的社会和经济条件使情况恶化,造成更加难以对付的损害或破坏现象;考虑到任何文化或自然遗产的坏变或丢失都有使全世界遗产枯竭的有害影响;

考虑到国家一级保护这类遗产的工作往往不很完善,原因在于这项工作需要大量手段,而列为保护对象的财产的所在国却不具备充足的经济、科学和技术力量;

回顾本组织《组织法》规定,本组织将通过保存和维护世界遗产和建议有关国家订立必要的国际公约来维护、增进和传播知识;

考虑到现有关于文化和自然财产的国际公约,建议和决议表明,保护不论属于哪国人民的这类罕见且无法替代的财产,对全世界人民都很重要;

考虑到部分文化或自然遗产具有突出的重要性,因而需作为全人类世界遗产的一部分加以保护;

考虑到鉴于威胁这类遗产的新危险的规模和严重性,整个国际社会有责任通过提供集体性援助来参与保护具有突出的普遍价值的文化和自然遗产,这种援助尽管不能代替有关国家采取的行动,但将成为它的有效补充;

考虑到为此有必要通过采用公约形式的新规定,以便为集体保护具有突出的普遍价值的文化和自然遗产建立一个根据现代科学方法制定的永久性的有效制度,在大会第十六届会议上,曾决定应就此问题制订一项国际公约。

于 1972 年 11 月 16 日通过本公约。

## I 文化和自然遗产的定义

**第一条** 在本公约中,以下各项为"文化遗产":

**古迹**：从历史、艺术或科学角度看具有突出的普遍价值的建筑物、碑雕和碑画，具有考古性质的成分或构造物、铭文、窟洞以及景观的联合体；

**建筑群**：从历史、艺术或科学角度看，在建筑式样、分布均匀或与环境景色结合方面具有突出的普遍价值的单立或连接的建筑群；

**遗址**：从历史、审美、人种学或人类学角度看具有突出的普遍价值的人类工程或自然与人的联合工程以及包括考古地址的区域。

**第二条** 在本公约中，以下各项为"自然遗产"：

从审美或科学角度看具有突出的普遍价值的由物质和生物结构或这类结构群组成的自然面貌；

从科学或保护角度看具有突出的普遍价值的地质和自然地理结构以及明确划为受威胁的动物和植物生境区；

从科学、保护或自然美角度看具有突出的普遍价值的天然名胜或明确划分的自然区域。

**第三条** 本公约缔约国均可自行确定和划分上面第一条和第二条中提及的、本国领土内的文化和自然财产。

## Ⅱ 文化和自然遗产的国家保护和国际保护

**第四条** 本公约缔约国均承认，保证第一条和第二条中提及的、本国领土内的文化和自然遗产的确定、保护、保存、展出和遗传后代，主要是有关国家的责任。该国将为此目的竭尽全力，最大限度地利用本国资源，必要时利用所能获得的国际援助和合作，特别是财政、艺术、科学及技术方面的援助和合作。

**第五条** 为确保本公约各缔约国为保护、保存和展出本国领土内的文化和自然遗产采取积极有效的措施，本公约各缔约国应视本国具体情况尽力做到以下几点：

1. 通过一项旨在使文化和自然遗产在社会生活中起一定作用并把遗产保护工作纳入全面规划纲要的总政策；

2. 如本国内尚未建立负责文化和自然遗产的保护、保存和展出的机构，则建立一个或几个此类机构，配备适当的工作人员和为履行其职能所需的手段；

3. 发展科学和技术研究，并制订出能够抵抗威胁本国文化或自然遗产的危险的实际方法；

4. 采取为确定、保护、保存、展出和恢复这类遗产所需的适当的法律、科学、技术、行政和财政措施；

5. 促进建立或发展有关保护、保存和展出文化和自然遗产的国家或地区培训中心，并鼓励这方面的科学研究。

**第六条**

1. 本公约缔约国，在充分尊重第一条和第二条中提及的文化和自然遗产的所在国的主权,并不使国家立法规定的财产权受到损害的同时,承认这类遗产是世界遗产的一部分,因此,整个国际社会有责任合作予以保护。

2. 本公约缔约国同意根据本公约的规定,应有关国家的要求,帮助该国确定、保护、保存和展出第十一条第(二)和第(四)款中提及的文化和自然遗产。

3. 本公约各缔约国不得故意采取任何可能直接或间接损害本公约其他缔约国领土内的、第一条和第二条中提及的文化和自然遗产的措施。

第七条　在本公约中,世界文化和自然遗产的国际保护应被理解为建立一个旨在支持本公约缔约国保存和确定这类遗产的努力的国际合作和援助系统。

## Ⅲ　保护世界文化和自然遗产政府间委员会

**第八条**

1. 在联合国教科文组织内,现建立一个保护具有突出的普遍价值的文化和自然遗产政府间委员会,称为"世界遗产委员会"。委员会由联合国教科文组织大会常会期间召集的本公约缔约国大会选出的 15 个缔约国组成。委员会成员国的数目将在至少 40 个缔约国实施本公约之后的大会常会之日起增至 21 个。

2. 委员会委员的选举须保证均衡地代表世界的不同地区和不同文化。

3. 国际文物保护与修复研究中心(罗马中心)的一名代表、国际古迹遗址理事会的一名代表以及国际自然及自然资源保护联盟的一名代表可以咨询者身份出席委员会的会议。此外,应联合国教科文组织大会常会期间举行大会的本公约缔约国提出的要求,其他具有类似目标的政府间或非政府组织的代表亦可以咨询者身份出席委员会的会议。

**第九条**

1. 世界遗产委员会成员国的任期自当选之应届大会常会结束时起至应届大会后第三次常会闭幕时止。

2. 但是,第一次选举时指定的委员中,有三分之一的委员的任期应于当选之应届大会后第一次常会闭幕时截止;同时指定的委员中,另有三分之一的委员的任期应于当选之应届大会后第二次常会闭幕时截止。这些委员由联合国教科文组织大会主席在第一次选举后抽签决定。

3. 委员会成员国应选派在文化或自然遗产方面有资历的人员担任代表。

**第十条**

1. 世界遗产委员会应通过其议事规则。

2. 委员会可随时邀请公共或私立组织或个人参加其会议,以就具体问题进行磋商。

3. 委员会可设立它认为为履行其职能所需的咨询机构。

**第十一条**

1. 本公约各缔约国应尽力向世界遗产委员会递交一份关于本国领土内适于列入本条第 2 段所述《世界遗产目录》的、组成文化和自然遗产的财产的清单。这份清单不应当看作是齐全无遗的,它应包括有关财产的所在地及其意义的文献资料。

2. 根据缔约国按照第1段规定递交的清单,委员会应制订、更新和出版一份《世界遗产目录》,其中所列的均为本公约第一条和第二条确定的文化遗产和自然遗产的组成部分,也是委员会按照自己制订的标准认为是具有突出的普遍价值的财产。一份最新目录应至少每两年分发一次。

3. 把一项财产列入《世界遗产目录》需征得有关国家同意。当几个国家对某一领土的主权或管辖权均提出要求时,将该领土内的一项财产列入《目录》不得损害争端各方的权利。

4. 委员会应在必要时制订、更新和出版一份《处于危险的世界遗产目录》,其中所列财产均为载于《世界遗产目录》之中,需要采取重大行动加以保护并为根据本公约要求给予援助的财产。《处于危险的世界遗产目录》应载有这类行动的费用概算,并只可包括文化和自然遗产中受到下述严重的特殊危险威胁的财产,这些危险是:蜕变加剧、大规模公共或私人工程、城市或旅游业迅速发展计划造成的消失威胁;土地的使用变动或易主造成的破坏;未知原因造成的重大变化;随意摈弃;武装冲突的爆发或威胁;灾害和灾变;严重火灾、地震、山崩;火山爆发;水位变动;洪水和海啸等。委员会在紧急需要时可随时在《濒危世界遗产目录》中增列新的条目并立即予以发表。

5. 委员会应确定属于文化或自然遗产的财产可被列入本条第2和第4段中提及的目录所依据的标准。

6. 委员会在拒绝一项要求列入本条第2和第4段中提及的目录之一的申请之前,应与有关文化或自然财产所在缔约国磋商。

7. 委员会经与有关国家商定,应协调和鼓励为拟订本条第2和第4段中提及的目录所需进行的研究。

**第十二条** 未被列入第十一条第2和第4段提及的两个目录的属于文化或自然遗产的财产,绝非意味着在列入这些目录的目的之外的其他领域不具有突出的普遍价值。

**第十三条**

1. 世界遗产委员会应接收并研究本公约缔约国就已经列入或可能适于列入第十一条第2和第4段中提及的目录的本国领土内成为文化或自然遗产的财产要求国际援助而递交的申请。这种申请的目的可能是保证这类财产得到保护、保存、展出或恢复。

2. 当初步调查表明此项调查值得进行下去,本条第1段中提及的国际援助申请还可能涉及鉴定哪些财产属于第一和第二条所确定的文化或自然遗产。

3. 委员会应就对这些申请所需采取的行动作出决定,必要时应确定其援助的性质和程度,并授权以它的名义与有关政府作出必要的安排。

4. 委员会应制订其行动的优先顺序并在进行这项工作时应考虑到需予保护的财产对世界文化和自然遗产各具的重要性、对最能代表一种自然环境或世界各国人民的才华和历史的财产给予国际援助的必要性、所需开展工作的迫切性、拥有受到威胁的财产的国家现有的资源,特别是这些国家利用本国资源保护这类财产的能力大小。

5. 委员会应制订、更新和发表已给予国际援助的财产目录。

6. 委员会应就本公约第十五条下设立的基金的资金使用问题作出决定。委员会应设法增加这类资金,并为此目的采取一切有益的措施。

7. 委员会应与有着与本公约目标相似的目标的国际和国家级政府组织和非政府组织合作。委员会为实施其计划和项目,可约请这类组织,特别是国际文物保护与修复研究中心(罗马中心)、国际古迹遗址理事会和国际自然及自然资源保护联盟,并可约请公共和私立机构及个人。

8. 委员会的决定应经出席及参加表决的委员的三分之二多数通过。委员会委员的多数构成法定人数。

**第十四条**

1. 世界遗产委员会应由联合国教科文组织总干事任命组成的一个秘书处协助工作。

2. 联合国教科文组织总干事应尽可能充分利用国际文物保护与修复研究中心(罗马中心)、国际古迹遗址理事会和国际自然及自然资源保护联盟在各自职权范围内提供的服务,为委员会准备文件资料,制订委员会会议议程,并负责执行委员会的决定。

## Ⅳ 保护世界文化和自然遗产基金

**第十五条**

1. 现设立一项保护具有突出的普遍价值的世界文化和自然遗产基金,称为"世界遗产基金"。

2. 根据联合国教科文组织《财务条例》的规定,此项基金应构成一项信托基金。

3. 基金的资金来源应包括:

(1) 本公约缔约国义务捐款和自愿捐款;

(2) 下列方面可能提供的捐款、赠款或遗赠:

(i) 其他国家;

(ii) 联合国教科文组织、联合国系统的其他组织(特别是联合国开发计划署)或其他政府间组织;

(iii) 公共或私立机构或个人;

(3) 基金款项所得利息;

(4) 募捐的资金和为本基金组织的活动的所得收入;

(5) 世界遗产委员会拟订的基金条例所认可的所有其他资金。

4. 对基金的捐款和向委员会提供的其他形式的援助只能用于委员会限定的目的。委员会可接受仅用于某个计划或项目的捐款,但以委员会业已决定实施该计划或项目为条件。对基金的捐款不得带有政治条件。

**第十六条**

1. 在不影响任何自愿补充捐款的情况下,本公约缔约国每两年定期向世界遗产基金纳款,本公约缔约国大会应在联合国教科文组织大会届会期间开会确定适用于所有缔约国的一个统一的纳款额百分比。缔约国大会关于此问题的决定,需由未作本条第 2 段中所述声明的、出席及参加表决的缔约国的多数通过。本公约缔约国的义务纳款在任何情况下都不得超过对联合国教科文组织正常预算纳款的 1%。

2. 然而,本公约第三十一条或第三十二条中提及的国家均可在交存批准书、接受书或加入书时声明不受本条第 1 段规定的约束。

3. 已作本条第 2 段中所述声明的本公约缔约国可随时通过通知联合国教科文组织总干事收回所作声明。然而,收回声明之举在紧接的一届本公约缔约国大会之日以前不得影响该国的义务纳款。

4. 为使委员会得以有效地规划其活动,已作本条第 2 段中所述声明的本公约缔约国应至少每两年定期纳款,纳款不得少于它们如受本条第 1 段规定约束所须交纳的款额。

5. 凡拖延交付当年和前一日历年的义务纳款或自愿捐款的本公约缔约国不能当选为世界遗产委员会成员,但此项规定不适用于第一次选举。属于上述情况但已当选委员会成员的缔约国的任期应在本公约第八条第 1 段规定的选举之时截止。

第十七条 本公约缔约国应考虑或鼓励设立旨在为保护本公约第一和二条中所确定的文化和自然遗产募捐的国家、公共及私立基金会或协会。

第十八条 本公约缔约国应对在联合国教科文组织赞助下为世界遗产基金所组织的国际募款活动给予援助。它们应为第十五条第 3 段中提及的机构为此目的所进行的募款活动提供便利。

## V 国际援助的条件和安排

第十九条 凡本公约缔约国均可要求对本国领土内组成具有突出的普遍价值的文化或自然遗产之财产给予国际援助。它在递交申请时还应按照第二十一条规定提交所拥有的有助于委员会作出决定的文件资料。

第二十条 除第十三条第 2 段、第二十二条第 3 段和第二十三条所述情况外,本公约规定提供的国际援助仅限于世界遗产委员会业已决定或可能决定列入第十一条第 2 和第 4 段中所述目录的文化和自然遗产的财产。

第二十一条

1. 世界遗产委员会应制订对向它提交的国际援助申请的审议程序,并应确定申请应包括的内容,即打算开展的活动、必要的工程、工程的预计费用和紧急程度以及申请国的资源不能满足所有开支的原因所在。这类申请须尽可能附有专家报告。

2. 对因遭受灾难或自然灾害而提出的申请,由于可能需要开展紧急工作,委员会应立即给予优先审议,委员会应掌握一笔应急储备金。

3. 委员会在作出决定之前,应进行它认为必要的研究和磋商。

第二十二条 世界遗产委员会提供的援助可采取下述形式:

1. 研究在保护、保存、展出和恢复本公约第十一条第(二)和第(四)款所确定的文化和自然遗产方面所产生的艺术、科学和技术性问题；

2. 提供专家、技术人员和熟练工人，以保证正确地进行已批准的工作；

3. 在各级培训文化和自然遗产的鉴定、保护、保存、展出和恢复方面的工作人员和专家；

4. 提供有关国家不具备或无法获得的设备；

5. 提供可长期偿还的低息或无息贷款；

6. 在例外和特殊情况下提供无偿补助金。

**第二十三条** 世界遗产委员会还可向培训文化和自然遗产的鉴定、保护、保存、展出和恢复方面的各级工作人员和专家的国家或地区中心提供国际援助。

**第二十四条** 在提供大规模的国际援助之前，应先进行周密的科学、经济和技术研究。这些研究应考虑采用保护、保存、展出和恢复自然和文化遗产方面最先进的技术，并应与本公约的目标相一致。这些研究还应探讨合理利用有关国家现有资源的手段。

**第二十五条** 原则上，国际社会只担负必要工程的部分费用。除非本国资源不许可，受益于国际援助的国家承担的费用应构成用于各项计划或项目的资金的主要份额。

**第二十六条** 世界遗产委员会和受援国应在他们签订的协定中确定享有根据本公约规定提供的国际援助的计划或项目的实施条件。应由接受这类国际援助的国家负责按照协定制订的条件对如此卫护的财产继续加以保护、保存和展出。

## Ⅵ 教育计划

**第二十七条**

1. 本公约缔约国应通过一切适当手段，特别是教育和宣传计划，努力增强本国人民对本公约第一和第二条中确定的文化和自然遗产的赞赏和尊重。

2. 缔约国应使公众广泛了解对这类遗产造成威胁的危险和根据本公约所进行的活动。

**第二十八条** 接受根据本公约提供的国际援助的缔约国应采取适当措施，使人们了解接受援助的财产的重要性和国际援助所发挥的作用。

## Ⅶ 报告

**第二十九条**

1. 本公约缔约国在按照联合国教科文组织大会确定的日期和方式向该组织大会递交的报告中，应提供有关它们为实施本公约所通过的法律与行政规定和采取的其他行动的情况，并详述在这方面获得的经验。

2. 应提请世界遗产委员会注意这些报告。

3. 委员会应在联合国教科文组织大会的每届常会上递交一份关于其活动的报告。

## Ⅷ 最后条款

第三十条 本公约以阿拉伯文、英文、法文、俄文和西班牙文拟订,五种文本同一作准。

第三十一条
1. 本公约应由联合国教科文组织会员国根据各自的宪法程序予以批准或接受。
2. 批准书或接受书应交存联合国教科文组织总干事保存。

第三十二条
1. 所有非联合国教科文组织会员的国家,经该组织大会邀请均可加入本公约。
2. 向联合国教科文组织总干事交存一份加入书后,加入方才有效。

第三十三条 本公约须在第二十份批准书、接受书或加入书交存之日的三个月之后生效,但这仅涉及在该日或之前交存各自批准书、接受书或加入书的国家。就任何其他国家而言,本公约应在这些国家交存其批准书、接受书或加入书的三个月之后生效。

第三十四条 下述规定适用于拥有联邦制或非单一立宪制的本公约缔约国:
1. 关于在联邦或中央立法机构的法律管辖下实施的本公约规定,联邦或中央政府的义务应与非联邦国家的缔约国的义务相同;
2. 在无须按照联邦立宪制采取立法措施的联邦各个国家、地区、省或州法律管辖下实施的本公约规定,联邦政府应将这些规定连同其应予以通过的建议一并通告各个国家、地区、省或州的主管当局。

第三十五条
1. 本公约缔约国均可通告废除本公约。
2. 废约通告应以一份书面文件交存联合国教科文组织的总干事。
3. 公约的废除应在接到废约通告书一年后生效,废约在生效日之前不得影响退约国承担的财政义务。

第三十六条 联合国教科文组织总干事应将第三十一和第三十二条规定交存的所有批准书、接受书或加入书和第三十五条规定的废约等事项通告本组织会员国、第三十二条中提及的非本组织会员的国家以及联合国。

第三十七条
1. 本公约可由联合国教科文组织的大会修订。但任何修订只对将成为修订公约的缔约国具有约束力。
2. 如大会通过一项全部或部分修订本公约的新公约,除非新公约另有规定,本公约应从新的修订公约生效之日起停止批准、接受或加入。

第三十八条 按照《联合国宪章》第一百零二条,本公约须应联合国教科文组织总干事的要求在联合国秘书处登记。

1972年11月23日订于巴黎,两个正式文本均有大会第十七届会议主席和联合国教科文组织总干事的签字,由联合国教科文组织存档,并将验明无误之副本发送第三十一条和第三十二条所述之所有国家以及联合国。

前文系联合国教科文组织大会在巴黎举行的,于1972年11月21日宣布闭幕的第十七届会议通过的《公约》正式文本。

1972年11月23日签字,以昭信守。

(1985年11月22日第六届全国人民代表大会常务委员会第十三次会议决定:批准联合国教科文组织大会第十七届会议于1972年11月16日在巴黎通过的《保护世界文化和自然遗产公约》)

(原载国家文物局法制处:《国际保护文化遗产法律义件选编》,紫禁城出版社,1993年版)

# 实施《世界遗产公约》操作指南(摘录)

113. 另外,为了实施《公约》,世界遗产委员会还建立了反应监测程序(见第Ⅳ章)和《定期报告》机制(见第Ⅴ章)。

6. 监测

缔约国应在申报材料提供衡量、评估遗产保护状况的关键指标、其影响因素、遗产保护措施、审查周期及负责机构的名称。

## Ⅳ.A 反应性监测

**反应性监测的定义**

169. 反应性监测是指由秘书处、联合国教科文组织其他部门和咨询机构向委员会递交的有关具体濒危世界遗产保护状况的报告。为此,每当出现异常情况或开展可能影响遗产的突出普遍性价值及其保护状况的活动时,缔约国须向委员会递交具体报告和影响调查。反应性监测也涉及已列入或待列入《濒危世界遗产名录》的遗产(如第177—191段所述)。同时,如第192—198段所述,从《世界遗产名录》中彻底删除某些遗产之前也须进行反应性监测。

> 这些报告都应使用附件13中的标准格式(用英语或法语),经秘书处递交给世界遗产委员会:
>
> a) 在委员会审核申报列入《世界遗产名录》前一年的12月1日前。
> b) 在委员会审核申报列入《世界濒危遗产名录》及处理紧急受理申报前一年的2月1日前。

**反应性监测的目标**

170. 实施反应性监测程序时,委员会特别关注的是如何采取一切可能的措施,避免从《世界遗产名录》中删除任何遗产。因此,只要情况允许,委员会愿意向缔约国提供相关的技术合作。

171. 委员会建议缔约国与委员会指定的咨询机构合作，这些咨询机构受命代表委员会对列入《世界遗产名录》的遗产的保护工作进展进行监督和汇报。

对于《濒危世界遗产名录》上遗产保护状况的定期检查

190. 委员会每年将对《濒危世界遗产名录》上遗产的保护状况进行例行检查。检查的内容包括委员会可能认为必要的监测程序和专家考察。

191. 在定期检查的基础上，委员会将与有关缔约国磋商，决定是否：

a）该遗产需要额外的保护措施；

b）当该遗产不再面临威胁时，将其从《濒危世界遗产名录》中删除；

c）当该遗产由于严重受损而丧失赖以列入《世界遗产名录》的特征时，考虑依照第192—198段所列程序将其同时从《世界遗产名录》和《濒危世界遗产名录》中删除。

## Ⅶ.Ⅰ 国际援助的评估和后续跟踪

256. 在活动结束3个月之内，将开始对国际援助申请进行监测和评估。秘书处和咨询机构将整理、保存这些结果，委员会将对这些结果定期进行检查。

257. 委员会将对国际援助的实施、评估和后续工作进行审查，以便评估国际援助的使用效力并重新定义国际援助的优先顺序。

Ⅱ.6 监测

定期报告的第Ⅱ.3条对遗产的普遍价值进行了全面的评估。在本条中，应根据衡量保护情况的关键指标更详细地分析遗产情况。

如果在遗产列入《世界遗产名录》时尚未确定指标，则应在首次定期报告中明确各项指标。编制定期报告也应评估以往使用指标的有效性。必要时，应对指标作出修改。

提供每个关键指标的最新信息。注意尽可能地确保这些信息的准确度和可靠性，比如，使用同样的方式进行观察，在每年、每日的同一时间使用同样的设备和方法。

指出哪些合作伙伴（如果有）参与了监测工作，描述预见到的改善，或利于改进监测体系的方法。

在某些情况，世界遗产委员会和/或其理事会可能已检查过遗产的保护情况，并在遗产列入时或列入后向缔约国提出了建议。在这种情况下，要求缔约国报告就理事会或委员会提出建议采取的相应措施。

Ⅱ.7 监测结果总结和建议采取的行动

应该总结保护情况报告内各条的主要结论，特别是遗产的突出的普遍价值是否得以保持，并把这些信息与以下内容一起编成表格：

(ⅰ) 与遗产的突出的普遍价值状况相关的主要结论（见上文的第Ⅱ.2和Ⅱ.3条）

(ⅱ) 涉及管理及影响遗产的因素的主要结论（见第Ⅱ.4和Ⅱ.5条）

(ⅲ) 建议采取的行动

(ⅳ)负责实施的机构

(ⅴ)实施时间表

(ⅵ)国际援助需求

还要求缔约国说明保护管理中获得的对处理此类问题相关的经验,并提供可就此与之联系的组织或专家的姓名和联系方式。

# 《世界文化遗产管理》(摘录)

世界遗产制度涉及众多参与者。《公约》的监管机构是联合国教科文组织世界遗产委员会(以下简称"委员会"),由缔约国在两年一度的全体大会上选出的21名成员组成。近年来,缔约国全体大会开始承担起更为积极的责任,为《公约》的实施制订整体政策。缔约国在委员会的任期一般为四年。委员会负责《公约》的实施。根据《操作指南》,委员会的主要职能包括:

- 审查背景(《公约》的宗旨、制度框架、突出普通价值的定义、保护和管理标准)(第Ⅰ和Ⅱ部分);
- 遗产申报(第Ⅲ部分);
- 遗产监测(第Ⅳ和Ⅴ部分);

**委员会的职责如下:**

a) 根据预备名录和缔约国提交的申报文件,确定具有突出普遍价值的、需要纳入《公约》保护、收入《世界遗产名录》的文化和自然遗产;

b) 通过互动监测和周期报告流程,审查被收入《世界遗产名录》的遗产的保护状况;

c) 决定被收入《世界遗产名录》的遗产哪些可被收入或移出《世界濒危遗产名录》;

d) 决定遗产是否应当从《世界遗产名录》除名;

e) 决定审核国际援助申请的流程,在必要的情况下,应在形成决议之前开展研究和磋商;

f) 决定如何最有效地使用世界遗产基金的资源,协助缔约国保护其具有突出普遍价值的遗产;

g) 寻找增加世界遗产基金的方法;

h) 每两年向缔约国全体大会和联合国教科文组织全体会议提交一份活动报告;

i) 阶段性审查和评估《公约》实施情况;

j) 修订和通过《操作指南》。

**专家咨询机构的职责如下:**

a) 以本领域的专业知识指导《世界遗产公约》的实施;

b) 协助秘书处准备委员会需要的文献资料,安排会议议程并协助实施委员会的决定;

c) 协助制订和实施《具有代表性、平衡性和可信性的〈世界遗产名录〉的全球战略》

(Global Strategy for a Representative, Balanced and Credible World Heritage List)、《全球培训战略》(Global Training Strategy)(2011年更名为《世界遗产能力建设战略》(World Heritage Strategy for Capacity Building))、定期报告制度,加强世界遗产基金的有效使用;

d) 监测世界遗产的保护状况并审查要求国际援助的申请;

e) 国际古迹遗址理事会和国际自然保护联盟负责评估申请列入《世界遗产名录》的遗产,并向委员会呈递评估报告;

f) 以顾问的身份,列席世界遗产委员会及其主席团会议。

(《操作指南》第31条)

**秘书处的主要任务包括:**

a) 组织缔约国大会和世界遗产委员会的会议;

b) 执行世界遗产委员会的各项决定和缔约国大会通过的决议,并向委员会和大会汇报执行情况;

c) 接收、登记世界遗产申报文件,检查其完整性、存档并呈递到相关的专家咨询机构;

d) 协调各项研究和活动,作为加强《世界遗产名录》代表性、平衡性和可信性全球战略的一部分;

e) 组织定期报告和协调反应性监测;

f) 协调国际援助;

g) 调动预算外资金保护和管理世界遗产;

h) 协助各缔约国实施委员会的各方案和项目;

i) 通过向缔约国、专家咨询机构和公众发布信息,促进世界遗产的保护,增强对《公约》的认识。

(《操作指南》第28条)

**定期报告**

定期报告是世界遗产体制的一项正式规定。该规定要求,缔约国应每六年提交一次关于《世界遗产公约》在其领土范围内的实施情况的报告。定期报告经由世界遗产委员会提交给联合国教科文组织全体大会,报告缔约国所通过的法律和行政规定以及他们所采取的其他行动,包括其领土范围内的世界遗产的保护状况(《操作指南》第199条)。《定期报告》不仅对更有效的长期保护遗产作用重大,而且提高了执行《世界遗产公约》的可信性(《操作指南》第202条)。缔约国、相关机构和地区专家都必需全面参与这一工作程序。《定期报告》不仅对委员会和其他机构有益,对遗产管理者和国家机关也极有价值,可以帮助他们定期审查管理体制的效果。

《定期报告》有四个主要目的:

a) 评估缔约国《世界遗产公约》的执行情况;

b) 评估《世界遗产名录》内遗产的突出普遍价值是否得到持续的保护；

c) 提供世界遗产的更新信息,记录遗产所处环境的变化以及遗产的保护状况；

d) 就《世界遗产公约》实施及世界遗产保护事宜,为缔约国提供区域间合作以及信息分享、经验交流的一种机制。

(《操作指南》第 201 条)

定期报告应以区域为基础执行,促进区域间的合作与协调,同时也可以让委员会针对每个区域的具体特点做出反馈。这一点对于那些跨界遗产尤为重要。为期六年的定期报告周期结束后,会按相同顺序对各区域再次进行评估(《操作指南》第 203~205 条)。

缔约国应当对在此过程中发现的管理问题加以处理。长此以往,这些连续报告将成为遗产历史进程的宝贵记录。定期监测是世界遗产管理体制的重要组成部分,定期报告也应当被整合到这个过程中去(参见第 4.4 和 4.5 章)。

**保护状况报告**

世界遗产委员会希望随时了解影响世界遗产的重大事件或介入活动,这样就可以对相关提案加以判断,并提供技术合作,以避免从《世界遗产名录》中删除任何遗产(《操作指南》第 170 条)。反应性监测是指由秘书处、联合国教科文组织其他部门和专家咨询机构向委员会递交的濒危世界遗产保护具体状况的报告(《操作指南》第 169 条)。

每当出现异常情况或开展可能影响遗产保护状况的活动时,缔约国都必须于每年 2 月 1 日之前经秘书处向委员会递交具体报告和影响调查(《操作指南》第 169 条)。《操作指南》第 172 条指出,"如公约缔约国在受公约保护地区开展或批准开展大规模修复或建设工程,且可能影响到遗产突出普遍价值,世界遗产委员会将促请缔约国通过秘书处向委员会告知其意图。"缔约国必须尽快且在任何难以逆转的决定做出之前发布通告,以便委员会及时帮助寻找合适的解决办法。当遗产面临或突然出现可能影响其突出普遍价值、完整性和真实性的威胁时,世界遗产中心或专家咨询机构也可以从第三方接收报告。

**重要事项**

《世界遗产公约》第 4 条指出,文化和自然遗产(相关定义请分别参照第 1 条和第 2 条)的确定、保护、保存、展出和遗传后代是每一个缔约国的责任。为了让已经或即将被收入的财产符合世界遗产要求,可能有必要制订新的法律,或者是与其他管理体制的法律结合。以下列出了当前的一些优先事务(请记住,世界遗产要求在不断变化,必须随时予以监测)。

世界遗产收录可能会要求增加的法律措施(在现有或补充法律不够充分的情况下)：

● 国家和地方级的法律和法规措施必须确保对突出普遍价值的保护,防止可能对突出普遍价值产生负面影响的改变,比如,从法律上对影响评估做出要求。

● 法律框架需要为世界遗产本身、遗产缓冲区以及更广泛的遗产背景(又称"影响区")提供不同强度的保护和限制(《操作指南》第 103—107 条)

● 需要建立将影响世界遗产的现有法律机构整合在一起的机制(或许是新的法律),尤其是那些有着多个所有人、不同监管层级(省级、国家级等)以及将来可能产生土地使用/商业活动的世界遗产。

- 如果是"系列"以及/或"跨界"遗产，则需要在尊重相关缔约国的相关法律的基础上建立专门的机制（可以是新的法律）。

**实用建议**

＞ 寻找和调配资源的方法可以借鉴很多其他领域的基本原则：

- 清晰，不含糊；
- 着眼于未来；
- 借鉴过去的经验；
- 制订更具有纪念性和参与性的流程；
- 理想要合乎现实，比如根据能够获得的资源制订合理的规划；
- 与组织的价值观和文化保持一致；
- 以"用户"需求为驱动（比如，参观遗产的游客、遗产内和周边的地方社区、后代）。

＞ 与其他力量联合并促进合作可以增加资源（提高知名度，强化募捐行动），改善文化遗产的资源配置，以应对特定挑战。合作还可以成为催化剂，吸引新的支持资源，在资源短缺的情况下提高灵活度和响应时间（参见赫库兰尼姆古城案例，第111页）。

＞ 在采购和委派外部技术、其他服务或保护工程的时候，内部甄选程序和管理必须极为严格（参见第4.3章"实施"）。

＞ 对管理效果展开监测需要仔细衡量资源的获取和利用的波动变化，以及如何将其作为规划和实施进程的一部分（参见第4.3章）。

＞ 管理工具可以有助于审查和减轻资源变化的影响，确保更好地预见和应对资源短缺。

＞ 量化和定义资源需求和可行性有助于发现人员、资源和装备的缺口，以及按照规划开展管理活动所需要采取的措施，比如寻求外部资源。建议参考工具7"管理需要和投入评估"，《强化遗产工具》（参见附录B）。

对于已经或想要吸引多个研究计划的遗产项目来说，根据IUCN建议制订一份"研究人员行为准则"可以带来积极的反响。

＞ 高超和投入的领导力通常需要将源自基层经验的坚实技术和正式的教育资质相结合。优秀的领导可以实现超前管理，减少对组织危机管理的依赖。

＞ 客观地对需求加以预估可以让向政府、捐助者和其他支持来源申请资金的提议更有力。

＞ 国际援助部门对于捐助人管理有很多实用建议，比如倾向于与以下资助者合作：

- 著名组织或固定合作伙伴；
- 致力于能力建设、技能培养和冲突解决；
- 避免组织内部政治，采取非介入式方法；
- 衡量制度框架吸收和管理资源的能力，有针对性地寻求能符合这一能力需要的财政及其他支持。

## 4.3 遗产管理体制的三个流程

**定义三个流程**：将第4.2章所谈到的三个元素集合在一起，就能让遗产管理体制开始运作并产生成效。所有遗产管理体制都共同具备的流程包括：

**1. 规划**

了解由"谁"来做决策，决定应当达成何种目标，采取何种行动，在什么时间框架内完成，并将这些提议记录下来，便于交流沟通，以及在每一个阶段对进度进行审查。

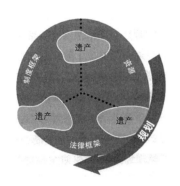 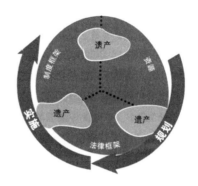

**2. 实施**

采取规划好的行动，检查并确认这些行动在每个阶段见到成效，并达成最初所设定的更广泛的目标。如果出现偏差，在有必要的情况下，可以中途改变行动及行动方式。

**3. 监测**

收集并分析数据，审查管理体制是否有效运行并取得恰当成效。如果存在缺陷或出现新的机遇，应制订补救或补充措施。

这三个流程在不同的遗产管理体制中存在巨大的差异。它们大多在多个重叠环路中运行，很多时候还会同步进行，很难辨别。本章将对这三个遗产工作流程展开探讨。

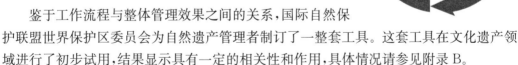

鉴于工作流程与整体管理效果之间的关系，国际自然保护联盟世界保护区委员会为自然遗产管理者制订了一整套工具。这套工具在文化遗产领域进行了初步试用，结果显示具有一定的相关性和作用，具体情况请参见附录B。

**实用技巧**

＞ 规划（与监测）本身很多时候被看作是目标，"终端产品"，而不是确保管理体制产生高效成果的整个流程周期的一个阶段（《操作指南》第111条）。

＞ "规划"这个词听起来像是没有生命的确凿的文件，事实上，规划应该是有生命力的，随着所提议的行动得到实施和监测而不断沿革。最初的一系列行动建议可以变成有用的工作文件，在实施过程中随着变化的出现不断让步妥协，然后形成一整套记录各种事件和决定的会议记录,构成未来监测的基础。从这个角度来看,规划如果只实施了部分行动就结束并不一定意味着失败。过程比文件本身更重要。

＞ 在可能和适合的情况下,可以利用来自文化遗产部门外部的法律和制度能力强化遗产规划流程。

＞ 很多工具都可以被用于改善规划方法和其他遗产流程(参见附录 A 和附录 B)。

## 流程3：监测

### 综述

监测[69]涉及到针对具体目的对数据加以收集、分析和评估,以:

- 审查管理体制是否有效运行(需要对管理流程和管理体制的其他方面加以监测);
- 审查管理体制是否取得了正确的结果(成果和效益),需要对遗产本身加以监测;
- 确定在发现缺陷或机会的情况下应采取什么补救措施或新的行动计划。

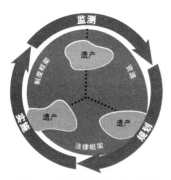

图14: 管理体制的三个主要流程之三：监测。

监测可以为管理者提供与他们的保护政策、需要和决定相关的证据。监测不能只局限于收集原始数据,而是一个数据分析流程,深入洞察遗产的状况或者是管理体制的有效性。

**方法和挑战各不相同**

遗产监测涉及到管理体制评估的很多方面的课题,主要分为两大类:

(i)管理体制的整体效果：比如,是否达到管理目标,流程运作是否良好,已经实施的行动是否达到了成本、质量和时间目标,在决策过程中是否运用到了所有学科知识,管理结果和其他投入是否反馈给了管理体制并对将来的实践提供了经验。

(ii)管理体制的成果：比如,遗产的状况,遗产价值是否得到了保护,真实性和完整性是否有变化,环境状况,遗产物理损毁的程度,以及社会参与的程度。

监测流程本质上是对走势的观察,既包括运用到高科技和跨学科支持的详尽流程,也包括遗产员工或本地社区成员简单常规的巡视检查。

**监测所涉及的工作**

监测就是衡量管理体制是否有效,文化遗产的状况是在改善还是恶化,社会是否从遗产中获得了惠益。监测可以分为两种相互联系但却迥然不同的形式——一个是衡量流程,另一个是衡量效益和成果,需要所有参与者清晰地加以区分和理解。

**两种监测形式都旨在推动积极的改变,比如:**

- 更好的资源调配;
- 改善文档备案和报告,以免过分累赘,耗费时间和资源,促进对报告流程的遵守;
- 推动管理变革,促进主动式而不是反应式管理和保护;

- 通过连贯可信的方法从潜在捐助者或合作伙伴处获得新的支持。[70]

监测是基于特定的指标关注一定时期内的变化。对遗产而言,指标应显示遗产地对于被认定为重要的遗产价值的保护程度。对世界遗产来说,这些指标就反映在管理规划和申报表格的第 6 部分。

2012 年出版的资源手册《管理世界自然遗产》(第 90—91 页)附录 1 就核对了一系列直接来自定期报告问卷的指标,并注明了可能的评估措施,以回答问卷第Ⅱ部分的问题 4.8.2:"在监测遗产突出普遍价值状况时所采用的衡量保护状态的主要指标是否得到了维护?"

为了完成"监测"工作,必须对实施过程中所测量和收集到的数据加以分析,使其成为信息(而不只是单纯的数据),将实际结果与期望结果("规划"过程中设定的目的或目标)进行对比。将这一信息与过去对类似行动的分析相结合,就能看出发展的趋势。

事实上,在遗产领域,"监测"一词通常用来指数据收集和分析,审查特定状况或行动的质量或内容(参见第 4.4 章"结果 3":改善管理体制,认定需要修订或改正的领域)。

**关于监测的重要事项**

监测和评估框架与方法必须尊重不同地区和文化背景下的保护和管理方法的多样性。不过,以下事项却是很多管理体制都共有的:

**界定目的**

只有在以下情况下,监测才是有用的:能够对信息采取行动,出于某个具体的原因开展调查研究,能够以循环的方式将信息反馈给:

- 其他管理流程(以及监测流程本身)并改善这些流程;
- 更大范围的管理体制,以便于对法律和制度框架做出调整,改善资源的调配。

只有这样,监测才能提升管理体制的整体表现以及达成最适宜的结果的能力。事实上,界定每一个监测流程所针对的对象(人和事)至关重要;监测行动可以经由不同的需要推动。比如:

- 评估过去和当前的行动和政策的成功和失败之处;
- 告知将来的规划和实施行动;
- 吸引额外的资源;
- 获得地方社区对遗产变化的一致意见;
- 提升遗产的政治支持;
- 为游客提供更多设施。

然而,对与已规划好的工作计划(成果)或更广泛的管理目标(效益)不直接相关的数据的系统监测有时也可能随着遗产目标的改变为界定未来趋势提供有用的信息。比如,游客数量通常并不会作为直接的管理行动的结果(除非是期望达到特定的游客数)或成果,但是监测游客数量的变化却可以增进对管理需要的了解。同样,了解游客的旅行距离可以有助于评估社区成本和遗产惠益。开展系统性的趋势监测可以成为有效的信息管理系统的一部分,应尽可能将其与定期报告的要求相结合。

**客观可靠的数据**

在可能的情况下,应当采用系统性的监测方法,尽可能减少客观性,雇佣拥有恰当专业学科知识的人。数据收集和测量方法取决于所要观察的工作流程的类型,必须允许对比和重复。数据可以是照片、录像、图纸、访谈、书面报告等形式。应当将观察结果与过去所界定的特定保护状态加以对比(也就是基线)。关于历史保护状态的材料可以从原始的世界遗产申报文档和专家咨询机构评估中找到。[71]

以"监测计划"的形式对监测流程加以组织是一种不错的做法,直接与价值维护挂钩,世界遗产则是突出普遍价值。制订监测计划可以有助于就采用哪些指标来收集和分析满足信息所需的数据达成共识(申报表格第 6 部分,《操作指南》附录 5)。通过对管理成果的测量(参见第 4.4 章),确定是否有效地取得了预期的效益。还可以用这些指标来观察现有的趋势或预测未来的趋势。

**稳定持续的流程**

监测行为的延续性与监测方法的质量同等重要,这是因为,在较长时期内系统性地收集和评估的数据可以有助于有效地追踪发展趋势。因此,最好能够通过定期的资金来源给监测项目提供资金,而不是仰赖于一次性的资源。

**长期监测改善长期管理**

哈德良长城世界遗产是罗马帝国边疆世界文化遗产的第一段,由东至西横贯英格兰北部,全长 100 多公里,一直是深受喜爱的长距离徒步线路。但是,直到 2003 年之前,大部分段落都没有正式的步道。1986 年正式提交了建造这样一个步道的提案,英国政府于 1994 年同意将其作为国家步道。在大部分段落,这条步道都位于或邻近古长城遗址,考古学家担心罗马古迹会面临被损毁的风险,农场主也担心步行者会影响他们的生计。从一开始就将步道规划在草地上,尽可能减少坚硬地面的长度。因此,在规划初期,前乡村委员会就明确地知道,对步道的影响加以监测对于其成功和可持续使用至关重要。

考菲尔茨哈德良长城国家步道(英国)

线路一经批准,英国遗产部门哈德良长城办公室就每年沿国家步道进行两次定点监测拍摄。这一做法为步道的状况改变提供了绝佳的视觉记录。同一时间,乡村委员会国家步道官员也开始通过在大门和台阶两侧安装自动计数器来记录景区内的步行者人数。因此,到 2003 年国家步道正式开放的时候,就已经有了几年以来的线路使用和状况记录,为步道将来的评估提供了基线。在这之后,定点拍摄和步行者人数记录等活动仍在继续进行。除此之外,步道办公室员工(现在隶属于哈德良长城遗产信托基金会,是这部分世界遗产的协调员)还收集了关于温度、降水和土壤湿度的数据。步道每年都会进行检查,并对其状况加以记录。这些记录的相关性可以让我们对影响步道状况的各种进程有一个清晰的认识。

这些记录被用作开展前摄式管理的基础,以防止步道遭到侵蚀。包括:巡道员的使用(如果有可能,在损毁发生之前开展基础维护)、规划更大型的工程项目、广泛提升徒步者谨慎对待步道的意识,不在状况不佳的步道上行走。每年大约有 11 000 人步行穿越哈德良长城,其中最受欢迎的路段更可达到年 10 万余人次。尽管自 2003 年步道开放以来遭遇了一连串罕见的多雨年份,侵蚀情况时有发生,这个管理系统仍然成功地维护了步道的良好状况,保护了重要的考古特征,给使用者提供了愉快满意的体验,同时也为地方经济提供了支持。

可持续的监测体制需要制度机构的承诺和更广泛的支持。各个层级的能力建设(个人、机构和社区及网络)、所有利益相关者和相关社区的广泛参与以及对监测的实际影响予以展示,都可以有助于提升监测体制的可持续性。对监测和评估战略的规划和实施必须让即将从管理体制的改善成效中获益的利益团体参与。

监测是一个仍处于成长期的领域,很多新的监测方法正在涌现。需要注意的是,不能让新潮流抹煞掉本地原生的操作方法:后者通常更适宜于现有的资源,更能保证连续性,最擅于利用所收集到的资料开展改善行动。[72]

## 世界遗产的监测

**重要事项**

监测是世界遗产体制的核心。从申报流程开始,缔约国必须考虑到监测事务(《操作指南》第 132.6 条)。世界遗产进程中的监测机制包括:

- 在申报表格中指明监测指标(表格第 6 部分);
- 反应式监测和保护状况进程;
- 定期报告(《操作指南》第 V 章)。

除此之外,还应该制订一份常规监测计划,监测管理制度的成效,整合一系列具体的旨在保护突出普遍价值以及真实性和完整性的监测要求。

**指标**

世界遗产监测的最终目标是检查突出普遍价值是否得到了有效的保护。相应地,在规划阶段就应当制订的监测指标必须要与传递突出普遍价值和真实性与完整性的特征相关(参见第 3 部分)。

缔约国应制订衡量、评估遗产保护情况的指标、影响遗产的因素、现有遗产保护措施、审查周期及负责当局的名称(《操作指南》第 132.6)

还应当考虑制订能够有助于预测世界文化遗产及其管理体制是否面临潜在威胁的指标。

指标可以是定量的,也可以是定性的。以下选择指标的常规考虑事项尤为适用于监测遗产的状况、环境以及其与利益相关者的关系与任何改变。这些指标最好是：
- 有数量限制；
- 对变化敏感，能够预测管理行动是否有效；
- 与所监测的趋势有清晰的可测量的关系（比如，如果要测量遗产所在地的环境的气候稳定性，指标就应该包括结构是否存在活动性毁坏；如果想要知道地方社区的经济稳定性，指标就应当监测就业比例和平均收入）。
- 对长期变化，而不是短期或地方变化展开反思（比如，监测一种特定的损毁形式，选择很有可能显示长期变化的指标，比如，季节变化）。同时，避免监测因为周期太长而无法在合理的时间框架内为管理体制提供有用信息的趋势（比如，每一代人的心理变迁）；
- 关注可能发生变化的各个不同的领域，以及可能对遗产管理产生直接影响的压力，包括社会、文化、经济、环境和政治趋势。
- 发现新的压力。比如，气候变化的长期影响的证据可能很难通过感官察觉得到，但却能通过监测手段第一时间发现。
- 监测流程应当在信息收集方法、信息分析、阐释和管理以及数据获取并尽可能利用已经收集到的数据方面尽可能降低成本。如果监测流程需要精密设备、定制软件、专家或权威人士才能完成，在资源匮乏或由于员工流动而导致知识遗失的情况下就更容易被搁置。
- 将指标与明确的临界值挂钩，一旦达到就会触发管理体制中的一个行动；比如，如果某个区域的参观人数达到一定密度，就自动轮流开放，减少暴露在外的遗产特征的老化和磨损。
- 用参与式方法认定和监测指标，尤其是当遗产进程能够造福相关利益群体，改进管理体制的表现及其结果的时候。

第 4.4 章更为详尽地探讨了如何监测和评估管理进程、效益和结果的指标，更好地理解整个管理体制的效率和效果。

以下是制订监测规划时应当考虑的事项：
- 制订目标，说明为什么要执行监测。
- 将目标与监测指标挂钩，在可能的情况下，还应明确每一个指标的临界值。
- 收集相关材料（出版物、对之前所开展的活动的报告，包括监测活动）。
- 指出现有数据（比如，档案咨询）和新数据（比如，取样、访谈、观察）的收集方法并决定数据收集的频率。
　——数据收集
　——数据分析
　——数据管理，包括历史结果、当前趋势以及未来预测，并记录下长期监测下的变化。
- 了解监测过程中出现的趋势以及恰当的管理响应与时机，指出监测活动的时间框架（唯一还是罕见；间歇还是零星；经常还是持续/重复监测），影响区域以及它们对遗产价值(尤其是突出普遍价值)的特征的影响权重。

- 如果是世界遗产,尽可能将监测规划与定期报告问卷统一。

自然遗产领域在监测方法上取得了很多进步,可以通过网络查阅相关资源。[73]

事实上,有鉴于监测进程与整个管理效力之间的关系,国际自然保护联盟世界保护区委员会为自然遗产管理者开发了一套工具,这套工具也同样适用于文化遗产。目前正在就这套工具在文化遗产中的使用展开测试,附录 B 将提供一个简要的总结。

## 世界遗产的监测流程

### 实用技巧

➢ 想要有效评估世界遗产内或附近的潜在介入活动对文化价值(包括突出普遍价值)的影响,"遗产影响评估"是个有用的工具。

➢ 有的时候需要了解除了管理体制的当前进程和成果之外的新信息。现在还尚未有标准解决方案。能力建设项目可以满足这一需求,尤其是可以促进员工的中期职业发展,使其成为自由职业的专家和承包商的必修课。世界遗产能力建设战略[74]与其在地区中心的支持下(参见第 3.8 章)在世界遗产体系内外推广的网络可以提供支持框架。

### 相关问题

➢ 是否符合世界遗产的所有报告要求?

➢ 监测活动是否提供了管理世界遗产所需的信息?

➢ 特征与价值之间的关系,尤其是突出普遍价值,是否得到了充分验证,让特征成为在不破坏其他价值的情况下监测突出普遍价值保护效力的实质性参照?

➢ 地区或全球性的世界遗产保护状况报告的结果是否能够提供给个人管理者,帮助他们甄别发展趋势并学习他人的经验?

➢ 所有参与为世界遗产进程服务的监测活动的人是否都理解监测是为了提供信息,为管理进程和保护规划提供协助,而不是外部强加的控制? 这对于确保类似国家声望不会减少监测战略的质量和可靠性等担心至关重要。

### 监测指标

13.6.1 监测的目的是为了评估如何长期维护世界遗产地的价值,衡量《世界遗产管理规划》的目标是否达成。对进展加以测量对于修正并改善遗产管理必不可少。必须尽早确定主要威胁,才能在损毁太严重之前采取补救措施。必须要有常规的监督,以根据新问题和进展重新评估优先性。监测指标需要和《世界遗产管理规划》中确定的价值和目标密切联系。

巨石阵和埃夫伯里世界遗产地(Avebury World Heritage site)在多个合作伙伴的投入下,通过巨石阵世界遗产委员会 2003 年的批准,由两个协调人共同设立了一套共 19 个监测指标,旨在对该遗产的保护、阐释以及管理进度加以测量。尽管大多数指标都是埃夫伯里和巨石阵共有的,还是有一些微小的差别反映了两个遗址的特征。指标应该简单、有意义、易于收集并且持久,这样才有可能长期进行比较。既然突出普遍价值的特征已经确定,就应当在整个规划执行期间不断对指标加以审查,以确定是否应当与这些特征联系更加紧密。

摘录自 Young, C., Chadburn, A. and Bedu, I. 2009 年。巨石阵。《世界遗产管理规划》(2009),伦敦,英国遗产

都需要认识到,需要定期对管理规划加以审查(每一年或两年)。应当对从监测过程中获得的信息加以评估和利用,用以审查管理规划。

除了常规审查之外,还可能出于以下原因对部分或者整个规划加以审查:

A)当监测结果表明迫切需要立即关注的时候;

B)当遭遇灾难性状况的时候(比如灾害);

C)当遗址被委员会批准列入濒危世界遗产名录的时候;

或者是

D)发生重大变化使得实施规划的一部分成为不可能的时候。

审查过程必须依照规划准备期所用到的参与式方式,令所有新的利益相关者(如在遗产地遭受恐怖袭击时的国防部门)都参与进来。

审查过程必须成为管理规划的一部分,并取得利益相关者的同意,尤其是在上述紧急状态下。可根据需要进行年度审查、五年审查以及大规模审查,在紧急状态下还必须进行额外的应急审查。

(原载国家文物局编《世界文化遗产管理》)

# 保护欧洲建筑遗产公约*

Convention for the Protection of the Architectural Heritage of Europe(1985)

欧洲条约汇编第121号

格拉纳达，1985年10月3日

欧洲委员会成员国，本公约缔约国，

考虑到欧洲委员会的目标是促进成员之间更为团结，包括为了保护和实现作为其共同遗产的理想和原则而共同努力；

认识到建筑遗产是欧洲文化遗产丰富性和多样性不可替代的表现，是历史的重要见证，是所有欧洲人的共同遗产；

考虑到1954年12月19日在巴黎签署的《欧洲文化公约》，特别是其第一条；

考虑到欧洲委员会部长委员会于1975年9月26日通过的《欧洲建筑遗产宪章》和1976年4月14日通过的"第(76)28号决议"，关于根据综合保护建筑遗产的要求修改法律和法规；

考虑到欧洲委员会议会大会的"关于保护欧洲建筑遗产的第880(1979)号建议"；

考虑到成员国部长委员会关于建筑师、城市规划者、土木工程师和景观设计师的专业培训的"第R(80)16号建议"，以及1981年7月1日通过的关于在工艺活动背景下扶助某些衰退的工艺品行业行动的部长委员会"第R(81)13号建议"；

意识到向后代传递文化参照系统、改善城乡环境，从而促进各国和各地区的经济、社会和文化发展的重要性；

承认就保护和加强建筑遗产共同政策的主要目标达成协议的重要性，

达成如下共识：

## 建筑遗产的定义

第一条 在本公约中，"建筑遗产"一词应包括下列永久性建筑：

1. 古迹：所有具有显著的历史、考古、艺术、科学、社会或技术价值的建筑物和结构，

---

\* 修订《欧洲联盟条约》和《建立欧洲共同体条约》的《里斯本条约》于2009年12月1日生效。因此，自该日起，对欧洲经济共同体的任何提及均应理解为欧洲联盟。

包括其固定装置和配件；

2. 建筑群：具有显著的历史、考古、艺术、科学、社会或技术价值的城市或乡村建筑的同质群体，具有相当的连续性而形成可界定的地形学单位；

3. 遗址：人与自然的结合作品，是有一定建筑物的区域，具有足够的独特性和同质性而形成可界定的地形学单位，具有突出的历史、考古、艺术、科学、社会或技术价值。

## 确认需保护的遗产

**第二条** 为了精确确认需要保护的古迹、建筑群和遗址，缔约方承诺维持建筑存量，并在有关建筑受到威胁的情况下尽早准备相关材料。

## 法定保护程序

**第三条** 缔约方承诺：

1. 采取法定措施保护建筑遗产；

2. 在这些措施的框架内，并通过每个国家或地区的具体方式，为古迹、建筑群和遗址提供保护。

**第四条** 缔约方承诺：

1. 根据有关建筑的法律保护要求，实施适当的监督和授权程序；

2. 防止受保护建筑的毁坏、破坏或拆除。为此，缔约方承诺，如无立法，则引入立法：

a. 要求向主管当局提交任何已经受到保护或已制定了保护程序的古迹的拆除或更改计划，以及影响其周围环境的任何计划；

b. 要求向主管当局提交任何会影响一组建筑物或其一部分或包括以下情况的遗址的计划：建筑拆除、建造新建筑物、有损建筑物或遗址特征的大幅改动；

c. 如果受保护建筑的所有者不采取上述行动，允许公共当局要求所有者开展有关工作或自行开展此类工作；

d. 允许强制购买受保护的建筑。

**第五条** 每一缔约方承诺禁止全部或部分拆除任何受保护的古迹，除非保护这些古迹的材料必须进行拆除。在这种情况下，主管当局应在拆除和转移中采取必要的预防措施，并在适当地点恢复。

## 辅助措施

**第六条** 缔约方应：

1. 根据国家、区域和地方的能力并在可用预算的限制范围内，由公共当局提供财政支持，以维护和修复其范围内的建筑遗产；

2. 必要时采取财政措施,以促进这一遗产的保护;

3. 鼓励私人行动维护和修复建筑遗产。

**第七条** 在古迹周围、建筑群内和遗址内,缔约方承诺采取促进全面改善环境的措施。

**第八条** 为了限制建筑遗产物理性损坏的风险,缔约方应:

1. 支持科学研究,以确定和分析污染的有害影响,并确定减少或消除这些影响的方法和手段;

2. 考虑反污染政策中保护建筑遗产的特殊问题。

## 制裁

**第九条** 缔约方承诺在其掌握的权力范围内确保违反保护建筑遗产的法律的行为引起主管当局相关且充分的反应。在适当的情况下,这种反应可要求违法者有义务拆除新建的不符合要求的建筑物,或将受保护的建筑恢复原状。

## 保护政策

**第十条** 各缔约方承诺采取综合保护政策:

1. 将建筑遗产保护作为城镇和乡村规划的重要目标,并确保在制定发展计划和授权工作程序的所有阶段都考虑到这一要求;

2. 促进修复和维护建筑遗产的计划;

3. 使保护、促进和加强建筑遗产成为文化、环境和规划政策的一个主要特征;

4. 在城镇和国家规划过程中尽可能促进某些建筑物的保护和使用,这些建筑物的内在重要性不能保证其包含在本公约第三条第一款的保护范围内,但从其位于城市或乡村环境以及生活质量的角度来看,对其保护具有意义;

5. 促进传统技能和材料的应用与开发,对建筑遗产的未来至关重要。

**第十一条** 由于必须考虑到遗产的建筑和历史特征,各缔约方都承诺促进:

1. 根据当代生活的需要使用受保护的建筑;

2. 在旧建筑物适用新用途时的适应性。

**第十二条** 在承认允许公众进入受保护建筑的价值的同时,各缔约方承诺采取必要的行动,以确保允许公众进入的后果,尤其是任何结构性变化,不会对这些遗产的建筑和历史特征及其周围环境产生不利影响。

**第十三条** 为了促进这些政策的实施,各缔约方承诺在其自身的政治和行政框架内促进保护、文化、环境和规划活动之间在各个层级的有效合作。

## 参与和协会

**第十四条** 为扩大公共部门对建筑遗产的识别、保护、修复、维护、管理和推广方面采取的措施的影响力,各缔约方承诺:

1. 在决策过程的各个阶段建立适当的机制,以便在国家、区域和地方当局、文化机构、协会以及公众之间提供信息、协商和合作;

2. 促进赞助以及致力于该领域的非营利协会的发展。

## 信息和培训

**第十五条** 各缔约方承诺:

1. 提高公众对保护建筑遗产价值的认识,使其认识到建筑遗产既是文化认同的要素,也是当代及后代灵感和创造力的源泉;

2. 为此目的,促进旨在传播信息和提高公众认识方面的政策,特别是通过使用现代通信和推广技术,尤其针对:

a. 从学龄期起,启蒙或提高公众对遗产保护、建筑环境质量和建筑质量的兴趣;

b. 展示文化遗产的统一性,以及在整个欧洲、欧洲国家和地区层面的建筑、艺术、流行传统和生活方式之间的联系。

**第十六条** 各缔约方承诺促进参与保护建筑遗产的各种职业和手工业的培训。

## 欧洲层面保护政策的协调

**第十七条** 各缔约方承诺就以下有关事项的保护政策交换信息:

1. 根据历史发展及有关建筑数目的增加而采用的调查、保护及保存建筑的方法;

2. 保护建筑遗产的必要性与当代经济、社会和文化活动的需求相协调的最佳方式;

3. 新技术在识别和记录建筑遗产、防止材料损坏,和在科学研究、修复工作领域以及管理和促进遗产的方法等方面的应用潜力;

4. 促进建筑创作的方法——作为我们这个时代对欧洲遗产的贡献。

**第十八条** 缔约方承诺在必要时以经验交流和建筑遗产保护专家交流的形式相互提供技术援助。

**第十九条** 缔约方在相关国家立法或国际协定的框架内承诺鼓励欧洲建筑遗产保护专家的交流,包括负责进一步培训的人员。

**第二十条** 在本公约中,欧洲委员会部长委员会根据《欧洲委员会规约》第十七条设立专家委员会,负责监测本公约的适用情况,特别是:

1. 定期向欧洲委员会部长委员会报告本公约缔约国的建筑遗产保护政策情况,本公约所载原则的执行情况及其自身活动；

2. 向欧洲委员会部长委员会提出执行本公约条款的措施，这些措施包括多边活动、对本公约的修订或修正，以及关于公约宗旨的新闻；

3. 向欧洲委员会部长委员会提出关于邀请非欧洲委员会成员国加入本公约的建议。

**第二十一条** 本公约的规定不应妨碍以下公约中第一条关于建筑保护的更有利条款的适用：

——1972年11月16日通过的《保护世界文化和自然遗产公约》；

——1969年5月6日通过的《欧洲保护考古遗产公约》。

## 最后条款

**第二十二条**

1. 本公约应开放供欧洲委员会成员国签署。本公约需经签署国的批准、接受或核准。批准书、接受书或核准书应交存欧洲委员会秘书长。

2. 根据前款规定，本公约自欧洲委员会三个成员国表示同意受本公约约束之日起三个月后的第一个月的第一天生效。

3. 对于随后表示同意受其约束的任何成员国，本公约应自交存批准书、接受书或核准书之日起三个月期满后的第一个月的第一天生效。

**第二十三条** 1. 本公约生效后，欧洲委员会部长委员会可邀请任何非欧洲委员会成员国和非欧洲经济共同体国家通过《欧洲委员会规约》第二十条d项规定的多数决定以及有权担任委员会职务的缔约国代表的一致投票，加入本公约。

2. 对于加入公约的任何国家或欧洲共同体，本公约应自加入书交存欧洲委员会秘书长之日起三个月期满后的第一个月的第一天生效。

**第二十四条**

1. 任何国家在签署或交存批准书、接受书、核准书或加入书时，均可指明本公约适用的领土。

2. 任何国家可以在以后通过向欧洲委员会秘书长发出的声明，将本公约的适用范围扩大到声明中规定的任何其他领土。对此领土，本公约应在秘书长收到此声明之日起三个月期满后的第一个月的第一天生效。

3. 根据前两款作出的任何声明，可以就该声明中指明的任何领土，通过发给秘书长的通知撤回。撤回应在秘书长收到通知之日起六个月后的第一个月的第一天生效。

**第二十五条**

1. 任何国家在签署或交存批准书、接受书、核准书或加入书时，均可声明其保留全部或部分不遵守第四条c和d款规定的权利。不得进行任何其他保留。

2. 依照前款规定作出保留的任何缔约国，可以通过向欧洲委员会秘书长发出的通知全部或部分撤回。撤回应自秘书长收到此类通知之日起生效。

3. 对上文第 1 款所述规定作出保留的缔约方不得要求任何其他缔约方适用该规定；但是，如果其保留是部分或有条件的，则可以在其自己接受的范围内要求适用该条款。

第二十六条

1. 任何缔约方可随时通过向欧洲委员会秘书长发出的通知退出本公约。

2. 退出应在秘书长收到通知之日起六个月后的第一个月的第一天生效。

第二十七条　欧洲委员会秘书长应向欧洲委员会成员国、加入本公约的任何国家和已加入欧洲经济共同体的任何国家通知以下事项：

任何签名；

任何批准书、接受书、核准书或加入书的交存；

本公约根据第二十二、二十三和二十四条生效的任何日期；

与本公约有关的任何其他行为、通知或通信。

下列签署国经正式授权，已在本公约上签字，以昭信守。

本协定于 1985 年 10 月 3 日在格拉纳达签订，用英文和法文写成，两种文本具有同等效力，一式一份，应存放在欧洲委员会的档案中。欧洲委员会秘书长应将经核准无误的副本送交欧洲委员会的每个成员国或受邀加入本公约的欧洲经济共同体国家。

（张珊珊）

# 欧洲景观公约*

European Landscape Convention(2000)

欧洲条约汇编第 176 号

**佛罗伦萨，2000 年 10 月 20 日**

## 序言

签署本公约的欧洲委员会成员国，

考虑到欧洲委员会的目标是加强其成员之间的团结，以捍卫和实现作为其共同遗产的理想和原则，并特别通过经济和社会领域的协议来实现这一目标；

关注在社会需求、经济活动和环境之间平衡和谐关系的基础上实现可持续发展；

注意到景观在文化、生态、环境和社会领域具有重要的公共利益，是有利于经济活动的资源，其保护、管理和规划有助于创造就业机会；

意识到景观有助于当地文化的形成，是欧洲自然和文化遗产的基本组成部分，有助于人类福祉和欧洲认同的巩固；

承认景观是世界各地人民生活质量的重要组成部分：在城市和农村、退化地区以及发达地区，在公认的风景区以及居民区；

注意到农业、林业、工业和矿物生产技术以及区域规划、城镇规划、交通、基础设施、旅游和娱乐方面的发展，以及在更广泛的层面上，世界经济的变化在许多情况下加速了景观的转变；

希望响应公众对享受高质量景观的愿望，并在景观发展中发挥积极作用；

认为景观是个人和社会福祉的关键要素，其保护、管理和规划是每个人的权利和责任；

考虑到在保护和管理自然和文化遗产、区域和空间规划、地方自治和跨界合作领域现有的国际法律文本，特别是《欧洲野生动物和自然生境保护公约》(1979 年 9 月 19 日，伯尔尼)、《保护欧洲建筑遗产公约》(1985 年 10 月 3 日，格拉纳达)、《欧洲保护考古遗产公约》(修订本，1992 年 1 月 16 日，瓦莱塔)、《欧洲领土社区或当局跨界合作纲要公约》(马德里，1980 年 5 月 21 日)及其附加议定书、《欧洲地方自治宪章》(斯特拉斯堡，1985 年 10

---

\* 修正《欧洲联盟条约》和《建立欧洲共同体条约》的《里斯本条约》于 2009 年 12 月 1 日生效。因此，从该日起，对欧洲经济共同体的任何提及都应理解为欧洲联盟。

月 15 日)、《生物多样性公约》(里约热内卢,1992 年 6 月 5 日)、《保护世界文化和自然遗产公约》(1972 年 11 月 16 日,巴黎)和《关于在环境问题上获得信息、公众参与决策和诉诸法律的公约》(奥胡斯,1998 年 6 月 25 日);

承认欧洲景观的质量和多样性是一种共同资源,必须为保护、管理和规划进行合作;

希望提供一种专门用于保护、管理和规划欧洲所有景观的新工具,

达成如下共识:

## 第一章 总则

### 第一条 定义

就《公约》而言:

a."景观"是指人们所感知的一个区域,其特征是自然和/或人为因素的作用和相互作用的结果;

b."景观政策"是指主管公共当局表达的允许采取旨在保护、管理和规划景观的具体措施的一般原则、战略和准则;

c."景观质量目标"是指针对特定景观,由主管公共当局制定的公众对其周围景观特征的期望;

d."景观保护"是指基于景观源自自然形态和/或人类活动的遗产价值而保护和维护景观重要特征或特色的行动;

e."景观管理"是指从可持续发展的角度出发采取行动,确保景观的定期维护,以指导和协调社会、经济和环境进程带来的变化;

f."景观规划"意味着旨在增强、恢复或创造景观的强有力的前瞻性行动。

### 第二条 范围

根据第十五条规定的情况,本公约适用于缔约方的整个领土,涵盖自然、农村、城市和城市周边地区。它包括陆地、内陆水域和海洋区域。它涉及可能公认的突出景观以及日常或退化的景观。

### 第三条 目标

该公约的目标是促进景观保护、管理和规划,并组织欧洲在景观问题上的合作。

## 第二章 国家措施

### 第四条 职责分工

各缔约方应根据其自身的权力划分,遵循其宪法原则和行政安排,尊重辅助原则,同时考虑到《欧洲地方自治宪章》,执行本公约,特别是第五条和第六条。在不减损本公约规定的情况下,各缔约方应使本公约的执行与自身政策相协调。

**第五条　一般措施**

各方承诺：

a. 承认法律中的景观是人们周围环境的重要组成部分，是其共同文化和自然遗产多样性的表现，以及其认同的基础；

b. 通过采取第六条规定的具体措施，制定和实施旨在景观保护、管理和规划的景观政策；

c. 为公众、地方和区域当局以及对上文 b 款所述景观政策的定义和实施感兴趣的其他各方的参与制定程序；

d. 将景观纳入区域和城镇规划政策，文化、环境、农业、社会和经济政策，以及可能对景观产生直接或间接影响的任何其他政策。

**第六条　具体措施**

A. 提高认识

各方承诺提高民间社会、私人组织和公共当局对景观价值及其作用和变化的认识。

B. 培训和教育

各方承诺促进：

a. 对景观评估和运营专家的培训；

b. 为私营和公共部门的专业人员以及相关协会提供景观政策、保护、管理和规划方面的多学科培训项目；

c. 针对景观价值及其保护、管理和规划问题的相关学科领域的中小学和大学课程。

C. 鉴定和评估

1. 根据第五条 c 款的规定，在有关各方的积极参与下，为了增进对其景观的了解，各方承诺：

a. i 确定其领土上的景观；

ii 分析其特点以及改变景观的因素和压力；

iii 注意变化。

b. 评估由此确定的景观，同时考虑到相关各方和相关人群赋予它们的特定价值。

2. 这些识别和评估程序应遵循缔约方之间根据第八条组织的欧洲层面的经验和方法交流。

D. 景观质量目标

各方承诺根据第五条 c 款，在公众咨询后，为确定和评估的景观确定景观质量目标。

E. 执行情况

为了实施景观政策，各方承诺引入旨在保护、管理和/或规划景观的工具。

## 第三章　欧洲合作

**第七条　国际政策和方案**

缔约方承诺合作审议国际政策和方案的景观方面，并酌情建议将景观考虑纳入其中。

#### 第八条 互助和信息交流

缔约方承诺开展合作，以提高根据本公约其他条款采取的措施的效力，特别是：

a. 通过汇集和交流经验以及研究项目成果，在景观问题上相互提供技术和科学援助；

b. 促进景观专家间的交流，特别是为了培训和信息沟通目的；

c. 就《公约》条款涵盖的所有事项交换信息。

#### 第九条 跨界景观

缔约方应鼓励地方和区域层面的跨界合作，并在必要时制定和实施联合景观方案。

#### 第十条 监测《公约》的执行情况

1. 欧洲委员会部长委员会将指定根据《欧洲委员会规约》第十七条设立的现有主管专家委员会负责监测《公约》的执行情况。

2. 在专家委员会每次会议之后，欧洲委员会秘书长应向部长委员会转交一份关于所开展的工作和《公约》实施情况的报告。

3. 专家委员会应向部长委员会提出授予欧洲委员会景观奖的标准和规则。

#### 第十一条 欧洲委员会景观奖

1. 欧洲委员会景观奖是可以授予地方和区域当局及其组织的一种嘉奖，这些组织制定了保护、管理和/或规划其景观的一项或多项政策，这些政策作为本公约缔约方景观政策的一部分，已被证明持久有效，因此可以作为欧洲其他地区当局的榜样。这种嘉奖也可以授予对景观保护、管理或规划做出特别显著贡献的非政府组织。

2. 欧洲委员会景观奖的申请应由缔约方提交至第十条中提到的专家委员会。跨界的地方和区域当局以及有关地方和区域当局组织在共同管理有关景观的情况下，可以申请。

3. 根据第十条所述专家委员会的建议，部长委员会应确定并公布授予欧洲委员会景观奖的标准，采用相关规则并授予该奖。

4. 授予欧洲委员会景观奖旨在鼓励获奖者确保有关景观区的可持续保护、管理和/或规划。

## 第四章 最后条款

#### 第十二条 与其他文书的关系

本公约的规定不应妨碍其他现有或未来具有约束力的国家或国际文书所载的关于景观保护、管理和规划的更严格的规定。

#### 第十三条 签署、批准和生效

1. 本公约应开放供欧洲委员会成员国签署。本公约须经签署国批准、接受或核准。批准书、接受书或核准书应交存欧洲委员会秘书长。

2. 《公约》应在欧洲委员会 10 个成员国表示同意根据前款规定受《公约》约束之日起三个月期满后的下一个月的第一天生效。

3. 对于随后表示同意受其约束的任何签署国，《公约》应在批准书、接受书或核准书交存之日后三个月期满后的下一个月的第一天生效。

### 第十四条 加入

1. 本公约生效后,欧洲委员会部长委员会可邀请欧洲共同体和非欧洲委员会成员的任何欧洲国家按照《欧洲委员会章程》第二十条 d 款的规定,以多数决定和有权在部长委员会中占有席位的缔约国的一致表决加入本公约。

2. 对于加入公约的任何国家或欧洲共同体,本公约应在加入书交存欧洲委员会秘书长之日起三个月期满后的下一个月的第一天生效。

### 第十五条 领土适用

1. 任何国家或欧洲共同体在签署或交存批准书、接受书、核准书或加入书时,均可具体说明本公约适用的一个或多个领土。

2. 任何缔约方可在之后任何时间通过致欧洲委员会秘书长的声明,将本公约的适用范围扩大到声明中规定的任何其他领土。本公约应在秘书长收到声明之日起三个月期满后的下一个月的第一天对该领土生效。

3. 根据以上两款所作的任何声明,就声明中提到的任何领土而言,可通过向欧洲委员会秘书长发出通知的方式撤回。这种撤回应在秘书长收到通知之日起三个月期满后的下一个月的第一天生效。

### 第十六条 退出

1. 任何缔约方可随时通过向欧洲委员会秘书长发出通知退出本公约。

2. 这种退约应在秘书长收到通知之日起三个月期满后的下一个月的第一天生效。

### 第十七条 修正案

1. 第十条提及的任何缔约方或专家委员会均可对本公约提出修正。

2. 任何修正提案应通知欧洲委员会秘书长,由他将该提案通知欧洲委员会成员国、其他缔约方以及根据第十四条的规定被邀请加入本公约的任何非欧洲委员会成员国。

3. 第十条中提到的专家委员会应审查提议的任何修正案,并将缔约方代表四分之三多数通过的案文提交部长委员会通过。部长委员会根据《欧洲委员会规约》第二十条 d 款规定的多数票通过该案文,并经有权在部长委员会中占有席位的缔约国一致表决后,该案文应送交各缔约国接受。

4. 任何修正案应在欧洲委员会三个成员国将其接受通知秘书长之日起三个月期满后的下一个月第一天对接受修正案的缔约方生效。对于随后接受该修正案的任何缔约方,该修正案应在该缔约方通知秘书长接受该修正案之日起三个月期满后的下一个月的第一天生效。

### 第十八条 通知

欧洲委员会秘书长应将下列情况通知欧洲委员会成员国、已加入本公约的任何国家或欧洲共同体:

a. 任何签名;

b. 交存任何批准书、接受书、核准书或加入书;

c. 根据第十三、十四和十五条，本公约的任何生效日期；

d. 根据第十五条作出的任何声明；

e. 根据第十六条作出的任何退约；

f. 任何修正提案、根据第十七条通过的任何修正及其生效日期；

g. 与本公约有关的任何其他行为、通知、信息或通信。

下列签署人经正式授权，签署了本公约，以昭信守。

本公约于 2000 年 10 月 20 日订于佛罗伦萨，以英文和法文写成，两种文本具有同等效力，一式一份，应存放在欧洲委员会档案中。欧洲委员会秘书长应将核证无误的副本转交欧洲委员会的每个成员国和应邀加入本公约的欧洲共同体国家。

（张珊珊）

# 保护水下文化遗产公约

Convention on the Protection of Underwater Cultural Heritage(2001)

大会,

认识到水下文化遗产的重要性,它是人类文化遗产的组成部分,也是各国人民和各民族的历史及其在共同遗产方面的关系史上极为重要的一个内容;

认识到保护和保存水下文化遗产的重要性,所有国家都应负起这一责任;

注意到公众对水下文化遗产日益关心和重视;

深信研究、宣传和教育对保护和保存水下文化遗产极为重要;

深信公众只要以负责的和非闯入的方式进入仍在水下的水下文化遗产,就有权从中接受教育和得到娱乐,也深信公众接受的教育有助于他们认识、欣赏和保护这份遗产;

意识到水下文化遗产受到未经批准的开发活动的威胁,有必要采取更有力的措施阻止这些活动;

意识到合法开发水下文化遗产的活动也可能无意中对其造成不良后果,因而有必要对此制订相应的对策;

对水下文化遗产日益频繁的商业开发,尤其是对某些以买卖、占有或交换水下文化遗产为目的的活动深感忧虑;

意识到先进的技术为发现和进入水下文化遗产提供了便利;

认为国家、国际组织、科研机构、专业组织、考古学家、潜水员及其他有关方面和广大公众之间的合作对保护水下文化遗产是极为重要的;

考虑到水下文化遗产的勘测、挖掘和保护都必须掌握,并能应用特殊的科学方法,必须利用恰当的技术和设备,还必须具备高度的专业知识,所有这些说明必须有统一的标准;

认识到必须根据国际法和国际惯例,包括1970年11月14日通过的《关于采取措施禁止并防止文化财产非法进出口和所有权非法转让公约》,1972年11月16日通过的《保护世界文化和自然遗产公约》和1982年12月10日通过的《联合国海洋法公约》,编纂有关保护和保存水下文化遗产的法典和逐步制定这方面的规章制度;

决心提高国际、地区和各国为就地保护水下文化遗产,或因科研及保护的需要,小心打捞水下文化遗产而采取的措施的有效性;

在其第二十九届大会已决定为此拟定一份国际公约的基础上,于 2001 年 11 月 2 日通过本公约。

**第一条 定义**

在本公约中:

1. (a)"水下文化遗产"系指至少 100 年来,周期性地或连续地,部分或全部位于水下的具有文化、历史或考古价值的所有人类生存的遗迹,比如:

(ⅰ) 遗址、建筑、房屋、工艺品和人的遗骸,及其有考古价值的环境和自然环境;

(ⅱ) 船只、飞行器、其他运输工具或上述三类的任何部分,所载货物或其他物品,及其有考古价值的环境和自然环境;

(ⅲ) 具有史前意义的物品。

(b) 海底铺设的管道和电缆不应视为水下文化遗产。

(c) 海底铺设的管道和电缆以外的,且仍在使用的装置,不应视为水下文化遗产。

2. (a)"缔约国"系指同意接受本公约之约束和本公约对其具有约束力的国家。

(b) 本公约经必要的改动后也适用于本公约第二十六条第二款(b)中所指的那些根据该条规定的条件成为本公约的缔约方的地区,从这个意义上说,"缔约国"也指这些地区。

3. "教科文组织"系指联合国教育、科学及文化组织。

4. "总干事"即教科文组织总干事。

5. "区域"系指国家管辖范围以外的海床和洋底及其底土。

6. "开发水下文化遗产的活动"系指以水下文化遗产为其主要对象,并可能直接或间接对其造成损伤或破坏的活动。

7. "无意中影响水下文化遗产的活动"系指尽管不以水下文化遗产为主要对象或对象之一,但可能对其造成损伤或破坏的活动。

8. "国家的船只和飞行器"系指属于某国或由其使用,且在沉没时仅限于政府使用而非商用的,并经确定属实又符合水下文化遗产的定义的军舰和其他船只或飞行器。

9. "规章"系指本公约第三十三条所指的《有关开发水下文化遗产之活动的规章》。

**第二条 目标和总则**

1. 本公约的目的是确保和加强对水下文化遗产的保护。

2. 缔约国应开展合作,保护水下文化遗产。

3. 缔约国应根据本公约的各项规定为全人类之利益保护水下文化遗产。

4. 缔约国应根据本公约和国际法,按具体情况单独或联合采取一切必要的措施来保护水下文化遗产,并应根据各自的能力,运用各自能用的最佳的可行手段。

5. 在允许或进行任何开发水下文化遗产的活动之前,就地保护应作为首选。

6. 打捞出来的水下文化遗产必须妥善存放和保管,以便长期保存。

7. 不得对水下文化遗产进行商业开发。

8. 本公约须与各国的惯例和包括《联合国海洋法公约》在内的国际法相一致,任何条款均不应被理解为对有关主权豁免的国际法和国家惯例的规定的修正,也不改变任何国家对本国的船只和飞行器拥有的权利。

9. 缔约国应确保对海域中发现的所有人的遗骸给予恰当的尊重。

10. 只要不妨碍对水下文化遗产的保护和管理,应当鼓励人们以负责的和非闯入的方式进入仍在水下的水下文化遗产,以对其进行考察或建立档案资料,从而使公众认识到应当了解、欣赏和保护水下文化遗产。

11. 根据本公约采取的任何行动或开展的任何活动均不构成对国家主权或国家管辖权提出要求、支持或反对的理由。

**第三条 本公约与《联合国海洋法公约》之间的关系**

本公约中的任何条款均不得妨碍国际法,包括《联合国海洋法公约》,所赋予各国的权利、管辖权和义务。本公约应结合国际法,包括《联合国海洋法公约》,加以解释和执行,不得与之相悖。

**第四条 与打捞法和打捞物法的关系**

打捞法和打捞物法不适用于开发本公约所指的水下文化遗产的活动,除非它满足以下三个条件:

(a) 得到主管当局的批准;

(b) 完全符合本公约的规定;

(c) 确保任何打捞出来的水下文化遗产都能得到最大限度的保护。

**第五条 无意中影响水下文化遗产的活动**

每个缔约国应采用它能用的最佳的可行手段防止或减轻其管辖范围内无意中影响水下文化遗产的活动可能造成的任何不良后果。

**第六条 双边、地区或其他多边协定**

1. 鼓励缔约国为保护水下文化遗产,签订双边、地区或其他多边协定,或对现有的协定加以补充。所有这些协定应完全符合本公约的规定,不得削弱本公约的普遍性。各国在这些协定中可提出能比本公约提出的规章更好的保护水下文化遗产的规章。

2. 这些双边、地区或其他多边协定的缔约方可邀请与有关的水下文化遗产确有联系,尤其是具有文化、历史或考古方面联系的国家加入这些协定。

3. 本公约不得改变缔约国在本公约通过之前缔结的其他双边、地区或多边协定,尤其是与本公约的宗旨相一致的协定中规定的有关保护沉船的权利和义务。

**第七条 内水、群岛水域和领海中的水下文化遗产**

1. 缔约国在行使其主权时,拥有管理和批准开发其内水、群岛水域和领海中的水下文化遗产的活动的专属权利。

2. 在不违背其他有关保护水下文化遗产的国际协定和国际法准则的情况下,缔约国应要求开发内水、群岛水域和领海中的水下文化遗产的活动遵守《规章》中的各项规定。

3. 缔约国在其群岛水域和领海内行使其主权时,根据国与国之间的通行做法,为了以最佳措施合作保护国家船只和飞行器,要向是本公约缔约国的船旗国,并根据情况,向与该水下文化遗产确有联系,尤其是文化、历史或考古方面的联系的其他国家通知发现可认出国籍的船只和飞行器的情况。

**第八条 毗连区的水下文化遗产**

在不违背第九、十两条的情况下,并在此两条之外,根据《联合国海洋法公约》第三〇三条第二款的规定,缔约国可管理和批准在毗连区内开发水下文化遗产的活动。此时,缔约国应要求遵守《规章》的各项规定。

**第九条 专属经济区和大陆架范围内的报告和通知**

1. 所有缔约国都有责任按本公约保护其专属经济区内和大陆架上的水下文化遗产。因此:

(a) 当一缔约国的国民,或悬挂其国旗的船只发现或者有意开发该国专属经济区内或大陆架上的水下文化遗产时,该缔约国应要求该国国民或船主报告其发现或活动;

(b) 在另一缔约国的专属经济区内或大陆架上:

(i) 缔约国应要求该国国民或船主向其,并向另一缔约国报告这些发现或活动;

(ii) 或一缔约国应要求该国国民或船主向其报告这些发现或活动,并迅速有效地转告所有其他缔约国。

2. 在交存其批准、接受、赞同或加入文书时,一缔约国应说明本条第一款(b)中提到的报告的传达方式。

3. 缔约国应向总干事通报根据本条第一款向其报告的所有发现和活动。

4. 总干事应及时向所有缔约国通报根据本条第三款向其汇报的信息。

5. 任何缔约国都可以向在专属经济区内或大陆架上拥有水下文化遗产的缔约国表示愿意在有效保护这些水下文化遗产方面提供咨询。提出这种意愿的基础是这一缔约国必须与有关的水下文化遗产确有联系,尤其是文化、历史或考古方面的联系。

**第十条 专属经济区内和大陆架上的水下文化遗产的保护**

1. 在本条款许可范围之外,不得授权开发专属经济区内或大陆架上的水下文化遗产。

2. 缔约国有权依据包括《联合国海洋法公约》在内的国际法,为保护其主权权利和管辖权不受干涉而禁止或授权开发本国专属经济区内或大陆架上的文化遗产。

3. 当一缔约国在其专属经济区内或大陆架上发现水下文化遗产,或有意在其专属经济区或大陆架上开发水下文化遗产时,该缔约国应:

(a) 与所有根据第九条第5款提出意愿的缔约国共同商讨如何最有效地保护这些水下文化遗产;

(b) 作为"协调国"对这类商讨进行协调,除非该缔约国明确表示不愿做"协调国";在这种情况下,其他根据第九条第5款表达参与商讨意愿的缔约国应另行指定一个"协调国"。

4. 在不妨碍缔约国遵照国际法采取各种可行措施来保护水下文化遗产,以防止水下文化遗产受到包括抢劫在内的紧急危险的情况下,如有必要,协调国可在协商之前遵照本《公约》采取一切可行的措施,和/或授权采取这些措施,以防止人类活动或包括抢劫在内的其他原因对水下文化遗产构成紧急危险。在采取这些措施时,可请其他缔约国给予协助。

5. 协调国:

(a) 应实施包括协调国在内的协商国一致同意的保护措施,除非包括协调国在内的协商国同意由另一个缔约国来实施这些措施;

(b) 应为实施一致同意的符合《规章》的保护措施进行必要的授权,除非包括协调国在内的协商国同意由另一个缔约国来作出这些授权;

(c) 可对水下文化遗产进行必要的初步研究,并为此进行必要的授权,且应及时向教科文组织总干事报告研究结果,总干事也应及时将这些信息通报其他缔约国。

6. 协调国在根据本条款协调缔约国之间的协商,对水下文化遗产采取保护措施,进行初步研究和/或进行授权时,应代表所有缔约国的整体利益,而不应只代表本国的利益。协调国在采取上述行动时不能就此认为自己享有包括《联合国海洋法公约》在内的国际法没有赋予他的优先权和管辖权。

7. 除本条第2款和第4款所指的情况外,未经船旗国的同意和协调国的协作,不得对国家船只和飞行器采取任何行动。

**第十一条 "区域"内的报告和通知**

1. 根据本公约和《联合国海洋法公约》第一百四十九条规定,缔约国有责任保护"区域"内的水下文化遗产。据此,当一缔约国的国民或悬挂其国旗的船只在"区域"内发现水下文化遗产,或有意开发"区域"内的水下文化遗产时,该缔约国应要求其国民或船主向该缔约国报告他们的发现或活动。

2. 缔约国应向教科文组织总干事和国际海底管理局秘书长通知向他们报告的这些发现和活动。

3. 教科文组织总干事应及时将缔约国提供的这些信息通报给所有的缔约国。

4. 任何缔约国均可向教科文组织总干事表示愿意参与商讨如何有效地保护该水下文化遗产。提出这种意愿的基础是这一缔约国必须与有关的水下文化遗产确有联系,特别应考虑该遗产的文化、历史和考古起源国的优先权利。

**第十二条 "区域"内的水下文化遗产的保护**

1. 在本条款许可范围之外,不得授权开发"区域"内的水下文化遗产。

2. 总干事应邀请根据第十一条第4款提出意愿的缔约国商讨如何最有效地保护有关的水下文化遗产,并指定其中一个缔约国为"协调国",协调商讨工作。教科文组织总干事还应邀请国际海底管理局参加此类协商。

3. 任何缔约国可依照本公约采取一切切实可行的措施,以防止人类活动或包括抢劫在内的其他原因对水下文化遗产造成的直接危害。必要时,可在与其他缔约国进行协商之前采取措施。

4. 协调国应:

(a) 实施由包括协调国在内的协商国一致同意的保护措施,除非包括协调国在内的

协商国同意由另一个缔约国来实施这些措施;

（b）根据本公约之规定,为实施一致同意的措施进行必要的授权,除非包括协调国在内的协商国同意由另一缔约国进行这些授权。

5. 协调国可对水下文化遗产进行必要的初步研究,并为此进行必要的授权,并应及时向教科文组织总干事报告研究结果,总干事也应及时将这些信息通报其他缔约国。

6. 协调国在根据本条款协调缔约国之间的协商,对水下文化遗产采取保护措施,进行初步研究和/或进行授权时,应以全人类的利益为重,代表所有的缔约国。应特别考虑有关水下文化遗产的文化、历史和考古起源国的优先权利。

7. 任何缔约国未经船旗国的许可,不得对"区域"内的国家船只或飞行器采取任何行动。

### 第十三条 主权豁免

享有主权豁免的军舰和其他政府船只或军用飞行器,在执行非商业性的和非针对水下文化遗产的正常任务时,没有根据本公约第九、十、十一和十二条之规定,报告发现水下文化遗产的义务。但是,缔约国应采取适当措施,在不妨碍上述船只和飞行器执行任务或损害其执行任务的能力的情况下,确保上述船只和飞行器在合理和可行的范围内,遵守本公约的第九、十、十一和十二条规定。

### 第十四条 限制进入领土、买卖和拥有

缔约国应采取措施,阻止非法出口和/或以违反本公约的方式非法打捞的水下文化遗产进入其领土,在其领土上买卖或拥有这种水下文化遗产。

### 第十五条 禁止使用缔约国管辖的区域

缔约国应采取措施禁止使用其领土,包括完全处于其管辖权和控制之下的海港、人工岛及其设施和结构,进行违反本公约开发水下文化遗产的活动。

### 第十六条 有关国民和船只的措施

缔约国应采取一切可行的措施,以确保其国民和悬挂其国旗的船只不进行任何不符合本公约的水下文化遗产的开发活动。

### 第十七条 制裁

1. 缔约国应对违反贯彻本公约的措施的行为进行制裁。

2. 对违反行为所作的制裁的力度应足以惩戒任何地方的违法行为,确保遵守本公约,并剥夺违反者从非法行为中获取的利益。

3. 缔约国应相互合作以确保根据本条款所采取的制裁措施得到实施。

### 第十八条 水下文化遗产之扣押与处置

1. 缔约国应采取措施在其领土上扣押以违反本公约的方式打捞的水下文化遗产。

2. 缔约国应对根据本公约扣押的水下文化遗产进行登记和加以保护,并采取一切合理的措施使其保持原有状况。

3. 缔约国应向教科文组织总干事报告其依据本公约扣押的水下文化遗产,并通报任何与该水下文化遗产确有联系,尤其是文化、历史或考古方面的联系的缔约国。

4. 扣押了水下文化遗产的缔约国应确保对该文化遗产的处理方式符合公众的利益，要考虑对该遗产的保护和研究，散落文物之复原，向公众开放、展览和进行教育等问题，以及与该文化遗产确有联系，尤其是文化、历史或考古方面的联系的缔约国的利益。

### 第十九条 合作与信息共享

1. 缔约国应依据本公约在水下文化遗产的保护和管理方面相互合作，互相帮助。有可能的话，也应在对这种遗产的调查、挖掘、记录、保存、研究和展出等方面开展协作。

2. 在不违反本公约宗旨的前提下，各缔约国要与其他缔约国分享有关水下文化遗产的信息，包括水下文化遗产的发现、所处位置、违反本公约或国际法或违反与这种遗产有关的其他国际法、有关的科学方法和技术以及有关法律挖掘或打捞的文化遗产。

3. 缔约国之间，或教科文组织与缔约国之间分享的有关水下文化遗产的发现或其位置的信息，只要泄露后可能危害水下文化遗产或危及水下文化遗产的保护工作，就应在不违反缔约国国内法律的前提下，作为只有缔约国主管当局了解的机密。

4. 缔约国应采取一切可行的措施，包括利用有关的国际数据库，并在可行的情况下，公布有关违反本公约或国际法挖掘或打捞的水下文化遗产的信息。

### 第二十条 提高公众意识

缔约国应采取一切可行的措施，提高公众对水下文化遗产的价值与意义的认识，以及依照本公约保护水下文化遗产之重要性的认识。

### 第二十一条 水下考古培训

缔约国应开展合作，提供水下考古、水下文化遗产保存技术方面的培训，并按商定的条件进行与水下文化遗产有关的技术的转让。

### 第二十二条 主管机构

1. 为确保本公约的有效实施，缔约国应设立主管机构，已设立的要予以加强，负责水下文化遗产目录的编制、保存和更新工作，对水下文化遗产进行有效的保护、保存、展出和管理，并开展有关的科研和教育活动。

2. 缔约国应将其主管水下文化遗产的机构的名称和地址告知总干事。

### 第二十三条 缔约国会议

1. 总干事应在本公约生效一年之后召开一次缔约国会议，其后至少每两年召开一次。如大多数缔约国要求，总干事应召开缔约国特别会议。

2. 缔约国会议应确定其职能和责任。

3. 缔约国会议应有自己的《议事规则》。

4. 缔约国会议可以设立一个由缔约国提名的专家组成的科学与技术咨询委员会，该委员会的组成应充分考虑公平的地理分配原则和男女成员的适当比例。

5. 科学与技术咨询委员会应在实施《规章》中涉及的科学和技术问题方面的细则时，向缔约国会议提供必要的协助。

### 第二十四条 公约秘书处

1. 总干事应负责为本公约设立秘书处。

2. 秘书处的职能包括：

（a）根据第二十三条第 1 款的规定组织缔约国会议；

（b）协助缔约国落实缔约国会议的决定。

**第二十五条　和平解决争端**

1. 两个或两个以上缔约国在解释或实施本公约时出现的任何争端，都应以诚恳的协商或他们所选择的其他和平方式加以解决。

2. 如此类协商未能在合理的时间内解决争端，可经当事缔约国同意后，交由教科文组织调解。

3. 如未进行调解或调解无效，《联合国海洋法公约》第十五部分有关解决争端的条款，经必要修改后，可适用于本公约缔约国之间在解释或实施本公约中出现的任何争端，无论这些缔约国是否也是《联合国海洋法公约》的缔约国。

4. 本公约及《联合国海洋法公约》的缔约国依据《联合国海洋法公约》第二百八十七条所选择的任何程序，都适用于解决本条款中所说的争端，除非该缔约国在批准、接受、赞同或加入本公约之时或其后的任何时候，依据第二百八十七条选择了其他程序来解决因本公约引起的争端。

5. 没有加入《联合国海洋法公约》的本公约缔约国，在批准、接受、赞同或加入本公约之时或其后的任何时候，可以通过书面声明的方式，自由选择《联合国海洋法公约》第二百八十七条第 1 款所规定的一种或多种方式，来解决本条款中所说的争端。第二百八十七条适用于这类声明，也适用于上述缔约国为当事一方，但是不在有效声明范围内的任何争端。依据《联合国海洋法公约》附件Ⅴ和附件Ⅶ，为了进行调解和仲裁，上述缔约国有权指定调解人和仲裁人，列入附件Ⅴ第二条和附件Ⅶ第二条提到的名单，以解决因本公约引起的争端。

**第二十六条　批准、接受、赞同或加入**

1. 教科文组织会员国可以批准、接受或赞同本公约。

2. 可以加入本公约的国家或地区包括：

（a）不是教科文组织会员国，但是联合国成员国或联合国系统内某一专门机构或国际原子能机构的会员国的国家，《国际法院规约》的缔约国，以及应教科文组织大会的邀请加入本公约的任何国家；

（b）没有完全独立，但根据联合国大会第 1514（XV）号决议，被联合国承认为充分享有内部自治，并且有权处理本公约范围内的事宜，包括有权就这些事宜签署协议的地区。

3. 批准、接受、赞同或加入本公约的文书应交存于总干事处。

**第二十七条　生效**

在收到本公约第二十六条言及之第二十份文书三个月之后，本公约生效，但仅限于递交了文书的二十个国家或地区。其他任何国家或地区在递交其文书三个月后，本公约生效。

**第二十八条　内陆水域声明**

任何国家或地区，在批准、接受、赞同或加入本公约之时或其后的任何时候，都可以声明本公约之《规章》适用于其不具海洋性质的内陆水域。

**第二十九条　地理范围的限定**

任何国家或地区,在批准、接受、赞同或加入本公约之时,可向文书保管者声明,本公约不适用于其领土、内水、群岛水域或领海的某些特定部分,并在声明中阐述其理由。该国应尽其所能尽快地创造条件,使本公约适用于其声明中所指的特定区域,一旦条件成熟,应尽快全部或部分地撤回其声明。

**第三十条　保留**

除第二十九条所指的情况外,对本公约不得持任何保留意见。

**第三十一条　修正**

1. 缔约国可书面通知教科文组织总干事,对本公约提出修正建议。总干事应将此通知转发给所有缔约国。如在通知发出之日起六个月内,有一半以上的缔约国答复赞成这一要求,总干事应将此建议提交下一次缔约国会议讨论,决定是否通过。

2. 对本公约的修正须经出席并参加表决的缔约国三分之二多数票通过。

3. 对本公约的修正一俟通过,可交由缔约国批准、接受、赞同或加入。

4. 对于批准、接受、赞同或加入修正案的缔约国来说,本公约修正案在三分之二的缔约国递交本条第 3 款所提及的文书之日三个月之后生效。此后,对任何批准、接受、赞同或加入修正案的国家或地区来说,在其递交批准、接受、赞同或加入文书之日三个月之后,本公约修正案即生效。

5. 依照本条第 4 款修正案生效后,本公约的缔约国或地区,在该国或地区未表示异议的情况下,应:

(a) 被视为本公约业经修正之文本的缔约方;

(b) 但在与不受修正案约束的任何缔约国的关系中,仍被视为未经修正之公约的缔约方。

**第三十二条　退出**

1. 缔约国可书面通知教科文组织总干事退出本公约。

2. 退出自接到通知之日起十二个月后生效,除非通知指定一个较后的日期。

3. 退出本公约绝不意味着该缔约国可以不履行按照本公约以外的国际法应承担的与本公约规定相同的一切义务。

**第三十三条　规章**

作为本公约之附件的《规章》是本公约的一个组成部分,除非另有明确说明,否则凡提及本公约时,均包括该《规章》。

**第三十四条　备案**

根据联合国宪章第一○二条,本公约应按总干事的要求在联合国秘书处备案。

**第三十五条　有效文本**

本公约用阿拉伯文、中文、英文、法文、俄文和西班牙文制定,这六种文本具有同等效力。

附件

# 有关开发水下文化遗产活动的规章

## Ⅰ.一般原则

**第一条** 就地保护应作为保护水下文化遗产的首选方案。因此,是否批准开发水下文化遗产的活动必须看它是否符合保护该遗产之要求,在符合这种要求的情况下,可以批准进行一些有助于保护、认识或改善水下文化遗产的活动。

**第二条** 以交易或投机为目的而对水下文化遗产进行的商业性开发或造成的无法挽救的失散与保护和妥善管理这一遗产的精神是根本不相容的。水下文化遗产不得作为商品进行交易、买卖或以物换物。

本条不得解释为禁止下述活动:

(a) 开展性质和目的完全符合本公约之规定,并经主管当局批准的专业考古工作或必要的辅助工作;

(b) 保管在开展与本公约精神相符的研究项目时打捞的水下文化遗产,条件是这种保管不会损害打捞物的科学或文化价值,无损于其完整性或不会造成其无可挽回的失散,而且要符合第三十三条和第三十四条的规定并经主管当局的批准。

**第三条** 开发水下文化遗产的活动对这一遗产造成的损坏必须以为完成项目而不得不造成的损坏为限。

**第四条** 开发水下文化遗产的活动应当优先考虑使用非破坏性的技术和勘测方法,而不是去打捞有关物品。如果为了科学研究或最终保护有关水下文化遗产而需要进行挖掘或打捞,那么所使用的技术和方法应尽可能不造成破坏,并有助于保存遗产。

**第五条** 开发水下文化遗产的活动应当避免不必要地侵扰人的遗骸或历史悠久的遗址。

**第六条** 开展开发水下文化遗产的活动应当严格按规定做好文化、历史和考古方面的资料工作。

**第七条** 应当鼓励向公众开放仍在水下的水下文化遗产,但不利于保护和管理的情况除外。

**第八条** 应鼓励在开展开发水下文化遗产的活动方面进行国际合作,以促进有效地交流或任用考古学家及其他有关的专业人员。

## Ⅱ.项目说明

**第九条** 在开展开发水下文化遗产的活动之前,应当拟定一份项目说明,并提交主管当局批准和请同行进行必要的评议。

**第十条** 项目说明应当包括:

(a) 对先前或初步研究的结果进行评估;

(b) 项目说明和目标;

（c）准备采用的方法和技术；
（d）预计的资金；
（e）完成项目的时间表；
（f）项目小组的成员，每位成员的资历、责任和经验；
（g）实地考查工作后的分析工作和其他活动的计划；
（h）与主管当局密切合作拟定的文物和遗址保护计划；
（i）整个项目执行期间的遗址管理和保护政策；
（j）文献资料计划；
（k）安全措施；
（l）环境政策；
（m）与博物馆和其他机构，特别是与科研机构的合作安排；
（n）报告的编写；
（o）档案，包括打捞上来的水下文化遗产的存放计划；
（p）出版计划。

**第十一条** 应当根据主管当局批准的项目说明开展开发水下文化遗产的活动。

**第十二条** 在出现未曾预料的发现或情况发生变化的情况下，项目说明应经主管当局批准予以复议和修订。

**第十三条** 在出现紧急情况或意外发现时，即使没有项目说明，也可允许开展开发水下文化遗产的活动，包括短期的保护措施或活动，特别是稳定遗址方面的工作，以保护水下文化遗产。

Ⅲ. 初步工作

**第十四条** 第十（a）条所说的初步工作包括一项评估工作，即评估水下文化遗产和周边自然环境的重要性并估计出执行的项目会在多大程度上使其受损，以及收集符合项目目标的数据的可能性。

**第十五条** 这项评估工作也应包括对现有的历史和考古资料，有关遗址在考古和环境方面的特点，以及这些活动对有关水下文化遗产的长期稳定可能造成的侵扰进行研究。

Ⅳ. 项目的目标和使用的方法及技术

**第十六条** 所使用的方法应符合项目的目标，采用的技术应尽量不造成破坏。

Ⅴ. 资金

**第十七条** 除水下文化遗产的紧急保护外，在开始进行任何开发活动之前，必须有足以完成项目说明中所有阶段所需的基本资金，包括对打捞的文物进行保护、登记造册和保管，以及编写和散发报告所需的基本资金。

**第十八条** 项目说明应表明有足够的能力，如获得一笔保证金来资助该项目，直至全部完成。

**第十九条** 项目说明应包括一项应急计划，确保在预计资金中断的情况下仍能保护水下文化遗产和编写有关的文献资料。

## Ⅵ. 项目的期限——时间表

**第二十条** 在开展开发水下文化遗产的活动之前,应拟定一份详细的时间表,以确保完成项目说明中规定的各个阶段的活动,包括对打捞上来的水下文化遗产进行保护、登记和保管,以及编写和散发报告等工作。

**第二十一条** 项目说明应包括一项应急计划,确保在项目中断或终止执行的情况下仍能保护水下文化遗产和编写有关的文献资料。

## Ⅶ. 专业水平和资历

**第二十二条** 开发水下文化遗产的活动只能在有一名具有项目所需的科学能力的合格的水下考古专家并经常在现场指导和监督的情况下才能开展。

**第二十三条** 项目小组的所有成员都应能胜任工作并具备完成各自的任务所需的专业技能。

## Ⅷ. 文化保护与遗址管理

**第二十四条** 文物保护计划应提出在开展开发水下文化遗产的活动期间、在运输途中和在长时期内如何处理有关文物。保护工作应按现行的专业准则进行。

**第二十五条** 遗址管理计划应对水下文化遗产在现场开发期间及之后的就地保护和管理工作作出规定。这一计划应包括公众宣传,以及采取稳定遗址、对其进行监测和防止其受到侵扰的合理手段。

## Ⅸ. 文献资料

**第二十六条** 文献资料计划应根据现行的考古文献工作的专业标准,详细记录开发水下文化遗产活动的全部情况,包括一份进度报告。

**第二十七条** 文献资料至少应包括一份遗址的详细介绍,包括在开发活动中被挪动的或打捞的水下文化遗产的来历、现场纪事、示意图、图样、截面图和照片或以其他手段保存的资料。

## Ⅹ. 安全

**第二十八条** 应制定一套安全措施,充分确保项目小组成员和第三方的安全与健康,并符合现行法律和职业方面的一切规定。

## Ⅺ. 环境

**第二十九条** 应制定一项环境政策,确保不过多地打乱海底和海洋生物的现状。

## Ⅻ. 报告

**第三十条** 应根据项目说明中规定的工作时间表提交中期报告和最后报告,并存放在有关的公共档案中。

**第三十一条** 报告应包括:

(a) 目标的实现情况;

(b) 方法和技术使用情况;

(c) 已获得的结果;

(d) 活动各阶段的主要图表与照片等文献资料;

(e) 有关保护和保存遗址及所打捞的水下文化遗产的建议；

(f) 有关今后活动的建议。

## XIII. 项目档案的保存

**第三十二条** 在开展任何开发活动之前，应当商定保存项目档案的措施，并写入项目说明。

**第三十三条** 项目档案，包括所有被打捞的水下文化遗产和所有相关的文献资料，必须尽量集中在一起，并保持其完好无损，以便专业人员和公众使用和保存这些档案。这项工作应当尽快完成，至迟在项目结束之后的十年内完成，因为这符合保存有关水下文化遗产的精神。

**第三十四条** 项目档案应根据国际专业标准加以管理，并由主管当局认可。

## XIV. 宣传

**第三十五条** 项目应包括对公众的教育，在有条件的情况下，还应向公众展出其活动的成果。

**第三十六条** 项目的最后综合报告应：

(a) 在考虑到项目的复杂性和有关资料的保密性或敏感性的同时，尽早公布于众；

(b) 存放在有关的国家档案中。

2001年11月6日订于巴黎，正本两份，由联合国教科文组织大会第三十一届会议主席和联合国教科文组织总干事签署，并将存放于联合国教科文组织的档案中。经核准的副本将分送第二十六条所提及的所有国家和地区以及联合国。

**保存**

联合国教科文组织

**生效**

根据第二十七条，本公约于2009年1月2日生效，但仅限于2008年10月2日前递交了其各自批准书、接受书、赞同书或加入书的国家。其他任何国家在递交其批准书、接受书、赞同书或加入书的三个月后，本公约生效。

**有效文本**

阿拉伯文、英文、中文、法文、西班牙文与俄文

译本来源：联合国教科文组织的有效中文文本

www.unesco.org/new/zh/culture/themes/cwderwater-cultural-heritage/2001-convention/official-text/

# 欧洲保护视听遗产公约*

(斯特拉斯堡 2001 年 11 月 8 日)
European Convention for the Protection of the Audiovisual Heritage (2001)

## 序言

欧洲委员会各成员国、《欧洲文化公约》和欧洲共同体的其他缔约国、本公约签署国，

考虑到欧洲委员会的目标是使其成员之间更为团结，特别是为了保护和传承共同遗产的理想和原则而共同努力；

考虑到欧洲遗产反映了各国人民的文化认同和多样性；

考虑到移动影像资料是欧洲文化遗产的有机组成部分，各国应确保为了后代保护好移动影像资料；

考虑到移动影像资料是反映当代社会的一种文化表现形式，是记录日常事件的良好方式，是我们历史的基础和文明的反映；

意识到移动影像资料的脆弱性、保护及向后代传承移动影像资料过程中存在的各种危险；

强调缔约方有责任保护、恢复和保持这种遗产的重要性；

决心合作并采取联合行动，以保障和确保视听文化遗产的延续；

考虑到保护版权和邻接权的现行国际条约；

考虑到其他国际论坛在保护视听遗产领域开展的工作，

同意如下：

## 第一章　简介

### 第一条　本公约的目标

该公约的目的是确保保护和使用兼具艺术形式和记录过去功能的欧洲视听遗产，通

---

\* 修订《欧洲联盟条约》和《建立欧洲共同体条约》的《里斯本条约》于 2009 年 12 月 1 日生效。因此，自该日起，任何对欧洲经济共同体的提及均应理解为欧洲联盟。

过收集、保存和提供移动影像资料,用于符合公共利益的文化、科学和研究目的。

**第二条 定义**

在本公约中:

a. "移动影像资料"是指通过任何方式和任何介质记录的任何一组移动影像,无论是否伴有声音,都能传达移动的影像;

b. "电影作品"是指任何长度的移动影像资料,特别是计划在电影院放映的故事片、动画片和纪录片等电影作品;

c. "档案机构"是指缔约方指定的、履行法定缴存职能的任何机构;

d. "自愿缴存机构"是指缔约方为此目的指定的任何机构。

**第三条 适用范围**

1. 本公约的缔约方应自公约生效之日起使所有电影作品适用本公约的规定。

2. 根据本公约第十八条制定的议定书,本公约的适用范围应扩大到电影制作以外的其他移动影像资料,如电视作品。

**第四条 版权和邻接权**

本公约的义务不得影响保护版权和邻接权国际条约的规定。本公约的任何规定均不得解释为损害此类保护。

## 第二章 法定缴存

**第五条 法定缴存的一般义务**

1. 各缔约方应通过立法或其他适当方式,对构成其部分视听遗产并在有关缔约方境内生产或共同生产的移动影像资料规定存放义务。

2. 如果移动影像资料合法存放在其他任一有关缔约方,则各缔约方可规定免除合法缴存。

**第六条 档案机构的指定和任务**

1. 各缔约方应指定一个或多个档案机构,其任务是确保保存、记录、恢复移动影像资料,并提供有关资料的咨询。

2. 指定机构应为公共或私人机构,但不得由主要从事媒体行业营利活动的自然人或法人直接或间接控制。

3. 各缔约方须承诺监督分配给档案机构的任务的执行情况。

**第七条 技术和财务手段**

各缔约方应确保档案机构拥有执行本公约第六条第1款所界定任务的必要条件。

**第八条 合法缴存的条件**

1. 各方应指定提交缴存义务的自然人或法人,提供该缴存所需的条件,并特别确保档案机构收到可以恢复原始品质的原件或资料。

2. 资料应在最终版本首次向公众展示后最多十二个月内或在一方指定的任何其他合

理期限内缴存。如果未向公众展示,则时限应在生产结束时开始。

### 第九条　修复缴存的资料

1. 各缔约方应鼓励和促进修复合法存放的、物质质量下降的移动影像资料,这些影像资料构成视听遗产的一部分。

2. 各缔约方可在其立法中允许复制合法存放的移动影像资料,以便进行修复。

### 第十条　紧急措施

各缔约方应作出适当安排,确保保护构成其视听遗产一部分的移动影像资料,如果不受法定保存条款的保护,则该影像资料将面临威胁其物质存在的紧急危险。

## 第三章　自愿缴存

### 第十一条　鼓励自愿缴存

各缔约方应鼓励和促进构成其视听遗产一部分的移动影像资料的自愿缴存,包括不属于本公约第五条规定的辅助材料。

### 第十二条　向公众开放

各缔约方应鼓励自愿缴存机构签订与权利持有人的合同,对向公众开放缴存的移动影像资料的条件作出具体规定。

## 第四章　档案机构和自愿缴存机构共同的一般规定

### 第十三条　联合档案

1. 为了更有效地实现本公约的目标,缔约方可决定设立联合档案机构和自愿缴存机构。

2. 在符合每项功能的具体规定的条件下,档案机构和自愿缴存机构可以是同一机构。

### 第十四条　档案机构和自愿缴存机构之间的合作

各缔约方应鼓励其档案馆或自愿缴存机构相互合作,并与其他缔约方的机构合作,以便促进:

a. 移动影像资料的信息交流;

b. 欧洲视听电影研究的编纂;

c. 开发用于存储、汇集和更新移动影像资料和相关信息的标准程序;

d. 制定电子信息交换的通用标准;

e. 保存用于显示移动影像材料的设备。

### 第十五条　缴存的合同条款

各缔约方应鼓励档案馆和自愿缴存机构与缴存人签订合同,明确规定存放的移动影像资料的权利和义务。除非法律规定,否则此类合同可以规定存放材料的任何损害情况的责任条件、其权利持有人临时或永久退出缴存的条件,以及权利人为修复资料及档案馆或自愿缴存机构的其他服务所应支付的费用。

## 第五章 公约的后续行动

### 第十六条 常务委员会

1. 为达成本公约的目的,应设立常务委员会。

2. 各缔约方在常务委员会中应有一名或多名代表。各缔约方均有投票权。作为本公约缔约国的每个国家均有一票表决权。关于其职权范围内的问题,欧洲共同体行使其投票权,投票数等于本公约缔约方的成员国的数目。当问题不属于其职权范围内时,欧洲共同体不得行使其投票权。

3. 欧洲共同体或第十九条所述的任何非本公约缔约国的国家,可派观察员出席/参加常务委员会。

4. 常务委员会由欧洲委员会秘书长召集。第一次会议应在公约生效之日起6个月内举行。每当三分之一的缔约方或欧洲委员会部长委员会按照第十八条第2款的规定提出要求时,或一个或多个缔约方按照第十七条第1.c款的规定提出要求时,应继续举行常务委员会会议。

5. 大多数缔约方应构成通过决定所需的法定人数。根据第十六条第6款和第十八条第3款的规定,常务委员会的决定须由出席会议的缔约方三分之二多数通过。

6. 为履行本公约规定的职能,常务委员会可征求专家意见,可主动或应有关机构的请求,邀请任何在本公约所涉领域具有技术资格的国际或国家、政府或非政府机构派观察员参加全部或部分会议。邀请此类专家或机构的决定应由缔约方三分之二多数作出。

6. 在符合本公约规定的前提下,常务委员会应制定自己的议事规则。

### 第十七条 常务委员会的职能和报告

1. 常务委员会负责审查本公约的运作和实施。可以:

a. 向缔约方提出有关适用本公约的建议;

b. 建议对公约进行任何必要的修改,并根据第十八条的规定审查提出的修改建议;

c. 应一个或多个缔约方的请求,审查有关本公约解释的任何问题;

d. 向部长委员会提出关于邀请加入本公约的国家(第十九条所述国家除外)的建议。

2. 每次会议结束后,常务委员会应向各缔约方和欧洲委员会部长委员会提交一份关于其讨论和所作决定的报告。

## 第六章 议定书和修正案

### 第十八条 议定书和修正案

1. 应缔结关于电影作品以外的移动影像资料的议定书,以便在特定领域制定本公约所载的各项原则。

2. 任一缔约方、常务委员会或部长委员会提出的关于本条第 1 款所述议定书的任何提案或对该议定书或本公约的任何修正案的任何修正提案均应通知欧洲委员会秘书长，并由其转交欧洲委员会成员国，转交给可能成为本公约缔约国和欧洲共同体的其他国家。欧洲委员会秘书长应在提案通知后的两个月内召开常务委员会会议。

3. 常务委员会应在秘书长按照本条第 2 款提交提案后两个月内审议该提案。常务委员会应将四分之三多数批准的案文提交部长委员会通过。

4. 根据前一条款通过的对本公约的任何修正案，应在所有缔约方通知秘书长接受该修正后的第 30 天生效。如果部长委员会通过了一项修正案，但尚未生效，则一国或欧洲共同体不得接受本公约的约束而不同时接受该修正案。

5. 部长委员会应基于常务委员会根据本条第 3 款提交的案文，确定本公约议定书生效的条件和对议定书的修正。

## 第七章　最后条款

### 第十九条　签字、批准、接受、核准

本公约开放由欧洲委员会成员国、《欧洲文化公约》的其他缔约国和欧洲共同体签署。本公约须经签署国批准、接受或核准。批准书、接受书或核准书应交存于欧洲委员会秘书长。

### 第二十条　生效

1. 按照第十九条的规定，本公约应自 5 个国家，包括至少 4 个欧洲委员会成员国表示同意受其约束之日起 3 个月后的第一个月的第一天生效。

2. 对于后来表示同意受其约束的任何签署国，本公约应自其交存批准书、接受书或核准书之日起 3 个月期满后的第一个月的第一天生效。

### 第二十一条　本公约与共同体法之间的关系

在相互关系中，共同体规则应适用于作为欧洲共同体成员的缔约方，因此本公约产生的规则不应适用，除非没有关于有关特定主题的共同体规则。

### 第二十二条　其他国家加入

1. 在本公约生效后，欧洲委员会部长委员会在与缔约方磋商后，可以通过欧洲委员会规约第 20.d 条规定的多数决定，以及有权担任部长委员会的缔约国代表的一致投票，邀请任何未在第十九条中提及的国家加入本公约。

2. 对于任何加入国，本公约应自加入书交存欧洲委员会秘书长之日起 3 个月期满后的第一个月的第一天生效。

### 第二十三条　领土适用

1. 任何国家或欧洲共同体在签署或交存批准书、接受书、核准书或加入书时，均可指明本公约适用的领土。

2. 任何缔约方可在以后通过向欧洲委员会秘书长发出的声明，将本公约的适用范围

扩大到声明中指明的任何其他领土。就该领土而言,公约应自秘书长收到该声明之日起三个月期满后的第一个月的第一天生效。

3. 根据前两款作出的任何声明,可以就该声明中指明的任何领土,通过给秘书长发通知撤回。撤回应在秘书长收到通知之日起三个月后的第一个月的第一天生效。

**第二十四条　保留**

对本公约的规定不得作任何保留。

**第二十五条　退出**

1. 任何缔约方均可随时通过向欧洲委员会秘书长发出通知退出本公约。

2. 此种退出应在秘书长收到通知之日起 6 个月期满后的第一个月的第一天生效。

**第二十六条　通知**

欧洲委员会秘书长应通知欧洲委员会成员国、可能成为本公约缔约国和欧洲共同体的其他国家:

a. 任何签名;

b. 任何批准书、接受书、核准书或加入书的交存;

c. 根据第二十、二十二和二十三条,本公约生效的任何日期;

d. 根据第十八条通过的任何修正案或议定书,以及该修正案或议定书生效的日期;

e. 与本公约有关的任何其他行为、通知或通信。

下列签署人经正式授权,已在本公约上签字,以昭信守。

本协定于 2001 年 11 月 8 日在斯特拉斯堡签署,用英文和法文写成,两种文本具有同等效力,一式一份,存放在欧洲委员会的档案中。欧洲委员会秘书长应将经核准的副本送交欧洲委员会的每个成员国、《欧洲文化公约》的其他缔约国、欧洲共同体和受邀加入本公约的任何其他国家。

(张珊珊)

# 联合国教科文组织《保护非物质文化遗产公约》

（联合国教科文组织第三十二届会议于 2003 年 10 月 17 日在巴黎通过）

联合国教育、科学及文化组织（以下简称教科文组织）大会于 2003 年 9 月 29 日至 10 月 17 日在巴黎举行的第三十二届会议。

参照现有的国际人权文书，尤其是 1948 年的《世界人权宣言》以及 1966 年的《经济、社会、文化权利国际盟约》和《公民及政治权利国际盟约》这两个盟约；

考虑到 1989 年的《保护民间创作建议书》、2001 年的《教科文组织世界文化多样性宣言》和 2002 年第三次文化部长圆桌会议通过的《伊斯坦布尔宣言》强调非物质文化遗产的重要性，它是文化多样性的熔炉，又是可持续发展的保证；

考虑到非物质文化遗产与物质文化遗产和自然遗产之间的内在相互依存关系，承认全球化和社会变革进程除了为各群体之间开展新的对话创造条件，也与不容忍现象一样使非物质文化遗产面临损坏、消失和破坏的严重威胁，而这主要是因为缺乏保护这种遗产的资金；

意识到保护人类非物质文化遗产是普遍的意愿和共同关心的事项，承认各群体，尤其是土著群体，各团体，有时是个人在非物质文化遗产的创作、保护、保养和创新方面发挥着重要作用，从而为丰富文化多样性和人类的创造性作出贡献；

注意到教科文组织在制定保护文化遗产的准则性文件，尤其是 1972 年的《保护世界文化和自然遗产公约》方面所做的具有深远意义的工作；

还注意到迄今尚无有约束力的保护非物质文化遗产的多边文件；

考虑到国际上现有的关于文化遗产和自然遗产的协定、建议书和决议需要有非物质文化遗产方面的新规定有效地予以充实和补充；

考虑到必须提高人们，尤其是年青一代对非物质文化遗产及其保护的重要意义的认识；

考虑到国际社会应当本着互助合作的精神与本公约缔约国一起为保护此类遗产作出贡献；

忆及教科文组织有关非物质文化遗产的各项计划，尤其是"宣布人类口述遗产和非物质遗产代表作"计划；

认为非物质文化遗产是密切人与人之间的关系以及他们之间进行交流和了解的要

素,它的作用是不可估量,

于 2003 年 10 月 17 日通过本公约。

## Ⅰ. 总则

**第一条** 本公约的宗旨

本公约的宗旨如下:

(a) 保护非物质文化遗产;

(b) 尊重有关群体、团体和个人的非物质文化遗产;

(c) 在地方、国家和国际一级提高对非物质文化遗产及其相互鉴赏的重要性的意识;

(d) 开展国际合作及提供国际援助。

**第二条** 定义

在本公约中,

1. "非物质文化遗产"指被各群体、团体、有时为个人视为其文化遗产的各种实践、表演、表现形式、知识和技能及其有关的工具、实物、工艺品和文化场所。各个群体和团体随着其所处环境、与自然界的相互关系和历史条件的变化不断使这种代代相传的非物质文化遗产得到创新,同时使他们自己具有一种认同感和历史感,从而促进了文化多样性和人类的创造力。在本公约中,只考虑符合现有的国际人权文件,各群体、团体和个人之间相互尊重的需要和顺应可持续发展的非物质文化遗产。

2. 按上述第 1 段的定义,"非物质文化遗产"包括以下方面:

(a) 口头传说和表述,包括作为非物质文化遗产媒介的语言;

(b) 表演艺术;

(c) 社会风俗、礼仪、节庆;

(d) 有关自然界和宇宙的知识和实践;

(e) 传统的手工艺技能。

3. "保护"指采取措施,确保非物质文化遗产的生命力,包括这种遗产各个方面的确认、立档、研究、保存、保护、宣传、弘扬、传承(主要通过正规和非正规教育)和振兴。

4. "缔约国"指受本公约约束且本公约在它们之间也通用的国家。

5. 根据本条款所述之条件,本公约经必要修改对成为其缔约方之第 33 条所指的领土也适用。从这个意义上说,"缔约国"亦指这些领土。

**第三条** 与其他国际文书的关系

本公约的任何条款均不得解释为:

(a) 有损被宣布为 1972 年《保护世界文化和自然遗产公约》的世界遗产、直接涉及非物质文化遗产内容的财产的地位或降低其受保护的程度;或

(b) 影响缔约国从其作为缔约方的任何有关知识产权或使用生物和生态资源的国际文书所获得的权利和所负有的义务。

## Ⅱ. 公约的有关机关

**第四条** 缔约国大会

1. 兹建立缔约国大会,下称"大会"。大会为本公约的最高权力机关。

2. 大会每两年举行一次常会。如若它作出此类决定或政府间保护非物质文化遗产委员会或至少三分之一的缔约国提出要求,可举行特别会议。

3. 大会应通过自己的议事规则。

**第五条** 政府间保护非物质文化遗产委员会

1. 兹在教科文组织内设立政府间保护非物质文化遗产委员会,下称"委员会"。在本公约依照第三十四条的规定生效之后,委员会由参加大会之缔约国选出的 18 个缔约国的代表组成。

2. 在本公约缔约国的数目达到 50 个之后,委员会委员国的数目将增至 24 个。

**第六条** 委员会委员国的选举和任期

1. 委员会委员国的选举应符合公平的地理分配和轮换原则。

2. 委员会委员国由本公约缔约国大会选出,任期四年。

3. 但第一次选举当选的半数委员会委员国的任期为两年。这些国家在第一次选举后抽签指定。

4. 大会每两年对半数委员会委员国进行换届。

5. 大会还应选出填补空缺席位所需的委员会委员国。

6. 委员会委员国不得连选连任两届。

7. 委员会委员国应选派在非物质文化遗产各领域有造诣的人士为其代表。

**第七条** 委员会的职能

在不妨碍本公约赋予委员会的其他职权的情况下,其职能如下:

(a) 宣传公约的目标,鼓励并监督其实施情况;

(b) 就好的做法和保护非物质文化遗产的措施提出建议;

(c) 按照第二十五条的规定,拟订利用基金资金的计划并提交大会批准;

(d) 按照第二十五条的规定,努力寻求增加其资金的方式方法,并为此采取必要的措施;

(e) 拟订实施公约的业务指南并提交大会批准;

(f) 根据第二十九条的规定,审议缔约国的报告并将报告综述提交大会;

(g) 根据委员会制定的、大会批准的客观遴选标准,审议缔约国提出的申请并就以下事项作出决定:

(i) 列入第十六、第十七和第十八条述及的名录和提名;

(ii) 按照第二十二条的规定提供国际援助。

**第八条** 委员会的工作方法

1. 委员会对大会负责。它向大会报告自己的所有活动和决定。
2. 委员会以其委员的三分之二多数通过自己的议事规则。
3. 委员会可临时设立它认为对执行其任务所需的咨询机构。
4. 委员会可邀请在非物质文化遗产各领域确有专长的任何公营或私营机构以及任何自然人参加会议,就任何具体的问题向其请教。

**第九条** 咨询组织的认证

1. 委员会应就由在非物质文化遗产领域确有专长的非政府组织做认证向大会提出建议。这类组织的职能是向委员会提供咨询意见。
2. 委员会还应向大会就此认证的标准和方式提出建议。

**第十条** 秘书处

1. 委员会由教科文组织秘书处协助。
2. 秘书处起草大会和委员会文件及其会议的议程草案和确保其决定的执行。

## Ⅲ. 在国家一级保护非物质文化遗产

**第十一条** 缔约国的作用

各缔约国应该:

(a) 采取必要措施确保其领土上的非物质文化遗产受到保护;

(b) 在第二条第3段提及的保护措施内,由各群体、团体和有关非政府组织参与,确认和确定其领土上的各种非物质文化遗产。

**第十二条** 清单

1. 为了使其领土上的非物质文化遗产得到确认以便加以保护,各缔约国应根据自己的国情拟定一份或数份关于这类遗产的清单,并应定期加以更新。
2. 各缔约国在按第二十九条的规定定期向委员会提交报告时,应提供有关这些清单的情况。

**第十三条** 其他保护措施

为了确保其领土上的非物质文化遗产得到保护、弘扬和展示,各缔约国应努力做到:

(a) 制定一项总的政策,使非物质文化遗产在社会中发挥应有的作用,并将这种遗产的保护纳入规划工作;

(b) 指定或建立一个或数个主管保护其领土上的非物质文化遗产的机构;

(c) 鼓励开展有效保护非物质文化遗产,特别是濒危非物质文化遗产的科学、技术和艺术研究以及方法研究;

(d) 采取适当的法律、技术、行政和财政措施,以便:

(i) 促进建立或加强培训管理非物质文化遗产的机构以及通过为这种遗产提供活动和表现的场所和空间,促进这种遗产的承传;

(ii) 确保对非物质文化遗产的享用,同时对享用这种遗产的特殊方面的习俗做法予以尊重；

(iii) 建立非物质文化遗产文献机构并创造条件促进对它的利用。

**第十四条** 教育、宣传和能力培养

各缔约国应竭力采取种种必要的手段，以便：

(a) 使非物质文化遗产在社会中得到确认、尊重和弘扬，主要通过：

(i) 向公众，尤其是向青年进行宣传和传播信息的教育计划；

(ii) 有关群体和团体的具体的教育和培训计划；

(iii) 保护非物质文化遗产，尤其是管理和科研方面的能力培养活动；

(iv) 非正规的知识传播手段。

(b) 不断向公众宣传对这种遗产造成的威胁以及根据本公约所开展的活动；

(c) 促进保护表现非物质文化遗产所需的自然场所和纪念地点的教育。

**第十五条** 群体、团体和个人的参与

缔约国在开展保护非物质文化遗产活动时，应努力确保创造、保养和传承这种遗产的群体、团体，有时是个人的最大限度的参与，并吸收他们积极地参与有关的管理。

## Ⅳ. 在国际一级保护非物质文化遗产

**第十六条** 人类非物质文化遗产代表作名录

1. 为了扩大非物质文化遗产的影响，提高对其重要意义的认识和从尊重文化多样性的角度促进对话，委员会应根据有关缔约国的提名编辑、更新和公布人类非物质文化遗产代表作名录。

2. 委员会拟订有关编辑、更新和公布此代表作名录的标准并提交大会批准。

**第十七条** 急需保护的非物质文化遗产名录

1. 为了采取适当的保护措施，委员会编辑、更新和公布急需保护的非物质文化遗产名录，并根据有关缔约国的要求将此类遗产列入该名录。

2. 委员会拟订有关编辑、更新和公布此名录的标准并提交大会批准。

3. 委员会在极其紧急的情况（其具体标准由大会根据委员会的建议加以批准）下，可与有关缔约国协商将有关的遗产列入第1段所提之名录。

**第十八条** 保护非物质文化遗产的计划、项目和活动

1. 在缔约国提名的基础上，委员会根据其制定的、大会批准的标准，兼顾发展中国家的特殊需要，定期遴选并宣传其认为最能体现本公约原则和目标的国家、分地区或地区保护非物质文化遗产的计划、项目和活动。

2. 为此，委员会接受、审议和批准缔约国提交的关于要求国际援助拟订此类提名的申请。

3. 委员会按照它确定的方式，配合这些计划、项目和活动的实施，随时推广有关经验。

## Ⅴ. 国际合作与援助

**第十九条　合作**

1. 在本公约中,国际合作主要是交流信息和经验,采取共同的行动,以及建立援助缔约国保护非物质文化遗产工作的机制。

2. 在不违背国家法律规定及其习惯法和习俗的情况下,缔约国承认保护非物质文化遗产符合人类的整体利益,保证为此目的在双边、分地区、地区和国际各级开展合作。

**第二十条　国际援助的目的**

可为如下目的提供国际援助:

(a) 保护列入《急需保护的非物质文化遗产名录》的遗产;

(b) 按照第十一和第十二条的精神编制清单;

(c) 支持在国家、分地区和地区开展的保护非物质文化遗产的计划、项目和活力;(d) 委员会认为必要的其他一切目的。

**第二十一条　国际援助的形式**

第七条的业务指南和第二十四条所指的协定对委员会向缔约国提供援助作了规定,可采取的形式如下:

(a) 对保护这种遗产的各个方面进行研究;

(b) 提供专家和专业人员;

(c) 培训各类所需人员;

(d) 制订准则性措施或其他措施;

(e) 基础设施的建立和营运;

(f) 提供设备和技能;

(g) 其他财政和技术援助形式,包括在必要时提供低息贷款和捐助。

**第二十二条　国际援助的条件**

1. 委员会确定审议国际援助申请的程序和具体规定申请的内容,包括打算采取的措施、必须开展的工作及预计的费用。

2. 如遇紧急情况,委员会应对有关援助申请优先审议。

3. 委员会在作出决定之前,应进行其认为必要的研究和咨询。

**第二十三条　国际援助的申请**

1. 各缔约国可向委员会递交国际援助的申请,保护在其领土上的非物质文化遗产。

2. 此类申请亦可由两个或数个缔约国共同提出。

3. 申请应包含第二十二条第1段规定的所有资料和所有必要的文件。

**第二十四条　受援缔约国的任务**

1. 根据本公约的规定,国际援助应依据受援缔约国与委员会之间签署的协定来提供。

2. 受援缔约国通常应在自己力所能及的范围内分担国际所援助的保护措施的费用。

3. 受援缔约国应向委员会报告关于使用所提供的保护非物质文化遗产援助的情况。

## Ⅵ. 非物质文化遗产基金

**第二十五条** 基金的性质和资金来源

1. 兹建立一项"保护非物质文化遗产基金",下称"基金"。
2. 根据教科文组织《财务条例》的规定,此项基金为信托基金。
3. 基金的资金来源包括:
(a) 缔约国的纳款;
(b) 教科文组织大会为此所拨的资金;
(c) 以下各方可能提供的捐款、赠款或遗赠:
(i) 其他国家;
(ii) 联合国系统各组织和各署(特别是联合国开发计划署)以及其他国际组织;
(iii) 公营或私营机构或个人;
(d) 基金的资金所得的利息;
(e) 为本基金募集的资金和开展活动之所得;
(f) 委员会制定的基金条例所许可的所有其他资金。
4. 委员会对资金的使用视大会的方针来决定。
5. 委员会可接受用于某些项目的一般或特定目的的捐款及其他形式的援助,只要这些项目已获委员会的批准。
6. 对基金的捐款不得附带任何与本公约所追求之目标不相符的政治、经济或其他条件。

**第二十六条** 缔约国对基金的纳款

1. 在不妨碍任何自愿补充捐款的情况下,本公约缔约国至少每两年向基金纳一次款,其金额由大会根据适用于所有国家的统一的纳款额百分比加以确定。缔约国大会关于此问题的决定由出席会议并参加表决,但未作本条第2段中所述声明的缔约国的多数通过。在任何情况下,此纳款都不得超过缔约国对教科文组织正常预算纳款的百分之一。
2. 但是,本公约第三十二条或第三十三条中所指的任何国家均可在交存批准书、接受书、赞同书或加入书时声明不受本条第1段规定的约束。
3. 已作本条第2段所述声明的本公约缔约国应努力通知联合国教育、科学及文化组织总干事收回所作声明。但是,收回声明之举不得影响该国在紧接着的下一届大会开幕之日前应缴的纳款。
4. 为使委员会能够有效地规划其工作,已作本条第2段所述声明的本公约缔约国至少应每两年定期纳一次款,纳款额应尽可能接近它们按本条第1段规定应交的数额。
5. 凡拖欠当年和前一日历年的义务纳款或自愿捐款的本公约缔约国不能当选为委员会委员,但此项规定不适用于第一次选举。已当选为委员会委员的缔约国的任期应在本公约第六条规定的选举之时终止。

**第二十七条** 基金的自愿补充捐款

除了第二十六条所规定的纳款,希望提供自愿捐款的缔约国应及时通知委员会以使其能对相应的活动作出规划。

**第二十八条** 国际筹资运动

缔约国应尽力支持在教科文组织领导下为该基金发起的国际筹资运动。

## Ⅶ. 报告

**第二十九条** 缔约国的报告

缔约国应按照委员会确定的方式和周期向其报告它们为实施本公约而通过的法律、规章条例或采取的其他措施的情况。

**第三十条** 委员会的报告

1. 委员会应在其开展的活动和第二十九条提及的缔约国报告的基础上,向每届大会提交报告。

2. 该报告应提交教科文组织大会。

## Ⅷ. 过渡条款

**第三十一条** 与宣布人类口述和非物质遗产代表作的关系

1. 委员会应把在本公约生效前宣布为"人类口述和非物质遗产代表作"的遗产纳入人类非物质文化遗产代表作名录。

2. 把这些遗产纳入人类非物质文化遗产代表作名录绝不是预设按第十六条第2段将确定的今后列入遗产的标准。

3. 在本公约生效后,将不再宣布其他任何人类口述和非物质遗产代表作。

## Ⅸ. 最后条款

**第三十二条** 批准、接受或赞同

1. 本公约须由教科文组织会员国根据各自的宪法程序予以批准、接受或赞同。

2. 批准书、接受书或赞同书应交存教科文组织总干事。

**第三十三条** 加入

1. 所有非教科文组织会员国的国家,经本组织大会邀请,均可加入本公约。

2. 没有完全独立,但根据联合国大会第1514(XV)号决议被联合国承认为充分享有内部自治,并且有权处理本公约范围内的事宜,包括有权就这些事宜签署协议的地区也可加入本公约。

3. 加入书应交存教科文组织总干事。

**第三十四条　生效**

本公约在第三十份批准书、接受书、赞同书或加入书交存之日起的三个月后生效,但只涉及在该日或该日之前交存批准书、接受书、赞同书或加入书的国家。对其他缔约国来说,本公约则在这些国家的批准书、接受书、赞同书或加入书交存之日起的三个月之后生效。

**第三十五条　联邦制或非统一立宪制**

对实行联邦制或非统一立宪制的缔约国实行下述规定:

(a) 在联邦或中央立法机构的法律管辖下实施本公约各项条款的国家的联邦或中央政府的义务与非联邦国家的缔约国的义务相同;

(b) 在构成联邦,但无须按照联邦立宪制采取立法手段的各个国家、地区、省或州的法律管辖下实施本公约的各项条款时,联邦政府应将这些条款连同其关于通过这些条款的建议一并通知各个国家、地区、省或州的主管当局。

**第三十六条　退出**

1. 各缔约国均可宣布退出本公约。

2. 退约应以书面退约书的形式通知教科文组织总干事。

3. 退约在接到退约书十二个月之后生效。在退约生效日之前不得影响退约国承担的财政义务。

**第三十七条　保管人的职责**

教科文组织总干事作为本公约的保管人,应将第三十二条和第三十三条规定交存的所有批准书、接受书、赞同书或加入书和第三十六条规定的退约书的情况通告本组织各会员国、第三十三条提到的非本组织会员国的国家和联合国。

**第三十八条　修订**

1. 任何缔约国均可书面通知总干事,对本公约提出修订建议。总干事应将此通知转发给所有缔约国。如在通知发出之日起六个月之内,至少有一半的缔约国回复赞成此要求,总干事应将此建议提交下一届大会讨论,决定是否通过。

2. 对本公约的修订须经出席并参加表决的缔约国三分之二多数票通过。

3. 对本公约的修订一旦通过,应提交缔约国批准、接受、赞同或加入。

4. 对于那些已批准、接受、赞同或加入修订的缔约国来说,本公约的修订在三分之二的缔约国交存本条第3段所提及的文书之日起三个月之后生效。此后,对任何批准、接受、赞同或加入修订的缔约国来说,在其交存批准书、接受书、赞同书或加入书之日起三个月之后,本公约的修订即生效。

5. 第3和第4段所确定的程序对有关委员会委员国数目的第五条的修订不适用。此类修订一经通过即生效。

6. 在修订依照本条第4段的规定生效之后成为本公约缔约国的国家如无表示异议,应:

(a) 被视为修订的本公约的缔约方；

(b) 但在与不受这些修订约束的任何缔约国的关系中，仍被视为未经修订之公约的缔约方。

**第三十九条　有效文本**

本公约用英文、阿拉伯文、中文、西班牙文、法文和俄文拟定，六种文本具有同等效力。

**第四十条　备案**

根据《联合国宪章》第102条的规定，本公约应按教科文组织总干事的要求交联合国秘书处备案。

第二部分

# 国际规范性文件（宪章、宣言、共识、声明等）

# 基多准则关于"保护与利用具有艺术与历史价值的古迹遗址"之最终报告

厄瓜多尔基多大会(1967年11月29日—12月2日)
The Norms of Quito Final Report of the Meeting on the Preservation and Utilization of Monuments and Sites of Artistic and Historical Value Held in Quito, Ecuador, from November 29 to December 2, 1967

## 一、引言

多国共同参与到古迹遗产保护与利用的行动中来,并由各国政府承诺开展实施行动。这一做法从两方面来看是鼓舞人心的:首先,各国国家领导人已清楚认识到遗产急需保护的现实状况,需要美洲各国间进行合作;其次,召开乌拉圭埃斯特角城会议的根本原因是美洲各国有再次推动西半球的发展的共同目标,暗示了文化遗产资源是一种经济资产,可助力西半球发展。

由于忽视、缺乏对古迹和艺术财富的保护,多数美洲国家的贫困率急速上升,需要从国家及国际层面采取紧急措施。但归根结底,这些措施的实际效果将取决于文化遗产为经济和社会发展带来的价值。

基于这一目标,本报告根据美洲总统宣言中关于多边努力部分的第五章第四段的规定,对合理保存和利用具有考古、历史、艺术价值的古迹遗址提出建议。

尽管如此,鉴于建筑与艺术财富之间关系密切,必须对其他有价值的资源和文物进行妥善保护,防止其继续恶化,遏制其被任意拆除;还必须运用现代博物馆展示技术适当地展出这些资源,以完成目标。

## 二、总论

1. 空间理念是历史遗迹概念中不可剥离的一部分,所以国家机关对历史遗迹的管理可以并且应该延伸到其周边的城市和自然环境。即使构成历史遗迹区、建筑或遗址的元素单独而言不足以实施这样的管理,但它们所组成的历史遗迹区、建筑或遗址可以保存下来。

2. 受到国家保护的风景名胜和其他自然奇观本身不是国家历史遗迹,要录入历史遗迹目录的地方或场所必须具备历史、艺术价值的人工印记。

3. 无论某个财产或某处环境其内在的历史、艺术价值几何,除非被国家明确宣布为历史遗迹,否则不能算作历史遗迹。国家历史遗迹须有官方证明、登记。自被认定为历史遗迹之日起，该处享有法律规定的特殊保护。

4. 每处国家历史遗迹都需履行一项社会职能。国家要确保其承担的社会职能，权衡该社会职能与个人财产利益的关系。

### 三、当今美洲的历史遗迹

1. 美洲，尤其是拉丁美洲，拥有丰富的历史遗产，这一点显而易见。除了前哥伦比亚时期的宏伟遗迹外，这个半球上还有代表其悠久文化历史的建筑和艺术作品，风格各异，丰富多彩。美洲文化源于外来的文化移入，而多姿多彩、极具特色的美洲风情为移入文化打上了其独有的本土烙印。有重大价值的考古遗迹并非轻易可见，也并未得到完全开发，它们同留存下来的叹为观止的城市或乡镇都可以成为鲜活的历史古迹和旅游景点。

2. 同样显而易见的是，在过去的几十年里，很多遗产被肆意破坏，或正在遭受迫切的毁灭性威胁。在大多数拉丁美洲国家，造成考古、历史、艺术财富流失的因素众多，并且这些因素仍在损毁着这些财富，但要知道加速摧毁这些潜在财富的基本原因在于缺乏官方政策来实际有效地实施保护工作，无法从公共利益和国家经济效益方面推进历史遗迹的修缮。

3. 美洲正处于一个需要大量开发自然资源实现向前发展的时期，同时又是社会经济结构逐步转型的时期，在这个严峻的节点上，关于历史建筑、遗址、区域的保护、保存和开发问题变得尤为重要和紧迫。

4. 整个加速发展的进程需要扩充基础建设，大块土地被工业设施建筑占领，这将改变甚至彻底破坏地貌景观，抹除过去的风格印记，消除无价的历史痕迹。

5. 拉丁美洲有着恢宏的历史印记，那些教堂、广场、喷泉和窄巷共同凸显了他们的民族品格和风情，但很多拉丁美洲的城市直到最近还在遏制其丰富的历史遗产的展现，这些城市的建筑轮廓已经衰退模糊而变得千篇一律。这都是城市化进程中构想不当甚至管理不善造成的后果。

6. 毫不夸张地说，这个半球上很多城市的潜在财富被不负责任的文物毁坏行为所损毁，其价值远远超过了所谓的基础设施建设改进所带来的国家经济效益。

### 四、协调方案

1. 协调城市发展需求和环境价值保护需要地方和国家层面在管理规划中制定硬性标准。从这个角度而言，所有管理规划必须允许将历史街区和风景名胜融入城市结构。

2. 历史遗迹和艺术遗产的保护和丰富在理论和实践上与科学的城市规划发展政策是没有冲突的。为证实这一观点，我们以下引用1963年韦斯提交给欧洲理事会文化和科学委员会的报告："要实现国家发展无须推倒重建，展望未来无须摧毁历史。生活水平的提升不应局限在物质条件的充实，而应打造人类应有的生活方式。"

3. 拉丁美洲的历史延续性和文化视野被大规模开展的现代化的混乱进程严重危害，需要采取措施对区域历史遗迹进行保护、恢复和优化，为国家和多国的短期和长远规划做准备。

4. 一些国际专业组织已经认识到这个问题的严重性并在这几年不遗余力地寻找令人

满意的解决方案,美洲国家可以借鉴其经验。

5. 自1932年雅典宪章颁布起,很多国际大会对当前主流观点的形成起到了一定作用。对这个问题影响最大并提出具体建议的有:1958年国际建筑师协会莫斯科大会及1961年国际住房与规划联盟圣地亚哥德孔波斯特拉大会,讨论了历史建筑群的问题;1964年的威尼斯大会以及1967年国际古迹遗址理事会卡塞雷斯大会,为这个问题提供了非常实用的方法,对美洲而言也有着举足轻重的意义。

### 五、历史遗迹的经济价值

1. 让我们假设考古、历史和艺术遗迹同国家的自然财富一样都是经济资源,那么对它们的保护措施和适当开发利用不仅关乎发展规划,同时还是发展规划的一部分。

2. 就美洲各国关系来看,各个相关机构对这个问题不断建言献策、表明决心将逐渐把遗迹保护问题上升到最高层面——国家元首会议(1967年埃斯特角)。

3. 显然,这次会议之所以考虑充分保护和利用考古、历史和艺术遗产的问题和召开国家元首会议的根本原因是一致的:通过半球合作,为和平联盟注入更新、更强劲的动力,并为美洲国家组织成员国经济发展提供所需的额外援助。

4. 这解释了总统宣言第五章第一点第二条中出现的"利用"一词的用法:

"多边努力:

……

2. 指导美洲国家组织相关机构

……

(4) 扩展美洲各国在考古、历史、艺术遗迹保护及利用方面的合作。"

5. 具体来说,根据美洲文化委员会第二次特别会议在决议二中的要求,在理事会权限范围内执行总统宣言的唯一目的为:

"……将技术援助和经济援助延伸到成员国的文化遗产保护中去,将其作为经济、旅游发展的一部分。"

6. 简言之,需要动员国家出力以确保可用的历史遗迹资源得到最佳利用,从而成为促进国民经济发展的间接手段。这意味着要在国家层面上进行初步规划,即对可用资源进行评估并为总体管理规划(具体计划)做准备。

7. 美洲各国之间的合作在这一发展方面的延伸从侧面说明,单单一国的付出和所需要的投入并不对等,在大多数情况下无法满足所需。只有通过跨国行动,许多发展中成员国才能获得必要的技术服务和财力资源。

### 六、提升对文化遗产的利用和价值

1. "提升"一词在该领域的专家中越来越普遍,尤其适用于当今的美洲。如果说美洲现在有什么特点的话,那就是迫切需要最大限度地利用所有资源,这无疑包括了各国的文化遗产。

2. 提升历史、艺术遗产的可用性和价值就要为其提供客观环境条件,在不损害其本质的前提下,突出其特征并允许对其进行优化利用。这样的做法可以理解为基于伟大目的而进行操作。于拉丁美洲而言，这一目的无疑有助于该地区的经济发展。

3. 换句话说，这是一个经济潜力的问题。让一个未被开发的资源通过升值产生效益，不减少其严格的历史或艺术意义，可将其现有价值从少数博学之才的专有领域提升并延伸成为大众意识和大众乐趣。

4. 综上所述，提升历史遗迹和艺术遗产的可用性和价值需要一套系统、先进的技术，其目的是根据其性质利用每一处遗产，突出及丰富它们的特性和优点，让它们完全发挥赋予它们的新功能。

5. 必须注意的是，有重大意义的遗迹在某种程度上会被它周围的社区所破坏，这意味着一旦遗迹价值得以提升，它会通过某种方式成为当地环境的一部分。因此，保护和改进的标准必须扩展运用到历史遗迹所处的整个环境。

6. 此外，遗迹的可用性和价值的提升可以反作用于它所在的城市周边环境，甚至对受到直接影响的区域之外的更遥远的地方也产生影响。这种通过反作用产生的价值提升是一种增量，必须予以考虑。

7. 显然一处历史遗迹可以吸引游客，那么在这种保护性措施的影响下就会有更多的商人有兴趣在此兴业。这是提升项目所带来的另一个可预见的结果，所以管理措施的采用需要在增强遗迹区功能、鼓励私人创业的同时，预防历史遗迹的商业化，避免丧失其初衷。

8. 上文指出，历史遗迹和历史、艺术建筑，及其所处的周边环境是相互关联的，并对该区域的其余部分产生成倍的效果，在提升规划、修复其主结构时，这片区域也将作为一个整体得到优化。

### 七、历史遗迹作为旅游景点

1. 固有的文化价值不会因旅游发展而遭受降低或破坏；相反，外界对文化遗迹的关注和欣赏越多，越彰显其公共意义。一处妥善修复的遗迹或重新复原的城市建筑群不仅仅是一段鲜活的历史，更是国家荣耀之所在。在国际关系的大框架下，即使是作为政治对手，这些过去留下的史证也可激发其开展相互理解、和谐共处、情谊相通的关系。即便没有文化推广的意图，任何有助于提升精神价值的手段都可使该文化获益。欧洲很多完全损毁或无法挽救的文化遗产直接或间接地因为旅游而得以保存。相比于书面的知识获取，现代人类更注重视觉感官上的信息获取，所以在强烈的旅游动机的推动下，人们通过参观这些被科学挽救的西方文明典范提升自我。

2. 鉴于文化遗产对旅游发挥如此巨大的作用，那么应该运用专门的技术手段对其进行妥善修复、装修，同时应将对文化遗产修复以及旅游业的需求都纳入地区经济发展规划中。

3. 1953年于罗马举办的联合国国际旅行和旅游大会建议在国家规划中优先对旅游进行投资，还强调"从旅游角度而言，国家的历史、文化、自然遗产意义重大"，因此，它督促"要采取措施确保对这些遗产的保存和保护"（第4号文件：最终报告）。接着，1964年举办的联合国贸易与发展大会建议政府和自筹资金的组织机构"为考古、历史和风景区的保护、修复和妥善利用工作提供最适当的协助"(决议附件一第四章第二十四条)。近期,该机构的经济和社会理事会建议大会指定1967为国际旅游年,还决定邀请联合国组织和专门机构对"技术和财政"的请求给予"充分考虑",协助发展中国家加快旅游资源的开发(1109号决议第十一条)。

4. 这一点已引起联合国教科文组织总秘书处的特别关注,正与声誉斐然的非政府组织——国际官方旅行社联合会共同进行详尽研究。研究将确定一个大体准则,将遗产的开发利用作为旅游宣传的一部分,对其文化、教育、社会意义进行分析研究,突出该政策对其所在区域产生的经济效益。有两点尤其需要注意:(1)历史遗产所带来的旅游资本流通将确保对其进行妥善修复的资金迅速回笼;(2)历史遗产所在的区域如无深远的经济改革,那么历史遗产展览所带来的旅游活动就会消失。

5. 日前关于本半球上许多国家忽视文化遗产的重要性,除了通过建议和协议对此进行强调,还应从国家和区域层面上考虑这个问题。除此之外,在最近一些专门会议上主题讨论了艺术、历史遗产在旅游业的发展中所扮演的角色。旅游促进技术委员会第四次会议(1967年7月至8月)决定支持旅游业委员会相应的结论,其中包括:

"遗迹和其他考古、历史和艺术遗产可以并且应该被妥善保存和利用,以作为旅游目的地吸引游客。在具有丰富的考古、历史和艺术遗产的国家,遗产应该是他们旅游规划中的决定性因素,因此应该在相关规划的决议中予以考虑。

文化活动和与旅游有关的活动对妥善保存和利用美洲国家历史遗产和艺术遗产有着共同的意义,所以建议这两个行业的机构和技术单位相互协作。"

6. 单从旅游的角度来看,历史遗迹是旅游业在特定区域的一个"车间",但在何种程度上利用历史遗迹不仅取决于其内在价值,即其考古、历史或艺术价值,还取决于为其合理利用而打造的接待条件。因此,历史遗迹要被开发成为区域旅游的一个车间,光是修复它可能还不足以解决问题,还可能需要建造其他基础设施工程,比如道路和旅馆,使之与该地区的环境相配套。

7. 在多数现代统计数据中,亲临历史遗迹的旅游观光活动所带来的经济和社会效益是显而易见的,尤其是对于欧洲国家,它们现在的繁荣昌盛来源于国际旅游,其主要财富来源包含了它们的文化遗产。

### 八、社会利益与公民行动

1. 提升历史遗产价值的行为可能在初始阶段会因私人利益的牵扯受到大范围阻碍。官方多年来对这个问题的忽视和发展中国家对于国家复兴的冲动热忱,会让更多人蔑视这种与现代生活的理想模式不符的陈旧印记。社群居民缺乏足够的公民培训,将社会利益视为个人利益的夸大形式,无法从公益的客观立场来理解公益事业,而地方当局漠然对待甚至助长肆意破坏文物的行为,使得被"发展热"所感染的社群居民无法估测这样的后果。

2. 每个社群都可以并且应该敲响警钟,采取警惕预防措施。对致力于保护文化遗产的民间团体予以鼓励,无论这些民间团体采用何种名称、如何组织形成,只要这一做法已取得不俗成效，特别是在一些尚未形成相应城市法规或国家保护力度弱甚至无效的地区。

3. 没有任何方式能比亲眼看到文物本身更促进意识的觉醒。一旦一些建筑、广场、遗址的修复和重建取得成效，民众通常会做出积极的反应，呼吁停止破坏行为，支持更大范围的遗产保护。

4. 总之，任何小型社群自发而广泛地参与对于提升历史、艺术遗产价值可用性计划的个人合作项目是绝对必要的。因此，在筹备、执行该计划时，应考虑设置相关公民教育项目。

### 九、实现价值提升的工具

1. 对历史遗迹与历史、艺术遗产的妥善利用，首先要协调发展文化、经济效益与旅游发展之间的关系。这些利益体相处越和谐、密切，最终成效就会越令人满意。

2. 除非国家在法律和技术上进行要求，否则这种必要的协调无法实现。

3. 对于文化利益而言，官方对于提升历史遗产价值目标的先决条件如下：有效的立法、技术组织和国家规划。

4. 文化和经济项目应在国家层面上整合起来作为外部援助或合作协商的初步步骤。无论是技术上的还是财政上的合作，都是对国家工作的补充。这需要各成员国带头制定各自的方案，并将其整合到他们的总体发展规划中。以下是针对这些目标的措施和程序：

对国家层面的建议：

（1）提升历史遗产价值的项目是国家发展规划的一部分，因此应该纳入其中。实施该项目所需的投资应当与待修复遗产所在区域或地区的旅游基础设施所需的投资同时进行。

（2）政府应为国家提供条件，使之能够制定和实施专门的价值提升项目。

（3）为达到上文提到的效果，要求如下：

① 在国家发展规划中优先历史遗产价值提升项目；

② 为促进提升项目的实施进行适当的立法，如无立法条件，可颁布其他政府性法规，始终维护公众利益；

③ 通过有资质的机构对项目进行协调管理，使其能够在各个阶段得以集中实施；

④ 指定一个技术团队，在制定或实施具体项目时，可以依靠外部援助。

（4）只有通过有计划的行动，即国家或地区范围的管理规划，才能实现遗产价值的提升。因此，必须促使该项目与城市或地区现有的管理规划相结合。如果尚无这样的管理规划，则应制定与项目要求一致的管理规划。

（5）有关历史遗产或周边建筑群的文化利益必须与旅游利益相协调，这应该作为任何外部技术或财政援助的初步步骤，由本章第三条第三点所提到的项目实施协调机构来完成。

（6）开展任一提升项目必须获得私人利益体的合作和公共舆论的支持。所以，在该项目的制定过程中，应该开展公共宣传以唤起良好的公众意识。

对美洲各国层面的建议：

（1）建议重申，在不损害美洲体系内通过的其他协定或承诺的情况下，美洲国家应坚持将《威尼斯宪章》作为保存历史、艺术古迹和遗址的普遍原则。

（2）扩充19、20世纪文化遗产的广义概念。

（3）把美洲国家的历史和艺术遗产与本半球之外的其他国家结合起来，特别是西班牙和葡萄牙，鉴于它们在创造这一文化遗产、统一本半球各国的共同文化价值观方面所起的历史作用。

（4）美洲国家组织在原基础上扩展合作，将提升考古、历史和艺术遗产价值扩展到提升其他藏于博物馆及档案馆的文物及其他蕴含在民族风俗中的社会财富。

（5）一旦投机开始，即意味着修复工作无法推进，所以任何此类工作的前提必须是进行初步的历史研究。由于西班牙存有大量的美洲城市的图表和地图、有关防御工事和许多建筑物的文件，以及其他丰富的官方文件，而且对这些文件的编目止于殖民地时期，使得使用这些材料极为困难，所以强烈建议美洲国家组织与西班牙合作，更新、推进西班牙档案的研究，特别是对塞维利亚西印度群岛的研究。

（6）起草一份新的美洲国家文件以取代1953年的《可移动性历史遗产保护条约》，这将有助于更有效、更广泛地保护本半球的重要文化遗产免受风险和威胁。

（7）完成上述事项期间，在美洲文化理事会下一次会议上，要求所有成员国采取紧急措施，停止文化财产的非法流通，一旦被确定为走私文物或非法获取，则应将其遣返原籍国。

（8）始终注意人才短缺是对实施提升文化价值计划的项目的严重障碍，美洲国家可通过建立专门的修复技艺培训中心或机构来提供人才。此外，现有机构体系也应得到加强，以满足当前可移动财产修复的需要。

（9）在不违背上述事项并为直接满足当下迫切需求的情况下，美洲国家组织总秘书处可利用奖学金和特别培训项目的形式；同时在美洲国家组织-西班牙技术合作协议的框架下，与位于马德里的西班牙文化研究所签订合作协议，以及与位于墨西哥的拉丁美洲文化财产保护与修复地区中心签订合作协议。

（10）为保持专业标准的统一性，美洲国家间有必要就该问题进行经验交流，所以可临时将专门的遗迹修复建筑师协会的总部设于在马德里的西班牙文化研究所，永久性总部所在地在成员国中选取。

法律措施：

（1）必须更新各成员国已生效的保护性立法，以确保其有效地适用于所寻求的目标。

（2）修订有关商业标识的地方条例，以管制破坏历史名城环境特征的广告标识。

（3）关于保护性立法，历史遗迹区或具备环境保护价值的中心所在的城市空间应界定如下：

历史遗产严格保护区为遗迹密度、价值最高的区域；

历史遗产尊重及保护区为保存度较好的区域；

城市风貌保护区为可与周边自然区融合的区域；

（4）在更新立法时，所有国家都必须考虑价值提升计划区内的遗产增值，并且在一定程度上考虑其周边区域的价值提升。

（5）同样，为鼓励私人资本资助建筑物修复，必须考虑在责任机构制定的规章中对其设立免税政策。因公益事业而使私人财产受限的，也可予以税收豁免作为补偿。

技术手段：

（1）历史遗迹或城市环境的价值提升须通过先进技术处理完成，因此，官方管理应该委托给一个专门机构来集中整合全部工作。

（2）任一提升项目都有其特殊问题，需要相应的特殊解决方案。

（3）有关项目实施的各个领域的专家绝对有必要进行技术合作，专家间的妥善协作将决定项目实施的最终效果。

（4）项目实施的优先权应取决于它可能为特定地区所带来的经济效益。但如有可能，还应注意待修复遗产的内在意义或其紧急程度。

（5）一般而言，每一个提升文化价值的项目都涉及经济、历史、技术和管理问题。保护、修复和重建的技术问题因遗产类型而异。例如，考古遗址则需要该领域专家的帮助。

（6）对遗迹修复工作的性质和范围需要进行初步的断定，对其周围的条件和环境进行详尽研究。一旦决定开展修复并确定修复方案，随后的工作要本着对历史遗迹结构的绝对尊重开展，或者根据真实文件提供的信息进行。

（7）在对环境保护区的价值提升工作中，必须界定这些区域的边界和价值。

（8）一旦对历史遗迹覆盖区进行了定义和评估，那么就需要：

① 研究和确定其最终用途和在该地区开展的活动。

② 研究投资规模和完成恢复和修复工作所需的阶段，包括基础设施建设和为适应旅游业发展所需的改善工作。

③ 分析研究对该区域的监管条例，以便有效地管控现有建筑物和新建筑。

④ 必须对毗邻历史中心的区域颁布法规，并且对作为城市和自然风貌主要构成因素的土地利用、密度和体积关系作规定。

⑤ 研究对区域卫生建设的必要投资。

⑥ 研究预防机制，以确保对区域的持续维护能力得以提升。

（9）可支配的资金有限，提升计划也需要培训技术队伍，所以建议在具备经济利益和技术手段的地方初步试点。

（10）一个具有历史或环境意义的城市中心其意义超过现有的财政资源，对其进行价值提升可以并且应该规划多个工作阶段，根据旅游业的需要逐步进行，但必须进行整体构思，不应中断或推迟编目、研究和归档工作。

**参与专家：**

吉列尔莫·德·塞内吉　大会技术部长

雷纳托·索罗（巴西）

卡洛斯·拉拉尔雷亚

何塞·玛尔·巴尔加斯

奥古斯丁·莫雷诺

奥斯瓦尔多·德拉托尔

厄尔·M.牛顿

何塞·马努埃尔·贡萨莱斯·瓦尔卡塞尔(西班牙)

卡洛斯·弗洛雷斯·马里尼(墨西哥)

曼纽尔·E.德尔蒙特(多米尼加共和国)

曼努埃尔·德尔德尔卡斯蒂略(墨西哥)

本杰明·卡里昂

克雷斯波花托(厄瓜多尔)

菲罗迪欧·萨马涅戈

米格尔·瓦斯克

卡洛斯·泽瓦洛斯

克里斯托弗·滕纳德

豪尔赫·卢扬

费尔南多·席尔瓦·桑帖斯特万

格拉尼亚诺·加斯帕里尼(委内瑞拉)

莉迪亚·C.德卡马乔　泛美地理和历史研究所

（赵彦春）

# 关于当代建筑融入古代建筑群的研讨会之决议

（国际古迹遗址理事会第三届全体大会）
Resolutions of the Symposium on the introduction of contemporary architecture into ancient groups of buildings, at the 3rd ICOMOS General Assembly (1972)

1972年6月27日和28日，在国际古迹遗址理事会第三届大会期间，于布达佩斯举行了关于将当代建筑融入古代建筑群的国际研讨会。研讨会受到国际古迹遗址理事会匈牙利国家委员会和匈牙利政府非常热烈和有效的接待，并向他们表示最衷心的感谢和祝贺。在听取了会议期间提出的关于理论问题和某些重大成就的文件以及随后的讨论内容之后，会议认识到，在目前的文明发展状态下，技术和经济问题过分转移了人类和社会价值观的注意力，城镇日益迅速的增长使其迫切需要系统地提供对日常生活环境和历史古迹及建筑物群的保护。因此，这种保护变得至关重要，并且只有使其在当代生活中发挥积极作用时，才具可行性。

鉴于具有历史意义的建筑群构成了人类环境的基本组成部分，且建筑必然是时代的表现，其发展是连续的。因而必须将它的过去、现在和未来作为一个整体来看待，必须不断维护它的和谐状态。任何历史遗迹或建筑群都具有独立于其最初作用和重要性的内在价值，使其能够适应不断变化的文化、社会、经济和政治环境，同时充分保留其结构和特征。

据此得出以下结论：

1. 在城镇规划方案充分考虑到古建筑群、并将现有结构作为其未来发展的框架的前提下，将当代建筑融入古代建筑群是可行的。

2. 这样的当代建筑，通过特意运用现代的技术和材料，能将自身融入到一个古老的环境之中，在适当的允许范围内运用其质量、规模、节奏和外观，而不影响古建筑的结构和美学品质。

3. 必须将历史古迹或建筑物群的真实性作为基本标准，必须避免任何可能影响其艺术和历史价值的模仿行为。

4. 通过为古迹和建筑群寻找新用途的方式而恢复其活力是合理的，而且是值得推荐的，只要这类用途，无论是对外部或内部而言，都对其结构和作为完整实体的特征没有影响即可。

大会建议定期召开讨论会，将当代建筑和谐地融入到古建筑群中。参照上述结论，可以审查该领域的程序规范和成果。

1972年6月30日，布达佩斯

（吴　攸）

# 阿姆斯特丹宣言

欧洲建筑遗产大会(1975年10月21日—25日)
The Declaration of Amsterdam (Congress on the European Architectural Heritage, 21 - 25 October 1975)

  阿姆斯特丹大会是1975年欧洲建筑遗产年最重要的事件,来自欧洲各地的代表参加了会议,大会热烈欢迎由欧洲理事会颁布的宪章,它认识到欧洲的独特性建筑是欧洲所有人民的共同遗产,并宣布了成员国相互协作并与欧洲其他国家政府合作保护遗产的意图。

  大会同样肯定了欧洲的建筑遗产是全世界文化遗产一个不可分割的部分,并表示十分满意目前所进行的互助合作,这些互助合作促进了文化领域的交流与合作。今年7月在赫尔辛基举办的欧洲安全与合作大会的最后一次会议也肯定了文化领域交流与合作的重要性。

  大会强调了以下基本思路:

  1. 除其不可估量的文化价值外,欧洲建筑遗产让各民族意识到其共同的过去和未来,因此对欧洲建筑遗产的保护至关重要。

  2. 建筑遗产不仅包含工艺卓越的单体建筑及周边建筑,还涵盖了城镇乡村中所有具有历史文化意义的区域。

  3. 这些财富为欧洲所有人民共同拥有,因而他们有共同的责任保护其免受越来越多的威胁,包括忽略与衰败、故意拆除、加建不协调的新建筑,及过量交通等。

  4. 建筑保护不仅仅是一个边缘问题,而必须将其作为城乡规划的一个主要目标。

  5. 地方当局作为重要规划的决策者对建筑遗产的保护负有特别的责任,应通过交流思想和信息协同互助。

  6. 历史地区的修复重建应该以这样的方式来构思和实施,即在可能的情况下,不应使居民的社会构成发生重大变化,公共资金资助的修复成果应由社会各方共享。

  7. 应加强相关立法和行政措施,使之在所有国家都更加有效。

  8. 为了帮助修复、改造和维护建筑、建筑所在区域或历史古迹,应向地方当局提供足够的财政援助,向私人业主提供财政支持和财政减免。

  9. 只有得到公众特别是年轻一代的关注,建筑遗产才能得以留存,因而应对各年龄层加强该方面教育。

  10. 应鼓励独立的国际、国家和地方组织的参与,这有助于激发公众的兴趣。

11. 今天的新建建筑将成为明天的遗产，必须尽一切努力确保当代建筑具备高品质。

欧洲建筑宪章中部长委员会认识到欧洲理事会有责任确保成员国本着团结精神实施协商一致的政策，因此必须定期汇报所有欧洲国家建筑保护的进展，以促进经验交流。

大会呼吁各国政府、议会、精神文化机构、专业机构、商业、工业、独立协会和全体公民，全力支持本宣言，并尽一切努力确保其有效实施。

只有这样，欧洲不可替代的建筑遗产才能留存下来，以丰富现在和将来所有民族的生活。

大会通过审议，提交了其结论和建议，如下所述。

除非实行新的保护政策和整体性保护，否则我们的社会很快就会放弃传统建筑和古迹。如今历史城镇、老城区、传统村镇及历史公园和园林都需要保护，保护这些建筑综合体只能拓宽角度，将所有具备文化价值的建筑纳入进来，无论其文化价值是大是小，不要忘记我们所处时代的建筑及其周边环境。这一整体保护措施将整合单体建筑和偏远遗迹、遗址的碎片化保护。

现在人们对建筑遗产的重要性和建筑遗产保护的必要性有了更清楚的认识。众所周知，如果我们要维持或打造周边环境，就必须在环境中保持历史的连续性，使个人能够在剧烈的社会变化中获得身份认同感和安全感。新型的城镇规划正试图恢复老城的特色肌理——空间围合、规模宜人、功能相互渗透和社会文化多样化。也要意识到古建筑的保护有助于节约资源、打击浪费，这是当今社会的主要任务之一。实践证明，历史建筑可以被赋予新功能来适应当代生活的需求。此外，建筑保护还需要艺术家和高素质的工匠，他们的才能和知识必须保存并传承下去。最后，现有住房的重建有助于遏制农业用地的蚕食，避免或明显减少人口流动，这是保护政策的一个非常重要的优势。

尽管如今比以往任何时候都更有理由推进建筑遗产保护，但这件事必须放在牢固而持久的基础上进行。因此，它必须相应地成为基础研究的对象，成为所有教育课程和文化发展计划的特色内容。

建筑遗产保护：城市与区域规划的主要目标之一

最近几年，建筑遗产的保护还被认为是个次要问题，或是强迫进行的行动，它应该成为城市和区域规划的一个组成部分。因此，保护主义者与规划负责人之间的持久对话是必不可少的。

规划者应该认识到，并非所有的区域都是相同的，因此应根据各自的特点进行处理。只有认识到建筑遗产的审美价值和文化价值诉求，才能对古建筑群保护制定具体目标和具体规划。

虽然普通的历史建筑保护规划法规和具体规定都在发展，但仅仅简单的叠加是不够的。

为了使必要的整合行动可行，须对建筑物、建筑群和保护区周边的场所进行详细记录。这份记录清单应当广泛传播，特别是传达给区域或地方当局和负责城乡规划的官员，从而引起他们对值得保护的建筑物和地区的注意。这样的清单将为建筑保护提供一个现实的基础，作为基本定性因素服务于建筑空间管理。

区域规划政策必须考虑到建筑遗产的保护及建筑遗产保护对区域规划的贡献。特别是建筑遗产保护政策在经济衰退地区的实施,可以使该地区焕发新活力,抑制人口减少,从而防止古建筑老化。此外,还可以考虑发展周边城市区域,这样可以减轻老区的压力。周边区域交通便利,就业政策宽松,可更好地分散城市活动的中心压力,这或将对建筑遗产的保护产生重要影响。

全面发展持续性政策需要大范围的权力下放,并高度重视当地文化。这意味着必须有各级负责人(中央、区域和地方)负责进行规划决策。然而,建筑遗产的保护不应仅仅是专家的事,公众舆论的支持也是必不可少的。在充分和客观的信息基础上,全体居民应该真正地参与到从编制清单到决策准备工作的每一个阶段。

最后,建筑遗产的保护应该成为一种新常态,在这一过程中应注意质量标准和合理比例,并且应该使其免受陈腐观念的影响,诸如不符合短期发展目标,技术手段有限等。整体性保护既是地方机构的责任,也要唤起市民的参与。

地方政府在保护建筑遗产方面应承担具体而繁多的责任。在运用整体性保护原则时,应考虑城乡社区现有社会和物理现实的连续性,未来不能也不该以牺牲过去为代价。

保护政策应是经济节约的,并且明智地、谨慎地尊重人造环境,为落实这样的政策,地方管理机构应该:

- 以城市和乡村特征的研究为基础,特别是它们的结构、复杂功能,以及其建成环境而开放空间的建筑、体量特征;
- 让建筑的功能满足当代生活需要,同时也要尊重建筑的特点,保证这些功能、特点得以存续;
- 注意公共服务(教育、行政、医疗)发展的长期研究,其结果表明过度的规模会损害公共服务的质量和效率;
- 将一部分预算合理投入到这项政策的实施中。如此,政府应安排专项经费。地方政府给个人和各协会的赠款和贷款应以刺激其参与度为目的,并督促其作出财政承诺;
- 委派代表处理有关建筑遗产和场所的所有事宜;
- 设立专门机构,为建筑和业主之间的潜在使用者提供直接联系;
- 为老建筑修复的民间组织的成立和有效运作提供便利。

地方政府应提升其协商水平,征求有关保护计划的利害关系人的意见,并在规划的最初阶段纳入这些意见。地方当局应将决定公之于众,公告应采用明确且普遍易懂的语言,供当地居民学习、讨论和评估。还应为公众成员提供共同协商的会议地点。

在这方面,还应普遍推广公共会议、展览、民意调查、大众传媒以及其他适当的方法。

青少年在环境问题上的教育和他们对建筑保护的参与是最重要的公共要求之一。

团体或个人提出的建议或备选方案应被视为对规划的重要贡献。地方当局可以从彼此的经验中获益。因此,他们应该通过所有可用渠道建立持续的信息和思想交流。

整体性保护政策的成功取决于是否考虑社会因素。

保护政策还意味着将建筑遗产融入社会生活。

要进行保护工作,应兼顾建筑的文化价值和使用价值,只有这样,才能正确阐述整体性保护产生的社会影响。

对遗产中部分建筑群的修复,其造价不一定高于在现有基础设施上新建建筑物,甚至不高于在未开发的场地上建造新建筑。这三种方案的社会影响大相径庭,因此在衡量这三个解决方案的造价时,应把社会影响作为重要考量之一。这些问题不仅涉及业主和租户,还关系到有关的施工人员、建筑分包方和建筑承包方。

为了避免市场规律在修复区域无节制地发挥作用,导致居民因无法支付上涨租金而被迫迁出,公共当局应像对廉价房那样予以干预,以降低经济因素的影响。经济干预的目标应该是在给房主的修复补助金、房主能获得的租金和为了部分或全部补贴新、旧租金的差额而给租户的补贴这三者间取得一个平衡。

为使居民参与规划,必须向他们提供必要的信息作为基础,让居民理解这项工作,一方面解释待保护建筑的历史和建筑价值,另一方面详尽解释永久和临时安置的问题。

居民的参与尤为重要的原因在于这不仅事关部分特殊建筑的修复,还事关整个地区的振兴。

这种使人民在文化中获益的实践将取得相当大的社会效益。

整体性保护必须有配套的立法和行政措施保障。

建筑遗产的概念已逐步从单体历史建筑延伸到城乡建筑群,并逐渐延伸到近几年的建筑物,因而进行广泛深远的立法改革并扩充相关行政资源是修复行动有效推进的前提。

立法改革必须协调区域规划和保护建筑遗产之间的需求,以此为指导。

后者必须对建筑遗产和整体性保护的目标作出新的定义。

此外,还必须对特别程序作出特别规定:

建筑群的设计和划定;

对保护性外围区域的筹划和在公共利益中使用的限制;

制定整体性保护方案,并将其规定纳入区域规划政策;

对项目予以批准和授权以开展工作。

此外,还应颁布必要的法律,以便:

- 确保预算资源在修复和重建之间的平衡分配;
- 保证决定修复旧建筑的公民享有与新建筑享有者至少同等的财政优待;
- 结合新的整体性保护政策,修订国家财政援助制度。

应尽可能放宽建筑条例、法规和要求的实施,以满足整体性保护的需要。

为了提高当局的工作能力,有必要对行政机关的结构进行审查,确保负责文化遗产的部门组织合理、人员充足、资质合格并且有必要的科学、技术和财力资源支持。

这些部门应该协助地方当局,与区域规划办公室合作,并持续与公共和私人机构保持联系。

综合保护需要适当的财政手段。

由于国家间的相互掣肘,很难制定一个适用于所有国家的财政政策,也很难评估规划实施过程中的不同措施带来的结果。

此外，这一过程本身是由当前社会结构产生的外部因素所决定的。

因此，每个国家都要设计自己的融资方式和工具。

但可以肯定的是，欧洲几乎没有哪个国家给保护项目投入足够的财政支持。

更明显的是，没有一个欧洲国家设计出理想的管理机制来满足整体性保护政策的经济要求。为了解决综合保护的经济问题，重要的是起草法案——这也是起决定性作用的因素——限制新建筑的体积、规模（高度、利用系数等），使其与周边环境协调融洽。

规划法规应该阻止建筑密度的增加，推进修复工作而不是重建工作。

必须制定方法来测算因保护项目的限制所产生的额外费用。如可能，应给必须开展修复工程的业主提供足够资金补偿，或多或少地解决额外产生的费用。

如果额外费用的标准被接受，那么要注意不能因税收而降低收益。

修复有历史或建筑价值的荒废建筑群时也应采用同样的原则，有助于维护社会平衡。

新建筑享有的财政优势和税收优惠应以相同比例用于旧建筑的维修与养护，当然不包括已支付的额外费用。

当局应该或鼓励其设置循环基金，向地方当局或非营利组织提供必要的资金。有吸引力的房产会产生高需求，高需求引起附加值上涨，所以对于可在短期或长期形成经费自给的地区而言，这一点特别适用。

不过，至关重要的是要鼓励所有私人资金来源，特别是工业资金。许多私营领域的倡议都具备可行性，他们可以配合国家或地方各级政府发挥作用。整体性保护需要提升建筑修复的方法、技术和技巧。历史建筑群的修复方法和技术应得到更好的利用和发展。

在修复历史建筑群中开发的专门技术，今后应广泛应用于艺术价值不够突出的建筑群。应该采取措施确保传统建筑材料的供应，并继续使用传统的工艺和技术。

从长远来看，建筑遗产的永久性维护将避免造价昂贵的修复工程。

每一个修复方案都要在实施前研究透彻，应对建筑材料和修复技术进行文件整合，并分析成本。这类文件应收集好并集中妥善放置。

新材料和新技术须经过独立科学机构批准后方可使用。

对于修复方法和技术应该进行研究并编制目录，为此建立相关科学机构并保持密切合作。这个目录应该对外公布，并分发给有关各方，从而刺激修复项目的实践改革。

要培养合格人才，必须有更好的培训方案。这些课程应该是灵活的、多学科的，并且应该包括实践课。

知识、经验和受训人员的国际交流是培训有关人员的基本要素，有助于为建筑保护项目建立合格的规划师、建筑师、技师和工匠人才库，有助于存续即将失传的特定修复工艺。资质获取机会、工作条件、工资、就业保障和社会地位应该对年轻人产生足够的吸引力，让他们愿意从事并留在与修复项目相关的行业。

此外，各级教育主管部门应努力提升青年对建筑保护相关行业的兴趣。

（赵彦春）

# 建筑遗产欧洲宪章

European Charter of the Architectural Heritage (1975)

于1975年10月为欧洲理事会采纳

引言

欧洲理事会将1975年作为"欧洲建筑遗产年",促使欧洲各国做出了巨大的努力,使得公众更多地认识到城市和乡村的历史纪念性建筑、古建筑群和名胜古迹所承载的不可替代的文化、社会和经济价值。

在全欧洲范围内协调各方工作,形成有关建筑遗产保护的共同方法,尤其要在基本原则方面达成共识,从而使相关权力机构和普通大众能以此为基础协调行动,这是非常重要的。

正是基于这一目的,欧洲理事会起草了下面的宪章。当然只是阐明这些原理是不够的,还必须付诸实践。

今后,欧洲理事会将致力于深入研究各国推行这些原则的方法与手段,巩固和改进现有法律、法规,并积极开展该领域的职业培训。

《建筑遗产欧洲宪章》已被欧洲理事会部长委员会采纳,并在1975年10月21日至25日于阿姆斯特丹召开的"欧洲建筑遗产大会"上庄严宣布。

致部长委员会:

考虑到欧洲理事会的目标是在其成员国之间实现更为广泛的联合,其目的是维护和实现与他们共有遗产相关的理想与原则;

考虑到欧洲理事会的成员国一致拥护1954年12月19日通过的《欧洲文化公约》,该公约第一条规定:各成员国应采取适当的举措来保证和支持本国不断为保护欧洲共有的文化遗产做贡献;

认识到建筑遗产作为欧洲文化丰富性和多样性不可欠缺的一种表现,应为所有人共同分享,同时所有欧洲国家必须在遗产保护上形成真正意义上的团结;

认识到建筑遗产的未来,在很大程度上取决于它是否融入人们日常生活环境,取决于其在区域和城镇规划及发展计划中的受重视程度;

注意到1969年在布鲁塞尔提出的"欧洲部长大会建议",针对保存和修复纪念性建筑、古迹这类文化遗产提出了建议,以及"欧洲理事会咨询会议589号建议"(1970)曾呼吁制定一份有关建筑遗产的宪章。

就推进欧洲共同政策的制定和协调一致的行动,以便在整体性保护原则的基础上保护建筑遗产表明了决心;

建议各成员国政府,从立法、管理、经济和教育等方面采取必要的措施,贯彻对建筑遗产进行整体性保护的政策,并且结合1975年欧洲理事会主办"欧洲建筑遗产年"运动所取得的成果,唤起公众对这些政策的关注。

大会批准并宣布下述由欧洲理事会纪念物和历史地区委员会起草的宪章原则:

1. 欧洲建筑遗产不仅包含最重要的纪念性建筑,还包括那些位于古镇和特色村落中的次要建筑群及其自然环境和人工环境。

多年来,只有一些主要的纪念性建筑得到保护和修缮,而其周边环境则被忽视了。直到最近,人们才逐渐认识到:周边环境一旦遭到破坏,纪念性建筑的许多特征也会丧失。

今天,我们已经认识到,一些建筑群虽然没有价值十分突出的范例,但其整体氛围具有艺术特质,能够将不同时代的风格融合为一个和谐的整体,这类建筑群也应该得到保护。

建筑遗产是历史的一种表现形式,有助于我们理解过去和当代生活之间的联系。

2. 建筑遗产中所蕴含的历史,为形成稳定、完整的生活提供了一种不可或缺的条件。

面对现代物质文明的迅速变化,辉煌的成就与严重的威胁并存。如今,人们对遗产价值有一种本能的直觉。

作为人类记忆不可或缺的组成部分,建筑遗产应以其原真的状态和尽可能多的类型传承给后代,否则人类意识自身的延续性将被破坏。

3. 建筑遗产是一种不可替代的精神、文化、社会和经济资本。

每一代人对历史都具有不同的诠释,并能从中获得新的灵感。这一资本经过数百年才积累形成,对其任何部分的破坏都只会让我们更加贫穷,因为我们创造的任何新事物,无论多好,都无法弥补这一损失。

现在,我们的社会应节约利用这些资源。建筑遗产远非一件奢侈品,它更是一种经济财富,能够用来节省社会资源。

4. 历史中心区和历史地区的组织结构,有益于社会的和谐稳定。

只要为多种功能的发展提供适当的条件,我们的古镇和村落会有利于社会的整合。它们可以再次实现功能的良性扩展和更良好的社会混合。

5. 建筑遗产在教育方面扮演着重要的角色。

建筑遗产为建筑形式、风格及其应用的解释和比较提供了丰富的素材。如今视觉感受和亲身体验在教育中起着决定性作用,所以保存这些不同时代及当时成就的印记,使其焕发生机、保持活力是非常必要的。

只有当绝大多数人尤其是作为未来保护者的年轻一代理解了保护的必要性时,才能确保这些物证的留存。

6. 濒危的建筑遗产。

无知、荒废、各种破坏和疏忽,正对建筑遗产造成威胁。当权力机构因经济压力和机动交通需求让步时,它所进行的城市规划对建筑遗产而言可能是破坏性的。现代技术的误用和未经充分考虑的修复行为,对古老的结构的影响也是灾难性的。尤为严重的是,土地和财产的投机行为会造成各种错误和疏忽,使最谨慎的规划方案无法挽救。

7. 整体性保护可转移此类风险。

通过实施缜密的修复技术和正确选择适当的功能,可以达到整体性保护的要求。在历史进程中,城镇中心和一些村落都在逐渐衰退,变成了质量低劣的住宅区。处理这种衰退问题必须基于社会公正,而不是让那些较贫穷的居民迁出。正因为如此,所有的城市和区域规划必须把保护作为首要考虑的因素之一。

还应指出的是,整体性保护并不排除将现代建筑引入老建筑区,只要其尊重现存的环境、比例、形式、体量和规模,并使用传统材料。

8. 整体性保护依赖于法律、管理、财政和技术方面的支持。

(1) 法律。整体性保护应该最大限度地运用现有的法律和规章,为建筑遗产的保护和保存发挥作用。当这类法律法规不足以满足这一目的时,应该通过国家、区域和地方等不同层面适当地补充法律工具。

(2) 行政管理。为了实行整体性保护政策,应当适当建立行政管理机构。

(3) 财政。必要时应提供包含税收政策在内的适当财政资助和激励政策,以此来鼓励对建筑遗产和单体建筑部件进行必要的维修和修复。

至关重要的一点是,由公共权利机构管理的财政资源,用于历史中心区修复的部分预算,至少应与新建项目的预算等额。

(4) 技术。现在从事修复工作的建筑师、各类专业人员、专业公司以及有经验的工匠较少,无法满足建筑修复的所有需要。

有必要发展一些培训部门和设施,并拓宽在相关管理、技术和手工技能方面的就业前景。建筑业应努力适应这些需求,传统手工艺应得到高度重视,而不是任其失传。

9. 没有全方位的合作,整体性保护就不可能成功。

尽管建筑遗产属于全人类,但其每一部分仍由个人支配。应当将正确的信息公之于众,因为市民有权参与到事关其生活环境的决策过程中来。

每一代人仅有一次生命来关爱这些遗产,他们有责任将其传递给后代。

10. 欧洲的建筑遗产是我们大陆的共同财产。

保护问题不是某一国家独有的,而是整个欧洲所共同面临的,必须以协作的方式来处理。欧洲理事会的责任在于让每一成员国本着团结的精神,贯彻执行一致连贯的政策。

(赵彦春)

# 非洲文化宪章

Charte culturelle de l'Afrique（1976）

**序言**

我们,非洲统一组织国家和政府首脑,于 1976 年 7 月 2 日至 5 日在路易港(Port-Louis)(毛里求斯岛)(Ile Maurice)参加第十三次例会。

**在以下文件的指引下:**

——非洲统一组织宪章

——CM/Res.371(23)决议,在部长议会第 23 次例会和 1974 年 6 月摩加迪沙(Mogadiscio)举行的国家和政府首脑会议第 11 次分会通过

——1966 年联合国总会议第 14 次分会通过的国际文化合作原则宣言

——阿尔及尔(Alger)泛非文化宣言(1969)

——联合国联合非洲统一组织(l'Unité de l'Afrique)1975 年在阿克拉(Accra)举行的关于非洲文化政策跨政府会议

确信所有的人类团体一定是按建立在传统、语言、生活和思维方式、全部天赋和自身个性基础上的规律和原则运行的;

确信所有的文化源自人民,所有的非洲文化政策应当使得人民能够全面发展,人民面对文化遗产发展更加有责任感。

清醒意识到事实,所有人民有不失效的权利,根据自己理想的政治、经济、社会、哲学和精神理念来组织文化生活;

确信权利平等,尊重世界各种文化,以及所有个人都自由享有文化的平等权利;

回忆起在殖民统治下,各个非洲国家政治、经济、社会、文化面临完全相同的情况;

在文化层面,殖民统治造成了非洲部分人民失去个性,篡改了他们的历史,一步步地贬低和挫败非洲的价值,尝试逐步并官方化地用殖民者的语言取代他们的语言。

殖民化利于培养适应和吸收文化的精英分子,造成了精英和非洲人民大众的严重脱节。

确信首先非洲统一组织找到了它的基础,特别是从它的历史上;

义化身份的确认表现为对所有非洲人民的共同关注;

非洲文化的多样性,同样身份的表达,是服务于融入人类平衡和发展的因素;

紧要地建立教育体系,能嵌入非洲文化价值,目的是确认青年人在非洲文化中扎根和在持久的教育前景中动员社会力量;

紧要地坚决地确保推广非洲语言,因为作为文化遗产的支撑物和导体,它们真实而且非常大众化;

迫切地进行文化遗产盘点,特别是历史和艺术传统领域遗产的系统盘点。

在以下思想的指引下

加强人民之间的理解和国家之间合作的共同愿望,目的是在更宽广的超越种族和民族差异的文化整体内部满足人民巩固博爱和团结的意愿;

意识到文化对我们人民来说,已成为最确定的方法来弥补技术上的落后,是我们胜利抵抗帝国主义勒索最有效的力量;

确信非洲文化只有当它全面参与政治和社会解放的斗争中,参与到权力恢复和统一事业中去才有意义,确信它对人民的文化焕发没有限制;

共同的愿望才能促进我们国家文化的和谐发展;

我们一致同意建立目前的非洲文化宪章。

标题一
目的和原则

条款 1

目前宪章的目的如下:

a) 把非洲人民从阻碍他们发展的社会文化条件中解放出来,重新创造和维护发展的意义和愿望;

b) 恢复、修建、保存、促进非洲文化遗产;

c) 确认非洲人民的尊严和文化的大众基础;

d) 抗争和清除非洲各地各种形式的文化束缚、镇压、统治,特别是还处于殖民和种族统治的国家,包括种族隔离的国家;

e) 促进非洲国家之间的文化合作,目的是促进统一非洲组织;

f) 促进国际文化合作,为了人民之间更好的理解,非洲给人类文明带来了它原创和有质量的贡献;

g) 促进各个国家所有人民掌握科学和技术,这是掌控自然的必备条件;

h) 在非洲文化遗产中发展所有活跃的价值,抛弃所有阻碍进步的成分。

条款 2

非洲国家为了达到以上条款宣称的目的,庄严地确认以下原则:

a) 所有公民享有教育和文化生活的权利;

b) 人民创造性天赋的解放和创造性自由的尊重;

c) 在文化领域尊重民族特性和真实性;

d) 在非洲人民文化生活中有选择性地嵌入现代科学和技术;

e) 在各种形式的去殖民化文化领域,非洲国家之间文化经验的交流和传播。

## 标题二
## 文化多样性和民族身份

### 条款 3

非洲国家承认考虑民族特点的必要性,文化多样性是国家内部平衡的因素和不同团体相互繁荣的源泉。

### 条款 4

非洲国家承认:文化多样性是相同身份的表达,统一的因素和有效武器,它为真正自由、有效责任和人民所有主权斗争。

### 条款 5

确认民族身份不应当以贫穷化和牺牲隶属相同国家内部存在的其他文化为代价。

## 标题三
## 民族文化发展

### 第一章
### 民族文化政策基本原则

### 条款 6

非洲国家承认是创造历史的人民组成了基础并创造了文化进步的条件。文化对生产方式和人类有创新性及有益的影响,非洲国家同意以下内容:

a) 每个国家建立关于自身的国家文化政策,政策应当由社会实践和商议行动系统化制定,目的是通过最优使用可利用的物质和人类资源,满足文化需求;

b) 将文化发展计划嵌入经济社会发展总计中;

c) 每个国家自由确定优先发展领域和选择自身认为最合适的方式达到设定的关于文化发展的目标;

为了达到这个目标,优先发展领域和之后实施的方式以指明的方式宣布;

1. 优先发展领域

a) 抄写、教授、推广使用民族语言,目的是将语言变成传播和发展科学和技术的工具;

b) 收集、保存、利用和传播口头文化传统;

c) 教学计划适应非洲国家发展需要和社会文化现实;

d) 促进文化活动,鼓励艺术家和服务大众创新;

e) 保护创新艺术家和文化产业;

f) 在文化行动领域发展持续研究和设立研究中心;

g) 在大众医学和非洲药典领域研究现代科学基础。

2. 方式

a) 在所有国家教育体系中引进非洲文化;

b) 引进和强化民族语言教育,目的是加快我们国家经济、社会、政治、文化发展进程;

c) 创立相应的机构,发展、保护、传播文化;

d) 培养各个层次有能力的干部;

e）将学校和国家现实及人民生活完整、有效地联系，联系应出现在学校的计划和组织结构中；

f）培养和调动所有公民，使他们有意识地参与文化行动；

g）分配预算，满足文化、社会科学、自然科学和技术的需要；

h）财政支持文化计划，首先主要从国家资源出发，实施一些文化项目；

i）组织有奖竞赛；

j）在严格遵守目前宪章精神基础上，组织国家和泛非节日。

## 第二章
## 文化民主化

### 条款 7

非洲国家承认自身活跃性主要建立在集体个性的绽放上，而非个人的宣扬和利益上。文化不能被认为是精英的特权。

### 条款 8

非洲国家同意以下内容：

a）创造条件使得所有人民全面参与文化政策的建立和实现；

b）捍卫和发展人民文化生活；

c）实行关注促进创新的文化政策；

d）破除种姓等级体系，恢复各处需要艺术家和手工业者功能的地方（黑人艺术家和手工业者）。

## 第三章
## 青年人积极参与民族文化生活

### 条款 9

非洲文化持续发展主要依靠青年人。因此，非洲国家应当创造促使青年人积极和明确参与非洲文化生活的条件。

### 条款 10

非洲国家致力于持续提高青年人的文化意识，通过在教育中引进非洲文化价值，通过组织民族和泛非节日、讲座、研讨会、培训和完善实习的方式。

### 条款 11

不同国家的文化政策应当确保非洲青年人拥有足够的方法，使得他们能够熟悉所有非洲文化和其他种类的文化，目的是从现在起开创不同文化有成果的交流道路。

## 标题四
## 持续培训和教育

## 第四章
## 培训

### 条款 12

职业培训在经济、社会和文化发展层次具有特别的重要性。因此，非洲国家应当致力于创造条件,促进非洲工人和农民阶层在工作地点广泛参与文化生活。

条款 13

为了实现以上条款定义的目标,国家应当在各个领域和各个层次定义人才培养政策。

条款 14

创新艺术家职业培训应当加强、更新、适应现代的方法,不要切断与非洲艺术传统来源的脐带联系。为了这个目标,非洲国家应当创造国家、地区、分区域的培训中心。

第五章
持续教育

条款 15

非洲政府应当对现代社会持续教育日益增长的重要性给予特别的关注。

条款 16

非洲政府应当采取关于继续教育理性组织的相关措施,建立满足人民特殊需要的相关教育体系。

标题五
非洲语言的使用

条款 17

非洲国家确认迫切发展语言的需求,应当能够确保文化的传承和加快经济、社会的发展。为了达到这一目的,非洲国家致力于建立国家语言政策。

条款 18

非洲国家应当准备和实施在教学中引入语言的必要改革。为了达到这一目的,每个非洲国际应当选择一种或几种语言。

条款 19

在各个层次的教育中引入非洲语言,应当和人民的扫盲学习一同进行。

标题六
信息和沟通方式的使用

条款 20

非洲国家承认没有相适应的信息和沟通政策就不会有文化政策。

条款 21

非洲国家鼓励为发展文化合理地使用信息和沟通方式。

条款 22

a) 非洲政府要确保信息方式的完全去殖民化,增加广播和电视节目的制作及出品体现人民政治、经济和社会现实的电影,目的是使人民大众能更好地享有和参与文化财富;

b) 非洲政府应当设置出版社和图书、教材、唱片、报刊发售机构,目的是打击市场投机,把它们变成大众教育工具;

c) 非洲政府应当建立起合作,目的是打破非非洲国家在此领域拥有的垄断地位。

标题七

文化发展中的政府角色

第六章 创新资助

条款 23

非洲国家应当确保在国家文化繁荣中起支配作用,通过无论对集体方式还是个人创新有效的资助政策。

资助可以采用不同的方式:

a) 组织有设置奖项和流动艺术作品展览及艺术巡游的竞赛;

b) 通过对非洲文化财产部分和全部减税的政策,提供税收资助;

c) 对艺术家、作家、研究者给予资金资助和提供培训及优化奖金;

d) 设立国家资金来促进文化和艺术发展。

第七章

非洲作品保护

条款 24

非洲国家应当颁布关于作者著作权的章程,确保保护非洲作品。它们同样应当更加努力来改变现有的国际章程,保护非洲的利益。

条款 25

非洲国家应当颁布国家和非洲法律,来确保保护作者的著作权,设立著作权国家办公室和促进创办作者名下的公司,负责保护思想作品创作者的物质和精神利益。

条款 26

非洲文化遗产应当在国际机关宣称的现行条件下,此领域实施的最优规则下,在法律和实践层面进行保护。

条款 27

非洲政府应当颁布国家和非洲法律,在和平和战争时期决定保护文化财产。

条款 28

非洲国家应当采取措施来结束掠夺非洲文化财产,获得特别是非洲曾经被掠夺的资料、艺术品和考古物品,以及被修复的文化财产。为了达到这一目的,他们应当特别依靠联合国的力量,采取各种创新举措,确保联合国议会关于从原产国被盗艺术品修复解决措施的实施。

条款 29

非洲国家应当采取措施确保国家被掠夺的文件修复好并归还非洲政府,使得它们能掌握自身国家历史完整的材料。

标题八

泛非洲文化合作

条款 30

非洲国家承认必须建立泛非文化合作,这是非洲文化相互接近、相互繁荣的因素,以双方交流的形式表达,一方面在非洲大陆的所有国家交流,另一方面通过中间特殊组织媒介如联合国,进行非洲和世界其他国家的交流。

条款 31

为了达到以上条款宣称的目的,非洲国家一致同意以下内容:

a) 通过加强关于规范非洲文化发展重要主题的共同文化行动和阶段交流合作。

b) 发展信息、文件和文化设备的交流,通过以下途径:

加强非洲大学联合会;

大学和专家的交流,目的是我们能在研究学院发展文化和科学学习;

青年人的交流和会议;

组织相关文化活动,如:节日、专题讨论会、体育和艺术展览;

在国家、地区和泛非区域内设立文化研究中心;

设立泛非基金来维护和促进文化学习和计划;

c) 朝向最优使用非洲文化价值,能展现出隶属于相同的团体的方向;

d) 创立特殊的地区机构,负责培训文化行动专业干部。

条款 32

在非洲文化政策领域,非洲文化议会将和教育、科学、文化及健康委员会建立紧密的联系。

### 标题九
### 最后规定

条款 33

签名和批准:

i) 目前的宪章对所有非洲联盟组织成员国公开,依照各自的宪法签字批准;

ii) 在可能的范围内用非洲语言、英语和法语拟订的原始文本和所有证明文本已向非洲联盟组织秘书处递交,该组织将向所有国家成员寄范本;

iii) 批准文本已向非洲联盟组织秘书处递交,该组织将通知所有签字国。

条款 34

生效:

非洲联盟秘书处一收到批准的文本,三分之二的成员国加入,目前的宪章就生效。

条款 35

宪章登记:

正式修改后,目前的宪章将由非洲联盟组织秘书处在联合国秘书处登记,符合联合国宪章第 102 条。

条款 36

宪章的解释:

关于解释目前宪章提出的所有问题,由政府首脑和非洲联盟组织政府的会议决定裁决。

条款 37

入会和参与：

Ⅰ.非洲联盟组织所有成员国可以随时在非洲联盟组织修改意愿入会或者参与。

Ⅱ.非洲联盟组织秘书处应当向所有成员国通知本次修改。入会和参与在申请国提出请求，由秘书处向所有成员国沟通后十四天生效。

（金闪闪）

# 关于小聚落再生的特拉斯卡拉宣言

Tlaxcala Declaration on the Revitalization of Small Settlements(1982)

第二届美洲建筑遗产保护研讨会于1982年10月25日至28日在特拉斯卡拉特立尼达举行,由国际古迹遗址理事会墨西哥国家委员会主办,主题为"小聚落再生"。与会者对墨西哥方代表和组委会的有序组织表达诚挚感谢,并对此次议程所达到的高标准及所取得的成果表示满意。

他们特别感谢特拉斯卡拉政府的热情款待,同时令人欣喜的是,城市建筑遗产对于所有美洲民族都具有极高的价值,各国为保护这类遗产做出了努力。

代表们从威胁小聚落建筑和环境遗产的因素角度审视了美洲的现况,结论如下:

1. 代表们重申,小聚落是文化宝库,它所汇聚的生活方式是对我们文化的见证,它保持着适合自身的规模,同时赋予社群关系以人性,赋予其居民以身份认同。

2. 他们重申,小聚落的保护和复原是每个国家和地方政府的道德义务和责任,小聚落社群有权参与对保护其城镇或村庄的决策过程,并直接参与实施工作中。

3. 根据《查普特佩克宪章》所立条款、莫雷利亚议定书和美洲召开的其他关于遗产保护实践的会议所表达的意见,小聚落的环境和建筑遗产是一种不可再生资源,对于它们的保护需要精心制定程序,确保其不会因政治利益而受到破坏或曲解。

4. 他们一致认为,为确保小聚落社群的福祉,必须严格尊重其所在地及其生活传统。他们还认为,在目前大陆经济危机情况下不得限制对小聚落特征的保护;相反,必须克服这种困难,必须信任过去的文化成就,信任这些我们集体记忆的物质形式表达。

5. 他们进一步观察到,通过多种通信媒体将消费模式和外来习性引入我们的传统,助长了对自身价值观的蔑视,从而对文化遗产特别是对小聚落造成破坏;因此他们敦促对遗产保护感兴趣的各国政府、高等教育研究所和公共或私人机构,利用其可利用的媒体资源消除这种影响。

6. 他们重申了区域规划的重要性。现在大中型城镇人口日益过剩对小聚落的留存是一种打击,区域规划则是对抗小聚落没落和中型城镇人口日益过剩的重要手段。他们指出,任何旨在保护城市环境和建筑质量的行动,本质上都是为了改善其人民的社会经济状况和城市中心的生活质量。因此,他们呼吁各国政府和主管机构提供适当的综合基础设施,和用于阻止小聚居区人口减少的实用手段。

7. 他们认为,如果要保留乡村聚落和小城镇的传统环境,保证当代本地建筑表达上的连续性,就必须保留传统的材料和技艺,如果材料缺乏、技艺失传,他们建议使用不造成任何视觉差别并且满足当地物理、地理条件以及居民生活方式要求的替代品。

**建议:**

研讨会与会者重申了国际古迹遗址理事会关于保护小聚落的工作原则,这些原则在国际上的各种文本均有提及,包括之前美洲举办的基多会议、查普特佩克会议和莫雷利亚会议提出的建议。在本次会议上他们通过了以下建议,在国际古迹遗址理事会美洲委员会和其他专家间发行,并向政府机关、专业协会、有关领域的研究机构及大学、建筑学院和其他机构提交以下建议:

1. 为保护、振兴小聚落提出的任何方案都必须进行规划设计,每个遗产保护项目须涵盖该区域历史、人类学、社会、经济等方面,作为遗产保护项目的一部分为其振兴创造可能,否则倡议将注定流于表面,毫无成效。

2. 对于任何支持小聚落保护、修复及振兴的工作,其重要前提是鼓励跨学科的多方参与。

3. 有关通信、健康、教育、供电等方面的公共服务管理机关应当充分认识到,如果对文化遗产及总体社群遗产保护所带来的效益不了解或不理解,那么他们出于好意所进行的活动会对小社群造成适得其反的结果。

4. 如果要在国家政策、专门立法和技术进步方面取得更好的成效,在不同领域间进行经验共享是必不可少的。最为重要的是信息,无论是国际信息还是具体涉及美洲的信息,要再次强调的是相关信息要公开发表,并建议保护工作涉及的各个学科领域都建立起工作团队。

5. 保护小聚落是否能取得满意成效,关键在于材料的使用和当地传统建筑的技艺是否得以延续,同时不能违背新建建筑应承载当代烙印这一总体原则。迫切的是,运用这些材料和技艺时要认识并提升其重要性和内在价值,对有关社群加强意识,从而使这类材料及技艺得以延续。建议通过补贴和奖励的形式鼓励建筑工种加强技艺。

6. 拉丁美洲国家政府将其视为公共利益,为收购、维护、保护及修复小聚落和小城镇民居提供资金,切实为建筑遗产的延续创造条件。为此,必须修订资金分配标准,使用当地技艺和材料的建筑可用以抵押贷款。

7. 建筑学院应设置或保留建筑修复修饰专业的硕士学位,并重视对于建筑和城镇规划遗产鉴赏、保存及修复、当地建筑及传统建筑技艺知识等基础课程的教学,使其毕业生能够将专业能力运用到需要他们的社群中去。

8. 著名学府和建筑学会应成立建筑遗产保护委员会,提高其责任感,开展小聚落保存、相关信息编辑及传播并为该问题建言献策等工作。

9. 如还未获批准,各国的代表们应竭尽全力使他们的政府批准联合国教科文组织世界遗产公约议定书(1972年11月16日),以便其有资格获得国际机构的支持和技术援助。

该报告包含了1982年10月28日拉特立尼达第三届美洲建筑保护会议全体会议通过的结论和建议,即"特拉斯卡拉宣言",以下签署人确认本文本的真实性。

(赵彦春)

# 关于"重建被战争摧毁的古迹"的德累斯顿宣言

(国际古迹遗址理事会德意志民主共和国全国委员会于1982年11月在德累斯顿通过)

Declaration of Dresden on the "Reconstruction of Monuments Destroyed by War" (1982)

本次会议:
- 在德累斯顿再次令人震惊地观察到战争给人民及其文化财产所带来的可怕的痛苦和损失
- 认可德意志民主共和国政府和人民对大部分被损坏或据信已经丢失的宝藏,尤其是建筑遗迹等进行挽救所取得的成就
- 在此背景下,全力支持联合国教科文组织第二次世界大会(墨西哥,1982年8月)关于防止战争的建议(第308号)
- 对1981年罗马国际古迹遗址理事会第六届大会就同一主题通过的决议表示支持

通过讨论和总结,本次会议做出以下基本评估:

1. 战后社会发展的任务、城镇和村庄的重建与由此产生的古迹保护任务是一个统一体。对古迹的重建是基于古迹的精神价值,以及在思想和政治上的求知欲。

2. 古迹的修复、城镇和乡村特征的维护会随着时间而不断变化,不过各国政府和人民的目标和实际努力对于人民和故土之间的纽带以及让人民融入社会进步之中仍然具有重要意义。

3. 一些地方在对古迹精心保护与保养的同时,也在致力于恢复古迹的影响力,并加深对古迹的理解;还有一些地方,现有的古迹与新的建筑相得益彰,加上自然环境的衬托,使得典型的城市景观得到尊重与提升,产生了巨大的文化效应。

4. 人们受到战时破坏和战后重建工作的影响而对古迹越来越感兴趣,因其可以作为历史的证据,所以对古迹原始物质的保护格外重视。这意味着古迹之所以被认可为古迹的所有组成部分,是因为它尽管经历时间的磨砺,但凭借其真实性反而确认了古迹的起源及其演变至今的过程。

5. 作为文献记录的新形式,通过考古学的手段进行重建,这为古迹保护的基础和深入研究带来了新动力。对单一古迹或群体古迹进行记录可以说是一项紧急任务,可以保护

这些古迹免受武装冲突和灾难的破坏。

6. 由于对古迹的知识功能产生了新的兴趣，人们开始基于其意义和影响来修复古迹，而不仅仅是出于保护。修复的类型和范围取决于古迹的重要性、古迹的具体特征、古迹被破坏的程度以及古迹附加的文化和政治功能等。

7. 在重建被战争摧毁的古迹时，各种技术得到了发展。每个个案中都必须将多种因素考虑在内。其范围包括对古迹象征价值的保护，以及对无法割舍的城市景观的修复，不一而足。

8. 在恢复被战争摧毁的古迹时，应对其历史发展进程予以特别关注。这既适用于不同时期的古迹元素，也适用于与古迹命运相关的其他证据。以负责的方式而增添的现代元素也可以包括在内。对受到严重破坏的古迹进行完全重建必须被视为一种特殊情况，其正当性必须有特殊原因，即历史性的古迹在战争中被毁，而且重建必须基于被破坏之前对其状况的可靠记录。

9. 对建筑物传统功能的持续需求使得古迹修复也变得加速起来。对古迹精神价值的不断重视使得这一趋势更为显著。这在很大程度上与城乡住宅、市政厅、教堂和其他历史建筑有关。

10. 古迹的毁坏经常会为它带来全新的社会功能，对它的理解将会在重建后建立。这既包括努力寻找其有重大公用的一面，也包括住宅用途。

11. 古迹重建任务中已经发展出了一种非常细致的科学方法，技术、艺术和工艺等也是如此。由于各国人民都希望尽可能完全恢复受损的古迹，以使其具有国家意义，这种愿望也是合情合理的，因此必要的修复工作已经超越维护，达到了较高的专业水平，同时也达到了新的文化层次。

12. 越来越明显的是，人们对蕴涵本国历史的古迹非常骄傲，也对其他国家的古迹感兴趣，并对这些古迹所代表的民族于过去和现在取得的文化成就表示尊重。全世界在文化遗产的独有特征、历史证据和美感等方面进行知识和经验交流，尤其是针对每个民族、每个族群、每个社会群体的古迹，将会为各国人民公平、和平共处发挥建设性作用。

看到人类生命的可怕消逝，看到战争对文化宝藏的破坏，我们在古迹保护领域的经验，以及我们为了对这些古迹进行修复和重新理解所做的工作，均赋予我们所有人一个职责，即在不断开展国际合作和裁军的基础上，竭尽全力将这个世界变得更为安全、更加和平。

（杨　晨）

# 罗马宣言

（国际古迹遗址理事会全体大会于1983年6月在意大利罗马通过）
Declaration of Rome (1983)

鉴于

- 意大利现存的考古、建筑、历史和艺术、环境和自然、档案和书籍遗产的种类繁多，质量上乘，数量丰富；
- 缺乏可用的经济和财政资源；
- 意大利在现阶段社会发展和转型过程中出现的极端紧张气氛。

同时考虑到意大利专家学者们不断做出的文化贡献，不仅是对艺术史的了解，而且还包括对保护理论的掌握以及修复实践的熟知。

还注意到，与其他国家相比，意大利议会、政府以及最为重要的公共服务部门在文化遗产保护方面都给予了长期坚定的支持。

因此，为了使国家文化遗产的综合保护行动变得更加精准，意大利全国委员会在文化财产和环境部的支持下重新回顾了索伦托（1979年）和那不勒斯（1981年）全国专题讨论会上已经完成的工作，并在以往研究的基础上在罗马（1983年6月9日至10日）召开了以"纪念碑和遗址：当今意大利的保护行动"为主题的大会。

在听取并讨论报告和通讯后，大会注意到意大利如今在保护和恢复文化遗产方面存在着严重缺陷。这些缺陷一方面是由于理论与实践之间的关系不够明确，另一方面是由于当前政治和社会经济形势的内在危险。

大会具体指出：

1. 无论是本土、地区、国家还是国际层面，参与保护的各级机构之间很少协调甚至不存在协调。其他因素加剧了此种情况的发生，例如这些机构中都缺乏有机的结构；负责文化财产服务的大学和政府之间的分离；国家各部门之间缺乏协调，尤其是文化事务和公共工程部门之间没有协调，虽然后者为建筑遗产提供了大量资金。

2. 由于建筑修复工程屡屡被交给私营和国有部门中不够资质的人员，因此带来严重后果。这种情况证明雇佣有能力的修复者是绝对必要的，他们需要接受大学甚至研究生水平的专业培训。

3. 如若资质未达标的私人承包商对纪念碑、历史中心和遗址进行修复时却无人监管，将会产生难以名状的后果。建筑业的乱象加剧了这种现象的产生,导致某些承包商虽然缺乏培训,但在最近关于建筑和城镇规划的模糊立法的掩护下,仍然可以进行修复工作。这项立法本身就是当前普遍混乱状态的集中表现。

大会建议就上述缺陷及错误进行逐条补救:

a. 议会、政府和主管机构提出要求,对国家和国际机构提出的行政、教学、技术和文化举措进行全面的参与协调,对建筑业务进行认真规划,对修复行业中的专业人员和承包商的资质进行严格的监管。

b. 确认并通过"国际建筑保护培训协调员会议"(1982年12月由国际文物保护与修复研究中心举办)的内容和结论。大会确认那次会议中最重要的结论是:所有从事修复工作的专业人员,无论是在历史和技术领域,还是在建筑和城市规划领域,均应接受公认的多学科和科学修复方法方面的培训,同时加强国际文物保护与修复研究中心等国际组织在教育和文化培训中的作用。

通过向主管机构和文化界提出这些建议,大会确认了国际古迹遗址理事会采取行动并愿意进行合作的目的,以便最迅速地将这些建议落到实处。

(杨 晨)

# 考古遗产保护与管理宪章

(国际古迹遗址理事会全体大会第九届会议于1990年10月在洛桑通过)
Charter for the Protection and Management of the Archaeological Heritage (1990)

## 导言

众所周知,认识和了解人类社会的起源与发展对人类鉴别其文化和社会根源有着极其重要的作用。

考古遗产构成记载人类过去活动的基本材料,因此,对其保护和合理的管理能对考古学家和其他学者代表人类当前和今后的利益对其进行研究和解释起到巨大的作用。

对这种遗产的保护不能仅仅依靠适用考古学方法,它需要较广泛的专业和科学知识与技能基础。有些考古遗产的构成是建筑结构的组成部分,在这种情况下,就必须根据1966年保护和修复古迹遗址的威尼斯宪章所规定的这类结构的保护标准进行保护,考古遗产的其他构成是当地人民生活习惯的组成部分,对于这类遗址和古迹,当地文化团体参与其保护和保存具有重要意义。

由于这些原因以及其他一些原因,考古遗产的保护必须依靠各学科专家的有效合作,它需要政府当局、学术研究人员、公私企业以及一般民众的合作。因此,本宪章规定了有关考古遗产管理不同方面的原则,其中包括公共当局和立法者的责任,有关遗产的勘察、勘测、发掘、档案记录、研究、维护、保护、保存、重建、信息资料、展览以及对外开放与公众利用等的专业操作程序规则以及考古遗产保护所涉及的专家之资格等。

本宪章受到了作为学者、专家以及政府的政策与实践思想的源泉与准则的威尼斯宪章的成功之鼓舞。

本宪章必须反映具有全球效力的基本原则和准则。鉴此,宪章不能考虑地区性的和国家的具体问题和可能性。因而,本宪章必须为此需要根据将来的原则与准则,在地区性和国家范围内加以补充。

**第一条  定义与介绍**

"考古遗产"是根据考古方法提供主要资料实物遗产部分,它包括人类生存的各种遗存,它是由与人类活动各种表现有关的地点、被遗弃的结构、各种各样的遗迹(包括地下和水下的遗址)以及与上述有关的各种可移动的文化资料所组成。

### 第二条 整体保护政策

考古遗产是一种容易损坏、不能再生的文化资源。因此,土地利用必须加以控制并合理开发,以便把对考古遗产的破坏减小到最低限度。

考古遗产的保护政策应该构成有关土地利用、开发和计划以及文化环境和教育政策的整体组成部分。考古遗产的保护政策必须不断予以检查,以便跟上时代的发展,考古保护区的划定亦构成此种政策的一部分。

考古遗产的保护必须纳入国际的、国家的、区域的以及地方一级的规划政策。一般民众的积极参与必须构成考古遗产保护政策的组成部分。涉及当地人民遗产时这点显得更加重要。参与必须以得到作出决定所需知识之机会为基础。因此,向一般民众提供信息资料是整体保护的重要组成部分。

### 第三条 立法和经济

考古遗产的保护应看作是全人类的道德义务,它是民众的一项集体责任。此项义务必须通过相应的立法以及支持遗产有效管理计划的足够资金的规定加以确认。

考古遗产为全人类社会所共有,因此,每个国家应有义务保证拨出足够的资金用于考古遗产的保护。

立法应该为适合于每个国家和地区的需要、历史和传统的考古遗产提供保护,提供就地保护和研究的法律需要。

立法应该以考古遗产是全人类和人类群体的遗产这个概念为基础,而不局限于某一个人或国家。

立法应该禁止在没有得到有关考古当局的同意而通过改变考古遗址或古迹或其环境对其进行毁坏、损坏和改变。

在批准毁掉考古遗产的情况下,原则上,立法应要求对其进行全面的考古研究和档案记录。

立法应要求并规定对考古遗产进行适当的维护、管理和保护。

对违反考古遗产法律的行为应制定适当的法律制裁措施。

如果立法仅仅只对那些登记在选择法定财产清单中的考古遗产的某些部分提供保护,对没有受到保护或新近发现的古迹和遗址必须制定暂时保护规定,直至对其作出考古评估。

开发项目构成对考古遗产的最大威胁之一。开发者有责任保证在开发计划实施之前对考古遗产影响进行研究,因此,该项责任应体现在适当的立法中,并规定此种研究经费应包括在项目经费之中。立法中还应该建立这样的原则,即:开发项目的设计应该将其对考古遗产的影响减小到最低限度。

### 第四条 勘察

对考古遗产的保护必须以对其范围和性质尽可能的全面了解为基础。因此,对考古资源进行全面的勘察是考古遗产保护与管理的一项基本义务。

同时,考古财产清单构成科学研究主要数据库,因此,编制考古财产清单应被认为是一个不断变化的过程。其结果是：考古财产清单应该包括各个重要和可靠阶段的资料，因为即使是表面的知识也能构成保护措施的起点。

**第五条 调查研究**

考古知识主要基于对考古遗产的科学调查研究。此种调查研究包括广泛的方法，从非破坏性的取样技术到全面发掘。

收集考古遗产的资料不应更多地毁坏为保护或科学研究目的所需的考古证据，这是一项最重要的原则。因此，与全面发掘相比，非破坏性技术、空中的地面勘测、取样等方法应在尽可能的范围内加以鼓励。

由于发掘总是意味着需要以失去其他资料甚至可能以毁坏整个遗址为代价来选择将要记录和保存的证据，因此只有在经过深思熟虑之后方可作出发掘的决定。

发掘应该在遭受发展规划、土地用途改变、掠夺和自然蜕化的威胁的古迹和遗址上进行。

作为例外情况，为了阐明研究问题或为了向民众展览而更有效地阐述古迹遗址，也可以对没有遭受威胁的遗址进行发掘。在这种情况下，发掘之前必须首先对遗址的重要性进行全面的科学评估。发掘应该是部分的，留一部分不受干扰，以便今后研究。

在发掘工作完成后的一段合理期间内，应该向科学团体提交一份符合既定标准的报告，报告应包括相应的考古财产清单。发掘工作应根据1956年联合国教育、科学及文化组织关于适用于考古发掘的国际原则的建议所规定的原则以及既定的国际国内专业标准予以进行。

**第六条 维护与保护**

考古遗产管理的总体目标应是就地保存古迹和遗址，包括对一切相关的记录和藏品等进行适当的长期保护与保管。将遗产的任何组成部分转移至新的地点的任何行为即构成违反就地保存遗产的原则。这项原则强调适当维护、保护和管理的需要。它也坚持如果发掘考古遗产的适当维护和管理之规定得不到保障，则不应通过发掘或在发掘后暴露考古遗产的原则。

作为促进维护考古遗产的一种方法，应该积极寻求和鼓励当地承担义务及其参与。这一原则在处理当地人民和地方文化团体的遗产时特别重要。在某些情况下，把保护和管理古迹和遗址的责任委托给当地人民也许是适当的。

由于所能得到的资源难免有限，积极的维护不得不在有选择的基础上进行。因此，它应该在各种古迹遗址的重要性和代表性的科学评估基础上适用于其中的一个范例，而不应局限于那些比较著名并引人注目的遗址。

在考古遗产的维护和保护方面应适用1956年联合国教育、科学及文化组织的建议所规定的相应原则。

**第七条 展出、信息资料、重建**

向民众展出考古遗产是促进了解现代社会起源和发展的至关重要的方法。同时，它也是促进了解对其进行保护需要的最重要的方法。

展出和信息资料应被看作是对当前知识状况的通俗解释,因此,必须经常予以修改。它应考虑到了解过去的其他多种方法。

重建起到两方面的作用:试验性的研究和解释。然而,重建应该非常细心谨慎,以免影响任何幸存的考古证据,并且,为了达到真实可靠,应该考虑所有来源的证据。在可能和适当的情况下,重建不应直接建在考古遗址之上,并应能够辨别出为重建物。

**第八条 专业资格**

在各个不同学科拥有至高学术水平对考古遗产的管理极为重要。因此,在相应的专业领域培养足够数量的合格专业人员是每个国家教育政策的重要目标。发展某些高尖端专业领域的技能之需要,要求进行国际合作。必须建立和维持专业培训和专业指导的标准。

考古学术培训的目标应该考虑到保护政策从发掘到就地保存的转变。它还应该考虑到这样的事实,即:在保存和了解考古遗产方面,研究当地人民的历史与研究著名的古迹和遗址同样重要。

考古遗产的保护是一个不断变化发展的过程。因此,应该使从事这方面工作的专业人员有时间更新他们的知识,应该制定专门侧重于考古遗产保护和管理的研究生培训计划。

**第九条 国际合作**

考古遗产是全人类共同遗产,因此,国际合作在制定和维持其管理标准方面极为重要。

为从事考古遗产管理的专业人员交流信息和经验,急需创建国际机构。它要求组织地区性和全球性的大会、研讨会、专题讨论会等,并建立地区性的研究生研究中心。国际古迹遗址理事会应通过其专业团体,在长期计划中促进这方面的工作。

作为提高考古遗产管理水平的一种方法,还应该发展专业人员的国际交流。在国际古迹遗址理事会的领导下,应制定出考古遗产管理方面的技术援助计划。

(原载国家文物局法制处:《国际保护文化遗产法律文件选编》,紫禁城出版社,1993年版;联合国教科文组织世界遗产中心、国际古迹遗址理事会、国际文物保护与修复研究中心、中国国家文物局:《国际文化遗产保护文件选编》,文物出版社,2007年版)

# 魁北克城市宣言

(联合国教科文组织于1991年6月30日~7月1日的第一届世界遗产城市国际研讨会通过)
Québec City Declaration (1991)

保护城市遗产是世界各地地方政府面临的一项重大挑战,在20世纪80年代变得更加紧迫。鉴于世界遗产城镇拥有的独特地位及其地位带来的象征价值,它们面临着特别艰巨的任务。世界遗产城镇需要模范化的管理,但是在全球范围内却处于相对独立的状态,因此这些城镇需要采用适当的机制来加强它们之间的合作联系。

1. 历史城区与发展挑战

无论其规模和地位如何,世界各地的历史街区和城市都面临着内部平衡和融合的严重问题。这些问题在很大程度上既不是新的也不是无法解决的,因为许多本地社区都已经找到了解决发展和保护这双重挑战的巧妙方法。

尽管如此,对于希望帮助保护人类文化遗产的政府、社区和个人而言,20世纪90年代将是一个关键和刺激的时期。特别是经济问题正在使政府越来越意识到需要做出选择并重新审视优先事项。对于公民而言,他们更加公开地寻找适用于环境等领域的根本性解决方案。与此同时,我们社会中的重要团体对休闲和教育表达了更具体的期望,更加符合推动遗产被发现和欣赏的目标。

这些因素和趋势可能会变得更加明显,为遗产城镇管理者带来新的、更大的挑战。这些问题不再是孤立的问题,它们正在世界各地出现,根本原因通常是相同的,或者至少是相似的。更重要的是,它们不仅限于物质保护问题。这就是为什么城市遗产管理的责任不能仅仅由保护专家独自承担,而必须由选举的官员、从业人员和公民共同承担。

2. 世界遗产城镇特有的问题

**建立世界遗产城镇网络的决议**

无论世界遗产城镇在哪里,只要被列入世界遗产名录就必须确保获得模范管理和保护;

对于许多世界遗产城镇来说,理想和手段之间仍存在相当大的差距;许多仍然是独立的;

在世界遗产城镇之间建立永久沟通机制将会促进"姐妹城市"之间的关系,促进团结和相互支持,并使世界遗产城镇更为有效地面对挑战。

世界遗产城镇在加拿大魁北克市的民选代表大会上同意在联合国教科文组织的支持下建立世界遗产城镇网络。这一网络的主要目的是为了有利于世界遗产条约的实施,推动成员之间及成员与世界上其他历史城市的信息交流与合作。常设秘书处应与联合国教科文组织和世界古迹遗址理事会保持一致,该网络将会具体负责:

收集、编制和更新网络中所有城镇的管理信息;

为网络中的所有城镇提供简报,定期提供汇总信息;

定期更新和发布本次研讨会上提出的管理指南;

协助并促进专门研究历史城市环境问题的研究人员的活动;

为网络中任何城镇提供技术支持,负责组织与本次研讨会类似的活动;

为任何希望被世界遗产委员会考虑列入世界遗产名录的城镇提供有用的支持信息。

为此,特决定设立世界遗产城镇临时执行委员会。临时执行委员会将与联合国教科文组织(魁北克市办事处)一起负责监督魁北克市技术团队的工作,执行任务期限为两年。技术团队将就永久秘书处的任务和网络章程制定文件。

此外,还决定由代表世界不同地区的市长组成的临时执行委员会经由第一届世界遗产城镇国际研讨会全体会议选出,临时执行委员会将选出 1993 年举办第二届国际研讨会的城市,并由临时执委会在此次会议上提交报告。

**临时执行委员会由以下成员组成:**
临时执行委员会主席,加拿大魁北克市市长 Jean-Paul L'Allier
葡萄牙埃武拉市市长 Abilio Miquel Joaquim Dias Fernandes
挪威卑尔根市市长 Bengt Martin Olsen
哥伦比亚卡塔赫纳市长 Nicolas Curi Vergara
秘鲁库斯科市市长 Daniel Estrada Perez
摩洛哥菲斯市市长理事会主席 Abderrahim Filali Baba
波多黎各圣胡安总督 Rafeal Hernandez Colon
突尼斯突尼斯市市长 Ali Bouleymen

(杨　晨)

# 关于保护古迹、建筑群、历史场所的教育和培训指南

(国际古迹遗址理事会第十届大会于1993年7月30日~8月7日在斯里兰卡科伦坡通过)

Guidelines on Education Training in the Conservation of Monuments, Ensembles and Sites (1993)

考虑到遗产的广度涵盖了古迹、建筑群和历史场所的概念；

考虑到保护这些遗产资源所需的各种行动和处理方式，以及为指导它们提供共同学科的必要性；

认识到许多不同的专业需要在共同的保护学科内进行合作，并且需要适当的教育和培训，以确保在保护方面进行良好沟通和协调行动；

注意根据《威尼斯宪章》和国际古迹遗址理事会的相关原则，为参与制定培训计划的机构提供参考，协助确定和建立适当的标准和准则，以满足每个社区或地区各自的具体文化和技术要求；

特采纳以下指导原则，并建议将其扩散到相关的机构、组织和当局中去。

**指南的目的**

1. 本文件的目的是为保护古迹、建筑群、历史场所所进行的教育和培训建立标准和指南，它们在1972年《保护世界文化和自然遗产公约》中均被界定为文化遗产，包括历史建筑、历史区域和城镇、考古遗址及其出土文物，以及历史和文化景观等。对它们的保护不仅现在，而且将来会一直是个紧迫的问题。

**保护**

2. 对文化遗产的保护已经成为环境和文化发展领域的一部分。尊重文化遗产需要将保护态度与包括旅游业在内的当代经济和社会目标结合起来，这才是可持续的管理战略。

3. 保护的目的是为了延长文化遗产的寿命，并在不丧失真实性和意义的情况下阐明其中的艺术和历史信息。保护是一种文化、艺术、技术和手工艺活动，以人文、科学研究和系统研究为基础。保护必须尊重文化背景。

**教育和培训性的项目和课程**

4. 有必要在文化多元主义和多样性的基础上以一种整体方法来看待我们的遗产，并且得到专业人员、工匠和行政人员的尊重。保护需要观察、分析和综合能力。保护主义者

应该拥有一种灵活而又务实的方法,但需要以文化意识为基础,将之贯穿于所有实际工作、适当的教育和培训、合理的判断和对社区需求理解的分寸感中。许多专业和工业技能将参与这项跨学科活动。

5. 保护工作只能委托给有资质从事这些专业活动的人员。保护的教育和培训应该由一系列专业和保护人士承担,他们能够:

a. 解读古迹、建筑群、历史场所,并认识到其情感、文化和用途上的重要性;

b. 了解古迹、建筑群、历史场所的历史和技术,确定它们的身份,制定保护计划,并解读研究的结果;

c. 了解古迹、建筑群、历史场所的背景、内容和环境,以及与其他建筑物、花园或景观的关系;

d. 查找并吸收与正在学习的古迹、建筑群、历史场所有关的所有可用信息来源;

e. 将古迹、建筑群、历史场所的状态作为复杂系统进行理解和分析;

f. 诊断衰落的内在和外在原因,以此为基础采取适当的行动;

g. 通过草图和照片等图形手段来描绘古迹、建筑群和历史场所,向非专业读者提供可使之理解的报告;

h. 了解、理解和应用联合国教科文组织的公约和建议,以及国际古迹遗址理事会和其他公认的宪章、条例和准则;

i. 基于共同的道德原则而作出平衡的判断,为文化遗产的长期繁荣而承担责任;

j. 认识到何时必须寻求建议,何时需要确定值得学习的不同领域,如壁画、雕塑、具有艺术和历史价值的物品、原材料和系统学习等;

k. 就维护策略、管理政策,以及古迹、建筑群和历史场所的保护和保存政策框架等提供专家建议;

l. 记录已执行的工程并使之易于使用;

m. 使用合理的方法在多学科小组中开展工作;

n. 能够与居民、管理员和规划者在合作中解决冲突,制定适合当地需求、能力和资源的保护战略。

**课程的目的**

6. 有必要将与保护知识有关的态度和方法传授给所有可能对文化财产产生直接或间接影响的人。

7. 保护实践是跨学科的,因此课程也应该是多学科的。学者和有资质的工匠等专业人士需要进一步培训才能成为保护主义者;那些希望在历史环境中完全胜任的人也需如此。

8. 保护主义者应确保在古迹、建筑群和历史场所中的所有工匠和工作人员都应尊重其重要意义。

9. 加强和改进防火和其他安全措施,将应对灾难和减轻文化财产损害的方法纳入培训课程中。

10. 传统工艺是一种宝贵的文化资源。具有高级手工技能的工匠应该接受进一步的保护工作培训，包括工艺历史、历史细节和实践，以及保护理论等都需要记录。许多历史技能必须得到记录与恢复。

**教育和培训的组织**

11. 有许多令人满意的方法可以实现所需的教育和培训。不同的方法依赖于每个文化区域的传统、立法、行政和经济背景。应鼓励在国家机构之间和国际机构之间就教育和培训的新方法积极交流想法和意见。个体和机构之间的协作网络对于确保交流的成功至关重要。

12. 保护的教育和宣传应该在学校、大学甚至更高机构中持续进行。这些机构在提高视觉和文化意识方面发挥着重要作用，能够提高对文化遗产构成要素的阅读和理解能力，并为专业教育和培训的候选者提供所需的文化准备。应鼓励在手工艺方面进行实践型培训。

13. 用于持续职业发展的课程可以用于专业人士初始阶段的教育和培训。长期、短期的课程是高阶教学的重要方法，对于主要人口中心非常有用。短期课程可以提升态度，但无法传授技能和对保护的深刻理解。在对建筑、自然环境及其附属物进行管理时，这些课程有助于对保护概念和技术的介绍。

14. 专业课程的参加者应该具备高素质，通常已经接受适当的教育和培训，并拥有实际工作经验。专业课程应该是跨学科的，所有参与者都要接受核心课程的教育和培训，选修课程是为了扩展能力和填补以往教育和培训的空白。为了完成对一个保护主义者的教育和培训，建议实习以获得实践经验。

15. 应鼓励每个国家或区域至少建立一个综合性的、有组织的机构以提供教育、培训和专业课程。建立一个完全称职的保护服务机构可能需要几十年的时间。因此，采取一些特殊的短期措施是必要的，包括将新举措移植到现有项目上，以便发展出全新的项目。应鼓励教师、专家和学生在国家、区域和国际层面的交流。同行对保护培训项目进行定期评估也是必要的。

**资源**

16. 专业课程所需的资源包括：

a. 足够数量的、达到理想水平的参与者，范围在 15—25 人之间；

b. 具有足够行政支持的全职协调员；

c. 在保护领域和教学能力上具有良好理论知识和实践经验的教师；

d. 硬件设施齐全，包括带视听设备的授课空间、视频、工作室、实验室、工作坊、研讨室和员工办公室；

e. 拥有馆藏的图书馆和文献中心、协调研究所需的设备，以及可访问的计算机信息网络；

f. 合理半径范围内有一系列的古迹、建筑群和历史场所。

17. 保护依赖于足以对古迹、建筑群、历史场所及各自的背景加以理解的记录。每个国家都应设有研究所和档案室,对文化遗产和与之相关的保护工作进行记录。该课程应在国家确定的档案职责范围内运作。

18. 职业中期参与者的教学费和生活津贴需要做出特殊安排,因为他们可能已经承担了个人责任。

(杨　晨)

# 关于美洲国家文化遗产保护真实性的圣安东尼奥宣言

（国际古迹遗址理事会各美洲国家委员会于1996年3月27—30日在美国圣安东尼奥通过）

The Declaration of San Antonio (1996)

国际古迹遗址理事会各美洲国家委员会的主席、代表与成员们于1996年3月27日至30日在美国得克萨斯州的圣安东尼奥举行了有关"文化遗产保护与管理中的真实性"的美洲国家间研讨会，以讨论美洲在遗产保护方面的真实性含义。我们的讨论也是为了回应世界古迹遗址理事会秘书长发出的各地区参与对该主题进行国际性讨论的呼吁。

**A. 背景**

在过去的12个月中，国际古迹遗址理事会各美洲国家委员会的成员研究、审阅并讨论了1994年由挪威卑尔根和日本奈良的真实性专家会议所提出的文件及其他相关的文件。为筹备圣安东尼奥的大会，各国家委员会都编写并提交了一份国家立场报告，总结了各自国家或地区的决定结果。

**B. 思考和分析**

本次会议向国际古迹遗址理事会所有国家委员会成员和本地区的保护组织开放，大会在对美洲建筑、城市、考古和文化景观遗产的真实性进行讨论后，包括其性质、定义、证据和管理，特提出以下论断和建议：

1. 真实性和身份

美洲文化遗产的真实性与我们的文化特征直接相关。美洲的文化和遗产因其独特的发展和影响力而与其他大陆的文化和遗产截然不同。我们的语言、社会结构、经济手段和精神信仰在美洲大陆内各不相同，然而却有着强大的共同点，可以使美洲统一起来。其中包括原住民遗产，尽管经历征服时代的暴力和持续的文化移植过程，但仍然没有被完全摧毁；欧洲殖民者和非洲奴隶制留下来的遗产也有利于我们国家的建立；最后，寻求自由梦想的欧洲和亚洲移民也做出贡献，对此加以巩固。所有这些群体都为丰富而融合的多元文化主义做出了贡献，这构成了我们充满活力的大陆身份。

文化认同是群落和国家生活的核心，也是文化遗产及其保护的基础。在美洲的文化多样性中,不同身份的群体相处在同一时空,有时也跨越时空,虽然共享文化表现形式,但往往赋予自身不同的价值观。美洲不存在仅拥有一种身份的国家,多样性共同组成了国家认同。

文化资源的真实性在于,处在一个不断变迁、多元的群落中,我们的祖先在过去以及我们自己在现在对真实价值的认同、评价和解读。因此,美洲必须承认多数种群和少数种群的价值观,不将任何一种文化及其价值凌驾于其他文化及其价值之上。

只有通过对历史进行客观研究、对有形遗产内在的物质元素有所了解、对与有形遗产相关的无形传统有深刻理解,遗产的综合文化价值才能得到理解。

如果将遗产的价值与文化认同放在一起考虑,美洲恰好面临着文化同质化这一全球性问题,文化同质化倾向于稀释和抹去当地的价值观,希望推进普世性价值,这经常被认为是具有商业目的的幻想。这对遗产的作用造成了削弱。虽然我们认可传统价值观之于种族和国家认同的重要性,但却拒绝使用它们来激化愈加膨胀的民族主义和相互矛盾的态度,如果这样将会使我们的大陆不再相互尊重和永久和平。

2. 真实性和历史

对历史的理解和对遗址重要意义的理解会随着时间而改变,而这是确定真实性的关键因素。要理解遗址的真实性需要对它的重要意义进行全面评估,这需要由那些与之有关联或者声称遗址是他们历史一部分的人做出。基于此,了解遗址的起源、演变及其价值是非常重要的。遗址的意义和价值可能会有所变化,甚至有所冲突,但事实上可以调和,可以通过汇聚各群体的价值观来丰富遗产地的价值。遗址的历史不应受到篡改,也不能抬高某些群体的价值,使之凌驾于其他群体的价值之上。

3. 真实性和材料

文化遗址的物质结构是其真实性的主要组成部分。《威尼斯宪章》第九条强调,古代和原始元素的存在是遗址的基本本质之一。"宪章"还指出,有形文化遗产的物质元素还承载着与我们的过去和身份有关的重要信息。这既包括与遗址创建相关的信息,也包括由本源与新的、多样的文化环境互动所产生的层叠信息。基于这些原因,需要对那些材料及其背景进行识别、评估和保护。就文化景观而言,必须将物质材料的重要性与非物质的独特特征和构成成分一同衡量。

随着时间的推移,遗址已经具备了一种证言价值,它可以是审美的、历史的或其他的,但对于大多数社会来说是显而易见的。除证言价值之外,还有不太明显的记录价值,但需要对历史结构加以理解,才能确定其含义和信息。由于记录价值是对群落提出的问题的不断回应,因此与物质证据相关的设计、材料、制造、位置和保护背景等是非常重要的,如此才有能力将那些或明或暗的价值持续传递给子孙后代。

在美洲,根据每个国家文化特征的不同,对缺失元素的记录被替代为修复的一部分,其程度也各不相同。一些国家的政策是,失去的东西只能作为记忆的一部分但不能看作是遗产。在其他地方,政策鼓励以复制形式取代完整记录的元素,以此重建遗址的全部意义。然而,我们强调,只有历史的结构才是真实的,通过修复所实现的解读并不真实;它们只是真实地表现了遗址在某一特定时刻的含义。此外,我们一般在修复时会拒绝依赖猜想或假设。

除此之外,我们的遗产中还有一些重要的部分是由易腐材料制成的,需要根据传统工艺定期替换,才能确保继续使用。同样,有的遗迹虽然是由耐用材料建造的,但容易受到周期性自然灾害(如地震、洪水和飓风)的损害。在这些情况下,我们应坚持使用传统技术进行修复,特别是当这些技术仍在该地区使用时,或者当更复杂的方法在经济上不可行时。

我们认识到,针对如文化景观这种特定类型的遗址,对其整体特征和传统的保护,如图案、形式和精神价值,可能比保护遗址的物质特色更为重要,因而可能会被优先考虑。因此,真实性是一个比材料完整性更大的概念,并且这两个概念不能被认为是等同的或同质的。

4. 真实性和社会价值

除了物质证据之外,遗址还携带有深刻的精神信息,支撑群落生活,并将其与祖先的过去联系起来。这种精神意义通过习俗和传统展现出来,如聚落模式、土地使用习俗和宗教信仰等。这些无形资产的作用也是文化遗产的固有部分,因此应将它们与遗址有形元素的联系加以仔细鉴别、评估、保护和解读。

对记忆及其文化表现进行保护的目标是必须超越物质方面,丰富人类精神。对物质结构进行历史研究和调查不足以确定遗址的全部意义,因为只有与遗址有利害关系的有关群落才能有助于遗址更深层价值的理解和表达,这是他们文化身份的支柱。

在包括城市区域在内的文化景观中,社会价值的识别和保护过程是复杂的,因为可能涉及众多不同的利益集团。在有些案例中,这种情况还会更加复杂,因为曾经保护和开发这些遗址的传统土著群体如今吸收了一些新的,有时甚至是相互冲突的价值,而这些价值源于市场经济,源于他们希望国家生活中实现更多的社会和经济一体化。我们认识到可持续发展对于居住在文化景观中的人们可能是必须的,为解决这些遗址的动态性问题必须制定调解程序,并将所有价值都予以适当的考虑。我们还认识到,在某些情况下,与遗址有关的某些利益群体中可能存在不同层次的价值。

5. 动态和静态遗址的真实性

美洲的遗产既包括动态文化遗址,社会仍然在持续、积极地使用,也包括静态遗址,例如建造者后代不再使用的考古遗址等。这两类遗址具有不同的性质,因此根据各自的特征对它们的保护需求、真实性的确定以及对它们的解读也有所不同。

像历史城市和景观这样的动态文化遗产,其缔造者长期以来一直被认为是许多人,且创建过程延续至今。这种对人类需求的不断适应,对于确保群落从过去、现在到未来的连续性具有积极的贡献。由于不断满足了社会的需求,我们的传统得以延续。这种演变是正常的,是我们遗产的内在组成部分。群落在共同使用遗址时,既维持传统模式,同时也做些物质性变化,这不一定会减少其重要意义,实际上反而会增加其重要性。因此,作为演变过程的一部分,这种物质变化是可以接受的。

静态文化遗址包括那些由单一或集体创建者完成,且其原始或早期信息尚未被改造的作品。它们之所以得到欣赏是基于它们的美学价值、它们对于世界、国家和群落历史上重要的人和事件的重要意义。在通常被认为是纪念性建筑物的遗址中,物质结构需要最高水平的保护,以限制对其特征的改变。

有些考古遗址,与之相关的活跃群落和社会目的均已消失甚至绝迹,也可以看作是静态文化遗址。由于各种原因,原始创建者和传统居民的后代失去了与遗址物质结构的直接联系,也削弱了他们感知和解读遗址意义和价值的能力。由于欧洲人到来之前的美洲文化缺乏书写文字,因此与过去最直接的联系在于考古遗址的物质证据,但更复杂的是它们提供的信息有时是不完整的,有时是随机的,因此考古遗址的真实性是不可再生的。它存在于物质元素及其背景中,存在于结构和物件自身以及它们与物质环境之间的关系中。当遗址的结构图没有被恰当地记录时、当为达到更深层而将地层破坏时、当开始全面挖掘时、当发掘物没有被严谨和广泛地宣传时,真实性就会被破坏。基于这些原因,必须要对原始的地层证据进行维护,以使后代可以用比现在更复杂的技术来分析它们。

只有通过对物质证据的研究、出版和调查,才能使这些遗址及其物件再次体现其价值,并重建与我们现有文化身份之间的联系。然而,对遗址的解读只能真实地反映起伏不定的利益和价值,但解读本身并不就是可信的,只是诚实和客观而已。基于这些原因,要保证物证的完整无缺需要最彻底的记录、保护和维护,以便客观性的解读可以与该结构中衍生的新信息相对应。

无论遗址是何种类型,当代的处理方式必须在不改变本质和平衡的情况下对所有文化资源的特征进行拯救。新的元素必须与整体特征相协调。

6. 真实性和管理

美洲遗产的特点是所有权和管理方式非常不同。虽然许多遗址得到管理者的适当保护,但有时某些遗址处于地方当局的管辖之下,由于其能力不足,因而无法正确确定这些遗址的综合价值,也无法采取适当的处理方法对其加以保护。有时,创建和照管一处文化遗址的原始居民已被新的群体所取代,这些群体对该遗址几乎没有任何文化亲和力,也不认为它有任何价值,从而导致其被遗弃和衰败。这种情况迫切要求相关国家、地方当局以及现在的所有者、管理者和居民充分了解该遗址对其他多数人或少数人可能存在的价值。必须为群落和合法当局提供途径获得关于遗产的正确知识,对其进行评估、保护和维护,推动其艺术和精神审美以及教育用途。

7. 真实性和经济学

遗址的真实性内在地体现在它们的物质结构,而外在地体现在与它们有利害关系的群落赋予它们的价值上。对遗址价值看重并对其意义和保护感兴趣的游客也是这些群体中的一员。

由于文化旅游往往是地方和国家经济的重要收入来源,因此它的发展是可以接受的,正如在基多准则中制定的那样。尽管如此,游客对遗址赋予的有限价值以及旅游收入的经济关切均不能成为遗址保护和解读的首要标准。当遗址的结构和背景的真实性及遗址更为广泛的价值和信息的真实性被改变、减少或受到威胁时,尤其如此。

在美洲，许多考古遗址的真实性因重建而受到损害。尽管具有教育价值，但旨在促进旅游业的重建却通过新技巧、新材料、新标准以及改变遗址的外观而降低了它们的真实性。

此外，在经济发展的框架内，永久贫困人口的问题仍然是美洲许多历史城市核心区的关键因素。如果没有全面的方法来改善他们显著的物质和社会边缘性，就无法实现这些贫困人口对城市遗产文化价值的认识。

**C. 建议**

鉴于上述所有考虑，国际古迹遗址理事会各美洲国家委员会的主席特此提出在索非亚大会上就以下总体建议，以及在圣安东尼奥举行的广泛讨论中由"美洲文化遗产保护和管理真实性国际研讨会"的参与者提出的建议进行讨论。此外，我们认可并赞赏《奈良文件》是一种有价值的讨论工具，但它还不完善，因此会基于与美洲遗产有关的需求而对《奈良文件》附加评论：

1. 总体建议

a. 我们感谢国际古迹遗址理事会美国国家委员会成员、盖蒂保护协会和圣安东尼奥保护协会对"美洲真实性研讨会"的召开所给予的支持和赞助，对德克萨斯州圣安东尼奥市当局在会议期间的热情款待以及他们在保护这座美丽历史名城遗产方面所取得的成就表示感谢。

b. 建立一个有助于确定和保护我们多元文化遗产中物质遗产真实性的进程，对遗址的文化价值、行政背景及其历史进行全面和具体评估，并对广泛的重要资源加以确认。《巴拉宪章》及其操作准则可以作为这一进程的典范。这一进程应该包括管理机制，如此可确保所有相关群体都参与其中。代表广泛学科和利益的专家个人、所有相关群体以及其他感兴趣或受影响的各方都必须被纳入到管理进程中，以此来确定遗址的重要性及处理方案。

c. 对真实性的证据进一步考虑，确定一些指标来决定遗址的所有重要价值。以下是一些指标：

i. 真正价值的反映。即资源是否仍处于原始状态并反映其所有重要的历史。

ii. 完整性。即遗址是否破碎，有多少缺失，哪些是最近增建的。

iii. 背景。即背景和环境是否对应于原始或者其他重要时期，对其重要意义是增强还是减弱。

iv. 身份。即当地民众是否认同与遗址的关系，以及遗址反映了谁的身份。

v. 使用和功能。即传统的使用模式已经成为遗址的特征。

d. 鉴于文化遗产的综合性质，所有相关章程和宣言中包含的现有原则应作为遗产保护实践所需综合方法和准则的一部分予以强化。这些应包括《威尼斯宪章》、联合国教科文组织1965年的《考古指南》《巴拉宪章》《瓦哈卡宣言》《佛罗伦萨宪章》《华盛顿宪章》《奈良文件》《巴西利亚宪章》《圣安东尼奥宣言》等。

2. 对建筑和城市规划团体的建议

a. 正确认识历史城区中心文化多样性的内在价值。

b. 设立计划以提高众多文化群体对多种价值更强烈的自主意识。

c. 通过额外的意识和教育计划，让政府当局和管理者认识到社会和文化价值在保护建筑物和遗址真实性方面所起的作用。

d. 在地方层次建立灵活开放的协商和调解程序，以确定历史城区与文化重要性相关的社区价值及其他价值。

e. 由于历史城区和城镇是一种文化景观，因此文化景观团体发布的许多建议也适用于这一遗产领域。

3. 对考古遗址团体的建议

a. 国际古迹遗址理事会对考古遗址的真实性给予更多关注。也许是因为国际古迹遗址理事会成员的构成问题，对于美洲考古遗产的关注不够。

b. 应致力于对真实性与防护棚的稳定、加固、建造和保护等活动之间的关系进行更多分析。

c. 在所有考古工作中，描述性的、准确的记录是一种绝对要求。遗址被挖掘后，我们是在消耗它们的信息，就像一页页撕掉书本一样。如何解读是不可控的，但记录却可以控制。考古记录必须真实可靠，换句话说，必须真实、客观和严谨。

d. 对考古遗址的所有干预和挖掘要始终伴随着维护和永久保护计划的配套实施。

e. 当遗址受到城市侵占或道路建设等市政工程的威胁时，考古证据的真实性要得到适当保护。

f. 在人造洪水和建造大坝之前，应通过对该地区详尽的记录，对考古证据采用适当的拯救技术，然后公布结果。

g. 如果挖掘的遗址没有得到适当的看守和管理，必须考虑保护措施，如遗址的重新填埋，以确保在历经时光后仍然可以保持一定程度的真实性。

h. 考古遗址的大部分真实性存在于未被扰动的古迹遗存填埋层中，因此考古学家的挖掘应最小化，只在遗址重要性被确定的必须范围内进行。

i. 一些考古遗址对创建者的后代而言仍然是神圣的，因此，应该受到考古学家或开发者最低限度的干扰，或者根本不能干扰。

4. 对文化景观团体的建议

a. 建立协商程序，以便在拥有或居住在文化景观中的众多群体之间调整不同的利益和价值。

b. 由于文化景观是复杂和动态的，因此确定和保护真实性的过程应足够灵活，以吸纳这种动态特性。

c. 详细说明可持续发展的概念及其与文化景观管理的关系，以容纳经济、社会、精神和文化方面的关注。

d. 文化景观的保护必须在重要的自然和文化资源之间寻求平衡。

e. 在决定文化景观的未来时，应考虑当地群落的需求和价值。

f. 就适宜的立法和政府规划方面开展进一步工作，以保护与文化景观相关的价值。

g. 在保护文化景观的真实性方面，遗址的整个特征和传统，如图案、形式、土地使用和精神价值可能要优先于材料和设计方面，因此要在与真实性有关的价值和证据之间建立清晰的关系。

h. 多学科的专家评估是确定文化景观真实性的一项必要条件，这些专家团体应包括能够准确表达当地社区价值的社会科学家。

i. 在土地使用重要改变及大型公共和私人项目的建设之前，应要求主管部门和财政机构进行环境影响研究，以减轻对景观以及与遗址有关的传统价值的负面影响，从而保护文化景观的真实性。

5. 对《奈良文件》的建议

在所有国际文件和指导方针中都要考虑所附的关于《奈良文件》的评论，以反映对美洲文化遗产的真实性的定义、证明和保护。

### 《圣安东尼奥宣言》关于奈良文件的评论

1996 年 3 月 27 日至 30 日，由美国/国际古迹遗址理事会、盖蒂保护协会和圣安东尼奥保护协会组织的"美洲文化遗产保护和管理真实性国际研讨会"在德克萨斯州圣安东尼奥市召开，与会者在讨论中得出相关结论。

首先，研讨会与会者向《奈良文件》起草委员会表示祝贺，这份文件是对文化遗产保护领域的重要而又及时的贡献。我们也认识到本文件由《奈良文件》的参与者进行讨论和批准，因此无法改变。但是，由于它已被提供给全球保护团体进行研究和讨论，因此必须分析其与美洲文化遗产的适用性。正是本着这种精神提出了这些意见：

### 介 绍

《奈良文件》的序言指出，"专家们认为，世界不同地区和专家团体之间就文化遗产多样性开展广泛的对话，对于进一步完善与文化遗产有关的真实性的概念和应用是至关重要的。国际古迹遗址理事会、国际文物保护与修复研究中心和世界遗产中心鼓励这种持续的对话，并将引起世界遗产委员会的适当关注"。

为了响应这项建议，国际古迹遗址理事会美国国家委员会接受挑战，在德克萨斯州圣安东尼奥组织召开一次由国际古迹遗址理事会各美洲委员会主席、代表和成员参加的会议，审议真实性的定义和适用性，使之应用于所在地区遗址的保护和管理。该团体的任务之一是仔细评阅《奈良文件》的条款，以检查美洲的观点是否在文件中得到充分体现。

所有与会者都承认，《奈良文件》体现了制定者个人所做的大量外交和实质性工作。圣安东尼奥研讨会的参与者同意奈良与会者的观点，即该主题对于世界各地的保护工作至关重要，更精细的定义和更透彻的理解对于专业团体具有深远和及时的意义。人们还认为，虽然《奈良文件》侧重于实施《世界遗产公约》的需要，但就其本质而言，该文件还有更广泛的应用。因此，我们的一些评论可能会涉及更广泛的意义。虽然《奈良文件》肯定会在解读《世界遗产公约》和其他准则的应用方面找到一席之地，但圣安东尼奥专家组认为，可以在 1996 年 10 月在保加利亚索非亚举行的国际古迹遗址理事会大会和世界遗产委员会会议上向国际古迹遗址理事会提出若干实质性问题。

### 对文件的讨论

总的来说，专家小组认为，尽管难以细致地对比英语和法语版本，但《奈良文件》对复杂问题进行了良好、清晰的大讨论。在一些条款中,如第六、十二和十三条中,英文文本与法语文本相比显得较弱,两部分文本的含义也不完全一致,因此难以确定哪些含义反映了制定者的真实意图。由于这份文件是在充满挑战的时间压力下完成的,一些语言版本仍然在制定中,于是对这一点有所评论。

更具体地说,有六条条文在国际古迹遗址理事会各美洲国家委员会以及我们文化遗产本身所关注的背景中看起来提供了进一步讨论的机会。

#### 第一条

美洲研讨会的与会者认为,美洲的当地群落和利益相关方认为参与的概念需要比文本所暗示的更强,以便他们从一开始就参与所有进程。通过确定此类参与的阶段,《奈良文件》将当地群落排除在确定过程之外。

#### 第四条

圣安东尼奥专家组认为,在美洲或者其他地方,使用"民族主义"和"少数民族"这两个词语是不恰当的,因为它们无法对这个半球中相当普遍的情况予以涵盖,即一个国家内的少数民族可能更有影响力并将其文化价值观强加给更大的,甚至是多数群体,而所有这些群体都拥有共同的国家认同。

此外,进一步发展这一概念,本条文忽略了美洲在寻求文化认同时的一个重要机制,即对于弱小的文化传统和遗产重新赋予曾经遗失的或者新的价值,这对于美洲本土遗产来说尤其如此。

#### 第五条

圣安东尼奥的会议也讨论了该条文是否将美洲一个非常重要的特征包括在内,即迥然不同的文化群体的紧密共存,也包括一些极端的情况,如后工业、高技术的社会与自然环境密切互动的游牧民族之间的紧密联系。人们认为,这种共存在整个保护过程中也应得到承认和尊重。

#### 第八条

文化遗产的责任和管理首先归于创造它的文化群落,还要归于它的照管者。但是,除这些责任外,遵守为保护文化遗产而制定的国际宪章和公约时也必须考虑到它们所带来的原则和责任。对每个群落来说,平衡自己与其他文化群落的要求是非常可取的,只要实现这种平衡不会破坏基本的文化价值观。

该条文的第一句话:

"其中至关重要的是强调任何一种文化遗产都是所有人类的共同遗产这一联合国教科文组织的基本原则"。

这反映了世界遗产背景下的一个重要思想,但该专家组强烈认为,该措辞如果放在更广泛的背景下将会很容易导致严重的误解。第一,"任何一种文化遗产都是所有人类的共同遗产"这一说法可以用来支持这样一种观点,即一个国家的遗产决定可以由外部当局正确地做出。除非该遗址或纪念碑列入世界遗产名录,否则这很可能会被视为破坏主权的不当行为。第二,另一个极端,这种说法也可以用来支持一个国家在理应照顾它的遗产的时候而放弃责任。

虽然第二句似乎是为了解决这一问题，但第一句当前的措辞削弱了它的力量："文化遗产的责任和管理首先归于创造它的文化群落，还要归于它的照管者。"

圣安东尼奥专家团认为，创造遗产的群落仍然是其管理者，或者在其生存中占有一席之地，应该对其照管负责。如果遗产已经转移到其所在国家的公共掌控中，则国家必须承担起责任。这里，问题可能出在了翻译上。

第八条的最后一句：

"所有群落都需要尽量在不损伤其基本文化价值的情况下，在自身的要求与其他文化群落的要求之间达成平衡。"

目前的措辞也存在问题，因为在这种情况下，"基本文化价值"的确定是不可能或不可取的。

**第十条**

我们认为该条文并未完全反映美洲的关切，因为它没有直接表明在对真实性的理解中至关紧要的是承认文化价值观的动态本质，而为了获得这种理解，就必须避免静态与僵化的准则。

**第十一条**

与会者认为，该条文缺乏必要的明确性和重点，这本可以通过在定义的最后一句重申是什么构成了文化背景而加以清晰与强调，即：a. 其创建者；b. 其现在的归属者；c. 可能范围的更广泛文化背景。

（杨　晨）

# 古迹、古建筑及古遗址记录原则

Principles for the Recording of Monuments, Groups of Buildings and Sites (1996)

1996年10月,于索非亚举行的第11届国际古迹遗址理事会大会批准。

由于文化遗产是人类成就的独特表现;

由于这种文化遗产一直面临危险;

由于记录是提供文化遗产价值的意义、理解、定义和认可的主要方式之一;

由于保护和维护文化遗产的责任不仅在于所有者,还在于保护专家以及在各级政府和公众机构中工作的专业人员、管理人员、政治家和行政人员;

正如《威尼斯宪章》第16条之要求,负责任的组织和个人必须记录文化遗产的性质,因此,本文件的目的是列出记录文化遗产的主要原因、责任、规划措施、内容、管理和共同考虑因素。

**本文件中所用词语的定义:**

文化遗产是指作为历史或建筑环境的一部分且具有遗产价值的古迹、古建筑及古遗址。

记录是在某一时间点对古迹、古建筑及古遗址的物理构造、状态和使用情况的描述,是保护过程的重要部分。对古迹、古建筑及古遗址的记录包括有形遗产和无形遗产的证据,有助于理解遗产及其相关价值。

**记录的原因**

1. 记录文化遗产至关重要:

a) 获取知识,以促进对文化遗产、相关价值及其演变的理解;

b) 通过传播记录的信息,促进人民对保护遗产的兴趣和参与;

c) 实现对文化遗产实施的建筑工程和所有变更进行知情管理和管制;

d) 确保遗产的维护和保护充分考虑到其物理形态、材料、结构及其历史文化意义。

2. 记录应达到适当的详细程度,以便:

a) 提供有关遗产的识别、理解、解释和展示过程的信息,并促进公众的参与;

b) 为可能遭到破坏、改变,受到自然事件或人类活动威胁的所有古迹、古建筑及古遗址提供永久记录；

c) 为国家、地区或地方各级管理人员和规划人员提供信息，以制定充分的规划和发展管制政策和决策；

d) 提供信息，促进适当和可持续利用，规划开展有效的研究、管理、维护计划和建设工作。

3. 应将文化遗产的记录视为优先事项，尤其在以下情况应进行记录：

a) 编制国家、区域或地方遗产清单时；

b) 作为研究和保护活动的一个有机组成部分；

c) 在进行任何修理、改建或采取其他干预措施之前、期间和之后，以及在此类工程中挖掘到其历史证据的情况时；

d) 当考虑全部或部分拆除、销毁、遗弃或重新安置该遗产时，或当遗产有受到人类或自然外力破坏的风险时；

e) 在损害文化遗产的意外或不可预见的干扰发生期间或之后；

f) 当使用、管理或控制责任发生变化时。

**记录的责任**

1. 国家级保护遗产的承诺要求对记录过程作出同等的承诺。

2. 记录和解释过程的复杂性要求部署具有足够技能、知识和相关任务意识的个人。必要时可以启动培训计划来实现这一目标。

3. 通常，记录过程可能涉及合作的技术人员，比如专业遗产记录员、测量员、保护员、建筑师工程师、研究人员、建筑历史学家、地上和地下考古学家，以及其他专家顾问。

4. 所有文化遗产管理者都有责任确保对遗产进行充分记录，并保证记录质量和及时更新。

**规划记录**

1. 在准备新记录之前，应查找现有的信息源并检查信息是否充足。

a) 应在调查文件、图纸、照片、公布和未公布的账目和说明汇总，以及与古迹、古建筑及古遗址的起源和历史有关的相关文件中搜索包含此类信息的记录类型。搜索最近和最早期的记录非常重要；

b) 应在国家和地方的公共档案馆，专业、机构或私人档案馆、目录和馆藏、图书馆或博物馆中搜索现有记录；

c) 应与拥有、使用、记录、建造、保存、研究或了解古迹、古建筑及古遗址的个人和组织协商，搜索记录。

2. 根据上述分析，选择适当的记录范围、级别和方法要求：

a) 记录方法和产生的记录类型应适合遗产的性质、记录的目的、文化背景以及可用的资金或其他资源。资源的限制可能需要分阶段记录。记录方法可能包括书面描述和分析、照片（空中或地面）、矫正摄影、摄影测量、地球物理调查、地图、测量计划、图纸和草图、复制品或其他传统和现代技术；

b) 记录方法应尽可能使用非侵入性技术，不应对所记录的物体造成损害；
c) 应清晰说明规划记录范围和记录方法的理由；
d) 用于编制完成记录的材料必须是稳定的。

**记录内容**

1. 任何记录应通过以下方式确定：
a) 古迹、古建筑物的名称；
b) 唯一的参考编号；
c) 记录的编制日期；
d) 记录组织的名称；
e) 交叉引用相关的建筑物记录和报告，摄影、图表、文本或书目文档，考古和环境记录。

2. 必须准确地提供古迹、古建筑和古遗址的位置和范围——可以通过描述、地图、平面图或航空照片来实现。在农村地区，对已知点的地图参考或三角测量可能是唯一可用的方法。在城市地区，地址或街道信息可能就足够了。

3. 新记录应注意标记非直接从古迹、古建筑和古遗址本身获得的所有信息的来源。

4. 记录应包括以下部分或全部信息：
a) 古迹、古建筑和古遗址的类型、形式和尺寸；
b) 如适当，古迹、古建筑和古遗址的内部和外部特征；
c) 遗产及其组成部分的性质、质量、文化、艺术和科学意义，以及以下方面的文化、艺术和科学意义：
- 材料、组成部分和建筑、装饰或铭文，
- 服务、附带设施和机械，
- 附属建筑、花园、景观以及古遗址的文化、地形和自然特征；

d) 建设和维护中使用的传统和现代技术及技能；
e) 确定其起源、所有者、所有权、原始设计、范围、用途和装饰的证据；
f) 确定其使用、相关事件、结构或装饰性改变以及人类或自然外力影响的历史证据；
g) 管理、维护和维修的历史；
h) 建筑或古遗址材料的代表性元素或样本；
i) 评估遗产的现状；
j) 评估遗产与其环境之间的视觉和功能关系；
k) 评估人类或自然原因以及环境污染或邻近土地利用可能造成的冲突和风险。

5. 考虑到记录的不同原因，记录将需要不同的详细程度。所有上述信息，即使是简要说明，也为当地规划和建筑控制管理提供重要数据。古遗址或建筑物所有者、管理者或用户出于保护、维护和使用目的时通常需要更多细节信息。

**管理、传播和共享记录**

1. 原始记录应保存在安全的档案馆中，档案馆的环境必须确保信息的永久性，达到避免腐烂的公认国际标准。

2. 此类记录的完整备份副本应存放在另外的安全场所。

3. 出于研究、发展管制措施及其他行政和法律程序的目的，法定机构、有关专业人员和公众应酌情可获取此类记录的副本。

4. 为了研究遗产、管理、维护和救灾，应尽可能在现场随时提供最新记录。

5. 记录的格式应标准化，并应尽可能编制索引，以便在地方、国家或国际层面交流和检索信息。

6. 记录信息的有效汇编、管理和分发要求尽可能地理解和适当使用最新信息技术。

7. 存放记录的位置应公开。

8. 应酌情传播和公布任何记录的主要结果报告。

（张珊珊）

# 非洲宪法有关文化和遗产保护部分的节选

Extraits des constitutions africaines relatifs à la culture et à la sauvegarde du patrimoine (1996)

**阿尔及利亚(Algérie)**
1996年11月28日的宪法
**第三十一条**
机构旨在通过消除阻碍人类发展,阻止所有人有效参与政治、经济、社会和文化生活的障碍,以确保所有公民享有平等的权利和义务。
**第一百二十二条**
议会在宪法赋予的地区以及以下领域立法:
[……]
- 个人的基本权利和义务,特别是公共自由制度,保障公民个人自由和义务;

[……]
- 关于教学和科学研究的一般规则

[……]
- 与环境、生活范围和区域规划有关的一般规则;
- 有关动植物保护的一般规则;
- 保护和拯救文化和历史遗产;
- 森林和牧区的一般制度;

[……]

**安哥拉(Angola)**
1975年11月11日的宪法,1991年3月6日和1992年8月25日修订
**第七条**
应促进和加强安哥拉共和国所有地区之间的经济、社会和文化团结,以期实现整个安哥拉国家的共同发展。
**第三十一条**
国家在家庭和社会的配合下,应促进青年人人格的和谐发展,为实现青年的经济、社会和文化权利创造条件,特别是在尊重教育、职业培训、文化权利、获得首份工作、劳动、社会保障、体育、运动和休闲时间的使用方面。
**第五十条**
国家应创造必要的政治、经济和文化条件,使公民能够有效地享有其权利并充分履行

其职责。

**贝宁(Bénin)**

1990年12月11日的宪法

**第十条**

每个人都有权利享有文化生活。国家有责任维护和促进民族文化价值观，无论从物质还是精神，以及文化传统层面。

**第十七条**

(1) 每个人都有受教育的权利。

(2) 任何人都可以自由地参与社区的文化生活。

(3) 促进和保护社区认可的道德和传统价值观，构成了国家在保障人权框架内的责任。

**第二十二条**

(1) 所有人民都有权在经济、社会和文化方面发展，他们平等地享有人类共同遗产的自由和身份受到严格尊重。

(2) 各国有责任单独或合作确保行使发展权。

**第二十九条**

此外，个人也有责任：

[……]

(7) 在自身与社会的关系中，本着容忍、对话和协商的精神，确保保持和强调积极的非洲文化价值观，并以总体的方式，为促进社会的道德健康做出贡献；

(8) 在任何时候和各个层面尽最大努力促进和实现非洲统一。

**布隆迪(Burundi)**

2004年10月20日过渡后的临时宪法

**第五十二条**

通过国家的努力和根据国家的资源，每个人都有权获得对其尊严和自由发展至关重要的经济、社会和文化权利。

**第五十三条**

每个公民都有权平等获得培训、教育和文化生活的权力。国家有责任组织公共教育并促进公民获得教育。

然而，在法律规定的条件下，公民有权建立私立学校。

**第六十八条**

每个布隆迪人必须在与社会的关系中，注意保护和强化布隆迪的文化价值，并为建立一个道德健康的社会做出贡献。

**第六十九条**

公共物品是神圣和不可侵犯的。每个人都必须严格遵守，并保护它们。每个布隆迪人都有责任捍卫国家的遗产。

**喀麦隆(Cameroun)**

1972年6月2日的宪法,1996年1月18日修订

**第一条**

(1) 喀麦隆联合共和国自本法生效之日起改名为喀麦隆共和国(1984年2月4日第84-1号法律)。

(2) 喀麦隆共和国是一个地方分权的统一国家。

它是一个整体的、不可分割的、非宗教性的、民主和社会性国家。

它根据民主原则、人权和法律,承认和保护传统价值观。

它确保所有公民在法律面前平等。

(3) 喀麦隆共和国采用英语和法语作为同等价值的官方语言。

它保证在全境推广双语制。

国家的作用是保护和促进民族语言。

[……].

**佛得角(Cap-Vert)**

1992年9月4日的宪法

**第一条** (佛得角共和国)

(1) 佛得角是一个主权、统一和民主共和国,确保尊重人的尊严,并承认人权的不可侵犯性和不可剥夺性,认为这是整个人类社会和平与安全的基础。

(2) 佛得角共和国同样承认所有公民在法律面前平等,不分种族、性别、宗教、政治信仰或意识形态,不论其社会出身和经济状况如何,确保所有公民充分享受基本自由。

(3) 佛得角共和国以人民的意愿为基础,其主要目标是建立经济、政治、社会和文化民主,为建设一个自由、公正和团结的社会而努力。

(4) 佛得角共和国将逐步提供必要条件,为消除阻碍人的充分发展,限制公民平等及其有效参与国家和社会政治、经济、社会和文化组织的一切障碍。

**第七条** (国家的任务)

国家的基本任务是:

(a) 保持独立性,确保佛得角民族的统一和创造达到目的所需的政治、经济、社会和文化条件;

(b) 保障尊重人权,确保所有公民充分享有权利和他们的基本自由;

(c) 保证尊重政府共和政体的形式和民主权利国家自身的原则;

(d) 保证政治民主和公民对政治权力的组织以及国家政治和社会生活的其他方面的民主参与;

(e) 提高佛得角人民福利和生活质量,特别是改善处于社会最底层的状况,并逐步消除政治、经济、社会、文化障碍,这些阻碍了国家公民之间真正平等的机会;

(f) 鼓励社会团结,民间社会的自治组织,个人的成绩、主动性和创造力;

(g) 支持分散在世界各地的佛得角社团,并在其内部促进、保护和发展佛得角文化;

(h) 促进教育、文化、科学研究,新技术的传播和使用以及世界各地佛得角文化的传播;

(i) 逐渐创造必要的条件,促进社会和经济结构改造以及促使其现代化,以确保公民有效享有经济、社会和文化权利;

(j) 保护景观、自然、自然资源和环境,以及国家的历史、文化和艺术遗产;

(l) 在尊重人权的精神下,确保永久或暂时居住在佛得角或过境本国领土的外国人享有符合国际规则的待遇,根据宪法或法律,权利不仅仅保留给佛得角公民。

第二十七条 (自由权)

(1) 自由权是不可侵犯的。

(2) 思想、言论、社团、宗教、信仰、知识、艺术和文化创作、展览自由及在司法领域内部实施的宪法、法律、普通国际法或公约中的其他自由会得到保障。

(3) 任何人不得被迫宣布自己的意识形态、宗教或信仰,以及其政治倾向或工会状况。

第五十三条(知识、艺术和文化创作自由)

(1) 知识、文化和科学创作是自由的,文学、艺术和科学作品的传播也是。

(2) 法律确保著作权的保护。

第七十七条(教育和文化)

(1) 所有公民都享有受教育和文化生活的权利。

(2) 教育激发创造力,促进宽容、团结和所有公民民主参与国家生活,为社会进步和公民道德教育做贡献。

(3) 国家促进教育和文化民主,逐步保障所有公民获得文化财产。

(4) 国家鼓励和支持建立公共或私营机构和协会,以促进教育、文化和文化遗产的捍卫。

(5) 国家支持佛得角文化的传播,特别是对于分散在世界各地的佛得角社区。

**刚果(Congo)**

2002年1月20日的宪法

第二十二条

保障每个公民享有文化生活和尊重其文化身份的权利。

行使这项权利不得损害公共秩序、他人和民族团结。

第四十四条

每个公民都有义务不加歧视地尊重他的同胞,保持与他们的关系,促进和加强相互容忍。

必须本着对话和协商的精神保护国家文化价值观,为加强民族凝聚力和团结做贡献。

**科特迪瓦(Côte d'Ivoire)**

2000年7月23日的宪法

第七条

每个人都有权在物质、智力和精神领域发展和充分展示自己的个性。国家为所有公民提供平等的健康、教育、文化、信息、职业培训和就业机会。国家有责任维护和促进不违背法律和道德的国家文明价值观和文化传统。

### 吉布提(Djibouti)

1992年9月4日的宪法

### 第九条

机构必须允许共和国参与区域和国际组织,尊重主权,为建设国际和平和司法正义以及促进人民经济、文化和社会发展。

### 埃及(Egypte)

2005年5月25日修订的宪法

### 第十二条

社会致力于维持、保护道德并强化真正的埃及传统。

它必须确保在法律允许的范围内,维护高水平的宗教教育、道德和爱国主义的价值观、人类历史遗产、科学事实、社会主义的行为和公共道德。

国家承诺实施这些原则并促进其贯彻。

### 第四十九条

国家保障公民科学研究和文学、艺术和文化创作的自由,并贯彻鼓励他们的方式。

### 埃塞俄比亚(Ethiopie)

1994年12月8日的宪法

### 第四十一条 经济、社会和文化权利

(1) 每个埃塞俄比亚人都有权自由参与经济活动,并在国家领土内谋求其选择的生计方式。

(2) 每个埃塞俄比亚人都有权选择自己的生计、工作和职业。

(3) 每个埃塞俄比亚国民都有权平等地获得公共筹款的社会服务。

(4) 国家有义务分配不断增加的资源,以供给公共卫生、教育和其他社会服务部门。

(5) 国家必须动用可使用的资产,分配资源,为身体和精神残疾的人、老年人以及缺少父母或监护人的儿童提供康复和援助。

(6) 国家应当继续采取政策,目的是为失业者和穷人增加就业机会,应当就此采取计划和进行公共工作项目。

(7) 国家应当采取所有必要的措施为公民增加就业机会,找到有酬劳职业。

(8) 埃塞俄比亚农民和牧民有权获得其产品的公平价格,这将改善他们的生活条件,使他们能够获得与其贡献相称的国家财富的公平份额。该目标应指导国家制定经济、社会和发展政策。

(9) 国家有责任保持和维护历史和文化遗产,并为促进艺术和体育做出贡献。

### 第五十一条 联邦政府的权力和职能

(1) 保护和捍卫宪法。

(2) 在尊重整体经济、社会和发展事务中,制定和实施国家的政策、战略和计划。

（3）应在公共卫生、教育、科学技术领域建立和实施国家标准和基本政策标准，同时保持和维护文化和历史遗产。

（4）制定和执行国家的金融、货币和外国投资政策和战略。

（5）应制定法律，使用和保护土地和其他自然资源、历史遗址和物品。

［……］

（19）它应当授予专利发明并保护版权。

［……］.

**第九十一条　文化目标**

（1）政府应当有责任在平等的基础上，支持符合基本权利、人的尊严、民主规范和理想以及宪法规定的文化和传统的发展和丰富。

（2）政府和所有埃塞俄比亚公民应当有责任，保护国家的自然禀赋、历史景点和物品。

（3）政府应当有责任，扩大资源许可，支持艺术、科学和技术的发展。

**加蓬（Gabon）**

2003年8月19日修订的宪法

**第四十七条**

除了宪法明确规定的案件外，法律还规定了以下规则：

［……］

行使公民的基本权利和义务；

［……］

保护艺术、文化和考古遗产；

保护自然和环境；

［……］.

**冈比亚（Gambie）**

1997年的宪法，2001年修订

**第三十二条　文化**

每个人都有权享受、实践、宣传、维护和促进任何文化、语言、传统或宗教主题，只要这些能符合宪法条款，并且受这部分保护的权利不会冲击其他人的权利和自由或者国家利益，尤其是团结。

**第二百一十二条　国家一体化与团结**

（1）所有国家机关应当为实现民族团结、和平与稳定斗争。

（2）尽一切努力使冈比亚人民融入社会，不受歧视地促进对冈比亚的忠诚。

（3）冈比亚所有人民都有权享有不影响国家统一或凝聚力的种族、宗教和文化价值观。

**第二百一十八条　文化目标**

冈比亚国家和所有人民应当努力保存、维护和培育冈比亚的语言、历史遗址、文化、自然和艺术遗产。

### 几内亚（Guinée）

1990 年 12 月 23 日的宪法，2002 年 5 月 15 日修订

**第一条**

几内亚是一个统一的、不可分割的、非宗教性、民主和社会性共和国。

它确保所有公民在法律面前平等，不分原籍、种族、民族、性别、宗教和观点。它尊重所有的信仰。

官方语言是法语。国家确保促进几内亚人民的文化和语言。

[……].

**第十九条**

几内亚人民自由和最终地决定他们的机构以及国家的经济和社会组织。

人民对自己的财富有着不可抗拒的权利。这些必须以公平的方式对所有几内亚人有利。

人民有权保护遗产、文化和环境。

人民有权抵抗压迫。

**第五十九条**

[……]

法律确定了基本原则：

[……]

——文化发展以及对遗产和环境的保护。

[……].

### 几内亚比绍（Guinee-Bissau）

1984 年 5 月 16 日的宪法

**第十七条**

（1）国家的根本当务之急是创造和促进保护文化身份的有利条件，如同支持国家的良知和民族尊严，如同作为促进社会和谐发展的刺激因素。国家保护和捍卫人民的文化遗产，其价值必须用于促进进步和维护人们的尊严。

（2）将为所有公民创造条件，使他们能够获得文化生活，并鼓励他们积极参与文化的创造和传播。

（3）国家有责任鼓励和促进体育和运动文化的实践和传播。

**第二十三条**

无论种族、性别、社会、知识或文化水平层次，宗教信仰或哲学信念，所有公民在法律面前一律平等，享有相同的权利并承担相同的义务。

### 赤道几内亚（Guinee Equatoriale）

1995 年 1 月 17 日的宪法

**第六条**

国家鼓励和促进文化、艺术创作，科学和技术研究，并确保保护自然、文化遗产和国家

的艺术和历史财富。

**第七条**

国家界定其主权,加强团结,确保尊重基本权利,促进经济、社会和公民文化的进步。

### 莱索托(Lesotho)

1993年宪法,1996年修正案

**第三十六条　保护环境**

莱索托应采取旨在保护和改善本国自然和文化环境的政策,造福于今世后代,并应努力向所有公民保证一个健康和安全的环境,使他们健康和幸福。

### 马达加斯加(Madagascar)

2007年4月27日的宪法

**第二十六条**

每个人都有权参与社区的文化生活、科学进步以及由此产生的益处。

国家通过权力下放的地方行政区域的竞赛活动中,确保促进和保护国家文化遗产以及科学、文学和艺术创造。

国家在"权力下放的地方行政区域"的竞赛活动中保障知识产权。

**第三十九条**

每个人都有义务尊重文化价值观、公共产品和环境。

国家和地方行政区域通过适当措施确保环境的保护、维持和利用。

**第一百四十七条**

市政当局促进其领土管辖区域的经济、社会和文化发展。市政当局的权能主要考虑到宪法和法律以及接近、促进和捍卫居民利益的原则。

### 马拉维(Malawi)

1994年5月16日宪法

**第三十条**

(1) 所有人都有发展权,因此有权享受经济、社会、文化和政治的发展,特别是妇女、儿童和残疾人在实施这一权利时应给予特殊考虑。

(2) 国家应采取一切必要措施,以实现发展权。这些措施应包括所有人在获得基本资源、教育、保健服务、食物、住所、就业和基础设施方面的平等机会。

(3) 国家应采取措施,实行旨在消除社会不公正和不平等的改革。

(4) 国家有责任尊重发展权,并根据这一责任证明政策是恰当的。

### 马里(Mali)

1992年2月27日的宪法

**第八条**

艺术和文化创作的自由得到承认和保障。它是在法律规定的条件下行使的。

**第七十条**

[……]

法律同样确定了基本原则;

[……]

保护文化和考古遗产

[……].

## 摩洛哥(Maroc)

1996年9月13日修订的宪法

### 第四十六条

[……]

议会有权在有关国家经济、社会和文化行动基本目标的法律总则中,进行表决。

## 毛里塔尼亚(Mauritanie)

1991年7月12日的宪法

### 第五十七条

是法律的范畴:

[……]

水、矿山和碳氢化合物、渔业和商船、动物群、植物群和环境的一般体制;

保护和捍卫文化和历史遗产;

[……].

## 莫桑比克(Mozambique)

1990年11月2日的宪法

### 第六条

莫桑比克共和国的基本目标是:

(a) 捍卫独立和主权;

(b) 巩固民族团结;

(c) 建立公正正义社会,实现公民的物质和精神福祉;

(d) 在法律面前捍卫和促进人权和公民平等;

(e) 加强民主、自由、社会和个人稳定;

(f) 经济、科学发展和科技进步;

(g) 肯定莫桑比克人的性格,他们的传统和其他社会及文化价值观;

(h) 建立和发展与其他人民和国家友好合作关系。

### 第三十五条

(1) 位于土壤和底层领土,内陆和领海,大陆架和专属经济区内的自然资源所有权归国家所有。

(2) 国家的公有领域应当还包括:

(a) 海洋区,

(b) 空域;

(c) 考古遗产;

(d) 自然保护区;

(e) 水力资源;

(f) 能源;

(g) 法律规定的其他财产和资产。

**第五十三条**

(1) 国家应促进民族文化和身份的发展,并保证莫桑比克社会的传统和价值观的自由表达。

(2) 国家应促进莫桑比克文化的传播,并采取行动使莫桑比克人民能够从其他民族的文化成就中受益。

**第六十七条**

在政治、经济、社会和文化事务的所有领域,男女在法律面前一律平等。

## 尼日尔(Niger)

1999 年 7 月 18 日的宪法,2004 年 5 月 13 日修订

**第十四条**

每个人都有权在其物质、知识和精神、文化和宗教方面自由发展自己的个性,前提是不侵犯他人的权利,不违反宪法秩序、法律秩序或良好的道德。

**第八十二条**

法律确定了基本原则:

[……]

环境保护和自然资源维护;

保护,维护和组织空间;

保护文化遗产;

[……].

## 尼日利亚(Nigeria)

1999 年 5 月 29 日的宪法

**第六十条**

联邦或其任何部分当局的建立和管理

(a) 促进和执行本宪法所包含的基本目标和指导原则;

(b) 查明、收集、保存或总体看护国民议会宣布的具有国家意义或国家重要性的古代和历史古迹及记录,及其考古遗址和遗迹;

(c) 管理由国家政府设立的博物馆和图书馆以外的其他博物馆和图书馆;

(d) 规范旅游交通;

(e) 规定各级教育的最低标准。

## 刚果民主共和国(République démocratique du Congo)

2006 年 2 月 18 日的宪法

**第一条**

刚果民主共和国在 1960 年 6 月 30 日的边界内,是一个独立、主权、统一和不可分割、

社会性、民主性和非宗教的法治国家。

[……]

它的官方语言是法语。

民族语言为基刚果语 Kikongo、林加拉语 Lingala、斯瓦希里语 Swahili、契巴鲁语 Tshiluba。国家不加歧视地传播它们。

该国的其他语言是国家提供保护的刚果文化遗产的一部分。

**第四十六条**

在尊重法律、公共秩序和道德的前提下,保障文化权、知识产权和艺术创作自由以及科学技术研究自由。

著作权和知识产权受法律保障和保护。

国家在完成任务时考虑到文化多样性。

它保护并促进国家文化遗产。

**第二百〇二条**

在不损害现行宪法其他规定的情况下,下列事项是中央政府的专属权限:

[……]

28. 历史遗产、公共古迹和公园被宣布为国家利益;

[……]。

**第二百〇四条**

在不损害现行宪法其他规定的情况下,以下事项是各省的专属管辖权:

[……]

23. 旅游、历史遗产、公共古迹和省级及地方公园;

[……]

### 卢旺达(Rwanda)

2003 年 6 月 4 日的宪法

**第五十条**

每个公民都有权参与促进民族文化的活动。

卢旺达语言和文化学院被创建。

法律决定其归属、组织和运作。

**第五十一条**

国家有责任维护和促进文化民族价值观和文化传统,使其不违反人权、公共秩序和道德。

国家还有责任确保保护国家文化遗产以及种族灭绝的纪念物和遗址。

### 塞内加尔(Sénégal)

2001 年 1 月 7 日宪法

**第八条**

塞内加尔共和国保障所有公民基本的个人自由、经济和社会权利以及以下集体权利:

政治自由：见解自由、言论自由、结社自由、集会自由、行动自由和和平示威自由；

文化自由；

哲学和宗教自由；

工会自由；

企业自由；

受教育权和获得文化财产的权利；

［……］.

**塞舌尔（Seychelles）**

1993年6月8日宪法

第三十九条

（1）国家承认每个人有权参与文化生活并主张促进和保护塞舌尔人的传统和文化价值观，然而，受法治规定的限制被视为在民主社会中必不可少的，包括：

（a）保护公共秩序、道德和健康；

（b）打击犯罪；

（c）保护他人的权利和自由；

（2）国家承诺采取合理措施保护塞舌尔人的文化遗产和价值观。

**乍得（Tchad）**

1996年3月31日宪法，2004年5月修订

第三十三条

每个乍得人都有文化权。国家有责任维护和促进国家的文化价值观。

第三十四条

每个公民都有权创作、保护和享受其知识和艺术作品。

国家确保促进和保护其文化遗产以及艺术和文学创作。

**多哥（Togo）**

1992年9月12日宪法，2002年12月修订

第四十条

国家有责任保护和促进国家文化遗产。

第四十一条

每个人都有权享受健康的环境。国家注意保护环境。

（金闪闪）

# 《世界人权宣言》五十周年宣言(斯德哥尔摩宣言)

(国际古迹遗址理事会于1998年9月11日在斯德哥尔摩通过)
Declaration of ICOMOS Marking the 50th Anniversary of the Universal Declaration of Human Rights (1998)

1998年,国际古迹遗产理事会在斯德哥尔摩举行会议,希望通过庆祝《世界人权宣言》五十周年来强调它的重要性,特别是宣言承认每个人都有自由参与社区文化生活的权利。

除了与文化遗产及其保护有关的具体公约或立法的重要性之外,国际古迹遗址理事会还确认,鉴于构成文化遗产的有形和无形遗产均具有不可替代的性质,文化遗产权是人权的一个组成部分,然而在这个不断变化的世界中正遭受威胁。这对个人、社区以及机构和国家来说既是权利也是义务。今天保护这一权利就是为了维护子孙后代的权利。

拥有见证真实文化遗产、在人类大家庭中表达个人文化身份并受到尊重的权利;

更好地了解自身和他人遗产的权利;

明智和适当地使用遗产的权利;

对影响遗产及其文化价值的决策过程有参与的权利;

设立文化遗产保护协会的权利。

这些是国际古迹遗址理事会认为必须尊重的权利,以保护和丰富世界的文化多样性。

这些权利认为有必要承认、欣赏、维护遗产,并对行动框架予以改善和尊重。认为在社会、私立部门和个人之间采取适当的发展战略与公平的伙伴关系,可以将影响文化遗产的各种利益进行调和,做到保护与发展相协调。与这些声明的精神一致,他们呼吁在公约、立法和其他法定措施方面进行国际合作。

无论是个人还是集体,所有人都应该像分享记忆财富一样分担这些责任,为服务人类而寻找可持续发展道路。

(杨 晨)

# 帕维亚宣言

(1997年18日~22日在意大利帕维亚通过)
The Document of Pavia (1997)

鉴于文化遗产,无论其是可移动的还是不可移动的,均是欧洲文化认同的基石,对自然和区域的多样性予以尊重;

鉴于遗产具有特殊性和有限性,因此确保当代和后代能够接触遗产,提升专业人士、公众和决策者对遗产的起源、历史、脆弱性和保护的认识是一种道德义务;

鉴于对文化遗产的保护修复工作必须以最高水平进行,确保其完整性和长久存在;

鉴于这种高水平的保护修复工作有赖于保护修复工作者的专业地位,而这亟须受到欧洲的认可;

考虑到保护修复工作者必须从保护修复项目启动之时就参与决策制定过程,并且他/她在与其他合作伙伴合作时,必须承担与其自身能力(特别是诊断、处置、执行和处理记录)相关的责任。

在1997年10月帕维亚举行的会议上,有关文化遗产保护修复工作的专家们建议,在专业机构准备的文件("ECCO职业准则")基础上,欧盟应与该领域的所有专家开展合作并鼓励采取以下行动:

1. 承认并推动保护修复工作作为一门跨越文化、财产各类型的学科在大学或同等学校中讲授,甚至可以授予博士学位。

2. 保护修复工作者与人文学者和自然科学家在教学和研究中进行跨学科交流。

3. 根据ECCO职业准则(93/94),保护修复工作者的职能应延伸,在项目开始时就参与决策,并负责与其他专业人员、公众和决策者进行沟通。

4. 对保护修复工作者的全部专业能力给出欧洲定义。

5. 不符合专业标准的培训计划不得泛滥。

6. 对保护修复工作者的教育和培训应确保综合理论与实践教学的适当平衡,并确保对沟通战略进行教学。

7. 当务之急是要在欧洲网络培训和研究机构之间建立合作和交流计划。

8. 在不同教育系统的专业中进行比较研究(目标、内容和水平)。

9. 通过对保护修复项目进行出版以促进信息的传播。

10. 加强对保护修复工作的研究。

11. 建立监管框架，确保对文化遗产或其环境的介入，避免市场的负面影响。该监管框架的条款将关涉：负责保护修复项目的企业或专业团队的能力；保护修复项目规范的起草。

12. 以专业文献中可查的概念定义为基础，出版一份多语种的词汇表。

13. 制定规定，利用合适资源改善专业人士、公众和决策者之间的沟通。

在帕维亚参会的专家们敦促欧盟等机构将这些建议变为可见的、可协调的行动，以此证明他们对文化遗产保护的承诺。

全体通过！

（杨　晨）

# 关于乡土建筑遗产的宪章

(国际古迹遗址理事会第十二届大会于 1999 年 10 月 17 日~24 日在墨西哥通过)
Charter on the Built Vernacular Heritage (1999)

**前言**

乡土建筑遗产在人类的情感和自豪中占有重要的地位。它已经被公认为是有特征的和有魅力的社会产物。它看起来是不拘于形式的,但却是有秩序的。它是有实用价值的,同时又是美丽和有趣味的。它是那个时代生活的聚焦点,同时又是社会史的记录。它是人类的作品,也是时代的创造物。如果不重视保存这些组成人类自身生活核心的传统性和谐,将无法体现人类遗产的价值。

乡土建筑遗产是重要的;它是一个社会文化的基本表现,是社会与其所处地区关系的基本表现,同时也是世界文化多样性的表现。

乡土建筑是社区自己建造房屋的一种传统和自然方式。为了对社会和环境的约束做出反应,乡土建筑包含必要的变化和不断适应的连续过程。这种传统的幸存物在世界范围内遭受着经济、文化和建筑同一化力量的威胁。如何抵制这些威胁是社区、政府、规划师、建筑师、保护工作者以及多学科专家团体必须熟悉的基本问题。

由于文化和全球社会经济转型的同一化,面对忽视、内部失衡和解体等严重问题,全世界的乡土建筑都非常脆弱。

因此,有必要建立管理和保护乡土建筑遗产的原则,以补充《威尼斯宪章》。

**一般性问题**

1. 乡土性可以由下列各项确认:

某一社区共有的一种建造方式;

一种可识别的、与环境适应的地方或区域特征;

风格、形式和外观一致,或者使用传统上建立的建筑形制;

非正式流传下来的用于设计和施工的传统专业技术;

一种对功能、社会和环境约束的有效回应;

一种对传统的建造体系和工艺的有效应用。

2. 正确地评价和成功地保护乡土建筑遗产要依靠社区的参与和支持,依靠持续不断的使用和维护。

3. 政府和主管机关必须确认所有的社区有保持其生活传统的权利,通过一切可利用的法律、行政和经济手段来保护生活传统并将其传给后代。

**保护原则**

传统建筑的保护必须在认识变化和发展的必然性和认识尊重社区已建立的文化特色的必要性时,借由多学科的专门知识来实行。

当今对乡土建筑、建筑群和村落所做的工作应该尊重其文化价值和传统特色。

乡土性几乎不可能通过单体建筑来表现,最好是各个地区经由维持和保存有典型特征的建筑群和村落来保护乡土性。

乡土性建筑遗产是文化景观的组成部分,这种关系在保护方法的发展过程中必须予以考虑。

乡土性不仅在于建筑物、构筑物和空间的实体构成形态,也在于使用它们和理解它们的方法,以及附着在它们身上的传统和无形的联想。

**实践中的指导方针**

1. 研究和文献编辑工作

任何对乡土建筑进行的实际工作都应该谨慎,并且事先要对其形态和结构做充分的分析。这种文件应该存放于公众可以使用的档案里。

2. 场所、景观和建筑群

对乡土建筑进行干预时,应该尊重和维护场所的完整性、维护它与物质景观和文化景观的联系以及建筑和建筑之间的关系。

3. 传统建筑体系

与乡土性有关的传统建筑体系和工艺技术对乡土性的表现至为重要,也是修复和复原这些建筑物的关键。这些技术应该被保留、记录,并在教育和训练中传授给下一代的工匠和建造者。

4. 材料和部件的更换

为适应目前需要而做的合理的改变应该考虑到所引入的材料能保持整个建筑的表面、外观、质地和形式的一贯,以及建筑物材料的一致。

5. 改造

为了与可接受的生活水平相协调而改造和再利用乡土建筑时,应该尊重建筑的结构、风格和形式的完整性。在乡土形式不间断地连续使用的地方,存在于社会中的道德准则可以作为干预的手段。

6. 变化和定期修复

随着时间流逝而发生的一些变化,应作为乡土建筑的重要方面得到人们的欣赏和理解。乡土建筑工作的目标,并不是把一幢建筑的所有部分修复得像同一时期的产物。

7. 培训

为了保护乡土建筑所表达的文化价值,政府、主管机关、各种团体和机构必须在如下方面给予重视:

(1) 按照乡土性原则实施对保护工作者的教育计划;

(2) 帮助社区制定维护传统建造体系、材料和工艺技能方面的培训计划;

(3) 通过信息传播,提高公众特别是年轻一代的乡土建筑意识;

(4) 用于交换专业知识和经验的有关乡土建筑的区域性工作网络。

(原载赵巍译:《时代建筑》,2000年第3期;联合国教科文组织世界遗产中心、国际古迹遗址理事会、国际文物保护与修复研究中心、中国国家文物局:《国际文化遗产保护文件选编》,文物出版社,2007年版)

# 木结构遗产保护准则

(国际古迹遗址理事会全体大会第十二届会议于1999年10月在墨西哥通过)
Principles for the Preservation of Historic Timber Structures (1999)

该文件旨在在尊重遗产价值的基础上,明确木结构遗产保护和保存中基本和普遍适用的原则与实践。这里的木结构遗产指的是有较高文化价值或构成某古迹遗址一部分的整体或部分各类木制建筑物或建造物。

为保护此类遗产,特制定如下准则:
- 充分认识到各历史时期的木结构遗存作为世界文化遗产组成部分的重要性
- 充分考虑到木结构遗存的多样性
- 充分考虑建造木材种类和质量的多样性
- 认识因环境和气候变化而导致的建筑材料破损和腐朽给整体或部分木制建造物带来的脆弱性,及造成损毁的多方面因素,如湿度变化、光照、昆虫、霉菌、年久失修、火灾和其他灾害等。
- 认识到由于木制结构本身的脆弱性、不适当的使用以及传统建造技术、设计工艺知识的丧失而导致的木结构历史遗存的日益严重的消亡。
- 充分考虑到保存和保护这些遗产资源所需的各种行动和措施。
- 参考《威尼斯宪章》《巴拉宪章》和联合国教科文组织及国际古迹遗址理事会(ICOMOS)所通过的其他相关文件,探索将这些普遍准则应用于木结构历史遗存保存和保护的途径中。

并提出以下建议:

### 检查、记录、归档

1. 在采取任何介入措施之前,必须依据《威尼斯宪章》第十六条和 ICOMOS《历史纪念物、建筑群和记录准则》详尽认真地记录遗产的现状、各组成构件和修复处理时使用的所有材料。所有相关记录资料,包括从古迹中移除的多余构件、材料的采样,有关传统建造技术工艺的信息,都应认真收集、整理、安全存放并适当开放,以供研究查阅。记录资料应同时包括保护修复工作中采用特定材料和方法的具体原因。

2. 在进行任何处理之前,必须对木结构遗存的现状和导致结构衰败腐朽的原因进行全面准确的诊断。这一判断须建立在对文献资料的参阅、实地实物检查分析的基础上,如有必要，还应包括对实体现状的测绘和无破坏的试验措施。这一过程中不排除对古迹进行必要的微小处理和紧急防护措施。

### 监测和维护

3. 制定一套连贯系统的监测和维护策略是保护木结构历史遗存及其文化价值的关键步骤。

### 具体干预措施

4. 遗产保护的首要目标是保护和延续文化遗产的历史真实性和完整性。因而任何一项干预措施都应建立在正确的研究评估基础上。问题的解决应根据相应的条件和需求，尊重历史古迹的美学和历史价值及其完整性。

5. 任何要采取的干预措施都应尽量：
- 采用传统做法；
- 如技术允许，是可逆转的；
- 在干预是必需的情况下，至少对未来的保护工作不造成不利影响或阻碍；
- 不阻碍之后的保护工作者了解干预证据的可能。

6. 在对木结构历史遗存的保护上，尽可能少的干预是最理想的做法。在某些特定的情况下，尽可能少的干预可以指为了保护和修复木结构遗存而进行的必要的整体或部分拆卸和重新组装。

7. 就具体干预措施来说，历史古迹应被看作一个整体；所有组成部分，包括结构构件、镶嵌板材、挡风板、屋顶、地板、门窗等都应给予同等的重视。原则上应该尽可能多地保留古迹现有残存。保护范围应该同时包括外表面，如涂层、油漆、墙纸等。如果必须更新或取代原有的外表面元素，那么对原始材料、技术和质地的复制要尽可能的准确无误。

8. 修复的目标是保护历史结构及其基本承重功能，并根据《威尼斯宪章》第八一十三条，在现有历史遗存证据允许的情况下，加强历史完整性，完善原有状态和设计，以此揭示其更完整的文化价值。移除的文物古迹的部件应当记录归档，有代表性的取样应作为记录档案的内容永久保存。

### 修缮和替代

9. 在修缮一个木结构古迹的过程中，仅仅在出于满足替代腐朽或破损构件的需要，或满足修复要求的恰当情况下，方才可以根据相应的历史和审美价值来替换原有木材。

新的构件或其组成部分应采取与原置换构件相同或（在合适的情况下）更好的木材。条件允许的情况下，也应包含类似的自然特征。选取的置换木材的湿度和其他物理特征应与现存古迹结构相兼容协调。

工艺和建造技术，包括涂层工具或机器的使用在可能的情况下都应与原建造手段相符。钉子和其他辅助材料也应酌情原样复制。

在置换部分构件时，应在与结构要求相符的条件下酌情使用传统木工连接方式将新材料与原有结构拼接。

10. 可以接受新构件或新构件的组成部分与原有古迹存在差异。对置换构件及其部分变形或自然衰败的情况加以复制是不可取的。在不损害或降低木制构件表面质量的前提下,可以采用适当传统或经反复检验的现代工艺方法调节匹配新旧颜色。

11. 添加的新构件或组成部分应谨慎地做标记,采取在木材上刻记、烙印或其他方式使其日后容易识别。

### 古森林保护区

12. 应大力鼓励建立和维护可为历史木结构遗产保护和维修提供合适木材的森林保护区。

负责保护和维护历史木结构古迹遗址的机构应建立或鼓励建立用于保护工作的木材库。

### 当代材料的技术

13. 在使用当代材料(如环氧树脂)和现代技术(如结构加固钢架)时应极其谨慎,并仅仅在材料和建造技术的持久性和结构表现已经得到足够验证后才能进行。现代设备如供暖、火警和其他预防系统等的使用应建立在对古迹遗址历史和美学价值充分认识和理解的前提下。

14. 化学防护剂的使用应受到严格的控制和监督,并仅仅在可以确保惠益、公共和环境安全不会因此受损和存在长期显著良效的情况下进行。

### 教育培训

15. 通过各种教育项目使与历史木结构遗产文化价值相关的价值得以再生是可持续的遗产保护、发展政策的重要前提。应大力鼓励建立和发展历史木结构遗产保存、维护和管理的培训项目。此类培训应建立在一个与生产和使用可持续性需要相结合的综合全面的策略基础上,并包含地方、国家、地区和国际等各层次的培训项目。活动项目应涉及所有相关专业和行业,尤其是建筑师、保护工作者、工程师、工匠和遗产地管理人员。

(原载联合国教科文组织世界遗产中心、国际古迹遗址理事会、国际文物保护与修复研究中心、中国国家文物局:《国际文化遗产保护文件选编》,文物出版社,2007年版)

# 国际工业遗产保护联合会《关于工业遗产的下塔吉尔宪章》

(国际工业遗产保护联合会于 2003 年 7 月 10 日至 17 日在下塔吉尔通过)

国际工业遗产保护联合会(TICCIH)是保护工业遗产的世界组织,也是国际古迹遗址理事会(ICOMOS)在工业遗产保护方面的专门顾问机构。该宪章由 TIC—CIH 起草,将提交 ICOMOS 认可,并由联合国教科文组织(UNESCO)最终批准。

**导言**

人类的早期历史是依据生产方式根本变革方面的考古学证据来界定的,保护和研究这些变革证据的重要性已得到普遍认同。

从中世纪到 18 世纪末,欧洲的能源利用和商业贸易的革新,带来了具有与新石器时代向青铜时代历史转变同样深远意义的变化,制造业的社会、技术、经济环境都得到了非常迅速而深刻的发展,足以称为一次革命。这次工业革命是一个历史现象的开端,它影响了有史以来最广泛的人口,以及地球上所有其他的生命形式,并一直延续至今。

这些具有深远意义的变革的物质见证,是全人类的财富,研究和保护它们的重要性必须得到认识。

因而,2003 年聚集在俄罗斯召开的 TICCIH 大会上的代表们宣告:那些为工业活动而建造的建筑物和构筑物、其生产的过程与使用的生产工具,以及所在的城镇和景观,连同其他的有形的或无形的表现,都具有基本的重大价值。我们必须研究它们,让它们的历史为人所知,它们的内涵和重要性为众人知晓,为现在和未来的利用和利益,那些最为重要和最典型的实例应当依照《威尼斯宪章》的精神,进行鉴定、得以保护和修缮。

**1. 工业遗产的定义**

工业遗产是指工业文明的遗存,它们具有历史的、科技的、社会的、建筑的或科学的价值。这些遗存包括建筑、机械、车间、工厂、选矿和冶炼的矿场和矿区、货栈仓库,能源生产、输送和利用的场所,运输及基础设施,以及与工业相关的社会活动场所,如住宅、宗教和教育设施等。

工业考古学是对所有工业遗存证据进行多学科研究的方法,这些遗存证据包括物质的和非物质的,如为工业生产服务的或由工业生产创造的文件档案、人工制品、地层和工程结构、人居环境以及自然景观和城镇景观等。工业考古学采用了最适当的调查研究方法以增进对工业历史和现实的认识。

具有重要影响的历史时期始于18世纪下半叶的工业革命,直到当代,当然也要研究更早的前工业和原始工业起源。此外,也要注重对归属于科技史的产品和生产技术研究。

**2. 工业遗产的价值**

(1) 工业遗产是工业活动的见证,这些活动一直对后世产生着深远的影响。保护工业遗产的动机在于这些历史证据的普遍价值,而不仅仅是那些独特遗址的唯一性。

(2) 工业遗产作为普通人们生活记录的一部分,并提供了重要的可识别性感受,因而具有社会价值。工业遗产在生产、工程、建筑方面具有技术和科学的价值,也可能因其建筑设计和规划方面的品质而具有重要的美学价值。

(3) 这些价值是工业遗址本身、建筑物、构件、机器和装置所固有的,它存在于工业景观中,存在于成文档案中,也存在于一些无形记录,如人的记忆与习俗中。

(4) 特殊生产过程的残存、遗址的类型或景观,由此产生的稀缺性增加了其特别的价值,应当被慎重地评价。早期和最先出现的例子更具有特殊的价值。

**3. 鉴定、记录和研究的重要性**

(1) 每一国家或地区都需要鉴定、记录并保护那些需要为后代保存的工业遗存。

(2) 对工业地区和工业类型进行调查研究以确定工业遗产的范围。利用这些信息,对所有已鉴定的遗址进行登记造册,其分类应易于查询,公众也能够免费获取这些信息。而利用计算机和因特网是一个颇有价值的方向性目标。

(3) 记录是研究工业遗产的基础工作,在任何变动实施之前都应当对工业遗址的实体形态和场址条件做完整的记录,并存入公共档案。在一条生产线或一座工厂停止运转前,可以对很多信息进行记录。记录的内容包括文字描述、图纸、照片以及录像,以及相关的文献资料等。人们的记忆是独特的、不可替代的资源,也应当尽可能地记录下来。

(4) 考古学方法是进行历史性工业遗址调查、研究的基本技术手段,并将达到与其他历史和文化时期研究相同的高水准。

(5) 为了制定保护工业遗产的政策,需要相关的历史研究计划。由于许多工业活动具有关联性,国际合作研究有助于鉴定具有世界意义的工业遗址及其类型。

(6) 对工业建筑的评估标准应当被详细说明并予以公布,采用为广大公众所接受的、统一的标准。在适当研究的基础上,这些标准将用于鉴定那些最重要的遗存下来的景观、聚落、场址、原型、建筑、结构、机器和工艺过程。

(7) 已认定的重要遗址和结构应当用强有力的法律手段保护起来,以确保其重要意义得到保护。联合国教科文组织的《世界遗产名录》,应给予给人类文化带来重大影响的工业文明以应有的重视。

(8) 应明确界定重要工业遗址的价值,对将来的维修改造应制定导则。任何对保护其价值所必要的法律的、行政的和财政的手段应得以施行。

(9) 应确定濒危的工业遗址,这样就可以通过适当的手段减少危险,并推动合适的维修和再利用的计划。

（10）从协调行动和资源共享方面考虑，国际合作是保护工业遗产特别合适的途径。在建立国际名录和数据库时需要制定适当的标准。

**4. 法定保护**

（1）工业遗产应当被视作普遍意义上文化遗产的整体组成部分。然而，对工业遗产的法定保护应当考虑其特殊性，要能够保护好机器设备、地下基础、固定构筑物、建筑综合体和复合体以及工业景观。对废弃的工业区，在考虑其生态价值的同时也要重视其潜在的历史研究价值。

（2）工业遗产保护计划应同经济发展政策以及地区和国土规划整合起来。

（3）那些最重要的遗址应当被充分地保存，并且不允许有任何干涉危及建筑等实物的历史完整性和真实性。对于保存工业建筑而言，适当改造和再利用也许是一种合适且有效的方式，应当通过适当的法规控制、技术建议、税收激励和转让来鼓励。

（4）因迅速的结构转型而面临威胁的工业社区应当得到中央和地方政府的支持。因这一变化而使工业遗产面临潜在威胁，应能预知并通过事先的规划避免采取紧急行动。

（5）为防止重要工业遗址因关闭而导致其重要构件的移动和破坏，应当建立快速反应的机制。有相应能力的专业权威人士应当被赋予法定的权利，必要时应介入受到威胁的工业遗址保护工作中。

（6）政府应当有专家咨询团体，他们对工业遗产保存与保护的相关问题能提供独立的建议，所有重要的案例都必须征询他们的意见。

（7）在保存和保护地区的工业遗产方面，应尽可能地保证来自当地社区的参与和磋商。

（8）由志愿者组成的协会和社团，在遗址鉴定、促进公众参与、传播信息和研究等方面对工业遗产保护具有重要作用，如同剧场不能缺少演员一样。

**5. 维护和保护**

（1）工业遗产保护有赖于对功能完整性的保存，因此对一个工业遗址的改动应尽可能地着眼于维护。如果机器或构件被移走，或者组成遗址整体的辅助构件遭到破坏，那么工业遗产的价值和真实性会被严重削弱。

（2）工业遗址的保护需要全面的知识，包括当时的建造目的和效用，各种曾有的生产工序等。随着时间的变化可能都已改变，但所有过去的使用情况都应被检测和评估。

（3）原址保护应当始终是优先考虑的方式。只有当经济和社会有迫切需要时，工业遗址才考虑拆除或者搬迁。

（4）为了实现对工业遗址的保护，赋予其新的使用功能通常是可以接受的，除非这一遗址具有特殊重要的历史意义。新的功能应当尊重原先的材料和保持生产流程和生产活动的原有形式，并且尽可能地同原先主要的使用功能保持协调。建议保留部分能够表明原有功能的地方。

（5）继续改造再利用工业建筑可以避免能源浪费并有助于可持续发展。工业遗产对于衰败地区的经济复兴具有重要作用，在长期稳定的就业岗位面临急剧减少的情况时，继续再利用能够维持社区居民心理上的稳定性。

（6）改造应具有可逆性，并且其影响应保持在最小限度内。任何不可避免的改动应当存档，被移走的重要元件应当被记录在案并完好保存。许多生产工艺保持着古老的特色，这是遗址完整性和重要性的重要组成内容。

（7）重建或者修复到先前的状态是一种特殊的改变。只有有助于保持遗址的整体性或者能够防止对遗址主体的破坏，这种改变才是适当的。

（8）许多陈旧或废弃的生产线里体现着人类的技能，这些技能是极为重要的资源，且不可再生，无可替代。它们应当被谨慎地记录下来并传给年青一代。

（9）提倡对文献记录、公司档案、建筑设计资料以及生产样品的保护。

### 6. 教育与培训

（1）应从方法、理论和历史等方面对工业遗产保护开展专业培训，这类课程应在专科院校和综合性大学设置。

（2）工业历史及其遗产专门的教育素材，应由中小学生们去搜集，并成为他们的教学内容之一。

### 7. 陈述与解释

（1）公众对工业遗产的兴趣与热情以及对其价值的鉴赏水平，是实施保护的有力保障。政府当局应积极通过出版、展览、广播电视、国际互联网及其他媒体向公众解释工业遗产的意义和价值，提供工业遗址持续的可达性，促进工业遗址地区的旅游发展。

（2）建立专门的工业和技术博物馆和保护工业遗址，都是保护和阐释工业遗产的重要途径。

（3）地区和国际的工业遗产保护途径，能够突显工业技术转型的持续性和引发大规模的保护运动。

签署者：Eusebi Casanelles（TICCIH 主席）

Eugene Logunov（2003 年 TICCIH 第 12 届莫斯科大会主席）

（原载张松：《城市文化遗产保护国际宪章与国内法规选编》，同济大学出版社，2007年版）

# 联合国教科文组织关于蓄意破坏文化遗产问题的宣言

(联合国教科文组织全体大会第三十二届会议于2003年10月17日在巴黎通过)
UNESCO Declaration Concerning the Intentional Destruction of Cultural Heritage (2003)

联合国教育、科学及文化组织大会于2003年在巴黎举行的第三十二届会议：忆及震动了整个国际社会的摧毁巴米扬大佛的悲剧性事件；对蓄意破坏文化遗产行为呈上升趋势表示严重关注；参照教科文组织《组织法》第Ⅰ2 c)条有关教科文组织具有通过"保证对图书、艺术作品及历史和科学文物等世界遗产之保存与维护，并建议有关国家订立必要之国际公约"，维护、增进及传播知识之职责的规定；忆及教科文组织所有保护文化遗产的公约、建议书、宣言和宪章所确定的原则；铭记文化遗产是社会、群体和个人的文化特性和社会凝聚力的重要组成部分，因此蓄意破坏文化遗产会对人的尊严和人权造成不利影响；重申1954年《关于在武装冲突情况下保护文化财产的海牙公约》序言中提出的一条基本原则，即"鉴于各国人民均对世界文化作出了贡献，对文化财产（不管它属于哪国人民）的损害将构成对整个人类文化遗产的破坏"；忆及1899年和1907年的《海牙公约》确定的关于在武装冲突情况下保护文化遗产的原则，特别是1907年《第四项海牙公约》第27和第56条以及后来的其他协定所确定的原则；牢记还得到相关的判例法确认的有关在和平时期及在武装冲突情况下保护文化遗产的习惯国际法条款发生了变化；还忆及与蓄意破坏文化遗产行为有关的《国际刑事法院罗马规约》第8(2)(b)(ix)条和第8(2)(e)(iv)条的规定，以及《前南斯拉夫问题国际刑事法庭规约》第3(d)条的规定（在适用时）；重申本《宣言》和其他有关文化遗产的国际文书没有充分谈及的问题仍将继续遵循国际法的原则、人道的原则和受公共良心的支配；通过并庄严宣布本宣言：

## Ⅰ. 承认文化遗产的重要性

国际社会承认保护文化遗产的重要性，并重申要与任何形式的蓄意破坏文化遗产的行为作斗争，使文化遗产能够代代相传的决心。

## Ⅱ. 适用范围

1. 本宣言针对文化遗产,包括与自然景观相关的文化遗产的蓄意破坏问题。
2. 本宣言中的"蓄意破坏"系指故意违反国际法或无理违反人道的原则和公共良心的要求,整个或部分地毁坏文化遗产,使其完整性受到破坏的行为。故意无理违反人道的原则和公共良心的要求的做法,系指国际法的基本原则目前尚未作出规定的破坏行为。

## Ⅲ. 反对蓄意破坏文化遗产行为的措施

1. 各国应采取一切适当措施,预防、避免、制止和打击蓄意破坏无论是何地的文化遗产的行为。
2. 各国应根据自己的经济能力,为保护文化遗产采取适当的法律、行政、教育和技术措施,并定期修订这些措施,使它们与不断变化的各国和国际文化遗产保护标准相一致。
3. 各国应采取一切适当手段,特别是通过实施教育、提高认识和宣传方面的计划,确保文化遗产受到社会的尊重。
4. 各国应:
(a) 加入(如它们尚未加入的话)1954 年《关于在武装冲突情况下保护文化财产的海牙公约》及其 1954 年和 1999 年的两项《议定书》,以及 1949 年的四项《日内瓦公约》的第一和第二项《附加议定书》;
(b) 促进制定并通过完善的法律文件,提高保护文化遗产的标准;
(c) 促进协调实施现有的和今后将制定的有关保护文化遗产的各种文书。

## Ⅳ. 在和平时期开展活动时保护文化遗产

在和平时期开展活动时,各国应当采取一切适当的措施,使自己的行为符合保护文化遗产的要求,尤其是符合 1972 年《保护世界文化和自然遗产公约》、1956 年《关于国际考古发掘原则的建议书》、1968 年《关于保护受公共或私人工程危及的文化财产的建议书》、1972 年《关于在国家一级保护文化和自然遗产的建议书》和 1976 年《关于保护历史或传统建筑群及其在现代生活中的作用的建议书》所确定的原则和宗旨。

## Ⅴ. 在武装冲突,包括占领的情况下保护文化遗产

在卷入国际或非国际性武装冲突,包括占领的情况下,有关各国应采取一切适当的措

施,使自己的行为符合保护文化遗产的要求,符合习惯国际法以及有关在敌对时期保护这类遗产的各项国际协定和教科文组织建议书的原则和宗旨。

## Ⅵ. 有关国家的责任

蓄意破坏对人类具有重要意义的文化遗产,或故意不采取适当措施禁止、防止、制止和惩罚一切蓄意破坏行为的国家,不论该遗产是否列入教科文组织或其他国际组织的保护名录,均应在国际法规定的范围内对该破坏行为承担责任。

## Ⅶ. 个人的刑事责任

各国应根据国际法采取一切适当的措施,确立有关的司法管辖权,并对那些犯有或下令犯有蓄意破坏对人类具有特别重要意义之文化遗产行为的个人予以有效的刑事制裁,不论该文化遗产是否列入教科文组织或其他国际组织的保护名录。

## Ⅷ. 保护文化遗产的合作

1. 各国应相互合作并与教科文组织开展合作,保护文化遗产免遭蓄意破坏。这种合作的基本要求是:
(ⅰ) 提供和交流有可能出现的蓄意破坏文化遗产问题的有关情况的信息;
(ⅱ) 在文化遗产的确受到或即将遭到破坏的情况下进行磋商;
(ⅲ) 应有关国家的要求,在促进开展预防和打击蓄意破坏文化遗产行为的教育计划、提高认识和能力方面考虑向它们提供援助;
(ⅳ) 应有关国家的要求,在打击蓄意破坏文化遗产的行为时,向它们提供有关的司法和行政援助。
2. 为了进行更加全面的保护,鼓励各国根据国际法采取各种适当的措施与其他有关国家进行合作,以便确立有关的司法管辖权,并对那些犯有或下令犯有上述行为(Ⅶ. 个人的刑事责任)并在该国领土被发现的个人(不论其国籍如何以及该行为在何处发生)予以有效的刑事制裁。

## Ⅸ. 人权和国际人道主义法

实施本宣言,各国承认必须遵守有关将严重违反人权和国际人道主义法行为定为犯罪行为的国际规章,特别是在蓄意破坏文化遗产行为与这些违反行为有关联的情况下更应如此。

## X. 公众宣传

各国应采取各种适当的措施,特别是通过组织公众宣传运动,确保在公众和目标群体中最广泛地宣传本宣言。

(本译文引自国家教育部网站 http://www.moe.gov.cn/srcsite/A23/jkwzz_other/200310/t20031017_81411.html)

# 国际文物保护与修复研究中心章程

(国际文物保护与修复研究中心第二十四届会议于 2005 年 11 月 11 日修订通过)
ICCROM Statutes (2005)

**第一条 目标和职责**

"国际文物保护与修复研究中心"(以下简称"ICCROM")应通过发起、发展、促进和推动此类保护和修复状况从而为世界范围内的文物保护和修复事业做出贡献。ICCROM 尤其应履行以下职责:

a. 收集、研究和传播与保护和修复文化财产的科学、技术和各民族的资料;

b. 在这一领域协调、鼓励和开展研究,尤其是通过团体或委托专家方式的调配、国际会议、出版物和专业人员的交流来开展上述工作;

c. 在有关文化财产保护和修复的普遍或专门问题上提出建议或忠告;

d. 在提供文物保护与修复培训和提高保护与修复工作水准方面提供帮助;

e. 鼓励更好地理解文物保护与修复的新想法。

**第二条 会员**

1. ICCROM 是一个由会员国组成的国际组织;

2. 联合国教育、科学与文化组织(以下简称"UNESCO")的成员国向 UNESCO 总干事递交申请后将可能成为 ICCROM 的会员国。任何已为 ICCROM 会员国并随后不再是 UNESCO 成员国的国家将被保留其 ICCROM 的会员资格。

3. 非 UNESCO 成员国,或根据第十条退出的前 ICCROM 会员国,可以向 ICCROM 总干事提交会员申请。经理事会对申请书考虑后,此类国家可被全体大会准许成为 ICCROM 会员。会员资格的批准应经出席全体大会并参加投票的会员国以三分之二多数通过。根据本款 UNESCO 总干事应被告知 ICCROM 会员国被准批的决议。

4. 根据本条第 2 款,会员资格应在 UNESCO 总干事收到正式入会声明的三十天后生效。根据本条第 3 款,会员资格应在全体大会通过该会员国申请当天生效。

5. 每个会员国应根据全体大会确定的比率向 ICCROM 交纳会费。

**第三条 机构**

ICCROM 应由全体大会、理事会和秘书处组成。

**第四条　全体大会**

1. 成员与参与者

a. 全体大会应由 ICCROM 会员国代表组成，每位代表应代表每个会员国。

b. 这些代表应从文物保护和修复领域内最有资格的技术专家中挑选，并尽可能来自那些该领域内的专业机构。

c. UNESCO、艺术品修复学院和第五条第 1 款(j)中涉及的理事会非投票理事应有权以观察员身份参加全体大会的会议。他们可有提案权，但不应有表决权。

2. 职责

全体大会的职能应是：

a. 决定 ICCROM 的总政策；

b. 根据理事会的提案，考虑并通过 ICCROM 下两年的行动计划和预算；

c. 依照第二条第三款吸纳新会员国；

d. 选举理事会理事；

e. 根据理事会的建议，依照第六条(d)任命总干事；

f. 考虑并通过理事会和 ICCROM 秘书处相关活动的报告；

g. 确定会员国的会费；

h. 采纳 ICCROM 的财务条例；

i. 根据第九条决定制裁的适用。

3. 程序

全体大会应：

a. 每两年召开一次常规会议；

b. 若全体大会本身需要，或应三分之一以上会员国的要求，或根据理事会的需要，则召开特别会议；

c. 除了全体大会或理事会另有决定外，通常情况下全体大会在意大利罗马召开；

d. 采纳自身程序规则；

e. 在每次会议开始时选举大会主席和其他官员；

f. 为方便执行其职责，可根据需要建立相应的委员会。

4. 表决

根据第九条，每个会员国在全体大会中应行使一次表决权。除非本章程或程序规则另有规定，否则应由出席大会并参加投票的会员国以多数形成决定。

**第五条　理事会**

1. 组成

a. 理事会应包括全体大会选举的理事、一名 UNESCO 总干事代表、一名意大利政府代表、一名艺术品修复学院代表和下面(i)小段中涉及的不参加投票的理事。

b. 选举出的理事应有 12 名，会员国增至 30 个以后，每增 5 个会员国则增加一名理事。选举出的理事总数不应超过 25 名。

c. 考虑到世界范围内主要文化区域公平代表性的要求,考虑到与 ICCROM 工作相关的不同专门化领域的覆盖面,大会选举出的理事应在文物保护和修复领域内最有资格的技术专家中挑选。全体大会也应考虑到这些专家有能力履行理事会的管理和执行职能。

d. 全体大会选举出的理事会理事任期 4 年。但是根据全体大会第一次常规会议,全体大会选举出的理事中一半任期 4 年,一半任期 2 年。如果选举出的理事数量为奇数,则奇数加一的半数理事任期 4 年。

e. 理事会理事的工作应从其当选的全体大会会议闭幕开始,至期满当年召开的会议闭幕时结束。

f. 除了任期不能超过两期以外,理事会理事应能连选。

g. 如果理事会理事死亡、永久丧失能力或辞职,其空缺应由全体大会上次选举中未被选上的最高票数候选人填补以完成剩余的任期。若该候选人不适合就任,则该席位应由上次选举中次高票数候选人填补,以此类推,直至轮完所有候选人。若该席位无法由上次选举中的候选人填补,则该席位应保留空缺至下次全体大会会议选举。

h. 理事会理事根据个人能力由全体大会选举出来。他们应该从 ICCROM 的角度而不是代表所在的国家履行其职责。

i. 不参加投票的理事会理事应为一名国际博物馆协会代表和一名国际古迹遗址理事会代表。

j. 不参加投票的理事会理事可参加理事会的讨论。

2. 职责

理事会的职责应是:

a. 在全体大会的领导下监督全体大会通过的行动计划和预算的执行;

b. 依照全体大会的决定和指示并考虑到两次常规会议间出现的各种情况,代表全体大会采取必要措施,并与总干事密切配合,以确保总干事批准的各项行动计划的有效性和合理实行;

c. 与总干事密切配合,阐明政策,并酌情呈请全体大会批准;

d. 根据需要复审和调整总干事起草的行动计划和预算草案,并服从全体大会决议进行通过;

e. 依照第二条第 3 款考虑批准申请者成为 ICCROM 会员;

f. 向全体大会提出任命总干事及其任期和委用条件的建议,同时根据第六条(d)延长总干事的任期;

g. 根据第六条(e)所述情况任命总干事;

h. 批准总干事提出的秘书处组织结构;

i. 批准人事条例;

j. 就财务条例的采纳向全体大会提出建议;

k. 任命外聘审计员;

l. 监督 ICCROM 的财务工作;

m. 根据全体大会的需要在其常规会议上对其活动准备一份报告；

n. 履行全体大会可能委派的其他类似职责。

3. 程序

理事会应该：

a. 会议：

ⅰ. 在全体大会常规会议结束后立即召开；

ⅱ. 在全体大会的下次常规会议开始之前立即召开；

ⅲ. （ⅰ）和（ⅱ）所述会议间隔期间召开一次；

b. 除非全体大会和理事会另有决定，否则会议在意大利罗马召开；

c. 采纳其自身的程序规则；

d. 在全体大会常规会议后第一次会议开始时，选举负责办公事务的主席和其他官员，任职至全体大会下次常规会议闭幕时止；

e. 如有需要，可建立相应的委员会以实现其职责。

4. 表决

每位选举出的理事会理事、UNESCO 总干事代表、意大利政府代表和艺术品修复学院代表应行使一次表决权。除非本章程或理事会程序规则另有规定，否则应由出席大会和参加投票的会员国以多数形成决定。

### 第六条　秘书处

a. ICCROM 秘书处应由主任和所需职员组成。

b. 主任和职员的职责应相应地国际化。在履行职责时，主任及其职员均不应寻求或接受 ICCROM 以外的任何政府或机构的指示。他们应该摈弃任何可能损害其身为国际官员的立场的行为。每个会员国必须尊重主任及职员的职责的国际性质，并不能影响他们履行其职责。

c. 应根据理事会核准的人事条例任命职员，全体职员应对主任负责。

d. 主任应由理事会提名，而且除了下面（e）小段中规定的以外，应由全体大会任命。全体大会应根据理事会的建议确定任命并批准任期和主任的供职条件。全体大会对主任的任命可由理事会延长至至多两次，每次任期视情况延长两年。但是，理事会延长的任期总和决不能超过 6 年。主任可由全体大会再次任命。

e. 如果两次全体大会常规会议间隔期间主任职位有空缺，则由理事会任命新的主任就职至下次全体大会常规会议闭幕时止。理事会也应决定主任的任期和供职条件，并将此包含进理事会主席和新主任签订的合同里。

f. 主任应就全体大会和理事会的行动提出建议，应在服从理事会的前提下准备行动计划和预算的草案。根据全体大会和理事会的决定，主任应对获批的行动计划的有效性和合理执行负责。他/她应与会员国联系交流，为 ICCROM 的各项行动准备定期报告。

### 第七条　财务程序

a. ICCROM 的预算应两年进行一次。下两年的预算草案应随同行动计划，在全体大会召开前至少 60 天与会员国进行沟通，以便草案在会上得以进一步考虑。

b. 除非全体大会另有决定，否则 ICCROM 的财务期应为全体大会常规会议后的两年。

c. 会员国在财务期内的会费应一分为二按年交纳。一份在第一年开始时交纳，另一份在第二年开始时交纳。

d. 主任可依据财务条例中的相关说明接受直接来自政府、公共或私人机构、协会和个人的自愿捐款、赠品、遗产和补助金。

e. 预算应在理事会的监督下依照财务条例由秘书处执行。

第八条　法律地位

在各会员国领土上，ICCROM 均应享有为实现其宗旨和履行其职责所必需的法律资格。

第九条　制裁

当会员国未向 ICCROM 交纳会费，应取消其在全体大会中的表决权和向理事会提名理事候选人的权利。连续 4 年未交纳会费的会员国应无资格再获得 ICCROM 的服务。连续 6 年未交纳会费的会员国其会员资格应被全体大会暂停。但是，如果不交纳会费是由于会员国控制能力之外的特殊情况造成的，则全体大会可允许该会员国行使包括获得 ICCROM 服务在内的上述权利，或决定不暂停其会员资格。

第十条　会员的退出

任何会员国可在全体大会批准其加入期满两年后的任何时间里通过向 ICCROM 总干事提出声明的方式退出 ICCROM。该退出声明在提出后第二年的 12 月 31 日生效。在退出声明生效之日，其不应影响 ICCROM 的财政职责。ICCROM 总干事应告知 UNESCO 总干事会员国退出声明生效的日期。

第十一条　章程的修订

a. 本章程的修订可由会员国或理事会提出。其应在全体大会上经出席全体大会并参加投票的会员国以三分之二多数通过，倘若所述的三分之二多数超过 ICCROM 会员国的一半的话。

b. ICCROM 总干事应在将修正案列入日程的全体大会会议召开前至少 180 天与所有会员国和 UNESCO 总干事进行沟通。

c. 如果在交流修正议案后，某会员国或理事会希望在上述修正议案中再增加修正，则修正议案可在将原始修正议案列入日程的全体大会会议召开前至少 90 天与所有会员国和 UNESCO 总干事进行沟通。

第十二条　生效

本章程应在 ICCROM 全体大会第二十三次会议闭幕后立即生效。

第十三条　解散

ICCROM 可根据全体大会的决议被解散。全体大会只能在向所有会员国发送关于解散议案书面声明六个月后进行讨论。任何解散 ICCROM 的决定应经出席全体大会并参加投票的会员国以三分之二多数通过,倘若所述的三分之二多数超过 ICCROM 会员国的一半的话。

**第十四条　有效文本**

本章程的英文和法文文本均有同等效力。

（原载联合国教科文组织世界遗产中心、国际古迹遗址理事会、国际文物保护与修复研究中心、中国国家文物局：《国际文化遗产保护文件选编》,文物出版社,2007 年版）

# 国际古迹遗址理事会世界遗产授权实施政策

Policy for the Implementation of the ICOMOS World Heritage Mandate

授权国际古迹遗址理事会(ICOMOS)参与《世界遗产公约》的目的是为评估世界遗产的提名和执行《世界遗产公约》的其他方面提供最高程度的专业知识。

因此,本文件的目的是确保国际古迹遗址理事会在履行这些职能方面的高可信度,并为此汇集了以前通过的各种做法和决定。

此外,国际古迹遗址理事会认为,在处理这一领域时,可能造成利益冲突看法的局势对其工作的可信性的损害不亚于实际冲突可能存在的情况。因此,这一政策旨在避免可能出现误解的情况和对其专业意见的有效性提出实际问题的情况。

国际古迹遗址理事会世界遗产系统的专家包括所有参与提名评估过程、保护状况报告、反应性监测和其他任务和计划的所有人员。除此之外,还包括国际古迹遗址理事会及其世界遗产小组咨询的其他专家,即世界遗产评审小组(World Heritage Panel)(评审小组由国际古迹遗址理事会执行委员会任命来评估该组织在世界遗产和世界遗产工作小组(WHWG)领域的工作),专家向评审小组、世界遗产委员会、参与评估工作的特派团以及该组织的其他官员提交提名报告和保护状况报告。

为了避免可能的利益冲突,应行使下列规定:

1. 国际古迹遗址理事会的评估和其他意见基于研究和同行评议。

2. 作为标准做法,国际古迹遗址理事会向正在参与财产评估的相关国家委员会进行咨询,在该进程的所有其他步骤中,它仅从有关缔约国以外的国家聘请专家。

3. 在评估财产或与其有关的保护状况报告或评估对其威胁时,国际古迹遗址理事会不使用参与编制提名文件、制定管理系统或计划或任何其他研究的专家,或编写缔约国提交的保护状况报告的专家。

4. 关于推进财产提名,参与国际古迹遗址理事会世界遗产工作的专家必须向国际古迹遗址理事会披露有关特定提名文件的任何直接建议以及所提供服务的具体情况。这适用于特派团专家、案头审查员、顾问、世界遗产评审小组成员和世界遗产工作组成员。这并不包括一般性的学术评论。应要求国家委员会和国际科学委员会公布他们参与世界遗产提名的任何情况,并指明参与这项工作的个人成员。世界遗产评审小组和世界遗产工作组成员不得参与任何与提名有关的讨论,以及与其本国遗址有关的"遗产地保护状况"

(SOC)报告。

5. 所有参与提名文件编制的所有专家和成员，包括提供建议或以任何方式推进此类提名，但不包括任何与特定提名无关的学术工作，不得参与世界遗产评审小组或世界遗产工作小组关于提名的任何讨论，也不得就这些提名进行特派团或案头评估。

6. 国际古迹遗址理事会不得任用目前在世界遗产委员会中担任其国家代表的实地评估专家。

7. 专家们都了解国际古迹遗址理事会的道德承诺声明，并且必须遵守其原则。

8. 为了确保公平处理所有提名和保护状态报告，国际古迹遗址理事会不得将外部特派团委托给其秘书处雇用的任何人或以任何其他方式处理世界遗产提名，也不得委托给其世界遗产评审小组、世界遗产工作小组或其国际执行委员会的任何成员。

9. 在讨论涉及本国的报告或情况时，世界遗产评审小组成员以及世界遗产小组不得参与讨论和决策过程。

10. 国际古迹遗址理事会世界遗产评审小组或受权评估其他资料的工作组向世界遗产委员会提出的建议是最终的，除小组本身外，不得以任何方式进行修改或修订。

11. 当缔约国在2月28日以前提出关于提名的新信息时，将向世界遗产评审小组或为此目的召集的工作组提交经修订的评估，以便酌情修订向世界遗产委员提交的建议。2月28日之后收到的新信息将仅在下一年的世界遗产委员会会议上进行审查。

12. 国际古迹遗址理事会专家、世界遗产工作小组和世界遗产评审小组的建议和意见是保密的，个人不得以其独立身份接触媒体、缔约国代表或对相关财产可能有或可能不感兴趣的任何其他个人或组织。此外，国际古迹遗址理事会的官员、世界遗产工作小组和世界遗产委员会的成员不得向任何没有参加这些讨论的个人或组织透露任何讨论内容。

13. 如果世界遗产工作组或世界遗产评审小组成员或国际古迹遗址理事会专家在世界遗产进程中未能执行本政策的任何一方面，则应受到制裁。制裁应由国际古迹遗址理事会执行委员会或其授权的任何小组委员会决定，并应根据违反的严重程度而定。但是，如果认为国际古迹遗址理事会作为世界遗产委员会和教科文组织的客观公正顾问的可信度受到损害，则有关个人将自动被禁止进一步参与与世界遗产事务有关的国际古迹遗址理事会的工作，以及必须体现该组织公正形象的其他领域中的任何相关工作。

14. 如有证据表明本组织员工违反本政策，应按规定程序采取纪律处分。

15. 所有在国际古迹遗址理事会秘书处雇用或以其他方式支付的参与者，或以其他方式参与世界遗产提名的参与者，以及世界遗产小组的所有参与者，都应在本声明签署页签字，并在履行此类职责之前将其提交给秘书处。

16. 必须向正式参与国际古迹遗址理事会世界遗产工作的所有其他人员提供该政策的副本，所有人都必须事先表明他们理解并遵守其条款。

批准实施

国际古迹遗址理事会执行委员会

2006年1月17日通过,2007年11月、2010年10月及2012年10月进行修订

本人(全名)
.

声明本人已经阅读、理解并将遵守以上所述,参与国际古迹遗址理事会关于世界遗产事务方面的工作,并理解如果我不这样做,可能会导致我被免除这些责任。

签名日期

(朱音尔)

# 国际古迹遗址理事会文化线路宪章

国际古迹遗址理事会文化线路国际科学委员会(CIIC)编写，
2008年10月4日，国际古迹遗址理事会第十六届大会于加拿大魁北克市批准
The ICOMOS Charter on Cultural Routes(2008)

## 序言

由于文化遗产保护科学的发展，文化线路的新概念表明了有关文化财产前景的观念的演变，与其背景和领土规模有关的价值观也日益重要，并揭示了遗产在不同层面上的宏观结构。这一概念引入了一种新的保护伦理模式，它认为这些价值是超越国界的共同遗产，需要共同努力。文化线路通过尊重每个元素的内在价值，承认并强调其所有元素作为整体的实质性部分的价值。这也有助于揭示：当今社会认为文化遗产价值是社会和经济可持续发展的资源。

这种更宽泛的文化遗产概念要求在更广阔的背景下，用新的方法处理文化遗产，以便描述和保护文化遗产与其自然、文化和历史背景直接相关的重要关系。在这一过程中，文化线路的概念是创新的、复杂的、多维的。它引入并代表了文化遗产保护理论和实践的一种本质上的新途径。

文化线路代表了人类跨文化联系方面互动的、动态的和不断发展的过程，反映了不同民族对文化遗产所做贡献的极大多样性。

虽然在历史上文化线路既是和平相处的产物，也是敌对冲突的产物，但它们呈现出许多超越其原有功能的共同层面，为追求和平的文化提供了一个特殊环境，这种文化基于共同的历史纽带以及宽容、尊重、对文化多样性的赞赏，这些都是相关社群的特点。

文化线路作为一个新的概念或范畴的考虑，并不与存在于某一特定文化线路轨道内的其他类别或类型的文化财产——遗迹、城市、文化景观、工业遗产等——发生冲突或重叠。它只是把它们包含在一个联合系统中，增强了它们的意义。这种综合的、跨学科的、共享的框架通过创新的科学视角在它们之间建立了新的关系，这种科学视角提供了对历史的多边、更完整和更准确的看法。这一做法不仅促进了世界各国人民之间的理解和交流，而且加强了保护文化遗产的合作。

"文化线路"概念所引入的创新揭示了人类流动和交流这一特定现象的遗产内容，这

种流动和交流是通过促进其流动的交流路线发展起来的,并且被利用或故意用于具体和特殊的目的。文化线路可以是为达到这一目的而明确建设的道路,也可以是完全利用或部分利用服务于不同目的的现有道路的线路。但是,除了它作为交流或交通方式的特性之外,它作为文化线路的存在和意义只能通过它在漫长的历史长河中为这种特定目的使用以及通过产生与其相关的遗产价值和文化属性来解释。遗产价值和文化属性反映了不同文化群体之间由于文化线路自身特有的驱动力而产生的相互影响。

因此,文化线路不是简单的交流和交通方式,它们可能包括文化属性,能够连接不同民族,而是特殊的历史现象,不能通过运用自己的想象和意志来建立一套相互关联、碰巧具有共同特征的文化体系来创造文化线路。

文化线路有时是按人类的意志事先规划好的项目,而人类的意志有足够的力量来达到特定的目的(例如,印加路线和罗马帝国路线)。在另外一些情况下,它们是长期演进过程的结果,其中不同人为因素的集体干预重合,并被导向一个共同目的(例如圣地亚哥路线、非洲商队路线和丝绸路线)。在这两种情况下,它们都源自人类意志去实现特定目标的过程。

这些关联,以及与文化线路存在原因直接有关的特色资产(如古迹、考古遗迹、历史城镇、乡土建筑、无形遗产、工业和技术遗产、公共工程、文化与自然景观、交通工具以及其他应用特定知识和技术技能的实例),在文化上丰富多样。有鉴于此,它们的研究和管理需要多学科的方法,以阐明和振兴科学假设,激励更多的历史、文化、技术和艺术知识。

## 本宪章的宗旨

建立文化线路类研究的基本原则与方法,因为它们与先前建立和研究的其他类别的文化遗产资产有关。

提出文化线路相关知识发展的基本机制,评价、保护、保存、管理文化线路的基本机制。

将文化线路作为社会经济可持续发展的资源,为其正确使用确立基本方针、原则和标准,并尊重其真实性和完整性、妥善保护和历史意义。

建立国家和国际合作的基础,这对于开展与文化线路有关的研究项目、保护项目和发展项目以及这些项目所需的资金至关重要。

## 定义

任何交流途径,不论是陆路、水路还是其他形式,都具有物理上的界限,并且还具有其自身特定的动态和历史功能,以服务于特定和确定的目的。这些目的必须满足以下条件:

a) 它必须产生于并反映人们的互动,产生于并反映各民族、各国家、各区域或不同大陆之间在相当长的时期内,在商品、思想、知识和价值观念等方面多维的、持续的和相互的交流；

b) 因此它一定促进了相关文化在空间和时间上的相互交流,这反映在它们的有形和非物质遗产上；

c) 它必定已经把与其存在有关的历史关系和文化属性整合到了一个动态系统中。

定义文化线路各要素：环境、内容、跨文化的整体意义、动态特征和背景

1. 环境：文化线路出现于自然环境或文化环境中,对这些环境发挥影响,并且作为相互影响的一部分,赋予这些环境以特色,用新的要素丰富这些环境。

2. 内容：文化线路必须有有形元素支撑,这些元素见证了它的文化遗产,并为其存在提供物质证明。一切非物质的元素都有助于赋予构成整体的各种元素以意义和含义。

(1) 决定文化线路存在与否的、不可或缺的物理要素就是交流路线本身。作为工具,它服务于有意设计的项目,或是人类活动过程中产生的项目,以实现特定的目标。

(2) 其他基本的、实质性的要素是与其作为历史路线的功能有关的有形遗产资产(中转站、海关、存放、休息和住宿的场所、医院、集市、港口、防御工事、桥梁、通信和交通工具；反映不同时代技术、科学和社会应用与进步的工业设施、采矿设施或其他设施,以及与制造业和贸易有关的设施；城市中心、文化景观、圣地、礼拜场所和奉献场所等)以及非物质遗产要素,这些要素见证了沿途有关民族之间的交流和对话过程。

3. 跨文化的整体意义："文化线路"这个概念蕴涵着一个整体价值,它超越了其各部分之和,并赋予"路线"以意义。

(1) 文化线路是一种文化资产,由其所孕育的不同文化所充实,并通过提供大量共有的特征和价值体系,在总体价值上超越了这些文化。

(2) 在其整体身份中,其各部分的价值存在于它们共同的、共享的、多方面的意义。

(3) 它规模更大,允许各民族、国家、地区和大陆文化上的联系。

(4) 从涵盖的领土以及囊括其中的各种遗产要素的综合管理的角度来看,这种规模的广度非常重要,同时,它所暗示的文化多样性为文化趋同提供了另一种可能。

4. 动态特征：文化线路和文化遗产要素一起,呈现了它历史路径的物理证据。此外,它还包括一种动态的因素,充当着不同文化相互影响的传导体或通道。

(1) 文化线路的动态性不服从自然规律或偶然现象,而只服从人类的过程和利益,因此只能作为一种文化现象来理解。

(2) 这种重要的文化流动不仅表现在物质或有形的方面,而且表现在构成文化线路非物质遗产的精神和传统上。

(3) 通过将文化线路理解为各民族之间文化交流的一组动态元素,可以从其真正的空间和历史维度来欣赏其文化遗产资产,这就有可能通过全面和可持续的方法来将文化线路作为一个整体加以保护。

5. 背景：文化线路与其背景紧密相连,形成了它不可分割的一部分。

(1) 地理背景帮助塑造了文化线路,或是决定了它的路径,或是影响了它时间上的

发展。

（2）无论是自然的还是文化的（城市的还是乡村的），地域背景为文化线路提供了框架，赋予了文化线路独特的、具有有形和无形的要素和价值的氛围，并且是理解、保护和享受文化线路的基础。

（3）文化线路连接并相互关联地理和极其多样的遗产属性，形成一个统一的整体。文化线路及其背景与其不同的自然或文化景观有关，而自然或文化景观只是其组成部分之一，并根据其所穿越的不同区域或地区而具有自己独特的特征和身份。不同的景观赋予整个线路的不同部分以特色，以其多样性使得文化线路更加丰富多彩。

（4）与自然的关系在某些地区尤其敏感，在另外一些地区，与城市或农村环境的关系尤其敏感。有些地区拥有的遗迹与其他建筑物（如教堂、修道院、喷泉、桥梁、边境竖立的十字架等）相隔绝，这时，这些遗迹与它们的景观背景的关系尤其敏感，塑造了文化线路该部分的性质。

（5）保护、保存文化线路，需要深刻了解周围环境的历史、自然和文化特征。任何必要的干预措施都必须与这种背景相适应，都必须尊重其决定性的特征，促进对传统景观的理解，而不是扭曲传统景观，无论这里的传统景观是自然的、文化的还是两者融合的。

（6）必须为文化线路提供情境的背景，清楚地标明界限，明确、管理有序的缓冲区的边界。该缓冲区应允许自身范围内的物质和非物质文化价值充分真实和完整地保存。这种保护必须包括构成文化线路一部分的不同景观的价值，并提供其特有的气氛。

**具体指标**

作为适用于文化线路范畴的基本区分指标，应考虑下列因素：文化线路及其物质基础的结构，以及文化线路被用来实现特定目标的历史数据；与文化线路具体的目的和功能相关的物理结构；传播要素，以及文化线路沿途（或某些特定地点）存在共同起源的文化表现形式，如习俗、传统、风俗和宗教、仪式、语言、节日、烹饪等方面的相通；音乐、文学、建筑、美术、手工艺、科技进步、技术和其他物质和非物质文化资产方面的相互影响，充分理解这些影响源于文化线路的历史作用。

**文化线路的类型**

文化线路可以分为以下几类：
（1）按领土范围划分为地方性、国家级、地区性、洲一级的以及洲际的文化线路。
（2）按文化范围划分为某一特定的文化区域内的文化线路，以及跨越不同地理区域的文化线路，这些区域在文化价值的形成或演变过程中，曾经相互影响或仍然在相互影响。

（3）按目标和功能划分为社会性、经济性、政治性或文化性的文化线路。可以发现，这些特性在多维情境中同时存在。

（4）按存续时间划分为已经不再使用的文化线路，以及在社会经济、政治和文化交流的影响下继续发展的文化线路。

（5）按结构形式划分为线性的、圆形的、十字形的、放射状的或网络式的文化线路。

（6）按自然环境划分为陆上、水上、混合或其他物理环境的文化线路。

## 识别、完整性和真实性

初步的指标

出于识别和评估的目的，下列各方面最初可被视为文化线路存在的初步的、非结论性证据：

（1）蓬勃的社会、经济、政治和文化进程的表现，这些进程在关联地区的不同文化群体之间带来了交流；

（2）区分由历史纽带连接的不同地理和文化区域所共有的特征；

（3）流动性的证据以及不同文化的民族或族裔群体之间形成关联的证据；

（4）植根于不同社区传统生活的特定文化特征；

（5）与文化线路的意义和功能有关的遗产要素和文化习俗，例如代表特定文化和历史区域内不同社区的共同价值观的仪式、节日和宗教庆典。

## 识别过程

识别文化线路，必须考虑其特定功能，以服务于具体和确定的目的，必须考虑因文化相互影响而蓬勃产生的文化遗产的有形价值和无形价值，必须考虑其结构布局，整个地理、历史语境，自然、文化环境（无论这种文化环境是城市的还是乡村的），相应的特色环境价值，它与景观的关系，它的存续时间，它的象征和精神维度，所有这些都有助于识别文化线路、有助于理解其意义。

文化线路的无形资产是了解其意义和关联遗产价值的基础。因此，研究物质的各个方面必须始终联系其他无形价值。

为了进行比较性评价，还应考虑到文化线路不同部分相对于整体的时间跨度和历史意义。

如果文化线路依然活跃，与具体而确定的目的（该目的曾催生并界定了文化线路）相关的各种关系和生机勃勃的功能应当维持，即使历史进程已随时间变化，新的元素已被纳入。这些新元素应在其与文化线路的功能关系的框架内进行评估，并且有可能出现这样的情况，即具有遗产价值的财产本身不能被视为文化线路的组成部分，因为它们不构成文化线路的一部分。

## 真实性

每一条文化线路都应符合真实性标准,这些标准从自然环境和文化环境两方面明确、可靠地表达出文化线路的价值,并涉及文化线路的定义性要素及其物质和非物质性质的显著特征:

这些标准应该应用于每个被研究的部分,以评估其相对于文化线路整个历史发展过程总体意义的意义,并通过其路径的痕迹来验证其结构布局的真实性。

真实性还应当体现在接受分析和评估的文化线路每一段的自然和文化背景中,并且体现在其历史功能与环境所包括的其他有形和非物质遗产元素中。

即使在某些部分,文化线路的物质痕迹没有得到清楚的保存,但如果史料记载、无形元素和非物质信息来源可以证明它们作为该文化线路必要构成部分的真实意义,可以证实文化线路的真实性,那么该线路在这些地区的存在也可以由此显示出来。

文化线路的保护、保存和管理所使用的技术和方法,无论是传统的还是新实施的,都必须尊重真实性标准。

## 完整性

对文化线路完整性的验证必须基于一组具有充分代表性的有形以及无形的证据和元素,这些证据和元素见证了文化线路作为一个整体的综合意义和价值,并确保各项特征的完全代表和催生文化线路的历史进程的重要性。

历史关系和充满活力的功能的证据,对于文化线路的鲜明特征必不可少,应予保持。此外,必须考虑其物理构成以及其重要特征是否处于良好状态,并控制退化过程的影响,以及该文化线路是否反映了发展、放弃或疏忽的任何可能的副作用。

## 方法体系

文化线路的概念要求对其研究、评价、保护、保存、利用和管理有特定的方法。鉴于其广度、作为整体的价值以及领土范围,这套方法需要建立一个协调和统一管理活动的系统。

必须首先识别整个文化线路及其各个部分,并且列出构成该线路各项资产的清单,分析其养护状况,这将有助于阐述养护该线路的战略计划。这项计划必须包括提高公共实体和私人实体对线路的认识并产生兴趣的措施。它还要求制定协调措施和具体的法律文书,以保护、使用和管理构成整个线路的价值和意义的实质性部分的所有要素。

1. 研究

文化线路的研究可以跨越不同的、有可能相隔遥远的地理区域。因此,建议设立几个研究团队,分布在所研究的文化线路的主要特征性节点上。

研究方法,以及为了正确识别和评估文化线路不同部分遗产价值而采纳的做法和附加的指标,不应忽视整个文化线路的意义,以避免文化线路的意义或历史重要性方面的任何损失。

研究这个文化遗产类别的研究团队应该具有多学科合作的性质。共同的工作标准应该建立在如下原则上:从调查各个部分开始,但不能忽视项目的整体性。类似地,共同的、预先标准化的方法仪器应该用于收集数据。项目计划应包括协调机制,以促进研究人员之间的交流与合作,以便能够传送每个小组的工作和成就数据。

研究人员应该牢记,文化线路沿线出现的各种类型的文化遗产财产本身并不意味着它们必然是该线路不可分割的组成部分或与之相关的、合适的研究对象。在科学考察文化线路时,唯一应该强调的要素是与该线路具体目标有关的,以及该线路蓬勃功能所产生的影响。

2. 资金筹措

鉴于识别和突出庞大文化线路的价值所涉及的任务范围广阔,应分阶段筹措资金,以便研究项目以及与文化线路各部分相关的保护、使用和管理项目取得平衡、协调的进展。建议对要保留的价值进行联合评估,以便能够确定一套行动的先后顺序并执行相应的战略。这要求通过双边或多边合作协议,以及通过设立专门研究、强调该文化线路价值的机构来筹措资金。同样,管辖权完全或部分与文化线路历史线路重合的地区性机构应确定如何能够最好地获得有关国家的利益以及它们的合作。如果可能的话,吸引慈善机构和私人捐赠者的合作同样重要。

3. 保护、评估、保存/抢救性保护

文化线路及其环境需要新的工具来进行评估、保护、抢救性保护和估价。在部分或随机的基础上无法充分保证对其遗产元素的保护。应严格编制这些要素的清单,并对其真实性和完整性进行评估,以便确定对文化线路的价值的影响,对其意义的影响。还必须控制退化过程的影响,并制定战略,防止发展和疏忽的不利影响。所有这一切都要求建立一个协调一致的法律措施和合适文书的系统,以保证该线路得到保护,并从整体上突出其价值和意义。在干预文化线路可能影响或改变其重要性之前,了解遗产价值是至关重要的。

4. 可持续利用、与旅游活动的关系

就其使用而言,文化线路可以用来促进对稳定发展具有特别重要社会和经济利益的活动。

应特别注意避免旅游线路——甚至包括文化名胜——和文化线路这两种概念的混淆。然而,还应认识到,文化线路真实存在,对于凝聚领土和可持续发展可能具有重大意义。从这个角度来看,应该努力促进对文化线路的了解,以及文化线路在旅游方面适当和可持续性的利用,并始终采取旨在消除风险的适当措施。为此,保护和促进文化线路应和谐地将辅助性基础设施与必要条件结合起来。这里的辅助性基础设施是用于旅游活动、访问路线、信息、解说和再现的。这样不致损害文化线路历史价值的含义、真实性和完整性,这几点是要传达给游客的关键要素。

应当根据以往的环境影响研究、根据公众使用和社区参与的规划、根据旨在防止旅游业负面影响的控制和监测措施,合理地管理旅游。

为旅游目的发展文化线路在任何情况下都应保证优先考虑本地社区、本地区以及地区性旅游公司的参与。应尽一切努力防止大型国际公司或总部设在更发达国家的大公司制造垄断,即使文化线路历史上曾穿越过这些更为发达的国家。

文化线路是合作与理解的工具,形成文化线路的文化和文明之间的遭遇,它可以提供全面解读。有鉴于此,我们还应该牢记,在每个部分的相对重要性之外,促进每个部分的积极发展,可以增加人们对文化线路的兴趣,并有利于其他部分。

5. 管理

"理解文化线路的重要性"已成为管理文化线路的基本原则。这意味着要确保所有与文化线路有关的研究、评估和在社会上传播有关它们的知识应以协调和谐的方式进行。这还要求进行交叉协调,确保与保护、保存、抢救性保护、领土组织、可持续发展、利用和旅游等有关的政策相结合。因此,需要准备联合项目,以确保国家级规模(省、地区、地方等层面)和国际级规模的可持续发展。此外,还应建立旨在保护文化线路免受自然灾害和各种风险的管理工具。这些自然灾害和风险会影响文化线路的完整性和真实性,从而影响它的意义。

6. 公众参与

文化线路的保护、抢救性保护、保存、推广和管理需要激发公众意识,并需要文化线路途经地区的居民参与。

## 国际合作

许多著名的文化线路历史上曾穿越多个国家。因此,研究、评估和保存构成国际文化线路的资产,国际合作至关重要。

如果文化线路牵扯到发展程度不同的多个国家,建议较发达国家提供经济、技术和后勤合作的手段,并协助交换信息、经验和研究人员。

非常希望联合国教科文组织和其他国际组织建立合作机制(财政、技术和后勤),以帮助促进和实施与文化线路有关且不止一个国家感兴趣的项目。

文化线路应该被看作是不同民族结合的象征。沿着文化线路形成的历史纽带可以促进不同民族之间的重新合作,这些民族在历史上曾共享过某些价值观和知识。

(雷远旻)

# 关于地方精神保存的魁北克宣言

2008年10月4日在加拿大魁北克省通过
The Québec Declaration on the Preservation of the Spirit of the Place

## 序言

2008年9月29日至10月4日,应加拿大国际古迹遗址理事会(ICOMOS)的邀请,国际古迹遗址理事会第16届大会在历史名城魁北克(加拿大)举行,庆祝魁北克成立400周年。与会者通过以下原则和建议的宣言,通过保护物质文化和非物质文化遗产来维护地方精神,这被视为确保全世界可持续发展和社会发展的创新和有效方式。

该宣言是国际古迹遗址理事会在过去五年中采取的一系列措施和行动的一部分,目的是维护和促进地方精神,包括生活、社会和精神性质。2003年,国际古迹遗址理事会举办了第14届大会,研讨会主题是保护古迹和遗址的社会非物质文化价值。在随后的《金伯利宣言》(Kimberly Declaration)中,国际古迹遗址理事会承诺考虑非物质文化价值(记忆、信仰、传统知识、对地方的依恋)以及当地社区。根据1972年《世界遗产公约》,这些社区是管理和保护古迹和遗址中的非物质文化价值的保管者。2005年通过的国际文化遗产《西安宣言》(Xi'an Declaration)强调,保护和推广世界遗产古迹和遗址的过程中,要注意环境的保护。环境的定义包括物理、视觉和自然方面,以及社会和精神实践、习俗、传统知识和其他非物质文化的形式和表达。它还要求采用多学科的方法和多样化的信息来源,以便更好地了解、管理和保护环境。由美洲国际古迹遗址理事会在2008年起草的《福斯杜伊瓜苏宣言》(Foz Do Iguacu Declaration)明确规定,遗产的物质文化和非物质文化组成部分对于保护创造和传播具有文化和历史意义的空间的社区的特征至关重要。新的《国际古迹遗址理事会文化线路宪章》《国际古迹遗址理事会文化遗产地解释与展示宪章》(ICOMOS charters on Cultural Routes and on Interpretation and Presentation)是经过广泛协商拟订的,并在本届国际古迹遗址理事会大会上提交批准,它也承认遗产的非物质文化方面和地方的精神价值的重要性。由于物质文化遗产和非物质遗产不可分割的性质,以及非物质文化遗产赋予物品和地方的意义、价值和背景,国际古迹遗址理事会目前正在考虑通过专门针对古迹和遗址的非物质文化遗产的新章程。在这方面,我们鼓励讨论和辩论,以便创设一个新的概念词汇,来考虑地方精神的本体论变化。

第 16 届大会,更具体地说,是青年论坛、土著居民论坛和科学专题讨论会,为进一步探讨物质文化遗产和非物质文化遗产之间的关系以及地方精神的内部社会和文化机制提供了机会。地方精神指物质文化的(建筑、场地、风景、路线、物品)和非物质文化的元素(记忆、叙事、书面文件、仪式、节日、传统知识、价值、纹理、色彩、气味等),即赋予地方意义、价值、情感和神秘感的物质和精神元素。我们已经研究了精神和地方、非物质文化和物质文化两者相互作用并相互构建的多种方式,而不是将精神与地方、非物质文化和物质文化分开,并将它们视为相互对立。地方精神由各种社会行动者、建筑师、管理者以及使用者共同构建,他们同时都积极地为赋予它意义做出了贡献。作为一种关系概念,地方精神多元化并具有动态性,具有多重意义和特异性,随时间变化,属于不同群体。这种更有活力的做法也更好地适应了当今的全球化世界,其特点是跨国人口流动、人口迁移、跨文化交往增多、社会多元化以及对地方的多重依恋。

地方精神提供了一个更全面地了解活的、永久的纪念碑、遗址和文化景观的机会。它提供了更为丰富、更有活力、更具包容性的文化遗产视野。地方精神以这种或那种形式存在于世界几乎所有的文化中,并由人类根据其社会需要而建构。当地的社区,尤其当它们还保留着传统社会时,应当保护其记忆、活力、连续性及地方精神。

因此,国际古迹遗址理事会第 16 届大会的与会者向能够通过立法、政策、规划进程和管理、为更好地保护和促进地方精神作出贡献的政府间组织和非政府组织,国家和地方当局以及所有机构和专家发表以下原则宣言和建议。

**重新思考地方精神**

1. 认识到地方精神由物质文化的(地点、建筑、风景、路线、物体)和非物质文化的元素(记忆、叙述、书面文件、节日、纪念、仪式、传统知识、价值、质地、颜色、气味等)构成,这些都对创造地方和赋予其精神做出了重大贡献。我们宣布,非物质文化遗产作为一个整体赋予了遗产更丰富、更完整的含义,必须在所有有关文化遗产的立法以及所有古迹、遗址、景观、路线和文物的保护和修复项目中加以考虑。

2. 由于地方精神复杂多样,我们要求各国政府和其他利益相关者利用多学科研究团队和传统从业者的专业知识,更好地理解、保存和传播地方精神。

3. 地方精神是一个不断重建的过程,它响应社区变化和连续性的需要。因此,我们坚持认为,它可以随着时间和文化的不同而变化,这取决于他们的记忆实践,并且一个地方可以有几种不同的精神,由不同的群体共享。

**识别对地方精神的威胁**

4. 气候变化、大规模旅游、武装冲突和城市发展导致社会的转型和破坏,我们需要更好地了解这些威胁,以便制定预防措施和可持续解决方案。我们建议政府和非政府机构以及地方和国家遗产组织制定长期战略计划,以防止地方精神及其环境退化。还应让居民和地方当局了解保护地方精神的情况,以便他们更好地应对不断变化的世界的威胁。

5. 分享不同群体在地方投入的不同精神会导致竞争和冲突风险的增加,我们认识到这些地点需要具体特定的管理计划和战略,以适应现代多元文化社会的多元化背景。由于少数群体对地方精神的威胁特别高,无论是当地人还是新人,我们建议这些群体首先从具体政策和做法中受益。

## 保护地方精神

6. 在当今世界的大多数国家,地方精神,特别是其非物质文化部分,目前不受益于正规教育计划或法律保护,我们建议与来自不同背景的专家和来自当地社区的资源人士建立论坛共同磋商,同时制定培训计划和法律政策,以期更好地维护和促进地方精神。

7. 考虑到现代数字技术(数字资料库、网站)可以低成本有效地使用,来开发整合物质文化和非物质文化遗产要素的多媒体清单,我们强烈建议广泛使用它们,以便更好地保存、传播及宣传文化遗产地以及这些地方的精神。这些技术促进了关于地方精神文件的多样化进程和不断更新。

## 传播地方精神

8. 认识到地方精神基本上由人传播,传播是其保护的重要组成部分,因此我们宣布只有通过互动交流和相关社区的参与,才能最有效地保护、利用和加强地方精神。沟通是保持地方精神活力的最佳工具。

9. 当地社区通常最能理解地方精神,特别是在传统文化群体的情况下更是如此,因此我们认为他们最有能力保护地方精神,并且也最应该紧密参与到保护和传播地方精神的所有努力中。应该鼓励非正式的(叙事、仪式、表演、传统体验和实践等)和正式的(教育计划、数字数据库、网站、教学工具、多媒体演示等)传播方式,因为它们不仅确保保障地方精神,更重要的是能保障社区的可持续发展和社会发展。

10. 认识到代际和跨文化传播在持续传播和保持地方精神方面发挥着重要作用,我们建议年轻一代以及与地方相关的各文化团体共同参与到地方精神的政策制定和管理中。

(朱音尔)

# 文化遗产灾难风险管理利马宣言

(2010年12月3日)
Lima Declaration for Disaster Risk Management of Cultural Heritage

## 前言

　　来自秘鲁和日本的文化遗产专家、建筑师、考古学家、结构工程师与其他专家召开了"文化遗产灾害风险管理及地震带城市文化遗产的可持续性保护研讨会"。该研讨会旨在分享灾后恢复经验并讨论结构工程师和文物保护建筑师在地震带文化遗产保护方面所起到的作用。

　　1. 世界分为地震带和非地震带。地震通常发生在两条地震带周围：环太平洋地震带和欧亚地震带。其中，超过95％的地震能量产生于环太平洋地震带。现在，我们在遵循《国际文物保护宪章》(the International Conservation Charters)和文物保护政策的基础上，试图解决与强烈地震易发地区相关的文化遗产的累积破坏问题。

　　2. 大量的世界文化遗产位于这两条地震带，特别是环太平洋地区的亚洲和拉丁美洲、加勒比海、南欧、西亚以及中亚。人们预见到这些地区可能会因发生强烈地震而受到破坏。因此，这些地区急需采取紧急措施，以保护生命安全并使文化遗产免遭灾害的破坏。

　　3. 出于安全方面的考虑，地方当局经常在发生强烈地震之后拆除历史建筑的结构。新一代的专业人员应当采用旨在实现文化遗产可持续性保护的多学科方法来改变这种趋势。必须通过考虑当地环境下所理解的完整性原则和真实性原则来保护或修复所有文化遗迹。

　　4. 鼓励国际古迹遗址理事会（ICOMOS）国家委员会考虑如何减轻地震对地震带文化遗产所造成的破坏，为丰富文化保护宪章的精神作出贡献。

　　5. 可以通过组织最新课程、研讨会和培训等教育活动来实现遗产保护。学术机构可以将文化遗产和旅游研究纳入遗产地的可持续性发展，从而在文化遗产保护方面发挥重要作用。

　　6. 社区成员与来自不同学科背景的专业人士、学者以及政府工作人员之间有必要进行沟通，以便解释和宣传在遵循真实性原则和完整性原则的前提下进行遗产修复的必要性。记者和其他大众媒体专业人员也应适当注意宣传这种必要性。

　　7. 有必要强调政府当局有责任预防下一次强烈地震的发生，尽管人的生命是无价的，许多有坍塌风险的建筑物仍被用作住房、商业设施或其他旅游设施。

8. 减灾和备灾工作需要对遗址及其居住者和游客造成的风险进行全面评估。还应制定详细的救援和响应计划。为达到该目的，必须确定历史公共建筑和场所的承载能力，以防止灾害发生时可能会产生的瓶颈现象。应适当考虑事先检查，仅仅批准在文化遗址场所举办对居住者或游客的生活不构成风险的活动。

## 背景及声明

1.《世界遗产公约》(World Heritage Convention)强调每个缔约国有责任制定保护文化遗产的国家政策。

2. 应对灾害时，首要任务是挽救人的生命，为灾民提供基本需求。其次，应急响应和恢复应避免对文化遗产造成进一步的破坏。

3. 遗产建筑的跨学科分析和结构评估必须包括传统材料和技术的使用，如果传统材料和技术可以达到要求的话。应考虑通过分析建模或物理建模、非破坏性试验以及其他现代工具加深对历史建筑及其抗震性能的理解，并对之进行记录。应考虑基于性能的标准，并辅以基于强度的标准。

4. 地震史，特别是遗址内及其周围的地震活动，以及近期地震对传统建筑和非传统建筑的影响，应记录在案并供查阅。

5. 为了实现 2005 年联合国世界减灾大会(UN-WCDR)期间召开的神户文化遗产风险管理专题会议所提议的可持续发展和风险管理的目标，以下战略目标应该予以考虑：

将文化遗产纳入国际、国家和地方各级现有的减灾政策和机制，包括将合格的遗产组织及专业知识纳入减灾政策和机制；

让当地社区参与风险管理计划的准备和实施以及灾害恢复的所有阶段。

将文化遗产作为发展科学和技术研究以及与风险管理和灾害恢复相关的教育和培训计划的主题，以便国家能够制定防范威胁文化遗产的风险的运作方法。

## 行动建议

### 一般性建议

1. 开展提高灾害意识的倡议活动，让决策者和当地社区参与制定和实施减少文化遗产灾害风险的战略。

2. 鼓励建立国家和国际文化遗产与灾害网络，促进文化遗产保护纳入更广泛的灾害管理领域。

### 对于政府间组织和国际非政府组织而言

3. 与文化遗产相关的国际政府间组织与非政府组织，如联合国教科文组织(UNESCO)、国际文物保护与修复研究中心(ICCROM)、国际古迹遗址理事会(ICOMOS)、国际博物馆协会(ICOM)、国际风景园林师联合会(IFLA)、国际档案理事会(ICA)和蓝盾国际委员会(ICBS),以及相关国际文书,例如《世界遗产公约》,应在其政策、项目和活动范围内采取行动,加强和促进减少灾害风险的活动。

4. 应特别考虑位于地震带的国家,以确保文化遗产所在的城市的安全,同时适当考虑其生态现实。经常发生地震会对历史城区和遗址造成累积性破坏。应鼓励开发具有与原始材料和技术相容并可逆的必要的加固新技术。

5. 将文化遗产的灾害风险管理纳入各种国际发展和合作机构的援助方案范围,而这些国际发展和合作机构也应在其加入的其他多边发展机构中推广这一政策。

**对于中央、地区和地方政府而言**

6. 各国政府应成立专家委员会,将结构工程师、建筑师、考古学家和其他文化遗产专家等多学科专家召集在一起,交流意见,制定协调一致的政策。政府还应该推行必要的行政措施和财务措施,为文化遗产及周边城市环境建立全面的减灾设施。

7. 各国政府应通过与民间社团协商制定的适当法规,加强对备灾制度的支持和管理。应鼓励公共机构、所有者及其他利益相关者共同制定保护文化遗产的政策。

8. 负责文化遗产和减灾的主管部门应共同开发特殊技术设备,定期检查遗产建筑物抗震的结构稳定性,保护这些建筑物的遗产价值,并使用合适的技术维护遗产价值,使其不受时间的影响。

9. 鼓励国家和国际社会对现有的遗产修复实施援助,将社会对遗产修复的全面理解纳入修复计划,纳入提高居民意识的活动及针对居民开展的各项教育活动中,以保障居民的安全并改善居民的日常生活条件。

10. 在《世界遗产公约》和其他国际文书的框架下,通过并实施全面的政策、程序和法律措施,将文化遗产纳入所有减灾方案,并将风险管理计划纳入遗产管理体系。

11. 将政府和非政府文化遗产专业技能纳入现有和未来的国家协调机构,授权这些协调机构来监督减灾政策、方案和行动计划的制定与实施。

12. 与地方行政当局合作,提供充足的资源,确保对其所管辖的文化遗产,特别是历史城区和现有文化景观及其环境采用并实施一致的风险管理战略,包括对灾害风险的识别、评估和监测。

13. 通过旨在减少潜在脆弱性因素的措施,鼓励并支持民间团体和非政府组织在文化遗产减灾方面发起的倡议活动。

14. 发起并支持灾前、灾中、灾后有关文化遗产保护的广泛宣传教育活动;利用知识、创新和教育,建立防灾文化。

15. 鼓励中央、地区和地方政府促进文化遗产地震风险管理政策、城市规划和文化遗产及其周围环境灾害管理政策之间的协调。

**对教育研究机构而言**

16. 为文化遗产专业人员和应急人员制定维修与改造培训方案,以实现无缝整合。

17. 教育是了解备灾重要性的出发点。因此,应该让年轻一代认识到有形与无形文化遗产的重要性,并且认识到他们有责任去保护文化遗产。

18. 鼓励大学、技术学校和研究中心等学术机构促进地震多发地区文化遗产综合灾害管理的教育和研究,尤其是鼓励这些学术机构参与国际活动,例如:通过与地区文化遗产中心合作来建立合作网络以提高其活动质量。

"利马文化遗产灾难风险管理宣言"由以下专家起草,经"文化遗产灾害风险管理国际研讨会"所有与会者的一致同意与表决而被采纳。该国际研讨会于 2010 年 12 月 3 日在日本秘鲁文化中心金奈厅举行,由秘鲁国立工程大学(UNI)地震调查和减灾中心(CIS-MID)和日本立命馆大学(RITS-DMUCH)承办,并得到了国际古迹遗址理事会国际风险防范科学委员会以及国际古迹遗址理事会秘鲁国家委员会的大力支持。研讨会除了讨论文化遗产灾害风险管理之外,还讨论了地震带城市文化遗产可持续性保护、灾后恢复经验以及结构工程师与文化保护建筑师在文化遗产保护方面所起到的作用。

(按字母顺序排列,不分先后)

Patricia GIBU(秘鲁国立工程大学,土木工程学院地震调查和减灾中心,起草委员)

Kanefusa MASUDA(日本立命馆大学,国际古迹遗址理事会国际风险防范科学委员会,起草委员)

O. Keiko MENDOZA SHIMADA(日本立命馆大学,国际古迹遗址理事会日本国家委员会,起草委员)

Mariana MOULD DE PEASE(富兰克林皮斯·G·Y 收藏部,国际古迹遗址理事会秘鲁国家委员会,起草委员)

Victor PIMENTEL(秘鲁国立工程大学,国际古迹遗址理事会秘鲁国家委员会,起草委员)

Julio VARGAS NEUMANN(秘鲁天主教大学,国际古迹遗址理事会秘鲁国家委员会,起草委员会)

Carlos ZAVALA(秘鲁国立工程大学,土木工程学院地震调查和减灾中心,起草委员)

Blanca ALVA GUERRERO(文化部,遗产保护处主任)

Mario BEGAZO BEGAZO(阿雷基帕戈耶乃奇医院,主任)

Antonio BLANCO BLASCO(秘鲁天主教大学,教授)

Beatriz BOZA MORILLO(文化部,阿雷基帕地区办公室,文物保护建筑师)

María del Carmen CORRALES(文化部,文物保护建筑师)

Juan DE ORELLANA(利马圣心大学,文物保护建筑师)

Jorge LARREA TOVAR(利马学校工作坊,主任)

Fernando LÓPEZ SÁNCHEZ(利马大教堂艺术博物馆,主任)

Jenny PARRA SMALL(联合国开发计划署秘鲁可持续性城市计划、民防所,建筑师,)

Ricardo PROAÑO(秘鲁国立工程大学,助理教授)
Hugo SCALETTI(秘鲁国立工程大学,教授)
Ruth SHADY(国际古迹遗址理事会秘鲁国家委员会主席)
Teresa VILCAPOMA(利马圣心大学,文物保护建筑师)

(苗福光)

# 关于遗产作为发展驱动力的巴黎宣言

(2011年12月1日星期四在巴黎教科文组织总部通过)
The Paris Declaration on Heritage as a Driver of Development

## 序言

2011年11月28日至12月1日,来自106个国家的1 150名与会者应国际古迹遗址理事会法国分会(ICOMOS France)的邀请,聚集在巴黎教科文组织总部。在此期间举行的第十七届国际古迹遗址理事会(ICOMOS)大会通过了关于遗产与发展之间关系的原则与建议的宣言,将被视为遗产保护的一项资产,利于固有价值观的传播,以及群体的文化、社会和经济发展。这项宣言和建议是针对与遗产有关的利益相关方提出的,涉及遗产保护、开发和旅游业。同时,这也为国家、地方当局、国际机构,特别是联合国各机构和教科文组织以及相关的民间社会协会提供指导和建议。

本宣言提及一系列倡议和行动举措,国际古迹遗址理事会多年来也一直致力于将其落到实处,推动包含有形文化遗产和非物质文化遗产的开发进程,以此作为可持续性发展的一个重要方面,并使人类面向未来。特别值得注意的是在俄罗斯(1978)的莫斯科(Moscow)和苏兹达尔(Suzdal)举行的国际古迹遗址理事会会议,主题为"在城市发展的框架内保护历史城市和历史街区"。其中一个子主题是"古迹作为经济和社会发展的支撑"。这表明,早在33年以前,我们的组织就已经开始思考遗产和发展之间的关系。在意大利召开的第六届国际古迹遗址理事会大会上题为"没有过去,没有未来"的科学研讨会和1999年在墨西哥举行的关于"遗产使用的明智之举"的科学专题研讨会进一步探讨了遗产与发展之间的关系这一主题。有关奈良(Nara, 1997)、西安(2005)以及魁北克(Quebec, 2008)的工作和报告帮助发展了"真实性""环境"和"地方精神"等遗产概念。很重要的一步是国际古迹遗址理事会致力于完善有关遗产保护章程的工作,特别是对教科文组织及其成员国而言,该章程已成为国际基准。特别值得注意的是,《国际古迹遗址理事会国际文化旅游宪章》(The ICOMOS International Cultural Tourism Charter)形成于1977年,修订于1999年,《国际古迹遗址理事会文化线路宪章》(The ICOMOS Charter on Cultural Routes)于2008年获得通过,另外,《国际古迹遗址理事会文化遗产阐释与展示宪章》(The ICOMOS Charter for the Interpretation and Presentation of Cultural

Heritage Sites）也于同年通过。

**为什么是这个主题？**

全球化对社会的影响表现在其价值观、特性和文化多样性及其最广泛意义上的有形和无形遗产的损耗。因此，必须审查发展与遗产之间的关系。我们围绕遗产和发展的关切也反映在 2012 年教科文组织在京都为庆祝《世界遗产公约》（World Heritage Convention）四十周纪念日所选择的主题中："世界遗产与可持续发展：地方社区的作用"。

这首先是为了衡量全球化对社区和遗产的影响。其次，它不仅会确定遗产保护所须采取的行动，而且确保遗产的使用、促进和加强以及遗产的经济、社会和文化价值能够使得当地的社群及参观者受益。最后，这将评估遗产能力及遗产激励和建设未来社会的内在价值，同时也遏制全球化所带来的负面影响。

**拥抱挑战**

由于发展的各个方面都有可能降低和破坏遗产及其固有价值，因此有必要接受保护这种脆弱、关键和不可再生资源的挑战，以造福当代和后代。

现在人们普遍认为，遗产具有其身份价值，并成为历史、文化和社会记忆的储存库，通过其真实性、完整性和"地域性"加以保存，形成了发展过程中十分关键的一个方面。

整合遗产并确保其在可持续发展的环境中发挥作用的挑战是为了证明遗产在社会凝聚力、福祉、创造力和经济吸引力中起着重要作用，也是增进社会团体间相互了解的一个因素。

根据 150 多篇论文及其引发的辩论，与会者目睹了遗产是如何从最广泛的意义上做出有价值的贡献和提供针对发展问题提出的具有深远意义和建设性的指导。大会所提出的原则和建议中汇集了这些贡献，希望各国注意并基于此希望国际社会注意，这些贡献将作为《巴黎宣言》。

**文化，可持续发展的第四大支柱**

约翰内斯堡世界可持续发展首脑会议（The Johannesburg World Summit on Sustainable Development，2002）承认文化多样性是可持续发展的第四大支柱，同时经济、社会和环境是另外三大重要支柱。教科文组织《文化多样性宣言》（2001）第三条中关于发展的定义与我们期望遗产在发展过程中所起的作用密切相关，从最广泛的意义上解释："发展，不仅从经济增长的角度来理解，同时也是实现一种更令人满意的智力、情感、道德和精神生活的方式。"

2011 年 2 月，根据教科文组织总干事的提议，联合国大会通过关于文化与发展的第 65/166 号决议（Resolution 65/166 on Culture and Development），进一步加强对文化在发展中的突出作用的认识，注意到"……文化［遗产构成其中的一部分］是人类发展的重要组成部分……规定经济增长状况和发展进程的所有权"。

**专题讨论会宣言**

第十七届国际古迹遗址理事会大会与会者向政府间组织、国家和地方当局以及所有机构和专家传达这一宣言，建议采取下列行动：

**1. 遗产和区域发展**
**控制和重新分配城市开发**
(1) 保护历史街区,鼓励修复和重建;

(2) 建立和指导关于更新和增加城市人口密度的工作,促进和谐、平衡和连贯的街道和地块布局、街景、体块和城市发展的高度,并开垦城市废弃地和周边城市区域,以便重建多功能、景观美化的城市社区;恢复城市边界的概念;

(3) 促进平衡的规划和开发,以确保最适当地分配活动区,包括教育、文化、旅游和休闲设施。

**振兴城镇和地方经济**

(1) 鼓励有选择地保留和再利用城镇和乡村的建筑遗产,促进社会经济复兴;增加城市中心区的密度,包括新建筑的无政府状态的蔓延;

(2) 支持维持传统的农业和手工艺活动,以保存技能和专业知识以及为当地社区提供就业;

(3) 维持和重新利用当地可持续和传统的能源生产技术,开发新的能源生产来源,以期实现经济和能源安全。

**保护空间**

(1) 保持开放的空间,这是不可再生的;维护农村景观和农业与森林的组织和规模;保护土著植物和水生遗产;保护地质和考古遗产、地下水和生态系统;

(2) 维护区域和地方交通网络(铁路遗产、公路、通航水路)运输人员和货物,并确保提供当地服务;推广可替代的运输方式;

(3) 保护农村遗产,确保其适当的再利用,同时保持空间分配和功能元件的完整性;严格限制城市扩张和地方建设权利,规定开发应该尊重历史景观和传统定居模式。

**2. 回归建筑艺术的保护**

(1) 保护高水平的建筑遗产,不论是城市的还是农村的,还是有声望的或乡土文化遗产,其中包括原始材料、设计和施工、建筑,维护原始功能,并融入到物质和社会文化环境中;

(2) 使新的用途和功能适应现有遗产,而不是相反,并帮助历史建筑使用者调整他们对现代生活标准的期望;

(3) 回顾"建筑和景观遗产是独一无二的,因此对不符合其需求的标准和条例,可能需要灵活地应用。在此类情况下,应当立即颁布暂停令,以便采纳专家的意见,并且暂停应该继续下去,直到制定出具体和适当的办法且采取了过渡措施。"(国际古迹遗址理事会—巴黎,2000年11月)

(4) 回归传统建筑技能并实现最佳实例,以证明其开展修复工作的能力;

(5) 调整对结构、热性能和安全性能的评估方法和分析方法以适应遗产保护要求,而不是相反;

(6) 采取必要措施,以确保在正常安全的工作条件下,继续生产传统建筑材料,传工具也可恰当地用于历史建筑的修复工作。

**推动创新型建筑**

（7）传统的历史建筑是汇集建筑经验的宝库。对于现代和创新型建筑而言，传统建筑是其取之不尽、用之不竭的普遍灵感来源，在用料、施工方法、布局和设计方面均可资借鉴，以提高生活品质。

**3. 旅游业和发展**

**遗产和旅游业发展的挑战：策略与工具？**

（1）提高专业养护人员和场地管理人员对遗产旅游的认识并发展他们的能力，恰当处理好有关旅游业和发展的议题；提高旅游专业人士、旅行社、酒店及邮轮公司对遗产的脆弱性和价值问题的认识。

（2）让所有利益相关方参与遗址、旅游景点、城市中心及区域的管理计划的制定，解决以下问题：什么样的旅游？为谁？出于什么原因？制定的管理计划要基于特定的值得保护的文化、历史、环境、美学和记忆价值、"地方精神"，以及建立在由所有利益相关方商定的可持续发展的旅游业的长远视角之上。

（3）开发收集旅游业数据的管理工具，以评价遗产的作用及其在旅游业发展方面的改善；评估遗产价值和遗产资产的退化；确保对文化经济资源的长期保护；鼓励遗产、旅游和发展的影响；发展可靠的旅游管理培训。此外，在遗产保护成本和遗产管理之间建立起与文化遗产旅游业相关的公平收入分配方法，涉及地方社区和地方、国内和国外的旅游公司也应如此。

**旅游业发展能否持续？**

（1）将遗产保护置于文化旅游发展的核心，使之紧密联系起来。保护文化资源，将之视为一项旅游业发展的长期基本资产，这在发展中国家和最不发达国家（LDC）中尤为关键。

（2）将真实性放在文化旅游发展以及阐释和沟通策略的核心位置；促进以全面研究和评估为基础的阐释，避免制造"超现实中的旅行"，一种源于文化遗产价值的不成熟阐释。

（3）帮助当地社区获得其文化遗产和相关旅游项目的拥有权。鼓励他们获得保护遗产的权利，并鼓励他们参与遗产保护、规划过程和决策工作。地方参与是旅游业可持续发展的前提条件，包括对当地观点的借鉴、优先事项的考虑和知识的储备，是旅游业可持续发展的前提条件。

**鼓励地方社区继承遗产和发展旅游业**

（1）教育青年人，特别是在校青年和广大民众了解他们的遗产，理解赋予过去意义的内在历史、文化和社会价值。

（2）善用现代媒体传播关于遗产的知识，创造一种自豪感，使人渴望参与到对遗产的保护和发展工作之中。

（3）鼓励社区作为利益相关方参与文化遗产保护和旅游业，并培养各部门的创造力、促进个人发展和培育创业精神。

(4) 鼓励地方、原住民社区与游客之间进行对话,以便促进文化交流,传播遗产的社会、文化和人类价值,并以科学、历史和社会的准确的方式来解释它们。

**4. 遗产和经济**

**促进理解遗产保护对经济的影响**

(1) 更好地理解最大化遗产价值对经济和社会的影响,这是促进发展的财富;

(2) 整理现有的研究,并与相关机构合作,进行进一步的详细研究,并广泛传播研究成果;

(3) 开展系列研究,关于遗产对可持续发展的贡献、投资与发展的关系以及遗产、创造力和发展三者之间的关系,并确定实施指标;

(4) 考虑如何最好地管理多方面的遗产,以便将其传给子孙后代,并确保它对流动和充满活力的社会的发展作出贡献。

**促进遗产对经济发展和社会凝聚力的长期有利影响**

研究表明,遗产可以成为区域发展的一种工具,但并非一贯地加以利用,它必须成为发展政策的目标:

(1) 将人民置于政策和项目的核心;强调对遗产的所有权将强化社会结构,提高社会福利;让当地社区及早参与制定和优化建议措施阶段;提高人们对此的认识,特别是青年人;为专业人员开展培训。

(2) 考虑到遗产的直接影响、旅游利益和财政杠杆可提高区域的吸引力和创造力;注意与经济有关的不可避免之举措应尊重那些保护有形和非物质遗产的必要措施;特别是确保遗产所带来的经济回报主要有利于对遗产的维护和优化工作,也有利于当地社区的利益。

(3) 尤其注意城市和工业遗产的重建,特别是一些具有历史意义且主要的城市中心,以此作为消除发展中国家贫困的一种方式。

**发挥遗产的经济影响力**

(1) 提醒政府部门,他们是公众利益的守护者,面对土地压力,要承担起对遗产的法律保护责任;应优先考虑修复而不是拆毁遗产;

(2) 将遗产置于总体发展战略的核心,制定提高经济效益和社会福利的目标,确保对文化遗产的开发能够以以下形式回报当地社区:就业机会、资金流动和社会福利;与强化遗产资产相关的文化产业、创意产业和手工业有助于改善人们的生活条件。

(3) 执行保护、规划、筹资和管理政策,并随时间加以调整并使之与遗产的真实性不相违背的,有助于可持续发展;分享最佳示例的经验。

**5. 利益相关方和能力建设**

**地方社区的作用与提高利益相关者的意识**

地方人民、民间社会以及当选的地方和国家官员将在遗产的设计和实施中发挥关键作用,促进其成为发展的推动力。通过提高对遗产的认识,他们将成为可掌控遗产发展过程的主人。信息宣传活动可提高人们的认识，使民间社会能够承认和获得遗产所有权，并在可持续发展过程中利用这些遗产价值。

### 专业训练

在发展过程中，遗产保护工作的关键利益相关者，如建筑师、保护人员、遗产管理人员、发展规划人员、投资者和旅游经营者，均需要进行培训和能力培养。

### 法律框架

在发展的背景下，遗产保护也涉及在地方、国家和国际层面上的体制和法律框架的创新和不断修订（世界遗产公约）。首先，这些法律框架需要落到实处，且涉及遵循民主治理程序和参与性规划程序的协商，使人们对此有更好的理解和更高的接受度，这将有助于遗产保护法律的有效执行。

### 研究

研究机构、大学、诸如国际古迹遗址理事会等专家咨询组织和联合国教科文组织等政府间机构均需要加强其研究。这些举措将涉及实地监测用于评估建筑遗产的物理性能的分析工具，衡量遗产的经济价值，评价文化旅游对就业和区域财富的影响，并调查投资于遗产保护的条件、风险以及机会，将经济与金融的发展伙伴结合在一起。

### 合作

国际古迹遗址理事会应该加强与包括联合国教科文组织在内的国家和国际机构的合作和伙伴关系，致力于遗产和发展之间的工作。国际古迹遗址理事会积极参与在"联合国教科文组织的世界遗产旅游方案"（World Heritage Tourism Programme）和"遗产保护与可持续旅游发展之间的关系的建议"（Recommendation on the Relationship between Heritage Conservation and Sustainable Tourism）的计划之中。

（吴　攸）

# 工业遗产遗址、建筑物、区域和景观的保护准则（《都柏林准则》）

国际古迹遗址理事会—国际工业遗产保护委员会联合颁发
（第17届国际古迹遗址理事会大会于2011年11月28日通过）
Joint ICOMOS — TICCIH Principles for the Conservation of Industrial Heritage Sites, Structures, Areas and Landscapes (The Dublin Principles)

## 前言

在世界各地，各种各样的遗址、建筑物、建筑群、城市和定居点、地区、景观和路线见证了人类的工业开采和生产活动。在许多地方，此类遗产仍然在为人类生活提供便利，工业化仍然是一个具有历史连续性的活跃过程，而在其他一些地方，它们则为考证过去的人类工业生产活动和技术手段提供了依据。除了与工业技术和工业过程、工程学、建筑和城镇规划相关的有形遗产外，工业遗产也包括许多无形的维度，体现在工人们及其社区的技能、记忆和社会生活中。

过去的两百多年间，全球工业化进程构成了人类历史上一个主要舞台，使其遗产对现代社会来说尤为重要和关键。通过考察现有活跃的工业区或历史工业遗址而追溯到古代，可在世界的许多地方找到工业化的先驱和起点。同时，我们也密切关注任何与工业化进程及其遗产相关的案例。然而，就我们的目的而言，这些联合准则的主要关注点与现代工业革命的普遍观念相一致，后者往往以生产独特化和专门化、运输和产生动力和/或治理过程和技术、贸易和商业互动以及新的社会和文化模式为标志。

工业遗产十分脆弱并处于经常性危险之中，常常因人们对其缺乏认识、记录、承认或保护而丧失，经济趋势的变化、消极观念、环境问题或其绝对规模和复杂性方面的问题也对其产生影响。然而，通过扩展现有建筑结构的生命周期及其所代表的活力，工业遗产建筑的保护工作有助于实现地方、国家和国际层面上的可持续发展的目标。工业遗产的保护涉及与发展问题相关的社会及环境等层面，应该予以认可。

过去几十年里，不断更新发展的研究、国际和跨学科的合作以及社区的倡议极大地促进了人们对工业遗产更清晰的认识，并且也加强了管理者、利益相关者和专业人士之间的合作。这一进展受益于国际参考文献语料库和国际古迹遗址理事会（ICOMOS）指导方针的发展,以及一系列诸如教科文组织于1972年通过的《世界遗产公约》等古迹遗产国际建议和文书的执行。2003年,国际工业遗产保护委员会(TICCIH)通过《关于工业遗产保护的下塔吉尔宪章》,这是通过的第一份获得此类认可的国际文件,以指导该领域的遗产保护工作。

承认工业遗产的特殊性质,清晰认识到当代经济、法律、文化和环境背景所带来的对其产生影响的议题和威胁,国际古迹遗址理事会和国际工业遗产保护委员会希望通过促进以下原则的传播和使用来扩大两个组织之间的合作,助益将工业遗产视为全世界人类社会遗产的一部分对其加强记录、保护和鉴赏。

1. 定义:工业遗产包括遗址、建筑物、建筑群、区域和景观以及与其相关的机器、物体和文件,后三者尤指可以提供下述几方面佐证的资料:过去或正在进行的工业生产过程、原材料的提取及其成为商品的转化过程,以及相关的能源和运输基础设施。由于无论在古代还是现代,工业生产过程均依赖于天然的原料来源以及能源和运输网络,以生产和分销产品进入到更广阔的市场,因此工业遗产无疑反映了文化与自然环境之间的深刻联系。它既包括不动产和动产在内的物质资产,也包括非物质资产,例如专门技术、工作和工人组织以及塑造了社区生活并给整个社会和世界带来了组织性变革的复杂的社会和文化遗产。

2. 工业遗产遗址在用途、设计方面非常多样化,并且随着时间的推移,演变也是富于多样化的。其中许多工业遗产代表了一定的工业流程、技术以及区域或历史条件,而另一些则成为具有全球影响力的杰出人类成就。还有其他的一些遗产遗址是复合建筑群、包含多个场地的操作或系统,其各组成部分是相互依存的,经常呈现出不同的技术工艺和不同历史时期的特点。工业遗产的意义和价值是建筑物或遗址本身所固有的。它们的材料结构、组件、机械和布景,在工业景观中得到呈现,也体现在书面文件的有形记录之中和包括记忆、艺术和习俗在内的无形记录之中。

## Ⅰ. 记录和了解工业遗产建筑物、遗址、区域和景观以及它们的价值

3. 研究和记录工业建筑物、遗址、景观和相关的机器、设备、文字记载或无形的文化记忆等方面是一项极为重要的工作,在对这些工业遗产的鉴定、保护和对其意义和价值的鉴定方面至关重要。人们在旧工业发展过程中所运用的技能和知识是遗产保护工作中极其重要的一大资源,必须在遗产评估过程中多加考虑。

4. 研究和记录工业遗产地和建筑结构必须解决它们相关的历史、技术和社会经济层面的问题,为遗产保护和管理工作提供一个综合基础。这项工作要求采用一种由跨学科研究和教育计划所支持的跨学科方法,以确定工业遗产遗址或建筑物的重大意义。大量不同的专业知识和信息来源都可促进研究和记录工作的开展,包括现场调查和文字记录、历史和考古调查、材料和景观分析、口述历史和/或公共研究以及团体或私人档案资料在内的信息。应当鼓励研究和保存文件记录、公司档案、建筑规划以及工业产品样本。上述

文件涉及遗产意义的确定,其评估工作应该由所属行业的合适专家担任。社会团体及其他利益相关方的参与也是这项工作必不可少的一个组成部分。

5. 全面了解一个地区或国家的工业和社会经济史或者它们与世界其他地方的联系是十分必要的,以此可理解工业遗产地或其建筑结构的重要性。单一产业背景、类型或区域研究具有比较成分,针对关键工业部门或技术,在鉴别个别建筑物、遗址、区域或景观所固有的遗产价值方面十分有用。无论是公众、学者还是管理者都应该有机会接近并探索这些工业遗产地和建筑物。

## Ⅱ. 确保对工业遗产建筑物、遗址、区域和景观实施有效保护

6. 采取并充分实施适当的政策、法律和行政措施是很有必要的,以确保对工业遗产地和建筑物的保护,其中包括其机器和记录。这些措施必须解决工业遗产、工业生产和经济之间的密切关系,特别是涉及公司和投资、贸易或知识产权(如专利)方面的规则以及适用于有效工业运营的标准。

7. 完整的目录清册,关于建筑物、遗址、区域、景观及其设置和相关物件、文件、图纸和档案或非物质遗产的列表清单应当得到研究并用作为这些有效管理保护政策和保护措施的一部分。法律的认可、充分的保护和管理应当为这项工作的进行提供支持,以确保其维持重要性、完整性和真实性。针对那些偶然发现并确认的工业遗产,应给予临时保护,从而确保遗产文件鉴定和研究所需的必要时间。

8. 就现有的工业建筑结构或具有重要文化意义的遗址而言,必须认识到在它们继续投入使用的过程中,可能会产生相当重大的遗产影响力并为其物质和经济可持续性提供充分条件。在实行建筑法规等当代法规、环境保护要求和以应对自然或人为导致灾害的风险降低策略时,这些工业建筑遗产的特定特点需要得到尊重。

9. 鉴于建筑完整性或功能完整性对于工业遗产建筑和遗产地意义尤为重大,因而保护措施应适用于建筑物及其内装物。如果与建筑物相关的某些机械或其他重要设备被移除或组成完整建筑物的某些辅助元素受到损毁,它们的遗产价值可能会受到极大的损害。应制定法律和行政框架,使当局能对关闭经营的工业遗产地和建筑群做出迅速回应,以防止诸如机械、工业品或相关记录等重要建筑元素遭到移动或破坏。

## Ⅲ. 保存及维持工业遗产建筑物、遗址、地区及景观

10. 合理、适当且有选择性地使用工业遗产建筑是确保对工业遗产地或建筑结构的保护最常见和最可持续发展的方式。使用工业遗产建筑的新方式应尊重有效的材料、组件以及流通和活动的模式。专业技能也是十分必要的,在管理工业遗产地和建筑结构的可持续利用方面,必须确保遗产的重要性得到考虑和尊重。当建筑规范、风险缓解要求、环境保护或工业法规以及其他标准通过物理干预强制执行时,应以一种调整后可适应的恰

当方式实施,以便将涉及遗产保护的各方面问题考虑在内。

11. 在可能的情况下,对工业遗产地的实地干预应当是可逆的,并尊重其年代价值和重要的痕迹或标记。更改应记录在案。在特殊情况下,出于教育目的,恢复到以前已知的状态是可以接受的,并且必须基于彻底的研究和记录。只有在可客观证实的重要经济或社会需求这一特殊情形之下,通过拆除和重新安置的方式销毁工业遗产地的要求可被接受。

12. 在工业遗产场地或建筑结构预期将退役、拆除和/或改造的情况之下,这些过程应该被记录下来,例如必须拆除部件并移动机器的地方。它们的物质形式以及它们作为工业过程一部分的功能和位置应该得到详尽的记录。与工作流程相关的人的口头和/或文字叙述也应该收集。

## Ⅳ. 介绍和宣传工业建筑物、遗址、区域及景观的遗产价值,以提高公众和团体意识,并支持培训和研究

13. 工业遗产是学习的源泉,需要在多维度中加以传播。它阐释了跨越时间和文化的地方、国家和国际历史及互动的重要方面。它展示了与科技发展以及社会和艺术运动相关的创造性才能。公众和团体对工业遗产的认识和理解是对其实行成功保护的重要手段。

14. 许多项目计划和设施应当得到持续与发展,如访问活跃的工业遗产地、介绍它们的运转情况以及与它们的历史相关的故事和非物质遗产、机械和工业流程、工业或城市博物馆和解释中心、展览、出版物、网站、区域或跨境行程,这些可作为提高人们对工业遗产的认识和欣赏的手段,在当代社会中可充分展现其丰富的意义。上述活动应在发生工业化进程的遗产地开展,从而让人们能够与此遗产地进行最好的文化沟通。在可能的情况下,应该授权在遗产的研究和保护领域的国内和国际机构使用这些设施,将其用作提供给公众和专业性团体的教育设施。

(吴　攸)

# 关于作为人类价值的遗产与景观的佛罗伦萨宣言（促进和平与民主社会的文化遗产和景观价值的原则与建议宣言）

The Florence Declaration on Heritage and Landscape as Human Values (2014)
Declaration of the principles and recommendations on the value of cultural heritage and landscapes for promoting peaceful and democratic societies

## 序言

2014年11月9日至14日，国际古迹遗址理事会（ICOMOS）第十八届大会在佛罗伦萨召开，来自94个国家的1 650多名与会者参加了这次大会。1 300项技术提案和遗产专家之间的交流最终达成了这一《促进和平与民主社会的文化遗产和景观价值的原则和建议宣言》。所有个人和社群都享有从文化遗产和景观中受益的权利，同样他们有责任保持其真实性和文化多样性。为解决当代和后代所面临的挑战，该宣言鼓励对遗产管理的道德和实践进行深刻反思。国际古迹遗址理事会之所以能引导这一进程，要归功于和谐发展的整体愿景，即重视文化遗产所具有的见证和平与团结的潜力。

2014年，国际古迹遗址理事会举办了第十八届大会和科学研讨会，主题为"作为人类价值的文化遗产和景观"。本宣言反映了国际古迹遗址理事会的目标及其与教科文组织在评估世界遗产的物质和非物质价值方面的合作，也是发挥该组织专业技能的机会。佛罗伦萨研讨会上还进行了其他讨论，建议将对于作为世界遗产的遗址的评价和评估视为保护和尊重人类"价值"的道德承诺，以保护场所精神[1]和人们的身份认同，从而提高他们的生活质量。

对国际古迹遗址理事会而言，这也是庆祝《威尼斯宪章》50周年和《奈良文件》20周年的特殊场合。因此，我们一方面庆祝我们奠基性的宪章正展现其潜力，同时也庆祝基于许多关于真实性的科学和哲学辩论[2]所产生的关键文件促进了文化表达的多样性[3]。为应对当今的挑战，2014年研讨会的主要目标是促进来自不同文化的人们和群体的融合及参与，并继续推进确定原则、战略、标准和实践，为认可文化遗产的人类价值以及保护和鼓励文化多样性、共同努力发展必要的组织框架和技能做出贡献[4]。这些原则在之前的国际文件[5]以及关于维护和保护人类权利和与文化遗产相关的基本宪章中得到了充分表述[6]。

国际古迹遗址理事会将研讨会的主题置于可持续发展（《联合国可持续发展目标》）的语境中，弥补了将文化排除在《联合国千年发展目标》之外所导致的失去的机遇。教科文组织已经通过"2015年后发展议程"为此而努力，于2014年10月在佛罗伦萨进行了讨论[7]。国际古迹遗址理事会与一些世界上最大的文化组织、政府间和非政府组织讨论了这些问题，并在最近的讨论会上发表了对这些问题的思考。

## 研讨会宣言

2014年的国际古迹遗址理事会《佛罗伦萨宣言》促进了广泛的讨论，使国际古迹遗址理事会能够提出有关鼓励可持续、和谐的和跨文化发展的理念，将人们置于文化讨论的中心，使文化多样性通过遗产和景观价值观得以表达。

我们认识到我们有责任将文化充分融入社会，并需要共享工具将国际古迹遗址理事会的道德承诺转化为具体行动。我们认识到国际古迹遗址理事会成员有责任积极合作制定决议、文件和公约，通过管理世界文化遗产来改善生活质量，产生有助于融合和文化间性的共享技术资源。

我们承认，景观是遗产的组成部分，因为它们是过去几代人的生活记忆，可以为后代提供有形和无形的联系。文化遗产和景观是社区认同的基础，应通过传统的实践和知识加以保护，这也有利于保护生物多样性。

目前，景观面临着无法预期的威胁，需要采用新方法进行管理，通过分享实践经验新方法来保护文化与自然遗产之间的关系。需要一种基于保护人权和加强新知识、传统知识及地方治理的新方法。

第十八届大会的与会者向政府间组织、国家和地方政府以及所有组织和专家倡议采取以下行动：

**1. 通过旅游和理解分享和体验社群认同**

**1.1 分享社群认同：为社群和旅游者赋能的机遇**

a. 社群认同很少是统一的或静态的，而是在当前地缘政治环境下过去和现在的相互作用中一个不断发展的动态概念。在世界各地，相互比较甚至通常是相互冲突的社群认同通过文化遗产旅游目的地提供的活动和服务（以消极或积极的形式）来表达，这些活动和服务旨在利用旅游的经济、社会和文化效益。

b. 社群通过提供服务、创业、文化生产或志愿者活动参与旅游活动来促进对其文化遗产的重视，并创造机会（在能力建设的支持下）以积极的方式促进居民社群的多样化身份认同。

c. 社群传统（节日、舞蹈和饮食传统）与旅游者的分享随着时间的推移而微妙地发生改变，这可能导致居民和旅游者的不良体验。一个具有高度发展的文化意识、有鉴别社群独特文化价值能力的社群应被赋予保护该社区内公认的文化遗产的完整性、真实性和连续性的能力。

d. 在受灾害和冲突影响的文化遗产地,社群参与可为恢复与和解提供机会。在面对痛苦的回忆重建自己生活的过程中,社群在景观中保留或创造物质纪念物,以记录"危害人类罪行"所带来的心理创伤或者灾难导致的生命损失。相应地,旅游景点可提供进行社群诠释和与旅游者进行持续对话的机会。

e. 社群居民和旅游者之间不断增长的对某个场所的有形和无形遗产的知识与文化意识,可促进有意义的跨文化对话,在个体层面上培养对文化差异的尊重,并提高与求知旅行概念相关的旅游体验质量。这是和平共处的基础。

### 1.2 文化互动和沟通：通过体验建构知识并改变观念

a. 只有通过培养当地社群对其遗产的重要性及其多元影响的认识、深刻了解和理解,才能实现当地旅游环境中的可持续保护和非物质文化遗产维护,正是这些遗产及其多元影响共同创造并继续创造着其独特的文化。

b. 在当地社群成员中,尤其在年轻人中培养继承者,支持他们参与、诠释他们的遗产并与旅游者成功地进行交流,这具有提升旅游者体验以及增强社群成员自我价值感和认同感的双重益处。

c. 旅游者和当地社群之间的双向沟通也能够激发好奇心,使多元化诠释成为可能(在适当的时候),并使社群成员能够以一种个人的方式叙述自己的故事。

d. 以社群为基础的旅游开发要应对旅游者对更加个性化和提升生活体验的期望。相互协作和道德的当地旅游网络是专业旅游的驱动力,其中文化交流对促进旅游者的积极参与至关重要。

e. 真实的文化遗产整体沉浸式体验是通过旅游进行跨文化对话的重要组成部分,也是社群侨民作为旅游者与其历史重新建立关系的重要因素。

f. 文化活动是许多社群寻求吸引旅游业的战略工具。通过包容性地精心组织(宗教或世俗的)当地仪式和通过文化节日提供娱乐,从而分享和强化相互之间的了解、悲伤和快乐,如果管理得当,能够逐步引向良性发展。

### 1.3 文化场所：寻找文化遗产发展的框架

a. 规划物理环境的创造性解决方案可以为旅游者和社群带来更深层次的共生关系。例如,文化走廊能够通过谨慎复原传统路线凸显历史研究的价值和文化意义。

b. 使旅游者充分了解旅游目的地的文化遗产场所需要多层次的规划和诠释方法才能有效。需要在诠释规划的相关战略和质量保证机制之间调和物质方面、智力方面、情感方面和经济方面的需求。

c. 虚拟或真实的创意空间,均取决于有形和无形文化遗产之间交织的相互关系。瞬间的记忆本身就是旅游者体验不可或缺的一部分,必须找到新方法来保护这些瞬间记忆并为了将来强化这些记忆。

d. 制定协调的、社群主导的文化旅游发展战略,需认识到场所与富有活力的文化传统之间的重要关系。

e. 与维护、保护和管理旅游目的地内的文化遗产地相关的治理需要一整套综合计划、政策、法规和实践，这些都需要但不限于保护规划。

f. 整体化的空间和旅游规划能够促进社群发挥作用；为共同创造优质文化产品和文化遗产体验制定议程；支持为应对全球旅游和遗产产业的不断变化而在某个特定时间、特定地点进行创新和调整，从而巩固社群认同感。

## 2　作为文化栖息地的景观

### 2.1　基于社群的方法

a. 无论是在城市还是乡村，景观概念正日益成为和谐发展的新范例，提供了一种可以整合经济、社会和环境过程的方法。

b. 城市景观和乡村景观之间存在着多种相互关系，这些相互关系与文化、社会经济和环境过程以及人口的福祉有关。

c. 当地社群的参与，对其文化遗产的承认和尊重，以及创新和传统实践，都有利于更有效地管理和治理多功能景观，并有助于提升其恢复力和适应性。

### 2.2　融合文化和自然的景观

a. 文化景观不仅应被理解为保护区，还应被视为能够成功应用可持续发展战略的地方。

b. 在许多景观中，诸如"自然"和"文化"等概念已经失去了很多意义，取而代之的是一种生物文化的理解，即不仅定居点和农业，物种和栖息地也由人们决定和保存。

c. 现在，挑战保护与创新之间的人为分离的时机已经到来，应将文化景观视为经济发展新模式下的经验，对气候变化、风险管理、生物多样性保护和人类福祉等问题的应对方式。

### 2.3　作为发展驱动力的景观

a. 为了更好地了解景观层面的生物和文化多样性之间的相互作用及其对居民生计和福祉的影响，需要进一步开展多学科和跨学科的研究。

b. 必须克服自然科学与社会科学及人文科学之间的不同而产生的重大智识差异。为了开发景观规划、管理和保护的新方法，需要在这些学科之间进行广泛合作。

c. 需要公众意识和政治行动，以有效执行与文化景观有关的国家和国际承诺。

## 3. 通过传统知识实现可持续性

### 3.1　传统知识产生的日常生活质量

a. 应促进研究基于早先文明的传统知识体系对发展的作用，并提高相关意识。

b. 应该认识到传统知识所产生的身份认同、社会凝聚力、社区参与和生活质量的重要性。

c. 需要进一步研究与传统技术和程序有关的意义、象征和仪式。

d. 应确定社群在生活福祉、营养和生活方式方面持有的传统制度。

e. 需要支持当地社群和原住民的权利，他们是传统的、本土的知识与体系的保有者。

### 3.2　传统知识和实践的价值是平衡技术、创新发展方案和可持续发展的基础

a. 应加强对传统系统的了解，以促进发展新的技术范式。

b. 应建立传统知识的类型识别系统,案例研究和最佳实践数据库也应如此。

c. 应采用整体性的非侵入性和可持续的方法,促进传统和现代技术的平衡使用。

**3.3 尊重保护社群和人们的场所和决策流程**

a. 应对保护传统知识的方法进行评估,这些方法能够由个人、社群、传播者和传统技术的创新者实施。

b. 应该促进能复原的传统技术及其在每个国家的应用,以应对气候变化、自然灾害、移民和贫困等全球挑战和风险。应确定能复原的技术并促进传统知识的运用,以实现能源效率和减少二氧化碳排放。

c. 对良性集体反应和预防灾难的参与行动的出现,应加以鼓励,以便在面临更大的自然和人为风险时更好地保护这些遗产地和财产。

d. 应促进沟通和理解,以便制定支持学习制度和立法的可持续政策和方案。

**4. 社区驱动的保护和地方赋权**

**4.1 社群参与发展遗产**

a. 应该认识到社群与其遗产之间的联系,尊重社群认定其遗产中体现的价值及知识体系的权利。遗产地,无论是遗址还是景观,都可能为与其相关的各种社群呈现不同的价值,价值认定过程必须考虑到每个群体。

b. 应在多个利益相关方之间建立不同层次的协作网络,以解决与遗产有关的问题,并通过创新的协同作用创造新的价值链。

c. 需要采用动态、灵活、包容和综合的参与过程来评估遗产保护计划的长期社会影响。

**4.2 有效保护和管理遗产的自下而上的方法**

a. 在正式规划/管理系统中发挥社群积极的作用非常重要,使社群在保护决策过程中有发言权。

b. 应认可遗产专业人员在社群主导的保护举措中提供技术建议的作用,以及当社群对其遗产的参与较为分散时,起到促进者的作用。

c. 应该恢复发展中"人"的尺度,这是创造性自下而上方法的基础。

**4.3 将遗产保护与可持续的地方社会经济发展相关联**

a. 遗产保护应有助于实现可持续发展目标。

b. 应促进(基于量化依据的)优秀实践,体现遗产对生活福祉、社会凝聚力和可持续经济发展的贡献。

c. 应运用如众筹之类的创新方法和工具,激发社群网络的积极作用,将理想的未来愿景转化为现实。

**5. 保护实践的新兴工具**

**5.1 文化遗产目标需要推动新兴工具的发展而非相反,因此新兴工具能够巩固文化遗产的中心地位。**

a. 作为一种手段而非目的,新的工具和技术应该支持保护过程的各个步骤,促进文化遗产作为一项人权的中心地位。

b. 应制定指南,形成网络,并分享有关理论、方法目标及其运用,以确保保护实践的真实性。

c. 应以协作的方式为跨学科研究(包括与融资政策相关的研究)制定指南,以填补技术专家和遗产从业者之间、管理者和信息使用者之间的技术差距,尤其是消除文化上的隔阂。

### 5.2 促进可共享文化发展的新技术

a. 应尊重当地和传统知识,以确保文化、知识、材料、传统和创新技术之间的公平和盈利的平衡。

b. 应认识到非政府组织在战略伙伴关系中的关键作用,以改善保护成果。

c. 应该巩固和分享传播知识的平台和工具,以克服文化和社会不平等。

d. 应通过专业团体的辩论和讨论,为交流保护过程中的最佳做法做出积极贡献,同时努力避免重复工作。

### 5.3 促进协作标准化及程序和工具的简化

a. 应制定国际公认和适用的工具,以确保结果的准确性、可靠性和可验证性,并确保在地理和时间上进行比较分析的可能性。

b. 应优先考虑用户友好和低成本的技术,确保采用可用于文化遗产文献编制、保护和监测的工具,使其成为良性循环的一部分。

c. 应优先制定在线工具包和开源平台,以民主的方式提供文化遗产保护实践中的标准和程序。

d. 应确保将技术应用于文化遗产,以响应明确的核心目标,避免仅在技术部门取得进展而不改进保护实践的风险。

**佛罗伦萨,2014 年 11 月 14 日**
(我们感谢国际古迹遗址理事会法国和英国的志愿者们的最终编辑和翻译)

(张珊珊)

1. 国际古迹遗址理事会,《地方精神宣言》(魁北克,2008).
2. 国际古迹遗址理事会,《奈良+20:关于遗产实践、文化价值和真实性概念》(2014).
3. 联合国教科文组织,《保护和促进文化表现形式多样性公约》(巴黎,2005).
4. 国际古迹遗址理事会,《作为发展驱动力的遗产》(《巴黎宣言》,2011).
5. 《杭州宣言——文化:可持续发展政策的核心》(2013).联合国教科文组织,《关于历史城市景观的建议》(2011).《巴贝多宣言——全球小岛型发展中国家持续发展会议》(1994).
6. 《欧洲委员会关于文化遗产对于社会价值的框架公约》(2005),即《法罗宣言》,认可教科文组织提出的"与文化遗产相关的权利是植根于参与文化生活的权利中的,这是《全球人权宣言》所明确的。"
7. 联合国教科文组织,《佛罗伦萨宣言——文化、创意与可持续发展:研究、创新、机遇》(2014 年 10 月 4 日),教科文组织"第三届文化与文化产业国际论坛".

# 国际古迹遗址理事会与国际景观设计师联合会关于乡村景观遗产的准则

(第十九届国际风景园林师联合会全体代表大会通过,2017年12月15日,新德里)

Icomos - Ifla Principles Concerning Rural Landscapes as Heritage (2017)

## 序言

乡村景观是人类遗产的重要组成部分,也是延续性文化景观中最常见的类型之一。全世界的乡村景观丰富多样,代表了多样的文化和文化传统。乡村景观为人类社会提供多种经济和社会效益、多样化的功能、文化支持和生态系统服务。本文件旨在从国际到地方行政各级,就涉及的各个层面,鼓励对乡村景观系统的伦理、文化、环境和可持续转化进行深入的思考并提供指导。

认识到以文化为基础的食物生产和可再生自然资源的利用所具有的全球重要性,以及这些行为在当代文化、环境、经济、社会及法律背景下所面临的问题和挑战;

考虑到《联合国世界人权宣言》(1948年)、《联合国生物多样性公约》(1992年)、《联合国教科文组织世界文化多样性宣言》(2001年)、《联合国土著人民权利宣言》(2007年)、《粮食和农业植物遗传资源国际条约》(联合国粮食及农业组织,2011年),《2015年联合国可持续发展目标》(尤其是但不限于子目标11.4[1])等国际公约均阐明,所有人类都有权享受充足、健康和来源安全的食物和水;

考虑到《国际古迹遗址保护与修复宪章》(《威尼斯宪章》,1964年)、联合国教科文组织《保护世界文化和自然遗产公约》(1972年)、国际古迹遗址理事会—国际景观设计师联合会《国际历史园林宪章》(《佛罗伦萨宪章》,1981年)、国际古迹遗址理事会《保护历史城镇与城区宪章》(《华盛顿宪章》,1987年)、国际古迹遗址理事会《关于原真性的奈良文件》(1994年)、联合国教科文组织《保护非物质文化遗产公约》(2003)、国际古迹遗址理事会《关于历史建筑、古遗址和历史地区周边环境保护的西安宣言》(2005年)、联合国教科文组织《关于历史性城镇景观的建议书》(2011年)、国际古迹遗址理事会《关于作为人类价值的遗产与景观的佛罗伦萨宣言》(2014年)、联合国教科文组织《关于生物和文化多样性关联的佛罗伦萨宣言》(2014年)、联合国教科文组织将可持续发展观纳入世界遗产公约议程的政策(2015)等国际文件都与景观的遗产和文化价值相关;

考虑到区域及国家层面诸多文件都与乡村景观有关，如《欧洲景观公约》(2000 年)、《欧洲乡村遗产观察指南》(CEMAT, 2003 年)、欧洲委员会《关于文化遗产社会价值的法罗公约》(2005 年)、《关于自然圣地和文化景观在保护生物和文化多样性方面的作用的东京宣言》(2005 年)、《关于加勒比文化景观的古巴圣地亚哥宣言》(2005 年)、《拉丁美洲景观倡议（LALI）》(2012 年)、澳大利亚国际古迹遗址委员会《文化重要性地方保护宪章》(《巴拉宪章》, 1999—2013 年)、国际景观设计师联合会《亚太地区景观宪章》(2015 年)；

考虑到联合国教科文组织世界遗产中心颁布的《实施〈世界遗产公约〉的操作指南》(2015 年)，自 1992 年以来就将乡村景观认定为"延续性的文化景观"；

考虑到国际古迹遗址理事会—国际景观设计师联合会文化景观科学委员会《乡村景观米兰宣言》(2014 年)将乡村景观认定为"遗产"；

考虑到世界自然保护联盟（IUCN）在其管理体系中识别出第五类受保护陆地景观和海洋景观及该联盟对维持传统游牧所做的努力（《关于可持续畜牧业的全球倡议》, 2008 年)；考虑到国际古迹遗址理事会与世界自然保护联盟联合提出的"自然与文化联合实践"，认识到人们与周围环境进行互动的方式对生物和文化多样性的维系作用（包括农业生物多样性以及文化和精神价值）；

考虑到联合国粮食及农业组织（FAO）《全球重要农业文化遗产》(GIAHS)项目旨在确认和保护卓越的具有遗产价值和丰富的全球重要农业生物多样性及知识体系的土地利用系统和景观；

考虑到其他与乡村景观相关的文件，如《耕地遗产巴埃萨宪章》(2012 年)、《匈牙利托卡伊关于葡萄园文化景观的世界遗产主题专家会议的建议》(2001 年)以及其他关于将乡村文化景观作为遗产的主题专家会议。

国际古迹遗址理事会和国际园林建筑师联合会承诺将扩大双方的合作，通过传播和使用下述准则，促进人们对将乡村景观遗产作为人类社会和文化的组成部分以及世界重要资源的理解，促进对乡村景观遗产的有效保护、可持续转化、传播和鉴赏。

本准则旨在通过对乡村景观遗产价值的认知、保护和推广，寻求方法应对乡村景观及其相关社区所面临的损失和负面改变。目的是推动在经济、社会、文化及环境等方面实现适度平衡。

一、准则

（一）定义

乡村景观：就本文件而言，乡村景观是指在人与自然之间的相互作用下形成的陆地及水生区域，通过农业、畜牧业、游牧业、渔业、水产业、林业、野生食物采集、狩猎和其他资源开采（如盐），生产食物和其他可再生自然资源。乡村景观是多功能资源。同时，生活在这些乡村地区的人和社区还赋予其文化意义：一切乡村地区皆是景观。

乡村景观是动态的、活态的体系，共包括两类地区，一类地区通过使用传统方法、技术、累积的知识、文化习俗等进行生产和管理，而另一类地区传统生产方式则发生了改变。乡村景观系统包括乡村元素以及系统与其广阔背景之间的功能、生产、空间、视觉、象征和环境之间的关系。

乡村景观包括管理良好的、已退化或废弃但仍可再利用或开垦还原的区域,如广阔的乡村空间、城市周边地区以及建成区域内的小型空间等。乡村景观涵盖地面、亚表土及资源、土地上空以及水域。

作为遗产的乡村景观:指的是乡村地区的物质遗产及非物质遗产。乡村景观遗产的物理特征包括生产性土地本身、结构形态、水、基础设施、植被、定居点、乡村建筑和中心区、乡土建筑、交通和贸易网络等,以及更广阔的物理、文化、与环境间的关系及背景等。乡村景观遗产还包括相关的文化知识、传统、习俗、当地社区身份及归属感的表达、过去和现代人们和社区赋予景观的文化价值和含义。乡村景观遗产包含涉及人与自然关系的技术、科学及实践知识。

乡村景观遗产反映了社会结构及功能组织的状况,以及过去和现在景观的形成、使用和变革。乡村景观遗产包括文化、精神和自然属性,这些都是生物文化多样性得以不断延续的重要因素。乡村景观遗产存在于各种类型的乡村地区,不管是引人注目的还是普通的,传统的还是近期通过现代化活动改造而成的。这些乡村的景观遗产层次不同,类型多样,与不同的历史时期相关,如同羊皮纸一样,再现历史。

(二) 重要性

乡村景观历经数千年得以形成,代表了地球上人类与环境发展史、生活方式及遗产等重要内容。世界许多地区都为当地社区、原住民、参观者和游客提供了食物、可再生自然资源、相应的世界观与福祉。用于生产和/或收获包括可食用资源的动植物资源的乡村景观,反映出在广阔空间内人类与其他物种之间的复杂关系。农业、林业、畜牧业、渔业和水产业、野生动植物资源以及其他资源活动的多样性对未来全球人类对生活的适应能力和调整能力来说至关重要。

部分遗产目录已经认识到了乡村景观的遗产价值,如联合国教科文组织世界遗产名录已将乡村景观列为"持续性文化景观"。区域、国家及地区层面的遗产清单及受保护区域机制可能已识别出这些乡村景观的遗产价值。将乡村景观列为遗产的清单,不管其级别如何,都旨在帮助人们认识到乡村景观中的物质属性及非物质属性及其价值,这也是推动这些地区的可持续保护、将其相关知识和文化意义传承后世的第一步,也是必要的一步。

(三) 威胁

不断增加的人口数量和气候变化导致乡村景观非常脆弱,面临丧失和/或遗弃或巨变的风险。乡村景观受到的威胁反映出三种互相关联的变化类型:

1. 人口和文化层面(城市地区人口增长而乡村地区人口减少,城市扩张,密集的基础设施建设,开发压力,传统习俗、技艺、当地知识及文化的丧失);

2. 结构层面(全球化,贸易及贸易关系的改变和增长,经济增长或衰退,农业实践和技术的强化,土地功能转变,天然牧场和驯化物种多样性的丧失);

3. 环境层面(气候变化,污染和环境退化,包括不可持续资源的开采、对土壤、植被和空气质量的影响,生物多样性及农业生物多样性的丧失)。

(四) 挑战

因其代表的重大价值,遗产应该在认识、保护和促进乡村景观和生物文化多样性上都发挥重要作用。通过支持乡村和城市居民、地方社区、政府、工业和企业，作为地区动态属性、威胁、风险、优势和潜力综合管理的一部分，遗产可以有助于维护乡村景观，增强乡村景观的适应性和应变能力。保护乡村遗产的完整性和真实性，应重点确保在乡村景观内工作和生活的当地居民的生活水平和质量。与所有其他遗产一样，乡村遗产也是一种经济资源，应对其加以适当利用，为实现当地长期可持续发展提供重要支撑。

（五）效益

乡村景观是未来人类社会和世界环境发展的关键资源。乡村景观除了为人们提供身份认同感之外，还为人们提供了食物、原材料；乡村景观代表了经济、空间、环境、社会、文化、精神、健康、科学、技术以及休闲娱乐（在某些区域）的要素。除了提供食物和原材料外，乡村景观还有助于土地保护（自然、环境、土壤、水文网络），有助于将乡村文化（技艺、环境知识、文化传统等）传递给下一代。与遗产价值的提升和传播充分结合，乡村景观往往能创造独特的经济和旅游收益。

在过去几十年里，环境和文化遗产越来越成为国际、跨学科研究和学科间研究的对象。作为知识所有者的当地社区或当地开展的行动、利益相关方、乡村和城市居民与专家学者之间的合作，都有助于人们将乡村景观作为有价值的共享资源的维护、认知和价值的提升。许多国际、国家和地方公共行政机构已制定了法律法规和政策来支持这一概念。

（六）乡村景观的可持续性

许多乡村体系已在长时间中被证明具备可持续性和发展弹性。这些乡村体系的多个方面，可为未来乡村活动管理提供参考，为保护和提高生物文化多样性提供支持，并有助于保障人们获得充足的优质食物和原材料的权利。

由于景观会经历持续的、不可逆的以及不可避免的改造过程，在制定乡村景观政策时，应将重点放在如何管理随时间推移所形成的那些能被人们接受的适度的改变，以及如何保护、尊重和提升遗产价值。

## 二、行动标准

具体措施是：理解、保护、对转化进行可持续性管理、交流传播景观及其遗产价值。

（一）理解乡村景观及其遗产价值

1. 认识到所有的乡村景观都具有遗产价值，无论被评估为具有重要价值还是一般价值，这些遗产价值在规模和特征上呈现出多样性（形状、材质、用途和功能、历史时期、变化等）。

2. 记录乡村景观的遗产价值，以此作为有效规划、决策制定和管理的基础，为清单、目录、地图集、地图为乡村景观的空间规划、环境和遗产的保护与管理、景观设计和监测提供基础信息。

3. 形成关于乡村景观物理及文化特征的基础知识：当今乡村景观的现状、乡村景观的历史演变及物质和非物质遗产的表现，对景观历史的、继承的及当代社会文化的感知，乡村景观体系内不同要素之间（天然和人造、物质和非物质）存在的过去与当今之间的联系（空间、文化、社会、生产及功能上的联系），以及过去和当今所涉及的利益相关方。编制乡村景观目录既是为了描述乡村景观的现状也是为了明确其历史变迁。

4. 制定不同层级的乡村景观(世界的、区域的、国家的、地方的)的清单目录。这些工具应整合当地传统的和科学的知识体系,利用已有的、系统化的、适合专业和非专业人士使用的方法,以在国际及地方层面收集、比较乡村景观的资料信息。为建立有效的数据库,制定清单目录时应考虑复杂性、人力成本、数据收集和整理的时间安排等因素,并鼓励专家学者和当地居民的共同参与。

5. 形成相关知识体系以比较不同层级(世界、区域、国家、地方)的乡村景观,监测乡村景观的历史变化,支持共享研究和合作,促进地方与国际之间的合作、公共利益相关方与私人利益相关方之间的合作。

6. 认识到当地居民是知识的持有者,在很多情况下能够帮助塑造并维护景观,因此应鼓励当地居民积极参与到集体知识的创建中来。

7. 推动不同机构、非政府组织和大学间开展广泛、持续的合作,共同推进研究、信息共享、技术支持,在各管理层级合作开展知识创建活动。

(二)保护乡村景观及其遗产价值

1. 审查并实施相关立法和政策框架,确保在利用和转化乡村景观时,在应对来自全球、国内及当地的威胁、风险和机遇时,保持生物文化的可持续性和适应性。

2. 制定法律、法规、经济战略、监管方法、信息共享和文化支持等政策方针,并加以实施。由于乡村景观具有复杂性特征,为此必须形成详细的、跨领域的政策,从更广泛的层面考虑文化、社会、经济、环境等因素。

3. 明确动态保护、修复、创新、适应性转化、维护和长期管理的策略和行动。应寻求全球管理方法与当地管理方法间的平衡,确保在有效设计和日常管理过程中所有利益相关方和社区都能参与和合作。

4. 考虑到乡村景观的遗产价值包括经济、社会、环境、文化、精神及空间等不同纬度,对每一乡村景观的价值的良好认知,将有助于未来对遗产转化实现适当和有效的管理。

5. 制定有效的方针政策,应先获取景观相关的地方知识、了解其优势和劣势,以及潜在的威胁和机遇。制定目标,选择适当的工具,形成项目行动计划,明确长期、中期和短期管理目标。

6. 明确监测策略,审查政策实施的有效性,重新评估与监测结果相关的短期、中期和长期目标。

7. 为有效实施既定的方针政策,公众必须有足够的知识和意识,能够支持所需的战略方针,并积极参与进来。有必要与其他行动相互补充。公共管理机构应支持积极主动的和自下而上的行动。

(三)持续管理乡村景观及其遗产价值

1. 考虑到食物和自然资源生产的生态文化权利,应实施有规划的管理方法,认识到景观具有动态特征,是活的遗产,并尊重生活在其中的人类和非人类物种。尊重、重视并支持文化多样性以及不同民族采用的与自然相处的各种不同方法。

2. 确认乡村景观的关键利益相关方,包括乡村居民、当地社区、原住民和移民群体等;鉴于他们与所生活的地方有紧密的联系和附属性,要认识到他们在塑造和维护景观中所发挥的作用以及他们所掌握的关于自然和环境状况、历史与当下重大事件、当地文化与传统,以及数世纪以来不断试验和实施的科学和技术方案等方面的知识。承认乡村居民高标准高质量的生活将有助于促进乡村活动的开展、维护乡村景观、将乡村实践和文化传递至下一代,源远流长。

3. 考虑在制定作为遗产资源的乡村景观可持续管理战略时,大小规模景观在文化、自然、经济和社会等不同方面之间的关联。

4. 考虑乡村景观和城市景观的相互联系。乡村景观是全球都市居民提升生活品质(休闲娱乐、食物的品质和数量、木柴、水和洁净的空气、食物种植等)的重要资源。城市可以为乡村景观出产的产品提供经济机会,并根据城市居民的需求融入其他休闲、教育、农业旅游等多样功能。应鼓励乡村、城郊居民与城市居民积极合作,开展实践,共享乡村景观遗产知识并分担管理职责。

5. 在长期可持续(经济、社会、文化、环境)资源使用与遗产保护、乡村工人短期内提升生活质量的需求之间寻求平衡。这是产生、维持并延续乡村景观的活动的前提条件。生活质量包括收入、社会认同、教育等公共服务的供给、文化权利的认可等。这需要找到适当的方法和方式,使活态遗产价值能够被认可,使社会作出的改变和调整与遗产价值的保护、利用和传播能够相协调,与乡村景观遗产的经济增效相协调。

6. 支持对乡村景观实施公平治理,鼓励当地民众、利益相关方、城市及农村居民积极参与到乡村景观遗产的管理和监测中来,参与知识生产和传播,肩负相关责任。这是因为许多乡村景观包含私人、企业和政府等多种所有权形式,为此形成合作式工作关系是有必要的。

(四)乡村景观遗产和价值的沟通及传递

1. 通过合作、参与式活动来传播对乡村景观遗产价值的认知,如共享学习、教育、能力建设、遗产阐释和研究活动等。制定参与计划和实践方案,将民间团体、私营组织、公共管理机构等纳入进来,鼓励城市及乡村居民的共同参与。

2. 提升人们对传统知识、技艺与实践的传播途径与方法的认识,开展相关案例研究,并推广最佳实践活动。

3. 使用各种工具、方法和文化实践活动支持共享学习、培训和研究,如文化地图、信息共享、教育、现场培训等,吸引当地社区、遗产专家、来自不同学科、学校和大学的专家学者等利益相关方以及媒体的积极参与。


注:该文件由国际古迹遗址理事会—国际园林建筑师联合会文化景观科学委员会推广(全球乡村景观倡议 http://www.worldrurallandscapes.org/)

(本文的翻译参考了 http://www.icomoschina.org.cn/news.php?class=411 网址上的译文,并在此基础上做了修改完善。)

(苗福光)

# 有关城市历史公共公园的文件

国际古迹遗址理事会—国际园林建筑师联合会
(2017年12月15日,于印度新德里举行的第十九届国际古迹遗址理事会大会通过)
ICOMOS - IFLA Document on Historic Urban Public Parks

## 序言

城市历史公共公园是许多城镇、居住区的传统和规划中不可或缺的重要组成部分。本文件的主要目的是强调它们应作为历史遗迹得到保护,从而为当代和后世的人们使用。

历史上的城市公共公园是为了所有人的福祉而创建或开放的。然而在如今,长期以来,它们一直被视为"保留地",成为某些特定群体举办活动的场所,有违其设计初衷。许多城市历史公共公园的历史品质、设计、植被、特性和用途遭到破坏。将公共公园纳入城市规划方案中的重要性在19世纪和20世纪初得到承认,因此许多城市公共公园都可以追溯到那个时代,其中有部分可能更为古老或更加年轻。

诸如长廊、林荫大道、林荫道、林荫街、运河等概念的定义可以在必要时由各自当局和公园管理部门添加为文件的脚注。

## 城市历史公共公园的定义

1. "公众公园"的概念基于开放性和可达性的原则,供所有人参观和享受。其概念不受大小限制或定义。

2. 公共公园通常属于公有制,代表"共同财富"。它们可能是由一个或多个公共机构或公共基金会拥有,负责对其监督、养护和管理。

3. "公园"的概念有时与花园、广场或类似的表达作同义词语使用。城市历史公共公园的基本特征是它们的构成以及对以下这些元素的依赖,例如植被、建筑元素、水景、路径或地形等。这些构成元素有助于发展它们的特性、季节性吸引力、阴影以及空间和视觉上的识别。

注意:的确有些公园和广场公众无权访问,但它们确实有助于城市的生态、舒适性和历史形态的改善和维持;尽管它们不属于公共空间,但仍可以被视为城市历史公园。

4. 历史悠久的长廊、林荫大道、林荫道和林荫街不是公共公园,而是构成一种特殊类别的公共空间。重要的是要给予足够的关注以保持它们的特殊性。

5. 在许多情况下,城市历史公共公园可能位于或连接在林荫大道或绿树成荫的街道。它们形成了绿色动脉,可以连接公共公园与其他公共空间。无论如何,它们及其组成部分必须得到保护,即使某些组成部分可能是在不同时间建造的。

## 城市历史公共公园的价值

6. 城市历史公共公园往往为当地或更广泛的社区带来一系列价值,包括社会价值和无形价值,关于其设计或特征的美学价值,园艺和生态价值,以及作为公众抗议或大型集会的场所的公民价值,如庆祝活动等的举行地。鉴于其对于社区的重要性,这些价值、意义以及功能应该得到解释、庆祝和保护。它们往往是公共公园对人们来说仍然很重要的核心原因。

## 城市历史公共公园的特色定义的要素

### 空间、景色、种植和远景

7. 一座城市历史公共公园可能包括一个或多个指定的空间。这些空间的大小、关系和比例,无论是宽的还是小的、窄的,开放的还是封闭的,以及它们的组成部分,必须得到理解,其最初的目的和意义必须得到承认,并得到适当的保护或保存。

8. 城市历史公共公园内也可能有许多不同的观赏景点、焦点和视角,这些是在其设计中不可或缺的组成部分,有助于人们识别和欣赏它们。

9. 城市历史公共公园是有一定周界的空间,但它们的视觉尺度往往超出了它们的范围。它们提供人们观赏的远处全景、视线、景色和景观通常是其必要的和遗产特性定义的组成元素。景色和景观甚至可能是公园最初形成的原因,也可能是它们被后世参观和欣赏的原因。城市历史公共公园往往是历史街区的重要组成部分,也是城市或城镇的更加广泛的身份标识。

10. 历史景观和景点应当得到保护;新的植被种植以及公园外的建筑形式、艺术作品、水景或纪念物等元素的选址或重新选址,不得干扰历史景观。基础设施(如公共汽车候车亭、指示牌、公用设施邮筒)以及其他城市设施(如广告牌等)将妨碍或减损遗产特性定义的远景或历史性,不得竖立在重要的视野内。解释性标志应位于游客可见的位置,但不得妨碍人们欣赏重要景观或降低他们体验公园其他活动的质量。公园及其周围环境(作为缓冲地带)必须远离自动售货机、变压器和其他会影响其氛围的结构。

11. 城市历史公共公园的植被必须让周边地区的人们能够自由地观赏。因此,公园的景观绝不能被广告牌、大型交通标志、停车结构或其他基础设施等元素所遮挡或干扰。公园的植被对其特性也很重要,例如,利用植被给予它们一种强烈的包围感。城市历史公共公园构成了周围建筑环境中的物质和视觉缓冲。对于过路人来说，观察和欣赏其植被的运动、颜色、声音和阴影是很重要的。积极的更新和重新种植方案在其管理中发挥着至关重要的作用。

12. 在某些情况下，城市历史公共公园是与相邻的城市空间、街道、运河或建筑物相关联的。在另一些情况下，它们的引入对其周围开发的社区品质、空间和建筑形式产生影响。因此，它们往往是历史城镇规划方案的内在组成部分。在这种情况下，对公园及其环境的保护，在质量、设计和规模方面，同样重要。相邻建筑物的高度或体块的变化会对空间关系、景观和远景、微气候（阳光、阴影、风），以及主要历史设计的真实特征产生不利影响；必须避免这种变化。增加相邻建筑物的高度可以增加遮荫或风降气流，对公园及其植被的健康和状况以及使用者的体验可产生或积极或消极的影响。

13. 类似地，边缘条件元素，例如街道宽度、铺路材料、街道植树、照明和其他具有遗产特性定义的元素，也必须加以仔细考虑和保存。在选择与城市历史公共公园相邻的新的元素和材料时，需要谨慎，以确保这些元素和材料与其特征相辅相成。

**地形学**

14. 具有历史意义的地貌、地形和等级，如土丘和洼地，以及具有历史意义的地貌特征，如梯田和假山，往往是城市历史公共公园的布局和特性定义元素中不可或缺的一个组成部分。即使是微小的变化也可能对整体设计、节奏以及空间、景观和远景彼此之间的关系产生不利影响，应该避免。城市历史公共公园内不应建造大型地下建筑。应尽可能避免或减少基础设施升级（排水、电力或其他服务管线）的主要中断情况。应尽可能调查和遵循在城市历史公共公园之外建造建筑的选择。

**光线**

15. 自然光线、阳光和树荫是人们在公园和花园中寻求放松和安慰的原因之一。对于许多城市居民来说，城市历史公共公园为他们提供了唯一的机会在密集的城市中心享受这些自然生活。如果要增加夜间照明，以便在天黑之后使公众享受舒适和安全，必须选择定位灯柱和固定装置，以增强公园的特征、空间关系、景观、远景、视线和其他具有公园历史特性定义的元素，而不是干扰对它们的观赏。因此，应使用兼容设计的灯柱和固定装置，而不是标准的路灯柱和固定装置。在某些区域，公园的夜间照明不应该扩散到夜空中。

**环境**

16. 城市历史公共公园对维护城市的生物多样性至关重要，可以供养一系列栖息地和物种，并为城市人口提供直接接触自然的途径。应理解公园的动植物的重要性并保护它们。在可能的情况下，在与公园的特征相兼容的情况下，应改善公园的环境和动植物的栖息地，以加强相互联系的生态走廊。

许多历史悠久的城市公园都有水景和原产于世界其他地区的植物。需要以可持续的方式管理水和能源的使用以保持这些特点。

## 历史研究、保护和管理

### 总论

17. 城市历史公共公园及其组成部分的管理必须以以下条件为基础,如细致的研究、原始文件(如照片)以及对公园状况的评估,且该状况与现存公园的条件和未来用途的清单有关。这些研究必须是由合格或经验丰富的专家完成。同样重要的是研究历史公园及其环境的规划和发展的演变,以及它们对当地社区的重要性。建立和积极保存相关的历史文件档案也很重要,可作为对公园持续维护和管理的依据。

所有此类工作必须记录在案,并且相关记录必须保存在可查阅的公共档案中,以协助人们参考和了解此类工作,并确保益于子孙后代。这类记录可以而且应该为今后的养护和管理提供建议性决策和措施。

18. 过度使用城市历史公共公园不仅会影响其可观赏性,也会对其历史特征、品质和组成部分的保护产生不利影响,同时也会对植被造成压力。因此,必须建立适当的管理程序,根据每个公园和其中的历史建筑的承载能力来控制游客人数;应定期计算和监测游客人数。应调查、测试和监控诸如限制访问和限制进入时间(或每小时的数量等)等选择措施。为了减少对历史公园的过度使用,市政当局应为居民创建和维护设计优良的新公园,并且公园规划应以确定的承载能力为基础,以便在不对其造成不当损害的情况下支持使用。应定期检查公园的承载能力,并且监测损坏情况或其他的影响,为此类规划和管理提供建议性决策。

19. 原有的和后来兼容的元素和陈设,如栅栏、门、灯柱、栏杆、铺路材料、垃圾桶、座椅、艺术作品和植被,在受到损坏或其生命周期结束时,应得到保护、修复或替换。应定期重新评估非原装的、后来的以及兼容元素的重要性,为公园规划和管理提供建议性决策。

20. 保护城市历史公共公园的一般原则与保护其他历史公园和花园的原则相同,如国际古迹遗址理事会——国际园林建筑师联合会《佛罗伦萨历史花园宪章(1981)》第 10 条所述。

### 通用设计适配

21. 因为城市历史公共公园应该是公有的文化资源,所有人均可以使用,其某些组件或区域可能需要修改才能确保它们在不影响其遗产价值的情况下是普遍可获得的。推荐方法应该是将残疾人士也纳入到享受公共公园资源的人群中来,而不是排除他们。因此,专业设计人员应采用综合性方案为所有用户设计解决方案,而不是为残疾人士创建单独的设施。任何新的无障碍设计的干预措施都应灵敏而不引人注目地融入城市历史公共公园中,同时不影响其价值、特性定义要素以及公众体验质量。在进行任何改变或干预之前,应积极调查将产生最小变动而进行的选择,即最少范围地引入新材料或标牌。

## 普遍应用

上述原则和建议适用于世界上任何城市历史公共公园。但是,在某些国家,如果此类变更或干预措施会对公园的历史完整性产生不利影响,则可以从法定要求中获得豁免。

(吴　攸)

# 公共考古遗址管理的塞拉莱指南

(第十九届国际古迹遗址理事会大会通过 2017 年 12 月 15 日,印度新德里)
Salalah Guidelines for the Management of Public Archaeological Sites (2017)

## 指南序言

考古遗址理应受到其所在国家和地区的利益相关者的管辖。若利益相关者决定将一个考古遗址向公众开放,那么下列指南将会给他们提供一些建议。这些指南无意成为法规或标准,而参与制定指南的各方也特意声明反对将以下指南变成法规或标准。指南中的建议是来自世界不同国家和地区的参与管理向公众开放的考古遗址的人员的集体经验。这些建议基于这样一个认同,即每个国家和地区是不同的,正是这种文化多样性丰富了全人类的生活。因此,本指南中所提出的任何与具体考古遗址(尤其是那些向游客开放的考古遗址)所在的区域和地方文化管理不相符合的建议,都可以修改。世界各地的国家公园体系内的考古遗址以及世界遗产地内的考古遗址都面临特别的挑战,因为旅游业将考古遗址推销为首选目的地。自《保护世界文化和自然遗产公约》批准实施以来的几十年里,这一现象变得尤其突出。类似问题持续在向公众开放的考古遗址上发生。本指南旨在减少类似问题在向公众开放的考古遗址上发生并变得不可挽回的可能性。

## 指南的宗旨与目标

本指南的宗旨是:
- 确定必要的研究,评估为已向公众开放或可能向公众开放的考古遗址建立可持续管理框架和制度的可行性;
- 参考上述可行性评估,指导可持续管理制度的建立。

本指南的最终目标可以概括如下:
- 保护及维护考古遗迹、遗物和遗址及其周围环境,直至能够用科学方式对其进行研究;
- 为向公众开放的考古遗址的文化和自然资源提供合理的可持续管理实践(包括使

用)模型;
- 利用向公众开放的考古遗址,以互利共赢的方式使公众认识到文化多样性的价值以及文化之间交流的力量;
- 通过保护并在必要时恢复考古遗址的生态服务功能的方式,通过在不引起社会骚乱的前提下为当地居民提供机会和支持使其在经济上获益的方式,确保考古遗址对可持续发展做出贡献。

考古遗址包含着实物证据,对其进行科学研究可以告诉我们有关人类的历史,正因如此,1964年国际古迹遗址理事会《威尼斯宪章》以诗意的语言称考古遗址"饱含着从过去传下来的信息"。参观考古遗址使人以直观的方式了解人类的过去,这是其他方式不能做到的。因此,在不危及或毁坏历史实物证据的前提下,应该尽可能地向公众提供参观考古遗址的机会。地面建筑可以从外观上进行修复,而考古遗址的历史价值和科学价值则完全取决于能否从其原址、原材料中进行勘察的能力,这是考古遗址与其他遗产地的不同之处。

参观考古遗址可以带来与遗产相关的各种效益,包括社会效益、经济效益和文化效益。向公众开放、精心展示的遗产能够丰富我们对人与自然之间的持续关系的理解,也能加深对人类自我组织及人类与其他群体互动方式的普遍性和多样性的理解。这些都是当今的重要议题。遗产在构建集体认同方面发挥根本性的作用。遗产可以被用来以有利于某个特定群体的方式进行特权叙事,然而根据考古调查及其物证而进行的遗产研究能够对这些叙事提出质疑。

向公众开放的考古遗址产生的经济效益既可以是可持续的,也可以是不可持续的。对开放的考古遗址进行可持续管理要求了解公众的参观和体验如何有助于促进该遗址的保护。可持续管理还要求明确向公众开放如何会对该遗址造成损害。顾名思义,不可持续的利用会对遗址造成破坏,从而破坏了以一种尽可能公正、有效的方式呈现人类历史的努力。

本指南旨在面向所有对公众开放的考古遗址,但对被列为世界遗产的考古遗址尤其相关。列入《世界遗产名录》会大大提高考古遗址的声望,使游客参观量大大增加,并能大大促进当地经济的发展。

列入《世界遗产名录》的每一处遗产地都包含具有考古价值的物质遗存。世界遗产地包括历史城市,所有的历史城市都留存早期"城下之城"的考古遗存。由于拥有"突出普遍价值"的自然资源而被列入名录的世界遗产地,也会存在考古遗存。被认为是杰出的建筑或工程作品的近代建筑物和景观也具有考古学和相关学科的研究价值。所有这些遗产地保存下来的考古资料,如果加以适当研究,都能产生详细、有趣的信息,加深人们对相关遗产地的理解。考古学以一种与我们当今生活密切相关的形式揭示了人类历史和人类的经验,其中包含一些物证,证明了人类冲突所产生的社会和经济影响以及过度开发环境所造成的后果等。考古资料是历史信息的关键载体,考古资料的保存对公共考古遗址来说尤为重要,因为科学研究能够使有关相关遗址的既定知识和叙事变得鲜活,并增添更多的知识和叙事。另外，所有世界遗产地，拥有突出的普遍价值、非凡的特质以及来自全球的关注，更应该成为可持续管理的典范。

## 指南的必要性

评估一个地方是否适合划为特定区域从而使其获得公众的特殊关注需要投入时间和资金，而评估为公共考古遗址建立可持续管理制度的可行性则需要同样多的时间和资金，甚至是更多的时间和资金。本指南清晰地阐释了对这种可行性进行评估的必要性。处理与世界遗产地管理相关的诸多问题，已存在很多有用的文件。由于这些文件都是国际性文件，它们对于实现本指南的目的来说是有用的，其中一些文件还和考古遗址相关。然而，本指南专门应用于所有向公众开放的考古遗址。这些遗址中，有的考古遗址本身就已列入《世界遗产名录》，还有一些被列入由《世界遗产公约》缔约国拟定的《世界遗产预备清单》。列入《世界遗产名录》的遗址应提供能够在其他地区适用的可持续管理模式，用以示范如何按照《世界遗产公约》第五章所阐述的目标建立机构并制定方案来保护所有文化遗产地和自然遗产地。

《世界遗产名录》上许多著名和标志性遗址，包括但不限于佩特拉、马丘比丘、吴哥和庞贝，都明显适合列入《世界遗产名录》。它们都无可置疑地符合《实施〈世界遗产公约〉操作指南》中所规定的一项或多项标准，并且它们都拥有突出普遍价值。然而，列入《世界遗产名录》的影响以及列入《世界遗产名录》之后实施可持续管理的可行性在列入时并没有被人们充分理解。之后更多的遗产地在申报世界遗产时，依然没有进行充分的管理可行性研究来指导申报材料的准备。在尚未制定可持续管理的可行框架的情况下，申报遗产地的突出普遍价值，包括其完整性和真实性，显得非常薄弱。实际上，管理本身也是突出普遍价值的重要支撑之一。考古遗址忽视在向公众开放前评估实施可持续管理的可行性只会导致该遗址所储存的科学和历史信息的损耗，大大降低游客参观遗址的质量。

在遗产地向公众开放之后迅速地建立一套管理制度是一项艰巨的任务，特别是当开放导致游客数量显著增长时（遗产地被列入《世界遗产名录》之后游客数量显著增长是必然现象）。如果缺乏区域规划以及当地社区对区域规划的支持，在遗产地内部和周边会普遍进行开发，造成环境恶化，且通常也会对遗址本身造成破坏。这种情况会非常迅速地发生，并且有可能会造成不可逆转的破坏。一旦就位，在遗产地内部或四周建造的建筑物或居住的居民已被证明几乎不可能再被重新安置。如同时还存在必要的技术、监管、管理、人员和财政资源的匮乏，这些问题将会恶化。造成的结果通常会令所有利益相关者不满意。

这种情形下的"可行性"取决于利益相关者为遗产地的保护以及公众参观所需的设备和服务的开发进行恰当规划的能力。这需要以设计和实施有效的管理框架和制度为前提。首先，管理制度必须要建立在所有参与者对遗址有充分认识的基础之上。它涉及建立监督和监管适合可持续管理的项目和活动的能力。管理的规划和实施应不仅只针对遗址本身,也应将开发规划出的与游览相关的遗址周边环境和区域考虑在内。

本指南为有效管理框架和制度的确立和发展提供了一份路线图,并对已有的管理框架和制度提出必要的改进建议。

为公共考古遗址的管理制定可被接受的指南还有额外的战略价值。有许多政府的和非营利的发展援助计划可供申请,这些援助计划可以为在可持续经济发展方面寻求援助的缔约国和机构提供资金。遵守已被认可的指南能够帮助申请这些计划,并且为申请获得资金和技术支持的要求提供合理依据,为公共考古遗址的可持续管理制定一项多年计划,为有效发展提供一个框架结构。

## 前情

本文件注意到了国际古迹遗址理事会过去所做的工作,特别是 2002 年在马阿甘(Ma'agan)召开的会议,并充分尊重该会议的指导原则(Cleere 2010,5)。马阿甘会议将以下因素作为全部管理规划的核心内容:

(1) 各利益相关方对遗产有全面的理解并达成共识;
(2) 规划、实施、监测、评估和反馈的循环机制;
(3) 合作伙伴和利益相关者的参与;
(4) 必要资源的配置;
(5) 能力建设;
(6) 对管理制度如何运作进行问责式且透明的描述。

## 考古遗址公园的概念

本指南将公园定义为:为公众参观、休闲和教育而设立的保护区域。这一定义与 2015 年 2 月 23 日至 25 日在阿曼苏丹国塞拉莱举行的国际古迹遗址理事会考古遗址公园第一次国际会议上制定的《塞拉莱考古遗址公园建议》(the Salalah Recommendation on Archaeological Parks)的理念相一致。

如《塞拉莱建议》所述,考古遗址公园既包括地上也包括地下考古遗存。《塞拉莱建议》提议,考古遗址公园"一方面应被视为保护考古遗址的工具,另一方面对考古遗址的展示和阐释应被视为理解人类共同过去的一种手段"(http://whc.unesco.org/en/news/1256)。因此,考古遗址公园可以被视为推动了《世界遗产公约》的总体目标。由于考古遗址公园反映了"共通的人性"这一概念,人们可以将其作为一种教学手段;并且,如果考古遗址公园能够得到可持续管理,可以为其他存在重要文化和自然资源并亟须保护的遗址提供一个如何实现可持续管理的范例。

## 指南

1 管理规划
1.1 清单与评估

应尽一切努力将具有成本效益、非侵入性、非破坏型的技术手段用于文化与自然资源的清查和评估。这些技术手段应包括对遗址和资源的直接探测或为遗址和资源的分布建模。

1.1.1 文化资源。对文化资源列出清单并进行评估是确定建立考古遗址、遗物和景观可持续管理系统的可行性的第一步。评估除了应了解文化资源的重要性之外，还应该应对文化资源的脆弱性及其所受的威胁。

文化资源的管理者应：

1.1.1.1 确保有专业资格、被业界认可、国际公认的考古学专家协助考古遗址、遗物和景观及所有相关材料的认定和评估工作；

1.1.1.2 确保存档完整的、国际公认的最佳实践得以执行，包括对考古遗产的田野研究、记录、评估和保护。

1.1.2 自然资源。对自然资源的清查和评估和对文化资源的清查和评估一样重要，并应能够确定那些现在或将来可能威胁有利于当地人民的考古资源以及环境服务的环境变化。

自然资源的管理者应：

1.1.2.1 确保有专业资格、被业界认可、国际公认的相关领域的专家协助。对自然资源的清查应当全面，并确定哪些是或可能是：

1.1.2.1.1 受到威胁或濒危的；

1.1.2.1.2 对包含考古遗址在内的更大范围的景观极其重要的，特别是那些与背景环境下考古资料的保存相关的。

1.1.2.1.3 与对当地人口有价值的环境服务密不可分的。

1.1.3 基础设施。应提供全部基础设施的竣工测量、规格要求和现状条件，以及已知或估计的用户数量。基础设施包括所有建筑物、公共设施、道路、通信网络以及进入参观和旅游的手段。

1.1.4 传统用地。应确定传统用地。传统用地是指对遗址及周边地区的当代居民有特殊价值的区域，包括那些可能被认为是神圣的或用于传统目的的区域（例如，视域、婚礼及其他庆祝活动或药用、营养植物的收集）。

向公众开放的考古遗址的管理者应：

1.1.4.1 确保有专业资格、被业界认可、公认的传统用地专家来识别和评估这些地区的考古遗产。

1.1.4.2 确保存档完整的、国际公认的最佳实践得以执行，包括对传统用地上的考古遗产进行的田野研究、记录、评估和保护。

1.2　确立遗址边界和管理区

1.2.1　遗址边界。正如文化和自然资源清单所提议的那样，有必要准确确定可能向公众开放的考古遗址的拟定边界。

1.2.2　遗址规模和布局。遗址应具有足够的规模和合适的布局，使可持续资源的保护和游客的休闲成为可能（应将拟定边界之外资源的当前和潜在影响纳入考虑范围）。

1.2.3　成本考虑。遗址的特征不应将负有管理责任的一方或多方进行有效管理和经营所能承担的合理成本排除在外。

考虑因素应包括：

1.2.3.1　遗址区内和缓冲区内外周围土地的当前和潜在用途；

1.2.3.2　土地所有权和合法使用权，包括可能的权利变更；

1.2.3.3　公众参观和休闲的潜力；

1.2.3.4　与采购、开发、修复、日常管理和运营相关的成本；

1.2.3.5　参观（例如，进出遗址的路线、找路、人员流通和服务）；

1.2.3.6　对考古资源的恶化现状及原因的分析；

1.2.3.7　对考古资源当前和潜在的威胁；

1.2.3.8　地方和一般公众（例如企业、政府和土地所有者）支持的程度；

1.2.3.9　将遗址划为保护区域所产生的社会、政治、环境和经济影响；

1.2.3.10　公众考古遗址的建立对公共福利的影响，如自然和社会环境质量、教育、健康和安全服务的提升方式和程度。

1.2.4　缓冲区。缓冲区边界也应当准确并且记录完整。

1.2.4.1　由于缓冲区本身通常不足以确保免于被侵占，因此应与社区和各种政府机构沟通协商并达成协议，以实现这一目标。

1.2.5　管理区。每个遗址内应建立管理区，并且应确认具备以下内容：

1.2.5.1　期望用途；

1.2.5.2　期望条件；

1.2.5.3　必要的游客服务；

1.2.5.4　阐释主题（即应在每个区域呈现的信息）。

1.3　环境影响评估或环境影响研究

1.3.1　环境影响。应对任何可能影响环境质量的开发活动进行环境影响评估或环境影响研究。

1.3.2　环境影响的经济后果。环境影响评估或环境影响研究应包括对私人、企业利益、社区团体或地方、区域、国家乃至全球公众可能产生的潜在经济利益和负债的经济分析。

1.4　监测规划

1.4.1　监测规划。监测规划应具体明确用来监测以下内容的技术、协议、工具、指标和标准：

  1.4.1.1　各类文化资源的状况；

  1.4.1.2　各类自然资源的状况；

  1.4.1.3　游客数量、流通量和满意度；

  1.4.1.4　社区满意度；

  1.4.1.5　设备和基础设施条件。

  1.4.2　监测重点。确定监测重点应考虑以下资源和体验：

  1.4.2.1　对遗产自然或文化完整性以及欣赏遗址的机会具有关键作用的；

  1.4.2.2　对遵守曾经用于鉴别遗址是否具备突出普遍价值的标准具有关键作用的；

  1.4.2.3　在遗址总体管理规划或其他相关规划文件中被确定为重点的。

  1.5　考古研究计划

  1.5.1　考古研究计划。应制定计划，包括研究重点，以减轻自然变化（如洪水）以及人类活动（如掠夺或开发）对考古资源的干扰。计划还应确定与遗址重要性相关的考古学研究，特别是可能解决考古学、当代环境政策和改善国际关系领域迫切关注的问题的研究。

  1.6　阐释方案

  1.6.1　阐释方案。应制订阐释方案，确定最能为遗址教学功能服务的阐释主题和子主题。方案应至少每五年更新一次。

  1.7　管理设施

  1.7.1　管理设施。管理设施包括对考古遗址实施可持续管理所需的构筑物、设施和设备。应明确那些对保持遗址的完整性、真实性和与其重要性相关的特征必不可少的设施。此外，应确定对这些设施的具体要求。

  1.8　人员配置计划

  1.8.1　可持续管理需要各种训练有素的工作人员，通常包括对公共考古遗址的自然和文化资源具有相关经验的科学家和考古学家，维护人员，负责预算和安排日程工作的行政人员，向游客介绍遗址的讲解员，具有博物馆、策展和表达能力的人员，社区联络员，医疗保健人员，执法人员以及能够协调发展及协调一切必要的政策、项目和活动的管理人员。

  岗位需求是多种多样的，因此，人员配置计划应根据文化和自然资源的清单和评估、已确定资源的脆弱性及所受威胁，以及与向公众开放遗址的具体目标来制定。计划应包括组织结构图、所需岗位的任职要求以及所有岗位的责任和义务。

  1.9　社区参与计划

  1.9.1　社区参与计划。社区参与计划应解决如何认定利益相关者、对利益相关者进行分类，以及号召利益相关者参与的问题。

  1.10　总体管理规划

  1.10.1　总体管理规划。鉴于前文和后文中所述的有效管理的核心要素，应制定一份总体管理规划。规划应规定要采取的框架、结构、制度、政策和行动，以确保可持续管理。

对于每一项行动都要设定标准、时间表、指标和预算。总体管理规划应包括第1.1—1.9节中所列的所有内容。更具体地说，它还应包括：

1.10.1.1 财务计划，其中应说明应当如何将门票收入和其他费用分配给遗址管理以及分配的理由；

1.10.1.2 周期性维护计划，其中应说明适当的计划、人员配备需求、设备和用品需求以及设施设计；

1.10.1.3 安全计划，应包括灾难响应、搜索和救援协议以及医疗设施的要求；

1.10.1.4 涵盖第1.9节所概述的岗位计划，明确所需人员，确定每个工作人员必要的资质、作用及责任。人力计划应涵盖组织结构图。

2 管理实施

2.1 监测

2.1.1 监测系统反馈。监测系统和计划的结果应作为遗址管理的决策支持工具。由监测支持的决定涵盖管理的所有方面，包括但不限于周期性维护和改善资本状况、人员招募与管理、游客容量的确定（应根据管理能力，随时间而发生变化）和改变的可接受范围，以及有效的社区参与所需的政策、项目和活动。

2.2 透明

2.2.1 监测和管理中的透明。利益相关者，不管是对遗址感兴趣的地方社区团体还是国际组织，都应告知他们与其感兴趣的内容相关的任何管理项目和活动。监测结果应定期向所有利益相关者公开。

2.3 沟通

2.3.1 遗址管理者之间的沟通与协调。建议公众考古遗址代表定期会晤，分享共同关心的问题，探讨有助于解决问题的途径、方案和活动。

（本文的翻译参考了http://www.sohu.com/a/229568332_170361网址上的译文，并在此基础上修改完善。）

（苗福光）

文化遗产监测
国际文献选编

第三部分
# 国别文件

# 古迹和考古遗址及遗存法(1958年,印度)

The Ancient Monuments and Archaeological Sites and Remains Act,1958
(1958年第24号法令)
依据《古迹和考古遗址及遗存(修订及生效)法》(2010年)更新

## 分 段 布 置

**条目**
1. 标题、适用范围和生效日期
2. 定义

### 具有国家重要性的古迹和考古遗址及遗存

3. 某些被认为具有国家重要性的古代遗迹等
4. 中央政府宣布古迹等具有国家重要性的古迹的权力

### 受保护的古迹遗址

5. 获得受保护古迹遗址的权利
6. 通过协议保存受保护的古迹遗址
7. 残障拥有人或不曾有管辖权的拥有人
8. 申请捐赠修复受保护古迹
9. 未达成或拒绝达成协议
10. 依据第6条规定,裁定违反协议的权力
11. 协议的实施
12. 在特定销售的购买中,以及由拥有人签署的文书约束的通过拥有人申索的人
13. 受保护的古迹遗址的获得
14. 某些受保护古迹的维护
15. 自愿捐款
16. 保护宗教场所不受滥用、污染或亵渎
17. 放弃政府在古迹遗址内的权利
18. 公众进入受保护古迹的权利

### 受保护区域

19. 对在保护区享有财产权的限制

20. 获得保护区的权力

### 考 古 挖 掘

21. 在保护区内的挖掘
22. 在保护区以外的挖掘
23. 强制购买在挖掘过程中发现的文物
24. 出于考古目的挖掘等

### 文 物 的 保 护

25. 中央政府控制文物移动的权力
26. 中央政府购买古物

### 补 偿 原 则

27. 损失或损坏的补偿
28. 补偿的市场价值评估

### 其 他 条 款

29. 代表的权力
30. 处罚
31. 审判犯罪的司法权
32. 应认定的某些罪行
33. 关于罚款的特别规定
34. 欠政府款项的收回
35. 已不再具国家重要性的古迹等
36. 纠正错误等的权力
37. 依据本法采取的行动
38. 制定规则的权力
39. 废除与保存

## 《古迹和考古遗址及遗存法》(1958年)
### (1958年第24号法令)
### 依据《古迹和考古遗址遗存(修订及生效)法》(2010年)更新

[进一步修订《古迹和考古遗址及遗存法》(1958年)并对中央政府根据该法令所采取的某些行动作出确认的规定。]

该法令保护具有国家重要性的古代和历史遗迹、考古遗址和遗存,规范考古发掘,保护雕塑、雕刻和其他类似物品的行为。

**(1958年8月28日)**

《古迹和考古遗址及遗存(修订及生效)法》(2010年)进一步修订《古迹和考古遗址及遗存法》(1958年),并规定由为中央政府根据本法采取的某些行动的有效性作出规定。

本法令由议会于印度共和国第九年颁布如下。

## 前　　言

**1. 标题、适用范围及生效日期**

（1）本法令可称为《古迹、考古遗址遗存法》（1958年）。

（2）本法令适用于整个印度。

（3）本法令自中央政府官方公报公告指定之日起施行。

**2. 定义**

在本法令中，除非上下文另有规定，

（a）"**古迹**"是指具有历史、考古或艺术价值，且存在时间不少于100年的任何建筑物、构筑物或遗迹，任何古墓或墓地，任何洞穴、石雕石刻、碑铭或巨石。还包括：

（i）古迹遗存；

（ii）古迹遗址；

（iii）毗邻古迹遗址的部分土地，可能需要用栅栏或覆盖物围住或以其他方式保护该区域；

（iv）进入该地区的交通设施和便利的检查条件。

（b）"**文物**"包括：

（i）任何硬币、雕塑、手稿、铭文或其他工艺美术艺术作品；

（ii）任何与建筑物或洞穴分离的物品或物件；

（iii）任何能说明古代科学、艺术、工艺、文学、宗教、风俗、道德或政治的物品或物件；

（iv）任何具历史价值的物品或物件；

（v）为施行本法，中央政府借官方公报公告为文物的任何物品或物件，

其存在时间不少于100年。

（c）"**考古官员**"是指印度政府考古部门的官员，其级别不低于助理考古督察。

（d）"**考古遗址及遗存**"是指包含或合理地认为所包含存在不少于100年的、具有历史或考古价值的遗址或遗迹的任何地区，包括：

（i）毗邻该地区的部分土地，可能需要用栅栏或覆盖物围住或以其他方式保护该区域。

（ii）进入该地区的交通设施和便利的检查条件。

（da）"**管理局**"是指根据第20F款设立的国家古迹遗址管理局。

（db）"**主管当局**"系指不低于中央或邦政府考古处长或考古专员职级或经官方公报公告的同等职级的人员，作为中央政府行使本法规定职权的主管机关。

但中央政府得依据第20C、20D及20E条规定，在官方公报告知指定的不同主管机关。

（dc）"**建造**"系指任何构筑物或建筑物的建造，包括在垂直或水平方向上对该构筑物或建筑物的任何增建或扩建，但不包括任何对现有构筑物或建筑物的重新建造、维修及翻新，或对排水渠及排水工程及公共厕所、小便器及类似设施的建造、维修及清洁，或为公众供水的工程的建造和维修，或者为公众供电和配电的建造或维修、扩建、管理；或提供作宣

传用途的类似设施。

(e)"**总干事**"指考古总干事,包括获中央政府授权执行总干事职责的任何官员。

(f)"**维护**",其语法变化和同义表达,包括栅栏、覆盖、修复、恢复和清洁一个受保护的古迹遗址,以及采取任何可能需要的行动,以保存一个受保护的古迹遗址或确保方便进入。

(g)"**拥有人**"包括:

(i) 代表自己和其他共同所有人被授予管理权的共同所有人及其所有权继承人;

(ii) 任何行使管理权的经理或受托人及任何该等经理或受托人的继任人。

(h)"**规定的**"是指根据本法令制定的规则规定的;

(ha)"**禁区**"指根据第20A条指定或宣布为禁区的任何地区。

(i)"**保护区**"是指依照或根据本法被宣布为具有国家重要性的任何考古遗址和遗迹。

(j)"**受保护古迹遗址**"是指依照或根据本法被宣布为具有国家重要性的古代古迹遗址。

(k)"**重建**"是指在构筑物或建筑物原有结构上的任何建造,其水平和垂直界限相同。

(l)"**受规管区域**"指根据第20B条指定或声明的任何区域。

(m)"**修理和翻新**"是指对已经存在的结构或者建筑物进行的改建,但不包括建造或者重新建造。

**2A. 在查谟-克什米尔邦不生效的任何法律的引用解释**

本法中凡提及查谟-克什米尔邦不生效的任何法律,就该邦而言,应被解释为提及该邦现行的任何相应法律(如果有的话)。

**具有国家重要性的古迹和考古遗址及遗存**

**3. 某些被认为具有国家重要性的古代遗迹等**

依据1951年《文物古迹和考古遗址遗存(国家重要声明)法》或者依据1956年《邦重组法》第126条的规定宣布为具有国家重要性的一切古代和历史遗迹和考古遗址及遗存,就本法而言,仍被视为具有国家重要性的古代和历史遗迹或考古遗址及遗存。

**4. 中央政府宣布古迹等具有国家重要性的古迹的权力**

(1) 中央政府认为任何不在第3条规定的范围内的古迹或考古遗址及遗存具有国家重要性,经政府公报告示,可以提前两个月通知,宣布该古迹或考古遗址及遗存为国家重要的古迹或考古遗址及遗存。每一份通告的副本,须视情况,张贴于古迹或遗址及遗存附近引人注目的地方。

(2) 任何人士如对该等古迹或考古遗址及遗存有兴趣,可在发出通知书后的两个月内反对宣布该古迹或考古遗址及遗存为国家重要的古迹或考古遗址及遗存。

(3) 上述两个月届满后,中央政府在考虑反对意见(如有)后,将在官方公报上宣布这些古迹或考古遗址及遗存(视属何情况而定)为国家重要的古迹遗址。

(4) 根据第(3)款发表的告示,除非被撤回,否则将成为确凿证据,为本法令之目的,证明这些古迹或考古遗址及遗存为国家重要的古迹遗址。

**4A. 根据第 3 和第 4 条、新加的第 20A 条宣布为具有国家重要性的古代遗迹或考古遗址及遗存的分类和分级**

(1) 中央政府应根据管理局的建议,订定第 3 条和第 4 条下列为国家重要的古迹或考古遗址及遗存的类别,并在规定这类价值时,考虑到历史、考古和 35 种建筑价值以及与这类价值有关的其他因素。

(2) 根据第(1)款订明的类别,中央政府应依管理局的建议,将所有第 3 和第 4 条下列为国家重点的古迹或考古遗址及遗存分类。其后,以公众可索阅的方式在政府网站上展示,或以其认为合适的其他方式展示。

受保护的古迹

**5. 获得受保护古迹的权利**

(1) 经中央政府批准,总干事可以购买、承租,或接受赠与、遗赠的受保护的古迹。

(2) 如受保护的古迹没有拥有人,总干事可借官方公报通知,承担该古迹的监护责任。

(3) 受保护的古迹遗址的所有人可以书面形式确立总干事为古迹遗址的监护人。经中央政府批准,总干事可以接受这种监护。

(4) 当总干事根据第(3)款接受古迹的监护时,除本法另有明文规定外,古迹所有人对该古迹应拥有相同的遗产、权利、所有权和权益,就如同总干事没有被任命为古迹的监护人一样。

(5) 根据第(3)款总干事被任命为古迹的监护人后,本法关于根据第 6 条签署的协议的规定,适用于根据第(3)款签署的书面文书。

(6) 本条的任何规定,均不影响使用任何受保护古迹来举行传统宗教仪式。

**6. 通过协议保存受保护的古迹遗址**

(1) 征集人受中央政府指示时,应建议受保护古迹的所有人在指定期限内,与中央政府签订协议,以维护该古迹。

(2) 根据本条订立的协议可就下列全部或任何一项事宜作出规定,即

(a) 古迹的维护;

(b) 古迹的保管和任何可能受雇看守该古迹的人的职责;

(c) 所有人权利的限制:

(i) 以任何目的而使用古迹;

(ii) 就进入或视察古迹收取任何费用;

(iii) 损毁、移走、更改或丑化古迹;

(iv) 在古迹的原址上或者附近建造;

(d) 准许公众人士或部分公众人士、考古人员或拥有人、考古人员或征集人代表使用通道设施视察或维修古迹。

(e) 倘若古迹所在的土地或毗邻的土地由所有人出售,须向中央政府发出通知书,并保留中央政府以市值购买该等土地或其指定部分的权利。

(f) 所有人或中央政府为维修古迹而支付的任何费用。

(g) 中央政府为维护古迹而发生的任何费用,应归属中央政府有关古迹的所有权或其他权利。

(h) 委任一个权力机构,以决定因本协议而引起的任何争议。

(i) 任何与古迹维修有关的事宜,须由所有人与中央政府达成协议。

(3) 中央政府或拥有人可于本条规定之协议签署之日起三年内的任何时候,经书面通知另一方六个月后终止本协议:

所有人终止本协议,应当向中央政府支付费用;如果有,则在紧接本协议终止前的五年内因维修该古迹而导致的费用,或如果协议的有效期较短,则在协议生效期间交付。

(4) 根据本条订立的协议,对声称是与该协议有关的古迹的拥有人,该协议签署人或其代表签署协议的一方,通过该方或其代表签署该协议而拥有该古迹的人,均具约束力。

### 7. 残障拥有人或不曾有管辖权的拥有人

(1) 如受保护古迹的拥有人因年幼或其他残疾而不能自行行事,则有合法资格代表其行事的人,可行使第 6 条赋予拥有人的权力。

(2) 如属村产,对该村行使管理权的村长,可以行使第 6 条赋予拥有人的权力。

(3) 本条任何规定均不应视为授予任何人代表与其宗教信仰不同的人,行使订立或执行与受保护古迹有关的协议的权力,该受保护古迹或其任何部分定期用于宗教崇拜或宗教仪式。

### 8. 申请捐赠修复受保护古迹

(1) 如任何所有人或其他有权根据第 6 条订立协议以维修受保护的法定古迹的人士拒绝或未能订立该等协议,并且若有任何捐赠是为维修或其他目的而设立的,中央政府得向地方法院起诉。又如修缮古迹的估计费用不超过 1 000 卢比,可向地方法官申请适当使用该等捐赠或其部分。

(2) 地方法院法官在聆讯根据第(1)款提出的申请后,可传召及讯问所有人及其认为有需要证据的人士以裁定妥善运用捐赠或者其任何部分,该裁定可以作为民事法院的裁定执行。

### 9. 未达成或拒绝达成协议

(1) 如任何所有人或其他有权根据第 6 条订立协议以维修受保护的法定古迹的人士拒绝或未能订立该等协议,中央政府可就第 6 条第(2)款所指明的全部或任何事项作出命令,而该命令须对拥有人或该等其他人,以及从拥有人或该等其他人,通过或根据所有人或该等人声称对该古迹拥有业权的人,具约束力。

(2) 如根据第(1)款发出的命令规定古迹须由所有人或其他有资格订立协议的人士维修,维护古迹的一切合理费用,由中央政府负担。

(3) 除非所有人或其他人士已获机会就拟发布的命令作出书面陈述,否则不得作出第(1)款项下的命令。

### 10. 依据第 6 条规定,裁定违反协议的权力

(1) 如总干事得知受保护古迹的拥有人或占用人违反根据第 6 条订立的协议条款,

意图损毁、移走、更改、丑化、危及或滥用该古迹,或在其上或附近建造,他可在给予所有人或占用人以书面形式提出申述的机会后,作出禁止任何此类违反协议的行为的命令。

但在总干事因须记录的理由认为这样做不方便或不切实际的情况下,不得给予此种机会。

(2) 任何人如若不服本条所订的命令,可在规定的期限内,以规定的方式,向中央政府提出申诉,中央政府的决定为最终裁定。

**11. 协议的实施**

(1) 如拥有人或其他根据第 6 条订立的古迹维修协议受约束的人拒绝或未能在总干事所订定的合理时间内,作出总干事认为有必要对维修古迹作出的任何行动,总干事可授权任何人作出任何该等行动,所有人或其他人应负责支付任何该等行动的费用或所有人在本协议项下可能支付的部分费用。

(2) 所有人或第(1)款下的其他人如对所需支付的费用有争议,应向中央政府提出,中央政府的决定为最终裁决。

**12. 在特定销售的购买中,以及由拥有人签署的文书约束的通过拥有人申索的人**

凡因拖欠土地收入或其他公共需求而购买其上有古迹的土地的人,该古迹拥有人根据第 5 条或第 6 条的规定,暂时已就该土地上的古迹签署任何文书,及任何从执行任何该等文书的拥有人,通过该拥有人或根据该拥有人,申索对该古迹的任何所有权的人,都将受到该等文书的约束。

**13. 受保护的古迹遗址的获得**

如中央政府认为受保护的古迹有被毁坏、损伤、误用或任由其腐烂的危险,它可以根据 1894 年《土地征用法》的规定取得受保护的古迹,就像是维护受保护的古迹是为了该法案制定过程中的公共目的一样。

**14. 某些受保护古迹的维护**

(1) 中央政府应维护根据第 13 条取得的或已取得第 5 条所述任何权利的任何古迹。

(2) 当总干事根据第 5 条承担监护古迹的责任时,为了维护该古迹,他应在任何合理的时间,由他本人和他的代理人、下属和工人进入该古迹,以检查该古迹和携带该等材料以及作出他认为维持该古迹所必需或可取的行动。

**15. 自愿捐款**

总干事可收取自愿捐款,以支付维修受保护古迹的费用,并可就其收到的任何款项的管理和运用发出命令,但根据本条收到的捐款,不得用于除捐款目的以外的任何目的。

**16. 保护宗教场所不受滥用、污染或亵渎**

(1) 中央政府依本法维护受保护古迹,作为礼拜场所或圣地,不得做与其性质不相符之用途。

(2) 如中央政府已根据第 13 条取得受保护的古迹,或总干事根据第 5 条已购买,或已租赁、接受馈赠或遗赠,或担任监护受保护古迹,任何团体将该等古迹或其任何部分用于宗教崇拜或宗教仪式,所有人须作出适当规定,以保护该等古迹或其部分免受污染或亵渎：

（a）禁止任何无权按照该古迹或其部分使用的社区宗教惯例进入的人进入该处，除非满足协议双方订明的条件或出于对该古迹或其部分的宗教管理。

（b）采取他认为在这方面有必要的其他行动。

**17. 放弃政府在古迹遗址内的权利**

经中央政府批准，总干事可以：

（a）总干事通过任何销售、租赁、馈赠或遗赠取得本法案项下任何古迹的权利，或会以官方公报公告的方式，放弃该等权利，而以此获得权利的人，在该等权利转移前暂时成为该古迹的拥有人；

（b）放弃他根据本法所取得的对古迹的监护权。

**18. 公众进入受保护古迹的权利**

在不违反本法规定的情况下，公众有权进入受保护的古迹。

受保护区域

**19. 对在保护区享有财产权的限制**

（1）任何人，包括保护区的拥有人或占用人，不得在该保护区内建造任何建筑物，或在该保护区内进行任何采矿、采石、挖掘、爆破或类似性质的作业，或未经中央政府许可，以其他方式使用该等地区或其任何部分。

但如该等耕作不涉及从地面挖出不多于一英尺的泥土，则本款不得视为禁止将任何该等区域或其部分用作耕种用途。

（2）中央政府责令违反第（1）款规定的任何人，在保护区内建造之建筑物，应于指定期间内拆除，如有拒绝或不遵照者，征收人责成相关人员拆除有关建筑物，而有关人士须承担拆除的费用。

**20. 获得保护区的权力**

如中央政府认为任何受保护地区内有具国家利益和价值的文物或古迹，它可以根据 1894 年《土地征用法》的规定取得这些地区，就像取得这些地区是为了该法案制定过程中的公共目的一样。

禁区与管制区

**20A. 禁区及在禁区内进行公共工程或其他工程的申报**

（1）从保护区或受保护古迹（视情况而定）的界线开始，向四周延伸 100 米的区域，为保护区或受保护古迹的禁区。

但中央政府可根据管理局的建议，在官方公报刊登公告，就任何受保护古迹的类别，规定一百多米的区域为禁区。但根据第 4A 条，视情况而定。

（2）除第 20C 条另有规定外，除一名考古官员外，任何人不得在任何禁区内进行任何建筑工程。

（3）如果中央政府或总干事（视情况而定）认为：

（a）进行该等公共工作或者对公众有必要的项目，是必要的或者是有利的；

(b) 中央政府认为,该等其他工作或工程,对该古迹或其邻近环境的保护、安全、保障或进入该古迹或其邻近环境的通道,不会有任何实质的不利影响。无论第(2)款有何规定,在特殊情况下,在顾及公众利益的情况下,中央政府或总干事可借命令及以书面记录的理由为依据,许可在禁区内进行对公共工作或者对公众有必要的项目或其他建筑工程。

但任何古迹附近区域或其毗邻区域在 1992 年 6 月 16 日当天或以后至 2010 年《古迹和考古遗址遗存(修订及生效)条例草案》生效日期之前申报该区域作为该受保护古迹的禁区而获总统批准的,应视为根据本法规定公布的该受保护古迹的禁区。根据专家咨询委员会的建议,由中央政府或总干事(视情况而定)发给在禁区内进行工程施工的牌照,同时根据本法的规定应视为已被有效授予,与本条在所有重要时间均已生效的建筑工程牌照效力相同。

此外,根据 1959 年颁布的《古迹和考古遗址遗存规则》第 34 条,印度政府于 1992 年 6 月 16 日在文化部(印度考古研究院)第 1764 号法令所发出的通告,或没有得到根据 2006 年 7 月 20 日印度政府第 24/22/2006 - M 号命令的规定而组建的委员会(随后在 2008 年 8 月 27 日和 2009 年 5 月 5 日的命令中被称为专家咨询委员会)的认可,在所有禁区内建造或重建的一切建筑物或构筑物,按照这些法令第一条限制性条款,均不属于获批建造的项目。

(4) 第(3)款所提述的任何许可,包括进行任何对公共或其他建筑所必需的公共工程或项目,在《古迹和考古遗址遗存(修订及生效)条例草案》获总统批准之日起及之后,均不得在任何禁区内获得。

**20B. 就每一受保护古迹宣布管制区域**

每一地区根据第 3 条和第 4 条宣布为国家重要性的每一古迹和考古遗址遗存,从其森区开始的每一区域并向四周延伸 200 米为该古迹和考古遗址遗存的管制区域:

根据第 4A 条,视任何受保护古迹或其保护区域的分类情况,中央政府可以官方公报公告之方式,指定其 200 米以上的区域为管制区域。

但任何古迹附近区域及其毗邻区域在 1992 年 6 月 16 日当天或以后至 2010 年《古迹和考古遗址遗存(修订及生效)条例草案》生效日期之前申报该区域作为受保护古迹的管制区而获总统批准的,应视为根据本法规定公布的该受保护古迹的管制区。根据专家咨询委员会的建议,持已获在禁区内进行工程施工的牌照,同时依据本法的规定应视为已有效授予,与本条在所有重要时间均已生效的工程施工牌照效力相同。

**20C. 申请在禁区内修理或翻新,在管制区内建造、重建、改建、修理或翻新**

(1) 任何人拥有 1992 年 6 月 16 日以前存在于禁区内的任何建筑物或构筑物,或其后经总干事批准而在禁区内建造的建筑物或构筑物,并希望对该建筑物或结构进行任何修理或翻新的,可视具体情况向主管当局申请进行该等修理或翻新。

(2) 任何人在任何管制区域拥有任何建筑物、构筑物或土地,并希望在该等土地上进行任何建筑物或构筑物的建造、重建或修复或翻新(视情况而定),可以按实际情形向主管机关申请施工、改建、修理、翻新。

## 主管机关许可

**20D. 主管机关的管制区的许可**

(1) 凡依本法第 20C 条申请许可,可依规定方式向主管机关提出。

(2) 主管机关应自收到申请书之日起 15 日内,依据有关受保护古迹或受保护地区的文物章程,视实际情况,将该申请书转交主管部门审议并宣布该工程项目可能产生的影响(包括大型开发项目、公共项目和对公众至关重要的项目产生的影响)。

但中央政府应根据主管部门依照本条款予以相关的许可,以及根据主管部门审议相关的申请作出的建议划定申请类别。

(3) 管理局应在接获根据第(2)款提出的申请后两个月内,将该等建筑工程的影响(包括大型开发项目、公共项目及对公众至关重要的项目产生的影响)向主管当局通报。

(4) 主管当局应在接获管理局根据第(3)款发出的通知后一个月内,批准或拒绝管理局的建议。

(5) 管理局的建议为最终裁决。

(6) 主管当局如根据本条款拒绝给予许可,并在给予有关人士机会后,应自收到申请之日起三个月内,将拒绝通知寄给申请人并向中央政府及管理局通报。

(7) 在根据第(4)款发放许可证后,并在进行修缮或翻新工程或重建该等第(4)款所提及的建筑物时,如果主管部门认为(根据他所拥有的资料或其他资料而定)该修缮或翻新工程或建筑物或构筑物的重建,可能会对古迹的保存、安全、保安或通道造成相当大的不良影响,可将其建议向管理局通报,如有建议或需要,撤回根据第(4)款批出的许可。

但在特殊情况下,经主管当局批准,可将许可授予第 20C 条第(2)款所提及的申请人,直到根据该条第(7)款,公布第 20E 条第(1)款遗产章程为止。

(8) 中央政府或总干事(视情况而定)应在其网站上展示根据本法授予或拒绝的所有许可。

**20E. 遗产章程**

(1) 主管当局与印度国家艺术和文化遗产信托基金(该信托基金是根据 1882 年《印度托拉斯法》登记的信托基金)或中央政府可能通知的其他文物专家机构协商,应就每一受保护古迹及保护区拟备遗产细则。

(2) 第(1)款所提述的遗产细则,除可能订明的事宜外,还应包括与文物管制有关的事宜,例如建筑物的标高、外墙、排水系统、道路及服务基础设施(包括电线杆、水管、污水管道)。

(3) 中央政府应依规则,制定各保护区、受保护古迹、禁区或管制区的古迹遗址管理详细规划。这些古迹遗址管理细则应在规定的时间内,列入相应的每一遗产条例之中。

(4) 主管当局为编制详细的场地规划和遗产细则,可委任其认为适当的、一定数量的专家或顾问。

(5) 根据第(1)款拟备的每一份遗产细则副本,须送交管理局批准。

(6) 经管理局根据第(5)款批准的遗产细则的副本应提交议会两院审议。

(7) 遗产细则应由主管机关通过其网站或以其认为适当的方式,在提交议会两院之后,立即向公众公布。

**国家古迹遗址管理局**

**20F. 国家古迹遗址管理局章程**

(1) 中央政府应以官方公报公告成立一机关,称为国家古迹遗址管理局。

(2) 国家古迹遗址管理局由以下人员组成:

(a) 由总统任命的全职主席。他在考古、乡村及城市规划、建筑、遗产、建筑保护或法律等范畴,具有丰富的经验和专门知识。

(b) 委员人数不超过五名全职人员和五名兼职人员,由中央政府根据第20G条所指的遴选委员会的建议聘任。他们在考古、城乡规划、建筑、遗产、建筑保护或法律等领域有着丰富的经验与专业知识。

(c) 总干事自然也是局班子委员。

(3) 国家古迹遗址管理局的全职主席或每名全职委员及每名兼职委员的任期为三年,由其正式上任之日起计,不得连任。

但除第(2)款第(c)项另有规定外,曾在印度考古研究院或在印度文化部、国家机关任职过的工作人员或曾获委任出任该职位但认为不合格的人士,不宜任命为国家古迹遗址管理局局长或委员。

此外,任何人如曾获发许可证或牌照,或拒绝任何该等许可或拒绝批予许可证,或任何人或其任何亲属在禁区或管制区内有任何权益,均没有资格出任国家古迹遗存管理局局长或委员。

注释:就本条而言,"亲属"是指

(i) 局长或委员的配偶;

(ii) 局长或委员的兄弟姐妹;

(iii) 局长或委员兄弟姐妹的配偶;

(iv) 局长或委员父母的兄弟姐妹;

(v) 局长或委员的直系继承人;

(vi) 局长或委员配偶的直系继承人;

(vii) 第(ii)至(vi)条所提述人士的配偶;

(4) 管理局成员秘书的级别不低于印度政府联合秘书的级别。

(5) 中央政府应为管理局配备执行本法职能所必需之人员及其他雇员。

**20G. 管理局成员遴选委员会**

(1) 国家古迹遗址管理局的每名全职成员及每名兼职成员,均须由下列人士组成的遴选委员会选出:

(a) 内阁秘书——无可争议的遴选委员会主席;

(b) 文化部秘书——遴选委员会成员;

(c) 城市发展部秘书——遴选委员会成员;

(d) 由中央政府提名三名专家,在考古、建筑、遗产或建筑保护等领域有丰富经验和专业知识。

(2) 第(1)款所提及的遴选委员会须规管其本身的遴选程序,以选拔管理局全职及兼职成员。

**20H. 管理局的工资、津贴与会议**

(1) 国家古迹遗址管理局全职主席和全职委员的工资和津贴支付,其他服务条款和条件,兼职委员的薪金和津贴支付按预先订明的支付。

但全职主席和全职委员被任命后,他们的工资和津贴,其他服务条款和条件不应出现对他们不利的变化。

(2) 管理局应为召开其会议(包括此类会议的法定人数)和根据本法授予许可的目的,须规范其自身的程序。

(3) 管理局的一切决定应以其决定的方式公布,并在其网站和中央政府的网站上公布。

**20I. 管理局的职能和权力**

(1) 管理局应行使或履行下列权力或职能,即

(a) 在《古迹和考古遗迹遗址(修订及生效)法》(2010年)生效前,向中央政府提出建议,对根据第3条、第4条规定列为国家重点保护的古迹和保护区进行等级划分和分类。

(b) 在《文物古迹和考古遗址遗存(修订及生效)法》(2010年)实施后,依据第4条,向中央政府提出可公告的受保护古迹和保护区的等级和分类建议,并确定国家重要古迹遗址。

(c) 监督主管机关的工作;

(d) 提出实施本法规定的措施;

(e) 审议大型发展项目,包括公共项目和在管制区内可能提出的对公众十分重要的项目的影响,并就此向主管机关提出建议;

(f) 向主管机关提出发放许可建议。

(2) 管理局为履行本法所赋予的职能,在就下列事项进行诉讼时,应拥有与《1908年民事诉讼法》赋予民事法院相同的权力,即

(a) 传唤和强制任何人到庭,并对其进行宣誓检查;

(b) 要求发现和出示文件;

(c) 所规定的其他事项。

**20J. 主席和委员罢免**

(1) 尽管第20F条第(3)款载有充实的内容,在以下列举的情况下,总统(就主席)和中央政府(就全职成员和兼职成员)可发布命令,将管理局局长或委员免职,如果他

(a) 被判定为资不抵债;

(b) 被判犯有中央政府认为涉及道德败坏的罪行;

(c) 身体上或精神上不能担任主席或委员职务;

(d) 已获得可能对其职能产生恶劣影响的财务或其他利益;

(e)滥用职权,以致其继续任职有损于公共利益。

(2)管理局局长或任何委员不得根据第(1)款第(d)及(e)条被免职,除非他已获给予合理机会就有关事宜进行聆讯。

**20K. 对主席和成员未来就业的限制**

管理局局长或全日制委员(视情况而定)在停止任职后,依据本法规定,在自其停止任职之日起五年内无资格再任原职,也不能在任何主要处理考古、乡村和城市规划、建筑、遗产和建筑保护或以上全部事务的机构、中介或组织任职(包括作为顾问或专家或其他职位),而这些事务原交由局长或该等委员处理。

**20L. 中央政府向主管机关发出指示的权力**

(1)在不损害本法上述规定的前提下,管理局在本法项下行使其权力或履行其职能时,除与技术和行政事项有关的指示外,须受中央政府有关政策问题的指示的约束。中央政府将不时以书面形式给予指示。

但管理局在实际可行范围内,获得机会,根据本条款在接到任何指示前表达意见。

(2)中央政府的决定,不论是否属于政策问题,均为最终裁决。

**20M. 中央政府向管理局发出指示的权力**

在不影响本法上述规定的情况下,管理局在本法项下行使其权力或履行其职能时,应受到中央政府指示的约束。中央政府将不时以书面形式给予指示。

**20N. 中央政府宣布替换管理局的权力**

(1)中央政府在任何时候都有持以下看法:

(a)因管理局不能控制的情况,它不能履行本法规定或者根据本法规定对它施加的职能或职责的;

(b)管理局一贯不遵守中央政府根据本法作出的任何指示,或不履行本法规定的或根据本法规定对其施加的职能或职责,并且由于此类违规,管理局或管理局的行政部门的财政状况已受影响;

(c)在符合公众利益的情况下,中央政府可借官方公报的通知,在不超过六个月的期间内,代替管理局行使职能。随后在通知中宣布,总统指定一名或多名可直接行使本法令规定的权力和履行职能的人员。

但中央政府在发出该等通知前,应给予有关当局合理的机会,就该拟议的替换提出申述,并须考虑管理局的申述(如有的话)。

(2)在根据第(1)款发出接替管理局的通知后:

(a)局长和所有其他专职委员、兼职委员,自接到替换通知之日起,应当自行离职;

(b)本法规定或根据本法规定由管理局行使或代表管理局履行的一切权力、职能和职责在根据第(3)款重组管理局前,须由第(1)款所提述的人士行使与履行;

(c)管理局所有或控制的所有物业,在根据第(3)款重组前,均属中央政府所有。

(3)在第(1)款发出的通知书所指明的接替期届满或届满前,中央政府应予以重组管理局,重新委任局长及其他专职委员、兼职委员。在这种情况下,任何根据第(2)款第(a)

项离职的人,在符合第20F条第(3)款的规定下,不得被视为丧失在剩余期限内被重新任命的资格。

(4) 中央政府应将根据第(1)款发出的通知副本及根据本条所采取的任何行动的完整报告,以及导致该等行动的情况,尽早提交议会两院。

**20O. 民事法院管辖权**

民事法院对管理局依据本法或根据本法决定的任何事项均无管辖权,而且任何法院或其他当局不得就依据本法或根据本法授予的任何权力所采取或将要采取的任何行动发出禁制令。

**20P. 年度报告**

(1) 管理局应每年按中央政府规定的方式和时间编制一份全面描述管理局上一年度所有活动的年度报告。

(2) 根据第(1)款收到的报告副本应在收到后尽快提交给议会两院。

**20Q. 调用信息的权力**

如果中央政府认为在适当的时候,可以通过书面命令要求管理局或主管机关(视情况而定),按照中央政府可能规定的形式和方式,以书面形式提供与中央政府事务有关的信息资料。

## 考 古 挖 掘

**21. 在保护区内的挖掘**

考古人员或其授权的考古人员或持有根据本法授予的许可证的任何人(以下简称持照人)在以书面通知征收人及拥有人后,可进入任何受保护地区进行挖掘工作。

**22. 在保护区以外的挖掘**

考古人员如有理由相信任何非保护区载有具历史或考古价值的遗址或文物,他或其授权的考古人员以书面通知征收人和拥有人后,可进入该地区进行挖掘。

**23. 强制购买在挖掘过程中发现的文物**

(1) 在根据第21及第22条在任何地区进行挖掘后,如发现文物,考古人员或持照人(视情况而定)应:

(a) 在切实可行的情况下,尽快检查有关文物,并向中央政府呈交一份报告,内容须包括所订明的详情;

(b) 在挖掘工作结束时,以书面通知已发现该等文物的土地拥有人有关该等文物的性质。

(2) 在根据第(3)款发出强制取得任何该等文物的命令前,考古人员或持照人(视情况而定)须将该等文物交由他认为适当的人安全保管。

(3) 中央政府在接获根据第(1)款提交的报告后,可下令强制取得任何该等文物。

(4) 根据第(3)款发出强制取得文物的命令时,自命令发出之日起该等文物由中央政府保存。

**24. 出于考古目的挖掘等**

除中央政府事先批准外,任何邦政府不得在非保护区内从事或授权任何人从事考古发掘或其他类似活动。如有规定或指示,则由中央政府代其制定或作出。

文 物 的 保 护

**25. 中央政府控制文物移动的权力**

(1) 中央政府认为未经中央政府许可,不得将文物或者任何类别的文物搬离原址。中央政府借助官方公报告示,批示任何此种文物或任何类别的文物不得移走,总干事书面许可的除外。

(2) 根据第(1)款提出的每宗许可申请,均须采用规定的格式,并载有规定的详情。

(3) 对拒绝许可的命令不服的,可以向中央政府申诉,中央政府的决定是最终裁决。

**26. 中央政府购买古物**

(1) 如中央政府认为根据第 25 条第(1)款发出的通知书所述的文物有被毁坏、移走、损毁、误用或任其塌落腐烂的危险,或认为因其具有较高的历史与考古价值,理想的做法是在公开场合保存这些文物,中央政府可下令强制取得该等文物,并由征收人随即通知文物所有人。

(2) 凡根据第(1)款发出关于任何文物的强制取得通知书,该等文物须归属中央政府,自该通知书发出日期起生效。

(3) 本条赋予的强制取得的权力不应延伸至实际用于真正宗教仪式的任何图像或符号。

补 偿 原 则

**27. 损失或损坏的补偿**

因进入或挖掘该土地或行使本法所赋予的其他任何权力而致使土地所有人或占用人遭受损失、损害或利润减少的,中央政府应就此类损失、损害或者减少的利润给予补偿。

**28. 补偿的市场价值评估**

(1) 中央政府根据本法有权以该等价值购买的任何财产的市场价值,或中央政府就根据本法所做的任何事情应支付的补偿发生任何争议,只要《1894 年土地征用法》第 3、5、8 至 34、45 至 47 及 52 条所规定的方式能适用,就按这些条规办理补偿。

但在根据上述《土地征用法》进行查询时,征收人由两名评估人协助,一名为中央政府提名的合资格人士,一名为土地所有人提名的人士。如土地所有人未能在征收人以上述名义所订明的合理时间内提名评估人,则由征收人指定评估人。

(2) 根据第 23 条第(3)款或根据第 26 条第(1)款作出强制取得的每一件文物,应当支付补偿金,并应尽量符合 1972 年《古物及艺术珍品法》第 20 条和 22 条的规定,适用于确定和支付该等补偿,如同适用于确定和支付根据该法案第 19 条强制取得的任何文物或艺术珍品的补偿一样。

其 他 条 款

**29. 代表的权力**

中央政府可借助于官方公报公告,指示本法令或本法令项下授予中央政府的任何权力,由中央政府行使,明确指明的条款除外,

(a) 隶属于中央政府的官员或职权,或

(b) 在指示中指定的邦政府或隶属于邦政府的官员或权力机构。

**30. 处罚**

(1) 无论是谁

(i) 毁坏、移走、查询、更改、毁损、危害或滥用受保护的古迹,或

(ii) 作为受保护古迹的拥有人或占用人,违反根据第 9 条第(1)款或根据第 10 条第(1)款发出的命令,或

(iii) 从受保护的古迹上移除任何雕塑、雕刻、图像、浮雕、铭文或其他类似物件,或

(iv) 有任何违反第 19 条第(1)款的行为,可处两年以下有期徒刑或 10 万卢比以下罚款,或两者并罚。

(2) 任何人士违反根据第 25 条第(1)款发出的通知,而移动任何文物,可处两年以下有期徒刑或 10 万卢比以下罚款或两者并罚。法院对犯有任何此类违犯行为的人定罪后,可命令此人将文物修复至原址。

**30A. 在禁区内建筑施工等的处罚**

凡在《古迹、考古遗址及遗存(修订及生效)条例草案》(2010 年)生效之日及之后,在禁区内进行任何建筑作业的,可处不超过两年有期徒刑或 10 万卢比以下罚款,或两者并罚。

**30B. 在管制区内建筑施工等的处罚**

凡在《古迹、考古遗址及遗存(修订及生效)条例草案》(2010 年)生效之日及之后,未经主管机关事先许可或违反主管机关所给予的许可,在管制区内进行任何建筑作业的,可处不超过两年的有期徒刑或 10 万卢比以下罚款,或两者并罚。

**30C. 政府官员的罪行**

中央政府工作人员对任何建设工程的行为作出许可、隐瞒、纵容、同意或者默许,或在禁区或管制区内进行重建,可处三年以下有期徒刑或罚款,或者两者并罚。

**31. 审判犯罪的司法权**

任何低于院长审判官或一级审判官的法庭不得审判本法项下的任何罪行。

**32. 应认定的某些罪行**

尽管《1898 年刑事诉讼法》载有第 30 条第(1)款第(i)项或第(iii)项的罪行,该罪行应被视为在该法所指的可认定的罪行。

**33. 关于罚款的特别规定**

尽管《刑事诉讼法》(1898 年)第 32 条有规定,凡邦政府为此特别授权的任何一级裁判官和任何总统裁判官均为合法,对违反本法规定的犯罪分子处以 2 000 卢比以上罚款。

**34. 欠政府款项的收回**

根据本法,任何人须向政府支付的任何款项,均可凭总干事或其授权的考古官员签发的证明,以与追缴欠缴土地收入相同的方式追讨。

**35. 已不再具国家重要性的古迹等**

如中央政府认为任何根据本法被宣布为国家重要性的古代及历史古迹或考古遗址及

遗存,已经不再具国家重要性,可借助于官方公报宣布,依据本法令,该古代及历史遗迹或考古遗址及遗存(视情况而定)已不再具有国家重要性。

**35A. 调查保护区、禁区或管制区的义务**

(1)总干事应在中央政府规定的时间内,为进行详细的地址规划,对所有禁区及受管制地区进行勘测。

(2)第(1)款所提述的有关该项调查的报告,须送交中央政府及管理局。

**35B. 1992 年 6 月 16 日或之后未经授权的建筑的鉴定**

(1)总干事应在中央政府指定的时间内,查明或使人查明1992年6月16日和以后在所有禁区和管制区内进行的所有(无论何种性质的)工程建设。此后,定时就此向中央政府报告。

(2)为第(1)款的目的,总干事应有权要求地方机构和其他部门提供资料。

**36. 纠正错误等的权力**

任何文书错误、专利错误或因在描述任何古代遗迹或考古遗址和遗存时的疏忽或遗漏而引起的错误,或因此而依据或根据本法被宣布为具有国家重要性的行为,中央政府可随时以官方公报公告更正之。

**37. 依据本法采取的行动**

任何公职人员在行使本法赋予的任何权力时所作的行为或意图作出的善意行为,不得就该行为向法院提起赔偿诉讼或刑事诉讼。

**38. 制定规则的权力**

(1)中央政府可在官方公报上公告,并依前一公告之条件,为施行本法之目的,订定规则。

(2)特别要注意的是,在不损害上述权力的一般性的原则下,该等规则可就下列所有或任何事项作出规定,即

(a)禁止或以许可证或其他方式规管在受保护古迹附近进行采矿、采石、挖掘、爆破或任何类似性质的活动,或在毗邻该古迹的土地上建造建筑物,以及移走未经授权的建筑物。

(b)在保护区内进行考古发掘的许可证及许可的批予、当局由谁负责的,以及授予许可证所受的限制及条件,向持照人收取的保安费用以及可以向该牌照收取的费用;

(c)公众人士进入受保护古迹的权利,以及为此而须收取的费用(如有的话);

(ca)根据第 4A 条第(1)款宣布为具国家重要性的古迹或考古遗址及遗存的类别;

(cb)根据第 20D 条第(1)款申请批给许可的方式;

(cc)根据第 20D 条第(2)款可获许可的申请类别及须提交管理局征求其建议的申请类别;

(cd)其他事宜,包括第 20E 条第(2)款下的遗产管制,例如标高、外墙、排水系统、道路及服务基础设施(包括电线杆、给排水管道等);

(ce)就每一禁区和受管制地区拟备详细地址规划,拟备该遗产细则的时间,以及根

据第 20E 条第(3)款列入每一份该等遗产细则的详情;

(cf) 根据第 20H 条第(1)款支付给管理局全职主席及全职委员的薪金及津贴,以及其他服务条款及条件,或支付管理局兼职委员的费用或津贴;

(cg) 管理局拟备年度报告的形式及时间,该报告须根据第 20P 条全面描述其上一年度的活动;

(ch) 管理局及主管机关依第 20Q 条向中央政府提供资料之形式及方式;

(d) 考古官员或持照人根据第 23 条第(1)款第(a)项所作的报告的格式及内容;

(e) 根据第 19 条或第 25 条申请许可的表格,以及该表格应载有的详情;

(f) 根据本法提起上诉的形式和方式,以及提起上诉的期限;

(g) 根据本法发出的任何命令或通知的送达方式;

(h) 为考古目的进行挖掘和其他类似作业的方式;

(i) 须订明或可以订明的其他事项。

(3) 根据本条制定的任何规则均可规定,违反本规则应受处罚。

(i) 根据第(2)款第(a)项作出的规则,可处以三个月以下的监禁,或 5 000 卢比以下的罚款,或两者并罚;

(ii) 根据第(2)款第(b)项作出的规则,可处以 5 000 卢比以下的罚款;

(iii) 根据第(2)款第(c)项作出的规则,可处以 500 卢比以下的罚款。

(4) 根据本条制定的所有规则应在制定后,在不少于 30 天的时间内,尽快提交议会两院审定,并须经议会在其举行会议期间或紧接其后的会议期间修改。

**39. 废除与保存**

(1) 1951 年《古代和历史遗迹及考古遗址和遗存(国家重要声明)法》和 1956 年《邦重组法》第 126 条现予废止。

(2) 1904 年《古迹保护法》对由本法宣布或根据本法宣布具有国家重要性的古代和历史遗迹及考古遗址和遗存不再有效,本法施行前已完成或未完成之事,不在此限。

(3) (a)《古迹、考古遗址及遗存(修订及生效)条例》(2010 年)现予废除。

(b) 虽然该法令被废除,但根据该法令所修订的主体法所做的任何事或采取的任何行动,应视为已根据本法修正后的主体法的相应规定所做或采取的。

(张 强)

# 关于组织保护具有历史或艺术特色的古迹、文物和遗址(喀麦隆)

1963年6月19日第63-22号联邦法
Cameroun
Loi fédérale n° 63 – 22 du 19 juin 1963 organisant la protection des monuments, objets et sites, de caractère historique ou artistique (1963)

国民议会审议并通过

联邦共和国总统颁布该法,其内容如下:

**第一章**

**第一条** 国民教育部长设立负责保护具有历史或艺术特色的古迹、文物和遗址的高级委员会。

**第二条** 高级委员会由国民教育部长或其代表主持。由以下成员组成:

1. 核心成员:

——喀麦隆旅游局局长;

——青年、体育和国民教育专员;

——技术教育主任;

——联邦公共工程主任。

2. 各部委任命的成员:

——总理代表;

——司法部长的代表;

——授予总统职务的部长代表,负责领土管理和联邦公共职能;

——授予总统职务的部长代表,负责财务、规划和国家设备;

——国民经济部长的代表;

——喀麦隆东部事务负责边疆事务的总理代表;

——负责地方行政的西喀麦隆国务卿代表;

——内政部长的代表;

——国务秘书教育处的代表;

——新闻专员的代表。

3. 根据部长的命令任命的成员：

12 名在保护历史或艺术遗迹、物品和遗址领域的权威人士。

高级委员会也可以纳入任何对听证会有用的能提供咨询的人员。

第三条　高级委员会每年至少在主席召集下召开一次会议，并在主席认为必要或其大多数成员提出申请时举行会议。

第四条　高级委员会设常设部门，包括：

1. 高级委员会主席；

2. 秘书长；

3. 高级委员会每三年选出三名成员，可连任。

第五条　在紧急情况下，常设部门可以决定高级委员会的地点。

常设部门还负责以预备方式审查提交给高级委员会的案件。

第二章

第六条　根据高级委员会关于保护历史或艺术性质的遗迹、物体和遗址的提议，应制定保护具有国家利益的古迹和遗址清单。

这份清单上的记录是根据国民教育部长的法令宣布的，并由省长通知相关遗迹遗址所有者。分类登记规定在未提前三个月通知县政府施工意图的情况下，所有者有义务不得进行正常维修以外的工程。

部长只能通过启动本法规定的分类程序来反对此类工作。

第七条　凡登记的或未被列入上述清单的具有历史或艺术性的遗迹和遗址可以在下列条款规定的条件下全部或部分分类。

第八条　保护历史和艺术性的遗迹、文物和遗址高级委员会可发起其认为有用的排名，并就提交的分类提案发表意见。

在极端紧急的情况下，部长应规定常设部门发表意见的最后期限；若未在该期限内作出决定，部长应在常设部门的要求下给出意见。

第九条　国民教育部长下令对历史或艺术性的遗迹或遗址进行分类：

——当遗址遗迹隶属某省市私人或公有领域，或属于某个公共机构，则与公共所有人达成协议；

——当遗址遗迹未包括在所述两个类别中时，则与任何其他所有者达成协议。

第十条　如果对分类存在分歧，可以通过总统令宣布。

第十一条　该命令确定分类条件，并在必要时确定分配给所有者的赔偿金额。如有争议，由国民教育部长根据高级委员会的意见决定，向主管法院提起上诉情况除外。

第十二条　从国民教育部长向具有历史艺术性质的遗迹遗址的所有者通知其继续分类的意图起，所有者有义务在六个月期限内不对其内部设施和外观做任何修改，除非得到国民教育部长的特别许可，遗址遗迹的正常维护除外。

第十三条　具有历史或艺术性质的遗迹遗址的所有人，必须在分类法令生效之日起三个月内申请注册登记。

超过三个月期限,国民教育部长可根据 1939 年 7 月 21 日《关于在喀麦隆建立土地登记制度》法令第七十一条要求登记,其所有人被视为同意。

发布分类的命令或法令由省政府抄送到土地所有权和土地权利保护办公室。

转录不应产生任何有利财政部的税费。

**第十四条** 无论所有权如何变更,分类效用不变。

任何转让分类遗址遗迹的个人都有义务告知获得者分类的存在。

任何对遗址遗迹的转让必须在通知国民教育部长后的 15 天内进行。

**第十五条** 除了国民教育部长根据保护历史艺术遗迹、文物和遗址高级委员会的意见作出的特别授权之外,分类遗迹遗址的所有人不得销毁或修改其室内装置或外观。

**第十六条** 在国民教育部长作出其观察意见之前,分类遗迹遗址不得用于任何因公共利益征用为目的的调查。

任何人不得通过法律时效获得对分类遗迹遗址改变其性质或地点的权利。

除非得到国家教育部长的批准,否则不得通过公约在分类遗迹遗址上设立地役权。

**第十七条** 在国家教育部长在听取保护历史或艺术性古迹、文物或遗址高级委员会的意见后,宣布对分类遗址遗迹做全部或部分降级。

降级决定通知有关各方并抄送给土地所有权和土地权利保护办公室。

根据高级委员会建议,降级法令决定是否有必要全部或部分归还上述条款中规定的赔偿金。

**第十八条** 若从历史和艺术角度还具有公共利益,国民教育部长可以按照 1922 年 7 月 10 日法令的规定,以国家名义继续征收已分类或拟分类的具有历史或艺术性的遗迹遗址。

市政当局享有同样的能力。

**第十九条** 从国民教育部长通知历史艺术遗迹遗址的所有者其继续征收的意图时,分类的所有效力自动转移到相关的遗迹遗址。如果公共事业申报在本通知后六个月内未发出,所有效力则不再适用。

当宣布征用为公用事业时,可以根据国民教育部长的命令对遗址遗迹分类,无须其他手续。在没有分类令的情况下,遗迹或遗址仍然暂时受到分类令的所有约束,但如果在征用判决签署一年内,行政机关没有继续征用,则该判决不再有效。

**第三章**

**第二十条** 在本法第六条规定或已列入名单名录的古迹和遗址周围,可以在下列条件下设立保护区:

——省长制定了一项保护计划,包括构成受保护区域的片区计划,并说明为确保这种保护所需的要求;

——省长命令对该项目进行调查。有关县市的市政委员会、业主,以及各种公共服务机构的代表或任何其他能提出意见的有关人士,都可以发表意见;

——省长将该文件连同他的意见发送给国民教育部长,教育部长可咨询高级委员会;总统令宣布保护该遗址符合国家利益。

**第二十一条** 保护法令由国民教育部长抄送给土地所有权和土地权利保护办公室。该转录不应产生任何时效使财政部受益。

**第二十二条** 自宣布一般利益的法令通知下达后,保护区内的所有人或其继承人有义务遵守该法令颁布的保护措施。

**第二十三条** 当保护区被宣布具有公众利益时,无论其施工方案性质如何,涉及全区或部分区域的所有项目必须征求国民教育部长的意见。

## 第四章

**第二十四条** 从历史或艺术角度看,其保护代表一定公共利益的可移动物品、动产及其不动产都可在本法令第九条和第十条规定的条件相同下,划分为具有历史、艺术性质的遗迹遗址。

**第二十五条** 国民教育部为每个省制定一份分类的可移动物体的总清单。

该清单的副本将保存最新,存放在国民教育部和各省的警察局。该清单可由申请人至少提前8天提交书面申请并提供他们必须知道的利益证明。

全部或部分名单的副本只能在部长的特别授权下复制拷贝。

**第二十六条** 所有经分类的可移动物体都是不受时效限制的。属于省市、公共部门或公共事业机构的分类物品只能在国民教育部长的授权下转让。

所有权只能转让给国家、公共事业人员或部门。

**第二十七条** 任何不属于第二十六条所列人员的物品转让方案必须提交给国民教育部,该部可行使优先购买权。

部长的决定应在转让方案公布后一个月内通知业主。

**第二十八条** 无论分类物品所有权如何变更,分类效力不受影响。

转让分类物品的任何人必须告知买方存在分类。

**第二十九条** 违反第二十、二十七和二十八条的转让无效。国民教育部长或原所有人可随时行使无效转让或索赔行为。可在国民教育部长的领导下反对相关负责人。

**第三十条** 除临时出口外,禁止从喀麦隆联邦共和国出口任何分类物品。

**第三十一条** 未经国民教育部长批准,不得在其管理部门的监督之外对分类物体进行修改、修理或修复。

**第三十二条** 国民教育部长至少每十年重新公布分类物品。

**第三十三条** 分类可移动物品的降级由国民教育部长根据高级委员会的意见下令强制执行。

## 第五章

**第三十四条** 任何违反第六、十二、十三、十四、十五、十六、十九、二十二、二十三、二十六、二十七、二十八、三十和三十一条规定的违法行为都将处以 12 000～4 800 000 法郎的罚款,且不妨碍损害赔偿,该赔偿由国民教育部长针对因违反以上法律条款而下令执行工程或采取措施的人进行赔偿。

**第三十五条** 任何故意破坏、毁坏或污损历史或艺术遗迹、文物或古迹的个人都将判处一个月至两年的监禁并处以 24 000～120 000 法郎的罚款,且不影响执行损害赔偿。

**第六章**

**第三十六条** 部长决定确定实施本法的细节。决定根据高级委员会的意见起草。

**第三十七条** 现予废除违反本法以前的所有规定,特别是 1937 年 8 月 27 日颁布的《关于保护历史、科学、传说和有特色的遗址和自然遗迹的法令》和 1944 年 5 月 9 日颁布的《在喀麦隆建立一个黑非洲法国研究所的地方中心的决定》的第六条规定。

**第三十八条** 本法案以法文和英文刊登并发表在官方公报上,作为喀麦隆联邦共和国的法律予以执行。

1963 年 6 月 19 日于雅温得

艾哈迈德·阿希乔

(向维维)

# 关于设立国家博物馆和美术馆之规定的法案(博茨瓦纳)

An Act to Make Provision for the Establishment of a National Museum and Art Gallery — Botswana (1967)

批准日期:1967 年 9 月 28 日

起始日期:1967 年 9 月 19 日

由博茨瓦纳议会颁布

**简短标题**

1. 本法案可称为《1967 年国家博物馆和美术馆法》。

**释义**

2. 在本法案中,除非上下文另有规定,

"理事会"指根据第 5 条设立的理事会;

"基金"指根据第 9 条设立的基金;

"博物馆"包括工艺村;

"国家博物馆和美术馆"指根据第 3 条设立的国家博物馆和美术馆。

**建立国家博物馆和美术馆**

3. 总统与委员会协商后,可建立令他满意的博物馆和美术馆,称为国家博物馆和美术馆,以便进一步在博茨瓦纳提供有效的博物馆和美术馆服务。

**管理国家博物馆和美术馆**

4. 依据本法案规定,国家博物馆和美术馆的管理权应授予部长,部长应与理事会协商,根据本法案第 5 条以外的其他条款履行职责。

**建立国家博物馆和美术馆理事会**

5. (1) 为本法案计,将设立理事会,称之为国家博物馆和美术馆理事会。

(2) 理事会包括一名主席,其他成员不超过六名,由部长提名,理事会可根据细则增选其他成员。

(3) 理事会经部长批准,可选出不超过三名成员,他们具有理事会履行其职责所需的专业知识和经验。

(4) 理事会成员的任期应为：(a) 主席或根据第(2)款提名的成员的任期,自其任命之日起三年；(b) 根据第(3)款的规定获选的成员的任期,不超过一年。

(5) 理事会主席和理事会任何成员可随时致函部长,辞去理事会职务；部长可随时撤销提名。

(6) 在任何一年的12月31日,任何理事会成员如未于之前12个月内或其任期内12个月期间,出席至少三分之一的理事会会议,应视为已离开理事会席位。除非其缺席是由于健康欠佳或经由部长批准。

**理事会会议**

6.(1) 理事会应在必要或适当的时间召开会议,以处理其业务。

(2) 主席可在任何时候召集理事会会议,也可应部长或任意三名成员的要求,召集会议。要求召集会议时,应说明会议的目的。

(3) 理事会的意见或决定可在会议上通过,也可应主席的指示,以书面记录成员意见并相互传阅的方式通过。

(4) 如果主席认为,某理事会成员因兴趣、生病、人不在博茨瓦纳或因其他原因,不能就某些文件进行表决,可根据第(3)款的规定,指示不得将文件分发给该成员。

(5) 理事会任何会议的法定人数为四人,对于根据第(3)款的规定分发的文件进行表决,法定人数亦为四人。

(6) 理事会的决定应以多数票做出；在票数相等的情况下,主席应第二次投票或投出决定票。

**理事会的职能**

7.(1) 理事会的职能如下：(a) 行使本法案所规定的职能时,向总统和部长提出建议。(b) 作为受委托人,管理基金；行使此职能时,如经部长授权,理事会有权质押、转让或以其他方式处置该基金的资产,有权为国家博物馆和美术馆取得动产和不动产。(c) 部长可不时要求理事会承担与国家博物馆和美术馆有关的行政职能。

(2) 根据第7(1)(b)条款的规定,经部长批准,并按他确立的条款,理事会作为受委托人,可以基金资产做抵押或以其他方式借款。

(3) 为了进一步在博茨瓦纳提供有效的博物馆和美术馆服务,理事会可与博茨瓦纳境内境外其他博物馆或美术馆达成相互协议。

**部长的一般性职责**

8. 部长应与理事会协商并在资源允许的范围内,提供全面而有效的博物馆和美术馆服务,供所有愿意使用的人使用,并为此提供、维护此类建筑和设备。如有必要,还须履行其他职责。

**设立国家博物馆和美术馆基金**

9.(1) 特此设立一项基金,称为国家博物馆和美术馆基金,该基金将委托给理事会,代表博茨瓦纳人民托管,并由理事会根据第7条的规定管理。

(2) 该基金应包括：(a) 委员会为国家博物馆和美术馆获得的财产,包括动产和不动产;(b)依法为国家博物馆和美术馆拨款之款项;(c)根据第11条的规定制定条例并因此获得的财产,以及国家博物馆和美术馆提供服务时收取的合理费用;(d)公共或私人来源的订阅、礼物、赠款和遗赠;(e)如果部长认为,某些礼物、赠款和遗赠所依据的条件,不符合本法案的规定,不符合管理本法案的大体精神,可指示理事会婉拒上述礼物、赠款或遗赠。

(3)当动产和不动产转让给理事会,即基金的受委托人时,当时的财政部长可指示放弃理事会因转让而欠下的所有款项。

(4)本基金的资产对理事会或其任何成员所承担的任何义务不承担被扣押、被执行的责任,除非该义务是因为本法案产生的,或根据本法案的规定产生的。本基金的资产也不应构成该基金任何成员的财产的一部分,不应在其死亡、无力偿债或转让遗产时被执行。

(5)就1965年《财务和审计法》(1965年第15号法律)而言,基金的资金应被视为公共资金。

**报告**

10.(1)每年1月1日之后,理事会应尽快向部长报告其在前一年的工作以及与博物馆或美术馆有关的任何其他事项,以便引起他的注意。

(2)部长应在收到报告后十四天内将该报告提交给议会。

**条例**

11.(1)部长可制定一般性的条例,也可针对根据本法案建立的任何特定博物馆或美术馆制定条例。(a)规定由国家博物馆和美术馆基金向理事会成员支付费用和津贴;(b)规定对任一博物馆、美术馆及其设施用途的控制和管理,包括有关收费和费用的支付;(c)规定博物馆、美术馆委员会的设立、职能和职责;(d)保护任何博物馆、美术馆的藏品;(e)总体上更好执行本法案规定的条例。

(2)根据第(1)款的规定制定的任何条例,如有违反,可处以不超过100南非兰特的罚金。在未缴纳罚款的情况下,可处以不超过三个月的监禁。也可同时处以上述罚款和监禁。

1967年8月31日由国民大会通过。

国民大会秘书

G.T.马腾格(G. T. MATENGE)

(雷远旻)

# 关于历史和自然遗址遗迹的发掘与保护条例(阿尔及利亚)

(1967年12月20日,67-281号)
Ordonnance n° 67-281 du 20 décembre 1967 relative aux fouilles et à la protection des Sites et Monuments Historiques et Naturels

政府首脑,部长会议主席
基于国民教育部长的报告,

根据1962年12月31日颁布,并于1962年12月31日起继续立法推行的62-157号法令,违反国家主权的规定除外;

根据1930年5月2日颁布的关于艺术、历史、科学、传说和自然风景古迹的法令,以及所有补充和修改文本;

根据1966年3月26日颁布的关于旅游景区的66-62号法令;

根据1966年6月8日颁布的刑法66-156号法令,特别是其中第160条例;

根据1967年1月18日颁布的公共法典67-24号法令,特别是其中第149条例;

根据1966年4月4日颁布的66-75号法令,即针对实施1966年3月26日颁布的关于旅游景区景点的66-62号法令;

根据1925年9月14日颁布的关于阿尔及利亚历史古迹的法令,该法令在1938年3月3日和1947年6月14日颁布的法令以及1954年11月21日颁布的法律条文中作出修改;

根据1942年2月9日颁布的关于史前史、历史、艺术和考古的发掘法令,该法律于1941年9月27日在阿尔及利亚推行,并载入1945年9月18日颁布的条例之中;

根据1947年9月10日颁布的规范阿尔及利亚的广告、标牌和标志的法令;

根据1949年4月26日颁布的关于在阿尔及利亚建立特别领土区域以监测史前考古矿层的修正和补充法律条款。

下令:

## 第一章 总　　纲

**第一条** 从历史、艺术和考古学的角度来说代表民族利益的动产和不动产，位于国家、省级、市级或公共机构的公有和私有建筑物的地面和地下，无论这些建筑物是否具有特许权，都属于国家财产。

未经艺术部长授权，任何人不得转让或销毁此类动产和不动产。其动产和不动产不受时效约束。

**第二条** 从历史、艺术和考古的角度来说代表民族利益的不动产，如果其位于具有私有权的个人、自然人或法人的建筑物的地面上，可以保留其所有权并享受其特有权。

国家保留为公共利益设立地役权的权利：相关部门访问和调查的权利，公众可参观权，国家为其大型修缮可能提供帮助的维护义务。

未经艺术部长授权，禁止销毁此类不动产。

在自愿转让财产的情况下，无论是有偿还是免费转让，国家都行使优先购买权。

为了保护民族遗产，国家可以针对这些不动产，在现行立法规定的条件下行使各种程序，包括索赔、分类、友好收购、征用公用事业。

**第三条** 从历史、艺术和考古学的角度来说代表一定民族利益的所有动产或不动产的附着物，无论其位于具有私有权的个人、自然人或法人的建筑物的地面或地下，都属于国家财产。

当个别持有者享有附着物时，国家保留行使任何地役权的权利，特别是上述第二条法律条款和本法令的第二条提到的地役权。

所述附着物既不可被剥夺，其所有权也不受时间限制。

为保护民族文化遗产，国家可以将所述物品分类后纳入国家馆藏中。根据专家意见，国家对纳入国家馆藏的物品给予补偿。

**第四条** 禁止出口各类从艺术史和考古学角度来说具有国家利益的动产和不动产附着物。

该禁令涉及的物品性质和类型由艺术部长签署的法令决定。

为了国家利益，任何未经国家授权并试图带出阿尔及利亚的此类物品将被扣押和没收。

**第五条** 任何在国外或在国内出版的学术作品，以及保存在阿尔及利亚的有关历史、艺术和考古的所有未出版文件，须经主管艺术的部长授权批准。

违反此要求可能会导致损害索赔。

## 第二章　考古发掘

**第六条** 艺术部长是唯一进行或授权进行历史、艺术或考古学古迹或物品研究调查的人。

**第七条** 国家领土分为若干考古区域。每个区域的负责人代表艺术部长代理信息和执法官员。

**第八条** 无论建筑物是否国有，国家依职权依法执行上述第六条所界定的建筑物的挖掘或探测。

若建筑物不属于国有,在未与相关业主达成协议的情况下,艺术部长有权命令临时占用该不动产,依照本条例第九条执行。

**第九条** 占有不动产的时间由艺术部长签署的可更新法令确定。占领期间对室内设施实行不同的检查方案。

在挖掘工作结束时,由艺术部长决定对场地进行分类、友好获取、征用、补偿或恢复原貌。对于临时占领期间由于暂时剥夺不动产使用权而造成的损失应给予赔偿。

**第十条** 国家或地方部门可经文化部长同意,通过友好或征用方式获得所需不动产,以实施和深入挖掘调查,确保被发现遗迹的贮藏与维护。

**第十一条** 从国家或地方政府通知不动产所有人继续征用意向的当日起,该建筑物承担历史古迹归类后的所有影响。如果在下达通知后七年内未执行分类决定,这些影响将不再适用。

**第十二条** 在确定征收补偿金或者购买价格时,不得考虑以后在该建筑物上或者其中发现的古迹或者物体的价值。

**第十三条** 国家所有财产:

无论建筑物的合法条件如何,所有在该建筑物挖掘的或偶然发现的物品;

因为这些物品当日是在国家领土上挖掘或发现的。

艺术部长可以规定所述物品进入国家馆藏。

**第十四条** 在阿尔及利亚领海发掘或偶然发现的所有动产所有权属于国家。

**第十五条** 对偶然发现文物并通知相关部门的个人,艺术部长可向其支付一定奖金。

**第十六条** 经考古作业或任何形式发现的艺术、历史或考古学的古迹或物品,其发现者或所有人必须立即上报当地人民大会主席。人民大会主席应将其发现立即传达给考古学区的负责人和省长,以上报给艺术部长。

如果被发现的物品在第三方家中处于保护状态,该物品也应作出相同的申报。

该不动产的所有人负责临时保护在这些场地上发现的古迹、下层建筑或不动产遗址。物品保管人对文物也承担同样的责任。

**第十七条** 艺术部长可以对发掘现场以及发现物储存地进行检查。艺术部长可以针对文物保管采取任何有利措施。

**第十八条** 无论发掘地点是否符合上述第七、第八、第十三和第十四条的规定条件,艺术部长可酌情授权科学人员及科学机构委派的研究人员进行实地挖掘。

挖掘工作应在具有能力的官方服务部门的监督下进行。

如果未遵守科研工作的执行方案规定,艺术部长将撤销对挖掘工作的授权,且不影响本条例第一百一十五和第一百一十六条所规定的刑事制裁的执行。

## 第三章 历史遗址和遗迹

**第十九条** 历史古迹是国家遗产不可分割的一部分,并受国家保护。

它们包括该国历史上任何时期(从史前时期到现在)的所有遗址、遗迹或文物。它们代表了一个国家的历史、艺术或考古方面的国家利益。

### 第一节 历史遗址和遗迹

**第二十条** 历史遗址是指上述第十九条所界定的具有国家利益的城市或乡村建筑群。包括城镇、村庄、建成或未开发区域的全部或部分主体，也包括与这些类别有关的地下部分。

历史古迹是指一个单独的、建成的或未被开发的建筑的整体或局部，也包括相关建筑的地下部分或建筑物的附着物的整体或部分，无论哪一种情况，都代表上文第十九条所界定的国家利益。

**第二十一条** 历史遗址和遗迹受到分类或临时保护措施的最终保护，并登记在遗址遗迹补充清单上。

#### 第一部分 分类

（一）原则

**第二十二条** 所有代表第十九条界定的历史和国家利益的遗址遗迹须经分类。

已分类或拟分类以及载入补充清单的遗址遗迹，在其可见范围内的已建成或未建成的建筑物可被分类。

所有第一视线可见或半径500米范围内的建成或未建成的建筑，都被视为位于已分类或拟分类以及载入补充清单的历史遗迹的可见范围内，适用本条款。

在已分类或拟分类以及已载入补充清单的历史遗址，其可见距离由国家衡量。

被用于隔离、疏通、清洁或开发的建筑物，可纳入已分类或拟分类以及载入补充清单的遗址遗迹范围内。

（二）分类程序

**第二十三条** 本条例附录Ⅰ所列清单上提到的所有遗址遗迹都视为分类对象。

**第二十四条** 自艺术部长通过行政手段通知公共或私人业主开放分类程序之日起，分类的所有效力均适用于有关的遗址遗迹。如果在通知后三年内未作出分类决定，其效力将不再适用。

**第二十五条** 遗址和古迹应在其公共或私人所有人的要求下，或由国家发起主动分类。

1. 按要求分类

**第二十六条** 如果古迹遗址属于国家，分类请求由部长提出，决定其古迹遗址的归属。

如果古迹遗址属于某个省市或任何其他公共机构，其分类请求由其所有人或法律代表提出。

如果古迹遗址属于某个有私有权的自然人或法人，则分类请求由其法律代表提出。

在以上任何情况下，分类程序应符合本命令第三十条规定，遵照国家古迹遗址委员会的意见，根据艺术部长的命令进行。

**第二十七条** 所有来自公共或私人所有者的分类请求，必须尽可能附有介绍古迹遗址的描述性和图形材料,特别是照片文件。

在任何情况下,艺术部长都不受公共或私人所有者分类要求的单一事实约束。

2. 强制分类

**第二十八条** 艺术部长可以随时根据上文第二十五条,对古迹遗址分类提起诉讼。

如果古迹遗址属于国家,其分类诉讼向部长发出通知。

如果古迹遗址属于某个省市或任何其他公共机构,向代表或受让人发出通知。

如果古迹遗址(不论其所有者)被分配到公共服务部门,则向这些服务机构的代理人发出通知。

在历史遗址分类过程中以及古迹未分割所有权的情况下,则由连续两个月在市政厅张贴公告并纳入法律通知公告代替对古迹遗址所有者的诉讼通知。

**第二十九条** 当分类诉讼通知向公共或私人所有者发出后,他们应在两个月的期限内提交书面意见。若超过这个期限未作任何说明,将被认为是默许。

公共机构或私人所有者对分类结果的反对意见,应根据国家文化利益有关的优先考虑因素而制定,提交给国家古迹遗址委员会。

**第三十条** 艺术部长根据国家古迹遗址委员会的意见颁布分类决定。

如果委员会在 6 个月内未表达意见,部长可单方面作出决定。

如果出现如上文第二十九条所提及的分类反对意见,则分类程序只能在国家古迹遗址委员会的同意下进行。

**第三十一条** 部级分类决定应与本命令第二十八条所表述的相同形式通知公众或私人业主。

此决定规定分类条件。

**第三十二条** 在任何情况下,分类决定都应通知古迹遗址所在地的省长,以便在抵押办公室公布。为了财政部的利益,这项行动不会产生任何税费。

**第三十三条** 分类的古迹遗址应根据省份立即在古迹遗址官方清单上登记。

此清单应提及:

该古迹遗址的性质;

其地理位置;

分类的范围,在可能情况下,确定其可见性领域;

参与分类的部分或全部范围;

特别的地役权;

业主的名字;

分类的决定日期。

3. 分类影响

**第三十四条** 历史遗址的整体或部分分类涉及其领域包含的所有已建成或未建成建筑物的分类。

**第三十五条** 分类不对其公共或私人所有人作任何补偿。

**第三十六条** 无论其古迹遗址所有人如何变更,其分类效力都不受影响。

**第三十七条** 全部或部分转让已分类或拟分类的古迹遗址,无论其所有人是谁,都应事先经过艺术部长的批准。

所有转让方案,无论是有偿的或无偿的,都必须由相关公共机构或部级官员通知艺术部长,在任何情况下,艺术部长保留行使本条例第五十六条提及的优先购买权。

此通知下达2个月后,艺术部长可行使优先购买权。在此期限内所有人未做答复,此授权自动生效。

在未完成此手续的情况下,任何有偿或无偿的变更方案都可以在艺术部长的要求下取消。

**第三十八条** 已分类或拟列入分类的古迹遗址,无论其所有者如何,无论是其整体还是部分,既不能移动也不能破坏。

不论其所有者如何,由于施工或其他原因而造成的分类古迹遗址或其部分被分散或肢解时,上述程序无效。艺术部长可以随处搜索分离的物品,在不影响本命令第九十七条规定的处罚的情况下,并在这些技术服务的指导下命令将其恢复,对轻罪犯人、相互勾结的卖方和买方罚款。

**第三十九条** 任何人不得利用时效对全部或部分古迹遗址获得权利。

任何设立地役权的项目必须事先提交给艺术部长,艺术部长在四个月内决定授予或拒绝授权。在该期限内没收到答复,授权自动生效。

违反这一原则而新设的地役权无效,且应将其恢复原状,不给予任何赔偿。

在阿尔及利亚民主共和国官方公报上发表本条例时,现有的关于已分类或拟分类地役权可在艺术部长的要求下删除。

**第四十条** 新增整体或部分分类、拟分类的古迹遗址需要获得艺术部长的事先书面授权,艺术部长有四个月的时间同意或拒绝授权。在该期限内未答复,被认为授权。

**第四十一条** 任何新建筑既不得依靠分类或拟分类的古迹遗址,也不得在其能见范围内建造。

分类或拟分类的古迹遗址及其可见领域,无论归谁所有,未经艺术部长的特别授权,无论其状态如何,都不能做任何改变。除了本条例第六至第十八条规定的考古发掘外,这些规定特别包括:毁林作业,高架或地下安装电线或电话线,天然气或石油管道,针对建筑物的内部和外部以及所有绘画作品,涂料(地板或墙壁),木工管道,卫生设施的添加,修理或修复。

此外,永久性放置分类或拟分类的古迹遗址上的物品,以及其可见区域需要相同的授权。

这些公共或私人业主的授权请求必须随附一份关于地产现状和拟施工计划以及所有相关必要文件的清单。

从提交申请之日起,艺术部长在咨询技术部门后有四个月的时间书面通知其同意,拒绝或要求修改已提交的项目。在此期限之后,项目视为已获得授权。在要求修改方案的情况下,从提交更正草案之日起,艺术部长有两个月的时间以书面形式给予同意或拒绝意见,若超过这个期限,授权被视为同意。所有作业必须按照授权项目进行。

**第四十二条** 当补充清单上分类或登记的古迹遗址及其可见领域位于依照市区规划立法需要建筑许可证的直辖市,建筑许可申请必须由相关规划部门转交给艺术部长,自收到材料之日起,艺术部长有2个月的时间对其回复。同意、拒绝或要求修改的回复通知应在建筑许可的决定中提及,该决定由相关规划部门通知。

**第四十三条** 非国家所有的遗址遗迹的分类,并不一定意味着国家参与修复、修理或维护工作。

维护作业仍然是公立或私人业主或受益人的责任,但艺术部长依照本条例第四十一条授权的维护作业应在技术部门的操控下进行。

国家可以承担一部分维护作业,并确定其援助的重要性,同时考虑到分类古迹遗址的国家利益、其现状、计划作业的性质和公共私人业主及所有其他有关方面给予的努力。

艺术部长可通过提供服务和国家资助,在有关各方的协助下,进行维修维护的加固作业,无论其归谁所有,这对于分类古迹遗址的保养保护至关重要。为确保这项工作顺利进行,艺术部长可在没有与这些所有人达成友好协议的情况下,授权临时占用分类遗址遗迹或邻近建筑物。这种占领是根据艺术部长的要求发出的省级命令,其命令还应通知业主。占领的持续时间在任何情况下都不得超过6个月。如果占领造成相关损坏,则在现行法律规定的条件下给予赔偿。

**第四十四条** 若历史古迹技术服务部门未按照规定提供维修,艺术部长则命令所有分类古迹遗址的私人或公共所有人在规定的时间内执行必要的工作。

如果在此期间内未执行工作,业主将承担责任。

但是,若艺术部长没有在第四十一条规定的时间期限内对修理、修复或维护工作的授权申请作出回应,所有人可以不承担责任。

**第四十五条** 分类古迹及其可见领域禁止任何形式的广告(海报、广告牌、灯光音响或其他设备)。

同样的禁令也适用于分类遗迹及其可见区域,艺术部长批准保留给公众的特殊区域除外。

**第四十六条** 在补充清单上分类或登记的古迹遗址的室内室外及其可见领域内进行的一切表演活动,必须事先得到艺术部长的批准。

艺术部长可以禁止或限制在补充清单上分类或登记的古迹遗址的室内室外及其可见领域内的摄影和电影拍摄活动。

4. 降级

**第四十七条** 分类古迹遗址的整体或部分降级,可以由国家发起,也可以在公共或私人所有者的要求下进行。

降级只能在本条例第十九条规定的历史、艺术或考古性质的国家利益消失的情况下进行。

**第四十八条** 降级由艺术部长根据国家古迹遗址委员会的意见,在与上述第三十条规定的相同条件下,通过法令宣布。

通知业主的降级决定,抵押办公室的通告以及从官方历史古迹遗址名单中除名,采用与本条例第二十八、三十一、三十二和三十三条所列相同的形式。

### 第二部分 补充清单

**第四十九条** 针对第十九和第二十条表述的,无论出于何种原因没有即时存档历史古迹遗址,在任何时间,其整体或部分都可以载入古迹遗址补充清单。

所有补充清单上归类或登记的古迹遗址可见范围内的已建或未建成建筑物,以及附属物都可以在同样条件下登记。

**第五十条** 艺术部长在上述第三十条表述的情况下,规定根据古迹遗址全国委员会的意见,颁布决定宣布补充清单的登记结果。

部长决定应提到:

古迹遗址的性质;

其地理位置;

分类的范围,在可能情况下提及可见领域;

登记的整体或部分的范围;

特殊的地役权;

登记决定的日期;

所有人姓名。

该决定由省长通知公共或私人业主或其代表或授权人,其形式参见本命令第二十三、第三十一和第三十二条款。

还应通知省长以在省档案馆存档,和古迹遗址所在地的市人民大会主席,并在可能情况下通知给受让人或占用者。

**第五十一条** 补充清单的登记涉及本条例第三十四条和第四十六条规定的分类总体影响,为期 10 年。

如果在此期间内没有进行最终分类,艺术部长有义务从补充清单中删除古迹遗址。除名结果参见本条例的第二十五条和第三十一条规定的形式通知所有者,在可能情况下,还应通知受让人和住户,并由抵押办公室在与分类降级相同的条件下公布。

放弃和取消补充清单上的古迹遗址登记,不对所有业主、受让人或占用者的相关利益给予任何赔偿。

### 第三部分 公共目的的征用

**第五十二条** 补充清单上分类、拟分类或已登记的任何古迹遗址,都须经部长同意,才能将其整体或部分纳入公用征收的调查。

**第五十三条** 国家、各省市都可以参与到以保护补充清单上全部或部分分类、拟分类或已登记的古迹遗址为目的的公共征用程序中。

补充清单上所有分类、拟分类或已登记的古迹遗址视野范围内的新建或未建成建筑,在本条例第二十二条规定的条件下,享有相同的权利。

**第五十四条** 宣布公用征用应通过:

——国家征用古迹遗址时通过法令形式,

——省市征用古迹遗址时,须符合现有法律规定,经艺术部长同意通过省级决定,参见上述第五十二条。

**第五十五条** 自主管行政机关通知未分类建筑的所有人继续征收意向之日起,分类产生的一切效力自动适用于不动产。如果公共征用声明在发出后的 12 个月内没有执行,分类效力将不再适用。

当宣布公用征收后,建筑物可以根据艺术部长的命令分类,不再需要任何其他手续。如果没有分类决定,建筑物仍然暂时具有分类的所有效力,但如果主管行政机关在公共征收通知发出的 6 个月内没有执行征收前的手续,该建筑将失去所有效力。

**第四部分 国家优先购买权**

**第五十六条** 根据本条例第二条和第三十七条,所有有偿或无偿转让补充清单上分类、拟分类或已登记的全部或部分新建或未建成的建筑物,国家享有优先购买权。

自部委官员向艺术部长通知相关建筑物的转让方案起,按照上文第三十七条的规定,艺术部长在 2 个月内决定是否行使优先购买权。超过这个期限未做批复视为放弃购买权。

在与卖方未达成友好协议的情况下,优先权购买建筑物的购买价格根据公共征用的适用规则确定。

**第二节 可移动文物**

(一)原则

**第五十七条** 凡符合本条例的第三条,从历史、艺术和考古学角度代表一定国家利益的所有可移动物体或不动产的附着物,特别是挖掘出土的物品,都被视为历史古迹。

**第五十八条** 国家可以搜索上述第五十七条规定的物品,并在执行分类或登记补充清单之前执行任何有用的保护措施。

(二)分类

1. 分类程序

**第五十九条** 任何潜在可分类移动物品的持有人,都应让国家执行可移物的所有调查或来源考察,并提供所有相关信息。

**第六十条** 在上述第五十七条规定的代表国家利益的可移动物体都可以被分类,分类可由国家发起,也可在公共或私有持有人的要求下划分。

艺术部长根据本条例第三十条,按照国家古迹遗址委员会的意见进行分类。

**第六十一条** 分类的所有决定均以行政途径送达分类的可移动物体的持有人。

**第六十二条** 本条例附录Ⅱ清单中公布的所有可移动物体,在阿尔及利亚人民民主共和国的官方公报发表之日起,都被视为已分类。

**第六十三条** 经分类的可移动物体的清单应由艺术部长通知省长,并通知负责公共购买事项的部委官员，以及法院认证的专家。

2. 分类的影响

**第六十四条** 分类结果不对分类物品的公共或私人持有人的相关利益进行任何赔偿。

**第六十五条** 分类结果不受其所有人变更的影响。

**第六十六条** 分类物品的持有人可以保留对其的持有权，并有保管并尊重国家地役权的义务。

**第六十七条** 艺术部长可以授权转让分类物品持有人的所有权，持有人应尽相同的义务。

**第六十八条** 禁止对补充清单上分类或者登记的可移动历史古迹进行任何包裹或肢解。

**第六十九条** 如果由于偶然事件物品被盗、丢失或被毁坏，持有人有义务在二十四小时内通知主管当局或艺术部长。

**第七十条** 任何违反第六十六至六十九条规定的义务的行为，均面临在不通知也不赔偿的情况下剥夺其持有权。

**第七十一条** 任何分类的物品都可因国家保护文物的目的，根据国家古迹遗址委员会的意见，遵照本条例第三条的原则，被放置在国家收藏中。

**第七十二条** 补充清单上的可移动历史古迹的登记，承担为期十年的由分类所产生的所有影响。

### 第三节　历史古迹遗址的保存保护

**第七十三条** 补充清单上分类、拟分类或登记的可移动或不可移动历史古迹遗址的所有人、转让人或者受托人是其保管人，有义务保护保管古迹遗址。

**第七十四条** 国家、省市的各部门必须保证对补充清单上分类、拟分类或登记的建筑物或可移动物品的保管和保护，这些部门是其所有人、转让人或受托人，可采取符合本命令第三十七至四十五条规定的必要措施。

除建造或重建房舍的费用外，这些措施所需的费用是上述服务的强制性要求。这些费用自动包含在相应预算中。

如果这些服务部门未能执行艺术部长认可的必要措施，艺术部长在责令无效后，可根据国家古迹遗址委员会的意见强制执行。

**第七十五条** 当艺术部长认为补充清单上分类、拟分类或登记的物品，在第七十四条所述的相关部门所属的条件下，其保存或安全受到威胁时，并当持有、转让和托管部门不愿且不能采取必要措施纠正这种状况时，艺术部长可以根据古迹遗址委员会的意见，紧急下令执行一切保护措施。

可移动或不可移动历史古迹遗址的保管者必须得到艺术部长的认可。

**第七十六条** 所有可移动历史古迹的私人或公共持有者，应根据上述要求进行保管和履行符合现行法律的责任。

## 第四章 自然遗址遗迹

**第七十七条** 自然遗址遗迹是国家遗产不可分割的组成部分,受国家保护。

**第七十八条** 所有能证明出于国家利益保护保存的具有艺术、历史、传奇或特色的自然景观或场所,都被视为自然遗址遗迹。

**第七十九条** 自然遗址遗迹的保存保护通过补充清单的分类或登记措施确保。

**第八十条** 具有本条例第七十八条所界定特征的自然古迹遗址须予以分类。

**第八十一条** 旨在确保保护遗址遗迹周围环境或其能见领域的周边建筑物,可包括在分类的自然遗址遗迹的周边范围内。

这些可见性领域的地役权由国家古迹遗址委员会根据其特殊性确定。

**第八十二条** 本条例附件Ⅲ公布的分省建立的清单上所有的自然遗址遗迹都被视为已分类。

**第八十三条** 自艺术部长通过行政渠道通知公共或私人业主开放自然遗址遗迹分类诉讼起,公共或私营业主不能对遗址遗迹现状做出任何更改,特别是砍伐树木,不排除农村土地以及建筑物正常维护的常规开发。

如果分类决策自通知之日起3年内未下达,保护措施将不再适用。

**第八十四条** 自然遗址遗迹古迹应根据其公共或私人所有者的要求或在国家的倡议下进行分类。

**第八十五条** 如果自然遗址遗迹属于国家,分类请求由部长提出,确定遗址遗迹分类权限。

如果自然遗址遗迹属于某省市,分类请求则由其法律代表提出。

如果自然遗址遗迹属于具有私有权的自然人或法人,则分类请求由所有人或其代表或受让人提出。

在这三种情况下,分类由艺术部长根据国家古迹遗址委员会的意见,颁布决定进行。

**第八十六条** 公共或私人所有者的任何分类请求必须附有介绍拟分类遗址遗迹的描述性和图片文件,特别是照片文件。

然而,在任何情况下,艺术部长都不受公共或私人所有者分类要求的单一事实约束。

**第八十七条** 艺术部长可随时发起关于自然遗址遗迹分类的诉讼。

如果遗迹遗址属于国家,确定遗址遗迹分类权限的分类诉讼向部长发出通知。

如果遗迹遗址属于某个省市,向其法律代表发出通知。

如果遗迹遗址属于具有私有权的自然人或法人,通知则向其所有人、代理人或受让人发出通知。

如果遗迹遗址(不论其所有者)被分配到公共服务部门,通知则向这些服务机构的代理人发出。

在自然遗址分类过程中以及古迹未分割所有权的情况下,则由连续两个月在市政厅张贴公告并纳入法律通知公告代替对古迹遗址所有者的诉讼通知。

**第八十八条** 在向公共或私人所有者发出分类程序通知后,所有人有2个月的时间提交书面意见。超过这个期限,沉默视为默许。

公共部门或私人所有者对于分类的反对意见,应提出对国家文化利益的优先考虑的明显动机,且应提交给国家古迹遗址委员会。

**第八十九条** 根据国家古迹遗址委员会的意见,艺术部长颁布分类决定。

如果委员会未能在6个月内表达意见,艺术部长可单方面决定。

在上文第八十八条表述的分类反对意见情况下,其分类则只能在国家古迹遗址委员会的同意下进行分类。

**第九十条** 部级分类令以本命令第八十七条所表述的相同形式通知公共或私人所有人。决定还应确定分类的条件并规定地役权。

**第九十一条** 分类决定应通知遗址遗迹所在省的省长,以便抵押办公室给予公布。

为了财政部的利益,这项行动不会产生任何费用。

**第九十二条** 分类遗址遗迹应立即在自然遗址遗迹的正式名单上,分省登记。

这个清单应提及:

遗址遗迹的性质;

地理位置;

分类的范围;

特别的地役权;

分类决定的日期;

所有者的名称。

**第九十三条** 自然遗址遗迹的分类意味着对其周边及其能见范围内建造的所有建筑物进行分类。

**第九十四条** 分类结果不针对公共或私人所有者的相关利益做任何补偿。

**第九十五条** 自然遗址遗迹的分类结果不受其所有人变更的影响。

**第九十六条** 无论其所有者如何,对全部或部分分类自然遗址遗迹的转让须经艺术部长批准。

所有有偿或无偿的转让项目必须由相关公共或部级官员通知艺术部长,部长保留行使国家优先购买权。

艺术部长的授权在通知下达后两个月内发布。超过这个期限,视为同意授权。

所有有偿或无偿的转让行为,在未完成此手续的情况下,可以根据艺术部长的要求取消。

在自然遗址由旅游部长和艺术部长颁布的联合决定分类情况下,且符合本条例第一百一十二条规定,分类的全部或部分遗址的转让方案必须向两位部长报告,以便其共同宣布决定,并可行使优先购买权。

**第九十七条** 任何分类或拟分类的自然遗址遗迹,只能在艺术部长的许可下,进行征用公用事业的调查。

**第九十八条** 任何人无权通过相关规定,改变分类的自然遗址遗迹的性质及其场所外观的性质。

除非得到艺术部长的批准,否则不得通过公约在分类的自然遗址遗迹上设立地役权。

**第九十九条** 若分类或拟分类的遗迹遗址的全部或部分有新用途,需要获得艺术部长的事先授权,部长有 4 个月的时间同意或拒绝授权。在此期限之后,视为已获得授权。

**第一百条** 分类或拟分类的自然遗址遗迹以及其能见度领域,无论所有者如何,都不能被修改任何现有装置,未经艺术部长授权的农村土地的常规开发除外。

除本条例第六条和第十九条规定的考古发掘外,这些规定尤其适用于:

——森林砍伐;

——安装架空或地下电话线或电线,以及燃气管或油管;

——任何新增建筑和现有建筑的任何外部改装。

此外,永久性地将可移动物体放置在分类或拟分类的自然遗址遗迹内以及其可见区域中需要相同的授权。

这些由公共或私人所有者提出的授权申请必须附有计划作业方案和所有必要文件。

自请求之日起四个月内,艺术部长在咨询技术部门后,通过书面形式通知其同意,拒绝或要求修改提交方案的结果。超过这个期限,视为已获得授权。

在要求修改方案的情况下,自修正方案提交之日起的 2 个月内,艺术部长通过书面形式给予同意或拒绝意见。超过这个期限,授权被视为同意。修改作业必须按照授权项目进行。

**第一百零一条** 当分类的自然遗址遗迹以及可见领域所在的城市需要市规划法规要求的建造许可证时;建造许可申请必须由相关规划部门转交给艺术部长,艺术部长须从收到文件起的两个月内做出回应。艺术部长同意、拒绝或责令修改的通知必须在建造许可的决定中提及,由相关规划部门通知。

**第一百零二条** 自然遗址遗迹及其可见领域内禁止任何形式的广告(标语、广告牌、灯光、音响或其他设备),艺术部长授权的特别场地除外。

在自然遗址遗迹及其可见领域内进行的任何表演节目都必须事先获得艺术部长的授权。

**第一百零三条** 分类遗址的全部或部分分类降级应由国家发起,或在公共或私人所有者的要求下进行。

分类降级只能在根据本条例第七十八条规定的国家利益消失的情况下产生。

**第一百零四条** 分类降级由艺术部长根据国家遗迹遗址委员会的意见颁布决定宣布。

给所有人发出的降级决定的通知、抵押贷款办公室发布的公告和从官方名单中除名的通知,采用本条例第二十和第九十一条规定的相同的形式。

**第一百零五条** 艺术部长可以以国家名义,以上文第七十八条定义的国家利益为由,采用本条例第五十五条规定的形式,继续征用补充清单上分类、拟分类或已登记的自然遗址遗迹。

第一百零六条　国家、各省市可经文化部长同意,参与针对自然遗址遗迹公共征用的开发程序。

第一百零七条　若上文第七十七和第七十八条所述的自然遗址遗迹,无论出于何种原因,不能立即进入分类程序,其整体或部分可在任何时候登记到自然遗址遗迹补充清单上。

为保护周围环境或自然遗址遗迹可见视野内的保护,已建成或未建成的周边建筑也可在相同条件下登记。

第一百零八条　在本条例第八十三条表述的条件下,补充清单的登记由艺术部长根据国家古迹遗址委员会意见颁布决定宣布。

部长令应规定：

遗址遗迹的性质；

地理位置；

分类的范围,可能情况下,可见视域；

其全部或部分分类的范围

特别的地役权；

所有人的名字；

分类决定的日期。

该决定由省长根据本条例第九十和第九十一条表述的形式通知其公共或私人所有人,或其代表,或其权力受益人。

第一百零九条　补充清单上的登记具有为期三年的分类效力。

如果在此期间内没有进行最终分类,艺术部长有义务从补充清单中删除遗址遗迹。此除名将以本条例第九十、九十一和一百零四条规定的格式通知。

第一百一十条　补充清单上的自然遗址遗迹分类的取消以及除名,不对任何所有者或占有者的利益变动进行任何补偿。

## 特　别　规　定

第一百一十一条　具有一定的经济利益自然遗址遗迹,如矿山、森林、湖泊、溪流、河流或其他能源,必须在相关部门部长同意后进行分类。

相关部门的部长们必须从艺术部长的推荐之日起2个月内作出决定。超过这个期限,沉默视为接受。

在艺术部长和有关部门的部长未达成协议的情况下,该自然遗址遗迹不能通过法令进行分类。

第一百一十二条　旅游部长以保护或提升旅游价值为由提出的自然遗产分类申请,受国家古迹遗址委员会的特别审查。

这些遗址按照艺术部长和旅游部长颁布的联合决定分类。

第一百一十三条　当自然遗址按照艺术部长和旅游部长的联合命令进行分类时,且符合上一条款规定,针对第九十九至一百零六条(含)所述的行为必须得到两位部长的认可。

**第一百一十四条** 涉及历史遗址遗迹的保管保护的第七十三至七十六条也适用于自然遗址遗迹，同时应考虑到上文第一百一十二和一百一十三条的规定。

## 第五章 制 裁

**第一百一十五条** 所有未经授权的物品移动及违反下列条款的情形，处以 100～2 000 第纳尔罚款，不影响任何损害赔偿或没收：

——第六条：未经文化部长授权进行的搜查和调查；

——第十四条和第十六条：偶然发现未申报；

——第十八条：在授权挖掘过程中发现的物体未申报或不归还国家。

在重犯的情况下，除了 100～2 000 第纳尔的罚款外，还处以一至六个月的监禁。

艺术部长也可要求轻罪犯人缴费进行修复。

**第一百一十六条** 以下条款中的违法行为可处以一至六个月的监禁及 500～2 000 第纳尔罚款，罚款可增加到出售价格的两倍或行使这两项惩罚中的一项，不影响任何损害赔偿或没收：

——第十三条和第十八条：出售或隐藏偶然发现的或在授权的挖掘过程中发现的物品；

——第十四条：销售或隐藏水下考古发现的物体。

有此企图也被认为是犯罪并受同样的惩罚。

如果是重犯，本条款规定的监禁和罚款处罚是可累积的。

**第一百一十七条** 任何人故意破坏、毁坏或损坏挖掘现场或者在授权发掘期发现或偶然的发现，都被处以两个月到五年的监禁且处以 500～2 000 第纳尔的罚款，且不影响任何损害赔偿和没收。

有此企图也被认为是犯罪并受到同样的惩罚。

在重犯的情况下，最低和最高处罚加倍。

**第一百一十八条** 凡违反以下条款的规定，处以 200～4 000 第纳尔的罚款，且不影响任何损害赔偿和没收：

——第三十七条第一段和第五十一条第一段：未经事先授权转让补充清单上分类或登记的不可移动历史遗址遗迹的全部或部分；

——第九十六条和一百零九条：未经事先授权转让补充清单上分类或登记的历史遗址遗迹；

——第四十和五十，九十和一百零九条：未经事先授权，为补充清单上分类或登记的自然或历史遗址遗迹新增用途。

有意出售的部委官员还应承担刑事和行政责任。

在重犯的情况下，最低和最高处罚加倍。

**第一百一十九条** 凡违反以下条款的规定，应处以 1 000～10 000 第纳尔的罚款，且不妨碍对那些下令或进行非法作业人员的损害赔偿：

——第二十四、五十一和八十三条：影响补充清单上分类和登记的诉讼效力；

——第三十八条：对补充清单上分类或登记的可移动遗址遗迹进行分割和分解；

——第三十九条第二段和第三段，第九十三条第二段，第五十一条和第一百零九条：非法设立地役权；

——第四十一、一百、五十一和一百零九条：对分类或登记的不可移动遗址遗迹及其可见领域的未经授权或不符合要求的违规违法建筑和改造；

——第五十五和一百零五条：征收请求通知的效力。

在重犯的情况下，最低和最高处罚加倍。

此外，艺术部长可以善意或经司法途径要求轻罪犯人缴费修复。

如有必要，法院可以逾期罚款，或通过行政手段下令强制执行轻罪犯人缴费。

**第一百二十条** 所有违反第四十五、四十六、五十一、一百零二和一百零九条所规定的违法行为，涉及在历史自然遗址遗迹及其可见领域内设立广告、展示和进行表演的违法行为，应处罚款 200~1 000 第纳尔。

若情节严重，罚款可以提高到 100 000 第纳尔。

**第一百二十一条** 违反以下条款规定的行为应处以一至六个月的监禁和 500~2 000 第纳尔的罚款，罚款可提高到买卖价格的两倍或仅承担两项处罚中的一项，且不影响任何损害赔偿及没收处罚：

——第三、五十一、六十五、六十六、六十七和七十二条：销售或窝藏补充清单上分类或登记的可移动历史古迹；

——第五十一和六十八条：销售、窝藏补充清单上分类或登记的可移动历史古迹的一部分或肢解物。该物品的购买者被认为是犯罪同伙。

若是重犯，则规定的罚款和监禁处罚是可累积的。

**第一百二十二条** 开发补充清单上分类或登记的可移动历史古迹有可能被处以 500~100 000 第纳尔的罚款。

若是重犯，还将被判处一至六个月的监禁。

**第一百二十三条** 若违反本条例第十六条和第六十九条的规定的，在 24 小时内未申报的违法行为处以 100~1 000 第纳尔的罚款。

在重犯的情况下，最低和最高处罚加倍。

**第一百二十四条** 任何故意破坏、毁坏或损坏全部或部分补充清单上分类或登记的可移动或不可移动的历史遗址遗迹或自然遗址遗迹的个人，都应被处以 1966 年 6 月 8 日颁布的刑法第一百〇六条 66-156 号法令规定的两个月到五年的监禁及 500~2 000 第纳尔的惩罚。

有此企图也被视为犯罪，并受到同样的处罚。

在重犯的情况下，最低和最高处罚加倍。

**第一百二十五条** 所有补充清单上分类或登记的可移动或不可移动历史遗迹遗址或自然遗址遗迹的保管人或监护人，都具有第七十三、七十四、七十六和一百一十四条规定的义务,若出现重大过失,造成破坏、毁坏、污损或窃取他们保管物的部分或全部建筑或物品,都应处以八天至三个月的监禁及100~4 000第纳尔的罚款或两者其中之一的惩罚,且不影响任何损害赔偿。

如果重复犯罪,所提供的处罚是累积的。

**第一百二十六条** 若第一百一十五至一百二十六条所述的违法行为的调查验证超出普通司法形式,应按照艺术部长的要求进行。按艺术部长要求可判定违法行为,调查记录由为此目的正式宣誓的官员起草。

**第一百二十七条** 1966年6月8日颁布的刑法第五十三条66-156号法令适用于本立法。

## 第六章 组织机构

**第一百二十八条** 艺术部长设立国家古迹遗址委员会。

**第一百二十九条** 该委员会的组成如下:

——艺术部长或其代表,主席;

——党的代表2名;

——议会主席的代表;

——国防部长的代表;

——内政部长的代表;

——财政和计划部长的代表;

——农业和土地改革部长的代表;

——新闻部长的代表;

——工业和能源部长的代表;

——邮电部长的代表;

——公共工程和建设部长(城市规划和国土整治)的代表2名;

——旅游部长的代表2名;

——青年和体育部长的代表;

——不动产立法部长的代表;

——国家教育部文化事务主任;

——国家教育部高等教育主任;

——艺术、博物馆和图书馆副主任;

——文物主任;

——文物检查员;

——历史古迹的总建筑师;

——国家博物馆馆长;

——阿尔及尔国立美术学院院长;

——城市规划研究所所长。

艺术部长可以通过简单的决定,在委员会内部召集咨询人员,若任何其他人员的意见对特定问题有用，也可被委任为咨询人员。

**第一百三十条** 国家古迹遗址委员会的总部设在艺术部。应艺术部长的邀请或另一位部长的提议举行会议。

**第一百三十一条** 国家委员会每年至少举行两次会议。

**第一百三十二条** 委员需在至少 12 名成员在场情况下才可以有效审议。如果票数相等，委员会主席有裁决权。

如果没有达到法定人数，委员会在十五天内重新举行，有效决策应有过半数成员出席。

**第一百三十三条** 国家古迹遗址委员会有权决定：

——补充清单所有可移动或不可移动历史遗址遗迹及所有自然遗迹在补充清单上的分类、降级和登记建议；

——会对自然历史分类古迹遗址的现状造成重大改变的所有情况。若有改变，委员会必须首先就民众计划达成协议，然后审议最终草案。

此外，艺术部长还可以就与古迹遗址有关的任何其他事项征求委员会的意见。

**第一百三十四条** 各省应设立古迹遗址委员会，其组成如下：

——省长、主席；

——党的代表；

——艺术部长的代表；

——学院督查；

——考古区域负责人；

——公共工程、水利和建筑部门的省级负责人；

——城市规划的省级督查，如果没有这个职位，也可以是城市规划研究部门的代表；

——森林与国防和土壤恢复服务部门的代表；

——区域负责人；

——青年和体育部门省级督查员；

——省档案管理员；

——省旅游代表。

省长可以在委员会内部召集咨询人员，若其他有资历人员的意见对特定问题有用，也可被委任，特别是相关县市的人民大会代表。

**第一百三十五条** 省级委员会可向国家委员会提出关于自然历史遗迹遗址的分类或登记申请。

地方委员会必须向国家委员会提供预审文件所需的所有信息。

省级委员会有权审查补充清单上分类、拟分类或登记的历史遗迹遗址及其可见领域内所有的规划建设项目。

省级委员会在 45 天内将其意见发送给艺术部长，艺术部长根据本条例第四十二条和第一百零一条规定做出决定。

省级委员会每年至少举行两次会议,并将会议纪要发送给艺术部长。

**第一百三十六条** 省级委员会常设秘书处,由考古区的主任、督学和省城市规划检查员组成。秘书处召集委员会开会、设置议程和准备文件。

常设秘书处每两个月举行一次会议。

**第一百三十七条** 违反本条例的所有规定均废除。

**第一百三十八条** 本条例将在阿尔及利亚人民民主共和国政府公报上公布。

1967 年 12 月 20 日于阿尔及尔签订

Houari BOUMEDIENE

(向维维)

# 1968年2月19日颁布68/45号法令确立1965年8月12日颁布的32/65号法案中第五条"国家可建立博物馆"的实施细则(刚果)

Congo
Décret n° 68/45 du 19 février 1968 fixant les modalités
d'application de la loi 32/65 du 12 août 1965,
article 5 donnant à l'Etat la possibilité de créer des Musées

共和国总统,国家元首

根据新闻部长,兼青年和体育部,国民教育部,文化和艺术部代办的提议;

根据1963年12月8日颁布的宪法;

根据32/65号法案中确立的教育基本原则,特别是其第五条款第二段"关于建立利于文化艺术发展,特别是博物馆的相关组织机构";

经部长理事会同意;

下令:

## 第一章 一般规定

**第一条** 保护刚果文化和艺术遗产是一项国家义务。刚果民族集体遗产的见证人应将其保护,免遭故意破坏或自然损害。发现的罕见和有代表性的遗产必须保存在刚果。

**第二条** 必须确保保存的国家文化和艺术遗产,不仅包含艺术和工艺品、法器,也包含所有反映过去刚果社会生活的物品、文件和遗址。

## 第二章 国家博物馆

**第三条** 在布拉柴维尔建立博物馆。

**第四条** 国家博物馆是国家服务部门,根据公法规则运作,由文化艺术部直接授命博物馆馆长领导。博物馆馆长为履行职责可授命若干副馆长执行特别公务。

**第五条** 在条件允许的情况下,国家博物馆可以创建区域附属博物馆。

**第六条** 国家博物馆的使命是确保收集、保存和解释过去的证物。同时还在考古学、历史学、文化人类学等领域开展研究工作,并通过展览履行教育使命。

**第七条** 博物馆长负责项目预算,包括服务的运营成本、购买收藏、展览的管理、出版宣传册、收集研究任务的经费。国家博物馆可以收到捐款和兑换货币。

## 第三章 高级理事会

**第八条** 设立国家博物馆高级委员会,协助部长就博物馆的所有事项发表意见。博物馆馆长以咨询人员身份参加会议。文化艺术部部长是高级理事会常任秘书长。

**第九条** 国家博物馆高级委员会成员名单在官方公报上公布。

**第十条** 管理人员享有公民权利和政治权利,并不得判处任何身受刑或加辱刑。任何因任命而失去资格或由任命他的当局终止其任期的成员必须在三个月内更换。

**第十一条** 国家博物馆高级委员会由文化艺术部长或其代表主持。理事会由具有艺术文化资历的权威人士组成,并根据他们所代表的组织的提议任命如下:

共和国总统,国家元首任命一名成员;

政治局任命一名成员;

文化艺术部任命一名成员;

国民教育部长任命一名成员;

司法部长任命一名成员;

劳工部长任命一名成员;

工业部长任命一名成员;

外交部长任命一名成员;

公共卫生部长任命一名成员;

刚果工会联盟和刚果妇女革命联盟共同任命一名成员;

科技研究海外办公室和健康研究所共同任命一名成员;

布拉柴维尔高等教育署任命一名成员;

教科文组织全国委员会任命一名成员;

刚果艺术家联盟任命一名成员。

**第十二条** 高级委员会成员由文化艺术部长颁布决定任命。理事会在每年6月和12月必须举行两次会议。此外,理事会只有在其主席主持召开下才有效,且每次申请必须由超过一半成员提出。理事会成员可委任另一名代表。

**第十三条** 理事会有效审议至少有八名理事出席。如果不满足这一条件,理事会将在不少于三天但不超过十天的期限内再次召开会议。在第二次会议上,无论出席人数多少,审议都是有效的,但只能涉及第一次会议议程上提出的问题。

审议在大多数成员或代表出席的情况下才能通过。如果出现平局,主席有裁决权。审议结果由会议记录确认,登记在特别登记簿上并由总统和常任秘书长签字。

## 第四章 权 力

**第十四条** 关于任命或解雇博物馆馆长以外的工作人员的提议:

——拟定共和国境内艺术品销售的一般条件的规定,并直接实施该条例或在国家代理人的协助下施行这些条例;

——建议建立地区博物馆;

——拟定保护具有历史和祖先特征的物体的规定,直接实施该条例或在国家代理人的协助下实施该条例；

——拟定文化和艺术品的出口条例；

——审查预算草案。

**第十五条** 禁止出口或销毁任何历史文物。故意拆除或毁坏历史或祖先遗骸的罪犯将被处以最高十天的监禁，罚款 5 000～36 000 法郎或两者兼施。

但是，可以授权出口没有祖传或历史特征的文化或艺术品。这项授权将来自加盖印章的国家博物馆。

## 第五章 博物馆馆长

**第十六条** 博物馆馆长必须是专门从事博物馆相关学科的专家，熟悉博物馆学的方法论和技术的博物馆学家，管理财产和人事的主管。他是根据文化和艺术部长的提议通过法令任命的。他建议主管当局任命和解雇工作人员。

他负责管理博物馆的各个部门。如果博物馆馆长缺席或无法行事，他的职责由馆长助理行使。

**第十七条** 地区博物馆应当在黑角和多利西港等中心建立，其管理将由国家博物馆馆长授权的总助理博物馆馆长负责。

**第十八条** 文化艺术部长、公章保管人、司法和劳工部长、国家教育部长、财政预算和矿业部长各自负责执行该法令相关实施，该法令将在官方公报上登记和公布。

1968 年 2 月 19 日于布拉柴维尔签订

（向维维）

# 关于出口具有历史、艺术和考古学国家利益的物品的决定(阿尔及尔亚)

1969年6月13日69-82号法令
Décret n°69-82 du 13 juin relative à l'exportation des objets présentant un intérêt national du point de vue de l'histoire, de l'art et de l'archéologie

政府首脑,部长会议主席,根据国民教育部长的报告,

根据1967年12月20日颁布的《关于历史和自然遗址遗迹的发掘与保护条例》第67-281号法令,特别是其第一和第二章第一、三、四、十三和十四条;

决定如下:

**第一条** 除非得到艺术部长的授权,否则禁止对来自考古发掘或偶然发现的具有史前史或考古学性质的物品做任何形式的开发。

本法令尤其涉及所有建筑、雕塑、绘画、雕刻、马赛克、陶瓷、玻璃制造、硬币、奖章、海上残骸相关的史前或古老遗迹。

**第二条** 古代特色的艺术品和手工艺品,只能在经本法令第四条规定的艺术品和历史文献区域委员会授权后,方可出口。

**第三条** 所有旧手稿和旧档案只能经艺术品和历史文献区域委员会同意后才能出口。

**第四条** 在阿尔及尔、奥兰、康斯坦丁、安纳巴和拉古瓦特设立艺术品和历史文件区域委员会。他们负责颁发出口艺术品或手工艺品动产或不动产附着物的授权。

**第五条** 每个区域委员会的组成如下:
——国家博物馆馆长或其代表,主席;
——海关部门代表;
——古物部门的代表;
——国家档案馆馆长或其代表;
——阿尔及尔国家建筑与美术学院院长或其代表。

**第六条** 委员会应主席或海关代表的要求举行会议。

委员会只能在至少有三名成员出席并且由大多数成员同意情况下才能作出决定。如果出现平局,主席有裁决权。

此外,该委员会还可以召集艺术、历史和考古领域的专家。

**第七条** 违反本法令的违法行为应继续依照《海关法》的规定执行,且不影响上述1967年12月20日第67-281号法令的实施。

**第八条** 违反本法令的所有规定均予废除。

**第九条** 国民教育部长、内政部长、财务和规划国务大臣以及运输部国务大臣各自负责本法令的实施,本法令将在阿尔及利亚人民民主共和国官方公报上公布。

1969年6月13日于阿尔及尔

Houari BOUMEDIENE

阿尔及利亚

(向维维)

# 古迹与文物法(1970年第15号法案)(博茨瓦纳)

(Monuments and Relics Act, n° 15 of 1970)

第59.03章

各节安排

节

1. 标题简称
2. 释义
3. 官员的任命
4. 名誉干事
5. 保管员的职能
6. 视察员的职能
7. 专员的职能
8. 部长的职能
9. 保存古迹和文物的协定
10. 国家级古迹的宣布
11. 汇报发现,部长可选择是否购置被发现物
12. 部长获得进入国家级古迹的权力
13. 部长阻止他人进入国家级古迹的权力
14. 未经部长许可不得挖掘
15. 建立古迹与文物基金
16. 报告
17. 未经部长同意,不得更改、损坏、移除
18. 对专员架设的牌匾的损坏
19. 逮捕、扣押和驱逐
20. 犯罪和处罚
21. 条例
22. 保留条款

为更好地保存、保护古代遗迹、古巷道、文物以及其他具有美学、考古学、历史学、科学

价值或兴趣的事物,以及相关的其他事项,特制定本法案

（开始日期：1970年6月18日）

1. 本法案可称为《古迹与文物法》。

2. 在本法案中,除非上下文另有要求,否则：

"古迹"指人们已知或相信在1902年6月1日以前就已建立、建造或使用的一切建筑物或废墟、石圈、坟墓、洞穴、岩石掩体、粪堆、贝壳丘或其他类似的地点或物体,但不包括古巷道；

"古巷道"指出于采矿目的,1902年6月1日以前就已建造、使用、存在的一切竖井、掏槽、隧道、采矿场,或它们附属的建筑物、机械；

"理事会"是指根据国家博物馆和美术馆法案成立的国家博物馆和美术馆理事会；

"专员"指根据第3条指定的古迹专员；

"保管员"指根据第3条指定的保管员；

"挖掘"包括任何挖掘或发掘的过程,以及任何与此过程有关的行为；

"视察员"是指根据第3条委任的古迹视察员；

"古迹"的意思是：(a) 任何古迹；(b) 任何具有考古或历史意义的地方或包含此类物品的地方；(c) 任何风景独特、美丽的地方,或具有独特的地质构造的地方；(d) 任何稀有、独特、美丽的植物群分布的地方；(e) 任何具有美学、考古、历史或科学价值或能引起相关兴趣的洞穴、岩石掩体、树林、树木、古建造物或其他物品(自然的、人造的均可)。

"国家古迹"是指根据第10条被宣布为国家古迹的古迹、古巷道或文物。

"文物"是指：(a) 任何化石；(b) 1902年6月1日之前在博茨瓦纳完成的任何绘图、油画、石雕或岩石雕刻；(c) 1902年6月1日之前在博茨瓦纳制造或使用的具有考古、历史或科学价值的任何人工制品、器具或装饰品；(d) 任何古迹、古巷道所包含的人类学内容和考古学内容；(e) 博茨瓦纳境内发现的一切宝藏。

3.（1）部长应任命一名公职人员担任古迹专员。

（2）部长应任命一名或多名公职人员担任古迹视察员。

（3）部长可任命数名保管员,为本法计,可按需任命其他工作人员,并规定他们应获得的任何工资或报酬。

（4）根据第(1)款、第(2)款规定做出的任何任命,须经受雇者所在部门的部长同意,并应在《博茨瓦纳公报》上予以通知。

4.（1）为了协助执行本法,执行依据本法制定的条例,部长可以在《博茨瓦纳公报》上刊登通知的方式,任命合适人员担任名誉干事。

（2）名誉干事的权力可预先规定,但不得超过本法以及依据本法制定的条例授予古迹视察员的权力。

（3）名誉干事的任期为三年,除非提前撤销任命。

5. 保管员应保管、保护专员交予其保管的一切古迹、古巷道或文物不受干扰。

6. 视察员的职责如下：(a) 某些古迹、古巷道或文物目前尚不是国家级古迹,但宣布

其为国家级古迹、对其控制或保管是可取的,视察员一经了解,应向专员汇报;(b) 在专员的要求下,调查并汇报与任何古迹、古巷道或文物有关的一切事项,并就宣布任何古迹、古巷道或文物为国家古迹是否可取,做出汇报;(c) 在合理的时间,合理使用任一古迹、古巷道或文物,确保将其作为博茨瓦纳文化资源的一部分加以利用,以造福社会;(d) 承担专员可能指示的其他职能。

7. 专员可:(a) 听取视察员关于他们所知道之古迹、古巷道和文物的汇报;(b) 指示视察员调查、汇报一切有关国家古迹(包括古迹、古巷道和文物)的事项;(c) 为协助视察员履行本法规定的职责,向其指派自己认为适当的其他职能;(d) 建议部长宣布某些古迹、古巷道和文物为国家级古迹;(e) 就获得、保护、保存古迹、古巷道和文物,向部长提出谈判或缔结协定的建议;(f) 经部长书面许可,发掘、勘探归属于博茨瓦纳的一切古迹、古巷道或文物,或是发掘、勘探部长已与业主达成协议,允许此类挖掘与勘探的一切占迹、古巷道或文物;(g) 针对归属于博茨瓦纳的一切古迹、古巷道或文物,或是部长已与其业主达成协议,以期保护、保全的一切古迹、古巷道或文物,执行或授权执行他认为必需的、旨在调查、保护和保全的行动(不得违反任何可能适用的协议);(h) 在适当的地方竖立石碑,提供这些地方或附近发生的历史事件的信息;(i) 编制一份登记册,登记所有国家级古迹,以及所有为博茨瓦纳购置的或已引起他注意的古迹、古巷道和文物;(j) 就执行本法规定的职能向部长提出建议。

8. (1) 部长可以:(a) 购买、租用、借用任何古迹、古巷道或文物;(b) 接受以古迹、古巷道或文物为形式的任何礼物或遗赠;(c) 从所有者那里接受任何古迹、古巷道和文物的保管与控制;(d) 保存、保护、修理、修复、投保博茨瓦纳拥有或控制的任何古迹、古巷道和文物;(e) 经理事会同意,向博茨瓦纳境内或境外的任何个人、团体或机构提供、借出、出售或交换任何可移动的古迹或文物。

(2) 本条授予的权力应由部长作为博茨瓦纳政府代理人行使,并在与专员协商后行使。

9. (1) 部长经与专员协商后,可与任何国家级古迹的所有者达成书面协议,以便保护、保存该古迹。

(2) 根据本条达成的协议可以规定下列全部事项或任一事项:(a) 国家级古迹的维护;(b) 其保管以及任何与之有关的受雇者的责任;(c) 限制所有者毁坏、拆除、改变和污损国家级古迹的权利,如果国家级古迹是固定的、不可移动的,则限制所有者在其地址上或者附近建造它物;(d) 向公众或者部分公众开放设施,向所有者或者部长委派、前来视察或者维护国家级古迹的人员开放设施;(e) 如果国家级古迹所在的土地被所有者出价出售,则应通知部长,并为部长保留以市价购买该土地或该土地的任何特定部分的权利,以及其使用权;(f) 支付所有者或部长为保护、保存国家级古迹而发生的任何费用;(g) 解决协议引起的任何争端的程序;(h) 与保护、保存国家级古迹有关,且是所有者与部长达成协议之适当主题的任何事项;(i) 如果国家级古迹可以移动,将其移至安全保管地。

(3) 依据本条达成的协议,其条款可不时通过双方的协议而改变。

(4) 依据本条达成的协议,应列明是在规定期限内存续抑或是永久存续。

(5) 如列明存续十年或以上,或永久存续,且涉及的国家级古迹不可移动,则应根据部长的申请,在契据登记处登记,不得针对国家级古迹所在土地的所有权收取费用或收取其他费用。

(6) 依据本条达成的协议,即便未予登记,但如果有人声称拥有国家级古迹,与其发生关联是经由执行协议的一方当事人,或经由被代表执行协议的一方当事人,则协议具有约束力。

(7) 为本条计,残疾人士可由法律上有能力代表其行事的任何人代表。

10. (1) 部长经与专员协商,可在《博茨瓦纳公报》上公告,宣布任何古迹、古巷道或文物为国家级古迹。前提是：在宣布古迹、古巷道或文物为国家级古迹之前至少一个月,部长应书面通知文物所有者,他将建议宣布古迹、古巷道或文物为国家级古迹,文物所有者可书面向部长提出对拟议公告的反对意见。

(2) 部长经与专员协商后,可在《博茨瓦纳公报》上公告,取消国家级古迹的公告。

11. (1) 发现古迹、古巷道和文物后,发现者应立即书面通知部长,古迹、古巷道和文物所在土地的所有者或占有人,一经了解到此类发现,也应即刻书面通知部长。

(2) 部长在与专员协商后,有权为博茨瓦纳取得任何国家级古迹、古迹、古巷道和文物及其所在地的所有权,不论其发现是否已根据第(1)款做出通知。此时,须向所有者、任何其他的利益相关方,或权益所有者,支付一笔各方认可的费用,作为公平合理的补偿。若未能达成协议,则支付的金额,可由高等法院根据部长的申请裁定。

(3) 行使第(2)款所赋予的权利,只能是为了确保国家级古迹、古巷道和文物作为博茨瓦纳文化资源的一部分得到利用,以造福于社会。

(4) 任何人,如果声称对任何将要被购置的国家级古迹、古迹、古巷道和文物有权益或权利,并引起争议,或对部长依法行使第(2)款所赋予的权力有任何争议,则应在相关的国家级古迹、古迹、古巷道和文物被购置之前,由部长申请,由高等法院裁定。

12. (1) 有些国家级古迹所在的土地不属于博茨瓦纳所拥有,部长经与专员协商后,可为公众以及根据本法令行使职能的人取得进入这些古迹的权利,包括横穿该土地以及毗邻土地的权利。为此,须向所有者、任何其他的利益相关方,或权益所有者,支付一笔各方认可的费用,作为公平合理的补偿。若未能达成协议,则支付的金额,可由高等法院根据部长的申请裁定。

(2) 行使第(1)款所赋予的权力,只能是为了确保国家级古迹作为博茨瓦纳文化资源的一部分得到利用,以造福于社会。

(3) 任何人,如果声称对将要被部长根据第(1)款取得通行权的任何土地有权益或权利,并引起争议,或对部长行使第(1)款所赋予的权力是否合法有任何争议,或对通行权的定义,对通行权适用的条件有争议,则应在通行权被取得之前,由部长申请,由高等法院裁定。

13. (1) 部长可在《博茨瓦纳公报》上刊登命令,指明、界定未经专员或其授权的人员准许不得进入的场所以及国家级古迹的一部分。

(2) 未经许可,任何人不得进入第(1)款所指定或界定的场所或场所的一部分,除非该场所或场所的一部分所在土地非博茨瓦纳拥有,且来访者持有该场所的所有者或占有者的同意。

14.(1) 部长经与专员协商,并做出他认为合适的问询后,可以签发书面许可令。无此令,任何人不得发掘任何国家级古迹、古迹、古巷道或文物。即使获此许可令,也不得违反许可令中规定的发掘条件,或可能规定的条件。

(2) 除国家级古迹外,部长可根据第(1)款准许古迹、古巷道或文物的发掘,但须征得其所在地的所有者及与其有利益关系的任何其他人的同意。

(3) 就国家级古迹而言,部长可根据第(1)款准许获批者进入该古迹所在地时,携带发掘所需的助手或仆人、动物、车辆、装置和工具发掘该古迹。但是,如果国家级古迹所在土地不属于国家所有:(i) 应征得该土地的所有者以及与进入、发掘有利益关系的人的同意;或经部长或请求部长许可的人申请,由高等法院裁定,向所有者以及与进入、发掘有利益关系的人,支付一笔费用,作为公平合理的补偿;(ii) 任何人,如果声称对国家级古迹所在土地有权益或权利,并因此引发争议,或对部长行使本款所赋予的权力是否合法有任何争议,将由高等法院裁定。

15.(1) 已经成立名为"古迹和文物基金"的基金,该基金包括:(a) 政府拨给的款项,用以购置、管理、发掘、保护、修理和改善国家级古迹、古迹、古巷道或文物,促进有关的知识和研究,促进公众的兴趣;(b) 任何人为上述目的向基金捐赠的款项;(c) 任何人为上述目的向政府捐赠的款项。

(2) 在部长的监督下,专员应负责管理基金,并应妥善保管基金的账目和其他有关记录,并应就每个财政年度编制会计报表,以符合最佳商业标准的形式详细列明基金的资产、负债、收入和支出。

(3) 除非部长授权,否则不得从基金中支付超过50普拉的款项,但是,部长可以授权专员支付多次的、定期的50普拉的管理费用。

(4) 部长可酌情为第(1)款所述任何目的从基金支付款项,在不影响其一般性的情况下,包括:(a) 保护国家级古迹、古迹、古巷道和文物免受任何损害,包括安装围栏和修复;(b) 支付保管员的工资和报酬;(c) 国家级古迹、古迹、古巷道、文物的调查、探索与发掘;(d) 在国家级古迹所在地以及通往此类古迹的道路上安装标志。

(5) 每个财政年度的基金账目应在该财政年度结束后四个月内由部长任命的审计员审计。但除非拥有《公司法》第124(1)条所提及的一项或多项资格,任何人无资格被任命审计员。

(6) 审计师应就每一财政年度的账目报告,无论:(a) 他们是否已收到全部资料与解释,他们了解、相信这些资料和解释是履行审计职责所必需的;(b) 基金的账目是否得到了妥善保管;(c) 专员在管理基金时,是否遵守了本法令的规定,这是他的义务;(d) 专员编制的账目报表是否真实、公正地反映了所提供的资料和解释,是否真实、公正地反映了向其提供的账目和记录。

(7) 部长应当自收到审计报告及审计账目副本之日起三十日内,将审计报告及账目报送国民议会。

16. (1) 每年12月31日以后,专员应尽快向部长报告部长或专员根据本法令的规定在该年内采取的一切行动,以及与国家级古迹、古迹、古巷道和文物有关的、他希望引起部长注意的任何其他事项。

(2) 在每年3月31日之前,部长应向国民议会提交专员关于前一年的报告以及他对此的看法。

17. (1) 任何人,没有部长与专员协商后出具的书面同意,不得:(a) 更改、破坏或损坏任何国家级古迹、古迹、古巷道和文物或其任何部分;(b) 不得移除或允许从其原址移除,不得从博茨瓦纳出口或允许出口任何国家级古迹、古迹、古巷道和文物或其任何部分。

(2) 如果任何国家级古迹、古迹、古巷道和文物或其任何部分位于部落领土内,未经部落土地委员会同时同意,不得做出第(1)款提及的任何批准。

(3) 任何人欲从其原址移走或从博茨瓦纳出口任何国家级古迹、古迹、古巷道和文物或其任何部分,在向部长申请批准时,应向部长提供相关国家级古迹、古迹、古巷道和文物或其任何部分的绘图或照片,应当说明其所在的确切地点,他希望移至或者出口至的地点,他移除和出口的目的。

18. 专员根据第7(h)条所赋予的权力竖立的石碑,任何人不得污损、损毁或毁坏。

19. (1) 专员、视察员和保管员不得擅自逮捕:(a) 其在场时,违反本法令的任何人;(b) 其有正当理由怀疑违反本法令的任何人;(c) 其发现试图违反本法令的任何人,或显然有意如此的任何人。

(2) 专员、警察、视察员和保管员可以从第(1)(a)、(b)或(c)款所适用的任何人处收缴或扣押任何物品,如果通过此物品或关于此物品,该人已违反本法令,或试图违反本法令,或显然有意违法本法令。

(3) 任何人根据第(2)款取走或扣押任何物品,应立即将该物品交给司法官员进行安全保管,等待法律程序的决定。在此法律程序中,上述物品可能用作证据。

(4) 专员、警察、视察员和保管员可以从博茨瓦纳拥有或控制的任何国家级古迹、古迹、古巷道和文物所在场所驱逐第(1)(a)、(b)或(c)款所适用的任何人,也可驱逐根据本法令或根据本法令制定的条例,禁止其出现在上述场所或接触上述国家级古迹、古迹、古巷道和文物的人。

20. (1) (a) 任何人违反本法有关国家级古迹的任何条款,或违反第7(h)条款有关碑刻的规定,即属犯罪,可处罚款2 000普拉并监禁两年;(b) 在明知或有理由相信任何古迹、古巷道或文物实质的情况下,任何人违反本法有关此类古迹、古巷道或文物的任何规定,即属犯罪,可处罚款2 000普拉并监禁两年;(c) 在就第7(i)条款向部长提出批准申请时,任何人蓄意做出物质方面的虚假陈述,并随附物质方面的虚假绘图或照片,即属犯罪,可处罚款2 000普拉并监禁两年。

（2）根据本法或根据本法制定的条例，被判有罪的任何人，如果罪行涉及或导致任何国家级古迹、古迹、古巷道和文物，或其一部分，或专员指示竖立的任何碑刻损坏、被破坏、或被移除，法院除可以对其施加其他处罚外，还可以：（a）按法院裁定，命令他支付修复此类损坏所需的费用，或赔偿博茨瓦纳共和国，或等值赔偿因移除或破坏物品或物件而遭受损失的人；（b）下令没收被移除的任何物品或物体，并下令没收犯此罪行时使用的任何工具或器具。

21.（1）部长可制定条例：（a）规定本法将要规定或可能规定的任何东西；（b）管制公众进入属于博茨瓦纳共和国的任何古迹（不论是否为国家级）、古巷道或文物，在不违反根据第9条达成的任何协议的情况下，管制公众进入古迹或现代遗迹、古巷道或文物，此类古迹、古巷道和文物，根据与所有者达成的协议，属于博茨瓦纳共和国保管或控制；（c）确定进入这些场所应支付的费用；（d）规范国家级古迹、古迹、古巷道或文物的发掘，规范如何从国家级古迹、古迹或古巷道处移除文物；（e）总体而言，为了更好地执行本法的规定。

（2）此类条例可规定，如有违犯，可处罚款1 000普拉。

22. 根据《布希曼遗迹宣言》第7条的规定宣布为自然和历史遗迹、文物或古迹的任何物体，除非根据本法第10(2)条款取消该声明，否则应被视为本法令中的国家级遗迹。

（雷远旻）

# 文物与艺术珍品条例(印度)

(1973年,印度)
Antiquities and Art Treasures Rules

**目 录**

1. 短标题和生效日期
2. 定义
2-A. 本报告就人类艺术品的艺术价值与美学价值为委员会专家提供参考
2-B. 确认艺术品作者是否健在的公告
3. 依据第3条第(2)款签发许可证的部门主管
4. 经营售卖文物业务执照申请书
5. 依据第8条第(1)款授予营业许可证
6. 依据第5条申请营业执照条件
7. 依据第9条第(1)款执照续期
8. 执照持有人记录、照片与注册的保存
9. 依据第12条、条例6及7作出的申报以及作出申报的期限
10. 营业执照的修订
11. 依据第16条申请注册证书
12. 依据第16条注册证书表格
13. 所有权转让
14. 对执照发放官员与注册官员的决定提出上诉
15. 检控署署长批准检控

**表格**

表格1 经营出售文物业务执照申请表
表格1-A
表格2 经营出售文物业务执照
表格2-A
表格3 销售或收购文物月申报表[见条例6(h)]
表格4 文物登记注册表

表格 5　库存文物申报表[见条例 6(j)、(k)、(l)、(m)、(n),条例 7(ii)和条例 9(a)"条件"]

表格 6　库存申报表[见条例 6(k)、(m)、(o)和条例 9(b)"条件"]

表格 7　执照编号:文物登记注册申请表(见条例 11)

表格 8　文物注册证书(见条例 13)

表格 9　所有权转让表

表格 10　申请交还经营销售或提供文物业务的执照[见条例 6(n)]

## 文物与艺术珍品条例(1973 年)

1. 短标题和生效日期。

(1) 这些条例称为《文物与艺术珍品条例》(1973 年)。

(2) 本法令与本条例同日生效。

2. 定义

(a) "法令"即《文物与艺术珍品法令》(1972 年);

(b) "表格"即附在这些条例后的表格;

(c) "持照人"即依据本法令获得执照的持有人;

(d) "条"即本法令各条。

2-A. 本报告就人类艺术品的艺术价值与美学价值为委员会专家提供参考[①]。

考虑到中央政府拟将人类艺术品申报为艺术珍品的性质与其他事项,而且依据本法令第 2(b)条中央政府认为有必要这样做,它可以在政府公报中以通知形式,成立一个委员会,由不少于三名对艺术作品有专业知识的人士组成,以审议并提交一份有关该艺术作品的艺术及美学价值的报告。[①]

[①] 经由第 683(E)号官方公报公示插入,1979 年 12 月 6 日。

2-B. 确认某件艺术作品的作者是否健在的公告。

(1) 依据本法令第 2(b)条,为确认中央政府拟将人类艺术品申报为艺术珍品的作者是否健在,它可以在官方公报公示中以通知形式,告知其发表声明的意图,并要求:

(a) 假如上述作者依然健在,他应在官方公报公示刊载通知后的两个月内,把其自身情况与地址报给中央政府;

(b) 任何其他人知道该作者在 30 年内还健在,应在官方公报公示刊载通知后的两个月内[①],将作者的名字与健在情况以及地址报告中央政府,或依据实际情况,告知最后见到该作者的时间及最后为人所知道的地址。

(2) 一份以苏尔名义发表的告示

[①] 经由第 815(E)号官方公报公示(日期为 1983 年 11 月 2 日),刊登于《印度宪报》,第 ii 部分,第 3(i)节(日期为 1983 年 11 月 2 日)插入。

3. 依据第 3 条第(2)款签发许可证的部门主管。

总干事是依据第 3 条签发任何文物或艺术珍品出口许可证的部门主管。

解释——就条例而言,"总干事"一词是指印度考古研究院总干事,包括一名职级不低于印度考古研究院主任的、由总干事正式授权行使其责职①的干事。

① 经由第564(E)号官方公报公示增补,1978年11月30日。

4. 经营售卖文物业务执照申请书。

凡申请经营售卖或提供售卖文物业务的执照,均须以表格1提出,并须附上已经交费2 000卢比①的凭证,表示已缴纳所申请执照的费用。

① 由1992年8月28日第746(E)号官方公报公示(自1992年8月28日生效)替换。

5. 依据第8条第(1)款授予营业许可证。

(1) 一旦收到经营文物业务执照申请后,执照发放官员除考虑本法令第8条第(1)款的(a)、(b)及(c)项所述因素外,亦须考虑申请人的真实意图。如对该意图感到可行,可按表2向申请人颁发执照。

(2) 依据本条第(1)款所发放的执照自发放之日起,有效期为两年。如果持照人想要延长执照有效期,他应在执照到期前的两个月提出延长申请,(i) 持照人已提交所有的所得税申报表,(ii) 执照发放官员可以批准延长一年有效期。①②

如果出现申请人不可控制的局面,申请人依据本条第(2)款提出执照延期申请,执照发放官员认为理由充分,可在期满前的一个月,同意延期申请。③

① 经由第564(E)号官方公报公示替换,1978年11月30日。
② 经由第56(E)号官方公报公示替换,1981年2月10日。
③ 经由第56(E)号官方公报公示插入,1981年2月10日。

6. 依据第5条执照发放条件。

每一执照发放须遵循以下条例:

(a) 执照不可转让

如果持照人将其业务转让给另一人,受让人经填写申请表"表格1-A"①,可颁发新执照。在转让人的执照未到期的情况下,参考条例5所述的因素,受让人无须缴纳新执照费用。

如果持照人死亡,而执照上只有他(她)一人的名字,在执照未到期的情况下,已故持照人的法定继承人在持照人死亡后的三个月内①填写申请表"表格1-A"后交给发证官员,发证官员根据条例5所述的因素,认为申请人理由充分,则按表格2-A把新执照发放该继承人,无须缴纳任何费用。②

注:根据第二个限制性条款发放的新执照,不得影响到任何其他人对已故持照人的业务或营业处所的权利,而其他人可依法享有该权利。

(b) 依据执照所涵盖的业务,持照人不得合伙经营。如果持照人的公司已经是一个合作经营企业,依执照所涵盖的业务,不得订立更多的合伙关系。

如果持照人打算与他人合伙经营或拓展合伙经营范围,就执照涵盖的业务内容而言,应视情况而定。所有有意向的合伙人,包括现有合伙人,在填写"表格1-A"后,向发照官员申请。如该官员依据条例5,对所有有意向的合伙人申请觉得理由充分,可按"表格2-A"

签发新执照。原执照尚未到期,不得收取新执照任何费用。①

(c) 获发执照的商号如被解散,在该商号解散前曾是该商号合伙人的所有人,均须在该商号解散后十日内,每人需向发照官员呈报。

(d) 如持照人在一个以上场所经营业务,则他须为每个经营场所领取单独的执照。

(e) 持照人不得在执照有效期内将执照涵盖的业务迁往新的营业场所。不过,如果他想这样做,他可以填写"表格 1 - A"后向发证官员申请,如果发证官员根据本法第 8 条 (b)对所提及营业场所的事实感到理由充分,他可相应地修改执照。经修改的执照于修改后的当日在新营业场所生效。①

(f) 持照人应在执照事务处要求下,准许发证官员的摄影师拍摄持照人管有的文物。

(g) 持照人应在其办公场所显著位置悬挂执照。

(h) 持照人须在申报表所规定的月份届满后 15 天内,向发证官员提交售卖及收购文物月申报表(表格 3),并应发证官员的要求,在该官员规定的时间内出示售卖及收购记录;

(i) 执照依据法令被吊销或暂停,持照人无权对执照吊销或暂停后果提出赔偿,亦无权要求退还就其执照支付的任何费用。

(j) 如因执照有效期到期或合作企业解散而致使执照终止,允许前持照人在终止其执照当日,将其管有的文物交予现持照人,或在执照终止后的六个月内,将文物交予公认的印度博物馆,条件是前持照人已按条件(k)及(m)所列明的"表格 5"中妥善申报其持有的库存文物。

(k) 执照有效期到期的两个月前,持照人应按"表格 5"向发证官员申报其持有的库存文物,并且在执照到期的六个月后按"表格 6"再次申报其库存文物。

(l) 如执照因不符合发给执照的任何条件而被吊销,前执照须于撤销后 15 天内,向发证官员提交表格 5 的存货申报表。

(m) 一旦合作公司被解散,且持有执照,公司每一合伙人应在解散之时,立即联合或各自向发证官员按"表格 5"申报库存文物,并且在执照到期的六个月后按"表格 6"再次申报其库存文物。

(n) 持照人如欲交出执照,须以表格 10 向发照官员申请。申请书应当附有库存文物申报表(表格 5)。如发照官员认为持照人已遵守执照的所有条件,他可以接受交出的执照,而执照自接受之日起即视为终止。持照人无权以任何形式的执照费方式获得任何补偿。

(o) 已交出执照的持有人获准将申报的文物出售给另一持照人,或在接受交出执照之日起六个月内,将文物卖给公认的印度博物馆,条件是:在执照到期的六个月内,他以"表格 6"向发证官员申报库存文物。

① 经由第 564(E)号官方公报公示替换,1978 年 11 月 30 日。
② 经由第 56(E)号官方公报公示插补,1981 年 2 月 10 日。

7. 根据第 9 条第(1)款续领执照。如持照人申请执照续期,并缴付费用 1 000 卢比①,执照可一次续期两年②:

条件是发照官员须于执照届满前最少两个月收到该申请,并须附上表格 6 的存货申报表。③

① 经由第 564(E)号官方公报公示插补,1978 年 11 月 30 日。
② 经由第 746(E)号官方公报公示替换,1992 年 8 月 28 日(1992 年 8 月 28 日生效)。
③ 经由第 564(E)号官方公报公示替换,1978 年 11 月 30 日。

8. 持照人保存记录、照片及登记册。各持照人须备存以下记录:

(1) 一份文物登记册[＊＊＊]①(表格 4),分别适用于他获授权经营售卖或提供售卖业务的每一类文物;

(2) 每一类文物的影集,均附有清晰的照片,至少有明信片大小,并与附有其登记册编号的散页照片一并贴在影集内。

① 经由第 564(E)号官方公报公示删除,1978 年 11 月 30 日。

9. 依据第 12 条及条例 6 及 7 作出的申报①表格及作出申报的期限。根据第 11 条被吊销执照的任何人士,须向发照官员呈交该表格。

(1) 在执照撤销后 15 天内,以"表格 5"作出申报;

(2) 以"表格 6"填写的申报书,在其执照被吊销后六个月内提交。

① 替换,出处同上。

10. 执照修改。执照可由发照官员自主放弃或修改或持照人提出申请放弃或修改;但持照人不得作出任何修改或更改,持照人已获给予合理机会就有关事宜进行听证除外。

11. 依据第 16 条申请注册证书。

(1) 根据第 16 条申请注册证书,须填写"表格 7"后,呈递给对申请人居住地有管辖权的负责注册官员。

(2) 每份申请均须附有一份三张与明信片大小或其四分之一大小的照片①,清晰地显示申请人所拥有的每一件文物。如登记官员要求,则须附上同等数量该文物不同面或侧面的照片。

① 替换,出处同上。

12. 依据第 16 条注册执照表格。依据第 16 条,填写"表格 8"后就给予执照注册。

13. 所有权转让。某个人要将注册文物的所有权、控制权或管理权转让给他人,转让人应当自转让之日起 15 日内填写"表格 9"后,向对转让人居住地有管辖权的注册官员提出转让要求。

14. 对执照发放官员与注册官员的决定提出上诉。依据第 8、第 9 与第 11 条发照官员作出的决定,或依据第 16 条注册官员的决定对文物持有人造成伤害,受害人可以在收到决定后的 30 天内向印度考古研究院总干事提出上诉。

15. 总干事批准起诉请求。依据本法令第 26 条第(1)款,总干事为责任官员,依据第 25 条第(1)款开始调查,或追究、起诉这种违法行为。

注意:条例 6(j)至(o)项及条例 9(b)项所提述的表格 5 及表格 6 的申报表,须以挂号邮递或亲自递交。①

① 经由第564(E)号官方公报公示插入,1978年11月30日。

## 表格1
## 经营出售文物业务执照申请表
（见条例4）

*1. 申请人姓名和地址。

**2. 公司名称和地址,包括近十年其分支机构或担保机构的名称、地址以及其他名称(别名)和地址。

3. 合伙人姓名和地址,若有的话,包括对业务感兴趣或参与业务运作的成年家庭成员的姓名与地址。

4. 展览室/销售处地址。

5. 所有仓库和储藏室地址,包括雇员的居住地址。

6. 申请人从事商业活动的时间并提供其详细经历。

7. 如申请人/商号(包括个人及联名的所有成员)因触犯1947年颁布的《文物(出口管制)条例》,或任何其他涉及盗窃或走私文物的案件可予惩处的罪行并定罪,在这种情况下,详细公布其犯罪事实。

8. 申请人/商号(包括所有个人或联名成员)是否因违反1947年颁布的《文物(出口管制)条例》或盗窃古物或艺术珍品而被检控/调查/质询。

9. 是否已将截至申请日期的所有存货登记在申请人的登记册内。

10. 申请人拟经营业务的村、镇、市,包括区、邦。

11. 自然物,即申请人希望经营的各类文物的详情,例如石雕、金属制品、木制品、硬币、绘画、珠宝等。

12. 按类别列出申请人申报所拥有的所有文物,包括已向注册官员注册的文物。

13. 缴纳执照费用的证明材料,即附上"缴纳100卢比,账户号码No._____（不计利息）;票据号码：No. _____ ;日期：_____ "的凭据。

14. 以我所能了解的,我发誓上述材料完整、准确。本人/我等亦承诺遵守1972年《文物及艺术珍品法》的条文及根据该等条文制定的条例。

本人还附上上一年度(19____—19____)所得税证明的核证*副本以及带编号的商业机构证书。本人亦承诺如有任何更改地址或取得新仓库,将于一周内通知阁下。**本人亦承诺保存该等记录、照片及登记册,并以自费方式定期提交申报表,提供《条例》可能规定的详情及照片。本人还承诺提供与此有关的每一份记录、照片及登记册,供发照官员或获发照官员书面授权以其名义的任何其他经公告的政府官员,以方便其查阅。

发证单位公章　　　　　　　　　　　　　　　申请人姓名与签名

地点：_____　　　　　　日期：_____

＊ 地址如有任何更改,必须立即(在更改后一周内)通知发照官员。

＊＊ 须在官方公报公示上刊登并加盖公章证明。

**表格 1 - A**①

（见条例 6）

用于申请批予新执照，以经营售卖或提供售卖文物的业务，以代替已去世的执照持有人，或执照持有人已将其业务转移至其他人士，或执照持有人建议进行合伙经营/进一步扩大合伙经营。

1. 申请人姓名和地址。

2. 公司名称和地址，包括近十年其分支机构或担保机构的名称和地址以及其他名称（别名）与地址。

3. 合伙人的姓名和地址，若有的话，包括对业务感兴趣或参与业务运作的成年家庭成员的姓名与地址。

注意：如本申请是因拟议加入或拟议扩大现有的合作经营而提出，有关的详情应分别适用于现有执照持有人及拟议的伙伴。

4. 展览室/销售处地址。

5. 所有仓库和储藏室地址，包括雇员的居住地址。

6. 申请人从事商业活动的时间并提供其详细经历。

7. 如申请人/商号（包括个人及联名的所有成员）因触犯 1947 年颁布的《文物（出口管制）条例》，或任何其他涉及盗窃或走私文物的案件可予惩处的罪行并定罪。在这种情况下，详细公布其犯罪事实。

8. 申请人/商号（包括所有个人或联名成员）是否因违反 1947 年颁布的《古物（出口管制）条例》或盗窃古物或艺术珍品而被检控/调查/质询。

9. 是否已将截至申请日期的所有存货登记在申请人的登记册内。

10. 申请人拟经营业务的村、镇、市，包括区、邦。

11. 自然物，即申请人希望经营的各类文物的详情，例如石雕、金属制品、木制品、硬币、绘画、珠宝等。

12. 按类别列出申请人申报所拥有的所有文物，包括已向注册官员注册的文物。

13. 须换领新执照的执照详情。

（a）执照编号

（b）发照日期

（c）执照持有人姓名

（d）执照签发与执照续期日期

14. 提出本申请时的情况。（持照人死亡/业务转让/进行合伙经营/扩大现有的合作）必须提供证据。

15. 以本人/我等所能了解的，本人/我等发誓上述材料完整、准确。本人/我等亦承诺遵守 1972 年《文物及艺术珍品法》的条文及根据该等条文制定的条例。

本人/我等还附上上一年度(19____—19____)所得税证明的核证副本以及带编号的商业机构证书。本人/我等亦承诺如有任何更改地址或取得新仓库，将于一周内通知阁下。本人/

我等亦承诺保存该等记录、照片及登记册，并以自费方式定期提交申报表，提供《条例》可能规定的详情及照片。本人我等还承诺提供与此有关的每一份记录、照片及登记册，供发照官员或获发照官员书面授权以其名义的任何其他经公告的政府官员，以方便其查阅。

  发证单位公章　　　　　　　　　　　　　　申请人姓名与签名

地点：＿＿＿＿＿＿＿＿　　日期：＿＿＿＿＿＿＿＿

\* 地址如有任何更改，必须立即(在更改后一周内)通知发照官员。

\*\* 须在官方公报公示上刊登并加盖公章证明。

① 经由第564(E)号官方公报公示插补，1978年11月30日。

### 表格2
### 经营出售文物业务执照
[见条例5(1)]

不可转让

  ×××(地址)×××(人)(×××之子)依据《1972年珍品销售法令》申请经营售卖或提供售卖文物业务执照，并且根据该条例的规定缴纳了100卢比执照费用。

  本人为发照官员，依据《1973年文物与艺术珍品条例》条例5(1)签发此执照。执照有效期为×年，并于×年×月×日起生效。

  执照根据上述法案和条例的规定授予，并进一步受下列条件的约束：

(1) 据此，持照人只经营下列类别的文物。

业务经营区域限于

(1)　　　　　　　　　　　　(5)

(2)　　　　　　　　　　　　(6)

(3)　　　　　　　　　　　　(7)

(4)　　　　　　　　　　　　(8)

发证单位公章　　　　　　　　签名

地点：＿＿＿＿＿　　　　　　姓名

日期：＿＿＿＿＿　　　　　　发证官员

  　　　　　　　　　　　　(指派)

### 表格2-A①
(见条例6)

执照编号：

签发日期：

  执照。用于经营售卖或提供售卖文物的业务，以代替已去世的执照持有人，或执照持有人已将其业务转移至其他人士，或执照持有人拟进行合伙经营/进一步扩大合伙经营。

  持照人(执照编号：＿＿＿＿＿＿有效期：从×年×月×日至×年×月×日)已去世/已将

其业务转移至其他人士/拟进行合伙经营/扩大合伙经营。

鉴于继承人/受让人/拟进行合作经营者(其详情载于下文)已申请签发新执照,以代替上述未到期执照或上述执照。

姓名:_____

父亲姓名:_____

地址:_____

鉴于上述申请人已承诺遵守1972年《文物及艺术珍品法》的条文及其根据该等条文制定的条例。

本人为发照官员,现根据1973年《文物及艺术珍品条例》条例5(1)签发本执照,有效期××年,自×年×月×日起生效。

该执照根据上述法案和条例的规定签发,并进一步受下列条件的约束:

(1) 持照人只经营下列类别的文物。

业务经营区域限于

发证单位公章

 地点:_____    签名

           姓名

 日期:_____    发照官员

① 经由第564(E)官方公报公示插入,1978年11月30日(自1978年11月30日起生效)。

### 表格3
### 销售或收购文物月申报表
[见条例6(h)]

| | 商号名称(持照人)_____ | | 第____月份 |
|---|---|---|---|
| 1 | 序列号<br>(注册本) | 1 | 序列号<br>(注册本) |
| 2 | 物体介绍(带照片) | 2 | 物体介绍(带照片) |
| *3 | 售卖人地址 | 3 | 收购人地址 |
| | 机构公章 | | **持照人签名 |

日期:_____

地址:_____

\* 购买文物外国人的国籍、在印度的住址、在国内的住址和护照号码等应予以记录。

\*\* 如属商号,须由该商号的负责人签字。

**表格 4**
**文物登记注册表**
［见条例 8(1)］

文物包括石雕、陶器、金属制品、骨头和象牙制品、珠宝、木制品、印章、奖章、硬币、绘画、手稿和纺织品等。

| 序列号 | 物品外观与介绍 | 材质 | 尺寸 | 大致年份 |
| --- | --- | --- | --- | --- |
| 1 | 2 | 3 | 4 | 5 |

| 收购日期 | 收购来源,包括被出售物品的个人/公司的名称和地址 | 收购方式 |
| --- | --- | --- |
| 6 | 7 | 8 |

| 收购价格 | 登记 | 注册登记日期 |
| --- | --- | --- |
| 9 | 10 | 11 |

| 售出日期 | 购买人或公司的名称和地址 | 文物保存地址 |
| --- | --- | --- |
| 12 | 13 | 14 |

| 参考相册编号 | 相册编号与页码 | 相片(6厘米×6厘米)保存 |
| --- | --- | --- |
| 15 | 16 | 17 |

(照片黏贴在这册登记表)

● 外国人在印度与其国内的地址和护照号码也应加以记录。

**表格 5**
**库存文物申报表**
〔见条例 6(j)、(k)、(a)、(m)、(n),条例 7(2)和条例 9(1)〕

文物详情(分类)

| 注册登记序列号 | 文物外观与介绍（登记或未登记） | 材质 | 尺寸 | 大致年份 | 注册登记日期 | 注册编号 |
|---|---|---|---|---|---|---|
| 1 | 2 | 3 | 4 | 5 | 6 | 7 |

本人/我等在申报日申报本人/我等文物库存量。

地点：_____　　　　　　　　　　执照持有人签名

时间：_____　　　　　　　　　　商号名称

　　　　　　　　　　　　　　　　　　执照编号

**表格 6**[①]
**库存申报表**
〔见条例 6（k)、(m)、(o)和条例 9(b)〕

已售文物详情
库存于×年×月×日申报

| 注册登记序列号 | 带照片文物介绍 | 购买文物的持照人/持照公司的名称和地址 | 售出日期 | 售价 | 大致年份 | 剩余文物与详情（注册号等） |
|---|---|---|---|---|---|---|
| 1 | 2 | 3 | 4 | 5 | 6 | 7 |

本人/我等在申报日申报本人/我等文物库存量。

地点：_____　　　　　　　　　　执照持有人签名

时间：_____　　　　　　　　　　商号名称

　　　　　　　　　　　　　　　　　　执照编号

**表格 7**
**执照编号**
**文物注册登记申请表**

（见条例 11）

1. 申请人姓名(个人或商号)

2. 申请人地址(个人或商号)

3. 带照片文物外观及介绍(三张明信片大小或四分之一大小照片[①])

4. 材质

5. 尺寸

6. 大致年代

7. 收购来源

8. 如申请人已拥有、控制或管有根据本法已注册的任何文物,则必须有该文物的注册编号及给该文物注册的官员姓名。

9. 收购日期

10. 收购方式

11. 已付价钱(如有的话)

12. 现存放地和(b)保护与安全环境

13. 如果本文物已依法注册登记,是否要附上注册登记证书。

就本人所了解到的,本人声明上述资料准确与完整。本人还承诺遵守1972年《文物和艺术珍品法》的规定以及依据该法制定的条例。

机构公章

地点:_____          签名

时间:_____          申请人姓名

1. 如果是代表机构申请的,须要填写该机构名称。

2. 如果是代表机构申请的,须是该机构负责人签名。

① 经由第564(E)号官方公报公示代替,1978年11月30日。

### 表格8
### 文物注册证书
(见条例12)

兹有××市××市民申请以下文物登记注册,其承诺遵守1972年《文物与艺术珍品法》以及依据该法制定的条例。

本人为发放执照官员,根据上述法令第16条给予该文物签发此证书。文物附有认证照片。

1. 文物名称

2. 材质

3. 尺寸(高与宽)

4. 大致年代

5. 地点

根据上述法令以及依据该法制定的条例给该文物签发证书,一旦文物的地点由登记地点改为另一地点或出售后地点变化后,文物依然受这些法律以及相关法令所约束。如上述情况发生,业主须将有关事实告知注册官员,并须附上出售或赠与该文物的人士/公司的名称及地址等。

注册机构公章

地点:_____          签名

时间:_____          注册官员姓名(指定)

**表格 9**[①]
**所有权转让**
(见条例 13)

注意:1. 此表格必须与转让所有权同时填写(一式三份)。

2. 以邮件方式一份送交有关注册官员,另两份送交新德里印度考古研究院总干事,以便在所有权转让 10 天内送达。

3. 万一文物未曾登记注册,每一份表格副本均须附上明信片大小或四分之一大小的文物照片(高清晰度)。如上所述,如果物品的侧面装饰与正面不同,除正面照片外,也要附上每一侧面的照片。

4. 如果物品已经售出、赠与或者捐赠,卖方/赠与人有责任办理上述手续。如有必要,文物新物主也要前来办理手续。

第一部分(由卖方/赠与人完成)

1. 物主姓名
2. 物主地址
3. 执照编号
4. * 注册序列号
5. * 相册序列号
6. 标签/文物主题
7. 种类(雕塑、绘画、手稿、钱币等)
8. 是否注册过?

如果经过注册

(i) 注册官员姓名和职务
(ii) 注册编号

9. 材质
10. 尺寸
11. 出价

地点:

                      物主签名:
                      姓名(正体大写字母)

日期:                 签名、盖章

第二部分(由新物主完成)

1. 姓名
2. 完整地址

(i) 目前住址
(ii) 永久住址

3. 获得方式(如购买、礼物、遗产、捐赠等)

4. 目前文物所在地

5. 文物的保护与安保措施

6. 国籍

7. 护照编号

8. 在印度停留时间

9. 访问目的

以我所能了解的,我发誓上述材料完整、准确。本人亦承诺遵守1972年《文物及艺术珍品法》的条文及根据该等条文制定的不时生效的条例。

我清楚我现在得到的物品是一件文物,除非得到印度考古研究院总干事颁发的许可证,否则不能将其带出印度。没有有效的许可证,任何企图将文物带离印度的行为都将受到法律的惩罚。

注册处　　　　　　　　　　签名

日期　　　　　　　　　　　姓名(正体大写字母)

\* 仅适用于经销商。

① 经由第564(E)官方公报公示代替,1978年11月30日(1978年11月30日生效)。

## 表格10①
### 申请交还经营售卖或提供售卖文物业务的执照

(见条例6)

1. 申请人姓名

2. 申请人目前住址

3. 交还执照详情

(a) 编号

(b) 日期

(c) 持有人姓名

(d) 有效期

4. 交还执照理由

本人/我等特此声明本人/我等打算归还上述执照。本人/我等为该执照持有人,并明白主管部门收回该执照后,本人/我等将无权以退还执照为由索取赔偿或要求返还执照费用。

本人/我等现附上一份库存申报表(表格5),列明本人/我等在本申报之日持有的文物存量,并承诺在交还执照六个月后立即提交另一份申报表(表格6)。

地点　　　　　　　　　　签名与申请人姓名

日期　　　　　　　　　　执照编号

　　　　　　　　　　　　公司印章

① 经由第564(E)号官方公报公示代替,1978年11月30日(1978年11月30日生效)。

(张　强)

# 1976年9月3日第80/76号法令(安哥拉)

Angola Décret n° 80/76 du 3 septembre 1976

确定保存和保护安哥拉人民的历史和文化遗产的细则,并废除该领域以前的所有立法,安哥拉人民解放军纪律守则与持有和使用狩猎战利品饰的有关条款除外。

共和国总统

疯狂的殖民主义和特别逆行的资本主义对安哥拉人民进行了五个世纪的镇压和剥削,这五个世纪归根结底也是斗争的五个世纪,且深刻地影响着国家领土及其人民。然而,我们的人民、知识分子和艺术家的创造力没有受同样的遏制。

在这五个世纪中,我们的人民从未停止发挥和完善他们的才能,且在反对殖民统治的斗争中获取了新的形式;因此,我们的人民愿维护自己的权利以取得独立,并在自由民族和整个人类中取得本属于它的一席之地。

在这几个世纪中,安哥拉人民及其最杰出的知识分子一直致力于建立一种民族、民众和革命文化,因为这种文化是建立在其历史的客观现实和群众的集体意愿之上的。

但在这五个世纪中,受资本主义世界文化需求刺激的殖民政府,由于殖民者的贪婪和自私以及官员的腐败,又试图瓦解由人民创造的文化财富,销毁能说明安哥拉国家历史真相(有时是悲惨的真相,常常与人民是其剥削的受害者真相背道而驰)的资料。

因此,安哥拉人民的大部分历史和文化遗产都装饰着资本主义欧洲或美国的博物馆。

因此,还有一部分同样重要的分散或被忽略的遗产位于外国甚至是国家私人住宅中,这是系统性被盗窃的结果,或是对该问题自然漠视掩盖下的结果。

但是,自武装斗争开始以来,安哥拉人民解放军一直密切关注这一局面。

从那以后,安哥拉人民解放军一直研究安哥拉文化的问题和我们人民的历史,而今天,安哥拉人民解放军以科学严谨的态度,了解相关知识和社会活动的所有分支议题。

受安哥拉人民解放军理想的启发,我们政府的文化战略也应纳入达成目标框架,这场文化战役我们要下决心赢取,就像我们赢得的其他战役一样;认识到安哥拉民族对人类文化,特别是我国人民及其知识分子文化的重要性;意识到某些历史性日期的重要性,今天却仍然没有出现在教科书中或被降级为辅助角色,例如1885年,在柏林会议上达成的帝国主义瓜分非洲的协议,或者1940年,库巴尔人民反对安哥拉殖民地葡萄牙政府进行的最后一次抵抗殖民主义的战争；

鉴于所有安哥拉人民都热情投入的国家重建方案；

鉴于文化领域肯定是国家重建计划的一部分；

考虑到安哥拉人民必须重新获得极其丰富的却被非法占用的遗产；

根据宪法第四十二条，并根据本法第三十二条第（e）款赋予的权力，政府下令及我本人签署颁布以下法令：

**第一条**

1. 所有可被视为安哥拉人民的历史和文化遗产，均属于安哥拉人民，不可分割，受有关国家当局颁布的本法令规定的司法权限的保护。

2. 以下内容被视为历史文件：

（a）由主管当局分类的考古和古生物物品或收藏品；

（b）主管当局归类为历史古迹的建筑物、地点、特殊性质物体、雕像、桥梁和工程；

（c）若物品涉及安哥拉近期历史，则为五十年以上的安哥拉或国外的民间艺术品或工艺品；

（d）1975年11月11日之前拟定的不再使用的书面文件（报纸、立法文件、合同、报告、研究和项目、新闻报道、债券书、公报、会议记录、协议）；

（e）1940年至安哥拉共和国独立日期间制定的有关历史利益的事实、物体和现象的公共或私人的，描述性或分析性的图片或摄影材料；

（f）1940年以前编制的图像或摄影文件，不论性质和主题如何；

（g）1940年以前制造的衣物或装饰物品、制服、外衣、祭祀用品、家具、日常用品等；

（h）1940年以前制造的不再使用的战争、狩猎或检阅用的武器（或部分武器）；

（i）战利品饰，无论其性质和时间如何；

（j）1885年以前使用的任何残余或单独机械；

（k）书籍，更一般地说，是1885年以前印刷的书目作品；

（l）在安哥拉人民共和国独立之前或与任何时期的傀儡政党和外国入侵者有关的期间内的旗帜、标准盾牌、官方标志、未使用的盖章纸和邮票；

（m）书籍，更一般地说，是1940年以前印制的与安哥拉有关的书目著作。

3. 具有文化价值的物品或文件有：

（a）已被移出自然环境并由主管当局分类的国内或国外民间艺术品或手工艺品；

（b）由于出售、捐赠或贷款并由主管当局分类的，且不再由作者拥有的外国或国家文化视觉艺术品；

（c）不再由作者拥有并由当局分类的实用艺术品；

（d）作者不再拥有并由主管当局分类的"工艺水平"物品；

（e）在国家独立之前编写的，因政治或物质原因未发表的小说、诗歌、短片小说、散文等手抄本；

（f）一般的鸟类学、昆虫学、哺乳动物学、动物学、植物学、海洋学、地质学和工艺学标本及收藏。

本条的第 2 款和第 3 款未涵盖的集邮、古币和其他未指明的物品和收藏品不在本法令的范围内。

**第二条** 文化教育部博物馆服务处是权威机构，有权对本法令第一条规定的安哥拉人民的历史和文化遗产的所有方面进行盘点、分类、销毁、保存、迁移和恢复，并规定其使用条件。

**第三条**

1. 任何公共或国家部门，以及拥有本法令第一条所列任何物品或文件的任何个人或私人公司，必须在 1976 年 11 月 11 日之前向博物馆服务处申报。

2. 任何违反本条款的行为都可能面临立即没收相关物品的惩罚。

**第四条** 未经博物馆服务处的明确许可，严禁复印、复制或临摹本法令第一条所列的任何物品或文件。

**第五条**

1. 持有本法令第一条提及的物品的组织、企业或个人，且已经博物馆服务处的授权，都有责任根据前述附件提到的细则保护其所有物；从他们可以看到这些物体最轻微的恶化开始，他们必须告知博物馆服务部。

2. 授权扣留安哥拉人民的历史和文化遗产必须说明其分类情况、储存条件及物品使用情况，只要这些物品丢失或存在无法弥补的损害都将立即上报并证明合理性；如果事件的理由不合理，将面临导致起诉的调查。

3. 如果本授权所涵盖的物品被认为具有重要价值，授权持有人应在博物馆服务处规定的条件下保护其物品。

**第六条** 出于这些目的，博物馆服务处可委派历史和文化遗产督查组，调查宣布拥有本法令第一条提到的所有物的组织、公司和个人，或调查任何涉嫌非法持有文物的个人，以避免他们的行为造成不良后果。

**第七条** 持有授权所涵盖的贵重物品的组织、企业或个人不得在未经博物馆服务处授权的情况下，转让或从国内转移或销毁该物品。

**第八条** 已取得持有分类物品授权的组织、企业或个人，在未事先咨询博物馆服务处的情况下，不能在授权未规定的目的或条件下处置这些物品。

**第九条** 本法令第一条第 2 款所述的具有历史价值的物品和文件，经第六条所述检查组分类后，一般应转移到博物馆管辖，未经文化教育部博物馆服务处的特别授权，严禁任何形式的持有行为。

**第十条** 本法令第一条第 3 款所述的具有文化意义的物品和文件，经主管当局清点和分类后，可归属于适当的博物馆或经博物馆服务处授权私人持有。

**第十一条** 私人收藏或博物馆持有人，且在本法令第五条规定的授权范围内，鉴于本法令第一条和第二条，均受博物馆服务处的技术和文化监督，必须严格遵守该机构发布的指令，违者可被处以予以没收的惩罚。

**第十二条** 文化教育部博物馆服务处将继续努力,通过有效诉讼途径,追回海外属于安哥拉人民历史和文化遗产的历史文物和艺术品。

**第十三条** 本法令立即生效,取消该领域以前的所有立法,安哥拉人民解放军纪律守则与持有和使用狩猎战利品饰的有关条款除外。

部长理事会审议并批准。

1976年10月8日颁布。

以发表。

负责总统职务的总理

Lopo Fortunato Ferreira do NASCIMENTO

(向维维)

# 关于考古研究授权的决定(阿尔及利亚)

1980年5月17日
Arrêté du 17 mai 1980 relatif aux autorisations de recherches archéologiques

信息和文化部长，

根据1967年12月20日《关于历史和自然遗址遗迹的发掘和保护条例》67-281号；

根据1975年1月22日颁布的75-31法令，并于1975年4月修正的75-77号《关于组建信息和文化部行政中心的法令》；

决定：

**第一条** 没有信息和文化部长的事先授权，高校或其他科研机构研究人员不得在国家领土上从事任何考古搜寻。

授权申请应在工作前一年的10月1日之前提交给信息和文化部的考古部门。

申请需随附一份描述提交授权的搜寻计划的演示文稿。

授权申请根据信息和文化部考古部门领取的表格形式填写。

**第二条** 考古搜寻在信息和文化部的考古部门参与下进行。

提交授权的搜寻项目的相关部门研究人员依职权参与所设想的工作。

授权的受益人应向信息和文化部的考古部门提交进展情况的报告。

**第三条** 代表团的成员、授权的接受者需要撰写工作进展日记，并根据国际科学标准，随着工作进展采用图表和照片形式记录。

这些文件随时传达给负责现场控制的考古部门。

作业日志，是对任务结果和原始图形报表的详细报告，应在工作任务开展当年的11月1日前提交给考古部门。

科学考察团有权持有两份作业进度日志，打印调查图片和供进一步研究和出版的相胶片。

**第四条** 在执行任务期间，发现的材料按科学方法进行清点和分类。

发现物保存的初步护理由考察团成员获得信息和文化部的考古部门的同意后进行。

在活动结束时，材料交付给信息和文化部的考古部门，以确保对其保管和保护，需要在国外实验室分析的考古文物例外。

可移动物品可暂时出口,以用于分析目的。在十二个月内必须交还给信息和文化部的考古部门。

用于分析的贷款授权可以根据动机要求进行更新。

**第五条** 在阿尔及利亚进行的所有考古研究均可出版。

研究结果必须发表在考古部门的科学期刊上,或者在其他的国家出版社发表。

这些成果可以在阿尔及利亚出版后在国外出版。

信息和文化部可以特别授权在国外出版研究成果。

**第六条** 获得考古研究授权的考察团必须遵守以下出版截止日期:

(a) 工作仅持续一年的情况下在考古活动结束后一年内出版;

(b) 当工作持续数年,则在一系列工作完成后五年内出版。

在这种情况下,科学团必须向信息和文化部考古部门每年提供一份关于考古工作的详细报告。

该初步报告可出版。

超过截止日期,如果出版物没有移交给考古部门印刷,则可以将全部或部分研究的出版权优先委托给考古部门的研究人员,其次再委托给另一个科学组织。

如果研究成果难以在规定期限内出版,则可以在科学团与信息和文化部的考古服务部门之间达成协议。

**第七条** 考古部门可授权将考古工作活动的材料传给尚未参与新任务的研究人员。

但是,在发现不到五年的情况下,只能在科学团团长同意的情况下才能出版这些材料。

考古部门可以在同等条件下,授权所有考古研究领域的访问。

**第八条** 在相关材料还未被考古部门研究时,考古部门可以授权科学机构对国家遗址或馆藏和遗址内的保存物品的研究申请。

研究结束后,根据本命令第八条规定提交一份报告。

并根据本命令第五条和第六条进行出版。

**第九条** 严禁对古迹构造和可移动物品的任何开发(展览、音像会、明信片、传单等等)。

经科学代表团团长同意,考古服务部门可以允许例外。

**第十条** 国家保留在授权的受益人做出科学出版物后,通过任何程序对新发现的可移动物品及结构进行商业再版的权利。

**第十一条** 关于考古部门的报告,信息和文化部长可随时暂停考古研究活动:

(a) 如果没有遵守上述条款所列条件;

(b) 在工程期间出现科学故障;

(c) 如果特派团连续两年没有提供有效理由的情况下暂停其活动。

在这种情况下,考古部门可以在同一地区授权另一个科学机构或一组研究人员进行考古研究。

**第十二条** 美术、遗迹遗址部门主任负责执行本命令,该命令将在阿尔及利亚人民民主共和国官方公报上公布。

1980 年 5 月 17 日订于阿尔及尔

Abdelhamid MEHRI

(向维维)

# 关于修订1967年12月《发掘和保护自然历史遗迹遗址的条例》(067－281号)(阿尔及利亚)

1981年6月27日81－135号法令(67－281号)

Décret n°81－315 du 27 juin 1981 portant modification de l'ordonnance n° 67－281 du décembre 1967 relative aux fouilles et à la protection des sites et monuments historiques et naturels

共和国总统，

鉴于新闻和文化部长的报告，

根据《宪法》，特别是第111－10和152条，

根据1967年12月20日《关于历史和自然遗址遗迹的发掘和保护条例》第67－281号法令，特别是第一百二十八和一百二十九条，

根据1980年7月15日《关于政府机构重组》第80－175号法令，

考虑到根据宪法规定，1967年12月20日第67－281号法令的章程规定，

决定如下：

**第一条** 针对上文提到的1967年12月20日第67－281号条例第一百二十九条的规定修正如下：

该委员会包括：

——新闻和文化部长或其代表，主席；

——党内代表2名；

——共和国总统的代表；

——国防部的代表；

——内政部的代表；

——财政部的代表；

——土地整治和规划部的代表；

——农业和土地革命部的代表；

——重工业部的代表；

——能源和石化工业部的代表；

——邮政电信部的代表；

——公共工程部的代表；

——住房和城市规划部的代表；

——青年和体育部的代表；

——宗教事务部的代表；

——教育和基础教育部的代表；

——旅游部的两名代表；

——教育和科学研究部的代表；

——文化和信息部博物馆、考古、历史遗址遗迹处主任；

——信息和文化部考古处副主任；

——信息和文化部博物馆处副主任；

——信息和文化部历史遗迹遗址处副主任；

——国立美术学院院长；

——舍尔沙勒军事学院博物馆馆长；

——理工学院建筑与城市规划学院院长；

——穆贾希德博物馆馆长；

——阿尔利尔城堡宫殿修复小组主任。

**第二条** 本法令应在阿尔及利亚人民民主共和国官方公报上公布。

1981 年 6 月 27 日订于阿尔及尔

Chadli BENDJED

（向维维）

# 魁北克遗产保护宪章(德尚博宣言)(加拿大)

(国际古迹遗址理事会加拿大法语委员会,魁北克古迹遗址委员会 1982 年 4 月)
Deschambault Declaration: Charter for the Preservation of Quebec's Heritage
"The Deschambault Charter"

**1. 撰写宪章的原因**

第二次世界大战之后,各种思潮在世界范围内传播,调整人们的生活方式以适应新的社会经济条件,批判工业化、大规模城市化、不惜一切代价发展以及消费社会所带来的各种后果。无论是极端的意识形态,还是温和的意识形态,都有助于让人们意识到某些值得保护的人类价值观。这些有价值的东西包括我们的前辈遗留下来的建筑、艺术或物质遗迹。

1964 年,来自许多国家的专家签署了《威尼斯国际宪章》,规定了遗产保护的基本原则。《威尼斯国际宪章》的目的是规范并推动人们保护国家遗产的行为。随后,《阿姆斯特丹宣言》和《内罗毕建议》又增加了一些基本原则,进一步推动了这项初步工作。这些基本原则不仅表达了希望传承人类积累下来的遗产的愿望,而且还表达了希望拓展遗产概念的愿望。至此之后,人们希望对国家遗产保护的各个方面做出保障。

1960 年起,这一运动开始对魁北克省产生显著影响。魁北克政府在国家遗产保护方面采取的第一个行动就是建立了文化事务部,并在 1972 年通过了《文化财产法》。在那一刻,我们的遗产在法律上得到了保障。然而,在《文化财产法》通过之前,社区就已结成了各种团体,这些团体虽然有着不同的结构,但却有一个共同的愿望,那就是希望参与环境和文化的保护,并制定策略提高各级政府对遗产的保护意识。这种个人和集体的承诺,使得人们在遗产保护、促进社区参与和发展方面取得了重大成就。无论是市级、省级还是联邦政府的计划,无论是大型项目还是更为温和的行动,魁北克人民都表明他们对遗产的兴趣,并决心重新振兴遗产。

魁北克古迹遗址委员会制定本宪章,对魁北克人民在保护遗产方面作出的努力表示支持。本宪章旨在作为方向指南、参考工具和补救措施,最重要的是作为我们在处理遗产时所应遵循的道德准则。虽然这份宪章借鉴了以往的经验以及各种国际思潮,但是它所包含的保护和发展原则可以适用于所有关注魁北克自然、文化和历史遗产保护的个人和组织。

宪章的第一个目标是专门为魁北克省起草的,旨在确定我们的文化个性,从而明确我们遗产的特殊性。其次,宪章旨在劝导人们三思而后行。最后,宪章提出了一个积极和客观的行动框架,提出激励措施,并将魁北克省的特殊问题和当代遗产发展学说考虑在内。

**2. 魁北克的文化背景**

魁北克的经历与其他国家的经历类似,它的文化的具体特征是由它的特定历史环境决定的。这种环境的主要特征是气候恶劣,领土广阔,近代建立的发源于欧洲的北美文明,法语聚居区,信奉天主教并保持着独特的人类定居模式。

魁北克的最初居民是美洲印第安人,后来先后沦为英国和法国的殖民地,最后成为加拿大联邦的一部分。魁北克政治历史的特点在于魁北克人努力在北美大陆上保持其法语和天主教的传统,而在这个北美大陆上大部分人口都是以英语为母语的。

然而,各种因素促进了我们社会结构的发展。最初有三个民族在争夺魁北克的领土,随着时间的推移,不同地方的人开始移民到这片土地。有时候移民会突然发生,就像保皇派和爱尔兰人一样;有时它会随着时间的推移而慢慢发生,就像意大利人和中国人一样。移民现象逐渐地改变了魁北克人口的面貌和思维方式。

我们的物质遗产的特点不仅在于这种混杂的文化特性,而且还在于流行全世界的某些时尚。其中,最重要的是维多利亚时期的影响。但是,我们也发现了新艺术运动、摩天大楼时代和许多其他美学或技术时尚的痕迹。

经济生活,即社会的主要动力,可能对魁北克人口的分布产生了最大的影响。从一开始,或多或少人口稠密的社区就集中在因皮毛贸易而变得重要的地区。领主庄园和英式乡镇为农业提供了发展框架。我们社会的许多元素都被林业产品和采矿业向北推进。最后,美国的急剧发展对我们的经济模式和生活方式产生了极为重要的影响:大规模城市化、高消费率、大型工业中心的建立,以及为自然资源、人类资源和能源而发展起来的各种交通工具。

许多其他因素也促成了我们形象的塑造。天主教的优势使得教堂和修道院在各处修建,并产生了以天主教为核心的宗教艺术。严酷的气候迫使人们在生活方式的各个方面进行调整。至于人口分布,它在很大程度上取决于圣劳伦斯盆地的水道。

在这里详尽地列举各种促进我们文化结构发展的所有地理、社会、历史和经济因素是毫无意义的。我只想说,在特定的地理环境下酝酿的思想、习惯和风俗,形成了独特的魁北克传统、民间传说、思维方式、行为习惯以及建筑和社会结构。总之,形成了独特的魁北克人的生活艺术。虽然构成魁北克文化的各种元素并没有全部以相同的程度或以同样的方式融合在一起,但是它们的重要性不容置疑。它们构成了我们的遗产,它被过去所滋养和加强,并继续在当代人的生活中蓬勃发展。我们不能让这种动态增长与其传统相割裂。

**3. 当前现状**

我们觉得有必要发表这份宪章,因为即使我们的遗产不会被遗忘或破坏,也会经常受到威胁。当然,这个问题并不是魁北克所特有的。事实上,现代化和对新生活方式的追求无情地危及世界各地的国家遗产。这就是人类为了追求进步而付出的代价!

在魁北克省,人口中心之间的距离很远,加上领土幅员辽阔,导致了不同程度的综合性发展。所有这些因素都不利于我们国家遗产的保护。因此,我们必须表现出更高的警惕,加强对话和协商,并采取更多措施调动社区的力量。气候有时也对我们的建筑遗产和历史遗迹造成威胁。霜冻,特别是和解冻一起发生作用,对魁北克的建筑物产生了严重的影响。我们必须迅速采取相关的技术行动来解决这一问题。

最后一点,我们源自欧洲和北美的文化遗产受到了一种不易察觉但确实存在的危险的威胁。因为,我们的文化起源较晚,历时较短,不能完全以时间的先后顺序来判断不同文化元素的相对价值。例如,人们不应该认为18世纪的遗迹价值就一定要高于19世纪的遗迹价值。当然了,物品通常越古老、越罕见,也就越更有价值。但是,人们在做此类判断时,应该更为审慎。

**遗产与保护的定义**

遗产被定义为"自然和人类通常创造的产物,它们共同组成了我们所生活的时间和空间环境。遗产是一种现实,一种属于社区的财产,一种可以流传后世的丰富的遗产,召唤我们去识别、去参与。"(魁北克国家遗产阐释协会术语委员会,1980年7月)

制定前文中所提到的遗产概念的目的不仅仅是为了涵盖历史建筑物,无论其所建造的年代是否久远。遗产不应该有时间上的限制,无论是在过去,还是在未来。我们使用昨天的遗产来建造明天的遗产,因为文化在本质上是动态的,不断地更新丰富。

在我们看来,遗产是一个非常宽泛的术语,包含三个主要部分:物质文化(文化财产)、地理环境和人文环境。当然,人们最熟悉文化财产的概念,因为这一概念是由法律来定义的。然而,我们应该记住,除了形式建筑和流行建筑之外,文化财产还包括所有其他形式的实物遗产,如:考古和民族志物品、图像、文字档案、家具、艺术品。总而言之,文化财产是我们所生活的物质环境的总和。地理环境即自然,体现在魁北克省,就是海岸、山脉和平原。

我们首先要坚持认为我们的景观和自然景点非常重要,它们具有独特的美学价值和/或全景价值。最后,我们还要注意一点,生活在这种环境中的人有自己的习俗和传统,他们的记忆里装满了某种特定的民间传说,他们的生活方式已经适应了这种特定的环境。生活在这种环境下的人也是一种人类财富和社会财富,需要加以保护。

这种对我们国家遗产的广义定义包含了我们的文明的所有要素,因为它们不仅单独存在,而且还组成了更为广泛的历史、文化和传统的统一体。或者更简单地说,是人类调整自己以适应环境的例证。这种遗产概念包括文化景观的概念,文化景观可以定义为人类社会与自然相互作用的结果。从这个角度来看,可以将国家遗产的保护视为将研究、专业知识与物理干预综合起来,旨在尽可能保护国家遗产的每一个元素,使其处于最佳状态。国家遗产保护涉及适当的维护、加固、维修、保护和修复,以防止恶化,以及最坏的情况——国家遗产的毁坏。

**第一条** 魁北克省的公民是国家遗产的最重要的保护者。

**第一条第一款** 首先,魁北克省的公民都有个人责任去保护他们的遗产。他们必须尽力去欣赏遗产的价值,努力去理解其全部意义,并为遗产的保护做出自己的贡献。

**第一条第二款** 这种个人责任必须体现在以集体的名义所做出的每一项决定,无论这种决定是由当选的代表或是由公司或机构的管理者做出的。

**第二条** 国家遗产是珍贵的、不可再生的公共财富。

**第二条第一款** 国家遗产必须被保护、维护和发展，以便造福于今世后代。作为财富，国家遗产并不属于我们，我们只不过暂时将其保管并将其传给后人。我们必须确保遗产的正确使用和保护。

**第二条第二款** 所有法律法规以及金融和行政机制都必须进一步保护和发展国家遗产。这一行动必须从市一级开始，因为市政当局是社区的主要法律代表。

**第二条第三款** 国家遗产应该为魁北克人民所有，须承认文化财产属于其原籍地。

**第二条第四款** 保护发展国家遗产将其传给后代，必须尽最大可能关注真实性原则。当国家遗产只剩下某些元素时，必须将这些元素视为一个完整的整体。采取的任何行动都必须是可理解的并且是可逆的。

**第三条** 对国家遗产的了解是对其进行保护的必要前提。

**第三条第一款** 必须提供获取这些知识的所有适当途径。特别是在采取任何行动之前，我们必须掌握最新的清单和所需的专业知识。

**第四条** 国家遗产必须享有公众无条件的认可。

**第四条第一款** 必须组成跨学科团队从国家、地区和地方三个层面对遗产的文化、历史、自然、社会及审美的重要性进行评估。

**第四条第二款** 必须尊重每个历史时期所做出的重大贡献。

**第五条** 国家遗产的保护要求我们必须对遗产进行维持、保护和发展。

**第五条第一款** 首先，必须通过持续维护来确保我们的国家遗产能够得到保护。

**第五条第二款** 文化财产的发展至关重要。这一发展包括有助于使其易于被人们参观并使人们受益的所有措施。如有必要，可以将这些文化财产重新引入魁北克人民的日常生活之中。

**第五条第三款** 保护国家遗产的每一项行动都应尽可能保存原始遗产，并避免在臆想的基础上重建。

**第五条第四款** 发展文化财产，还应将文化财产传给子孙后代并确保其得到永久保护所需的实用知识。

**第六条** 国家遗产必须在所有领域享有优先权。

**第六条第一款** 涉及国家遗产的立法必须优先于所有其他立法。

**第六条第二款** 保护和发展国家遗产的原则必须在所有发展计划中占首要地位。

**第六条第三款** 我们应该认识到遗产建筑物、建筑群或景观的重要性，认识到对这些遗产的保护必须优先于其他环境。这种考虑必须是改变环境的决定性因素，必须确保遗产材料的适应、整合以及对其的尊重。

**第六条第四款** 当代对某处遗产的任何创造性的增补必须在色调、质地、比例、空间的图案以及整体构图上与该遗产相融合并与周围环境相协调。我们不应忘记的是，对计划建造的新建筑的所有地面进行考古分析绝对必要，以核查是否有早期的建筑和居住遗迹,并在必要时检查现场保护的可能性。

**第七条** 公众有合法权利参与任何有关国家遗产保护行动的决策。

**第七条第一款** 在任何时候,那些可能参与到遗产保护行动的人都有责任传播有关遗产的信息,实施确保思想传播的程序,进一步促进社区参与,以促进国家遗产的保护。

**第七条第二款** 当国家遗产受到某一行动的影响时,该行动的负责人必须与公民协商并告知他们该行动的范围。

必须向公众提供与该行动相关的文件,准备的文件必须让非专业人员能够看懂。

此外,参与推动行动的人必须制定适当的协商程序,以便听取公众意见。这些程序尤其包括公开听证会、信息会议和展览。

**第八条** 国家遗产的复兴应该与其特定身份、完整性以及文化价值的维护甚至是改善相适应。

**第八条第一款** 国家遗产必须维持或引入对社会有用的功能,并与构成它的建筑物、空间和场所的结构和性质相兼容。在使用国家遗产时,我们必须考虑将其融入周围社区的经济和社会活动中。

**第八条第二款** 我们必须促进国家遗产的持续使用,而不能将其占据从而中断其使用。

**第八条第三款** 重新使用遗产材料时,必须确保该材料的所有重要特征得到保留。做的任何更改都必须始终是可逆的。

**第八条第四款** 为遗产材料选择新的功能时,必须避免过度使用以及由于过度使用而造成的恶化。

**第九条** 国家遗产的动态特征及功能特征的保存是由当地居民保障的,他们是遗产的一部分并且对遗产的保护和活力做出了贡献。

**第九条第一款** 在使用国家遗产时,我们必须保留或重新引入博物馆和旅游中心的日常生活而不是模拟生活。应优先考虑传统职业;在任何情况下,我们都必须尊重居民的需要和合法愿望,即使这要求我们采用与原始用途不同的用途。

**第九条第二款** 换言之,有必要鼓励对当地人民的既定权利的尊重。住房功能应优先于所有其他用途,并应当优先考虑。

**第十条** 我们的教育机构必须推广每个人都有责任保护国家遗产的思想。

**第十条第一款** 我们的教育体系应当宣传与国家遗产有关的知识,使人们意识到国家遗产的价值以及保护国家遗产的必要性。

**第十条第二款** 教育体系必须确保传统的传承,鼓励对从事遗产保护工作的工匠、技术人员和专业人员的培训。

**第十条第三款** 其他教育专家或媒体(家庭、报纸杂志、广播电视等)也必须在促进遗产教育方面发挥作用。特别是,从事遗产保护的从业者和专家通过向公众传播专业知识来提高公众对遗产保护的认识。

(苗福光)

# 埃及文化部最高文物委员会文物保护法

(1983年第117号法律颁布,2010年第3号法律修订)
Law N.117 of 1983 as amended by Law N.3 of 2010 Promulgating the Antiquities' Protection Law(Egypt)

文化部
最高文物委员会(Supreme Council of Antiquities)
1983年第117号法律
2010年第3号法律修订案
颁布文物保护法
(2010年2月14日刊登于政府公报)

## 介 绍

各国的进步取决于他们在保持文化和遗产方面的成功,我认为埃及是世界上少数几个能够维护其文化遗产的国家之一。通过文化部长法鲁克·胡斯尼(Farouk Hosni)的巨大努力,我们得以保存并向世界展示这些遗产,这些遗产是这个伟大国家辉煌的证据。在这片土地上诞生了世界上最重要的文明,这种文明存在于每个地球人的心中。法国《费加罗报》(Le Figaro)不久前发表了一篇文章,赞扬埃及古迹的修复和维护质量,以及埃及团队的新发现。

世界也正跟随着我们,在建设博物馆、管理考古遗址、开展考古宣传活动以及遣返走私文物方面都做了巨大努力。

我认为,对我们所有人来说,最重要的问题是保护埃及的文化遗产。以前这些文化遗产是不安全的,受掠夺者和盗贼的支配,这推动建成了超过36个仓库。每个仓库配备了世界一流的维护、修复和电子防护设施,以及用于保护和摄影的实验室,使其中的文物可供学术使用。此外,我们还通过一个由文物登记中心训练有素、认真负责的年轻人领导的国家项目来对这些文化遗产进行注册登记。

我们发现大部分埃及文物通过开罗和亚历山大港附近的港口走私,为了防止国内文物的继续走私,我们在机场、海港和边境口岸设立了超过29个点进行盘查。我们还雇用了大约8 000名新警卫,给予他们高薪,以确保埃及文化遗产的安全。

2003年,文化部长法鲁克·胡斯尼与顶级考古学家、法律专家和公众人物成立了一个委员会,修订文物法。过去八年里,我们举行了多次会议和讨论,最终完成了这部法律的准备工作。随后将其提交给国务委员会(State Council)、内阁(Council of Ministers)以及人民大会(People's Assembly),以求进一步修缮法律条文。

讨论的最重要的条款之一是废除外国特派团可以保留其10%的发现的协议,并在文物交易的定罪方面做了更多努力。另外,公民在该法律颁布6个月内,需将私有文物进行登记,为此我们设立了一个新部门来处理此事,并接受公民的登记申请。同时,我们还开展了一场媒体宣传活动,让公民意识到他们有责任记录和检查他们所拥有的物品。现在,正在拟订这项法律的执行条例,通过这些条例,使该法能够有效执行。现在,一些文物也被复制为商业用途,但只允许最高文物委员会以1∶1的比例复制文物。

我和许多考古学家一样,希望对盗窃和走私文物的处罚更加严厉,因为盗窃文物也是对埃及和埃及历史荣誉的盗窃。

遗憾的是,目前的惩罚并不能阻止文物的流失。但总的来说,为了保护埃及的遗产,我们迈出了重要的一步。

在此,我要感谢参加全体人民大会的所有成员,包括反对派、无党派和民族党(National Party)人士,感谢他们极有兴趣地参与文物法的讨论并批准该法。我希望所有公民都能帮助维护国家遗产,并引导我们找到仍未被发现的文物。对于那些保护本国遗产的人,将获得报酬奖励。

拥有祖国的历史记忆是后代的权利,我们的责任就是保持这一记忆的活力和生机。

扎西·哈瓦斯(Zahi Hawass)

## 通　　知

来自最高文物委员会法律顾问

这是基于埃及法律规定的通知。所附翻译只是指导性译文。

因此,如果阿拉伯文本与译文之间出现任何差异,以阿拉伯文本为准。

2010年6月<br>阿什拉夫·埃尔·阿什马维(ACHRAF El‑ACHMAWI)

## 1983年第117号法律
## 2010年第3号法律修订案
## 颁布文物保护法

以人民的名义

以共和国总统的名义

在审查下列法律法规之后：

宪法；

民法；

刑法；

1953年文物组织服务的第529号法，后经1955年第192号法和1970年第27号法修改；

1956年关于地雷和采石场的第86号法律；

1963年第66号法律颁布的海关法；

1973年关于国家总预算的第93号法律；

1983年第117号文物保护法；

1990年关于为公共利益征用财产的第10号法律；

1990年第11号法律颁布的一般销售税法；

1994年第4号环境法；

2002年第82号法律颁布的知识产权保护法；

2006年第144号法律颁布的危楼设施拆建及保护建筑遗产的法律；

2008年第119号统一大楼法；

1994年设立最高文物委员会的第82号总统令；

经内阁批准

基于国务委员会的意见

颁布法令

人民大会批准了以下法律，颁布如下：

**第一条** 颁布法第一、第二、第三条的规定和1983年第117号文物保护法第1、4、5、6、7、8、10、16、17、25、32条，第34条第c款和第35、36、39、41、42、43、44和45条应改为以下规定。

凡在文物法中提及的"管理局"和"向管理局"等词应改为"委员会"和"向委员会"，以及"管理局局长"和"文物管理局"应改为"委员会主席"及"最高文物委员会"。

**第二条** 在本法规定的应用中，大写字母的词语、术语具有下列含义：

——"部长"指文化事务主管部长。

——"委员会"指最高文物委员会。

——"委员会主席"指文化部长、最高文物委员会董事会主席。

——"董事会"指最高文物委员会的董事会。

——"秘书长"指最高文物委员会秘书长。

——"主管常设委员会"是指根据法律规定的条件，有关古埃及、希腊和罗马文物的常设委员会或有关伊斯兰和科普特古迹的常设委员会。

——"文物保护区（Antiquity Sacrum）"是指主管常设委员会为确保对古物的保护而

确定的与古物毗邻的地方或土地。

——"文物公共事业用地"是指根据当地存在的考古证据证明为考古用地的国有土地。

——"相邻地方或土地"是指位于考古遗址、地点或土地范围之外的地方或土地。其延伸的距离由委员会确定。由最高文物委员会规划和城市发展部门颁布该地是否用作居住区或任何其他区域,以确保对文物的保护。

——"经批准的文物美化线"是指围绕古物区域,延伸至最高委员会为确保古物的美学效果而确定的距离范围。上述土地应视为考古用地。

**第三条** 部长有权发布行政法规和执行该法律的必要法令。

**第四条** 1983年第117号文物保护法应增加以下内容:

——第五条之二;

——第十三条开头:"在不损害真正的文物所有者获得公平补偿的权利情况下";

——第二十条开头:"依据部长的建议,根据最高文物委员会规划和城市发展部门制定的条款和条件";

——第二十二条开头:"根据最高文物委员会规划和城市发展部门制定的条款和条件";

——第三十六条之二、第四十四条之二、第四十五条之二和第五十二条。

**第五条** 1983年第117号文物保护法第(9)条的规定应予删除。

**第六条** 本法令应在官方公报上公布,自公布之日起生效。

本法应加盖国印,并作为其中一项法律执行。

由共和国总统府于2010年2月14日发布

共和国总统

胡斯尼·穆巴拉克(Hosni Mubarak)

## 第一章 简 章

**第一条** 在适用本法规定时,凡符合下列条件的不动产或动产,均视为文物:

1. 成为埃及文明或历代文明的产物,或者是自史前时代以及历代历史到100年前在埃及土地上发生的艺术、科学、文学或宗教的产物。

2. 作为埃及文明的一方面的或在埃及土地上发生的任何其他文明的一部分,具有考古或艺术价值或具有历史重要性。

3. 在埃及土地上生产和成长,并与其有历史关系的,以及人类和与之同时代的木乃伊,被认为与依照本法登记在册的任何古物一样。

**第二条** 任何具有历史、科学、宗教、艺术或文字价值的不动产或动产都可以在文化事务主管部门的建议下根据总理的法令被视作文物,只要国家的利益在于保持和维护这样的不动产或者动产时,就不受上文中规定的时限的约束。所述不动产或动产应按照上述法律的规定进行登记。在这种情况下,文物的所有者被视为有保护文物的义务,并且自收到附有收据的挂号信通知上述法令时,无权对文物进行任何改变。

第三条　国家拥有的土地,在实施上述法律之前依据法令或决定进行考古,或者根据文化事务主管部长的建议,由总理颁布法令,则这样的土地被视为考古用地。根据文化事务主管部长的建议,总理颁布法令,任何土地都可以被排除在考古土地或公共服务设施、文物用地范围之外,但须经最高文物委员会证明该等土地不含文物,或位于经批准的文物美化线以外。

第四条　考古建筑物是在实施上述法律之前根据法令和决定进行登记的建筑物,或者是根据本法规定通过法令登记为考古建筑物的建筑物。无论何时国家发现这样的国家利益,最高文物委员会可以调整未确定征用的历史建筑或考古遗址承租人的身份,并自身份调整程序之日起一年内终止租赁关系。调整程序通过寻找合适的替代场所或给予公平补偿实现。

第五条　考虑到本法第三十二条的规定,最高文物委员会是专门负责其博物馆、商店、考古遗址和地区、地表以上或地下、当地水域和埃及区域水域以及意外发现的任何文物的一切有关文物事务的机构。

即使该地属于他人所有,以及在考古遗址或文物保护区内进行与文物有关的任何文化、旅游、商业或推广活动等情况,最高文物委员仍可进行勘探和挖掘。本法的执行条例规定了这些活动的实施,以实现和维护考古遗址的修复和安全。

第五条之二

最高文物委员会有权终止任何占用考古遗址和地区,用于住宅、商业、工业或任何其他用途的合同关系,无论关系双方是谁,都不能获得公平的补偿。

除在本法执行条例规定的地点和条件外,禁止在考古遗址内出现任何形式的摊贩以及任何种类的动物。

第六条　所有被认为是考古用地的不动产和可移动的文物以及土地都被认为是公共财产,永久管业财产和私人财产除外。除法律及其执行条例规定的条款和条件外,不得拥有、占用或处置公共财产。

第七条　最高文物委员会设立了两个常设委员会,一个负责古埃及、希腊和罗马文物,另一个负责伊斯兰、科普特和犹太古迹。执行条例应规定各委员会的组成和职权。

第八条　依照本法或在实施该法律时出现的合法占有等因该法律的规定而衍生的相关规定指出,禁止文物贸易、文物买卖,其中包括作为私人财产所持有的文物。

根据程序、条款和条件,文化事务主管部长发布决议,除非至少在60(六十)天内得到最高文物委员会的书面同意,任何文物的所有者或占用者不得处置、恶化或丢弃文物,否则这类行为被判以违法。

当然这是认为,这类文物的贸易、销售、商业或处置会以任何方式将所述文物转移出境。

第九条　在任何情况下,最高文物委员会都有优先权用公平的补偿金从其所有者或拥有者那里获得文物。

任何人拥有基于本法规定的任何考古文物,都必须在2010年3月初开始的6个月内将该文物告知于最高文物委员会,前提是直到最高文物委员会登记为止,这些人必须负责保护这些文物。

此外,委员会可在董事会认定国家利益时,并根据主管常设委员会的建议,从其所有人或占有者处恢复建筑元素的文物,其所有人或占有者则获得相应补偿。

**第十条** 根据总统决议,除了独特的文物和主管委员会确定的文物外,其余一些文物可于特定时期内在国外展出,某些可移动文物复制品可在采取必要程序充分保护后,与阿拉伯或外国的国家、博物馆或教育机构交换。

**第十一条** 在发现存在国家利益时,最高文物委员会有权通过捐赠或以象征性的价格销售来接受公司或个人的转让,以获得有历史性的不动产所有权,或者有权将不动产置于委员会处理不少于50(五十)年的时间。

**第十二条** 任何文物的登记注册都是由文化事务主管部长根据董事会的建议而作出的部长决议。有关不动产文物登记的规定,通过行政手段向其所有人或者负责人公布,并在埃及官方公报上公布,且在房地产公共管理部门的房地产登记簿上注明。

**第十三条** 在不影响这种真正古物的所有者获得公平补偿的权利的情况下,对该真正的古物进行登记并根据本法第十一条的规定通知所有人,应当产生下列规定:

1. 不允许在阿拉伯埃及共和国以外的地方拆除全部或部分不动产,或参与其中。

2. 不允许为任何其他人的利益挪用土地或不动产,但根据最高文物委员会董事会的建议、经文化事务主管部长批准后,允许对邻近土地进行征收。

3. 不允许对房地产第三方行使任何地役权。

4. 不得以任何方式改造翻新房地产或改变其特征。除非经主管常任委员会批准后,获得委员会主席的许可,并且在执照期间执行的工作受委员会代表直接监督。当事人在未取得许可的情况下执行工作的,委员会承诺在不损害其赔偿权利,也不损害本法规定的处罚的情况下,用违法者的费用,将案件恢复到以前的状态。

5. 业主有义务就房地产可能发生的一切处置事宜征得委员会的书面同意,同时提及处置人姓名及其居住地点。在处置时,业主必须通知被处置方该房产已注册。委员会必须在向委员会提出处置申请的通知之日起30(三十)天内宣布其意见,而在此期限届满而未得到委员会答复的则视为最高文物委员会已拒绝。

6. 委员会有权随时以其认为必要的费用来保护古物。

即使古代的不动产变得可以移动,本条的规定仍然适用。

**第十四条** 根据委员会董事会的建议以及咨询常设委员会后,由文化事务主管部长颁布法令对于不能移动的部分文物或文物的注册登记可能会被取消,取消的法令应在埃及官方公报上公布,并应通知在登记前通知的个人和机构。委员会的文物注册登记和不动产宣传管理部门的不动产注册登记上,应当同时标记注解。

**第十五条** 个人或公司对任何考古遗址的任何现有开采不得导致任何法定所有权。委员会有权撤离,只要它出于价值的考虑认为必要。

**第十六条** 在文化事务主管部长的建议和公平赔偿的情况下,规划和城市发展最高委员会有权在文物保护区内设立与考古遗址和历史建筑物毗邻的不动产的地役权,以保证艺术特征或所述不动产的一般外观。该决议明确了不动产的属性或部分属性,并由此产生了一项或多项地役权,以及源自于所有者或拥有者的权利及其约束的范围。

第十七条　在不影响现行法律或其他法律规定的处罚的情况下,委员会主席或秘书长,经主管常设委员会批准后,若通知该省所做的这个决议,便有权通过行政手段消除对任何考古遗址或不动产的侵权行为。主管地方当局在不超过10(十)天的时间内执行在警方拘留期间清除违法行为的决议,否则,委员会应根据委员会的要求,在警方拘留期间,通过自己的当局或其他机构对违法者的费用执行决议。

第十八条　个人拥有的土地可能因其考古的重要性而被征用。它也可以通过共和国总统的一项决议暂时征用,直至征用程序完成为止。因此,在得到公平补偿的条件下,这些土地自临时征用起将被作为文物古地加以管理。在被征用的土地上存在古代遗迹的可能性不在补偿范围内。

第十九条　根据董事会要求,文化事务主管部长可以发布决议,确定公共文物和考古遗址的美化线。在所述线内的土地应被视为考古土地,现行法律的规定应适用于此。

第二十条　根据部长建议,基于规划和城市发展最高委员会制定的特殊条款,不允许在考古遗址或土地上颁发建筑许可证。禁止其他方在经批准的美化线内建立房基、公墓、挖运河、修路、耕种。禁止植树、砍伐、携带碎石、携带泥土、化肥、沙子或者从事其他改变上述场地和土地特征的工作,但经市议会许可并经市议会监督的除外。

前款的规定适用于在前款所述场址范围以外的延伸至3千米以内的无人居住的相邻土地,或委员会确定的距离,以实现在其他地方对文物环境的保护。根据文化事务主管部长的决议,本条款的规定适用于委员会在其开展研究的基础上,明显存在文物可能性的土地上。本条款的规定适用于准许采石场作业的沙漠地区和区域。

第二十一条　考古遗址、土地、建筑和具有重要历史意义的地方,在其所在的城市、地区和村庄发生变化时,必须加以观察。除非委员会以书面形式批准委员会设立的地役权,否则不得在考古区域和具有历史性的区域内实施现代化规划、扩建或修建。委员会必须在提交之日起3个月内宣布其对规划的意见。如果委员会在上述期限内未宣布其意见,则可将该事项提交文化事务主管部长,并就此问题发表决议。

第二十二条　除非按照规划和城市发展最高委员会在获得委员会批准后向主管机关规定的特殊条款,否则不得在居住区内的考古遗址附近颁发建造许可证。主管机关许可条款中必须包括委员会认为的合适的方式下建造建筑物,确保不凌驾于古迹之上,不破坏古迹外观。确保有一个合适场所,并采取适当的考古和历史环境的规范,确保对古迹的保护。委员会必须在提交申请书之日起60天内,在申请书中声明其意见,否则,上述期限届满被视为拒绝。

第二十三条　任何个人若发现未登记注册的不动产文物,必须通知最高文物委员会。这些文物被认为是国家所有,委员会必须采取必要的程序来保护这些文物。在3个月的期限内,委员会有权取得个人财产中所述的不动产,或采取征用该土地的程序,或者根据现行法律的规定,将所述古物留在原处并登记注册。在估算被征收土地的价值时,在这片土地上发现的古物的价值不算其内。委员会可给予引导到古迹的人一定的报酬,金额由主管常设委员会决定。

**第二十四条** 任何人若无意发现了可移动的文物或不可移动的纪念物的盘或部分,必须在发现该文物的 48 小时内通知最近的行政当局。此外,他必须妥善保管这些文物,直至将其移交给主管当局,否则将被视为无证拥有文物,而所提及的当局必须立即将此事通知委员会。

文物归国家所有。因此,委员会有权授予发现文物的人一定报酬,金额由主管常设委员会决定。

**第二十五条** 由部长法令组成的委员会,其中董事会的代表,负责估计现行法律第四条,第五条之二,第八、第十三、第十五、第十六和第十八条规定的补偿。

国库应支付补偿金,有关人员可以在收到带有收据的挂号信(委员会估计的补偿金)之日起 60(六十)天内,向文化事务主管部门提出补偿金申诉,否则估计的补偿金被认为是最终的补偿金。

在所有情况下,如果在其成为最终估计补偿金之日起的三年内没有提出赔偿要求,赔偿的诉讼就会失败。

## 第二章 注册、保存和发现文物

**第二十六条** 委员会负责列举、拍摄、绘制和登记注册不可移动和可移动的文物,并在为此类用途准备的登记册中收集有关所述文物的资料。登记注册是根据董事会颁布法令的条款和条件进行的。已登记的文物是指在制定本法之日起在为其设立的登记册上登记的文物。

该委员会的目的是概括考古遗址和土地进行的考古调查,确定其中的地点和特征,并将其记录在地图上,同时向当地主管部门和城市规划综合主管部门发送上述文件的影印本,以便在编制总体规划时加以遵守。

委员会应根据考古遗址的重要程度,编制一份关于环境和城市数据以及影响每一个考古遗址因素的登记册。

**第二十七条** 委员会负责准备对已登记注册的考古地点、遗址和历史建筑进行访问或研究,但访问和研究的方式与它们的安全和保存不相抵触。委员会的目的还在于揭示其美学和历史特征以及其区别性特征。

为此,委员会利用考古遗址和博物馆的功能,以各种方式发展考古意识。

**第二十八条** 出于对建筑文物的客观考虑,应当将可移动的文物与需要迁移的物品放在一起,并将它们放在委员会的博物馆及贮藏室中。委员会负责以科学的方法组织内部及各部门的展览,同时保存展览内容,并举办与其有关的临时内部展览。

委员会有权委托埃及各大学组织和管理设在其所在地或其学院内的博物馆,并确保这些博物馆的登记注册和安全。

在所有这些情况下,文物博物馆和商店都被认为是国家的公共财产。

**第二十九条** 委员会负责管理文物、博物馆、商店、考古遗址、地区和历史建筑物,并通过主管的警察以及由委员会根据有关规定委任的守卫和警卫来保护上述之物。委员会应对每一次文物的检查时限放宽至最大,以保证这类检查的便利,并保证其对文物的管理。

根据董事会的法令,应明确委员会看守的每个考古遗址的边界。在咨询旅游部之后,可能会对上述地点收取入场费,但前提是对埃及人收取的费用不得超过 5 埃及镑,对外国人收取的费用不得超过 100 埃及镑,或与其相当的自由货币。所规定的费用不损害本法第三十九条规定的费用。

**第三十条** 委员会和其他任何机构均不得从事所有已登记的文物、考古遗址、地区和历史建筑物所需的维护和修复工作。

宗教基金部、埃及基金管理局和基督教基金管理局应承担与该部和当局有关联并登记在册的考古和有历史性地产的修复和养护费用。

委员会应承担个人和其他当局登记在册的历史建筑物的修复费用,若根据主管常设委员会的决定,修复的原因来自所有者的不当使用,则所有者承担修复费用。

经主管常设委员会批准后,委员会董事会主席可授权主管当局和科学考察团在委员会的监督下开展修复和保护工作。此外,专业人员也可通过获取书面许可,进行此类工作。

**第三十一条** 委员会应按照董事会决定的客观时间表,为特派团和当局优先安排挖掘发掘文物的许可权。

上述文物的挖掘起点是那些更容易受到环境威胁、更容易受到国家城市扩建项目影响的地方。

**第三十二条** 委员会负责发现挖掘位于本地及领海的地表和地下的文物。根据本法实施细则规定的条款和条件,经主管常设委员会批准后,董事会可以授予不论是国内还是国外任何专业的科研机构和大学特别许可证,在有限时间内,在指定地点挖掘和搜寻文物,这一许可证不能转让给其他方。

上述规定即使在非考古用地上也适用。

被许可人在许可期内可研究、绘制、拍摄由其发现的文物,并且拥有在科学出版物中发表关于此次挖掘的相关内容的权利,这一权利自该地首次发现之日起保留五年。

**第三十三条** 委员会董事会应颁布法令,规定必须在挖掘许可证上遵守和执行的条款和条件。许可证上的条约须包括对挖掘发现区域的边界限定,许可时间、须达到的最低工作效率等。在完成该等地区的工作前,须向委员会交存保险、执行挖掘的条款以及在该地区的工作完成之前对特殊区域的限制的条款。并且有义务连续登记并对其进行守卫和保护,并向委员会提供关于许可工作的完整登记和全面科学报告。

**第三十四条** 外国特派团搜查和挖掘文物的许可证,应遵守以下规定:

a) 每个特派团都有义务在委员会各主管机关的监督及相互合作下,在其工作结束之前,一一恢复和保存其所发现的建筑和可移动文物。

b) 每个外国特派团在埃及的考古发掘工作计划与修复并展示以前发现的古物或其他任何东西的补充计划联合,适合它的考古调查、查点和登记其工作区域或附近区域的能力,都须委员会批准或与其合作的情况下执行。

c) 主管常设委员会有权评价判断任何被许可组织的工作。

**第三十五条** 任何埃及或外国科学发掘任务发现的文物都是国家的财产。

**第三十六条** 2002年第82号法令所规定的出于委员会利益考虑的知识产权和商标权利,均适用于委员会制作的考古复制品和委员会拥有的考古物品和遗址的照片。这方面的规定由本法的执行条例制定。

**第三十六条之二**

为实现其目标,委员会有权设立具有特殊性质的生产单位。生产单位的设立和工作的制度由本法执行条例规定。

**第三十七条** 根据委员会董事会的一项法令规定,任何当局或特派团在进行挖掘工作时所获得的工作许可证可因其在工作期间的违法行为而终止,但不影响对无权挪用或走私文物所规定的惩罚。如果证实成员参与或协助犯下任何本法中规定的犯罪行为的话,委员会有权阻止任何不少于五年的考古任务或外国文物博物馆在阿拉伯埃及共和国进行的考古发掘。

**第三十八条** 埃及最高文物委员会和埃及大学代表团对从国外进口的用于发掘、修复考古和历史建筑、筹备博物馆、附属文物中心以及艺术和考古展览的仪器和设备免征关税。外国特派团为文物的发掘、修复和自然研究而进口到该国的临时基地仪器和装置,由海关当局予以放行,以供其原有用途使用。这些特派团处理或将这些仪器装置移交给委员会或埃及大学的考古特派团时,应完全免除关税。特派团在其工作结束后将上述仪器装置转让给这些机关以外的机构时,应承担规定的关税。

**第三十九条** 经委员会董事会通过后,由部长决议,为埃及人和外国人参观博物馆和考古遗址确定相应的入场费用。对埃及人收取的费用不得超过1 000埃及镑,对外国人收取的费用不得超过5 000埃及镑,或与其相当的自由货币。

## 第三章 处 罚

**第四十条** 在不损害刑法规定的更严重的刑罚或者任何其他法律对违反规定的处罚的前提下,依照本条例的规定处罚。

**第四十一条** 凡在埃及共和国境外走私文物的,连同他对这种行为有所了解的,将被处以重刑,并处以100 000埃及镑以上,1 000 000埃及镑以下的罚金。在这种情况下,为了委员会的利益,文物以及犯罪中使用的器具、机械和汽车将全部被没收。

**第四十二条** 无论是盗窃整个文物还是其中的一部分,无论该文物是经注册的国家所有的,还是正在注册过程中的,或是通过委员会或许可的特派团发掘的,任何个人、机构或大学凡被发现是以走私文物为目的的,均处以监禁,并处50 000埃及镑以上,500 000埃及镑以下的罚金。为走私而隐藏整个文物或文物的一部分的,处七年以上有期徒刑。在任何情况下,为了委员会的利益,文物以及犯罪中使用的器具、机械和汽车将全部被没收。

下列情形之一者,处一年以上七年以下有期徒刑,并处 50 000 埃及镑以上 100 000 埃及镑以下罚金:

1. 故意拆除、毁损、改变可移动或不可移动文物的显著特征或者故意将其部分分离。
2. 未经许可,为了发现文物擅自进行考古发掘的。

如果行为者是最高文物委员会的成员,或是发掘团队的官员或员工,或是与委员会或其工作人员签订合同的承包商,则在上述案件中应处以监禁,并处 100 000 埃及镑以上 250 000 埃及镑以下罚金。

**第四十二条之二**

窃取国家整个或部分文物的,应处以 7 年以下监禁和 50 000 埃及镑以上 250 000 埃及镑以下的罚金。除罚金外,任何人如果从任何犯罪中获得整个或部分文物,应处以 5 年以下监禁。在任何情况下,为了委员会的利益,文物以及犯罪中使用的器具、机械和汽车将全部被没收。

**第四十三条** 下列情形之一者,处一年以上五年以下有期徒刑,并处 10 000 埃及镑以上 100 000 埃及镑以下罚金:

1. 未经委员会书面许可,擅自转让国家所有的或已登记的文物,或故意将其损毁的。
2. 任何人将考古建筑物、土地或部分土地转移到住宅、庭院、商店、工厂,或在其上种植或准备种植,或在其上盖造谷仓或挖掘排水渠或灌溉渠,或依照本法规定未经许可以任何其他方式的进行侵犯行为。
3. 以欺骗或欺诈为目的伪造文物的。

**第四十四条** 违反本法第六条、第八条、第十三条、第十七条、第二十条规定的,依照本法第四十三条的规定予以处罚。在任何情况下,为了委员会的利益,文物以及犯罪中使用的器具、机械和汽车将全部被没收。

**第四十四条之二**

违反本法第五条之二、第二十四和第三十六条规定的,处以一年以下监禁和 5 000 埃及镑以上 20 000 埃及镑以下的罚金,或上述任何一种处罚之一。在任何情况下,为了委员会的利益,文物以及犯罪中使用的器具、机械和汽车将全部被没收。

**第四十五条** 下列情形之一者应处以一年以下的监禁和 1 000 埃及镑以上 50 000 埃及镑以下的罚金,或上述任何一种处罚之一:

1. 在文物上张贴广告或宣传海报的。
2. 在文物上写字、题字、作画的。
3. 破坏或损坏不可移动或可移动的文物或将其拆分的。
4. 未经委员会许可或者超过采石场许可的使用期限,擅自盗用考古遗址、土地上的碎石、化肥、土壤、沙土等材料的,或者将化肥、土壤、废弃物和其他材料带入遗址、考古遗址的。

在所有情况下,罪犯都有义务为违反规定而造成的损害进行赔偿。

**第四十五条之二**

在侦查前将犯罪情况通知主管当局或者侦查机关的,免除本法第四十一条、第四十二条的处罚。如该名人士承认所犯罪行，从而导致相关文物被没收，或协助将有关文物在本地或海外的送返，法庭可豁免其罚款。

**第四十六条** 违反本法第十八、第十九和第二十条规定的，应当处以两年以下监禁和100 埃及镑以上 500 埃及镑以下的罚金，并要求他支付因违规行为造成的损害赔偿。

**第四十七条** 如违反第七、第二十一和第二十二条规定的，该文物应由最高文物委员会予以没收。

## 第四章 最后规定

**第四十八条** 委员会董事会主席、文物董事、博物馆馆长、馆长助理、管理人员、考古领域负责人、文物检查员和助理检查员有权对涉及违反本法规定的法令和执行法律的法令的蓄意犯罪和违法行为执行司法逮捕。

**第四十九条** 根据现行法律规定的罚金和本法第二十九条和第三十九条规定的费用，应当作为经费划拨给委员会的基金融资文物和博物馆。根据委员会董事会颁布的法令条款和条件，委员会可从这些款项的收入中获得报酬，这些款项由董事会主席决定，分拨给任何参与指导或扣押违规行为的人。

**第五十条** 在适用本法时，应付给委员会的所有款项均可通过行政没收的方式收取。

**第五十一条** 委员会负责规划、住房、旅游、公用事业、安全和各省议会有关的当局和机构之间的协调工作，以保证文物、博物馆和历史建筑免受震动、冲击以及泄漏、污染和工业危险，以及免受历史和考古环境的破坏，以实现城市需求与保护文物和遗产的必要性之间的平衡。

**第五十二条** 委员会有权成立技术和考古委员会，负责审查犯罪主题的考古对象。该委员会应就这种审查的结果编写技术和考古报告，并应向法院和调查机构提交报告。设立上述委员会的程序由本法的执行条例规定。

（朱音尔）

# 保护和提升建筑环境阿普尔顿宪章（加拿大）

Appleton Charter for the Protection and Enhancement of the Built Environment(1983)

承蒙加拿大渥太华市英语委员会资助，由国际古迹遗址理事会加拿大协会颁布 1983 年 8 月

一、序言

本宪章承认《古迹与遗址保护与恢复国际宪章》(威尼斯，1964)、《国际古迹遗址理事会澳大利亚协会文化名胜保护宪章》(1981 年 2 月 23 日颁布的《布拉宪章》)以及《魁北克遗产保护宪章》《〈德尚堡宣言〉》。没有上述文件，本宪章就无从存在。

本宪章更认识到，建筑环境的健全管理是一项重要的文化活动；保护是管理过程的重要组成部分。

二、框架

建筑环境的干预可以发生在不同层面(保存、再开发等)、不同规模(从单个建筑元素到整个建筑地点)，并可以突出一项或多项措施，如维护、添加等。

虽然任何给定的项目可以结合不同的干预规模、层面和措施，但这些项目应该目标明确，并根据目标衡量小规模的决定。

选择适当层面的干预，须仔细考虑以下优点：

文化意义；

建筑实物的状态与完整性；

环境价值；

适当利用现有的物质、社会和经济资源。

上述因素孰轻孰重，须基于最广泛的共识做出决定。

合理的共识需要公众的参与，且必须先于工作开展之前达成。

兹将干预规模、干预层面与干预措施之间的关系概述如下：

**干预层面**

保存：保留某一建筑地点现有的形式、材料和完整性。

复原：恢复某一建筑地点先前的形式、材料和完整性。

改造：按现代功能标准改造资源，可能需要适应新用途。

| | 措施 | | | |
|---|---|---|---|---|
| 干预层面 | 维护 | 稳定 | 移除 | 添加 |
| 保存 | 是 | 是 | | |
| 复原 | 是 | 是 | 是 | 是 |
| 改造 | 是 | 是 | 是 | 是 |
| 重建 | | | | 是 |
| 再开发 | | | | 是 |

| | 干预规模 | | | | |
|---|---|---|---|---|---|
| 干预层面 | 建筑物元素 | 建筑物 | 建筑物群落 | 建筑物与布局 | 建筑地点 |
| 保存 | 是 | 是 | 是 | 是 | 是 |
| 复原 | | | | | |
| 改造 | 是 | 是 | 是 | 是 | 是 |
| 重建 | 是 | 是 | 是 | 是 | 是 |
| 再开发 | 是 | 是 | 是 | 是 | 是 |

重建：再造已经消失的或恶化不可逆转的资源。

再开发：嵌入与环境融为一体的当代建造物或附加物。

**措施**

维护：为确保资源长期存在的持续性措施，不会带来不可逆或破坏性的干预。

稳定：周期性措施，阻止某一场所现有的形式和材料退化，并在尽量避免改动的情况下使其处于平衡状态。

移除：周期性措施，移除表皮、分层、体量以及建筑元素。

添加：周期性措施，引入新材料。

### 三、原则

尊重现有建筑实物是保护类和加强类措施的基础。

保护和加强的过程必须兼顾各种利益，并依赖于各领域的专业知识，使之有助于研究和保护建筑资源。

在上述规模、层面，并利用上述措施进行干预时，有利于保护和加强建筑环境的措施应遵循以下原则：

保护：保护可能牵涉到稳定；它必须包括持续的维护计划。

人工制品的价值：具有最高文化意义的建筑地点首先应被看成是人工制品，作为脆弱、复杂的历史古迹应得到保护。

环境：建筑环境的任何元素都与它所见证的历史、与它所处的环境密不可分。因此，所有的干预都必须兼顾整体和各个部分。

搬迁：如果不能通过其他手段保护现有资源，那么搬迁和拆除将作为最后手段运用。

加强：在加强遗产资源的措施里，移除或添加等措施很常见。

用途：某一建筑的用途应符合其最初的目的。若不可行，则应尽力提供一个兼容的、仅需最小变化的用途。考虑新用途时，应尊重现有的和最初的传统运动与布局模式。

添加：为了满足新的用途或要求，可能需要新的体量、材料和饰面。它们应该呼应当代思潮，但需要尊重和加强最初的精神。

环境控制：绝缘系统、环境控制系统和其他维护系统应该以尊重现有和传统平衡的方式升级，并且不致恶化发生。

## 四、实践

存档：更好地理解和解释资源，它将得到更好的保护和强化。

为了正确地理解和解释某个建筑地点，必须全面调查赋予某个建造物以意义的全部特性。

这项活动必须早于在现场进行的其他活动。现场作业本身必须存档、记录。

猜测：恢复、重建早期形式的活动仅限于那些无须猜测就能实现的形式。

可辨识性：经过仔细检查，训练有素的人士应能识别出新近的作业，但它不应影响审美的完整性或整体的一致性。

材料与技术：材料和技术应尊重传统实践，除非现代替代品有坚实的科学基础，并由大量实践支撑，且有明显的优势。

光泽：光泽是某个资源的历史完整性的一部分，如果破坏光泽对于原始实物的保护不可避免，才被允许。应避免光泽假造。

可逆性：应优先利用可逆过程，以便为今后的发展、为校正不可预见的问题提供多重选择。如果资源的完整性可能会受到影响，也当如此。

完整性：结构和工艺的完整性都应得到尊重，并须留意性能与外观。

（雷远旻）

# 关于保护国家文化遗产的法令（布隆迪）

1983年5月25日第1/6号法
Burundi
Loi n°1/6 du 25 mai 1983 portant protection du patrimoine Culturel National.

共和国总统，让-巴蒂斯特·巴加萨，

鉴于布隆迪共和国宪法，特别是其第40,41,45,46,56和80条款规定；

在回顾1959年8月16日的《关于保护古迹遗址和地方艺术品的法令》，及在布隆迪执行该法令；

在1956年8月14日颁布的第一百一十二分之二十一条例；

鉴于有必要更新适用于保护国家文化遗产的规定；

根据国家青年、体育和文化部部长的报告；

经部长理事会审议；

国民议会通过，

该法案并给以发布

## 第一章　定　义

**第一条**　本法令认为从考古学、史前学、古生物学、历史学、文学、民俗学、艺术、宗教和社会学角度具有特别意义的动产或不动产都属于国家文化遗产。

**第二条**　可移动的文化财产尤其是指素描、绘画、雕塑、雕像、器皿和国家工艺装置、家具用品、秸秆碎片、鼓等其他乐器、法器、饰品、30多年历史的武器、化石、存在1 000年以上的人体或动物遗体、动物、植物和地质罕见标本和收藏、古生物性质的物体、考古发掘的物品、民族学物品和资料、相关档案和文件。

**第三条**　不可移动的文化财产尤其是指建筑作品、遗迹雕塑或绘画作品、洞穴和墙壁题字的作品、历史遗迹，特别是故居和皇家或王侯墓葬、考古遗址，包括有古代发现的地点、采矿或制造业、宗教或神圣性质的遗址、具有美学或者历史艺术特殊价值的人与自然结合的作品。

## 第二章　文化财产分类

### 第一节　总　则

**第四条**　为了确保国家文化遗产的保护与保存，第一条中定义的可移动或不可移动财产可通过法令决定分级。

如果分类财产具有不动产性质,则分类可以扩展到必须用于隔离、疏通、清理或增值的相关不动产。

**第五条** 分类动产或不动产的所有权可转让给国家。

未将所有权转让给国家的分类不动产拥有将其征用公共事业的地役权。

**第六条** 任何有可能被分类的不动产,无论是否向国家转让了所有权,应文化部长的要求,在部长理事会做出决定起的两个月内,应在不动产保管处登记。

如果不动产在分类之前已经注册,应在注册证书中提到。

其手续产生相关费用。

## 第二节 分类程序

**第七条** 特此设立文化财产分类委员会,以下简称"委员会"。该委员会由法令任命。

**第八条** 该委员会由文化部长代表,和由于其职能或在国家文化遗产问题上有能力而被法令指定的其他成员组成。

**第九条** 分类请求由文化部长或财产所有者提交给委员会。

**第十条** 委员会审查申请,看其是否有充分理由,分类提案程序是否完善。

所有分类提案都应提到:

(a) 委员会认为有必要采取的以确保妥善保护财产的特别保护措施;

(b) 为业主提供可能的赔偿的量化和合理建议;赔偿必须涵盖提案时财产的市场价值;如果分类提案未规定将财产所有权转让给国家,补偿必须包括因分类给所有人造成的部分使用价值丧失的价值。

**第十一条** 委员会关于财产分类的任何提案应通过文化部长的挂号信通知业主。一旦接收通知,所有人必须暂时遵守第十八条提到的禁令和第十条所述的特别保护措施。

**第十二条** 自通报拟议分类起两个月内,财产所有人可以通过挂号信给文化部长提出合理的反对意见。

**第十三条** 上一条款规定的期限届满,文化部长将分类提案的完整档案传送给主管当局。

如果财产所有者有异议,则其反对意见作为附件一起加入档案,并附上委员会的意见和建议。分类决定通过文化部长的挂号信告知业主。

**第十四条** 财产所有人有自分类决定通知下达起的两个月的期限,向法院提起反对计划补偿金额的诉讼。

如果所有权被转移到国家,这种补救措施的引入并不免除所有者向文化部长代表提供财产,在任何情况下,都应尊重第十条所述的禁令和第十条(a)段规定的特别保护措施。

**第十五条** 如果分类决定涉及将财产转让给国家,则通知必须说明财产所有者移交给文化部长代表的时间期限。在此期间,业主或经营者有义务遵守第十八条提及的禁令和第十条(a)段规定的特别保护措施。

**第十六条** 如果所有人未提出上一条规定的上诉,则应在分类决定通知后两个月期限届满后的一个月内向其支付建议赔偿金。否则,法院判决赔偿金在最终决定下达之日起一个月内支付。

### 第三节 分类影响

**第十七条** 分类从分类决定通知到所有者有效。如果没有向所有者通知分类决定，则效果将在六个月内自动暂停。

**第十八条** 分类财产不得截断、改变、降级或破坏；禁止将其用于铭文、涂鸦或展示。未经文化部长同意，未经文化部长事先授权，不得移动、通知、修理、改造或恢复分类财产。

**第十九条** 在获得委员会的同意后，文化部长可以进行维护工作，以保护国家开支的机密财产，但特殊减损除外。

**第二十条** 当财产被分类而所有权没有转移给国家时，无论财产归谁所有，分类影响不变。任何转让此类财产的项目必须至少提前两个月作出，然后由卖方以书面形式通知文化部长。此外，异化契约必须提及对财产进行分类的决定的参考。

**第二十一条** 文化部长的代表有权免费获得任何机密财产，而无须将所有权转让给国家。

### 第三章 分类财产的降级

**第二十二条** 根据文化部长的提议，分类财产的降级可以通过法令确定，在此期间该财产失去其利益。

**第二十三条** 如果降级财产原归国家所有，则降级决定规定其转移的目的地，文化部长可依法进行出售。

**第二十四条** 不属于国家所有的降级财产，则所有者将恢复他在分类之前拥有的所有权利。

但是，根据委员会的建议，文化部长可以向所有人索赔，其象征性的赔偿金表示在分类期间由国家承担的维修和保养工作赋予财产的附加值。

**第二十五条** 上一款实施的赔偿金的征收，按照与所得税有关的规定进行。

**第二十六条** 当降级财产具有房地产性质时，根据文化部长的要求，降级决定在登记证上记载。

该程序纳入国家开支。

### 第四章 可移动文化财产的销售和出口

**第二十七条** 属于国家遗产的分类动产只能在文化部长根据委员会的建议颁布事先授权的情况下出口。

### 第五章 分类财产登记

**第二十八条** 文化部开具一份可移动和不可移动的文化财产登记册，用于分类决定的决策。

登记册条款更新由文化部长决定。

### 第六章 考古挖掘和发现

**第二十九条** 未经文化部长授权，任何人不得在属于国家或他人的土地上进行以搜寻史前史、历史、艺术或考古相关的挖掘或调查。

**第三十条** 挖掘的授权确定必须进行搜寻的条件、挖掘者在工程执行中必须遵守的规则以及对其发现的进行良好保护的规则。

**第三十一条** 如果挖掘授权申请来自土地所有者以外的人，则必须在申请书上附上该人的书面同意书。

**第三十二条** 文化部长可以委派一名有资历的人员，以监督挖掘者正确执行工作。

该代表可随时自由进入挖掘者开放的工地。

**第三十三条** 任何与历史、史前史、艺术或考古学相关物品的发现，无论是在授权的挖掘过程中发生还是偶然发生，都必须在八天内通过挂号信通知文化部长。

**第三十四条** 在国家领土内发现并涉及历史、史前史、艺术或考古学的所有财产构成国家文化遗产，必须遵照第四条所述的分类决定。

根据委员会的建议，文化部长确定奖励发现人的金额。

这种奖励可能包括向发现人交付他的挖掘发现物，特别是因为在其发掘过程的发现物有相似品，国家可能放弃的挖掘物品。

**第三十五条** 根据委员会的建议，文化部长可以宣布取消挖掘许可：

（a）当挖掘者不尊重授权所规定的搜查或妥善保存发现物的规定和条件时，

（b）鉴于发现的重要性和国家利益，要求国家进行挖掘。

在第二种情况下，发掘发起人有权根据委员会的建议由文化部长索赔。

**第三十六条** 历史、史前、艺术或考古学相关物品的发现人有权自由发表他的研究结果。

**第三十七条** 根据委员会的建议，文化部长可以动用国家开支在属于个人的土地上进行挖掘或探测。

**第三十八条** 国家开支授权挖掘的土地的所有人，需在开工前一个月内通过挂号信通知文化部长。

土地所有人无权反对挖掘，并有义务将土地提供给文化部长代表在其规定的时间内支配。

在施工场地开放之前，制定了一个场地原貌的清单。

**第三十九条** 在发掘结束时，所有者重新获得该土地的所有权利，并获得由文化部长根据委员会的建议确定的赔偿金。

这项津贴必须包括：

（a）在执行挖掘工程时，因使用土地及建筑物和种植园而对业主造成的收入损失；

（b）工作本身引起的损坏和破坏而造成的损失。

**第四十条** 在工程结束时或每年年底（如果工期超过一年），业主将通过文化部长的挂号信收到建议赔偿的通知。

所有者的申诉与第十五条规定的申诉相同。

津贴应按照第十六条的规定支付。

## 第七章 刑事制裁

**第四十一条** 在不影响对国家有利的损害赔偿和宣布归还的情况下，任何违反本法规定的违法行为,最高可判处两年以上的刑事处罚,并可处以 2 000 法郎的罚款或仅处以其中一项罚款。

### 第八章 最 后 条 款

**第四十二条** 青年、体育和文化部长负责执行这项法律,该法律在颁布后生效。

1983 年 5 月 25 日在布琼布拉签署

Jean-Baptiste BAGAZA,上校

(向维维)

# 关于确定国家博物馆的标准及地位的决定(阿尔及利亚)

1985年11月12日第85-277号法令
Décret n°85-277 du 12 novembre 1985 fixant le statut type des musées nationaux

共和国总统,

在文化和旅游部长的支持下;

根据《宪法》,特别是第11-10和152条;

根据1967年12月20日第67-281号法令《关于历史和自然遗址遗迹的发掘与保护条例》;

根据1984年5月的第84-125号法令《关于确定文化和旅游部长以及旅游部副部长的职能的决定》;

决定如下:

## 第一章 命名、目标、总部

**第一条** 国家博物馆的标准及地位由本法令确定,即为具有行政性质的公共机构,具有法人资格和财务自主权。

国家博物馆置于文化部长的监督之下。

**第二条** 国家博物馆在国家经济、社会和文化发展计划框架内的使命是征用、追回、修复、保存和向公众展示具有历史、文化或艺术性质的物品和馆藏。

因此,国家博物馆负责在保护、修复和研究方面的工作:

——在该领域制定的标准框架内保护和修复他们负责的遗产;

——开展博物馆学,保护和修复其负责的遗产领域的研究计划;

——鼓励和参与与国家和外国组织及研究人员一起进行与其目标有关的研究;

——参与挖掘工作;

——收集与其目标相关的文件,并与国外或国际博物馆和专业组织交流科学技术信息;

——促进开展与其使命相关的培训活动。

在信息、教育和文化方面:

——通过出版物、期刊、小册子和视听辅助材料传播与其主题有关的信息；

——向公众展示他们负责的馆藏；

——开展相关活动（会议、展览、座谈会等）。

国家博物馆有权参加与其目标相关的各种国家或国际会议、会谈和集会。

**第三条** 除上述共同任务外，每个国家博物馆设立法令明确其有可能转移的特别任务及其总部。

## 第二章 组织、运作

**第四条** 每个国家博物馆由一名主任领导，经指导委员会管理，其组成如下：

——文化部长代表，主席；

——内政和地方行政区域的代表；

——财政部长代表；

——党代表。

指导委员会可以召集任何可以在审议中提出启发性意见的个人。

**第五条** 指导委员会每年举行两次常规会议。根据委员会主席、博物馆馆长或其三分之一成员的申请，可以举行特别会议。

主席根据博物馆馆长的提议制定议程。

会议日期至少在会议召开前十五天发出。特殊会议可以缩短时间。

**第六条** 指导委员会只能在至少有一半成员出席的情况下进行有效审议。如果未达到法定人数，则应在原定日期的十五天内召开新会议。在这种情况下，无论出席的成员人数如何，审议都是有效的。

审议过程在会议记录上记载并签字。

结果以多数赞成通过。

在票数相等的情况下，主席有裁决权。

**第七条** 指导委员会审议：

——博物馆的组织、运作和内部规定；

——年度和多年活动计划以及过去一年的活动总结；

——与博物馆有关的协议、市场和交易的一般方案；

——收入和支出的预先计划；

——年度账目；

——接受和分配捐赠和遗产。

指导委员会的审议须在通过后一个月内获得监管机关的批准。

**第八条** 总馆长根据监督部长的提议，从已达到至少五年服务期的博物馆长的提议中颁布法令任命。

**第九条** 国家博物馆的内部组织由监督部长颁布法令确定。

**第十条** 馆长在监管机构的指示框架内行事。

因此：

——尊重指导委员会的特权,负责国家博物馆的一般运作;

——代表了博物馆所有的民事行为;

——对所有工作人员行使最高权力;

——准备提交给指导委员会的审议的报告;

——在获得批准后,执行指导委员会通过的审议结果;

——领导指导委员会的秘书处;

——他是预算组织者,参与并决定开支;

——审议所有市场、协议和惯例。

## 第三章 金 融 组 织

**第十一条** 国家博物馆的账目应当按照公共会计准则的形式确立。记录的保存和资金的处理委托给由财政部长任命或批准的会计官员。

**第十二条** 国家博物馆受国家财政监控。

**第十三条** 博物馆的收入包括:

——国家、地方当局和公共机构的补贴;

——贷款;

——捐赠和遗产;

——入场费,以及与国家博物馆活动有关的所有收入。

**第十四条** 博物馆的支出费用包括:

——运营费用;

——设备支出;

——与国家博物馆活动有关的所有费用。

**第十五条** 国家博物馆的预算分章节和条款列出。经指导委员会通过后,须经监管机构和财政部长批准。

**第十六条** 行政和管理账目应当提交指导委员会通过,并在现行条例规定的条件下送交监督部长,财政部长和审计法院。

**第十七条** 行政和管理账户分别由拨款审核人员和会计师建立,应经博物馆长的同意,在财政年度第一季度末提交给指导委员会,并随附博物馆行政和财务管理的发展及说明的报告。

**第十八条** 本法令将在阿尔及利亚人民民主共和国政府公报上公布。

1985 年 11 月 12 日订于阿尔及尔

Chadli BENDJEDIID

(向维维)

# 关于建立国家美术博物馆的决定(阿尔及利亚)

(1985年11月12日第85-278号法令)
Décret n°85-278 du 12 novembre 1985
portant création du musée national des beaux-arts

共和国总统,

根据文化和旅游部长的报告,

根据《宪法》,特别是第111-10和152条,

根据1984年5月19日第84-125号法令,《关于确定文化和旅游部长以及旅游部副部长的职能的决定》;

根据到1985年11月12日第85-277号法令,《关于确定国家博物馆的标准及地位的决定》;

决定如下:

**第一条** 根据上述1985年11月12日第85-277号法令的相关规定,特别是其第三条规定,建立国家美术博物馆,展出反映国家艺术创作的造型艺术作品。

也可以在享有国际盛誉的外国国家博物馆的画廊展出。

**第二条** 上述国家博物馆的总部设在阿尔及尔。

**第三条** 本法令将在阿尔及利亚民主共和国官方公报上给以公布。

1985年11月12日订于阿尔及尔
Chadli BENDJEDID

(向维维)

# 关于文化遗产保护的 85-04/CNR/PRES 法令（布基纳法索）

Burkina Faso
Ordonnance N°85-04/CNR/PRES portant protection du patrimoine culturel

法索总统，

根据 1983 年 8 月 4 日的公告；

根据 1983 年 8 月 4 日的《关于成立全国革命委员会的决定》(83-001/CNR 号)，

根据 1984 年 8 月 2 日《关于更改国家名称和象征的决定》(84-043/CNR/PRES 号)；

根据 1985 年 8 月 12 日《关于解散布基纳法索政府的决定》(85-415/CNR/PRES 号)；

根据 1985 年 8 月 12 日《关于任命全国革命议会及法索总统的总协调员的决定》(85-416/CNR/PRES 号)；

根据 1956 年 11 月 3 日《关于保护自然遗址遗迹和历史古迹、科学、艺术或地方特色遗迹遗址，历史、科学或人种学文物分类和发掘管理的法令》(56-1106 号)。

命令如下：

## 第一章 历 史 古 迹

**第一条** 公共或私人的动产和不动产，包括自然遗址遗迹以及因其保存或保护具有历史、艺术、科学、传说或特色价值的栖息地或矿层被列为的历史古迹。

**第二条** 登记的历史古迹名单，由古迹遗址行政服务部门实时发布在布基纳法索官方日报上，还应通知土地所有人与持有人或占有人 6 个月内权力丧失。在预计开工前至少 2 个月没有古迹遗址行政服务部门的特别授权，其通知不再具有实施或改造其地点或物品的效力，也不能开展除日常维护和开放意外的作业。

此外，登记可使古迹遗址行政服务部门在第八和第十七条规定的情况下阻止对登记的可移动物品的开发。

**第三条** 具有公共利益的历史古迹、自然或人工遗址可被分类。

用于隔离、疏通或整顿分类或拟分类遗迹的财产也同样可被分类。

分类提案通知相关所有人；如果在 12 个月内未分类通知或未发布和下达，提案则会失效。

**第四条** 分类行为应合乎相关财产分类规定,分类应在土地保护登记册记录,并在法索日报上公布。

**第五条** 无论财产如何变更所有人,分类效用不变,任何人不得通过法律时效占有分类物。

在分类行为结束之前,任何转让分类财产的人都有义务在无效处罚的情况下通知受益人;

**第六条** 未经古迹遗产行政部门的特别授权,属于私有或公有权法人的分类财产不得转让。

**第七条** 没有设立条件和监督执行的古迹遗址行政服务部门的事先授权,任何分类或拟分类的古迹都不得全部或部分毁坏,也不得进行翻新或修复,也不得做任何改变。

国家可以出资对不属于国有的分类遗迹进行必不可少的维护工作。为此目的,国家可以在工程期间强制占有房屋或物品。

因为由国家承担费用,分类遗迹可向公众开放或展示,可建立利于国家预算的参观权,门票金额由古迹遗址行政部门根据第三十六条所述的最高委员会的意见而定。

**第八条** 如果为了单独使用、让与、转让或分割材料的目的而对登记的历史遗迹进行分割或切块作业,且获得了第二条款规定的两个月的事先授权,古迹遗址行政部门应在此期限之前,在可延长至6个月的登记期限内通知业主或土地所有人其对施工的反对意见。

**第九条** 当第八条规定的工程项目未获得两个月的事先通知,一旦发现这些工程,古迹遗址行政部门下令立即中断施工,将分割或肢解的登记遗迹恢复原貌,向发起人罚款,以确保将登记古迹恢复到最初状态。

历史古迹名单上的登记持续时间自动延长至完全重建;在任何情况下至少三年。

**第十条** 当第八条所界定的工程是在违反第七条规定的拟分类或已分类遗迹上施工时,将按照登记的古迹处置,命令其中断和恢复原貌。

此外,当重建的禁令无法生效时,遗迹的出口将通过法令宣布,并无须支付任何赔偿金。

**第十一条** 转让已分类或拟分类古迹上剥离的材料或是登记遗址上不正常的脱离材料时,用给第三方转让效力的相同的合同。第三方与业主或受监管者承担连带责任,应恢复剥离材料,且不能向国家索赔。

**第十二条** 未经古迹遗址行政部门的明确许可,不得在分类建筑物的土地上建设任何新建筑也不能依靠而建。

降低建筑物的法律地役权不适用于分类的古迹。

在分类遗迹上和特定有限制规定的邻近区域禁止张贴海报或安装广告设备。

城市化计划中包含的任何分类土地必然构成新建筑的区域。

**第十三条** 分类的行政文件确定友好分类的条件。

在没有与业主或地主达成共识的情况下,分类强制执行。可给予维修赔偿金,以赔偿由此造成的损害。强制分类证书下达六个月内可向主管部门提出申请,逾期无效。关于赔偿原则或数额的争议提交给不动产所在地或持有动产出处的一审法院。

**第十四条** 国家可以依照征收法律的规定形式没收用于公共事业的分类不动产,或者必须征用用于隔离,疏通或清理历史遗迹的不动产。

**第十五条** 公用事业申报自动要求对拟分类的财产进行分类。但是,只有在报告年度尚未收到友好协议报告或者司法征用决定还未下达的情况下,才能要求并获得第十三条规定的赔偿。

**第十六条** 任何分类或拟分类的建筑不得出于公共目的征用而被调查没收,在事先没有降级或者出于文化考虑而给予的优先土地处置权的分类建议没有被采纳,也不能将其用于土地整治的特别区域;唯一的例外是该行动不会干扰历史古迹的保存和保护。

**第十七条** 禁止出口分类,拟分类或列入历史古迹名单的物品。

出口可以由艺术和文化遗产局特别授权,在外国政府组织的展览期间或其担保期间,只要能为布基纳法索带来文化优势,可以出借。

**第十八条** 所有艺术品,包括近代的手工制造物品的出口都应该经过文化和艺术遗产管理局的事先批准。

**第十九条** 在所有情况下,甚至在出口申请被批准的情况下,国家或其他具有公有权的法人都有权要求对第十七、第十八条款涉及的物品支付以友好协商或专家确定的公平价格。

文化和艺术遗产管理局通知所有者其收购意图,即使在口头承诺出口的情况下,管理局可通过双方认定的描述性收据立即拥有该物品。在价格确定的两个月后,国家失去保留权。他必须支付记录价格或放弃他的征收。

当第十七条、第十八条款所述的其中一个物品进行公开出售时,无论国家是否参与拍卖,可以通过正式委托的代理人在两个月内决定退还该物品或行使其优先购买权。支付给公职人员的价格是拍卖锤子价格和税费总和。

## 第二章 挖掘和发现

**第二十条** 如果搜索或保存发现物不符合相关规定,任何人不得在布基纳法索领土内进行涉及史前史、历史、艺术或考古学物品搜索的挖掘或调查。

任何授权的挖掘必须上报。

必须保留任何动产或不动产的发现,并立即向当地行政当局申报。

**第二十一条** 为了公共收藏的利益,国家可以在第十九条规定的条件下索赔第二十条所述的挖掘产生的物件。

**第二十二条** 在下列情况下,国家可以宣布撤销先前授予挖掘的授权:

违反搜索或保护发现物而施加的规定;

如果由于这些发现的重要性,他觉得他应该继续自己进行挖掘。

自国家通知撤销授权之日起,发掘被暂停。

**第二十三条** 撤销不遵守条件的授权,研究发起人不得因其驱逐而要求赔偿。

但是，如果由国家或第三方继续挖掘，发起人将获得提供继续挖掘材料和设备的价格补偿。

**第二十四条** 如果由于重大发现而取消发掘授权以便国家之后进一步挖掘，研究的发起人将不会得到国家的驱逐赔偿，但是将全额报销在挖掘暂停之前的实际支出的所有费用。

**第二十五条** 国家可以在任何地面上进行挖掘或勘探，但毗邻建筑物和等效围墙围栏用地除外。

在没有与土地所有人达成友好协议的情况下，应通过法令授权占用土地用以公用事业的挖掘或勘探。

**第二十六条** 挖掘过程中发现的财产由国家和发现者共同享有。

但是，国家可以履行第二十一条和第二十八条规定的索赔权利。

**第二十七条** 由于考古或任何其他事实发现的古迹、遗址、住宅遗址或古代墓葬、铭文或是涉及历史、艺术或考古学新发现的物品，这些物体的发现者和建筑物的所有者或被发现地的土地持有人必须立即向当地行政当局申报。

**第二十八条** 国家决定对偶然发现的不可移动发现物采取措施。

偶然发现的可移动物属于国家。

**第二十九条** 以下个人将被处以 5 万～50 万西非法郎的罚款：

——不遵守本命令第一条款的规定，修改已登记的古迹或对古迹进行日常维护开发之外的作业；

——转让分类或拟分类文物，且不遵守第四条规定的提供信息和通知义务；

——违反第二十条和第二十二条规定的任何要求。

**第三十条** 以下个人将处以 50 万～100 万西非法郎的罚款：

——不尊重第七条规定的所有分类效果，适用于已分类、拟列入分类或征收过程中的古迹；

——未经事先授权，出口或试图出口第十八条所述的物品之一，且知道该物品属于该条规定的类别。

**第三十一条** 任何出口或企图出口分类、拟分类或登记物品的个人将被处以一至三个月的监禁和 10 万～500 万西非法郎的罚款，或者两者处罚其中一种；且该物品将被没收；

同样的处罚适用于第十七条和第十八条所述的其中一条物品的所有人，即在收到第十九条规定的通知或已知悉获取物品后，为避免物品被剥夺清除该物品的所有人。

对于第十七条和第十八条所述的其中一件物品的所有人，若在行使保留权期间以欺诈手段占有该物品，将获得同样的处罚。

**第三十二条** 在不妨碍第六条规定的民事制裁的情况下，凡是从事切割或拆除分类或拟分类古迹工作的个人，凡在登记古迹上从事同样工作未收到预先通知或貌视已下达的通知禁令的个人都有可能被处以上一条款规定的监禁和罚款，或两者之一的惩罚。

当无法通过复位分离材料重建古迹时,下面条款所规定的处罚将适用于应负责任人。

**第三十三条** 任何破坏、推倒、肢解或损坏分类或拟分类遗迹遗址的个人都将处以200万～500万西非法郎的罚款和12～18个月的监禁,或处以两者之一的惩罚。

**第三十四条** 任何有意转让或窃取第二十、第二十二和二十七条规定的发现物的行为将处以损害赔偿之外的六个月到一年的监禁,和500万西非法郎的罚款,且罚款金额可以增至物品价格或处以两者之一的惩罚。

**第三十五条** 违法行为由警官和有资历的公共部门(特别是宣誓的海关官员,博物馆长或为此宣誓的合法的分类财产监护人)拟定笔录。

## 第三章 其他规定

**第三十六条** 建立历史古迹高级委员会,其组成由文化部长决定。该委员会将商议如下意见:

——关于分类的所有申请,提议或拟议的分类古迹;

——任何试图销毁、移动、复原或以任何方式修改拟分类或已分类古迹的行为;

——参观已分类估计的门票。

**第三十七条** 本命令的实施条件将由部长理事会通过的法令确定。

**第三十八条** 本法令废除所有先前的相反条款,特别是1956年11月3日第56-1106号法令,本法令将作为国家法律执行。

1985年8月29日于瓦加杜古

Thomas SANKARA 上尉

(向维维)

# 关于布基纳法索出口艺术品的条例(布基纳法索)

85-493/CNR/PRES/INFO 号法令
Décret N°85-493/CNR/PRES/INFO
portant réglementation de l'exportation des objets d'arts du Burkina-Faso

法索总统,

根据 1983 年 8 月 4 日公告;

根据 1983 年 8 月 4 日《关于成立全国革命委员会的决定》(83-001/CNR/号);

根据 1984 年 8 月 2 日《关于更改国家名称和象征的决定》(84-043/CNR/PRES 号);

根据 1985 年 8 月 12 日《关于解散布基纳法索政府的决定》(W 85-415/CNR/PRES 号);

根据 8 月 12 日《关于任命全国革命议会及法索总统的总协调员的决定》(85-416 的/CNR/PRES 号);

根据 1985 年 8 月 29 日《关于保护文化遗产的决定》(85-049/CNR/PRES 号);

协调员理事会在 1985 年 8 月 27 日的会议上听取了意见,决定如下:

**第一条** 关于艺术品和旧传统工艺品,特别包括下列列举物品类别的出口,所有证明布基纳法索文化遗产的原始材料的原件或复印件,须事先呈交文化艺术遗产管理局审核:

——面具、旧样式的舞蹈饰品;

——旧式雕像、小雕像、娃娃;

——门、百叶窗、锁、旧式雕刻柱;

——传统家具:凳子、椅子、座椅、头枕;

——用具:锅、碗、勺子、钢包、旧式托盘;

——武器:棍棒、弓箭和箭袋、长矛、剑、步枪刀;

——纺织品和古董皮革;

——乐器:鼓、长笛、号角、木琴;

——游戏,传统的、古代的或现代的玩具。

**第二条** 出口艺术品的授权必须由文化部长签署。

**第三条** 文化和艺术遗产管理局有权阻止任何被认为具有重大文化价值的真实样品

的出口。在这种情况下，该物体将被扣押并作为国家财产归还国家博物馆。可以真诚地给予购买者补偿。

**第四条** 一次性出口物品的数量限于每个自然人五个。对于法人来说，数量取决于文化部长的决定。此外，对全国文化促进基金（F.N.P.C.）的利益，所有出口艺术品应缴纳出口税。文化部长的法令将规定相关条款；

**第五条** 相关人员（私人收藏家、学者、国外的博物馆代表）出于商业目的向通常不从事商业的个人购买此法令第一条中提到的类别中的传统艺术品，必须向行政当局作出声明，上报交易所在地。

**第六条** 有资质的行政机关可出具临时获取证书，并签名盖章，指明销售的地方、买方和卖方的身份、物品的性质及其市场价值。

**第七条** 获得的物品应随后提交给文化和艺术遗产管理局，管理局根据本法令第四条提到的出口税的支付证明出具原产地证书和一份最终获得证书。

此外，购买者须向布基纳法索版权局支付转售权费用。

**第八条** 希望出口第一条所述的传统艺术品或传统工艺品的个人，并宣称是从个人或第三方获得的物品，应同时获得物品和捐赠者的授予证书。该证书是取得最终获得证书或原产地证书所需的手续。

**第九条** 公共秩序当局将控制古老传统艺术品在全国范围内的流通。

**第十条** 任何希望出口此法令第一条中提到的物品的个人必须能证明该财产的合法性，否则该物品将作为国家财产被转送到国家博物馆，且不影响可能对有关当事人提起法律诉讼。

**第十一条** 原产地证书在任何情况下均不保证作为商业交易对象的真实性。

**第十二条** 该法令废除所有先前的相反规定。

**第十三条** 信息和文化部、财政资源部、领土管理和安全部办公室主任负责完成以上部委和革命国防委员会总秘书处的日常事务，各方负责执行即将在布基纳法索官方公报上公布的本法令。

1985年8月29日于瓦加杜古
法索总统 Thomas Sankara 上尉
信息和文化部常规事务办公室主任 Désiré T.BONOGO
财政资源部常规事务办公室主任 S.André FAYAM
领土管理和安全部办公室主任 Alexis DO SANOU
革命国防委员会总秘书 Capitaine Pierre OUEDRAODO

（向维维）

# 关于建立国家考古和历史遗址遗迹保护办事处的决定(阿尔及利亚)

1987年1月6日87-10号法令

Décret n°87-10 du 6 janvier 1987 portant création de l'Agence Nationale d'Archéologie de protection des Sites et Monuments Historiques

共和国总统,

根据文化和旅游部长的报告,

考虑到《宪法》,特别是第111-10和152条;

根据1967年12月20日67-281号法令,《关于历史和自然遗址遗迹的发掘与保护条例》;

根据1975年4月19日《国家财务计划》第75-35号法令;

根据1980年3月1日《关于行使全民议会检查职能》的第80-04号法律;

根据1980年3月1日《关于行使审计法院检查职能》的第80-05号法律,由1981年9月26日第81-03号法令修改和补充,并经1981年12月5日第81-12号法律批准;

根据1980年3月1日第80-53号法令《设立财政总监察局》;

根据1944年5月19日第84-125号法令,《关于规定文化和旅游部长以及旅游部副部长的权力的决定》;

决定:

## 第一章 命名、目标、总部

**第一条** 创建一个名为"国家考古和历史遗址遗迹保护办事处"的公共行政机构,具有法人资格和财政自治权,以下简称"办事处"。

**第二条** 该机构置于文化部长的监督之下。

**第三条** 该机构在国家文化发展计划框架内负责为公众进行清点、研究、保护、修复、提升和介绍国家历史遗产的所有相关活动。

因此,该机构的使命是:

——以适当方式进行考古发掘,作为其年度行动计划的一部分,确保国家和外国公共和私人机构的其他挖掘工作的继续开展,以及进行救援挖掘;

——研究并就国家或国际公共或私人机构或科学人员提出的考古研究授权申请发表意见;

——监督和检查国内外研究人员和机构开展的所有考古研究,确保严格执行有关考古研究的法律法规;

——定期评估研究工作并监测世界各地考古研究的进展;

——确保妥善保存和保护其负责的历史遗址和古迹;

——刺激和促进考古发展必不可少的科学和技术的理解、掌握和应用;

——建立关于考古学的国家资料库(图书馆、图片库、档案馆、卡片库),并确保其保护、保存和向公众展示;

——与外国或国际专业机构交换科学和技术信息;

——通过各种渠道确保其负责的文化遗产在该领域制定的标准框架内得到保护和修复;

——创建和维护博物馆和遗址,并通过挖掘、征收物品及藏品(购买、捐赠和遗产)的方式丰富藏品;

——为与其使命相关的培训活动做出贡献,特别是通过聘用研究人员和鼓励高等教育机构的研究工作;

——制作动画节目(会议、展览、研讨会等);

——通过出版物、期刊和视听媒体传播与其目标相关的信息;

——该机构有权参加与其目标相关的各种国家国际会议、会谈和集会。

**第四条** 办事处总部设在阿尔及尔。根据文化部长报告发布的法令,可以将其转移到国家领土内的任何其他地方。

**第五条** 办事处应在全国范围内按照其目标开展活动。

## 第二章 组 织 运 作

**第六条** 该机构由一名主任领导,并设有一个指导委员会。

**第七条** 主任根据监管部长的提议通过法令任命。

并以相同的形式终止其职权。

**第八条** 主任在监管机构的指示框架内行事。

因此:

——负责办事处的一般运作;

——代表办事处的所有民事行为;

——对所有员工行使等级权力;

——准备提交给指导委员会审议的报告;

——在获得监督机构批准后,执行指导委员会通过的审议结果;

——领导定向委员会的秘书处;

——作为办事处的授权官员。他以此身份确定预算,参与和决定开支;

——通过所有市场、协议和惯例。

**第九条** 指导委员会包括:

——文化部长或其代表,主席;

——国民解放阵线(FLN)党代表；

——Mojahedin 人民圣战者组织的代表；

——财政部长的代表；

——内政部长和地方当局的代表；

——新闻部长的代表；

——高等教育部长的代表。

指导委员会可以召集任何对艺术文化领域有见解，并对审议有启发性意见的个人。

**第十条** 指导委员会必须每年举行两次会议。它可以在总统、主任或其三分之一成员的申请下举行特别会议。

主席根据办事处主任的提议制定议程。

会议日期至少在会议召开前十五天发出。特殊会议可以缩短期限。

**第十一条** 指导委员会只能在至少有一半成员在场的情况下审议有效。

如果未达到法定人数，则应在原定日期的十五天内召开新会议。在这种情况下，无论成员人数多少，审议都是有效的。

审议过程在会议记录上记载并签字。

结果以多数赞成通过。

在票数相等的情况下，主席有裁决权。

**第十二条** 指导委员会审议：

——办事处的组织、运作和内部规定；

——年度和多年活动计划以及过去一年的活动总结；

——与该机构有关的协议、合同和交易的一般方案；

——收入和支出的预先计划；

——年度账目；

——接受和分配捐赠和遗产。

指导委员会的审议须在通过后一个月内获得监管机关的批准。

**第十三条** 办事处设有中心实验室和与考古选区相对应的单位，延伸至一个或多个地区。

办事处的内部组织组成由文化部长的命令确定。

## 第三章 财 务 规 定

**第十四条** 办事处的账目应当按照公共会计准则的形式保存。

记录的保存和资金的处理委托给由财政部长任命或批准的会计事务所。

该事务所受国家财政的控制。

**第十五条** 该办事处的收入包括：

——国家、地方当局和公共机构的赠款；

——捐赠和遗产；

——对遗迹遗址和博物馆以及所有场所的入场费税收，与该办事处活动有关的收入。

**第十六条** 该办事处的支出费用包括：

——运行成本；

——设备支出；

——与该办事处活动相关的所有费用。

**第十七条** 办事处的预算分章节和条目介绍；经指导委员会通过后，须经监管机构和财政部长批准。

**第十八条** 管理账目应提交给指导委员会通过，并在现行条例规定的条件下转交财政部长和审计法院。

**第十九条** 本法令将在阿尔及利亚人民民主共和国官方公报上公布。

1987年1月6日订于阿尔及尔

Chadli BENDJEDID

（向维维）

# 1987年7月28日第87-806号法案《文化遗产保护法》(科特迪瓦)

Côte d'Ivoire
Loi n° 87-806 du 28 juillet 1987 portant protection du patrimoine culturel

国民议会通过

共和国总统颁布本法律,其内容如下:

### 第一章 实施范围和一般规定

**第一条** 国家文化遗产是指过去遗留下来的所有不动产和动产,民间艺术和传统、风格、样式、学科和具有艺术、社会、宗教、技术或科学性质的习俗。

**第二条** 本法案保护以下内容:

1. 所有自然不动产及附着物:考古和历史遗址,单独的建筑或建筑群及其有保护价值的周边;

2. 所有动产:艺术品和古代工艺品,日常用品和祭司用品以及所有具有文化价值的史前和历史遗迹;

3. 1978年7月28日第78-634号法律第5条第12款和第7条第1款所界定的民间文学艺术作品,"保护精神作品,即所有作为传统科特迪瓦文化遗产的一部分,代代相传的文学和艺术作品"。

**第三条** 文化事务部负责保护和提升文化遗产价值。

**第四条** 建立每年更新的国家文化遗产清单,其中包括:

——遗址遗迹清单;

——文物清单;

——流行艺术和传统的清单。

### 第二章 遗址遗迹保护

#### 第一节 一般条款

**第五条** 不可移动文化遗产的保护是根据其历史、艺术、科学或民族学的利益以及以下三种不同的行政措施的保存状态来确定的:

——登记;

——分类;

——保护声明。

**第六条** 无论所有者如何变更,保护措施的效用不变。转让或移交保护财产所有权的合同必须明确说明该财产的保护措施和地役权。

**第七条** 保护措施可能涉及:

——全部或部分的单独建筑物或建筑群;

——建筑周围;

——尚未确定遗址的废墟和土地。

**第八条** 由不动产构成的外部空间和整治区域被视为不动产的周围。

用于不动产的保护效果适用于它的周围环境,其要素和限制条件在保护决定中得到确定。

**第九条** 为了在其自然或历史环境中保护建筑物,可以安排一个保护范围,其要素和限制根据保护措施决定。

**第十条** 保护范围内的所有公共或私人工程的建造、拆除或改造均须经文化部长事先授权。

在收到要求回执的挂号信申请后三个月内,如果没有被主管部门通知拒绝授权,则申请授权通过。

此外,承包商还必须遵守主管部门可能制定的建筑和技术决定。

国家可承担部分与建筑和技术保护要求有关的费用。

**第十一条** 在适用于城市规划的立法规定框架内,包括保障区域范围在内的城乡发展计划必须在其判定无效的情况下,遵守本法案第二条所述的所有建筑和建筑群的保护规定,且在实施工程之前受考古保护。

## 第二节 登 记

**第十一条** 采取本法案第五条规定的措施的不动产,且从艺术史、科学或民族学的角度来看具有足够意义的建筑物,其全部或部分可登记在补充清单上。

**第十三条** 自通知业主关于补充清单登记决定之日起,登记的效力自动适用于拟登记不动产。

**第十四条** 任何与登记建筑物有关的工程项目,除了业主打算进行或正在进行的租户希望的正常维护工程外,必须作出声明并取得文化事务部长的事先授权。

**第十五条** 业主有义务确保登记建筑物的正常维护和保养。

**第十六条** 一旦获得登记决定,所有人有义务无偿告知承租人或住户,在未事先通知的情况下不得对不动产进行施工,否则将被要求恢复建筑物原貌。

**第十七条** 呈交事先授权的工作项目在宣布之日起三个月后,视为已获批准。

**第十八条** 业主、租客或占用者必须遵守监管执行部门可能修改的方案。

**第十九条** 如果违反上述第十四条和第十六条:

——业主必须按原样归还建筑物;

——强制执行建筑物的分类。

业主对承租人的违规行为负责,并可应行政当局的要求,责令修理和损害赔偿。

**第二十条** 可自由转让全部或部分登记不动产。销售或捐赠行为严格遵守相应财产的保护措施和地役权,保留判定无效行为的权利,并将经核证的副本发送给文化事务部长。

### 第三节 分 类

**第二十一条** 鉴于其特别利益,不动产按部长理事会的法令分类。

**第二十二条** 分类提议可由建筑物行政区的省会发表,同时通知业主。

**第二十三条** 从主管部门通知财产所有者继续分类的意图之日起,分类的效用自动适用于相关不动产。

如果在通知后六个月内未发出分类决定,则失去分类效力。

**第二十四条** 业主有义务在两个月内就分类提案表明意见。在此期限之后,视为同意。

业主可以拒绝分类措施。在其拒绝的情况下,主管部门保留为公共目的而将其征用的权利。

**第二十五条** 分类法令特别指出:

——建筑物的性质和作用;

——地理位置;

——保护区域的精确限制和范围;

——全部或部分分类范畴及其特别地役权。

**第二十六条** 没有文化事务部的事先授权,任何人,无论是私人还是公共所有人,都不能改变分类法令定义的建筑物的规定用途。

**第二十七条** 没有行政部门的事先授权,禁止业主、租客或占用者进行改变建筑物及其周边的拆除和建造作业。

**第二十八条** 业主、租客或占用者为改善建筑物使用条件而进行的施工须遵守部长理事会的法令规定。

**第二十九条** 禁止有偿或无偿转让部分有可能被分割的分类建筑。该行为判定无效。

**第三十条** 意图转让或无偿获得全部分类建筑,无论该建筑是单独存在还是属于保护遗产的一部分,都应该通知文化事务部,否则出售或捐赠行为判定绝对无效。

**第三十一条** 自收到转让意向之日起三个月内,国家可对不动产行使优先购买权。

**第三十二条** 三个月后,在不影响现行法律实施的情况下,可自由转让,保留判定销售或捐赠行为无效的处罚:

——明确说明财产所附的保护措施和地役权;

——认证的副本传送给文化事务部。

**第三十三条** 业主有义务确保对所列建筑物进行正常维护。

**第三十四条** 国家可以按照现行法律法规,以公共事业目的征用已分类但未收到业主维护的建筑物,或者因遗弃而受到毁坏威胁的建筑物。

### 第四节 保护声明

**第三十五条** 凡法令所涉及的分类或登记不动产有损害威胁,且由于缺乏维护或由于自然天气而变得不可逆转,私人或公共工程造成的部分或全部破坏可以通过部长理事会的法令宣布保护措施。

在进行土地整治工作之前,保障声明是强制性的,声明可以是保护、修复和拯救受到退化或消失威胁的建筑物,也可以是救援考古。该项措施的费用由国家承担,并由建筑物管辖范围内业主和公共当局参与协助。

**第三十六条** 在采取保护措施的情况下,保护声明的效力应自通知之日起持续一年。保护声明可以与第三十五条规定的相同形式续签,只能延长一年。在此期间之后,建筑物必须注册或分类。

在考古救援的情况下,行政当局在土方工程和整治工程之前,有最多长达一年的时间进行所有救援行动以及调查、挖掘和必要的研究工作。

## 第三章 考古发掘

### 第一节 一般规定

**第三十七条** 本法案第七条所指的土地,包括第一条和第二条所述的考古遗骸、不动产或动产,都可以登记,分类和声明保护。考古发掘项目须经主管部门批准。

**第三十八条** 任何发现的发起人,无论是偶然的或是非偶然的发现,特别是合法授权的挖掘和公共或私人工程,都有义务向文化事务和矿业部长申明。

所有发现的发起人在个人和财务上都必须确保遗迹的妥善保护,在主管部门决定最终转让之前既不能出售,也不能出让或分解。

**第三十九条** 出于国家馆藏的唯一利益,国家可以追回全部或部分来自第三方授权挖掘的或偶然挖掘发现的可移动物品。

国家的追还权利在宣布发现后两个月内行使,以便在部长理事会法令规定的条件下进行赔偿。

**第四十条** 按照《民法典》第七百一十六条规定,国家未要求收回的动产和追回物品的赔偿金,应在发现者与土地所有者之间平分。

**第四十一条** 不动产分类的效用自动适用于从发现之日到其最终转让的任何不动产发现物。

**第四十二条** 除因公用事业、登记、分类或者保护声明等原因征收情况外,所有合法授权的挖掘者应将土地恢复原貌。

**第四十三条** 若临时占用用于发掘的土地,因为暂时剥夺原先分配的经济用途的土地而造成损害,或这些土地无法恢复原貌,则由地方主管当局给予赔偿,其数额根据现行法律确定。

### 第二节 国家执行的挖掘

**第四十四条** 经所有人同意,国家可以在不属于它的任何土地上,进行史前史、历史、艺术或考古相关的挖掘或调查。部长理事会的法令规定挖掘的条件和方法以及发现物的分配。

**第四十五条** 通过挖掘或国家调查挖掘出的不动产，可以因公用事业的原因进行登记、分类或征用。

## 第四章　可移动遗产保护

### 第一节　博物馆

**第四十六条** 为保护和使用科迪瓦尔的文化遗产，特别是艺术品、艺术、历史、民族志和科学古董，以及挖掘和发现的物品，建立几类博物馆：国家和地区公共博物馆、地方博物馆、私人博物馆。

博物馆的创建、组织和运作方法通过法令确立。

### 第二节　向公众开放的国家收藏品和私人收藏品

**第四十七条** 在国家和区域公共博物馆保存的国家馆藏应包括：
——国家和地区公共博物馆的国家收购品；
——国家和地区公共博物馆的捐赠和遗产。

**第四十八条** 国家馆藏应每年出版清单。国家馆藏不得转让。此外，管理部门有权不受时间限制，无须支付任何赔偿，追回任何国家馆藏对象，即使其拥有者是善意的。

**第四十九条** 所有具有文化利益，经主管部门认可并受益于国家财政或技术援助，属于自然人或法人的个人或群体的所有物品，均被认为是分类的私人收藏。

构成分类私人收藏的文物管理受以下条件的约束。

**第五十条** 有偿转让或捐赠部分或全部分类的私人收藏品，在判定行为绝对无效的情况下，都需要在部长理事会的法令规定的条件下授权发放。

**第五十一条** 自收到出售或出让意向声明之日起，主管部门有三个月的时间征收国家收藏品。在此期限之后，可自由销售或捐赠国家未征收的申报物品。

**第五十二条** 私人博物馆藏品的购买者或捐赠人应纳税，税率由《财务法》确定。

**第五十三条** 在继承情况下，私人博物馆藏品不能分散。但是，如果继承人或受让人之间没有达成协议，针对两者之一获益的收藏品的归属，国家有一年的时间以市场价格对这些藏品行使优先购买权。超过这个期限，收藏品可分散。

**第五十四条** 若私人博物馆全部或部分收藏品的购买者、受赠人、继承人或受遗赠人，在部长理事会法令规定的情况和条件下为国家馆藏捐赠高价值的文物，可免除上述第52条所述的权利和税收。

### 第三节　可移动文化财产的分类和出口

**第五十五条** 为促进国家文化资本的构成，将可移动文化财产作为国家财产建立分类。

**第五十六条** 本法第一条、第二条所述的可移动文化财产可归类为国家财产。

**第五十七条** 国家可以按照国家收藏品相关物品的市场价格，对任何出售的分类可移动文化财产行使优先购买权。

**第五十八条** 禁止出口分类的可移动文化财产。但在限定时间内及归还条件下可以获得特别授权。

**第五十九条** 除上述第五十八条关于分类物品的规定外,任何个人出口艺术品和古董均须事先获得证书形式的出口授权。国家可以在法令规定的条件下行使收购权。但是,现代艺术品和当代工艺产品可免于授权。

**第六十条** 用于科学研究和博物馆的图像资料,国家保留拍摄任何古董商收藏或声明出口的古董的权利。

## 第五章 制 裁

**第六十一条** 在不妨碍《海关法》的实施及在下面第六十二条所述的监禁惩罚情况下,凡出口或企图出口分类文物的个人将依法制裁,扣押并没收其文物以纳入国家收藏。

**第六十二条** 任何违反本法案规定的违法行为,特别是其第十、十四、十六、十九、五十八条的要求,构成三级违法行为。

**第六十三条** 内阁颁布的法令将确定本法案所有条款的实施细则。

**第六十四条** 违反本法案的所有条款均废除,尤其是1956年11月3日的第56-1106号法令《保护具有历史、科学、艺术和地方特色的自然遗迹、遗址和古迹、历史文物的分类及挖掘条例》。

(向维维)

# 国际古迹遗址理事会——巴西首届历史遗址保护与复兴研讨会决议

（国际古迹遗址理事会巴西委员会，伊泰帕瓦，1987年7月）
ICOMOS-Brazil First Brazilian Seminar about the Preservation and Revitalization of Historic Centers

## 基本原则

一、城市文化生产多方面的证据汇聚一地，即可将其看作是城市历史遗址。由于城市整体是一个历史实体，所以历史遗迹不能被看作是某一城市里非历史场所的对立面，而应作为重要区域，从操作价值的角度来划定。

二、城市历史遗址属于范围更广的整体区域，包括自然环境、建筑环境以及遗址居民的日常生活体验。上述范围更广的整体区域，因历史或长或短的某些价值而变得丰富，并不断经历连续变换的动态过程。在这个区域里，新的城市空间可被视为其形成阶段的环境证据。

三、城市是社会生产的文化表达，它日益扩张而非缩减。因此，建筑空间是社会生产过程的物理结果。除非其社会文化潜力被证明已消耗殆尽，否则不可替代。更换的评估标准应考虑新环境的社会文化成本。

四、保存的主要目的是维护和增强公民身份的表达和巩固所需的参考模式。正是通过公民对城市空间在政治上的留用的态度，保护才可能有助于改善生活质量。

五、考虑到城市历史遗址的特点之一是它们的多种功能，其保存不应以严重的使用限制为代价，即使其他获批的用途是文化性质的，也不应如此。事实上，城市历史遗址必须覆盖工作空间以及日常生活的空间，借此，社会的异质性和多元性的真实表达得以显现。考虑到这种异质性，考虑到巴西明显的住房短缺，住房应该是建成空间的主要功能。因此，城市历史遗址的居民和传统活动如与这些遗址没有冲突能否长期留存，值得特别关注。

六、城市历史遗址的保护必须是城市规划的基本目标之一，它应被视为连续的、长期的进程，正确理解产生和影响空间结构形成的机制，可以加强城市历史遗址的保护。

七、城市历史遗址的保护需要联邦、州和地方政府的综合行动，也需要关注规划决策的社区的参与,这是他们充分行使公民权的一部分。从这个意义上讲,支持和鼓励体制性机制,通过民间领导的强化参与,确保城市民主管理,是非常重要的。

八、在城市历史遗址的保存过程中,作为对当前条件的分析和评价的一部分,清单是更好地了解文化和自然财产的基本工具。社区参与清点,显示了它赋予相关财产的价值,激发了它对这些财产的关注。

九、城市历史遗址的法律保护是通过不同的程序来实现的,如编目、清点、城市规章、税收豁免和激励,列明文化趣味和征用等。

十、伴随着保护程序的多样化,城市财产的社会价值必须超越其市场价值。

(雷远旻)

# 关于保护国家文化遗产的法案(第94-022/AF号)(科摩罗)

Comores
Loi n°94-022/AF portant protection du patrimoine culturel national

联邦议会根据《宪法》第四十五条审议并通过了以下法律:

### 受保护财产的定义

**第一条** 从历史、艺术、考古、科学、传统和宗教的角度看代表一定国家利益的动产和不动产,无论是公共的还是私人的,均应在本法规定的条件下归类为"历史古迹"。

**第二条** 它们是国家遗产的组成部分,受国家保护。受保护财产包括所有考古和自然遗址、宗教建筑、与古代苏丹有关的建筑物、防御工事、纪念碑、墓地,属于科摩罗历史和代表国家利益的任何时期的可移动和不可移动物品。

### 所有权和使用权制度

**第三条** 所有权和使用权制度由普通法规定,属于法律的一般规定。

**第四条** 国有土地上或国有建筑内被指定为"历史古迹"的动产和不动产都属于国家财产。

**第五条** 具有私有权的自然人或法人,若其动产或不动产被列为"历史古迹",应在本法规定的条件下享有其物品。

**第六条** 个人获得的享有权受到国家规定的地役权约束,例如:参观权、行政调查权、参与维护、禁止未经授权修改或销毁。授权的修改必须在主管部门的监督下进行。

**第七条** 分类物品不受时效限制。如果丢失或被盗,物体的所有者或持有者必须在八天内通知国家科研资料中心的主管。

**第八条** 属于国家的分类物品是不可转让的。

**第九条** 属于第五条所界定的非国家所有的个人所有分类物体,只能在文化部根据国家科研资料中心主任和国家历史古迹委员会意见授权后才能转让。

**第十条** 所有权只能转让给国家或其他公共人士。

**第十一条** 违反第八条的收购无效。无效或索赔行为可以随时由文化部长和原始所有者实施。善意的购买者或第二购买者,无论该物品归谁所有,都有权要求退还购买金额。

**第十二条** 任何转让分类物体的个人、自然人或法人,应在其完成收购之日起一个月内通知文化部长。

**第十三条** 无论分类物品所有权如何变更,其分类效用不受影响。

保护范围

清点、登记、分类、声明

**第十四条** 按照本法第一条规定,从历史、考古、科学、传统或宗教的角度出发其保存代表国家利益的可移动或不可移动物品都划分为"历史古迹"。

**第十五条** "历史古迹"的分类根据文化部的法令裁定,文化部需参考国家科研资料中心主任和国家历史古迹委员会的意见,并在官方刊物公布的名单上登记。

**第十六条** 对动产或不动产进行分类的提议由历史古迹的持有或所在地的行政机关通知业主、占有者或持有人。

**第十七条** 如果在未来 10 个月内未向有关方面通知分类,则该提案失效。

**第十八条** 属于个人的物品的分类不给予任何赔偿。

**第十九条** 如果分类提案未经符合行政程序的所有者的同意,则由文化部长将提案提交给国家历史古迹委员会,必要时强制分类。

**第二十条** 文化部长不断更新国家分类的公共和私人文化财产清单。

继承者、持有人和行政部门的权利和义务

可访问性、参观权和行政注册权

**第二十一条** 所有人都可以依法接近历史古迹。

**第二十二条** 分类物品的所有人或持有人必须将其提交给主管机关的代理人进行检查。

保管、维护、修复和监视

**第二十三条** 历史古迹的所有者或者持有人必须小心保管,注意维护。

**第二十四条** 受保护财产的所有人只能在有资质的行政机构的许可和监督下进行修复。

**第二十五条** 当受保护财产的所有者实际上无法支付修复工作所需的费用时,国家应支付部分或全部费用。

**第二十六条** 参观在上述第二十五条条件下修复的属于个人的古迹的门票,由国家和个人按照参与修复和维护这些财产的比例收取。国家和个人之间制定开支明细,以明确并维护与这些财产有关的各项费用。

**第二十七条** 禁止出售和出口分类、拟分类或列入历史古迹名单的物品。

**第二十八条** 出口或转让可以通过文化部长根据国家科研资料中心主任的意见的特别授权,在外国组织受担保的展览期间,可以出借或交换与国家遗产具有相同历史、艺术、科学价值的物品。

**第二十九条** 自本法生效之日起,没有国家科研资料中心主任或其代表签发的未登记证明，禁止出口未列入历史古迹名录的艺术珍品，如武器、剑、手稿、长袍、民族志物品等。

## 考古发现和挖掘

**第三十条** 未经文化部长书面许可，任何人不得进行考古探索和挖掘。

**第三十一条** 艺术、历史或考古所涉及的动产或不动产物的意外发现必须由发现人或所有人立即向当地主管部门申报，并通知文化部长。

**第三十二条** 根据国家科研资料中心主任的意见，仅向具有科学能力的人员颁发许可证。任何搜索工作都必须由国家科研资料中心主任指定的代表加入。

**第三十三条** 当获得许可的土地是私有财产时，考古学家必须向所有者说明他被授权进行搜查的条件。

**第三十四条** 国家可以在未事先通知业主的情况下，在私人土地上进行探索和挖掘。

**第三十五条** 业主有权就挖掘过程中遭受的损害获得赔偿。

**第三十六条** 损害费用应由承担挖掘工作的发起人承担。

**第三十七条** 在外国使团来访的情况下，在离开科摩罗领土之前，应向文化部长提交一份访问报告；如果是国家科学家，则在挖掘结束后的一个月内提交报告。

**第三十八条** 发现的物品必须移交给科摩罗当局。国家决定将该物品划分给挖掘方。

## 处 罚

**第三十九条** 违反以下规定应受惩罚：

——未申报偶然发现的物品。

——挖掘期间发现的物品未上交国家。

## 负责保护的权力机构和组织

**第四十条** 由文化部长组建国家遗迹遗址委员会。如果没有该委员会，国家科研资料中心在部长领导下扮演这个角色。

**第四十一条** 国家委员会应主管部长的提议每年至少举行一次会议。

**第四十二条** 国家委员会有能力决定：

——关于补充清单上的分类登记提案。

——会对分类的遗址遗迹的原貌造成重大改变的一切施工计划或方案。这种情况必须经委员会同意。

**第四十三条** 此外，委员会也可就与遗址遗迹有关的任何其他事项提供意见。

**第四十四条** 每个省都设立了遗址遗迹委员会，它可以向国家委员会提出关于补充清单的分类或登记的方案。

**第四十五条** 区域委员会处理所有搬迁方案或是在分类或拟分类的历史古迹遗址上的私人或公共建筑项目。在这种情况下，它必须将合理的意见提交给国家科研资料中心的主管。

**第四十六条** 区域委员会每年至少举行两次会议。

在 1994 年 6 月 27 日的会议上审议并通过
科摩罗伊斯兰联邦共和国
联邦议会议长
Mohamed Said A. Mchangama

（向维维）

# 关于划定大巴萨姆建筑遗产保护范围的决定(科特迪瓦)

1999 年 4 月 21 日第 99-319 法案
Décret n°99-319 du 21 avril 1999 délimitant un périmeter de protection du patrimoine architectural de Grand-Bassam

共和国总统

关于文化部长的报告;

根据《宪法》;

审议 1987 年 7 月 28 日关于保护文化遗产的第 87-806 号法律;

审议 1996 年 10 月 3 日关于《环境法》的第 96-766 号法律;

审议 1991 年 1 月 30 日《关于大巴萨姆市历史古迹分类》的第 91-23 号法令;

根据 1998 年 8 月 11 日第 98-PR/005 号法令,《任命政府成员的法案》;

根据 1998 年 10 月 1 日第 98-PR/006 号法令,《赋予政府成员职权的法案》;

根据 1981 年 4 月 30 日第 03-MAC-CAB 号命令,《建立国家服装博物馆的命令》;

部长理事会通过本法案。

## 第一章 一般规定

**第一条** 本法令旨在确立与大巴萨姆市遗产保护和修复有关的地役权和建筑技术规定,建立其保护范围。

**第二条** 保护范围包括建在里奥拉(Liola)上北临乌拉迪(Ouladine)暗礁湖南靠海洋的法国区,以及大巴萨姆市领土上法国区周围的小巴黎区。

**第三条** 在保护范围内,划定了四个区域:
——第 1 区,"海边区";
——第 2 区,"行政区";
——第 3 区,"商业区";
——第 4 区,"渔村"。

**第四条** 该法令附件中的方案将确定每个区域的限制和位置。

## 第二章 每个区域特有的规则和地役权

**第五条** 文化部长颁布法令确定地役权，以及为保护、修复和提升建筑遗产价值的技术规定。将违反建立的地役权和规定的行为不给予任何赔偿的权利。即使个人以及公共实体，国家及地方特许经营者反对，这些地役权和规定仍适用。

**第六条** 为了保护遗址遗迹的景观，文化和建筑质量以及地方的历史特征，文化部长颁布的关于每个区的地役权及规定决定将涉及表面和占用地块，后移及围墙边界，新建筑的高度，体积和外观，现有建筑物的修复，围栏和预标志的出现。决定还将制定有关道路、路线和植物构成的规则。

**第七条** 为了发展法国区的文化设施，原位于国家服装博物馆的总督宫以及国有的前邮局大楼被划分到文化部。

**第八条** 为了保护植物环境，提升有利于遗址质量的周边环境，在邻近小巴黎区靠近北门环礁湖的狭长地带，建立一个宽度为 500 米的非扩大区域。

## 第三章 所有区域共有的规则和地役权

**第九条** 建筑遗产的环境必须被保护。为此，必须维护海滩沿岸的现有植被，以便构成保护建筑遗产和防水浪建筑的植物屏障。只要树木不损害建筑物的安全，必须以尊重现有的树木的方式修建建筑物。

**第十条** 必须维护遗址的景观质量和遗迹的历史特征。所有建筑物，无论其用于何种目的、场地，围栏和公共街道的可见植被，必须以景观和场地的清洁、外观和特征没有改变的方式规划和维护，必须以保护遗迹的建筑和景观质量的方式安装供电网络的配电塔。新的挂架不应安装在建筑物正面之前。

**第十一条** 将根据现行法规强制性地定期确认修复和维护。

**第十二条** 必须确保法国区的遗迹向公众开放及其行人通道畅通。为此，公众可以进入的部分遗址以及被视为人行道的后移边缘应按照公共开放区域的相同性质建立和维护。

**第十三条** 任何影响公共交通的车道占用必须得到主管行政当局的授权。所有安装永久性设施（咖啡馆露台、销售摊位等）的业主必须在自己的土地上预留这些设施所需的面积。公有领域的占用授权是不稳定的也是可撤销的。授权装置不得以任何方式妨碍行人交通，并且必须在人行道上预留至少 2 米的自由通道。

## 第四章 实施措施

**第十四条** 违反本法令的规则、原则和规定的行为将受到现行法规规定的处罚。每当建筑物违反为保护、修复和提升建筑遗产价值而建立的地役权和建筑技术规定时，违章拆毁并将被起诉。

**第十五条** 为保护、修复和提升建筑遗产价值而设立的地役权和建筑技术规定的实施委托给文化部长和大巴萨姆市市长。市长将就有关保护和修复建筑遗产以及保护历史特征的遗迹的所有问题咨询文化部长。

**第十六条** 文化部长负责执行该法令，该法令将在科特迪瓦共和国政府公报上公布。

1999年4月21日于阿比让签订
Henri Konan BÉDIÉ

（向维维）

# 国家文物资源法 1999 年第 25 号法令(南非)

National Heritage Resources Act, n° 25 of 1999 — South Africa

特此通知,总统已批准以下法案,特此公布以供参考:1999 年第 25 号法案,1999 年国家文物资源法

(英文文本由总统签署)

(1999 年 4 月 14 日批准)

## 本 法 案

建立统一、互动的国家文物资源管理制度;促进各级政府改善管理,增强民间社会培育、保护文物资源的能力,以便将其留给子孙后代;制定全国文物资源管理的一般性原则;建立南非文物资源鉴定、评估和管理的综合系统;设立南非文物资源局,并与其理事会一道,在国家级别上协调、促进文物资源管理;制定规范、维持南非文物资源管理方面基本的国家标准,保护具有国家意义的文物资源;控制具有国家意义的文物的出口,控制从他国非法出口并进口到南非的文化财产;促使各省建立文物管理机构,并有权保护和管理某些种类的文物资源;规定地方当局保护和管理有保护价值的地方和地区;规定其他有关事项。

## 序 言

本法令旨在促进改善对国家文物的管理,帮助、鼓励各社区培育、保护其文物,以便将其遗赠给子孙后代。我们的文物独一无二、十分珍贵,不能再造。它有助于我们确定我们的文化身份,因此处于我们的精神福祉的核心,并能塑造我们的民族。它有潜力肯定我们的多元文化,从而塑造我们的民族性格。我们的文物传颂着我们的成就,并有助于纠正以往的不平等。它启迪民众,加深我们对社会的理解,并鼓励我们对他人的经历产生共鸣。它促进康复,促进物质的和象征性的恢复,推动针对我们丰富的口头传统和习俗的全新研究,以及以往被忽视的事物的研究。

## 目 录

1. 应用与解释
2. 定义

### 第一章 国家文物资源管理体系

#### 第一部分 总 则

3. 国家遗产

4. 应用

5. 文物资源管理总则

6. 文物资源管理原则

7. 文物评估标准和等级

8. 文物资源主管部门和地方主管部门在鉴定和管理国家文物方面的职责和权限

9. 国家和受支持的机构的权利、义务和豁免

10. 程序的一般性原则

　　　　第二部分　文物资源主管部门的构成、职能、权力与义务

11. 南非文物资源局的设立

12. 南非文物资源局的宗旨

13. 南非文物资源局的职能、权力和职责

14. 南非文物资源局理事会的成立和组成

15. 理事会主席

16. 理事会的职能

17. 理事会会议

18. 理事会各委员会

19. 理事会成员和委员会成员开支的报销

20. 理事会雇员

21. 财务和资产

22. 报告

23. 省级文物资源管理局的建立

24. 省级文物资源管理局的职能、权力和职责

25. 文物资源主管部门的一般性权力和职责

26. 文物资源主管部门职能和权力的委托

　　　　第二章　文物资源的保护与管理
　　　　　第一部分　正　式　保　护

27. 国家文物遗址和省级文物遗址

28. 保护区

29. 临时性保护

30. 文物登记册

31. 文物保护区

32. 文物物品

　　　　　第二部分　一　般　性　保　护

33. 受他国国家法律保护的文物的进口

34. 建造物

35. 考古学、古生物学和陨石

36. 墓地和坟墓

37. 公共纪念碑和纪念物

38. 文物资源管理

第三部分　管　　理

39. 国家遗产目录

40. 国家文物资源援助计划

41. 文物归还

42. 文物协议

43. 激励措施

44. 受保护资源的展示

45. 强制修复令

46. 征用

47. 一般性政策

第三章　一 般 性 规 定
第一部分　执行、上诉、罪行及处罚

48. 许可证

49. 上诉

50. 文物督察员的委任和权力

51. 罪行与处罚

第二部分　杂　　项

52. 公告

53. 部长或执行理事会成员委托权力

54. 地方当局的附则

55. 责任的限制

56. 共和国以外的权力行使

57. 省级立法的适用性

58. 过渡性条文及相应修订

59. 条例

60. 废止

61. 简称与生效

附表

南非共和国议会立法如下：

**应用与解释**

一、本法案对国家有约束力。

**定义**

二、在本法案中,除非上下文另有要求:

1. "变更"是指影响场所或者物品的结构、外观或者物理性质的任何行为,不论是通过结构工程还是其他工程,不论是通过油漆、抹灰以及其他装饰还是其他的方式;

2. "有考古学价值的"是指:

a) 人类活动遗留下来的处于废弃状态、位于陆地上且历史超过 100 年的实物遗存,包括人工制品、人类和人科的遗骸、人工的特征物和建造物;

b) 岩石艺术,即在固定的岩石表面或松散的岩石或石头上任何形式的绘画、雕刻或其他图形性质的表现,由人类劳作而成且历史超过 100 年,此外还包括这种艺术表现 10 米以内的任何区域;

c) 在南非,无论是在陆地,还是按《1994 年海事区法》(1994 年第 15 号法案)第 3、4、6 节分别规定的内水、领海以及共和国海洋文化区内,遇难的船只、飞机或其任何部分,并由此发现或与之有关的任何货物、碎片或人工制品,且历史超过 60 年或南非文物资源局认为值得抢救性保护;

d) 与军事历史有关且历史超过 75 年的标志、建造物和人工制品以及发现它们的地点;

3. 与文物资源有关的"保护",包含为维护其文化意义而保护、维护、保存以及持续利用的场所和物品;

4. "理事会"是指根据第十四节设立的南非文物资源局理事会;

5. 与他国有关的"文化财产协议"是指南非与他国之间的协议,或南非和他国双方均为缔约国的国际协议,内容涉及防止文化财产的非法国际贩运;

6. "文化意义"是指美学、建筑、历史、科学、社会、精神、语言或技术等方面的价值或意义;

7. "部"指负责艺术、文化和文物的国家级部门;

8. "开发"指自然力以外的任何物理干预、挖掘或行动,在文物管理当局看来,这些干预、挖掘或行动可能以某种方式改变某个场所的性质、外观或物理形态,或影响其稳定性和未来的良好状态,包括:

a) 某场所、场所处的建造物的建造、变更、拆除、移除和用途变更;

b) 在某场所,或其上、其下进行的任何工程;

c) 细分或巩固构成某场所的土地,包括该场所的建造物以及空域;

d) 建造、悬挂展示招牌和广告牌;

e) 改变土地自然状态、现状或地形;

f) 清除或毁坏树木,清除植被或表层土壤;

9. "总干事"是指艺术、文化和文物部的总干事;

10. "征用"是指根据《1975 年征用法》(1975 年第 63 号法案)所规定的程序和条款确定的程序;

11. 与互惠互利国家有关的"外国文化财产",是指该国特别指定的,对考古学、历史、文学、艺术或科学有重要意义的物品;

12. "公报"是指政府公报;

13. "坟墓"是指安葬场所,包括该场所包含的物品、墓碑或其他标志,以及该场所上的或与之相关的其他建造物;

14. "文物协议"是指第四十二节所指的协议;

15. "文物登记册"是指一个省的文物资源清单;

16. "文物资源"是指任何具有文化意义的场所或物品;

17. "文物资源管理局"指根据第十一节设立的南非文物资源局,此外,如果本法适用于某省,则指该省的文物资源管理局;

18. "文物遗址"是指南非文物资源局宣布为国家文物遗址的场所,或者省级文物资源局宣布为省级文物遗址的场所;

19. 与文物资源有关的"改善"包括修复、复原和恢复根据本法受保护的场所;

20. "土地"包括被水覆盖的土地和陆地上方的空域;

21. "仍然存续的文物"是指传承下来的文化的无形方面,可能包括:
(a) 文化传统;(b) 口述历史;(c) 表演;(d) 仪式;(e) 大众记忆;(f) 技能和技术;(g) 本土知识体系;(h) 对自然、社会和社会关系的全局性处理方法;

22. "地方当局"指《1993年地方政府过渡法》(1993年第209号法案)第10B节界定的市;

23. 与文物资源有关的"管理"包括抢救性保护、展现和改善本法所保护的场所;

24. 除非另有说明,在本法规定适用于某省的情况下,"执行理事会成员"是指某省负责文化事务的执行理事会成员;

25. "陨石"是指任何自然发生的外星天体;

26. "部长"是指负责艺术和文化的部长;

27. "国家遗产"是指第三节中规定的国家遗产;

28. "国家符号"指根据《1963年纹章法案》(1963年第18号法案)第五条确定的任何纹章性图案;

29. "物品"指根据本法任何规定可受保护的任何具有文化意义的可移动财产,包括:(a) 任何考古文物;(b) 古生物学和稀有地质标本;(c) 陨石;(d) 第三节所指的其他物品;

30. "拥有者"包括拥有者授权的代理人和对该财产有实际利益关系的任何人,以及:(a) 如某地由国家或国家援助机构拥有,则负责照料、管理、控制该地方的部长或任何其他人、任何团体亦为拥有者;(b) 如某地为部落托管土地,则被认可的传统权威为拥有者;

31. "古生物"是指除用于工业用途的化石燃料和化石岩石外,任何生活在地质历史中的动物或植物的化石遗迹或化石痕迹,并包括任何含有此类化石遗迹或痕迹的地点;

32. "场所"包括:(a) 场地、区域或地区;(b) 建筑物和其他建造物,可包括与该建筑物或其他建造物相关的设备、家具、配件和物品;(c) 建筑物群和其他建造物群,可包括与该建筑物群或其他建造物群相关的设备、家具、配件和物品;(d)包括公共广场、街道或公园在内的开放空间;(e)事关管理时,包括某场所的周围环境;

33."规划"指《1991年自然规划法》(1991年第125号法案)和省级城镇规划及土地利用规划立法所设想的城市和地区性规划;

34."规划当局"是指国家的一个办公部门,包括有资格进行自然规划的某个省、某个地方当局或某个地区当局;

35."规定"是指按规章规定;

36."展现"包括:(a)展览或展示;(b)提供访问和指导;(c)提供、发布或显示与本法令保护的文物资源有关的信息;(d)与本法令保护的文物资源有关的表演或口头陈述;

37.在本法令适用于某省的情况下,"省级文物资源局"是指执行理事会成员根据第二十三节设立的机构;

38."公共纪念碑和纪念物"指所有纪念碑和纪念物,包括:(a)在属于中央、省或地方政府任何部门的土地上建造的纪念碑和纪念物,或在由上述政府部门资助成立或根据其立法成立的任何单位的土地上建造的纪念碑和纪念物;(b)建造在私人土地之上,但是由公募、公款、公益组织、军事组织负担费用的纪念碑和纪念物;

39."互惠国"指文化财产协议缔约国的外国国家;

40."条例"是指根据本法令制定的规章;

41."南非文物资源局"指根据第十一节设立的南非文物资源局;

42."遗址"指某一陆地区域,包括被水覆盖的土地,并包括其上的任何建造物和物体;

43."国家"包括一个省;

44."建造物"指人造并固定在陆地上的任何建筑物、工程、装置或其他设施,并包括与之相关的任何固定装置、配件和设备;

45."受支持的机构"是指国家出资或资助的机构,包括国有企业;

46."本法案"包括条例;

47."冲突受害者"是指:(a)在今属于共和国境内任何地区丧命的特定人群,其直接原因为条例规定的任何战争或冲突,但不包括《1992年英联邦战争公墓法》(1992年第8号法案)所涵盖的冲突受害者;(b)1914年8月4日之前,在今属于共和国境内任何地区服现役时死亡的大不列颠及前大英帝国的部队成员;(c)在第二次布尔战争(1899—1902)期间被作为战俘从今属于共和国境内任何地区驱逐到南非以外任何地方并死于该地的人;(d)在条例规定的"解放斗争"中丧命的特定人群,无论是在共和国境内还是共和国境外;

48."沉船"具有本节"考古学"条目给出的定义。

## 第一章 国家文物资源管理体制
### 第一部分 总 则

**国家遗产**

三、(1)按本法令之宗旨,对当代社会和后代具有文化意义或其他特别价值的南非文物资源必须被视为国家遗产的一部分,并属于文物资源主管部门的经营范围。

(2) 在不限制第(1)条的一般性的情况下,国家遗产可包括:

(a) 具有文化意义的场所、建筑物、建造物和设备;

(b) 与口头传统有关联的地方或与仍然存续的文物有关的地方;

(c) 历史性定居点和城镇景观;

(d) 具有文化意义的景观和自然特征;

(e) 具有科学或文化重要性的地质遗址;

(f) 考古和古生物遗址;

(g) 坟墓和墓地,包括:(i) 祖先坟墓;(ii) 王室坟墓及传统领袖的坟墓;(iii) 冲突受害者坟墓;(iv) 部长在公报上通知指定的某些个人的坟墓;(v) 古墓及古墓群;(vi)《1983年人体组织法》(1983年第65号法令)中未涵盖的其他人类遗骸;

(h) 与南非奴隶制历史有关的重要遗址;

(i) 可移动物品,包括:(i) 从南非土壤或水域取回的物品,包括考古和古生物的物品和材料、陨石和稀有地质样品;(ii) 与口头传统或仍然存续的文物有关联的物品;(iii) 民族志艺术和物品;(iv) 军事物品;(v) 装饰性物品或者美术品;(vi) 有科技价值的物品;(vii) 图书、记录、文件、照片正片和底片、图形、胶片或录像材料或录音制品,但不包括《1996年南非国家档案法》(1996年第43号法案)第1(xiv)节规定的公共记录。

(3) 在不限制第(1)条和(2)条的一般性的情况下,某个场所或物品,如果由于下列原因而具有文化意义或其他特殊价值,则应被视为国家遗产的一部分:(a) 其在社区或南非历史模式中的重要性;(b) 拥有南非自然或文化遗产某些罕见、稀有或濒危的方面;(c) 有可能产生有助于了解南非自然或文化遗产的信息;(d) 在展示南非某一特定类别的自然或文化场所或物体的主要特征方面很重要;(e) 在展示某一社区或文化团体所珍视的特定审美特征方面很重要;(f) 在展示某特定时期高度创造性成就或技术成就方面很重要;(g) 由于社会、文化或精神原因,其与某一特定社区或文化团体有着强烈或特殊的联系;(h) 其与南非历史上具有重要意义的个人、团体或组织的生活或工作有强烈或特殊的联系;(i) 与南非奴隶制历史有关的重要遗址。

**应用**

四、本章建立了全国性的文物资源管理制度,它适用于整个共和国,且:(a) 也适用于国家和地方当局的行为;(b) 作为指导方针备查,任何文物资源管理当局,不论是根据本法还是其他任何法律设立,或任何其他主管当局,都必须根据本法或其他任何涉及文物资源管理的法律行使任何自由裁量权或做出任何决定;(c) 作为总体框架:(i) 任何文物资源管理机构必须在此框架内履行职责并提出建议;(ii) 这些建议必须由主管机构根据本法或涉及文物资源管理的其他任何法律予以考虑;(d) 设立南非文物资源局以管理国家遗产,并制定了设立省级文物资源主管部门以管理省级和地方文物资源的规章。

**文物资源管理总则**

五、(1) 依照本法执行职能、行使权力以管理文物资源的所有机关、机构和人员必须认可下列原则：(a) 文物资源本身具有持久的价值，并提供了南非社会起源的证据，因为它们是宝贵的、有限的、不可再生和不可替代的，必须认真管理以确保它们存在下去；(b) 每一代人都有道义上的责任为子孙后代担任国家遗产的受托人，国家有义务管理文物资源，以造福所有南非人；(c) 文物资源有能力促进和解、理解和尊重，并有助于发展统一的南非特性；(d) 文物资源管理必须防止将文物用于宗派目的或政治利益。

（2）为确保文物资源的有效管理：(a) 必须培养参与文物资源管理的个人和社区的技能和能力；(b) 必须为现有的和新的文物资源管理工作者提供持续的教育和培训。

（3）法律、程序和行政惯例必须：(a) 明确且相关人士可以获取；(b) 除了作为监管措施外，还向相关人士提供指导和信息；(c) 补充《宪法》规定的基本权利。

（4）文物资源是社区历史和信仰的重要组成部分，其管理方式必须承认相关社区有权得到咨询并参与管理。

（5）文物资源对研究、教育和旅游都有重大贡献，必须以确保尊严和尊重文化价值的方式开发并展示这些资源。

（6）政策、行政实践和立法必须促进文物资源保护在城乡规划和社会经济发展中的整合。

（7）南非文物资源的鉴定、评估与管理必须：(a) 考虑所有相关的文化价值观和土著知识体系；(b) 考虑物质或文化遗产价值，并尽可能减少改变和消失；(c) 促进文物资源的利用、享受和获取，方式应符合其文化意义和保护需要；(d) 促进社会和经济发展；(e) 保证今人和子孙后代的选择；(f) 充分研究、制档和记录。

**文物资源管理原则**

六、（1）南非文物资源局在与部长磋商后，可以在公报上以发通告的方式：(a) 在第五节所列原则之外（但并不违背这些原则），另行规定文物资源管理的任一原则；(b) 更详细地规定第五节所列原则，但并不违背这些原则；(c) 作为一般性信息，公布与文物资源管理或其任何方面有关的国家政策，这些政策须符合第五节所列的原则，或符合本条第(a)(b)款所规定的原则，因此该原则或政策必须适用于整个共和国。

（2）省级文物资源管理局可在省级公报上发表公告：(a) 在第五节所列原则，或南非文物资源局根据上述第(1)条所规定的原则之外（但并不违背这些原则），另行规定文物资源管理的任一原则；(b) 更详细地规定第五节所列原则以及南非文物资源局根据上述第(1)条所规定的原则，但并不违背这些原则；(c) 作为一般性信息，公布与文物资源管理或其任何方面有关的省级政策，这些政策须符合第五节所列的原则，并符合本节第(1)条、本条第(a)(b)款所规定的原则，因此该原则或政策应在第五节规定的基础上通行于本省。

（3）根据第(1)条或第(2)条，规定任一原则或一般性政策之前，文物资源管理局必须：(a) 向公众提供上述原则或政策的草案；(b) 在公布后的合理期间内，任何人对此类草案的任何评论，都须加以考虑。

**文物评估标准和分级**

七、（1）南非文物资源局必须与部长和每个省的执行理事会成员协商，按规章建立构成国家遗产一部分的遗址和物品的分级体系,该体系至少应区分如下类别：(a)一级：性质独特的文物资源,具有特殊的民族意义；(b)二级：作为国家遗产一部分的文物资源,因被认为具有某些特殊的性质,从而在某省或某地区意义重大；(c)三级：其他值得保护的文物资源。此外,该体系可制定符合第三(3)条所列标准的文物资源评估标准,文物资源主管部门或地方当局必须使用该标准来评估文物资源内在的意义、比较性的意义和一定情境下的意义,评估保护文物资源相对的利益和费用。这样,文物资源的合理分级以及由此产生的管理责任可根据第八节进行分配。

（2）文物资源管理机构可以依照第三(3)条规定的标准,制定详细的文物评估标准,以评估某省内的二级、三级文物资源。

**文物资源主管部门和地方主管部门鉴定和管理国家文物方面的职责和权限**

八、（1）文物资源管理实行三级制度,国家职能由南非文物局负责,省级职能由省文物资源局负责,地方职能由地方负责。文物资源主管部门和地方主管部门对其行动、决定以及本制度下职能的履行负责。

（2）南非文物局负责鉴定和管理一级遗产资源以及符合本法适用条款的资源,并负责协调和监督南非共和国境内国家遗产的管理。

（3）省级遗产资源管理局负责鉴定和管理二级遗产资源,以及根据本法被视为省级主管的遗产资源。

（4）地方当局负责鉴定和管理三级遗产资源,以及根据本法被视为在其权限范围内的遗产资源。

（5）为了申请许可证或其他授权以执行本法案或省级遗产立法中控制的任何行动,上级遗产资源管理局的正式保护优先于地方一级的任何正式或一般性保护,但不应伤害任何级别提供的任何激励措施。

（6）（a）省级遗产资源管理局或地方当局,除非确有能力,否则不得履行本法或任何其他遗产资源管理法律规定的任何职能。省级遗产资源管理局或地方当局的能力应根据部长规定的标准进行评估,包括是否有足够的工作人员、专业知识、经验和行政系统。以备：

（i）南非文物资源局用来评估省级主管部门履行与遗产资源规定类别有关的具体职能；

（ii）省级遗产资源管理局用来确定地方当局履行本法项下任何的职能。但如果发生争议,应将该事项提交仲裁。

（b）省级或者地方各级主管机关不具备履行本节所规定的职责的能力时,由其上级主管机关代为履行,或者由能胜任的同级主管机关代为履行。

（c）省级遗产资源管理局或地方当局应按照评估机构规定的方式,向相关机构申请评估其上述(a)款规定的能力,并可在评估机构规定的期限内和条件下申请重新评估。

（d）评估机构可在任何时候（至少每两年一次）重新评估下属机构的能力,并审查其根据本法承担的职能和权力。

**国家和受支持的机构的权利、义务和豁免**

九、（1）国家和受支持的机构的所有分支机构必须在合理可行的情况下,为遗产资源管理局履行其职能提供协助。

(2) 根据遗产资源管理局的要求,国家和受支持的机构的所有分支机构必须提供其所控制的遗产资源的全部记录信息,供该遗产资源管理局使用并纳入其数据库,但提供这些信息的机构可规定遗产资源管理局披露和分发此类信息的条件。

(3) 每个政府部门和受支持的机构必须:(a) 根据南非文物资源局与公共工程部协商制定的条例中规定的标准和程序,维护和保护其控制下的遗产资源;(b) 每年向南非文物资源局提交一份关于此类资源维护和开发的报告;(c) 根据条例,应部长的要求,或在本法案生效后的几年内,编制并向南非文物资源局提交有关此类遗产资源的信息和清单;(d) 应部长的要求并按照规定,为特定的遗产资源制定管理计划;(e) 不得采取任何对此类资源有不利影响的行动,除非有关当局确信采取此类行动没有可行和谨慎的替代方案,并且将采取一切合理措施以尽量减少不利影响;(f) 在项目规划过程开始时,或在采取任何可能对此类遗产资源产生不利影响的行动前至少 90 天(以时间较长者为准),通知南非文物资源局拟议的行动,并给他们合理的机会来考虑和评论该行动;(g) 如果本法允许销毁此类遗产资源,则应按照南非文物资源局制定的标准记录此类资源,并采取南非文物资源局可能要求的任何其他缓解措施。

(4) 如果政府部门或受支持的机构已将拟议的行动通知了南非文物资源局,它必须尽快向该部门或受支持的机构提交其意见。

(5) 为实施本条而采取的行动,应视为包括提出建议——如获采纳,该建议会影响遗产资源——做出决定、批准计划、发出许可证或授予许可。

(6) 遵守第(3)条并不免除政府部门或受支持机构遵守本法有关遗产资源所有权的要求,如果该所有权受本法或同等省级立法的保护。

(7) 国家一级政府机构的负责人必须:(a) 按南非文物资源局与国家档案馆协商后发布的条例中所规定的那样,通知南非文物资源局其打算销毁或删除的任意建筑或技术图纸,无论图纸的媒介为何;(b) 如南非文物资源局索要,应免费向其提供此类图纸。

(8) 省、地方各级政府机构负责人必须:(a) 通知省级遗产资源管理局其打算销毁或删除的任意建筑或技术图纸,无论其媒介为何;(b) 免费向遗产资源当局提供这些图纸。

(9) 契约登记官必须在登记后 14 天内,在规定的通知中告知南非文物资源局或相关的遗产资源管理局某一遗址转让或分割之登记的详细情况。根据本法第二章第一部分的规定,该遗址受上述遗产资源管理局正式保护。

(10) 如果:(a) 根据第二十七节,某遗址已被宣布为国家级遗产地或省级遗产地;(b) 根据第二十八节,某遗址已被指定为保护区;(c) 根据第二十九节,某遗址已被临时保护超过六个月时间;(d) 根据第三十节,某遗址已被收录进遗产名册;(e) 根据第三十一节,某遗址已被划入遗产区;(f) 根据第四十二节,已就某遗址订立超过六个月的遗产协议;(g) 根据第五十一(8)条就某遗址下达开发禁令;则有关的遗产资源管理局必须向测绘局长及契据注册处处长——上述遗址即注册在这两个部门的契据注册簿内——提交:(i) 公报或省级公报上的通知书副本;(ii) 保护的具体事项;(iii) 根据第二十五(2)(d)款所作的任何测量的副本,包括任何图表或方案;(iv)相关开发禁令或遗产协定的副本。

(11)契据登记官必须:(a)在有关遗址的业权契据上批注,而该业权契据是在契据办事处存档的;(b)就第(10)条所提供的详情,在相关的登记册上登记,在业主的业权契据提交契据办事处后,尽快记录;(c)确定受保护遗址的面积;(d)清楚地陈述保护令或遗产协定的细节。

(12)测绘局长必须:(a)在其办公室存档的相关记录上支持根据第(10)条提供的通知;(b)概括性地陈述保护令或遗产协议的细节。

(13)(a)如果:(i)根据第二十七(7)条修正或撤回任何通知;(ii)根据第二十八(1)或(2)条撤回保护区的指定;(iii)根据第二十九(1)(b)或(2)(b)款撤销了超过六个月的临时保护;(iv)遗产登记簿中的某个条目被修改或删除;(v)某遗址被排除在遗产区之外;(vi)根据第五十一(11)条修订或废除了开发禁令;那么有关的遗产资源管理局必须将该通知或命令的副本提供给测绘局长及契据注册处处长。(b)契据注册处处长必须在有关的业权契据上及适当的登记册内做出必要的背书。(c)测绘局长必须在其办公室存档的相关记录上做出必要的背书。

**程序的一般原则**

十、(1)下列第(2)条阐述的程序的一般原则适用于针对国家遗产的行政和管理做出的任何决定,做出该决定的可以是根据第七节规定被赋予责任的机关,也可以是被赋予或受委托行使国家遗产的行政和管理职能和权力的任何其他主管当局。上述决定包括:(a)在《公报》或《省级公报》上通告正式保护某遗产资源;(b)签发或拒绝签发许可证;(c)接到申诉的个人或机关做出的决定。

(2)上述第(1)条所述的决定必须按照以下一般原则做出:(a)这些决定必须符合第五节或第六节规定的原则或政策;(b)做出决定的会议必须向公众开放,议程和会议记录必须可供公众监督。但如有充分理由,则出席会议的大多数成员可做出决定,宣布某事项为机密事项,则讨论和会议记录可不受公众监督;(c)可能受决定影响的人有权出席会议;(d)一旦有人要求,必须书面给出做出决定的理由。

## 第二部分　遗产资源管理机构的构成、功能与职权

**南非遗产资源机构的设立**

十一、现设立一个名为南非文物资源局(SAHRA)的组织,该组织将是一个法人团体,能够以其法人名义起诉和被起诉,并受根据第十四条设立的理事会管辖。

**南非遗产资源局的宗旨**

十二、南非遗产资源局的宗旨是协调国家遗产的鉴定和管理。

**南非遗产资源局的职能、权力和职责**

十三、(1)南非遗产资源局的一般功能是:

(a)制定国家遗产鉴定、记录和管理的国家原则、标准和政策,遗产资源主管部门和其他相关机构必须根据这些原则、标准和政策对南非遗产资源进行管理;

(b)协调国家各机构和其他机构对国家遗产的管理,并监督其活动,确保其符合国家

遗产资源管理的原则、标准和政策；

（c）鉴定、记录和管理全国重要的遗产资源，并将此类工作的记录永久保存；

（d）向省、地方各级负责国家遗产管理的机关提供咨询、协助和专业知识，并协助其他与遗产资源管理有关的机构；

（e）促进和鼓励公众了解和享受国家遗产，促进公众对遗产资源的鉴定、评估、记录和管理产生兴趣并参与其中；

（f）促进国家遗产管理相关领域的教育和培训；

（g）履行本法案或部长指定的其他职能。

（2）在不限制第（1）条的一般性的情况下，以及除第二十五节赋予的一般权力和职责外，南非遗产资源局：

（a）必须调查下列事项并向埋事会提供建议：

（i）南非遗产资源状况，以及保卫和保护这些资源所需采取的步骤；

（ii）管理国家遗产的国家政策；

（iii）国家遗产管理的立法修正与颁布；

（iv）追回从南非运走的南非遗产资源局认定为是国家遗产重要组成部分的遗产资源；

（v）国家遗产在发展和促进南非文化形象方面的作用；

（vi）国家为认定和管理遗产资源而采取的行动和支出，包括为遗产资源管理提供的财政奖励和优惠；

（vii）各个层次的教育和培训，以促进国家遗产的有效认定和管理；

（viii）与本法实施有关的任何事项；

（ix）与国家遗产或其管理有关的其他事项；

（b）必须建立和维护国家遗产资源图书馆，包括与国家遗产有关的纪录片和其他记录，供其自身使用，并供所有遗产管理当局、机构和公众使用。

（c）必须通过如下手段促进对国家遗产的系统性认定和记录：

（i）制定遗产资源鉴定和评估的国家战略；

（ii）建立并资助一项常设的南非遗产资源调查，其任务是开展年度项目，旨在认定、评估和记录遗产资源；

（iii）协调并支持省级文物资源主管部门、其他机构和个人对文物资源进行调查和记录的活动；

（iv）管理、协调和资助旨在创造遗产资源图形式记录和其他形式的记录的项目和研究方案；

（v）旨在保护和记录南非传统建筑技术和结构形式的培训方案和其他相关活动；

（vi）促进认定和记录与遗产资源有关的、仍在延续的遗产的各个方面；

（vii）旨在增加第三十九节所述国家遗产清单中所含信息的量与详情的项目；

（d）必须规定国家规范和标准，以便在其自己和省级遗产资源管理部门维护的数据库中记录有关遗产资源的信息。

**南非文物资源局理事会的成立与构成**

十四、（1）南非遗产资源局的事务由理事会控制、管理和指导，该理事会包括：

（a）部长按规定方式任命的，至少9名至多15名的成员，其中9名成员必须分别代表南非各省份；

（b）南非遗产资源局的首席执行官。

（2）第（1）(a)款所述的理事会成员必须根据透明度和代表性原则任命，其任命必须考虑到下列可取之处：

（a）在成员中，有人有资格或在遗产资源相关领域有特别的经验或兴趣，或拥有有效运作南非遗产资源局所需的财务知识；

（b）成员代表相关部门的利益，并在南非共和国文化和人口特征方面有代表性。

（3）理事会某成员必须离开该机构，如果该成员：

（a）以书面形式辞职；

（b）未经理事会许可，已连续三次缺席理事会会议；

（c）已经破产，且无法摆脱困境；

（d）被主管法院认定为精神不健全；

（e）被判犯有涉及不诚实或伤害身体的罪行，并被判处监禁且不可选择缴纳罚款。

（4）部长在与理事会协商后，如果认为有正当理由，在听取某成员关于这些理由的意见后，可以将其免职。

（5）理事会成员任期不超过三年，可以连任。

（6）任何成员任职不得超过连续的两个任期。

（7）如果理事会成员在任期届满之前死亡或离职，可另外任命一人出任该职，直至期满。

**理事会主席**

十五、（1）理事会主席从理事会任命的理事中选出，任期为其作为理事会理事的任期或未届满部分，除非理事会另有规定。

（2）如理事会主席在任期届满前不再担任主席职位，则须依照第（1）条，选出理事会另一名成员出任理事会主席。

（3）如理事会主席缺席或不能主持某次会议，则出席会议的成员必须选出其中一人主持该次会议，临时会议主席在该次会议期间，在主席恢复行使职能之前，可履行所有职能。

**理事会的职能**

十六、理事会的职能如下：

（a）就遗产资源管理事宜向部长提出建议；

（b）负责落实南非遗产资源局的职能、权力和职责；

（c）建议和协助南非遗产资源局履行其职能、职权和职责；

(d) 在国家级和省级层面,促进国家遗产管理政策制定和规划的协调;

(e) 为部长提供其可能需要的信息。

**理事会会议**

十七、(1) 理事会可根据需要确定会议的频率,但每年至少应召开两次会议。

(2) 理事会会议的法定人数应超出成员半数。

(3) 理事会的任何决定,须由出席理事会会议的过半数成员通过决议做出;如就任何事项的票数均等,则主持该会议的人除有权以理事会成员的身份投普通票外,还有权投决定票。

**理事会各委员会**

十八、理事会可设立委员会,协助其履行其职能,除委员外,理事会亦可委任其认为称职或具有特定技能及专长的人担任各委员会的成员。

**理事会成员和委员会成员开支的报销**

十九、经财政部长同意,部长可决定报销理事会成员的开支,以及理事会下设委员会非国家全职雇佣的成员的开支。

**理事会雇员**

二十、(1) 理事会必须任命一名高级职员担任行政长官,行政长官必须:

(a) 负责南非遗产资源局事务的管理,并根据理事会的要求,向其报告有关情况;

(b) 担任会计主管,负责对收到的所有款项及其使用情况进行会计核算,并对南非遗产资源局的资产负责;

(c) 向理事会提交南非遗产资源局财务年度报告;

(d) 根据第(2)条的人员配备政策,负责人员的任命和管理;

(e) 执行理事会不时指派给行政长官的其他活动和职责。

(2) 理事会必须与行政长官协商,根据部长与财政部长共同批准的制度,确定南非遗产资源局的工作人员需求和人员配备政策,以及工作人员的职位、服务条件、报酬、津贴、补贴和其他福利。

(3) 当行政长官职位空缺或行政长官缺席时,理事会必须指定南非文物资源局的一名工作人员担任代理行政长官。

**财务和资产**

二十一、(1) 南非文物资源局的基金包括:

(a) 由议会划拨,供其履行职能、行使权力的款项;

(b) 根据本条例收到的费用和罚款;

(c) 提供服务时收取的费用;

(d) 募捐的资金和接受的捐赠与捐助;

(e) 信托基金;

(f) 投资产生的利息;

(g) 从其他任何来源接收的款项。

（2）根据本节规定，南非文物资源局必须使用其资金支付与其履行职能有关的支出。

（3）理事会可根据部长与财政部长协商后确定的指示，将任何当前无须使用的资金投资，或将合理的经营余额用于投资。

（4）理事会可设立和经营储备基金，并可将不时可动用的数额存入该基金。

（5）经理事会批准，南非文物资源局：

（a）未经部长批准，并经财政部长同意，不得借贷；

（b）可购买或以其他方式获取、持有、出租、租用或以信托形式接受任何不动产或动产的任何物权；

（c）未经部长批准和经财政部长同意，不得将不动产的物权转让给任何人以信托形式持有、出售、交换或以其他方式转让、抵押、负担劳役或以其他方式授予。

（6）在每一财政年度内，在部长确定的时间，南非遗产资源局必须向部长提交下一财政年度的估算收入和支出报表，以求批准，并经财政部长同意。

（7）南非文物资源局在财政年度内，可向部长提交该财政年度支出的补充估算，以求批准，并经财政部长同意。

（8）除非根据第（6）条和（7）条核准的支出估算，南非文物资源局不得产生其他费用。

（9）南非文物资源局必须：

（a）保存其所有财务交易和事务的完整和正确的账目和记录，包括其作为信托基金受托人的所有交易，以及其控制下的所有财产的账目和记录，并且必须确保从其基金中支付的所有款项都是正确的和适当授权的，确保充分控制其资产、其资产托管人以及债务的产生；

（b）在财政年度结束后，尽快编制年度财务报表，其中必须列明该财政年度结束时收到的款项、发生的支出及其资产和负债。

（10）南非文物资源局财政年度在每年的3月31日结束。

（11）第（9）（b）款所指的账目和年度财务报表必须由审计长审计。

（12）第（9）（b）款所指的账目及年度财务报表必须供公众查阅。

**报告**

二十二、（1）在财政年度结束后，南非文物资源局必须尽快编制并向部长提交该财政年度所有活动的报告，包括经审计长核准的资产负债和收支表。

（2）第（1）条所指的报告必须包括报告所涉期间内国家文物状况的描述，包括所遭受的破坏和其他损失，对特定文物资源或特定类别的文物资源的威胁，以及有关罪行、检控的罪名及结果的说明。

（3）如果议会是在常规会议期间，部长必须在收到第（1）条中提到的报告后14天内将报告提交给议会，如果议会不在常规会议期间，则必须在下次常规会议召开后14天内提交给议会。

**省级文物资源管理局的设立**

二十三、执行理事会成员可设立省级文物资源管理局，负责管理该省内的相关文物资源,该机构应是一个法人团体,能够以其法人名义起诉和被起诉,并由根据省级公报上刊登的条例组成的理事会管理。但理事会成员的任命应遵循透明和代表性原则,并考虑到文物资源领域的特殊能力、经验和利益。

**省级文物资源管理局的职能、权力和职责**

二十四、省级文物管理局必须:

(a) 就该法令或相关省市立法的执行情况向执行理事会成员提出建议;

(b) 每年向执行理事会成员提交一份关于该年度活动的报告;

(c) 促进某省内构成国家文物一部分的文物资源和文物物品的系统性鉴定、记录和评估;

(d) 保护和管理某省内符合第七(1)条规定的二级文物评估标准的文物资源;

(e) 将该省内其认为符合第七(1)条规定的一级文物评估标准的文物资源的存在情况通报给南非文物资源局,提名此类资源应用国家级保护,并向南非文物资源局提供其拥有的与此类资源有关的信息;

(f) 根据国家标准维护文物资源数据库,并定期向南非文物资源局提供这些数据;

(g) 制定该省文物资源管理的政策、目标和战略规划;

(h) 根据第八(6)条规定的地方当局文物分级的全国性体系,确定地方当局管理文物资源的权限;

(i) 协调和监督地方当局履行其在本法和省级文物立法方面的职责;

(j) 协助地方当局管理辖区内的文物资源;

(k) 当地方当局没有能力或没有足够能力按照第八(6)条规定的标准履行职能时,应根据本法或任何省级文物资源立法为任意责任领域采取准备。

**文物资源主管机构的一般性权力与职责**

二十五、(1) 文物资源主管机构必须:

(a) 提供信息、建议和协助,以提高公众对国家遗产管理的敏感性和认识;

(b) 维持一定数量的文物保护机构,这些机构根据有关文物资源管理局的规定,兴趣登记在:(i) 某一地理区域;(ii) 某类文物资源;

(c) 定期检查相关文物资源主管部门根据第二章第一部分的规定正式保护的文物资源;

(d) 尽力协助对任何文物资源具有确定兴趣的任何社区或团体,以便在他们提出要求时,合理地获取这些文物资源,以此为目的,可以:(i) 与这类资源的所有者协商;(ii) 如有需要,协助获取这些文物资源,包括根据第42节执行文物协议;(iii) 如果谈判不成功,视情况将此事提交给部长或执行理事会成员;

(e) 做出安排,确保对其拥有、控制或归属的所有文物资源和财产进行保护和管理。

(2) 文物资源管理局可以:

(a) 促进和从事履行其职能所必需的,与国家遗产的鉴定、评估和管理有关的研究;

(b) 发布或以其他形式提供,或以任何形式扩散与国家遗产及其任何职能或活动有

关的任何知识和信息,或促使这些知识和信息的发布与扩散;

(c) 检查或记录任何:(i) 有可能根据本法受到保护的文物资源;(ii) 已受到这种保护的文物资源,或文物局有理由相信可能受到这种保护的文物资源;(iii) 为了研究目的,为了建立文物资源的公共记录,或者作为本法中涉嫌犯罪调查的一部分,文物局希望记录下来的文物资源,并且必须保存一份此类检查的登记册;

(d) 每当调查判断是否需要根据本法保护任何遗址时,应采取其认为必要的步骤:(i) 在该遗址角落架设灯塔,勘测并制作该遗址的图表或者平面图;(ii) 通过勘测确定该遗址或遗物相对于灯塔的位置,以及其所在土地的边界;

(e) 承担或安排展示其控制下的任何遗址,或在与有关部门协商后,展示属于国家所有的任何遗址;

(f) 与有关当局或机构达成协议,合作管理国家或受支持机构拥有或控制的任何文物资源;

(g) 根据其认为必要和适当的条件,将其控制下的任何东西借给博物馆或公共机构;

(h) 根据第五十九节的规定,制定并不时修订与文物管理局认为必要或有利的任何事项相关的法规,以便其履行职能,履行本法规定的权力和职责,包括:(i) 个人、机构或其他机构在本法所保护的文物资源方面和在本法所涵盖的各个领域开展工作所需的实践标准和资格;(ii) 监测在受保护遗址进行的活动;

(i) 为本机构,或某一项目,或根据本法提供的任何一类保护创建并在有必要时向有关当局登记徽章、纹章;

(j) 在适当情况下,根据本法受保护的任何遗址添加或以其他方式显示表明其地位的徽章或其他标志;

(k) 生产、收购、销售与国家遗产有关的产品,或者安排生产、收购、销售此类产品;

(l) 收回由其产生的费用,并酌情收取根据本法所提供服务的费用,包括(但不限于):(i) 处理所收到的申请;(ii) 进行调查;(iii) 产品的生产、采购和销售;(iv) 提供信息;

(m) 安排提供保险,其目的是:(i) 防范其控制下的任何财产可能遭受或承担的任何损失、损害、风险或责任;(ii) 为文物资源管理局理事会成员、增选成员、委员会成员及其工作人员在代表有关文物资源管理局履行职责过程中完全和直接造成的人身伤害、疾病、伤残或死亡提供保险;

(n) 订立合同;

(o) 聘请顾问协助履行其职能。

**文物资源主管部门职能和权力的委托**

二十六、(1) 根据第(3)条,部长或执行理事会成员可酌情制定规章,使文物资源管理机构能以书面方式将其根据本法所承担的任何职能或权力委托给下列所有各方或任意一方:

(a) 就南非文物资源局而言,理事会的任何成员;

(b) 就省级文物资源主管部门而言,其理事会的任何成员;

(c) 委员会或委员会的任何成员;

(d) 有关机构的雇员、文物检查员、志愿者或其他代表;

(e) 根据第25(1)(b)款向其注册的保护机构的指定办公室负责人或成员;

(f) 就南非文物资源局而言,省文物资源局、省政府、地方文物资源局和任何其他显示有能力履行这些职能的机构,须与此类机构达成协议;

(g) 就省级文物资源主管部门而言,地方主管部门或者其他有权执行文物资源职能的机构,应当与此类主管部门或者机构达成协议。

(2) 被授权人行使根据第(1)条委托的权力时,就本法而言,应视为由相关文物资源主管机构在行使该权力。除非在授权期间,被授权人应为其一切行为,对文物资源管理机构负责。

(3) 文物资源主管机关不得委托下列职权:

(a) 委派本条规定的任何职权;

(b) 就本法向部长或执行理事会成员提出建议的职权;

(c) 根据第二十一(5)(a)款借款的职权;

(d) 根据第二十一(5)(b)或(c)款取得或处置不动产的职权;

(e) 根据第四十七节采纳任何一般政策声明或养护管理计划的职权。

(4) 本条所列之授权可随时撤销,且任何此类授权均不得妨碍文物资源管理局行使任何权力。但根据第(1)(f)款之协议授予省级文物资源主管机关的任何权力,只能由南非文物资源局在与该省级文物资源主管机关协商后,征得部长同意后撤销。

## 第二章　文物资源的保护与管理
### 第一部分　正　式　保　护

**国家文物遗址和省级文物遗址**

二十七、(1) 南非文物资源局必须根据第三(2)条中规定的和第六(1)(2)条中规定的文物评估标准,确定那些特性出众、具有特殊国家级意义的遗址,并且必须调查它们作为国家遗产地申报的可取性。

(2) 省级文物资源管理局必须根据第三(2)条中规定的和第六(1)和(2)条中规定的文物评估标准,确定那些具有特殊特性、在该省或该地区有重要意义的遗址,并且必须调查它们作为省级遗产地申报的可取性。

(3) 任何人都可以向南非文物局提交一份宣布某遗址为国家遗产的提名书,或向省级文物资源管理局提交一份宣布某遗址为省级遗产的提名书。有关文物资源管理局可规定提名的格式和程序。

(4) 文物资源管理局必须编制一份申报遗产地的书面动机,并将其记录在案。

(5) 南非文物资源局可在公报上公告,宣布第(1)条所指的任何遗址为国家遗产地。

(6) 省级文物资源主管部门可以在省级公报上公告,将第(2)条所指、公告记载的任何遗址宣布为省级遗产地。

(7) 有关文物资源管理局亦可通过类似通知:

(a) 修改根据第(5)条或第(6)条公布的任何通知；

(b) 撤回根据第(5)条或第(6)条或本条(a)款发布的任何通知。

(8) 在宣布某地为文物遗址或根据第(7)条修改或撤回通知书前，文物资源管理局：

(a) 必须通知业主；

(b) 必须通知抵押权持有人、占用人和对该财产享有登记权益的任何其他人；

(c) 必须通知所有根据第二十五(1)(b)款，在拟议遗产所在地理区域的权益已经登记的保护机构，并给予他们至少 60 天的时间就拟议的声明、修订或撤回提交意见，如果是业主，则可提出行动可接受的条件。在做出最终决定之前，文物资源管理局必须考虑所有提交的文件；

(d) 在按照(a)款的规定通知业主之前，必须向业主提供合理的机会，以便就拟议通知做出陈述或提交意见。

(9) 文物资源主管机关可随时撤回根据(8)(a)款送达的通知。

(10) 就第(15)至(22)条而言，某一地自根据第(8)(a)款送达通知之日起，或直至该通知被撤回或该地被宣布为遗产地为止（以较短的期间为准），须当作遗址被保护 6 个月。

(11) 除第(12)条另有规定外，如业主反对某地拟议宣布为遗产地，或提出了文物资源主管机关有理由认为不可接受的条件，则文物资源主管机关可在第(10)款所述的通知期满前，将第(8)(a)款下的通知续期，而在该情况下，第(10)条所规定的保护期应延长六个月。如果在这段时间内，文物资源主管机关和业主之间的协商未能导致业主撤回异议或提出可接受条件，文物资源主管机关可宣布该地为遗产地。

(12) 部长根据南非文物资源局的建议，必须规定国家、地方当局或受支持机构可以反对宣布其拥有或控制的某个地方为遗产地。

(13) 南非文物资源局必须在宣布国家遗产地 30 天内通知省级文物资源管理局、省级规划管理局和国家遗产所在地区的地方当局。

(14) 省级文物资源局必须在宣布省级遗产地 30 天内通知南非文物资源局、省级规划管理局和省级遗产所在辖区的地方当局。

(15) 南非文物资源局根据本节的规定负责国家文物遗址的保护。

(16) 省级文物资源管理局负责按照本节的规定保护省级文物遗址。

(17) 除文物资源局认为不合适的外，所有文物遗址必须有标志标明其地位。

(18) 没有负责保护遗址的文物资源管理部门颁发的许可证，任何人不得破坏、损坏、污损、挖掘、更改文物遗址，不得将其移离原位置、细分或改变其规划状态。

(19) 负责主管的文物资源管理局可就其控制的文物遗址制定条例，或经某遗址所有人同意后，就该文物遗址制定条例，目的是：

(a) 保护遗产免受破坏、损坏、损坏、挖掘或改动；

(b) 规范一切文物遗址的使用条件或其开发条件；

(c) 规范文物遗址接待公众的事宜，以及接待费用。

(20) 作为遗址所有人的任何国家分支机构或受支持机构，必须在与相关工程部门协商后,按照主管的文物资源管理局规定的最低标准和程序对遗址进行维护。

(21) 主管的文物资源管理局可与遗址所有者达成协议:

(a) 养护或改善任何文物遗址;

(b) 在遗址之上或周围建造篱笆、围墙或大门;

(c) 在任意土地上取得、建造、保持通往文物遗址的通道,并在该土地上建造篱笆、围墙或大门;

(d) 在遗址之上或附近竖立标志。

(22) 任何人不得损坏由文物资源管理局根据第(21)条建造或竖立的围栏、围墙或大门。

(23)(a) 除非任何现有权利以及某遗址所有者的协议另有规定,否则该遗址所有的二维或三维复制权属于国家,并归负责保护该遗址的文物资源管理局所有,或经协议归负责管理该遗址的主管机关或公共机构所有;

(b) 根据(a)款的规定,没有南非文物资源局或省级文物资源管理局(视情况而定)颁发的许可证,任何人(遗址所有者除外)不得以营利为目的进行此类复制,该许可证可能规定此类复制的应付费用,并且必须将此类费用存入专门用于保护此类遗址或文物资源的信托基金。

**保护区**

二十八、(1) 经某区域拥有者同意,南非文物资源局可以在公报上发表公告,指定以下区域为保护区:

(a) 为确保保护和合理享用国家遗产地,或保护国家遗产地的景观及其视野,国家遗产地周边合理且必要的区域;

(b) 为确保对残骸的保护,其周边合理且必要的区域;

(c) 矿山排土场覆盖的区域。

(2) 省级文物资源主管部门经某区域拥有者同意,可以在省级公报上发表公告,指定以下区域为保护区:

(a) 为确保保护和合理享用省级遗产地,或为保护省级遗产地的景观及其视野,省级遗产地周边合理且必要的区域;

(b) 为确保对某考古遗址或古生物遗址或陨石的保护,其周边合理且必要的区域。

(3) 任何人不得损坏、毁坏、更改、细分或以任何其他方式开发保护区的任何部分,除非在此类变更开始前至少 60 天,已按照指定该区域为保护区的文物资源主管机关规定的程序咨询了该主管机关。

(4) 对于第(1)(c)款中提到的矿山排土场所覆盖的区域,南非文物资源局必须制定法规,规定在与拥有者、矿产能源部长以及矿区内的相关方和受影响方协商后,保护这些被视为具有国家级重要意义的区域。

(5) 文物资源管理局可制定法规,规定对其指定的任何保护区进行具体保护,包括禁止或控制指定区域内任何人的某些特定活动。

(6) 地方当局经指定保护区的文物资源管理局同意,可在其城镇规划方案或章程中规定保护区的管理办法。

**临时性保护**

二十九、(1) 根据第(4)条的规定,南非文物资源局或省级文物资源管理局可根据情况在公报或省级公报上发布公告:

(a) 以两年为最长时限,临时性保护:(i) 任意保护区;(ii) 文物资源,其保护被认为受到威胁,该威胁可通过谈判和协商予以缓解;(iii) 文物资源,其保护情况南非文物资源局或省级文物资源管理局希望根据本法进行调查;

(b) 撤回(a)款下公布的任何通知。

(2) 根据第(4)条的规定,地方当局可在省级公报上发布公告:

(a) 以三个月为最长时限,临时保护其认为值得保护的任何地方,或其保护被地方当局认为受到威胁且其认为可以通过谈判和协商缓解威胁的任何地方;

(b) 撤回根据(a)款下公布的任何通知,但应于临时保护之日起七日内通知省文物局。

(3) 省级文物资源管理局可根据第(2)条的规定,通过省级公报的通知,撤销地方当局的临时保护,或按照第(1)条的规定临时保护有关地方。

(4) 文物资源管理局或地方当局不得临时保护任何文物资源,除非其已书面通知资源拥有者拟议的临时保护。

(5) 文物资源须被视为受为期 30 天的临时保护,由根据第(4)条送达通知书的日期起计,或直至该通知书被撤回为止,或该资源获公报或省级公报的公告受到临时保护,三者中以较短的期间为准。

(6) 文物管理局或地方管理局可随时撤回根据第(4)条发出的通知。

(7) 根据第(1)条发布或撤回通知之日起 30 天内,南非文物资源局应通知有关省级文物管理局和地方管理局。

(8) 自第(1)条规定的通知公布或者撤销之日起 30 天内,省级文物资源主管部门应通知有关地方部门。

(9) 地方当局根据第(2)(b)款撤回通知书,应通知省级文物当局。

(10) 没有负责临时保护的文物资源管理部门或地方当局颁发的许可证,任何人不得破坏、污损、挖掘、更改受临时保护的遗址或物品,不得将其移离其原来的位置,细分或改变其规划状态。

**文物登记册**

三十、(1) 省级文物资源管理局必须编制和保存一份文物登记册,列出其认为根据第三节规定和第七节规定的文物评估标准值得保护的省内文物资源。

(2) 除第(7)条另有规定外,省级文物资源主管机关可在省级公报上公告,列出文物资源,或修改或删除文物登记册上的条目。

(3) 列明文物资源必须按照:

(a) 第七节规定的二级和三级文物资源的子类别(如有);

(b) 地方政府管辖范围;

(c) 省级文物资源管理局与南非文物资源局协商后规定的任何其他类别。

(4) 省级文物资源局必须规定下列事项所需的程序和信息:

(a) 提名将某资源列入文物登记册;

(b) 编制第(5)条所述的文物资源清单,该清单至少应符合南非文物资源局规定的第三十九节里有关信息记录的最低标准。

(5) 规划主管部门在编制或修订城镇或区域规划方案或空间发展规划时,或在其选择的任何其他时间,或在省级文物资源管理局认为有必要并提出倡议时,应编制其管辖范围内的文物资源清单,并将该清单提交相关省级文物资源主管部门,省级文物资源管理局应将符合第(1)条所述评估标准的义物资源列入义物登记册。

(6) 省级文物资源主管部门可批准任何人为列入文物登记册而提交的文物资源清单。

(7) 省级文物资源管理局不得将某地列入文物登记册,除非事先咨询了该地的拥有者,特别是就第(11)条为保护该地而制定规定进行时。

(8) 执行理事会成员在与地方政府执行理事会成员进行协商后,可规定第(7)条所述的协商过程。

(9) 地方政府在省级公报上刊登公告,将其管辖范围内某地列入文物登记册,或修改、删除该地方的记录时,必须通知该地方的拥有者。

(10) 在其管辖范围内已列入文物登记册的某地遭到破坏时,地方当局应通知南非文物资源局和省级文物资源管理局,省级文物资源管理局应在该地方的文物登记册上记录其被破坏的情况,南非文物资源局应当在国家文物清单中记录其被破坏的情况。

(11) 在省级公报上公告将其管辖范围内的某一地方列入文物登记册之后的六个月内,各地方当局必须根据其规划方案或本法规定的细则,制定保护该地方的规定。但任何此类保护性规定须由省级文物资源主管部门、有关地方当局和省级规划主管部门共同批准,并进一步规定:

(a) 对文物登记册所列某地所做的任何更改或影响到该地的开发,须征得地方当局的特别同意;

(b) 地方当局在考虑根据(a)款提出的申请前,必须通知根据第25(1)(b)款已登记其在有关地理区域或资产类型中的权益的保护机构,并给予他们一段合理的时间,以便就申请提出反对或做出其他陈述;

(c) 在评估根据(a)款提出的申请时,地方当局应考虑:(i) 该地的文化意义以及这一点如何因拟议的更改或开发而受到影响;(ii) 根据(b)款提出的任何异议或陈述;

(d) 如果地方当局决定批准(a)款所述的申请,该申请将对该地的文化意义产生实质性影响,并且已根据(b)款提出了对该批准的异议,除非有关保护机构撤销了该异议,该异议应被视为根据第四十九节提出的上诉,地方当局应向相关上诉机构提交申请和所有相关信息；

（e）如果未经地方当局同意，即对列入文物登记册的场所进行任何更改或开发，地方当局可要求业主立即停止该项工作，并在规定的期限内将该场所恢复到原来的状态。如果业主未能遵守地方当局的要求，地方当局有权自行进行此类恢复工作，并向业主追偿相关费用。

（12）遗址位于其管辖范围内的省级文物资源管理局或地方当局可临时保护第（5）和（6）条所述清单中的任何地点，但当该地列入文物登记册时，应撤销此类临时保护。

（13）地方当局可在其管辖范围内列入文物登记册的任意地方，用徽章标记其地位。

（14）将某地列入文物登记册，不能免除任何人遵守第三十五和第三十六节的规定。

**文物保护区**

三十一、（1）规划当局在修订城镇或区域规划方案、编制或修订空间规划时，或在省级文物资源管理局认为有必要并且提出倡议时，必须调查是否需要指定文物保护区，以保护任何有利于环境的地方或文化名胜。

（2）如省级文物资源管理局认为有必要作为文物保护区来保护某个有利于环境的地方或文化名胜，可向规划管理局提出要求和提议，要求其调查省级文物资源管理局指示的情况。规划部门必须在收到请求后60天内通知省级文物资源管理局其是否愿意或能够遵守该请求。

（3）如果规划部门通知省级文物资源管理局其愿意且有能力调查指定某地为文物保护区的情况，省级文物资源管理局必须协助该规划部门。

（4）如果规划主管部门未通知省级文物资源管理部门，或通知省级文物资源管理部门其不愿意且不能够调查指定某地为文物保护区的情况，省级文物资源管理部门可以调查指定某地为文物保护区的情况，并经执行理事会成员批准，通过省政府公报的公告将该地指定为文物保护区。

（5）地方当局可通过省政府公报的公告，以有利于环境或文化名胜或存在文物资源为由，将任何地区或土地指定为文物保护区，但在指定之前，应咨询：

（a）省级文物资源管理局；

（b）该地区以及所有受影响社区内的财产拥有者，尤其是为保护该地区而根据第（7）条制定的规定。

（6）执行理事会成员在与负责地方政府的执行理事会成员协商后，可发布规定第（5）条所述协商过程的法规。

（7）地方当局必须通过其规划方案的规定或根据本法制定的章程规定对文物保护区进行保护，但任何此类保护性规定必须由省级文物资源管理局、省级规划管理局和地方当局共同批准，并进一步规定：

（a）对影响文物保护的任何变更或开发，应获得地方当局的特别同意；

（b）根据（a）款评估申请时，地方当局必须考虑某文物保护区的重要性，以及拟议的变更或开发会如何影响该重要性；

(c) 如果未经地方当局同意在文物保护区进行任何变更或开发,其有权要求业主立即停止此类工作,并在规定的期限内将现场恢复到原来的状态。如果业主未能遵守地方当局的要求,地方当局有权自行进行此类恢复工作,并有权向业主追偿修复费用。

(8) 地方当局可以在文物保护区内或附近竖立标志,表明其地位。

(9) 文物保护区内的特定场所,除有关该保护区的一般规定外,还可根据本法或其他文物立法给予进一步保护。

**文物物品**

三十二、(1) 作为国家遗产的一部分且南非文物管理局认为有必要对其出口进行管控的某件物品,或一批物品,或一类物品,或某名单所列的物品,无论是特定的还是一般的,都可以被宣布为文物物品,包括:

(a) 从南非土壤或水域中回收的物品,包括考古物品和古生物学物品、陨石和稀有地质标本;

(b) 视觉艺术物品;

(c) 军事物品;

(d) 钱币类物品;

(e) 具有文化历史意义的物品;

(f) 与口头传统有关并与仍然存续的遗产有关的物品;

(g) 可激发科学技术兴趣的物品;

(h) 书籍、记录、文件、照相正片和底片、图形材料、视频或录音制品,不包括1996年《南非国家档案法》(1996年第43号法案)第l(xiv)节规定的公共记录,或与记录或档案有关的省级法律中规定的公共记录;

(i) 任何其他已规定的类别。

(2) 就本节而言,被宣布为文物物品的某类物品中的某件物品被视为文物物品。

(3) 在宣布第(1)条所述的任何物品为文物物品之前,南非文物管理局可以在实际可行的情况下,以规定的方式,事先给予物品拥有者机会,以就拟议声明做出陈述或意见。如果情况不利于做出这种安排,本文件中的任何内容都不应迫使南非文物管理局给予这种事先的机会。

(4) 经部长批准,南非文物管理局可在公报中公告:

(a) 宣布某个物品,或一批物品,或某类型的物品,或某名单所列的物品,无论是特定的还是一般性的,为文物物品;

(b) 修改(a)款下公布的任何通知;

(c) 撤回根据(a)款发布或根据(b)款修改的任何通知。

(5) 南非文物管理局可能不行使第(4)条规定的权力,除非:

(a) 就特定物品或特定的一批物品而言,已向物品拥有者送达其意向通知,并给予物品拥有者至少60天的时间提出异议,或就该物品的照顾和保管,提出可以接受声明的合理条件;

(b) 针对某类型的物品,它:(i) 已在公报刊登临时声明通知书;(ii) 已通过公开广告和它认为适当的其他方式,达到公开声明的效果及其目的;(iii) 已邀请可能受到不利影响的任何利益相关者在通知之日起 60 天内向南非文物管理局提出意见或异议,并已考虑了所有此类意见和异议。

(6) 自根据第(5)(a)款或(5)(b)(i)项送达或发布通知之日起,或该通知被撤回之前,或某物品、某批物品、某类型的物品被宣布为文物物品之前,以较短的期间为准,该物品或该批物品将被视为文物物品受到六个月的保护。

(7) 南非文物管理局必须保存一份文物物品登记册,其中必须列出所有被宣布为文物物品的物品、各批次的物品和各类型的物品。

(a) 登记册应分为两个部分:(i) 第一部分:按类型列出的文物物品;(ii) 第二部分A:南非公共博物馆清单所列的特定文物物品或者以其他方式陈列或者保存在安全条件下的特定文物物品;(iii) 第二部分 B:其他特定的文物物品;

(b) 南非文物管理局可以规定将登记册的各部分进一步划分成类别或其他细分形式。

(8) 除非第(9)条另有规定,南非文物管理局必须向公众提供登记册所载信息的摘要。

(9) 如果有必要确保对登记册中记录的文物物品进行适当保护,任何人都不得获取可能确定该物品位置的信息,除非已获得南非文物管理局的明确同意,期限可由南非文物管理局确定。

(10) 为了本节的目的,南非文物管理局可以根据其特殊知识,指定南非的任何人或机构作为专家审查员。

(11) 南非文物管理局可以向文物登记册第二部分所列文物的拥有者或保管人提供表明其身份的证书或徽章。

(12) 文物登记册第二部分所列文物的拥有者在出售或以其他方式转让该文物时,必须通知南非文物管理局新持有者的姓名和地址,且必须向新持有者或保管人提供第(11)条中与该文物物品有关的任何证书或徽章。

(13) 没有南非文物管理局颁发的许可证,任何人不得破坏、损坏、毁坏或改变登记册第二部分所列的任何文物物品,不得散开任何一批文物物品。

(14) 南非文物管理局可制定有关文物经销商之注册事宜和管控文物贸易的法规。

(15) 文物登记册第二部分所列文物的拥有者或保管人有责任保持文物完好、安全。

(16) 文物登记册第二部分所列文物的拥有者或保管人,一旦发现文物或其任何部分丢失或损坏,必须立即向南非文物资源局报告。

(17) 没有南非文物资源局正式授权的代表签发的许可证,任何人不得对文物登记册第二部分所列文物进行任何修复或修理工作。

(18) 根据文物登记册第二部分所列文物的拥有者或保管人的申请,南非文物资源局可自行决定协助资助南非文物资源局认可的修复或修理工匠进行的任何修复或修理工作。

(19) 没有南非文物资源局签发的许可证,任何人不得从南非出口或试图从南非出口任何文物。

(20) 除通过海关入境口岸外,不得从南非移除任何文物。从南非移除文物之前,必须向海关官员出示根据第(19)条签发的相关出口许可证或根据第(32)条签发的豁免证书。

(21) 出口许可证的申请必须以南非文物资源局规定的方式提出,并包含南非文物资源局规定的信息。

(22) 在收到出口文物的申请后,南非文物资源局可将其转交给一名或多名专业审查员,审查员必须向南非文物资源局提交一份关于该申请的书面报告。

(23) 南非文物资源局必须考虑该报告,并且:

(a) 根据南非文物资源局认为必要的条件(如有)签发出口相关物品的许可证;

(b) 拒绝签发许可证。

(24) 在考虑永久出口文物登记册第一部分所列任何类型的物品的申请时,专家审查员和南非文物资源局必须考虑该物品是否:

(a) 由于其与南非历史或文化的密切联系,其美学品质,或其在艺术或科学研究中的价值,具有突出的意义;

(b) 国家级意义如此之高,以致南非失去它之后,国家遗产将大大受损,如果满足上述两个条件,则不得推荐签发或签发永久出口该物品的许可证(视情况而定)。

(25) 如果南非文物资源局拒绝签发出口许可证,申请人可在被拒绝后 30 天内,以书面通知的形式要求强制购买拒签涉及的文物。

(26) 在收到根据第(25)条发出的通知后,南非文物资源局必须:

(a) 如果认为南非的某个人或公共当局可能在接下来的六个月内公平地提出购买有关标的物的要约,则应确定一个不少于两个月但不超过六个月的延迟期,在此期间不得就该标的物签发出口许可证;

(b) 代表其自身或代表南非的某公共机构或当局,或代表承诺将该物品留在国内的人,提议立即以现金付款的方式购买该物品,或按部长与财政部长协商确定的方式,以支付赔偿金的方式购买该物品;

(c) 在其他情况下,签发出口许可证。

(27) 如果南非文物资源局根据第(26)(a)款就某文物确定了延期期限,则:

(a) 必须将延迟期书面通知给申请人和部长;

(b) 必须向其认为合适的南非的机构和公共当局通报延迟期以及与延迟期有关的物品;

(c) 可以通过公开广告或者其认为合适的其他方式,通告延迟期以及与延迟期有关的物品;

(d) 可规定有关文物在延期期间以临时出借的形式存放在南非某博物馆或公共

当局。

(28) 南非文物资源局经与部长协商后,可将第(26)(a)款订立的延期期限延长,最长两年。

(29) 如果:

(a) 在第(26)(a)款规定的延迟期内,有人提出购买相关文物的邀约,而申请人和提出该邀约的公共机构或人士不能就公平的现金邀约的数额达成协议;

(b) 南非文物资源局和申请人不能就第(26)(b)款下的公平邀约或补偿金额达成一致。

此类争议必须由部长指定的专家组进行仲裁,专家组由文物经销商、博物馆和文物收藏家等方的等额代表组成,该专家组必须确定购买该文物的公平的现金报价金额,并必须通知有关各方和南非文物资源局。

(30) 如果第(26)(a)款确定的延期期限到期,而无人提出购买相关文物的公平要约,则南非文物资源局必须在申请人的请求下立即签发出口该文物的许可证。

(31) 如果第(26)(a)款确定的延期期限到期,并且南非文物资源局确信已有人提出购买相关文物的公平要约,则南非文物资源局不得签发出口该文物的许可证。

(32) 如有人有意向进口文物登记册第一部分所列类型的物品,出于临时目的或在该人随后可能希望出口该物品的情况下,可向南非文物资源局申请豁免证书,授权在证书规定的期限内出口该物品。

## 第二部分 一般性保护

**受他国国家法律保护的文物的进口**

三十三、(1) 除通过海关入境口岸外,任何人不得将任何外国文化类文物进口到南非,在进口到南非或允许进口之前,必须向海关官员出示该文物在原产国签发的出口许可证或其他许可证。

(2) 南非与交互执行国签订的文化类文物协定生效后,任何人不得将从交互执行国非法出口的外国文化类文物进口至南非。

(3) 如果海关官员有理由相信有人违反第(1)或(2)条的规定,试图进口文物物品,可扣留相关物品,该物品必须由南非文物管理局保管,直至对该物品来源地的调查完成,但不得超过六个月。

(4) 经部长和外交部长同意,南非文物管理局可与任何交互执行国负责保护文化类文物的主管机构联络和合作,并可就任何非法进口至南非或交互执行国的文物或文化类文物送还原产国事宜,与该主管机构达成具体的或一般性的协议。

**建造物**

三十四、(1) 没有省级相关文物资源主管机构颁发的许可证,任何人不得擅自改动或拆除超过60年的建造物或建造物的任何部分。

(2) 在省级文物资源管理局拒绝颁发许可证的三个月内,必须按本章第一部分规定的正式指定的情况之一,考虑保护相关场所。

（3）省级文物资源管理局可自行决定，在省级公报上发布通知，在某规定地理区域内，或在规定地理区域内某些类别明确的场所，豁免第(1)条的要求，但前提是其确信属于该规定区域或类别的文物资源，已根据本章第一部分的规定，进行了鉴定并提供了充分的保护。

（4）如省级文物资源局认为有必要，可在《省级公报》公布三个月的通知期后，撤回或修改第(3)条里的通知。

**考古学、古生物学和陨石**

三十五、（1）除第八节另有规定外，保护考古遗址与材料、古生物遗址与材料、陨石是省级文物资源主管部门的责任。但保护领水和海洋文化区内的沉船，是南非文物资源局的责任。

（2）根据第(8)(a)款的规定，所有考古物品、古生物材料和陨石均为国家财产。负责的文物管理局必须代表国家酌情确保这些物品存放在博物馆或其他公共机构，这些博物馆或公共机构具有文物资源管理局可接受的收藏政策。为此，文物资源管理局可制定其认为适合保护这些物品的条款和条件。

（3）任何人在开发过程中或农业活动中发现考古或古生物物品、材料或陨石，必须立即向负责的文物资源管理局或最近的地方当局办事处或博物馆报告，后者必须立即通知该文物资源管理局。

（4）没有主管的文物资源局颁发的许可证，任何人不得：

（a）破坏、损毁、挖掘、更改、污损或以其他方式扰乱任何考古或古生物遗址或陨石；

（b）破坏、损毁、挖掘，从其原始位置移除、收集或拥有任何考古或古生物材料、物品或陨石；

（c）买卖，为私利而出售，从共和国出口或试图出口任何种类的考古或古生物材料、物品或陨石；

（d）在考古或古生物现场，带进或使用任何挖掘设备，或有助于探测、回收金属或考古和古生物材料或物品的设备，或使用此类设备回收陨石。

（5）如果主管的文物资源管理局有合理理由相信某正在进行的活动或开发将破坏、损坏或改变任何考古或古生物遗址，并且未曾申请许可证，第三十八节的文物资源管理程序也未被遵守，则可以：

（a）向该遗址的拥有者或占用人，或从事该项开发的人送达命令，要求开发立即停止，期限为命令中规定的期间；

（b）进行调查，以获取某考古或古生物遗址是否存在，是否需要缓解的信息；

（c）如果文物资源管理局认为有必要采取缓解措施，则协助根据(a)款获送达命令的人按第(4)条的规定申请许可证；

（d）如果在命令送达后两周内未收到许可证申请，则向考古或古生物遗址所在土地的拥有者或占用人，或提议进行开发的人追回该调查的费用。

（6）主管的文物资源管理局可在与考古或古生物遗址或陨石所在地的拥有者协商

后,向拥有者或任何其他管理当局发出通知,防止该遗址或陨石周边一定范围内的活动。

(7)(a) 自本法生效之日起两年内,任何人,若是持有考古或古生物材料、物品或陨石,若非根据本法、同等省级立法或1969年《国家古迹法》(1969年第28号法案)颁发的许可证所取得,必须向负责的文物资源管理局提交这些物品的清单和该管理局规定的其他信息。未在规定期限内列明的物品,将被视为自本法生效之日起已被回收;

(b) 第(a)款不适用于任何公共博物馆或大学;

(c) 主管当局可通过在公报或省公报(视情况而定)上发布公告,酌情豁免任何机构受(a)款的要求,但须符合公告中可能规定的条件,并可通过类似的公告撤回或修订该豁免。

(8) 第(7)条列明的物品:

(a) 在其有生之年,仍由占有人所有,必须通知南非文物资源局继承人是谁;

(b) 必须由负责的文物管理机构按照规定定期进行监测。

**墓地和坟墓**

三十六、(1) 如果不是任何其他当局的责任,则南非文物资源局必须保护并通常要照看按照本节的规定受保护的墓地和坟墓,并可为保护它们,做出其认为合适的安排。

(2) 南非文物资源局必须识别并记录冲突受害者的坟墓,以及它认为具有文化意义的其他坟墓,并可以竖立与第(1)条所指坟墓相关的纪念碑,并且必须维护这些纪念碑。

(3) 没有南非文物资源局或省级文物资源管理局颁发的许可证,任何人不得:

(a) 将冲突受害者的坟墓或包括此类坟墓的任何墓地或其部分摧毁、损坏、更改、挖掘或移离原处,或以其他方式扰乱;

(b) 将超过60年且位于某地方当局管理的正式公墓之外的坟墓或墓地摧毁、损坏、更改、挖掘、移离原处,或以其他方式扰乱;

(c) 在(a)或(b)款所指的墓地或坟墓处,带进或使用任何挖掘设备,或任何有助于探测、回收金属的设备。

(4) 南非文物资源局或省级文物资源管理局不得颁发许可证,用于摧毁或损坏第(3)(a)款所指的任何墓地或坟墓,除非其确信申请人已为挖掘和重新安葬这些坟墓的内容做出了令人满意的安排,费用由申请人承担,并且符合负责的文物资源管理局制定的法规。

(5) 南非文物资源局或省级文物资源管理局不得颁发许可证,用于第(3)(b)款下的任何活动,除非其确信申请人已按照负责的文物资源管理局制定的规定:

(a) 协调一致地联系和咨询过传统上对这类坟墓或墓地感兴趣的社区和个人;

(b) 与这些社区和个人就坟墓或墓地的未来已达成协议。

(6) 在不违反任何其他法律规定的情况下,任何人在开发过程中或任何其他活动中如发现某座坟墓的位置,而此前人们并不知道该坟墓的存在,则必须立即停止此类活动,并向负责的文物资源管理局报告该发现,该管理局必须与南非警察局合作,按照负责的文物资源管理局制定的规定:

(a) 进行调查,以便了解该坟墓是否受本法保护,或对任何社区是否具有重要意义;

(b) 如果该坟墓受到了保护或具有重要意义,协助作为直系后裔的任何人或社区,安排将该坟墓内的遗体挖出并重新安葬。在没有直系后裔或社区的情况下,做出其认为合适的安排。

(7)(a) 自本法生效之日起五年内,南非文物资源局必须向部长提交坟墓和墓地名单,以求批准。埋葬于这些坟墓或墓地的人与解放斗争有关,或在流亡中死亡,或因国家安全部队或密探的行动而死亡。经过公共协商过程后,南非文物资源局认为它们应该包括在根据本节受保护的坟墓和墓地内;

(b) 部长必须在公报上公布其批准的名单。

(8) 在不违反第五十六(2)条规定的情况下,针对位于共和国境外的冲突受害者的坟墓,南非文物资源局有权根据本节履行省级文物资源管理局的任何职能。

(9) 南非文物资源局必须协助其他国家部门识别与解放斗争有关的,位于他国的冲突受害者的坟墓,并在与近亲或有关当局商谈后,将该人的遗体重新安葬在共和国首都的显著位置。

**公共纪念碑和纪念物**

三十七、公共纪念碑及纪念物必须受到保护,方式与第三十节所提到的文物登记册内所载场所的保护方式相同,而无须为此发布公告。

**文物资源管理**

三十八、(1) 除第(7)、(8)和(9)条另有规定外,任何人如欲从事下列开发项目:

(a) 修建长度超过300米的道路、墙壁、电力线、管道、运河或其他形式类似的线性新增物或障碍物;

(b) 修建长度超过50米的桥梁或类似建造物;

(c) 任何会改变遗址性质的开发或其他活动:(i) 面积超过5 000平方米;(ii) 涉及三块或三块以上现有的地块或其分割地块的;(iii) 涉及三块以上的地块或其分割地块,最近五年内合并过的;(iv) 费用将超过南非文物资源局或省级文物资源管理局规定的金额;

(d) 对面积超过10 000平方米的场地进行重新分区;

(e) 南非文物资源局或省级文物资源管理局规定的任何其他开发类别;

必须在启动此类开发的最早阶段,通知负责的文物资源管理局,并向其提供拟议开发项目的位置、性质和范围的详细信息。

(2) 负责的文物资源管理局必须在收到第(1)条的通知后14天内:

(a) 如果有理由认为文物资源将受到此类开发的影响,通知打算进行开发的人提交影响评估报告。该报告必须由主管的文物资源管理局认可的,具有相关资质和经验的,在文物资源管理方面具有专业地位的一名或多名人员编制,费用由提出开发计划的人员承担;

(b) 通知有关人员;本节不适用。

(3) 负责的文物资源管理局必须在第(2)(a)款要求的报告中规定提供的信息。前提是必须包括以下内容:

(a) 受影响地区的所有文物资源的鉴定和制图；
(b) 根据第六(2)条所列或第七节所规定的文物评估标准，评估这些资源的重要性；
(c) 评估开发对这些文物资源的影响；
(d) 评价开发对文物资源的影响相对于从开发中获得的可持续社会和经济效益；
(e) 就开发对文物资源的影响与受拟议开发影响的社区和其他利益相关方协商的结果；
(f) 如果文物资源将受到拟议开发的不利影响，则考虑替代方案；
(g) 在拟定开发完成期间和之后减轻任何不利影响的计划。

(4) 该报告必须由负责的文物资源主管部门及时审议，该主管部门必须在与提出开发建议的人协商后决定：
(a) 开发能否继续进行；
(b) 将适用于开发的任何限制或条件；
(c) 根据本法，对这种文物资源适用什么一般性保护，可以适用什么正式保护；
(d) 对因开发而受损或者毁坏的文物资源，是否需要采取补偿措施；
(e) 是否需要任命专家作为批准建议的条件。

(5) 省级文物资源管理局，除非已咨询过南非文物资源局，否则不得根据第(4)条就影响国家级保护的文物资源的任何开发做出任何决定。

(6) 申请人可就省级文物资源管理局的决定向执行理事会成员提出上诉，执行理事会成员：
(a) 必须考虑双方的意见；
(b) 可酌情处理：(i) 指定一个委员会独立审查影响评估报告和负责的文物管理机构的决定；(ii) 咨询南非文物资源局；
(c) 必须坚持、修改或推翻这一决定。

(7) 第(1)条所述的开发如果影响到南非文物资源局正式保护的任何文物资源，则本节的规定不适用，除非有关当局另有决定。

(8) 如果根据1989年《环境保护法》(1989年第73号法案)，或根据环境事务与旅游部发布的综合环境管理指南，或根据1991年《矿产法》(1991年第50号法案)，或根据任何其他立法，需要评估第(1)条所指的开发对文物资源的影响，则本节的规定不适用于该开发。前提是，下达批准的机构必须确保评估符合相关文物资源管理局在第(3)条中的要求，并且在下达批准之前，已考虑到相关文物资源管理局关于此类开发的任何意见和建议。

(9) 省级文物资源管理局经执行理事会成员批准后，可通过省级公报的公告，免除公告中规定的任何场所遵守本节的要求。

(10) 任何人如已遵守第(4)条中省级文物资源管理局的决定，或第(6)条中执行理事会成员的决定，或第(8)条所指的其他要求，则必须免除遵守本部分规定的所有其他保护，但根据第42节订立的任何现有文物协议必须继续适用。

## 第三部分　管　理

**国家遗产目录**

三十九、（1）为了合并和协调文物资源信息，南非文物资源局必须编制和维护一份国家遗产目录，该目录的形式必须是文物资源信息数据库，包括南非文物资源局认为值得保护的文物资源，包括：

（a）南非文物资源局及其前身经手过的所有遗址和物品；

（b）通过公报或省公报上的公布公告而受到保护的所有遗址和物品，不论是根据本法还是省级立法；

（c）受本法或省级文物资源管理立法一般性保护的遗址和物品；

（d）南非文物资源局感兴趣的其他遗址和物品，为此目的，它必须协调和规定省级文物管理局记录信息的国家标准。

（2）文物资源必须按照南非文物资源局规定的格式和类别列在目录中。

（3）南非文物资源局经与有关省级文物资源主管部门和有关地方主管部门协商，可以不时制作、修改或者删除目录中的条目，但：

（a）任何文物登记册所列的所有遗址都必须输入目录中；

（b）地方当局必须向南非文物资源局通报文物登记册所列遗址的毁坏情况，接到通报后，南非文物资源局必须将毁坏情况记录在目录中。

（4）省级文物资源主管部门必须在文物登记册上收录文物资源或者修改、删除条目之日起三十日内，通知南非文物资源局，并提供收录、修改或者删除的详细信息。

（5）省级文物主管部门必须按照南非文物资源局规定的方式，定期向南非文物资源局提供有关该省文物资源的信息，以增加目录中信息的数量和细节。

（6）任何人都可以在南非文物资源局的办公室查阅目录。但如果信息的披露可能会对文物资源的拥有者、利益相关者、潜在的投资者的隐私或经济利益造成负面影响，或对文物资源的持续保护造成负面影响，则可拒绝提供信息。

（7）南非文物资源局必须定期公布国家遗产目录的摘要和分析。

**国家文物资源援助计划**

四十、（1）在不违反第二十一节的情况下，南非文物资源局可以向获得批准的机构或个人提供财政援助，形式为资助或贷款，用于任何有助于实现这一目的的项目，并且符合规定的原则。

（2）南非文物资源局必须规定批准和给予财政援助的申请程序和项目评估标准。

（3）贷款可按南非文物资源局确定的金额、条款和条件批准。前提是贷款必须：

（a）按照部长与财政部长协商确定的当前利率；

（b）如果部长与财政部长协商后，批准：（i）关于该贷款，以部长确定的贷款利率为准；（ii）免息。

（4）本节规定的任何财政援助，均应由南非文物资源局为此目的而保留的基金提供，该基金应称为国家文物资源基金。

**文物归还**

四十一、(1) 当具有真正利益的社区或机构要求归还属于国家遗产的、由公共资助机构持有或管理的可移动文物资源时,该机构必须与索赔者就资源的未来进行谈判。

(2) 部长可根据第(1)条的规定,以及提出此类索赔的条件,制定确立真正利益的规定。

(3) 作为第(1)条所述谈判主题的文物资源,若协议未达成,索赔者或有关机构可向部长提出上诉,部长必须在适当考虑第五(4)条的情况下,本着妥协的精神:

(a) 在有关各方之间进行调解,以寻求双方满意的解决办法;

(b) 在有关各方未达成协议的情况下,就资源的未来做出最终决定,包括确保资源安全所需的任何条件,索赔者或机构或任何其他利害关系方接触到资源的条件,以及任何其他适当的条件。

**文物协议**

四十二、(1)(a) 南非文物资源局或省级文物资源管理局可与省级主管部门、地方主管部门、文物保护机构、个人或社区协商并同意执行文物协议,以规定保护、改善或展示某明确定义的文物资源。但前提是,必须得到资源拥有者的同意;

(b) 这种文物协议必须以具有约束力的合同的形式签订。

(2) 文物协议可包括各方认为合适的条款和条件,包括提供公众准入,相关文物管理局提供财政援助或其他的援助。

(3) 在不限制第(2)条的情况下,文物协议可表达为永久有效或在任何特定期限内有效,或在特定事件发生时终止。

(4) 经相关资源的拥有者同意,文物协议可由各方协议变更或取消。

(5) 如果给予同意的拥有者认为有必要,相关资源的拥有者可同意文物协议,或文物协议的任何变更。但须将所有附加条文或经修改的条文列入文物协议,或删除该条文。

(6) 本法中的任何规定均不要求文物资源管理局与任何人或机构协商或同意签订或执行任何文物协议。

(7) 就附属于某地的某场所而订立的文物协议,对该场所的拥有者具有约束力。例如,协议有效期内执行协议的当天,就是如此。

(8) 国家文物遗址、省级文物遗址或列入文物登记册的遗址的拥有者,可通过与负责保护该地的文物资源管理局、地方当局、经该管理局批准的任何人或机构签订的文物协议,任命该文物资源管理局、地方当局、有关人士或机构为该地的监护人。

(9) 第(7)或(8)条所指的文物协议可规定:

(a) 某场所的维护和管理;

(b) 某场所的监护以及与之有关而受雇的人的职责;

(c) 业主或其他方对该场所的占用或使用;

(d) 限制业主或占用人在该场所或其附近做某些行为或事情的权利;

(e) 允许公众、监护人委派的人员检查、维护该场所进入的设施;

(f) 该场所的展示;

(g) 如果业主打算将该场所所在的土地出售、出租或以其他方式处置,则应向监护人发出通知,并保留监护人对该场所土地出售、出租或以其他方式处置的优先权;

(h) 支付业主或监护人因维护该场所而产生的任何费用;

(i) 业主和监护人同意的、与保护和管理该场所有关的任何其他事项;

(j) 协议期限,以及协议任何一方提前终止协议的规定;

(k) 解决因本协议引起的任何争议的程序。

(10) 除本法明确规定外,受监护场所的拥有者应继续享有与之前相同的财产、权利、所有权和权益。

(11) 每份文物协议根据其条款具有效力,但须符合本法的规定。前提是:

(a) 对某文物资源执行文物资源协议不得妨碍负责保护该文物资源的文物管理局行使本法中与该文物有关的任何权力;

(b) 任何文物协议不得许可或允许任何人实施任何违反本法的行为。

**激励措施**

四十三、(1) 根据南非文物资源局的建议,部长可与财政部长一起发布关于保护文物资源的财政激励条例,这些文物资源构成了国家遗产的一部分,或以其他方式促进本法案的目的。

(2) 执行理事会成员或地方当局可根据规划方案,或依据本法的细则,或通过任何其他方式,按照第(1)条的规定,为文物资源的保护提供激励。

**受保护资源的展示**

四十四、(1) 在适当的情况下,文物资源主管部门和地方主管部门必须协调和促进构成国家遗产一部分的文化名胜和文物资源的展示和使用,根据第五节的规定,上述部门负责这些文化名胜和文物资源供公众享受、接受教育、研究和旅游,包括:

(a) 安装解说牌和解说设施,包括解说中心和访客设施;

(b) 培训和提供导游人员;

(c) 举办展览;

(d) 建造纪念物;

(e) 有效展示国家遗产所需的任何其他手段。

(2) 根据本章第一部分,如果受正式保护的文物资源将被展示,承办展示的人必须在制定解释性措施或制造相关材料前至少 60 天,就解释性材料或方案的内容,与负责保护该文物资源的文物资源管理局协商。

(3) 任何人只能在与负责保护某地的文物资源管理局协商后,在根据本法受保护的某地附近竖立与此展示有关的一块牌匾或其他永久性的展示物或建造物。

**强制修复令**

四十五、(1) 如果负责保护某遗址的文物资源管理局认为该遗址:

(a) 已被允许失修,目的是:(i) 实施或者使其销毁或者拆除;(ii) 使指定土地得以开发；(iii) 使毗邻指定土地的任何土地得以开发；

(b) 被忽视过甚，以至于失去养护的潜力；

文物资源管理局可向业主发出命令，在命令规定的合理期限内，对该遗址进行修复或维护，以达到文物资源管理局满意的程度。但文物资源管理局必须仅明确其认为有必要进行的工作，以防止该地的状况进一步恶化。

(2) 除第(3)条另有规定外，如拥有者没有在指明的时间内服从根据第(1)条发出的命令的条款，送达该命令的主管当局可自行采取修理或保养该地所需的步骤，并向拥有者追讨费用。

(3) 如拥有者能提出好的理由，可在根据第(1)条送达修理令后 21 天内：

(a) 向送达修理令的文物资源主管部门申请延长该命令规定的时间；

(b) 按照第四十九节规定的方式向部长提出上诉。

**征用**

四十六、(1) 根据南非文物管理局的建议，并在与财政部长协商后，部长出于保护的目的或本法案规定的任何其他目的，购买或征用（须补偿）任何财产，前提是该目的是公共目的或符合公共利益。

(2) 1975 年《征用法》(1975 年第 63 号法案)适用于本法案下的所有征用，为征用的目的计，该法案中提及公共工程部长的任何内容必须理解为提及部长。

(3) 尽管有第(2)条的规定，补偿金额、支付时间和方式必须按照《宪法》第 25(3)条确定，在征用任何财产之前，须组织有关财产的拥有者的听证会。

**一般性政策**

四十七、(1) 南非文物资源局和省级文物资源管理局：

(a) 自本法施行之日起三年内，必须就管理其拥有、控制或归属的所有文物资源通过一般性政策的声明；

(b) 可以不时地修改这些声明，使之适应不断变化的情况，或根据增加的知识不时修改这些声明；

(c) 必须在通过后 10 年内审查此类声明。

(2) 所有文物资源管理局必须为根据本法受保护的，由其拥有、控制或归其所有的任何场所，制定一份计划，按照最佳环境、文物保护、科学和教育原则管理该地。鉴于该地的地点、规模和性质，以及有关文物资源管理局的资源，该计划可以合理应用。这些文物资源主管机关亦可不时检讨此类计划。

(3) 由有关的文物资源管理局酌情决定，并在不超过 10 年的期间内，保护管理计划可由文物资源管理局独自运作，或与环境主管机关或旅游主管机关联合运作，或根据合同安排，按照文物资源管理局决定的条款和条件进行运作。

(4) 有关文物资源管理局的条例必须规定，在通过或修订任何一般性政策声明或任何保护管理计划之前，应通知公众和相关组织是否有可供查阅的声明或计划草案，并征求意见，由文物资源管理局审议。

（5）文物资源管理局不得以任何与一般性政策声明或保护管理计划不一致的方式行事。

（6）文物资源管理局通过的所有现行一般性政策声明和保护管理计划，若公众请求，必须供其查阅。

### 第三章 一般性规定

#### 第一部分 执行、上诉、罪行及处罚

**许可证**

四十八、（1）文物资源管理局可以规定根据本法向其申请任何许可证的方式以及申请许可证的其他要求，包括：

（a）申请书应提供的任何细节或信息以及申请书应附带的任何文件、图纸、方案、照片和费用；

（b）申请许可证的人员就特定类别的受保护文物资源采取具体的行动所需的最低资格和实践标准；

（c）持许可证所取回的考古和古生物物品、材料和陨石等的发掘和管理标准及条件；

（d）在颁发许可证之前，必须在许可证有效期内或文物资源管理局规定的期限内，交存金融押金并以信托形式持有的条件，以及没收该押金的条件；

（e）根据第三十二节或第三十五节受保护的物品的临时出口和运回的条件；

（f）提交因持有许可证而所做工作的报告；

（g）监测因持有许可证而完成的工作中文物资源管理局的责任。

（2）任何人按第（1）条规定的方式提出申请时，文物资源管理局可酌情向该人发出许可证，准许该人在许可证所指明的时间、条款、条件、限制或指示下进行所指明的行动，包括下列条件之一：

（a）申请人根据许可证所述工作的性质和范围，以有关文物资源管理局确定的形式和金额提供担保，以确保圆满完成此类工作或保管在工作过程中回收的物品和材料；

（b）提供历史性的建筑材料的回收或将其存放在材料库；

（c）规定修改设计方案；

（d）关于执行许可证所准许行动所需的资格和专业知识。

（3）文物资源管理局对于根据第二章的规定受其保护的任何文物资源，可在公报或省级公报（视情况而定）上刊登公告，酌情决定豁免公告中所指明的某些人士或某类人士，在某些情况下进行某些活动或某类活动，向其取得许可证的要求。

**上诉**

四十九、（1）部长和执行理事会成员的规章必须提供一套体系，以便向南非文物资源局理事会或省级文物资源主管机构理事会提出上诉，反对南非文物资源局某委员会或其他授权代表或省级文物资源当局的某个决定。

（2）任何人如想对南非文物资源局理事会或省级文物资源主管机构理事会的某决定提出上诉，必须在30天内以书面形式通知部长和执行理事会成员。部长和执行理事会成

员随后应任命一个由三名专家组成的独立法庭。

(3) 第(2)条所设想的法庭在审议部长或执行理事会成员提交的上诉时,必须适当考虑:

(a) 所涉及的文物资源的文化意义;

(b) 文物保护原则;

(c) 上诉人或文物资源管理局提请其注意的任何其他相关因素。

**文物督察员的委任和权力**

五十、(1) 南非文物资源局或省级文物资源管理局可书面指定文物督察员,但如果文物督察员是政府部门或受支持机构的工作人员,则该任命只能经部长或负责管理该部门或机构的人同意后方可做出。

(2) 根据本节的规定,南非警察局的所有成员和海关官员都被视为文物督察员。

(3) 除第(2)条所指人员,文物资源管理局必须向所有文物督察员颁发包含照片和文物督察员签名的身份证件。

(4) 就本节而言,提及第(2)条所指的人的身份证件,即指该人为第(2)条所指机构的成员的书面证据。

(5) 不再担任文物督察员的,必须立即将身份证件交回有关文物管理机构。

(6) 除海关官员或身穿制服的南非警察部队成员,文物督察员不得就其他人行使本法规定的权力,除非文物督察员首先出示身份证件供其查验。但如出示该身份证件可能危害文物督察员的健康或安全,则文物督察员必须在可行的情况下尽快出示该身份证件。

(7) 在不违反其他法律规定的情况下,文物督察员或者文物资源主管部门书面授权的人员,可以在任何合理的时间进入任何土地或者场所,以便检查根据本法案规定受保护的任何文物资源,或文物资源管理局根据本法行使其职能和权力的任何其他文物,并可拍摄照片、进行测量、制作草图并使用为本法目的所必需的任何其他记录信息的手段。

(8) 文物督察员可随时检查根据本法颁发的许可证所进行的工作,为此目的,可在任何合理的时间进入根据本法受保护的任何地方。

(9) 如果文物督察员有合理理由怀疑本法所规定的某罪行已经、正在或即将实施,文物督察员可以得到其认为必要的协助并:

(a) 进入和搜查任何地方、处所、车辆、船只或航空器,并为此目的,截停和扣留文物督察员有合理理由相信与该罪行有关的任何车辆、船只或航空器;

(b) 没收和扣留与犯罪有关的任何文物资源或证据,等待主管的文物资源管理局进一步的命令;

(c) 采取合理必要的行动,防止本法规定的犯罪行为。

(10) 文物督察员如果有理由相信正在进行任何的某项工作或正在采取的某项行动违反了本法或根据本法颁发的许可证的条件,可命令立即停止此类工作或行动,等待主管的文物资源管理局进一步的命令。

(11) 文物督察员可以要求他或她——有理由相信已违反本法的任何人——提供其姓名、地址和身份的合理证据,并可以逮捕拒绝服从这些要求的人。

(12) 任何人:

(a) 只要力所能及,必须服从根据本节依法提出的请求或要求;

(b) 不得故意提供虚假或误导性的信息;

(c) 不得阻碍或妨碍文物督察员行使本节规定的权力。

**罪行与处罚**

五十一、(1) 尽管其他法律另有规定,但任何人若违反:

(a) 第二十七(18)、二十九(10)、三十二(13)或三十二(19)等条,即属犯罪,可处以附表第 1 项所列的罚款或监禁,或同时处以罚款及监禁;

(b) 第二十三(2)、三十五(4)或三十六(3)等条,即属犯罪,可处以附表第 2 项所列的罚款或监禁,或同时处以罚款及监禁;

(c) 第二十八(3)或三十四(1)等条,即属犯罪,可处以附表第 3 项所列的罚款或监禁,或同时处以罚款及监禁;

(d) 第二十七(22)、三十二(15)、三十三(1)、三十五(6)或四十四(3)等条,即属犯罪,可处以附表第 4 项所列的罚款或监禁,或同时处以罚款及监禁;

(e) 第二十七(23)、三十二(17)、三十五(3)、三十六(3)或五十一(8)等条,即属犯罪,可处以附表第 5 项所列的罚款或监禁,或同时处以罚款及监禁;

(f) 第三十二(13)、三十二(16)、三十二(20)、三十五(7)(a)、四十四(2)、五十(5)或五十(12)等条款,即属犯罪,可处以附表第 6 项所列的罚款或监禁,或同时处以罚款及监禁。

(2) 在相关执行理事会成员的同意下,部长可规定对违反或未遵守文物资源管理局制定的条例或地方当局制定的法规的行为,处以罚款或不超过 6 个月的监禁。

(3) 部长或执行理事会成员(视情况而定)可制定法规,相关地区的治安官据此可:

(a) 对违反文物资源管理局负责的本法条款征收最高 10 000 兰特的认罪罚款;

(b) 向违反本法规定或未遵守该机关颁发的许可证条款的人送达通知,在违反期间每天处以 50 兰特的罚款,最长期限为 365 天。

(4) 部长可以不时地通过规章调整第(3)条中提到的数额,以应对通货膨胀的影响。

(5) (a) 无论是否应文物资源管理局的要求,任何人,若是未能提供本法要求提供的信息;

(b) 任何人为了获得本法规定的任何许可、同意或授权,无论是为自己或他人,做出明知是虚假的、不知道是虚假的或相信是真实的声明或陈述;

(c) 根据本法,按某些条款、条件、限制或指示授予某人许可、同意或授权;任何人未遵守这些条款、条件、限制或指示,或执行了违反这些条款、条件、限制或指示的行为;

(d) 任何人,妨碍根据本法持有某许可证的人行使因持证而被授予的某项权利;

(e) 在本法保护的某地,任何人损坏、拿走或移除,或导致损坏、带走或移除文物管理局或地方当局根据第 25(2)(j)款或第 27(17)条竖立的任何徽章或标志、任何解释性的展示或任何其他财产或物品；

(f) 任何人,若是接收从本法保护的某地非法拿走或移走的任何徽章、纹章或任何其他财产或物品；

(g) 任何人在本法的条款范围内,从事或企图从事任何其他非法行为,违反任何禁令或不履行本法条款所规定的任何义务,或怂恿、促使、请求或雇用任何其他人这样做；

则：即属犯罪,一经定罪,可根据第(3)条订立的规例所指明的最高刑罚加以处罚,形式为罚款或监禁,或同时处以罚款及监禁。

(6) 任何人,如果相信有人违反了本法的任何规定,可向南非警察局提出指控或告知某文物资源管理局。

(7) 尽管其他法律另有规定,治安法院仍有权根据本法施加任何处罚。

(8) 如果有人被判定违反本法,导致受保护的文物资源损害或改变,法院可以：

(a) 命令该人按所指明的方式,在所指明的期间内,纠正其被裁定有罪的行为的结果,如该人没有遵从此命令的条款,则可命令该人向负责保护此资源的文物资源管理局付款,总数相当于修复成本；

(b) 如果因为犯罪者不是文物资源的拥有者或占有人或出于任何其他原因,认为该人不能弥补对文物资源造成的损害,或负责保护该资源的文物资源管理局建议要求弥补该行为的结果是不现实的、不可取的,则命令该人向文物资源管理局支付一笔相当于修复费用的款项。

(9) 除其他处罚外,如果某地的拥有者被判违反本法规定,涉及破坏或损坏该地,部长根据南非文物资源局的建议,或执行理事会成员根据省级文物资源管理局的建议,可以向拥有者发出命令,除非修复损坏并保持该地的文化价值,否则禁止开发该地,期限在命令中指明,但不超过 10 年。

(10) 在做出命令之前,必须给予地方当局和任何在该地拥有登记权益的人一段合理的时间,以就是否应做出命令以及命令的期限提交意见。

(11) 根据第(9)条做出的开发禁止令附属于该地,不仅对命令下达时的拥有者具有约束力,只要该命令仍在有效期内,对成为该地拥有者的任何人都具有约束力。

(12) 部长根据南非文物资源局的建议,可以重新考虑开发禁令,并可以书面形式修改或废除该命令。

(13) 在所有涉及破坏公物的案件中,以及法院认为适当的其他情况下,涉及文物资源保护的社区服务可替代罚款或监禁,或在罚款或监禁之外处以社区服务。

(14) 如果法院根据本法判定某人犯有某项罪行,法院可命令没收在犯罪过程中使用或涉及的车辆、船舶、设备或任何其他物品,并移交给南非文物资源局或有关省级文物资源管理局(视情况而定)。

(15) 根据第(14)条没收的车辆、船舶、设备或其他物品,可按有关文物资源管理局认为适当的方式出售或以其他方式处置。

## 第二部分 杂 项

**公告**

五十二、(1) 南非文物资源局可以通过进一步发布公告,修订或撤回其在公报上已发布的任何公告。

(2) 省级文物资源管理局可通过进一步发布公告,修订或撤销其在省级公报上已发布的任何公告。

(3) 南非文物资源局或省级文物资源管理局可规定,根据本法的规定,可依法执行的财产之说明在公报或省级公报(视情况而定)上公布的方式,包括:

(a) 测量区域允许的技术方法;

(b) 用于补偿测量误差范围的方法。

**部长或执行理事会成员委托权力**

五十三、(1) 部长可将本法案授予或规定其应承担的任何权力、职责或职能委托给副部长或本部某指定职位的现任者。

(2) 部长可将本法案授予或规定其应承担的任何权力、职责或职能委托给省文化主管部门某指定职位的现任者。

**地方当局的附则**

五十四、(1) 经省级文物资源主管部门批准,地方当局可为以下目的制定章程:

(a) 规定受本法保护、允许公众进入、受地方当局控制的场所接待公众的事宜,以及接待应支付的费用;

(b) 规定受本法保护、受地方当局控制的场所的使用条件;

(c) 受保护区域的保护和管理;

(d) 保护和管理文物登记册上的遗址;

(e) 保护和管理文物保护区;

(f) 提供激励以保护其管辖范围内任何受本法保护的遗址。

(2) 根据本节制定的任何附则可规定违反或未能遵守的罚款,但不得超过部长根据第五十一(2)条规定的金额。

**责任的限制**

五十五、任何人根据本法所做的任何事情,如出于善意且无疏忽,都不承担责任。

**共和国以外的权力行使**

五十六、(1) 文物资源管理局可协助共和国境外的文物机构并与之合作。

(2) 如果南非政府与任何其他国家政府达成一致,在部长的同意下,南非文物资源局有权在该国履行文物资源管理局根据本法在南非能够履行的任何职能。

(3) 部长可就与文物资源保护有关的任何国际公约、条约或协定的适用性做出规定,根据 1996 年《南非共和国宪法》(1996 年第 108 号法案)第 231 至 233 节,这些规定构成共和国法律的一部分。

**省级立法的适用性**

五十七、在不影响本法规定的情况下，如果某省立法建立省级文物资源管理局，在省一级管理文物资源，这类立法的规定，只要涉及省级管辖范围，优先于本法的同等规定。

**过渡性条文及相应修订**

五十八、(1) 在本节中，"先前的法案"是指《1969 年国家古迹法》(1969 年第 28 号法案)。

(2) 根据先前的法案第二节建立的国家古迹理事会特此废除，其所有资产、权利、债务和义务将移交给南非文物资源局，无须正式转让，也无须支付任何关税、税收、费用或其他费用。契约登记处的主管人员必须在呈交业权契约后，应有关当局的申请，就事态发展批署该业权契约。

(3) 任何受雇于第(2)条所指理事会的人，均被视为已根据本法聘任。

(4) 第(3)条所述雇员的薪酬及其他服务条件，不得低于该雇员以前有权享有的薪酬及其他服务条件。

(5) 如果根据第(3)条任命的人员或被视为如此任命的人员被解雇，该人员可在解雇通知日期后 14 天内，以书面形式向部长提出反对解雇的上诉，部长可确认、更改或撤销解雇。

(6) 国家古迹理事会图书馆应成为根据第十三(2)(b)款建立的国家文物资源图书馆的一部分。

(7) 根据先前的法案第 3A 节成立的委员会特此废除，其所有资产、权利、负债和义务将移交给南非文物资源局，无须正式转让，也无须支付任何关税、税收、费用或其他费用。

(8) 除非在所有特定情况下都明显不适当，否则在任何法律、文件或登记册中提及国家古迹理事会必须解释为意指南非文物管理局，任何此类提及国家古迹理事会的官员或雇员必须解释为意指南非文物管理局的雇员，其履行的职能或行使的权力与上述官员或雇员类似。

(9) 国家古迹理事会作为受托人的所有信托基金，包括先前的法案第 9A 节中提到的战争遗迹信托基金，应在本法案生效之日，作为第四十节中提到的国家文物资源基金的一部分，归属于南非文物资源局，南非文物资源局必须以与本法生效前相同的条款和条件担任受托人。

(10) 成立省级文物资源管理局时，必须安排将部长和执行理事会成员认为合适的、南非文物资源局在该省的资产、权利、负债和义务转让给该省级文物资源管理局。

(11) 在本法生效之前，根据先前的法案之规定，通过政府公报上的公告受到保护的遗址和物品，在不违背任何省级文物资源保护立法和相关协议的情况下，无须在政府公报上发布公告，可继续根据本法的以下规定受到保护：

(a) 先前的法案第十节规定为不可移动的国家古迹，应为省级文物资源遗址。前提是，在本法案生效后的五年内，省级文物资源管理局在与南非文物资源局协商后，必须根据第三(3)条中列明的以及第七(1)条规定的文物评估标准评估这些遗址的重要性，南非文物资源局必须宣布，所有符合一级标准的地方为国家级遗址；

(b) 根据先前的法案第五(1)条登记的不可移动的文物,必须登记在其所在省份的文物登记册和国家遗产目录中;

(c) 先前的法案第五(9)条规定的保护区应为文物保护区。但如果根据先前的法案制定的附则,或城镇、区域规划方案中没有保护这些区域的规定:(i) 本法第 3(1)(a)、(b) 和(c)各款自动适用于此类文物保护区;(ii) 有关的地方规划局或其他规划当局必须在本法生效后三年内,根据第 31 节的规定,对该区域进行保护;

(d) 根据先前的法案第五(1)(c)款的规定,临时宣布的不可移动的文物,在临时宣布公告中规定的、剩余的期限内受到临时保护;

(e) 先前的法案第 9C 节规定的国家纪念性花园将是省级文物遗址;

(f) 先前的法案第五(c)节规定的文化宝藏和第十节规定的可移动的国家古迹,将是文物物品。

(12) 根据先前的法案第十(3)(a)或五(5)(b)条发出的通知,在本法案生效前 6 个月内送达的,应视为省级文物资源管理局根据本法案第二十七(8)或二十九(1)和(2)条(视情况而定)发出的通知。

(13) 根据先前的法案颁发的许可证应视为负责的文物管理局根据本法案相关章节颁发的许可证。

**条例**

五十九、部长可在公报上发布公告,就以下事宜制定条例:

(a) 根据本法可能或应当规定的任何事项;

(b) 为实现本法的目的,可能需要或有益的任何其他事项。

**废止**

六十、现废止《1969 年国家古迹法》(1969 年第 28 号法案)和《1989 年环境保护法》(1989 年第 73 号法案)第 41(2)条。

**简称和生效**

六十一、本法应称为《1999 年国家文物资源法》,生效的日期由总统在公报上宣布。

**附表**

国家文物法的处罚

(第五十一节)

一、罚款或监禁不超过 5 年,或同时处以罚款和监禁。

二、罚款或监禁不超过 3 年,或同时处以罚款和监禁。

三、罚款或监禁不超过 2 年,或同时处以罚款和监禁。

四、罚款或监禁不超过 1 年,或同时处以罚款和监禁。

五、罚款或监禁不超过 6 个月,或同时处以罚款和监禁。

六、罚款或监禁不超过 3 个月,或同时处以罚款和监禁。

(雷远曼)

# 保护文化财产的第 35/PR/MENJS 号法令(贝宁)

Bénin
Ordonnance n°35/PR/MENJS relative à la protection des biens culturels

共和国总统

根据 1967 年 12 月 17 日宣布的公告;

根据 1968 年 5 月 15 日关于组建临时政府的第 145/PR 号法令;

根据 1967 年 12 月 22 日颁布的确定共和国总统所属的行政部门并确定政府成员的职权的第 441/PR/SGG 号法令;

根据 1961 年 8 月 5 日颁布的改造达荷美法属黑非洲研究中心第 61-237/PR/MENG 号法令;

根据国民教育、青年和体育部长的提议;

部长理事会同意,

下令:

## 第一章 受保护财产的分类

**第一条** 从史前史、历史、民族学、艺术、考古学的角度具有保护意义的所有可移动的或不可移动的遗迹,都可以将其全部或部分分类。

隶属于考古学、民族学和艺术的物品也可以是被分类的群体的一部分,即,包含旧矿床的土地,有必要分类或建议分类的建筑物。

**第二条** 达荷美应用研究所是有权通过监督部长向政府申请遗迹分类的机构。所有分类请求必须附有关于遗迹位置和描述的完整文件,可提供的特别利益以及拥有它的自然人或法人。

**第三条** 遗迹的分类由部长理事会根据监护部长的建议作出法令决定,并通知相关的所有者。分类效果自动适用于本法令中涉及的动产或不动产。

**第四条** 法令确定分类的条件,并提及所有人对分类条件是否接受。如果对该行为的解释或执行存在争议,最高法院具有管辖权。在缺少其所有人同意的情况下,分类由部长理事会根据最高法院的意见颁布的法令强制执行。在这种情况下,应根据相应的损失给予所有者赔偿。

若要享受此类补偿,所有人必须在分类通知后六个月内提出申请。

与赔偿有关的争议提交主管法院。

**第五条** 无论所有人如何变更，分类效力适用其财产。

任何人都不可通过法律时效获得分类财产的权利。

任何企图转让分类财产的人都必须告知购买者分类的存在。

任何分类财产的转让，必须在转让期间，通过达荷美应用研究所所长向监督部长通知。

**第六条** 对于分类或拟分类的建筑物的征用，可以按照1930年11月25日颁布的关于公用事业征收的法令所设想的形式进行。

因隔离、清除或整顿分类或拟分类建筑物必须征用的建筑物，该法令形式同样适用。

在任何情况下，公共事业都通过部长理事会的法令宣布。

在缺少分类法令的情况下，建筑物仍然遵守分类的所有效用，但是，在公共事业申报之日起三个月内，主管部门没有履行征收之前的手续，则该约束是正确的。

未经部长理事会授权，任何分类或拟分类的建筑不得出于公共征用的目的卷入法律诉状。

**第七条** 根据监督部长的建议，在达荷美应用研究所所长未授权的情况下，分类财产不得销毁、转移，也不得对其做任何修复、修理或修改。

**第八条** 达荷美应用研究所所长可以强制执行对保护分类文物必不可少的维修和保养工作。为了确保在分类建筑物中执行紧急加固工作，在没有与业主达成友好协议的情况下，该地方的行政当局可以根据达荷美应用研究所所长的提议，授权临时占用建筑物或邻近建筑物。命令下达后占用时间不得超过六个月，并可给予补偿。

**第九条** 达荷美应用研究所所长划定并通知该地方的行政当局，区域范围内任何新建筑物的施工不得对分类建筑物造成损坏。

**第十条** 法定地役权和其他可能导致古迹退化的行为不适用于分类建筑物。

在分类建筑物上不能通过协议建立地役权。

禁止在分类建筑物上张贴告示。该禁令也同样适用于所述建筑物周围的周边区域，每个特定情况的周边区域由地方行政首长根据达荷美应用研究所所长的提议颁布命令决定。

**第十一条** 属于国家的分类建筑只能由政府决定转让。

**第十二条** 分类建筑物的全部或部分降级用与分类相同的形式宣布。分类或降级行为在财产保全办公室登记，不为财政部的利益征税。

此外，降级行为还应通知有关各方。

**第十三条** 属于国家的分类可移动物体不得转让。

属于某省市或公共机构的分类可移动物体，只有在政府授权的情况下，才能以法规规定的形式转让。所有人只能转让给国家、公共人士或公用事业机构。

分类的可移动物品的所有人或持有人，在符合条件的情况下，通过该地方的行政当局可将其提交给认可的代理人。

**第十四条** 违反第十三条(第一和第二段)的收购无效。无效或在索赔中的收购行为可由政府和原始所有人随时施行。但不妨碍对共同和各自责任方或针对协助转让的公职人员提出的损害赔偿要求的执行。

买方或本着善意第二买方,在转换物品所有的过程中,有权要求偿还其购买价格。

如果索赔是由政府提出的,政府应向原卖方追索他必须善意向买方或第二买方支付的全部赔偿金。

本条规定适用于遗失或被盗财产。

## 第二章 发 掘

**第十五条** 没有事先获得监督部长的授权,任何人不得在属于其个人或他人的土地开展与史前史、历史、民族学、艺术或考古学相关的物品研究的挖掘或调查。

史前史、历史、民族学、艺术或者考古学领域的研究授权申请由达荷美应用研究所所长向监督部长提出。一旦授权通过,达荷美应用研究所所长负责向行政当局通报将进行搜查的地点。

**第十六条** 任何为发现史前史、历史、艺术、考古学遗址的勘探和挖掘都受达荷美应用研究所掌控。

**第十七条** 经授权的所有勘探、挖掘均应在合理时间内向达荷美应用研究所所长发送报告。

任何可移动或不可移动物的发现必须被保护,并应立即向该地的行政当局和达荷美应用研究所所长上报。

**第十八条** 主管当局授权在达荷美境内进行史前史、历史、民族学或考古学领域学习和研究的所有研究人员,应向达荷美应用研究所发送三份涉及旅行和工作的出版物。

两份在达荷美境内研究期间制作的纪录片和底片以同样方式呈交给达荷美应用研究所。

当然,底片和电影的所有权不变,且制作者保留在非科学性的出版物上再版的权利。

**第十九条** 由经过认证的研究人员在达荷美领土上收集的物品,且从史前史、民族学、艺术或考古学的角度具有价值的,都归持有人与达荷美应用研究所之间共同享有。原则上,双方平等共享。

**第二十条** 达荷美应用研究所的代表,通过与收藏持有人的友好协议,确定归属于达荷美应用研究所的份额比例。

如果无法达成友好协议,该收藏的持有人则被邀请划分两个同等重要的份额,并选择其中一个归属达荷美应用研究所。

**第二十一条** 若相关物品的重要性对国家收藏显得尤为重要,达荷美应用研究所的代表能将其划分为归属达荷美应用研究所的非共享的部分。

超出共享范围的物品的补偿,由达荷美应用研究所对收藏所有者给予公平补偿。

**第二十二条** 当整个收藏品由持有人保留一段固定的时间进行研究和分类时,达荷美应用研究所的代表决定恢复分配给达荷美应用研究所的份额的日期。

第二十三条　为了公共收藏的利益,达荷美应用研究所所长可以在下文第三十条规定的条件下追回来自挖掘中的碎片。

第二十四条　监督部长可根据达荷美应用研究所综合研究所所长的提议,宣布取消先前批准的挖掘授权:

1. 如果没有遵守为执行搜查或保存发现物所作出的规定。
2. 如果因重大发现,达荷美应用研究所认为应该继续进行挖掘或获得的土地。

从主管部门通知其撤销授权的那一天起,挖掘工作必须暂停。

第二十五条　因不遵守规定而取消授权的情况下,研究的作者不得因其被驱逐或支出的费用而要求任何补偿。

但是,如果达荷美应用研究所要求继续进行挖掘,他可以获得用于继续挖掘的施工或设施价格的补偿。

第二十六条　如果撤回挖掘的授权是为了达荷美应用研究所的后续挖掘,在挖掘暂停之前的发现物的归属仍然受到第二十三条规定的约束。

第二十七条　达荷美应用研究所可以对不属于它的土地进行挖掘或勘察,但用于保持建筑物和等效的封闭墙壁或围栏除外。

在未能与业主达成友好协议的情况下,部长理事会可授权临时占用土地,颁布法令宣布发掘和调查用于公用事业。

在任何情况下,占领都不得超过五年。

第二十八条　挖掘过程中的发现由达荷美应用研究所和土地所有者遵守普通法规则共享。但是,达荷美应用研究所可以根据第二十三条和第三十条中的规定对被发现的物体行使索赔权。

第二十九条　如果因考古作业或任何事实发现的古迹、遗址、生活或古墓葬的遗迹、碑文或一般的物品与史前史、民族学、艺术品、考古学的新发现有关,发现者和发现地的业主需要立即上报给发现地的地方行政机关。行政机关应通知达荷美应用研究所所长。

第三十条　达荷美应用研究所所长决定对偶然发现的不动产采取相应措施。

偶然发现的可移动性发现物的所有权仍受《民法典》第716条的约束,但达荷美应用研究所所长可以用友好或专家赔偿的方式收回这些发现物。补偿金额根据普通法规则,鉴定成本在发现人和所有者之间分配。

第三十一条　达荷美应用研究所所长追回的来自有组织挖掘或偶然发现的可移动性物品应优先纳入达荷美博物馆,因其全部藏品代表了达荷美的文明、历史和艺术。

### 第三章　分类物品的出口

第三十二条　禁止向达荷美境外出口分类物品。

如果达荷美应用研究所已拥有相关物品的相等物或大体相似的其他藏品,达荷美应用研究所可因为拥有相似物品在不造成任何影响的情况下宣布放弃占有,监督部长可根据达荷美应用研究所所长的建议特别授权出口。

第三十三条　没有达荷美应用研究所所长的许可,通过购买、发现或挖掘取得的,且代表史前、历史、民族学、考古学和艺术利益的尚未分类的物品,不能向达荷美境外出口。

**第三十四条** 达荷美应用研究所所长在专家的协助下,能够保留授权出口的物品,如果对国家收藏至关重要,可纳入国家收藏。取消出口产生的相应赔偿。

这笔赔偿金额可友好协商或专家定价。

**第三十五条** 所有与史前史、民族学、艺术、考古相关的收藏品的出口许可都应具有出口物品的名称清单,并且需加盖达荷美应用研究所的印章和达荷美应用研究所所长或其认可的宣誓代表的签名。

**第三十六条** 第三十二、三十三、三十四和三十五条的规定不适用于旅游服务机构出售或合法出口的非分类物品。

**第三十七条** 达荷美应用研究所可以根据部长的同意意见与外国博物馆转让、交换或存放不代表国家馆藏利益的可移动物体。

**第三十八条** 达荷美应用研究所可以根据监督部长的同意意见,临时出口国家馆藏中某些可移动物体。这种临时出口只有在公共或私人科研机构提出合理要求时才允许。

临时出口的物品必须保持原始状态返还,且由保险公司担保,保险公司需向达荷美应用研究所赔偿因盗窃、丢失、破坏或变形造成的可能损失。

## 第四章 刑事条款

**第三十九条** 所有违反本命令第五条第三、第四段和第十三条第三段规定的行为都将处以 1 500～15 000 西非法郎的罚款。

**第四十条** 任何违反本命令第五条第二段和第十段规定的违法行为都将处以 100～500 000 西非法郎的罚款,且不妨碍因违反工作要求或违背上述条款采取的措施可能造成的损害赔偿诉讼。

**第四十一条** 任何故意破坏、推倒、肢解或损坏分类物的个人都将处以刑法第 257 条规定的惩罚,且不妨碍任何损害赔偿的执行。

**第四十二条** 违反本法令的第十三条第一和第二段规定,任何转让、非法获得、窃取、出口或蓄意出口分类可移动物品的个人都需处以 5 000～100 000 西非法郎的罚款,和 6 天至 3 个月的监禁,或两者处罚之一,且不妨碍第十四条规定的处罚或赔偿的执行。

**第四十三条** 任何故意违反第十四、十六、二十六条规定的个人将处以 5 000～2 000 000 西非法郎的罚款,且不妨碍违反上述条款规定产生的损害赔偿。

**第四十四条** 任何故意转让或侵占第二十四条规定的发现物,或者第十五、二十九条规定的隐秘发现物的个人都将处以除损害赔偿之外的 1～6 个人监禁和 200 000～2 000 000 西非法郎的罚款,罚款可以增至出售价格的 2 倍或两者处罚其一。

**第四十五条** 出口或者企图出口第三十二条第二段或者第三十三条规定的走私收藏品,依照海关规定的条例处罚。

收集,违法物品将被扣押,没收并提供给达荷美应用研究所。

**第四十六条** 本命令将作为国家法律执行。

共和国总统,

临时政府首脑,

于1968年6月1日在COTONOU签订

签字:

Alphonse ALLEY 中校

Maurice KOUANDETE 营长

国民教育、青年和体育部长:S/中尉 Sylvestre HODONOU

司法部长、司法和立法部长:Barthélémy OHOUENS 上尉

(向维维)

# 印度尼西亚遗产保护宪章

Indonesia Charter for Heritage Conservation

## 序言

我们是印度尼西亚遗产保护的倡导者和实践者，赞美全能的上帝！印度尼西亚是世界上最大的群岛，与众不同的自然和文化丰富多彩，激发了人们的创造力、想象力和活力，有如神助。遗产保护的意识、关心和努力已然发轫，需要强化和深入。在印度尼西亚文物年2003的框架下，我们拟定本宪章，肯定印度尼西亚遗产保护的诸多努力。

## 理解

我们的理解是：

1. 印度尼西亚的遗产是自然和文化的遗产，是两者相互交融的结果。自然遗产为天工化物，人工遗产是思想、情感、意图和工程的遗留，源自印度尼西亚山水之间的五百多个民族，他们或各有所成，或通力合作。人工遗产也源自印度尼西亚历史上自始至终与其他文化的相互影响。文化风景遗产是自然与人工遗产在时空上的统一，密不可分。

2. 文化遗产包括有形和无形遗产。

3. 遗产由先辈遗留下来，是印度尼西亚今后发展的重要基础和初始资本。有鉴于此，必须保护好这些遗产，完好无损地传递给下一代。其价值不应有所损失，如有可能，反而还应该增值，以便为未来创造遗产。

4. 遗产保护是通过研究、规划、保存、维护、再利用、保护以及有选择性地开发来管理遗产的，以维持可持续性、和谐性，和应对当代各方力量、形成更高生活的质量。

## 关切

我们均关注到：

1. 许多不可替代的印度尼西亚遗产因疏忽、无知、无能和管理不当而退化、损坏、毁坏、遗失或受到威胁，皆因特殊利益集团为了获得短期利益。

2. 文化变得琐碎和贫瘠，创造力、主动性和自信过去遭到了削弱，但为了面对动荡不安的全球性变化，为了自主定义我们国家的未来，我们迫切需要上述因素。

3. 仍然存在许多社会、政治、经济和资源分配失衡的情况，且常常缺乏明确的框架。这不利于印度尼西亚的文物保护工作。

4. 各地方、国家层面以及全球范围内各方力量蕴藏的机会未被充分认识并用于社会和经济转型，以加强印度尼西亚的国家发展和遗产保护。

5. 传统的民族性团体、少数民族和某些社区由于缺乏对多样性的理解和欣赏而被边缘化，他们也不能理解和欣赏将各种资源揉进兄弟般共生互动的重要性。

## 行动

我们是印度尼西亚文物保护的倡导者和实践者，我们决心在健康的伙伴关系中共同努力，通过明确无误、一以贯之的法律所支持的、健康、民主、和谐的过程和机制，实现整体的、系统性的和可持续的遗产保护。

我们呼吁各方：

1. 通过保存、恢复、重建、振兴、适应性再利用或选择性的开发，在遗产保护中发挥积极作用；

2. 立即采取措施保护濒危文物免遭破坏、毁灭和灭绝；

3. 系统、全面地提高适合印度尼西亚国情的文物保护能力、原则、过程和技术；

4. 通过教育（正式和非正规）、培训、公共宣传和其他劝导性途径，提高各方（政府、专业人士、民间力量和社区，包括青年）对遗产保护重要性的认识；

5. 提高机构能力，形成管理制度，以及公平和囊括各方的角色分担和责任，使保护工作能够协同有效地进行；

6. 拓展合作网络，开发资源，包括有利于遗产保护的资金筹措手段；

7. 通过制定明确、公平、一致的法规和法律制度，通过加强社会控制，来加强法律监督、控制和执行；

8. 理解、认识边缘群体的权利和潜力，协助和支持社区保护和管理他们的遗产，以争取持久的繁荣。

## 结束语

本宪章是来自各地区的遗产保护组织、各大学、政府人员、文物保护专业人员，以及社区代表讨论的结果。宪章将很快完成，并有明确的实现计划。

我们相信，印度尼西亚的遗产保护将有助于确立该国在丰富多姿、充满活力的人类社会中的身份，提高生活质量，并为人类社会做出有益的贡献。我们祈求我们的造物主在我们的国民和领导人身上倾注大量的力量、能力和智慧，这样我们就能实现这些目标。

我们,即本宪章的签署者,在《印度尼西亚遗产保护宪章》上同心同德,并决心于 2004 年至 2013 年的"印度尼西亚遗产十年"中共同实施行动计划。

2003 年印度尼西亚遗产年,2003 年 12 月 13 日,茨罗托市。

(雷远旻)

# 埃及政府《关于未受影响建筑物拆除和建筑遗产建设保护的法律》

2006 年第 144 号法律
LAW No.144 OF YEAR 2006
On the Regulation of the Demolition of Unthreatened Buildings and Constructions and the Conservation of the Architectural Heritage (Egypt)

以人民的名义

共和国总统

议会规定了下述法令：

**第一条** 在不影响 1977 年第 47 号法律关于租赁和出售场所以及管理租户与房东之间关系以及 1983 年第 117 号法律颁布的"古物保护法"的规定的情况下，本法适用于本法第二条第 1 款所述的不受威胁的建筑物和构筑物(structures)以及建筑物和构筑物，不论其位置和所有权如何。

**第二条** 禁止发布拆除或增建与国家历史或历史人物相关的杰出建筑风格的建筑物和构筑物的许可证，这些建筑物和构筑物代表历史时代，或被视为旅游景点，上述内容应在不违反任何法律赔偿的情况下实施。

禁止拆除或者企图拆除，但依照本法规定未取得许可的除外。

总理应根据文化事务部长和其他有关部长的建议，并经部长内阁批准，根据第一条所述建筑物和构筑物的标准和规格发布法令。

总理应颁布法令，鉴定这些建筑物和构筑物。

第一条所述的赔偿应予以决定，如果征收建筑物或构筑物，则应由关于住房问题的部长决定。在任何一种情况下，报酬都可以按照业主的要求进行支付。

对有关方面来说，可以在报告后 60 天内向委员会提交一份请愿书，其中包含一份推荐信，该委员会由总理的决定组成，其中包括各部和有关机构的代表。

**第三条** 对本法第二条第一款所指受拆除保护的建筑物、构筑物，国家应在通知房东和房客后，自费进行必要的加固、恢复和维修。前款规定依照本法规定执行。

**第四条** 根据总督的决定，每个省应成立一个或多个常设委员会，具体如下：

——文化部的代表由文化部部长选出，并由他主持委员会；

——住房、基础设施和城市发展部的代表由住房事务部长选出；

——两个省代表；

——由相关大学校长选出的专业从事建筑工程、结构工程、古物和历史等领域的大学教学机构的五名成员；

——委员会应对本法第二条第一款所称建筑物和构筑物进行勘察，并定期对该勘察进行修改。

有关总督应将委员会的决定提交总理审议。

本法执行条例应当载明委员会履行其工作的方式、应当遵守的规则，以及委员会的登记处及其所列数据。

**第五条** 经总理批准后，有关各方将收到一封推荐信，通知收到本法第四条所述委员会的最终决定。

他们可以在收到通知后一个月内，在收到不超过 100 埃及镑的费用（并且每年最多可以增加 5 倍的费用）后，向第二条最后一款所述的委员会提出申请。呈请书提交后 60 天内应进行调查。

本法施行细则应当载明上诉调查的程序和费用的类别。

**第六条** 建筑物所有者或者其法定代表人应当向有关行政机关提出拆除许可申请，并由其本人和一名工会工程师（syndic engineer）（建筑师或土木工程师）签字。前款所列事项，依照本法执行条例的规定执行。本规例所载的文件、声明及表格须附于本要求后。

许可证申请人应支付不超过 1 000 埃及镑的检查费和签发费，并可每年最多增加 5%。本法的执行条例规定了费用的类别。

**第七条** 有关行政机关应当自提出请求之日起 30 日内，发出该请求的激励令。

行政机关的决定，应当自发布之日起 15 日内，经主管机关批准。当事人提出异议的，应当自收到通知之日起 15 日内，以书面形式提出书面意见。此事宜由总督在 15 天内转交至住房有关部长，并须于提交申请后 30 天内做出决定。他对此事的判决为最终判决。

有关行政机关依照本法的执行规定发给许可证。

**第八条** 根据《工程师工会法》（Syndicate of Engineers' Law）的规定，持有拆除许可证的所有人或者其法定代表人应当承诺在整个拆除期间，指派一名工会建筑师或者工程师监督拆除工作的执行。

拆除工程可在通知有关行政机关后两周内开始。

执行承包商和监理工程师应对此执行负正式责任。本法执行条例应当载明条件，可能会有另一位专门从事某一特定专业领域的工会工程师加入，执行承包商应根据准许拆除工程的类型以及要求成立检查工程委员会的案件的规定以及这些委员会的工作制度来满足条件。

**第九条** 如果开始，允许的拆除工程应在开始日期的一年内完成。如果超过此期限，行政相关机构应自行或由其指定的代表终止这些工程，违规者应承担通过行政保留收取的所有费用。在任何情况下，如果许可工程尚未开始，许可证将在其签发后一年内到期。

**第十条** 监理工程师和执行承包商应采取必要的程序和预防措施,以保护环境,保护和安全相关人员、邻居、路人、财产、街道和小巷以及任何地下以及根据本法有关该事项的执行规定的地上设备、基础设施、结构或其他设施。

**第十一条** 城镇、街道和社区的负责人以及负责行政单位监管工作的工程师应具有司法警察以及司法部长指派的其他工程师和专业人员的地位。这些指派决定由司法部长根据与有关地方行政事务部长达成的协议做出。前款规定应当在证明违反本法及其执行条例规定,并采取必要措施时予以执行。

依照本法规定,有关的省长或者其代表应当做出停止拆除未经批准或者不依照本法规定拆除的决定。

有关行政机关在发出该项决定时,须执行该项决定,并采取必要行动,禁止进行拆卸工程,并以已收妥的推荐信通知有关人士。除非检察官另有命令,并以不损害他人权利为条件,否则将在不超过 15 天的时间内没收用于实施侵犯行为的工具。

**第十二条** 在不影响任何其他法律所规定的更严厉的惩罚的情况下,已部分或全部拆除本法第二条第一款所述建筑物或构筑物的人,应被判处有期徒刑不少于一年、不超过五年的监禁,罚款不低于 100 000 埃及磅,不超过 5 000 000 埃及磅。如果该行为在该企图中被停止,则法官可以决定这两种惩罚中的一种。

除非在原有的高度和地面条件或比地面更低的条件下,前款所称建筑物、构筑物所在的土地不得在其上建造超过 15 年。

被定罪的工程师或承包商应根据情况,在不超过 2 年的时间内,取消其参加工程师联合会或建筑承包商埃及工会的资格。如果是再犯,则取消资格不得少于 2 年且不超过 5 年。

对于任何拆除或继续拆除建筑物或构筑物的人,判处有期徒刑和不少于 20 000 埃及磅并且不超过 1 000 000 埃及磅的罚款。本法第二条第二款的规定,以及违反第二条和第十条以及本条第二款。

凡违反本法第九条规定的,超过本条规定期限的,处以每日 50 埃及磅以上 100 埃及磅以下的罚款。

在所有情况下,违反的工作应停止,并且该规定应在报纸上公布对违法者的处罚措施;工程师集团和埃及建筑和建筑承包商联合会应被告知取消资格。

**第十三条** 在不损害悔罪法或任何其他法律规定的任何更严厉的惩罚的情况下,每一个故意妨碍其职业责任的公职人员都会导致本法所述的一项罪行的发生,并且必要的法律诉讼应判处监禁,并处以不低于 10 000 埃及磅和不超过 100 000 埃及磅的罚款。此外,在监禁期内取消工作资格。

**第十四条** 有关住房事务部长应当自本法施行之日起 3 个月内发布实施条例。在本条例发布前,本条例工作应按照现行法规的规定进行,不影响本条例的规定。

**第十五条** 拆迁许可申请自实施之日起未解决的,适用本法规定。

**第十六条** 1961 年关于建筑物拆除管理的第 178 号法律以及与本法规定相抵触的

条款,均予以取消。

**第十七条** 本法应在官方公报上公布,并在公布第二天执行。

本法应加盖国家印章,作为国家法律之一执行。

国家元首于 2006 年 7 月 15 日发布

胡斯尼·穆巴拉克(Hosni Mubarak)

(朱音尔)

# 为保护文化遗迹特制定的国际古迹遗址理事会新西兰宪章

*2010 年修订*
ICOMOS New Zealand Charter for the Conservation of Places of Cultural Heritage Value (2010)

## 序言

新西兰拥有一批独特的文化遗迹，它们或与这片国土上最初的居民有关，或与后来的移民有关。这些遗迹——某些地区、文化景观和特色、建筑物、园林、考古遗址、传统遗址、出于纪念目的的建造物以及被视为神圣的地点——是具有独特价值的财富，随着时间的流逝，意义越发重大。为了我们自己，为了子孙后代，新西兰与全人类共同承担着保护文化遗迹的责任。更具体地说，新西兰人民会以特殊的方式来认知、理解和保存他们的文化遗迹。

遵照《关于古迹遗址保护和修复的国际宪章》(《威尼斯宪章(1964)》)的精神，本宪章制定了若干原则，用以指导保护新西兰具有文化遗产价值的遗迹，它也阐明了国际古迹遗址理事会新西兰国家委员会各成员的职业原则。

本宪章也旨在指导参与遗迹保护工作方方面面的相关人员，包括遗迹拥有者、看护者、管理人员、开发商、规划人员、建筑师、工程师、工匠及建筑行业相关人士、遗迹保护从业人员及顾问，以及本地和中央政府相关单位。它为涉及文化遗迹保护和管理的社区、组织和个人提供指导。

本宪章应成为具有法律法规性质的遗迹管理政策或方案的必备组成部分，并应为决策者在制定法律法规的过程中提供依据。

本宪章的每一条款都必须依据其他条款来理解，文本中的粗体字将在本宪章的释义部分中予以定义。

此次修订的宪章由国际古迹遗址理事会新西兰国家委员会在 2010 年 9 月 4 日举行的会议上通过。

## 保护目的

### 一、保护目的
保护的目的是为了保护文化遗迹。
一般而言,这些遗迹:
1. 具有持久的价值,本身即可供人品鉴;
2. 可帮助我们知悉历史以及前人的文化;
3. 提供过去、现在和未来一脉相承的切实证据;
4. 巩固和加强群落的身份以及我们和祖先、乡土的关系;
5. 提供衡量当前成就的尺度。

保护的目的就是保存和展示上述价值,支持文化遗迹持续发展的意义和作用,这有利于我们这一代人,也有利于子孙后代。

## 保护的原则

### 二、理解文化遗产价值
对遗迹的保护应该基于对其文化遗产价值方方面面的理解和欣赏,包括有形价值和无形价值。一切可以帮助理解文化遗迹、其文化遗产价值以及文化传承意义的知识和证据。理解文化遗产价值,需与相关人员协商,借助系统的文献和口头研究、对遗迹的实地调查和记录以及其他相关的方法。

一切相关的文化遗产价值,包括彼此不同、相互冲突和竞争的价值,都应该得到承认、尊重,如无不妥,应该加以展示。

管理文化遗迹各个方面的政策,包括其保护和利用,以及政策的实施,都必须基于对其文化遗产价值的了解。

### 三、土著文化遗产
新西兰原住民的文化遗产与部落、部落内的分支、部落内的大家族有关。它塑造了身份,增强了幸福感,对于今人而言,它具有独特的文化内涵和价值,并与过往的人有着千丝万缕的联系。土著文化遗产带来了监护责任,以及相关知识、传统技能和实践的实际应用与传承。

《怀唐伊条约》是新西兰的立国文件。该条约的第二条承认并保证保护酋长的权力,因此确立了土地、资源的保护职责为土著人民行使的传统托管职责。这种传统托管职责行使范围是土著人民的土地、资源,如被视为神圣和传统的地方、建造物遗产、传统习俗以及其他文化遗产资源。只要涉及上述文化遗产,该职责都将超越现有的法律所有权。

有关文化遗产的含义、价值和实践的知识,与文化遗迹关联。土著人民的传统文化知识将通过土著人民确定的口头、书面和实物形式来维持和传递。因此,保护这些文化遗迹取决于土著群落做出的决定,并且仅在这一背景下推进。需要特别指出的是,访问(遗迹)、职权、仪式和实践的相关协议由各地确定,并应受到尊重。

### 四、保护方案

保护应遵循之前记载的评估和规划。

所有的保护工作应以保护计划为基础,该计划确定某一文化遗迹的文化遗产价值和文化传承意义、保护政策和建议保护工程的范围。

保护计划应优先考虑文化遗迹的真实性和完整性。

其他指导文件,如管理方案、周期性维护方案、养护工作规范、解说方案、风险缓解方案以及应急方案等(不限于上述文件),应以保护计划为指导。

### 五、尊重现存的证据与知识

保护工作维护并揭示文化遗迹的真实性和完整性,并尽可能避免体现文化遗产价值的实物和证据的损失。尊重各种形式的知识和现有的证据,包括体现有形价值和无形价值的证据,对文化遗迹的真实性和完整性都是至关重要的。

保护工作认可时间留下的证据和各个时期的贡献。文化遗迹的保护应该辨别、尊重其文化遗产价值的各个方面,不应以牺牲其他价值为代价来无端强调某一项价值。

应尽量避免移除、遮蔽任一时期、任一活动的各类实物证据,如果非移除、遮蔽不可,则需明确表明理由。如果评估表明,某个特定时期或活动的实物遮蔽或移除后,不会降低该遗迹的文化遗产价值,则其遮蔽或移除亦可。

保护过程中,应尊重文化遗迹各种功能和非物质意义的证据。

### 六、尽可能降低干预

在文化遗迹开展工作,应将干预降到最低,且干预应与保护工作和本宪章的各项原则相一致。为保证保留有形价值和无形价值,保证与上述价值密不可分的某些用途的延续,干预不可避免,但干预应降到最低。应避免移除实物,避免改变具有文化传承价值的特征和空间。

### 七、实物调查

文化遗迹的实物调查可提供第一手证据,这是任何其他来源都无法提供的。实物调查应按照目前通行的专业标准进行,并应通过系统记录进行记录。

对任一时期实物的侵入性调查仅应在以下情况下进行:相关知识可以大大拓展;可以确认具有文化遗产价值的实物的存在;出于保护工作的需要;相关实物可能遭到破坏或致无法接近。侵入性调查的范围应尽量减少对重要实物的干扰。

### 八、利用

文化遗迹可以起到有益用途,通常有助于该遗迹的保护。

如果文化遗迹的使用对于其文化遗产价值不可或缺,则应保留该用途。

如有人提议变更文化遗迹的用途,新用途应与该文化遗迹的遗产价值相适应,对文化传承价值没有或几乎没有不利影响。

### 九、环境

如果文化遗迹的环境对其文化传承价值不可或缺,该环境当与文化遗迹一起保护。如果环境对于文化遗迹的文化传承价值不再有贡献,且重造环境是合理的,则应基于对文化遗迹的文化传承价值各方面的了解,重造环境。

### 十、搬迁

具有文化传承价值的建造物或标志与其所在位置、地点、宅邸和环境之间存在持续的关联,这对其权威性和完整性至关重要。因此,具有文化传承价值的建造物或标志应原地保留。

将具有文化传承价值的建造物或特点异地保护,以便原址可做它用,或将其搬迁至另一地点上使用,不是理想的结果,也不是保护过程。

在特殊情况下,如具有文化遗产价值的建造物现址处于迫在眉睫的危险中,且在当前位置保留该建造物的所有其他手段都已用尽,则可将其搬迁。在这种情况下,新的位置应该提供与该建造物的文化传承价值兼容的环境。

### 十一、建档与存档

文化遗迹的文化传承价值和文化传承意义,及其保护的方方面面,都应该完整地记录下来,以确保当代人和子孙后代都能获取这些信息。

建档应包括文化遗迹的全部变化以及保护过程中所做的全部决定。

建档应执行存档标准,以最大限度地延长记录的使用寿命,并应存放于适当的档案库。

建档应向相关人员和其他相关方开放。如存在保密原因,如安全、隐私或文化的适当性,某些信息可能并不总是对公众开放。

### 十二、记录

应通过系统研究、记录和分析来识别和理解文化遗迹的实物所提供的证据。

记录是文化遗迹处实物调查的重要组成部分,它为保护过程及其规划提供信息和指导。系统性的记录应发生在所有干预之前、期间和之后。它应该包括新证据的记录,以及任何被遮蔽或移除的实物。

文化遗迹诸多变化的记录不应间断。

### 十三、固定装置、安装物和可移动物

固定装置、安装物和可移动物对于文化遗迹不可或缺,应当与该文化遗迹一起保留和保存。这些固定装置、安装物和可移动物可能包括雕刻、绘画、编织、彩色玻璃、壁纸、表层装饰、艺术品、设备和机械、家具和个人物品。

此类材料的保护应借助于适合该材料的专业保护知识。在有必要移除此类材料的情况下,应将其记录、保留和保护,直至重新启用的时刻。

## 保护过程和实践

### 十四、保护方案

根据本宪章的原则,保护方案应:

1. 基于对某文化遗迹之文化遗产价值的全面认识及对其文化遗产意义的评估；
2. 包括对某文化遗迹全部实物以及其状况的评估；
3. 把文化遗迹的真实性和完整性放在首位；
4. 囊括文化遗迹的点点滴滴，包括环境；
5. 由相关专业、态度客观的专业人员制订；
6. 考虑相关人员的需求、能力和资源；
7. 不受先前变化预期和发展预期的影响；
8. 明确保护政策，以指导决策和各项工作；
9. 就保护文化遗迹提出建议；
10. 定期修订并不断更新。

## 十五、保护性项目

保护性项目应包括如下若干种：
1. 贯穿项目始终的、与相关方和相关人员的协商；
2. 相关方和相关人员参与项目、为项目做贡献的机会；
3. 利用一切相关知识来源和知识库进行的、针对纪录片和口述历史所做的研究；
4. 针对文化遗迹所做的、合适的实物调查；
5. 利用一切合适的记录手段，如文字记录、绘图和拍摄；
6. 制定符合本宪章原则的保护方案；
7. 指导文化遗迹的合理利用；
8. 一切按计划实施的保护性工作；
9. 伴随保护工作进行的建档；
10. 在合适的情况下，所有记录的存档工作。

在取得全部法律授权之后，方可实施保护性工程。

## 十六、专业技能、行业技能以及手工业技能

规划、指导、监督和承担保护工作各方面的人员都应具有相关的保护技能训练以及与项目直接相关的经验。

凡与某项目有关的学科、艺术、手工艺、行业，以及传统技能和实践，均应得到应用和推广。

## 十七、为保护计，应采取不同程度的干预

在研究、记录、评估和规划之后，出于保护目的的干预，按程度递增的顺序，可以包括如下若干种：
1. 保存，如通过稳定、维护或修葺等手段；
2. 修复，如通过重新摆放、重新启用或移除等手段；
3. 重建；
4. 适应。

在诸多保护项目中，可以使用多种保护手段。如果合适，保护手段可以应用于文化遗迹的单个部分或部件。

出于保护目的的干预,其范围当由某一文化遗迹的文化遗产价值以及该处保护方案中确立的管理政策来指导。任何降低或损害文化遗产价值的干预都是不可取的,都是不应该发生的。

根据本宪章,应优先考虑程度最低的干预。

重新创造,指根据推测重建某个建造物或文化遗迹;复制,指复制现有或之前存在的建造物或文化遗迹;建造某些典型特征或建造物的一般性复制品,不属于保护措施,不在本宪章范围之内。

### 十八、保存

保存文化遗迹应尽可能减少干预,以确保其长期留存及其文化遗产价值的延续。

保存措施不宜掩盖或移除岁月留下的光泽,尤其是如果这一点有助于确立文化遗迹的真实性和完整性,或是有助于材料的结构性稳定。

1. 稳定

应通过提供处理或支持来减缓腐朽过程。

2. 维护

应定期维护文化遗迹,维护应按计划或工作程序进行。

3. 修复

修复文化遗迹应使用匹配或相似的材料。如有必要使用新材料,新材料应能被专家区分,并应记录在档。

保护工作应优先选用传统方法和材料。

只有当文化遗迹或材料的稳定性或预期寿命提高、新材料与旧材料相容、文化遗产价值不致降低时,才有理由采用技术上而言标准更高的修复。此类修复用现有材料或施工方法难以达到。

### 十九、修复

修复通常包括重组和恢复,可能包括移除损害文化遗迹文化遗产价值的增生物。

修复是基于对现有实物的尊重,以及对所有可用证据的识别和分析,从而恢复或展示文化遗迹的文化遗产价值。只有在修复能够恢复、展示文化遗迹的文化遗产价值时,才能进行修复。

修复不应依靠猜想。

1. 重组和恢复

重组使用现存的材料,通过恢复,使其回归到原来的位置。重组通常涉及文化遗迹的一部分而不是整个遗迹。

2. 移除

有时,现存实物可能需要从某文化遗迹永久移除。这可能是由于深度腐烂,或结构上的完整性已丧失,或保护方案认定某些实物有损该文化遗迹的文化遗产价值。

实物移除前和移除期间,应做系统的记录。在某些情况下,长期保存已经移除、但具有证据价值的实物是适宜的。

## 二十、重建

重建与修复的不同在于,重建通过使用新材料来替代遗失的材料。

如果重建对于文化遗迹的功能、完整性、无形价值以及人们对它的理解不可或缺,如果有充足的实物证据或档案证据可以尽量减少猜想,如果幸存下来的文化遗产价值得以保存,则重建是合适的。

通常而言,重建部分不构成文化遗迹或建造物的主体。

## 二十一、适应

如果文化遗迹有实用用途,则有利于其保护。为了持续利用某文化遗迹,或因有人提议变更其用途,则可能对文化遗迹提出适应建议。

出于文化遗迹兼容性使用的必要,改变和添加是可以接受的。任何改变都应尽量减少,且是不得不为的。基本上都应该是复原的,对该文化遗迹的文化遗产价值应该只有很小或没有不利影响。

任何改动或添加物应与文化遗迹最初的形式和实物相适应,应避免形状、规模、质量、颜色和材料等方面的不合适或不和谐的差异。适应不应主导最初的形式和实物,或将它们基本掩盖,不应对文化遗迹的布局产生不利影响。新的工程应该补充文化遗迹最初的形式和实物。

## 二十二、不干预

在某些情况下,对文化遗迹的文化遗产价值评估后,可能表明此时无须任何保护性干预。如果文化遗迹不受干扰的无形价值,如某个神圣场所的属灵关联,比它的物理属性更重要,那么这种方法可能是适当的。

## 二十三、解说

解说可以积极地促进公众对文化遗迹的方方面面以及它们的保护情况加以了解。相关的文化协议对于上述了解不可或缺,应当识别、遵守。

如无不妥,解说应该有助于人们了解文化遗迹难以察觉的有形价值和无形价值,比如遗迹建造和变化的先后顺序,以及遗迹对于相关人士的意义和关联。

解说应当尊重文化遗迹的文化传承价值,解说方法应与文化遗迹相匹配。出于解说目的的物理干预不应损害该遗迹的体验,不应对其有形价值和无形价值产生不利影响。

## 二十四、风险化解

文化遗迹易受洪水、风暴、地震等自然灾害的影响,也可能受到人为诱发的威胁和风险的影响,如土方工程、土地的分割与开发、建筑工程或故意损毁等。为了维护文化传承价值,规划风险化解和应急管理是必要的。

应评估文化遗迹的潜在风险。如无不妥,应参照保护方案,制定风险化解计划、应急计划、保护计划,并尽可能地加以实施。

# 释义

下列词语在本宪章中用法解释如下:

适应(adaptation)指的是为了兼容使用文化遗迹，将其改变的措施，同时会保留其文化遗产价值。适应措施包括改变和添加。

真实性(authenticity)是指文化遗迹之文化遗产价值现存的证据和知识的可信度或真实性。有关证据包括形式与设计、物质与实物、技术与工艺、位置与环境、情境与布局、使用与功能、传统、精神实质与地方感，并包括有形与无形的价值。对真实性的评估基于对相关证据和知识的识别和分析，以及对其文化背景的尊重。

兼容性用途(compatible use)是指与文化遗迹的文化遗产价值相符，对其真实性、完整性无不良影响的使用。

相关人士(connected people)是指任何与文化遗迹有关联或对其负有责任的团体、组织或个人。

保护(conservation)是指了解和关怀文化遗迹，进而保护其文化遗产价值的所有行动。保护以尊重文化遗迹现存的实物、关联、意义和用途为基础。保护当采取谨慎的方法，所进行的工作应必不可少、宁少勿多，并保留文化遗迹的真实性和完整性，确保该遗迹及其价值可以传给后代。

保护方案(conservation plan)是一份客观的报告，它记录了文化遗迹的历史、实物、文化遗产价值，评估其文化遗产意义，描述该文化遗迹的状况，概述管理文化遗迹的保护政策，就文化遗迹的保护提出建议。

可移动物(contents)指可移动的物品、收藏品、动产、文件、艺术品和没有固定、安装在文化遗迹处的、昙花一现式的物品，它们被认为是文化遗迹的文化遗产价值不可或缺的部分。

文化遗产意义(cultural heritage significance)是指文化遗迹相对于其他相似或可堪比较的地方的文化遗产价值，它认可该遗迹特定的文化背景。

文化遗产价值(cultural heritage value)是指具有美学、考古学、建筑学、纪念性、功能性、历史性、景观，纪念物式的、科学、社会、精神、象征性、技术和传统价值，或其他有形或无形价值。文化遗产价值与人类活动有关。

文化景观(cultural landscapes)是指因人与环境的关系而产生的、具有文化遗产价值的区域。文化景观可能经人设计，如花园，也可能是人类的定居、土地的使用，久而久之，演化而来，导致不同地区的不同景观的多样性。具有联想属性的文化景观，如圣山，可能缺乏有形的文化元素，但可能具有强烈的非物质文化或精神联想。

建档(documentation)是指收集、记录、保存和管理有关文化遗迹及其文化遗产价值的信息，包括其历史、实物和意义的信息；所做决定的信息；对该遗迹所做的物理性改变和干预的信息。

实物(fabric)是指文化遗迹的全部物质，包括地表下的物质、建造物，包括年龄光泽的内外表层，还包括固定装置、配件、园林、种植物等。

部落内的分支(hapu)是指原住民某个大的部落中的一部分。

无形价值(intangible value)是指文化遗迹的意义和关联的抽象文化遗产价值，包括纪念性、历史性、社会性、精神性、象征性和传统的价值。

完整性(integrity)是指文化遗迹的整体性或完整性，包括它的意义和地方感，以及表达其文化遗产价值所必需的所有有形和无形的属性和元素。

干预(intervention)是指对文化遗迹或其实物造成干扰或改变的任何活动。干预包括考古发掘、对建造物的侵入性调查和出于保护目的的任何干预。

部落(iwi)是指原住民的一个部落。

保护职责(kaitiakitanga)是指惯例性托管、管理、监护以及保护土地、资源的职责。

维护(maintenance)是指定期、持续地保护文化遗迹，防止恶化，保持其文化遗产价值。

传统文化知识(matauranga)是指原住民的传统知识或文化知识。

不干预(non-intervention)是指选择不采取任何对文化遗迹及其实物造成干扰或改变的措施。

文化遗迹(place)是指新西兰一切具有文化遗产价值的地方，包括某些区域、文化景观、建筑物、建造物、纪念性建造物、建筑群、建造物群、纪念性建造物群、园林、种植物、考古遗址和特点、传统地点、神圣的地方、市容市貌和街景以及定居点等。文化遗迹也可以包括被水覆盖的土地以及任何水体。文化遗迹包括此类地点的布局。

保存(preservation)是指在尽量不做出改动的情况下，维护文化遗迹。

重组(reassembly)是指将现存的某些相互脱节的部件重新组合在一起。

重建(reconstruction)是指使用新的材料，尽可能准确地重新建造文档记录的某个早期形式。

记录(recording)是指获取信息、创建文化遗迹实物与布局档案记录的过程，包括其布置、状况、使用以及历史变化。

恢复(reinstatement)是指把文化遗迹的物质构成部分，包括重新组装的产品，放回原位。

修理(repair)是指使用相同、极为相近、或合适的材料，修复腐烂或受损的实物。

修复(restoration)是指通过重新组装和恢复，通过移除有损文化遗产价值的元素，使某文化遗迹恢复到人们了解的某种早期形式。

环境(setting)是指文化遗迹周围或相邻的区域，与其功能、意义和关系密不可分。环境包括建造物、外围建筑、特征、花园、庭院、上空以及通道，它们组成了该文化遗迹的空间背景，或使用上与该文化遗迹关联。环境还包括文化景观、城市景观、街道景观；从文化遗迹往外或朝向文化遗迹的观景角度、风景和视轴；以及与其他地方的关系，这些关系可以增添该文化遗迹的文化遗产价值。环境可能超出法定所有权的范围，可能包括一个缓冲区，为长期保护该文化遗迹的文化遗产价值所必需。

稳定(stabilisation)是指腐烂过程的停滞或减缓。

建造物(structure)是指一切人类建造并固定在土地上的建筑物、残垣断壁、设备、装置或其他设施。

原住民(Tangata whenua)一般指这片国土上最初的土著居民,具体则指在特定的土地、资源上行使保护职责的人。

有形价值(tangible value)是指某文化遗迹物理上可观察到的文化遗产价值,包括考古、建筑、景观、纪念性质的、科学和技术上的价值。

土地与资源(Taonga)是指因其文化、经济、历史、精神或传统价值而受到高度重视的任何东西,包括土地和自然、文化资源。

酋长的权力(Tino rangatiratanga)是指行使完备的酋长权、权威和责任。

使用(use)指的是文化遗迹的功能,以及该处可能出现的活动和实践。功能、活动和实践本身可能具有文化遗产价值。

大家族(Whanau)指的是大家庭,为部落内的分支或部落的一部分。

(雷远旻)

# 国家古迹、考古遗址与遗存保护政策(印度)

National Policy for Conservation of the Ancient Monuments, Archaeological Sites and Remains (NPC-AMASR)
Protected by the Archaeological Survey of India (February, 2014)
(2014年2月)
印度政府文化部印度考古研究院

"考古研究院的主要职能有两种,即古迹遗存的保护与调查研究。政府认为,这两种职能都应该得到政府同等的重视。由此可以看出,近年来,人们对各种探索与研究给予越来越多的关注。从目前情况来看,考古研究院的这项职能多年来被忽视,因此保护古迹遗存将是该研究院首要的、长期的职责与任务。在履行这个职责时,首先要弄清楚古迹遗存的家底,并确定哪些是要实施保存措施的。"

《印度考古政策》(1915年)
由政务委员会总督于1915年10月22日在加尔各答颁发

## 愿景

一方面,《国家古迹、考古遗址与遗存保护政策》继续推进保护具有国家重要性的古迹和遗址的既定目标,另一方面,期望为保护方法的现代化和本土化带来新的动力。(古迹)保护进程的目的是表明其本身就是一个充满活力的事业,将把古迹遗存的维护与实施全面有效管理结合在一起。随着我们进入21世纪第二个十年,印度考古研究院的职责将是极其小心细致地保护这些古迹(连同它们的背景),使其被国家珍惜为"国家宝藏"。

## 序文

印度拥有极其丰富、广泛和多样的文化遗产,在全国各地留下了大量的古迹遗存。这种丰富性和多样性可以从古迹和考古遗址的实践中窥见一斑,3 678座古迹和遗址,包括20处世界遗产。到目前为止,这些都是受到印度考古研究院保护的。单从数量上看,它们的数量就足以令人叹为观止,它们是印度多元文化表达和历史延续性的标志性象征。

印度考古研究院的主要任务之一是确保全国所有受保护古迹的保护和维护。不用说，印度考古研究院在其存在的 152 年中采取了大量的保护措施，确保了早先已知处于脆弱、濒危状态的所有古迹遗址得以继续存在。如果没有印度考古研究院的及时干预和对许多古迹和遗址的持续保护，也许许多古迹和遗址就会消失，人类永远无法再见到。这种说法可能并非完全不恰当。印度考古研究院对保护和维护古迹的贡献不仅在国内令人侧目，而且在国外也得到关注。印度考古研究院进行了一些标杆性的保护工作，例如阿富汗巴米扬大佛和柬埔寨吴哥窟建筑群的保护，这些成就得到国际社会的高度赞扬。印度考古研究院正在进行浩繁的保护工作，并已经取得了很好的成绩，且以图像、图纸、检查记录和大量出版物的形式存档。

印度考古研究院进行的古迹保护工作，其正式灵感来自 1915 年颁布的《印度考古政策》。该政策规定，维护和保护古迹是该组织的一项重要事务。1923 年颁布的《保护手册——考古官员及其他人员维护古迹遗存手册》进一步阐述了保护准则和原则，印度考古研究院从此一直遵守这些准则。除了这些内部准则外，印度考古研究院还了解到各种国际宪章和准则，规定了古迹遗存的保护方法。

众所周知，印度考古研究院的职责性质自成立以来发生了多方面的变化。因此，负责对古迹保护和管理的印度考古研究院官员的职责超出了给他们之前的授权。考古官员的职责不再局限于保护古迹，现在还包括维护和维持古迹的设置和环境，以及不断与居住在古迹保护区内的社区或与古迹本身有着千丝万缕联系的社区进行接洽。

古迹和考古遗址是我国一种有限的、不可再生的文化资源。与以往任何时候不同，它们现在面临着来自发展和游客人数日益增长的压力，这种压力使这些古迹和考古遗址环境恶化。

这项拟议的政策，不仅要从印度考古研究院丰富的文物保护遗产中吸取教训和启发，而且也承认采用了当代的方法来保存、管理和保护古迹和考古遗址，并在其内部和周围提出各种干预原则。该政策还褒扬了本国现有的传统工艺，以及将传统建筑材料和技术的使用作为保护进程的一个组成部分的做法。该政策首次处理旅游及发展管理（古迹内及周围）等热门事宜，以及能力建设及与多学科团体及机构建立伙伴关系的事宜。该政策试图将古迹置于正确的位置（作为其设置中无处不在的一部分），并让其起到巩固当地社区的作用。

这项拟议的政策主要集中了所有《AMASR 法案》（2010 年修订版）宣布的具有国家重要性的古迹和考古遗址与遗存，暂时不包括未受保护的建筑遗产。该政策可与《AMASR 法案》（2010 年修订版）的规定结合，被认为是一份有活力的文件。此外，由于印度考古研究院的考古官员和实地工作人员将其付诸实施，它还将受到印度考古研究院可能决定的定期审查。人们还希望，拟议的政策适用于遍布全国的大量受国家保护的古迹。

# 导言

反思和借鉴印度考古研究院在全国乃至全世界古迹保护方面的丰富经验；

领略受到印度考古研究院及其他各国家机构保护的我国丰富的和多样的古迹遗存；

借鉴各种国际保护宪章和准则，以使它们适应印度的情况并以此对印度考古研究院的《保护手册》(1923)加以修订，以便处理当代的保护和管理问题；

识别和确认古迹不仅是非生物的，而且是活的遗产，因此需要职能部门包括当地社区在保护和管理古迹遗存方面起到应有的作用；

了解到这个国家仍然有着历史悠久的建筑工艺和传统，而传统的拉吉·米斯特里斯(Raj Mistris)、沙帕蒂斯(Sthapatis)、石匠、木匠、手工艺人等都在古迹保护中发挥重要作用；

认识到保护工作是一项多学科的工作，这对加深对干预措施的整体认识是必需的；

考虑到长远的未来，为子孙后代保存古迹遗存，有必要借助于国家的力量；

国家保护政策的案文如下：

**1. 古迹遗存与上下文**

**1.01** "古迹"是指具有历史、考古和艺术价值，且存在时间不少于100年的建筑物、构筑物或遗迹、古墓或墓地、洞穴、石刻、碑铭、巨石等，包括：

（i）古迹遗存；

（ii）古迹遗址；

（iii）毗邻古迹的部分土地，可能需要用栅栏或覆盖物围住，或以其他方式保存该古迹；

（iv）进入及方便巡查这些古物古迹的路径。

"考古遗址与遗迹"是指包含或合理认为包含已存在不少于100年的、具有历史或考古价值的遗址或遗迹的任何地区，包括：

（i）毗邻该区域的部分土地，可能需要用栅栏或覆盖物围住，或以其他方式保护该区域；

（ii）进入及方便巡查该地区的路径。

**1.02** 为了国家保护政策，只限于印度考古研究院保护的古迹和考古遗址，本政策中提到的"古迹"一词应包含《AMASR法案》(2010年修订版)第2(a)和2(d)条中定义的"古迹和考古遗址与遗存"，另有规定条款的除外。

**1.03** 古迹由大量的人工建筑组成，有的矗立着、有的埋在地下或仍埋在地下，它们是印度丰富历史的有形体现，包括考古遗址、挖掘出的遗址和土墩、洞穴庇护所、石刻寺庙、巨石、雕塑和浅浮雕板、地下构筑物和代表不同类型的建筑遗产，例如：宗教的、宫殿的、住宅的、防御的、葬礼的、公民的、机构的、风景的等古迹遗址。这些古迹遗址可以是功能性的，也可以是非功能性的，这取决于它们是否按照最初的用途发挥作用[1]。

**1.04** 古迹通常是作为更广阔的城市或自然环境或背景建造的一部分建筑，而不是孤立地建造。因此，古迹应被视为其直接环境或背景不可分割的一部分。

**1.05** 古迹反映了一系列建筑材料的诸多应用，如泥、木、石、砖、石灰、金属、玻璃等，或复合材料的应用以及不同的施工技术的运用，代表不同的建筑风格和装饰风格（结构和应用)。过去上千年文化的相互作用,这些材料与工艺反映了来自其他地区和文化的影响。由于当地建筑的影响,古迹遗存在材料、风格和技术上都有巨大的地域差异。

**1.06** 所有的古迹,一旦被宣布为遗存,便超越了其原有的功能[2],而应被保存为古文明时代的典范,代表着人类杰出的创造力以及在建筑工艺传统、保护措施、建筑艺术以及工程上的成就,并作为几千年来历史文化事件和历史发展的有形体现。

**1.07** 所有被宣布为国家重点古迹[3]都被认为具有很高的价值及意义——考古(包括建筑、艺术和工程)、历史(包括事件和联系)、文化(包括宗教的和无形的)以及生态。古迹遗存具有单一或组合的价值,对于国家来说有着重大的意义。

**1.08** 所有的古迹都是这个国家不可替代、不可再生的文化资源,是一个多民族、多元文化的副产品。不论其规模、位置及类型,一经宣布,应视为国宝或国家的标志。为了子孙后代,必须极其小心地保护和保存它们。

**1.09** 在过去的100年里,世界各地对"古迹遗存"的理解和解释都发生了变化。更多的历史建筑和遗址类型被认为是遗产,并被世界各国所保护。鉴别对国家极为重要的古迹遗存的过程也反映了遗存分类的模糊性。因此,甄别历史园林、历史城市(居民点和辖区)、工业遗产、乡土遗产、文化景观、文化线路等都应该定期进行[4]。

**2. 术语与定义**

**2.01** "文物保护"[5]是指根据古迹的考古价值和建筑意义、历史意义、文化意义及无形价值,对古迹的材料、设计和完整性进行保护的过程。

**2.02** "建筑物"是指由人在土地上建造、固定的建筑物、设备、装置或其他设施,是古迹、遗址和考古遗迹的一部分。

**2.03** "干预"[6]是指为保护古迹及其完整性而采取的拟议的保护行动,如第2.04至第2.17条所述,以保障古迹并保证其完整性。

**2.04** "构造"是指古迹或古迹内所有可移动和不可移动的物品,包括古迹的背景。

**2.05** "维修或预防性保养"是指对古迹或遗址进行预防性保养,以防止损坏和损毁,并尽量避免人为干预。所有古迹都应妥善维护,以保持其重要性,定期监测并防止任何大的不必要的干预。

**2.06** "保护"[7]是指维持古迹的现状,包括古迹的设置,不允许任何改变,无论是人为干预,还是自然因素对其结构或直接环境的腐蚀。

**2.07** "维修"[8]是指移除或更换已腐烂或损坏的材料或古迹的一部分,以增强稳定性和防止原始材料的丢失。

**2.08** "修复"[9]是指尽可能将古迹或其任何部分恢复到先前已知的状况或状态。

**2.09** "重组/复原(吻合术)"[10]是指将已存在但已被肢解的部分重新组装在一起。

**2.10** "复原"是指将早期材料的部件放回原位。

**2.11** "适应性或适应性再利用"[11]是指对古迹的次要部分或其内外的某个地方进行改造,使之适合于可兼容的用途,并尽可能减少其价值的损失(如第1.05条概括的)。

**2.12** "重建"[12]是指以原始形式重新建造。

**2.13** "翻新"[13]是指在古迹内通过加入新部件、新材料/新技术来加固建筑物的结构,以改善古迹的安全性,并使其有效运作。

**2.14** "科学清理"[14]是指系统清除埋藏于受保护的古迹内外的历史建筑材料和碎片,而不一定是在该地点,以取回埋藏的建筑构件或雕塑等,供研究、调查和可能的复原之用。

**2.15** "稳定或巩固"[15]是指使用经过"时间检验和科学证明"的外部药剂来阻止衰变过程的行为。

**2.16** "迁移或移位"[16]是指将古迹从现有位置移走,并将其重新安置到其他位置。

**2.17** "清洁"是指清除古迹表面的任何有害结壳或非原始表面沉积物和生物降解剂。

**2.18** "真实性"[17]是指通过下列一种或多种要素的真实、准确的描述而赋予古迹的价值和意义:

- 位置与设置;
- 形状与设计;
- 材料、建筑技术与技艺;
- 功能与传统管理体系。

**2.19** "完整性"是指古迹的结构、功能(如有现存古迹)和视觉等属性所表现出的质量/完整/未受损伤的程度。

### 3. 保护原则

**3.01** 古迹、考古遗址和遗迹的保护是在古迹内及其周围采取的一切必要行动或干预措施,在认为必要时采取这些行动或干预措施是为了以下目的:

(a) 延长其寿命和存在;
(b) 防止其损坏和变质;
(c) 尽量减少外界(自然及人为引致的)腐烂剂对环境、结构及物料的影响;
(d) 为自然或人为灾害做好准备。

**3.02** 古迹或考古遗址应受到最低限度的干预,但仅是在迫不得已的情况下进行的干预,从而保持其真实性和完整性。原始的历史材料和建筑、装饰细节(结构或非结构)必须得到重视和尽可能长时间的保留,在没有进行适当调查,或者仅仅是由于它们因轻微的侵蚀或自然的变质过程而失去了原来的形状和外观,不应予以替换。

**3.03** 保存古迹的所有工作,应保留其价值和意义、真实性和完整性以及与古迹之间的视觉联系,并保持其原貌或历史面貌的真实再现。这种做法的目的应是确保古迹保持原来的状态,或在某些情况下恢复到较早为人所知的状态,或恢复到鉴定和告知时发现的状态。

**3.04** 古迹的保护是一个连续的过程。应提供足够的资源(人力和财力)为子孙后代保存这些资源。

**3.05** 任何情况下,对古迹的保护都不应基于任何猜想或艺术想象,而应基于可靠的文献证据(过去的保护记录、文件、绘画草图、图纸、照片、游记等)。

**3.06** 保护应该被视为一个多学科的事业,专注于开发整体的解决方案,以对抗作用在古迹上的各种侵蚀和变质。我们应对所有有关方面进行全面和仔细的研究,以便为每一个古迹制订全面的保护理念和方法。

**3.07** 为维持古迹的时间限度,保存原始/历史材料为必要的先决条件,从而确认其古老性,并忠实地保持其真实性。

**3.08** 在古迹内进行的修复、巩固、复制及翻新等干预措施,应尽可能清晰地辨认出曾经的翻修,为日后的改动、修复等工作,能从原古迹处清楚地辨认这些修复痕迹打下基础。然而,在某些情况下,如果一个古迹正在修复,目的是将一种新的干预与原始的结构结合起来,为了保持建筑的完整性,在形式、颜色和规格等方面非常仔细地匹配原始材料或细节,最好使用相同的材料,并采用与原始材料相同的传统技术。这种干预在性质上应尽可能是可逆的。为实现这些目标所作的决定应加以仔细记录和记载,以供子孙后代参考。

### 4. 保护方法

**4.01** 古迹的保存应采用适当的科学设备和技术,以便了解和研究其物理性质,分析其材料和建筑技术,以及分析其现状。为了编制文件,还应授权使用适当的技术。

**4.02** 保护工作不仅限于在古迹的结构或构造内进行干预,亦应包括保护和维持与之相辅相成的环境。

**4.03** 保护工作应包括定期监察及持续维护古迹及其环境。应制订和执行短期(不超过2年)、中期(2—5年)和长期(5年及以上)监测和维修计划,以防止结构进一步恶化,以确保未来无须进行全面修缮。[18]

**4.04** 在保存古迹前,必须先备妥文件。文献资料有助于了解古迹结构的性质、价值及其现状,以便作为制订保护计划的依据。

**4.05** 考古人员必须进行定期视察,以确保每年至少一次对古迹的例行视察,以检查古迹的状况,并拟订视察记录,以协助筹备必要的古迹维护工作。

**4.06** 社会各界应审慎制订年度保护计划,在指定财政年度内,以现有资源为基础,明确古迹保护工作的优先次序。应优先考虑为保存或巩固古迹而需要进行的迫切性的工程。如遇紧急情况或执行计划期间出现意外情况,年度保护计划可不时修订。还应拟订年度计划,以便在古迹内提供便利设施或必要的基础设施。

**4.07** 在实际的古迹保护工作之前,为古迹拟备一份保护计划[19],这点很重要的。目的是在了解在古迹的类型和功能方面后,提出干预措施。保护计划应清楚界定以价值为本的保护方法,并概述拟议的保护措施和范围。应定期检讨保护计划,以评估以前的措施及其成效。有关图纸则应加以修订,以配合不时作出的修订,或如发现有影响古迹的真实性和完整性的新问题,亦应加以修订。这个计划应该每五年审查一次。此外,亦可为古迹拟"场地管理计划"[20],以处理所有有关内外问题。"场地管理计划"应由多学科专业人员组成的小组,与印度考古研究院的考古官员协商,通过处理好所有利益相关者的关注点,协助印度考古研究院采取协调方法,以保护和管理古迹及其周围环境。

**4.08** 由多学科专家组成的小组,应不时对保护工作进行同行评审,以检查进行中的保护工作的质量,以及是否按照已批准的保护计划进行保护。

**4.09** 保护的整个过程应在地图、图纸、照片、数字记录和实地记录的之前、期间以及之后加以记录,以便建立干预措施的记录。文件应记录干预的各个阶段和所有相关细节。[21] 从了解过去和目前的所有干预措施的角度来看,这将是有益的。

**4.10** 如古迹仍在使用中,并继续发挥其原本的功能,应特别注意。在这种情况下,有必要审查现有的保护方法或理念,同时铭记保护方面的关切事项以及在该古迹内执行的职能。[22] 因此,与这类古迹有关的保护、功能和行政问题应视为一项和谐互补的活动,并应在不损害其真实性和完整性的情况下加以平衡。

**4.11** 原始/历史材料或细节[23]可以替换,也可以不替换。在这方面的行动将取决于是否要保留古迹的考古或建筑的完整性。只有在材料完全丧失了其固有的材料强度或结构完整性,才能考虑更换材料、织物或细部。只有为防止进一步恶化、断层的形成或结构其他部分的腐烂,才可进行更换。在替换结构或体系结构成员时,可以考虑这一点。丢失或损坏的雕塑、神像、壁画、铭文等,不得更换或试图补全。

**4.12** 如果要替换原始材料或细节,必须将其作为最后一种选择,并且只有在确保没有其他保护行动能够确保其原位生存的情况下才可进行。原始材料/细节一旦决定更换,应尽量存放在安全的环境中,以便进行进一步的调查研究,或甚至可用于教学。

**4.13** 时间维度(即:年代)应通过保存材料或其表面(内外)的铜绿(良性表面结壳)来保持。[24] 因此,应采取措施清洁材料,甚至清除所有生物降解剂和有害、非原始的表面结壳,保持作为保护层的铜绿。任何对清洁表面的干预都应该在彻底的研究和记录之后进行。

**4.14** 应避免使用不恰当的化学物质清洁古迹表面,也不要使用合成建筑材料作保护,因为这些化学物质与古迹原有的结构不相容。在实际使用于保护工作前,必须适当研究任何综合生产的物料在修复或翻新建筑物表面或稳定性方面可能产生的作用。

**4.15** 应高度注意对于装饰古迹的易碎装饰物的保护。应尽一切努力,在科学知识的支持下,使保护和保存它们原位的时间尽可能长。如所有在原址保存易碎装饰物的工作未能保护其材料和视觉完整性,应作出评估,将其移走并置于安全的环境中,同时用相同轮廓外形和规格的复制品替换它们,以保持体系结构的完整性。[25] 然而,只有在极其罕见的情况下才会这样做。

**4.16** 重要的是要尊重对古迹的发展或演变做出贡献的历史上的各种增加/改变或"历史的层次"。[26] 如最近对古迹作了不适当的现代或近期增补及/或改动,而该等改动在经过保护后,会直接影响该古迹的真实性和完整性,最好是取消或撤销这种干预。根据现有证据,该古迹应恢复原状或更早为人所知的状态。然而,在任何情况下,任何部分,无论是原始的还是前现代的,都不能因为改善古迹的外观或为了更好地符合它的功能而被移除。

**4.17** 在任何以插入新材料或使用化学品的方式进行的巩固工作中,应注意原始/历史材料的性质和规格。用于文物保护的新材料应在规格上与原始/历史材料相匹配,或互补兼容。在进行任何干预之前,最好先分析原始/历史材料的组成和规格,并据此选择新材料。

**4.18** 景观美化和园艺实践,包括表面开发,是必要的。在古迹内部及周围提供一个清洁无尘的微环境,创造舒适的空间,提高视觉感知。在古迹内部和/或周围引入新景观时,应更注重使用本地植物,并应尽量减少以维护为本,使其能自我维持。

**4.19** 作为古迹一部分而设计和布局的正式景观(如历史园林)应尽可能按照最初的设计和意图加以保护,但应尊重各种历史层面的干预。任何当代不适当的改变都应小心移除,以免破坏历史景观及其布局。在某些情况下,还可能需要在早期记录(绘画、照片、描述等)或科学清理中进行考古植物学调查,以发现可能长期埋藏的原始景观特征。最好是使用适当的技术来建立与原始种植园相一致的景观特征,如在恢复原有或较早的布局前,在历史悠久的花园内种植和布局的植物种类。

**4.20** 古迹的保存不应局限于结构上的干预,而应在有需要时考虑修复历史建筑内部,以减轻参观者对古迹功能的体验和了解。原始/历史的家具和陈设,包括照明,可以在某些类型的古迹中得到真正的修复,例如,在中世纪的堡垒和宫殿中,对家具及陈设的修复就发挥了其功能作用。然而,这只能在文献或材料证据的基础上进行,在修复历史建筑内部时,不应允许臆测或艺术想象。在任何情况下,古迹的历史内部不应被用作娱乐场所。

**4.21** 在考古遗址或土墩上,必须特别小心,在其表面或次表面发现的建筑遗存或人工制品亦须在遗址内小心保存或(经适当记录后)进行科学清理。因此,在考古遗址保护(如吻合术)过程中,应确定提取的建筑或结构遗留物是否可以使用。

### 5. 古迹保护(价值导向法)

**5.01** 重要的是,应根据古迹的价值及其重要性,界定古迹保护的干预性质,而这些价值及重要性是由古迹保护所需的干预性质及程度所决定的。这种以价值为基础的方法的必要性来自古迹的性质、类型和对其价值及意义的解释。

**5.02** 对于具有很高考古价值的古迹,保护应是主要目标。这包括具有装饰特征的考古遗址、遗迹或者部分古迹,其中具有实用装饰的,如壁画、碑文、书法、雕塑等。

**5.03** 对具有很高建筑价值的古迹,只能在古迹缺少几何图案或花卉图案的部分地方,或者古迹最近损坏的结构构件上进行修复。[27] 任何试图修复整幢建筑物的行为都不被允许的,因为这将篡改历史,损害其真实性。同样,壁画、碑文、书法、雕塑等装饰特征也不应恢复。

**5.04** 可对这些古迹进行重建[28],在这些古迹中,这种干预是保持或恢复其完整性和文脉的唯一途径,没有这种干预,其生存几乎是不可能的。重建只能在极端情况下进行,例如,由于灾害(自然或人为)或结构毁损的影响而造成的损坏或破坏,而且只能根据证据而不是根据推测进行重建。

**5.05** 如古迹的原有构件(结构或装饰)已腐朽变质,失去了结构和材料的完整性,可为该等古迹进行复制工程。将它们从原来的位置移走是保护这些构件和古迹本身的唯一方法。[29]

**5.06** 只有对古迹的附属部分才可进行协调且相容的再利用[30]，如果这是维护和/或维持古迹或将其纳入补充功能的方法，例如，印度考古研究院的外地办事处、口译中心、检查室、储藏间、公共设施等。该等用途应严格限于为保存古迹而提供的服务，而不应扩展至建造住宅楼宇或作其他用途的办事处。所有这类结构也应遵守第14.02和第14.03条的规定。

**5.07** 只有在极其罕见的情况下，才可迁移古迹，而且只能作为保护古迹完整的一种手段。这种迁移剥夺了古迹原有的空间环境，只有当古迹无法在原有环境中得到维护或保护时，才应予以考虑。迁移应先予全面的文献记录，对需要进行这种干预的所有事件和情况进行全面的记录。应在仔细分析新地点（建议迁址地点），以及土壤调查和视觉完整性等方面的信息后，再进行古迹易位。

### 6. 建筑工艺在保护中的作用

**6.01** 印度有幸尚有传统泥瓦匠、手工艺人、雕刻师等，这些人在印度不同地区从事他们的传统做法。他们实践前现代传统的建筑、细部、雕刻、雕塑、绘画和由他们开发和继承的传统知识系统，这些系统充满了仪式、原则以及其他元素，同时也充满了建筑或装饰古迹的装饰性构件的建造或雕刻中使用的设计元素。在大多数情况下，这些传统知识是代代相传的，或者是遵循古鲁什耶帕拉马帕拉（即师徒传统），基本上没有记录。

**6.02** 工匠——包括传统的木匠、石匠、木雕工、铁匠、漆匠等。他们是建筑的活宝库，在保护过程中可以发挥重要作用，而且他们所掌握的这些技艺都可以世代相传下去。工匠们在保护古迹方面的作用居功至伟。

**6.03** 应尽量利用传统技能，维修和保护与之有关的古迹。应努力运用真正传统的技能，不接受虚假或欺诈性的要求。

**6.04** 在建筑施工和对一种材料及其应用的理解方面的传统和仪式性知识不仅应得到尊重，而且还应在对其使用进行适当的测试或试验之后，使其得到广泛应用。这种方法，在保护古迹方面，是可取的。

**6.05** 就古迹而言，手工艺人的雇用及其技能的运用应限于恢复和复制几何图案和雕刻以及在历史建筑内部进行以文献或现场证据为基础而非人为发挥其创造力的设计的修复和复制。因此，不应允许在古代或中世纪的古迹上复制雕塑和碑文（包括书法），因为这样做无疑会损害古迹的古朴和完整。[31]传统工艺也应广泛用于古迹的重建或适应性再利用。

**6.06** 因此，保护应成为支持和鼓励这些传统工匠和手工艺人的媒介，形成他们的传统知识系统和学校。工匠们不仅应记录传统的知识系统，而且还应被鼓励向年轻人传授这些知识系统，以便促进他们参与和学习这些建筑工艺技术。这样，他们便可以在被需要时被雇来保护古迹。[32]

**6.07** 保护不应该仅仅被看作是一个以产品（保护古迹遗存）为中心的行为。但作为一项以过程为中心的工作，其中的推广和维持建筑工艺，以及社区实践这些工作内容，在保护古迹方面,成为不可分割的任务。

### 7. 能力建设

**7.01** 古迹保护是一个多学科和科学的事业,需要对考古学家、古迹保护建筑师、工程师、科学家、园艺师、规划师、测量师等人力资源进行定期培训和创造专业技能。能力建设不仅要针对印度考古研究院等机构内的专业人士,也要针对相关专业人士、技术人员、院士、工艺人员等,以便更新和改进现有的保护方法,且使得国内和国际上任何地方都能采用和适用最佳的保护措施。

**7.02** 我们迫切需要发展、维持和定期更新一批训练有素和技术熟练的保护人员、工匠和工艺人员。他们必须根据具体保护项目所需的专门知识和技能,在国内和国际上从事和接触各种保护活动。[33]

**7.03** 考虑到古迹是一种不可替代和不可再生的遗产资源,记录和保护这些古迹的责任应交给经过适当培训的印度考古研究院技术人员,或在古迹保护领域受过适当培训和专业人员。任何参与古迹保护工作的人士都应熟谙历史材料的性质和性能,以及它们的应用,包括(自然和人为)致其腐烂和变质的影响因素。加强这类人员的能力建设[34],使他/她能够对古迹及其保护和维护所需的知识有全面的了解。

**7.04** 应鼓励全国越来越多的大学和教育机构向专业人员和从业人员提供培训,并提供古迹保护和管理方面的专门知识。应发展和定期举办博士生、硕士生和本科生水平的专门课程和短期课程,以培训年轻的专业人员和从业人员。

**7.05** 应鼓励各机构、组织和实验室之间实施合作方案,在文献和保护等不同方面进行工作和研究,以便分享这些领域的信息和专业知识。

**7.06** 应鼓励负责保护受邦保护的古迹或未受保护的历史建筑的中央和邦机构不定期地派遣其内部工作人员进行培训,以提高他们在古迹保护及管理各个领域的知识和技能。

### 8. 推广/外展计划

**8.01** 有必要提高公众的相关意识,通过向公众传递古迹的乐趣,使其获得一定的自豪感,让他们明白保护古迹的各项立法的重要性,教育和鼓励他们与各机构携手努力,为子孙后代保护这一有形的文化财富。推广/外展计划的目的是使当地社区和游客认识到他们对国家古迹的责任,以便在保存和维护古迹的过程中获得他们的帮助。

**8.02** 因此,所有负责古迹保护的有关机构应不时举办有关国家古迹的宣传活动及推广/外展活动。这些活动应着重于与这些古迹的历史和保护有关的各个方面,指导当地社区,提高其对这些古迹的保护意识。在附属于古迹的遗址博物馆中,应鼓励参观者了解并亲身参与遗址内的发现过程中来。特别的小手册和小图册可免费分发给游客,让他/她了解古迹的历史和背景。

### 9. 旅游业与游客管理

**9.01** 由于教育、信息、朝圣和娱乐等方面的影响,国内外游客对古迹的游览兴趣空前高涨。参观者不仅可以获得大量关于古迹或考古遗址的历史知识和见解,而且还可以获得关于赞助人、建设者的了解以及对当代社会的社会、文化和经济方面的知识和见解。

**9.02** 旅游业作为一个产业，在促进参观古迹和提供一切必要的基础设施以支持古迹方面起着非常重要的作用。[36] 然而，据经验，在某些情况下，由于对古迹的过度参观，这些古迹受到巨大的不利压力，从而加速了它们的腐烂和变质。[37]

**9.03** 因此，确定一个古迹的承载能力是很重要的，尤其是对于那些参观人数非常多的地方。[38] 为了更好地保护和保存这些古迹，应该控制参观这些古迹的人数和进入这些古迹的路径，特别是对那些极易腐烂和变质的地区。像脆弱、稀有的古迹或对其部分造成永久的、不可逆转的破坏等方面，相关人员都应该加以研究，从而确定在一天内或在指定时间内应该允许多少游客进入。

**9.04** 为方便游人，应在古迹内或附近兴建适当的基础设施，如停车场、厕所、衣帽间、饮用水处、音响导览处、售票处、纪念品柜台等。[39] 同时，亦应向参观者提供导游服务或小册子，来说明古迹的历史、建筑和规划，以及游览时应注意的事项。

**9.05** 对古迹的理解和评价有重大贡献的是设施解说。解说中心应建立在适当的位置，不仅要提供古迹的历史、建筑及相关事件的信息和解说，而且应在区域、社会文化和社会政治的背景下，采用适当的媒体和技术向访问者展示和介绍信息。根据游客者的类型，可以提供多种语言的信息。

**9.06** 解说中心的设计和位置应尽量不影响古迹的环境和设置。在建造解说中心时，应尽量采用本地材料和技术，或使用与古迹的历史建筑材料相协调的材料。

**9.07** 为方便游人在古迹内活动，应设计访客通道，尽量减少游览过程中的妨碍，以达到最佳的游览效果。然而，应注意控制易受过度探访影响的区域的进入人数（按照第9.03条的规定）。

**9.08** 应在适当的地点设置足够的标志，清楚列明必要而明确的信息，如古迹各部分的进出口和所处位置[41]，以及古迹内和附近的各种设施。此外，亦应在古迹内适当地点设置标识，以真实解释古迹的历史和性质及/或意义和价值等。标志应设计得清晰易读，所用材料应与古迹的性质相协调。

**10. 古迹遗存照明**

**10.01** 古迹遗存通常作为城市地区的地标性建筑，或者作为城市环境的一部分，通过引入光照和光影的相互作用来突出其形态和轮廓，从而突出背景。

**10.02** 应为游客和当地社区提供照明，这些人或可根据具体情况获准在晚上某些时间参观和游览这些古迹。古迹可以在外部照明，以便远眺和为安全。

**10.03** 照明不应使用易吸引昆虫的强光照射。特别是在雨季，古迹表面颜色褪色，尤其是当这些表面被油漆或雕刻时，不要使用强光灯。如古迹内部有照明装置，应小心选择合适的照明水平，以免影响墙壁表面的颜色或装饰特色，如壁画等。

**10.04** 应选择适当的照明技术，以免对古迹的结构造成干扰。照明、布线和相关设备的设计和位置应保证白天不可见。应用的技术应尽量是可自我维持和易维护的。[42] 在可能的情况下，应鼓励使用自然能源，但这种利用自然资源的技术无论如何要保证不影响古迹的视觉完整性。

**11. 公共及私人机构在文物保护及管理方面的合作**

**11.01** 近年来,我们认识到,虽然各中央及邦机关已尽最大努力,保护和管理古迹,但是由于人力和财政资源有限,保护和管理这些资源具有极大的挑战性。游客人数的增加以及适当的保护和养护费用的增加,使公共努力必须得到私人努力的补充。

**11.02** 因此,公私合营伙伴关系(Public-Private Partnership,PPP)在古迹的保护和管理方面具有更大的意义,该关系可以在公共企业的积极支持下产生。

**11.03** 在古迹的保护和维护工作仍由印度考古研究院负责的同时,我们亦可以采用PPP模式,在游人设施、标识(标牌)和改善古迹周围环境等方面,可以从政府之外提供人力和财力资源。[43]

**12. 社区参与古迹遗存保护**

**12.01** 当地社区是遗产的重要利益相关方,可以在古迹的保护和管理方面发挥关键作用。这一点在当地社区使用的"活的"古迹中特别明显,例如目前正在使用的古迹(通常用于不同于原来功能的目的)或仍然用于宗教用途的古迹。人们认识到,如果没有当地社区或利益相关者的积极参与,保护和管理古迹及其周围环境的工作往往是很难开展的。

**12.02** 当地社区尽可能地参与决策过程。他们可以了解古迹保护和管理的基本方面。他们的参与使社区与古迹建立了不可分割的联系(情感上的融洽),也给社区创造了就业机会,这样既可以支持当地的手工艺,又可以鼓励市民从事与旅游业有关的行业。[44]

**13. 残障人士通道**

**13.01** 参观古迹应该是面向这个国家的所有公民的,包括那些不能享受正常参观的残障人士。

**13.02** 应谨慎使用一切可能的方法方便游客进入,提供经特别设计的游客设施,并通过适当的方法,为残障人士正确游览古迹提供解释和说明。

**13.03** 但是,应适当注意提供设施和通道的方式,使这些措施不以任何方式损害古迹的真实性和完整性,或造成视觉障碍。

**13.04** 虽然重视为残障人士提供进入古迹的通道,且主要方法是采取物理干预措施,但为了不影响古迹结构的完整性,可能需要采取其他办法,如在古迹内或周围开辟特别区域,以便残障人士可看到或享受最完整的景观。

**14. 古迹内新干预措施**

**14.01** 与人们认为的空间中被冻结的实体相反,古迹在一段时间内不断"进化",具有其自身的内在动力。"进化"并不总是指古迹结构的改变,而是指古迹周围不断变化的环境。有时可能有必要在古迹内或周围进行干预,以便为游客提供舒适的设施,或为印度考古研究院工作人员的职能提供便利,或为解决古迹内以及周边的安全问题。

**14.02** 任何在古迹内或周围进行的新干预都应该非常小心,并且在设计、材料、颜色或比例方面都不应降低其重要性和环境价值,因为这是一种不相容的干预。在对古迹内或其周围环境进行物理干预时,应优先考虑与历史建筑结构相兼容的材料或当地的材料,以保证古迹能反映其所在地区的建筑特征。

**14.03** 新的干预措施应尽可能与古迹的历史特征及其背景相融合,而不应以分散游客注意力的方式与古迹形成对比。如要在古迹附近建造新建筑物,新材料或新施工技术的应用,必须小心谨慎,以免随着时间的推移而引起游客眼睛疲乏,或以任何方式破坏古迹的外观。

**14.04** 任何干预的设计和细节都应该是易于维护、自我可持续和能源消耗最少的。

**14.05** 应优先考虑利用古迹或建筑群的附属或次要部分进行再利用的干预措施。古迹的原有功能和用途应予维持和延续。虽然主要古迹不应再作任何用途,但这些古迹或建筑群内的附属或次要建筑物,依据第 3.06 条、第 14.02 条及第 14.03 条规定的限制,可考虑作"协调且相容"的再用。

**14.06** 虽然在保护区内的干预将受到印度考古研究院将遵循或采取的政策的管辖,但在周围地区,特别是在 300 米以外现有的禁止和管制区内,现已授权国家古迹管理局(NMA)审议与建筑有关的活动和干预事项。这个过程亦包括就每一个受保护的古迹或遗址制定遗产法规,而这些法规涵盖遗产管制和干预措施的各个方面,例如与建筑立面、外立面、排水系统、保护基础设施等,这些都要放在规定的区域内。

### 15. 灾难管控

**15.01** 古迹和考古遗址正日益受到各种危害(包括自然和人为)的影响,从而暴露出它们面对威胁和风险的脆弱性。重要的是,所有有关机构必须做好充分准备,以便在灾害发生时减轻灾害,并制定迅速反应和恢复的机制。

**15.02** 应向古迹主管人员提供充分的培训。a) 根据该区域过去的灾害历史,查明可能对古迹产生有害影响的灾害;b) 对可视化灾难场景进行影响评估;c) 评估目前降低灾害的准备程度;d) 能够与各机构(中央、邦和地方)协调,制定灾后快速反应方案和行动。

**15.03** 应将灾害管理规划作为古迹保护规划的重要前提。如果每个古迹的脆弱性评估也成为印度考古研究院数据库的一部分,那么这将是有用的。

**15.04** 应在古迹内提供足够的设施,并将其设置在适当的位置,以便在将适当的医疗服务提供给灾难受害者之前,为其提供紧急治疗。通道和疏散路线、疏散空间应明确划定,并通过适当的标识牌指示,以改善游客的反应机制。应尽一切努力,保护古迹内或其附近居民的生命,保护古迹。

**15.05** 应检查古迹及其结构构件(材料、施工技术、连接等),以确保其抗灾性能。如有需要,可对古迹进行最低限度的改装,以充分巩固古迹,并减轻灾害带来的影响。

## 附录

### 尾注

1. 根据 1958 年《AMASR 法案》第 16 条,仅对正在使用的宗教古迹(根据通知)进行过与受保护古迹的生动性有关的方面的尝试。

2. 古迹的"超越了其原有的功能",目的是通过这样的声明来证明古迹的地位的提升,而不是以任何方式影响它的功能地位。

3. 根据《AMASR法案》(2010年修订版)第3和第4条的定义。

4. 印度考古研究院与中央、州和地方各级的其他各部和机构之间需要进行巨大的协作,以a)确定、b)保护和c)制定有效的管理和监测模式。地方规划当局、非政府组织和社区也将在这方面发挥更大的作用。

5. 从更广泛的意义上说,保护活动应包括审查、记录、处理和保护古迹、考古遗址和遗存,并辅以适当的研究、诊断性研究等。最重要的是,这是一个持续不断的过程,是通过每年提出和更新的《年度保护计划》,才得以成功实施。

6. 参考:政策条款第2.04至第2.16条。

7. 所有具有较高考古价值的古迹、考古遗址、古建筑,如岩石、洞穴、岩洞等,都应予以保护。

8. 应尽可能使用相同或类似的材料,对规格(颜色、组成等)方面进行修复,并应尽可能使用传统技术。

9. 具有较高建筑价值的古迹及其构件可以修复。在中世纪遗迹中发现几何图形缺失,可根据现有证据和传统方法进行修复。但是,修复工作不应试图在任何古迹内重建雕塑或碑文书法。恢复可以通过重新组装、恢复或去除不适当的外来添加物来实现。在考古遗址、岩洞等处也不应进行修复。

10. 在可能的情况下,应鼓励使用原有建筑构件修复古迹。在采取这种修复时应特别小心,除非能够合理地建立原始形式(例如,对于重复的、对称的面板,其部分是现存的),否则不应采取这种行动。在尝试吻合时,缺失的元素应该被简单的保持轮廓但没有任何装饰的元素所替代,以把它们与原来的构件区别开来。

11. 在保证古迹的真实性和完整性不受干扰的情况下,应优先考虑对古迹的次要部分进行适应性再利用,以便纳入便利游客的设施、印度考古研究院外地办事处等功能。然而,古迹的主体部分不应被任何再利用,也不应为任何物理改造而进行回火。

12. 重建工作只应在少数情况下才可进行,即古迹因自然或人为灾害而受到严重破坏,或因失去结构稳定性而导致突然倒塌。只有在有足够的材料证明能准确地重建古迹时,才能进行重建。应尽量抢救受损古迹的原物,以作重建之用。

13. 然而,在进行插入时,应注意不损害古迹的真实性和完整性及其美学价值,并遵循最小干预原则。

14. 只有在原始结构被后来没有或几乎没有考古价值或艺术价值的碎片覆盖的地方,才应进行科学清理。如果不提出充分和详细的理由,以及对可能被发现的遗骸的确切性质及其可能的考古或历史意义进行详细的评估,就不应批准这项决议。

15. 为使古迹的结构具有强度,应采用适当的结构或化学干预措施进行加固。

16. 古迹的迁移或移位是在极其罕见的情况下进行的,只能作为保护古迹完整性的一种手段。迁移应先于全面的文献记录,对需要进行这种干预的所有事件和情况进行彻底记录。古迹的搬迁须在仔细分析新址(建议迁址的地点)、泥土勘测和视觉完整性等方面后进行。

17. 要了解关于真实性和完整性的详细定义和理解,还可以参考以下文件:《威尼斯宪章》(1964)、《奈良关于真实性的文件》(1994)、《布拉宪章》(1999)和《世界遗产中心运营指南》(2012)。

18. 古迹应由考古人员和负责遗址的人员定期视察,以监察古迹的情况。查阅资料时,应特别留意有关古迹的情况,并为保存和保护古迹而须采取的行动。这些记录应该在每个古迹上都有。

19. 保护计划应反映对古迹的充分研究，并应考虑到过去所有的干预措施。依照印度考古研究院的政策，保护计划应表明关于反映协调的结构、科学和园艺投入古迹的保护决定。文物保护计划包括古迹的状况评估，并应尽可能交给同行进行评审。

20. 重要的是，应将古迹的地盘管理图则，包括其设置，与各州或地区的城市规划部门所拟订的区域或总规划图则或地方区域图则互相联结和整合。经国家古迹管理局确认的古迹及其范围，应在总规划/地方图则上注明为特别保护区。

21. 所有与过去及正在进行的保护工作有关的资料，应由工地办事处提供，以便了解过去所有的干预措施。为此，所有古迹都应强制规定在工地上保存"日志"。

22. 但在具有宗教性质的职能时，应确保没有任何大规模的宗教或其他类似活动以任何可能的方式损害古迹，例如通过大量朝拜者涌入或举行仪式。经认定为古迹时，宗教活动已经停止的，以后不能恢复。

23. "细部"是指建筑构件、表面、装饰和装饰物（结构和应用）。大多数古迹都以几何图案、纹理、雕塑、雕刻、绘画等形式，用易碎的软质材料进行不可替代、不可再生的结构和非结构装饰，它们容易受到自然和人为因素的侵蚀。有些情况下，因为其固有的材料强度的损失，这种形式的装饰已经退化到认不出来的程度。

24. 对材料表面的铜绿进行保存时，应对铜绿的程度进行必要的鉴定。但是，表面的灰尘、煤烟、化学盐类等外来沉积，以及油漆层等后期添加物，对原有基体有害，必须与生物制剂一起清除，同时不能损坏其光泽。

25. 如古迹具有很高的考古价值，考古人员可能有责任决定是否容许更改其形状，即使它的形状已被严重侵蚀。拆除任何材料或装饰的原因必须妥善记录，替换也应该在大量文档之前。

26. 建立不同的历史层次需要通过研究对历史阶段进行仔细的评估，以便建立原始和随后的"层次"。

27. 古迹的壁画、雕塑、碑文、书法等部分不得修复。古迹的修复必须以文献、考古或建筑证据为依据，而不能以任何推测为依据。

28. 古迹的修复必须以文献、考古或建筑证据为依据，不能以任何臆测为依据。

29. 虽然复制古迹元素的目的主要是为了保护古迹的原貌，但考古人员和专家必须对替换后的元素的设计进行彻底的讨论。这对于雕塑、图像或绘画来说是至关重要的，因为出于它们的安全考虑，这需要移除。如果复制的元素要恢复到原来的位置，以保持真实性，它们的形式和设计应该与被替换的"退化"成员相匹配。它们不应该以最初设计或构造时的样子出现。

30. 在考虑将部分古迹作再利用时，必须小心，使具有高度考古/建筑价值的大部分古迹不会被再用。只有古迹的附属部分才可考虑作适应性再利用。

31. 印度的独特之处在于，它有活生生的建筑工艺传统，这些传统在印度各地仍在流传。在约翰·马歇尔爵士(Sir John Marshall) 1923年出版的《手册》(*Manual*)中，人们对当代工匠在古代古迹中复制雕塑或建筑细节的能力存在固有的怀疑，而在中世纪的古迹中，这种做法是被允许的，但需要一个审查。为了这个目的，需要识别工匠、传统石匠等。只有经过彻底的审查和认证等过程，才能考虑在一个古代或中世纪古迹上复制一个细节。

32. 经过深思熟虑后，这可以在印度考古研究院的支持下形成一种制度形式。

33. 印度考古研究院应考虑协助建立机构，或与机构和非政府组织合作，在全国各地设立卓越中心，帮助培训不同学科的手工艺人。这些中心还可以鼓励和促进当地青年确保建筑和相关工艺传统不会在本国消亡,并定期为印度考古研究院所用。

34. 应鼓励所有古迹护保专业人士与经验丰富的考古学家、建筑师、工程师、科学家及园艺家接受实地培训,使这些人对实地情况及影响保护和管理古迹的各种问题均十分熟悉。

35. 为此,印度考古研究院应与印度理工学院(Indian Institution of Technology,IIT)、印度科学院(Indian Institute of Science,IISc)、规划与建筑学院(印度)(School of Planning and Architecture,SPA)、印度国家设计学院(National Institute of Design,NID)等机构合作,或与各种与保护有关的机构和非政府机构合作,为其职员定期开设各种能力建设计划。

36. 印度考古研究院各界和外地工作人员有责任经常与旅游部、国家旅游部门、各国各旅游公司和与旅游促进有关的机构密切合作,促进和维持古迹和考古遗址内的旅游业的发展。这种合作对于确保持续的对话也是必要的,这种对话将导致在全国各地有效地管理和介绍古迹和遗址。如古迹遗址是市区范围的一部分,则其他利益相关者亦须参与,并成为管理的一部分。

37. 虽然旅游本身是值得发展的,因为古迹保存下来的原因是人们应该参观和欣赏它们。然而,游客数量的增加可能会对古迹造成伤害,例如,当一些游客对古迹造成破坏(通过涂鸦、故意破坏甚至盗窃),或者是由于人类的存在和由此造成的污染而无意加速结构的衰变。

38. 在这种情况下,重要的是要有足够的人力资源来监测游客的行为,以便只允许在古迹内达到所需人数。电脑及网上应用程序亦可于网上预约参观古迹,由专责小组在该古迹/地点监察。

39. 设施的设计和整合应适当,不能影响古迹及其周围环境的真实性和完整性。

40. 必须保持准确性,同时应避免有争议的数据。

41. 为了方便国内外游客,指示牌应尽可能使用多种语言(英语、印地语和方言)以提供信息。

42. 古迹的照明应该由对灯具有敏锐度和深刻理解的专业照明专家来处理,并能够突出古迹的内在特征和特点。

43. PPP模式赋予私人机构、捐赠机构甚至个人更大的责任来保护和维护古迹。

44. 可以在当地社区内找到志愿人员,他们能协助印度考古研究院管理访客,进行预防性保护,还能协助印度考古研究院以确保古迹周边的安全等。

(张　强)

文化遗产监测
国际文献选编

# 第四部分
# 监测世界文化遗产论文汇编

# 目录
Contents

序言

致谢

引言

第一部分　咨询机构及世界遗产委员会

1. 监测世界遗产：一名世界遗产委员会代表的观点

2. 咨询机构评世界文化遗产监测发展现状

3. 监测世界遗产保护状况：操作实务（ICOMOS—咨询机构）

4. 世界保护区委员会管理成效评估框架：监测和评估保护区管理工作的基础

第二部分　世界遗产监测和定期报告之实践

1. 《世界遗产公约》背景下的监测与报告及其在拉丁美洲和加勒比地区的应用

2. 改进世界遗产保护的监测

3. 非洲定期报告进程的经验教训

第三部分　监测系统的监测框架设计方案

1. 以明确目标监测世界遗产区遗址的重要性

2. 监测历史中心的演变：基于摩洛哥非斯（Fes）的案例分析

3. 世界自然遗产管理成效评估

4. 世界遗产监测

第四部分　监测实践

1. 文化背景、监测和管理成效（监测的作用及其在国家层面的应用）

2. 以世界遗产管理者的视角看世界自然遗产地的监测和报告

3. 安第斯文化遗址的监测

4. 监测与报告桑盖国家公园（厄瓜多尔）的管理成效

第五部分　监测技术与工具

1. 计算机化的遗产信息系统和变化复杂性的监测

2. 利用卫星图像和地理信息系统监测世界遗产

3. 监测遗产属性，监测环境中的遗产价值

4. 参与式监测历史文物的保护

结论

1. 维琴察世界遗产监测研讨会最后讨论概要

# 序言
Preface

为纪念《保护世界文化和自然遗产公约》(以下简称《世界遗产公约》)通过30周年,在意大利政府的支持下,2002年11月14日到16日联合国教科文组织(United Nations Educational, Scientific and Cultural Organization, UNESCO)召开国际大会,讨论世界遗产任务(the World Heritage mission)的一些主要问题、成就和挑战。

来自世界各地的600多名专家聚集在意大利威尼斯圣·乔治岛上的乔治·希尼基金会,讨论《世界遗产公约》的演变及其未来作用。大会之前,约400名专家已在意大利不同城市举行的9个相关研讨会上聚首,思考本次大会的主要议题。这9个研讨会分别是:

- 世界遗产保护的法律工具,锡耶纳(Siena)
- 文化景观:保护的挑战,菲拉拉(Ferrara)
- 走向创新的世界遗产合作伙伴关系,威尼斯(Venice)
- 世界遗产城市的伙伴关系,佩萨罗(Urbino-Pesaro)
- 监测世界遗产,维琴察(Vicenza)
- 保护自然和生物多样性的伙伴关系,的里雅斯特(Trieste)
- 世界遗产大学培训,费尔特雷(Feltre)
- 世界遗产地管理,帕多瓦(Padua)
- 动员青年投身世界遗产工作,特雷维索(Treviso)

本书旨在反映为期两天的研讨会中围绕具体主题所进行的讨论和辩论。所有研讨会的摘要报告可在威尼斯大会议事录中查阅。

弗朗西斯科·巴达兰(Francesco Bandarin)<br>
联合国教科文组织世界遗产中心(UNESCO World Heritage Centre)主任

(张　颖)

# 致谢

Acknowledgements

国际文物保护与修复研究中心(ICCROM)和联合国教科文组织世界遗产中心(UNESCO WHC)谨向维琴察市(the City of Vicenza),尤其向市长恩里科·胡尔韦克(Enrico Hüllweck)先生、市文化委员马里奥·巴格拉(Mario Bagnara)先生和洛蕾塔·西蒙尼(Loretta Simoni)女士,表示衷心感谢;感谢意大利联合商业银行(Banca Intesa/Bci)及其文化遗产主任法蒂玛·泰佐(Fatima Terzo)女士和她的工作人员在莱奥尼·蒙塔纳里宫美术馆主持召开研讨会并给予慷慨支持。国际文物保护与修复研究中心和联合国教科文组织世界遗产中心也衷心感谢国际古迹遗址理事会(ICOMOS)、世界自然保护联盟和美国古迹遗址理事会(US/ICOMOS)的支持。

国际文物保护与修复研究中心和联合国教科文组织世界遗产中心同样要感谢与会者们为大会所付出的时间和所贡献的经验。

国际文物保护与修复研究中心遗产处理部主任(Heritage Settlements Unit Director, ICCROM)荷波·斯托夫(Herb Stovel)担任该卷的总编。澳大利亚昆士兰大学自然和农村系统管理学院高级讲师马克·霍金斯(Marc Hockings)就有关自然遗产的论文给予了荷波·斯托夫大力协助。编写期间他们得到了项目协调顾问埃琳娜·茵瑟提·美第奇(Elena Incerti Medici)以及国际文物保护与修复研究中心和联合国教科文组织世界遗产中心的支持。

(张　颖)

# 引言
Introduction

2002年11月14—16日,纪念《世界遗产公约》通过30周年大会在威尼斯举行。就在此前不久,11月11—12日,国际文物保护与修复研究中心(International Centre for the Study of the Preservation and Restoration of Cultural Property,ICCROM)和联合国教科文组织在意大利世界遗产城市维琴察举办了"监测世界遗产"研讨会。

对许多人来说,监测是一门技术学科,也是一种有用的、但最好被边缘化的科学活动,完全不应被视为该领域的基本学科之一。最近,由于保护专业人员开始更加重视关于遗产保留的热点讨论——这些论点对于政治领导人和决策者来说不无意义——监测技术和方法已获得新的声望。没有能力准确监控时间、环境和人类的作为对于遗产的影响,就很难令人信服地解释遗产保护有何好处,也难以回答"我们可以证明照看这个遗产能让整个社会变得不同"。在过去十年中,包括世界银行和教科文组织世界遗产委员会在内的许多团体已开始更加认真地对待这一问题,并设法制订监测方法及不断改进监测工具,以清晰客观地表明保护活动的积极影响。

在庆祝《世界遗产公约》通过30周年的背景下,更好地衡量《世界遗产公约》在国家和遗址层面实现其目标的能力被认为尤其重要。

维琴察讲习班旨在为文化和自然遗产的利益提供监测活动的最新概况,并汇集世界遗产委员会所有三个咨询机构的经验。

更具体地说,讲习班的主要目标是:
- 将维琴察会议讨论与当前其他全球会议以及监测文化和自然遗产有关的倡议结合起来;
- 描述目前世界遗产委员会咨询机构的监测倡议;
- 以切实可行的方式加强负责监测文化和自然遗产的人员之间的合作;
- 探索在现场管理系统和项目中有效整合新的监测技术。

国际文物保护与修复研究中心、国际古迹遗址理事会(International Council on Monuments and Sites,ICOMOS)和世界自然保护联盟选出的23名与会者包括来自11个国家(澳大利亚、巴西、玻利维亚、丹麦、厄瓜多尔、牙买加、日本、新西兰、英国、美国和乌拉圭)的具有文化和自然遗产保护背景的专家。会上应邀专家发言,然后与会者就所提出的问题和观点展开辩论。会议结论在研讨会尾声敲定,并于 2002 年 11 月 15 日下午由荷波·斯托夫在威尼斯希尼基金会举办的纪念《世界遗产公约》通过 30 周年大会的"文化遗产技术技能的宇宙"分会上进行陈述。

这些结论载于世界遗产中心的乔万尼·薄伽丘(Giovanni Boccardi)和荷波·斯托夫编写的题为"监测世界遗产——国际讲习班的结论"的文件中。(该文件请见本书附件 4)

尼古拉斯·史丹利-普瑞茨(Nicholas Stanley-Price)
国际文物保护与修复研究中心总干事

(张　颖)

# 第一部分
## 咨询机构及世界遗产委员会

# Advisory Bodies and World Heritage Committee

# 监测世界遗产：世界遗产委员会代表的观点

Monitoring World Heritage: A View from a World Heritage Committee Delegate

## 贝内蒂科特·塞尔福斯拉(Bénédicte Selfslagh)

监测经常与大量的程序联系在一起，利用高科技设备测量随时间变化的数百个变量。毫不奇怪，许多人质疑这些昂贵程序的效用，也有人不确定如何将监测纳入世界遗产委员会的活动。本文的目的包括以下三方面：

1. 向负责监测方案的人介绍世界遗产委员会的工作范围、趋势、优先事项和工作方法；
2. 确定监测如何有助于实现世界遗产委员会的战略目标并促进其决策；
3. 制定一些建议，以充分监测世界遗产。

其中一些建议与正在进行中的《世界遗产公约执行工作指南》的修订有关。

监测世界遗产财产应首先注重与其突出的普遍价值、真实性和完整性（这三者简称为OUV-AI）相关的指标上，因为这正是那些财产被列入世界遗产名单的原因。因此，它应该包括财产状况、OUV-AI、面临的威胁，以及在适当的时候加入纠正措施的影响等。在这些条件下，除了特殊情况外，重点监测可以简单轻易地以合理的成本进行，同时有助于世界遗产的保护。这毕竟是"整个国际社会的责任"[1]。

## 世界遗产委员会开展监测工作的一般背景

### 趋势

《世界遗产公约》规定世界遗产委员会的职责之一是建立、更新和发布《世界遗产名录》和《濒危世界遗产名录》，并为潜在的世界遗产分配国际援助。与执行《世界遗产公约》的第一年相比，可以说重点已经发生转移：

- 从提名[2]转移到《世界遗产名录》，再到提名和保护世界遗产财产；
- 从尊重《世界遗产公约》缔约国的主权转移到尊重国家主权和促进国际合作的意愿

和援助;
- 从需求导向的国际援助转移到需求导向和积极主动的国际援助相结合。

这些趋势是不言而喻的,因为目前《世界遗产公约》有 177 个缔约国,世界遗产清单上有 754 个财产,世界遗产危险清单[3]上有 35 个财产,世界遗产委员会每年审查 100 多个世界遗产财产保护状况报告。

## 优先事项

在过去几年中,世界遗产委员会精简了工作方法,以便处理这种情况,并确保《世界遗产公约》在未来取得成功。委员会在其第 23 届会议(马拉喀什,1999 年 12 月)上开始了这一修订过程,修订工作已近尾声。《世界遗产公约》向前迈出的一大步的标志是,在第 26 届会议(布达佩斯,2002 年 7 月)上通过了《布达佩斯宣言》(Budapest Declaration),该宣言概述了新的战略目标,即众所周知的 4C[4]:

- 世界遗产名录的可信度(Credibility)(和代表性)
- 世界遗产财产的保护(Conservation)
- 缔约国的能力(Capacity)建设
- 通过交流(Communication)增加对世界遗产的责任

《布达佩斯宣言》的 4C 是以过去几年取得的经验和 1992 年通过的战略目标为基础的。

## 方法

世界遗产委员会锐意进取,在《布达佩斯宣言》中为 2007 年编制了评估程序,以 2002 年的情况为参照衡量进展情况。分析将提供有关局面、缔约国需要和行动机会的真实情况。以下分析正在进行中:

- 《世界遗产名录》(the World Heritage List)的可信度——对当前《世界遗产名录》和《潜在世界遗产财产暂定名录》(the Tentative Lists of potential World Heritage properties)的分析。
- 保护世界遗产财产——世界遗产委员会收到的《保护状况报告》(the State of Conservation Reports)的统计数字,以及对《世界遗产公约》(the World Heritage Convention)执行情况定期报告第二节的分析。
- 缔约国的能力建设——对《世界遗产公约》执行情况定期报告第一节的分析。
- 世界遗产委员会在第 26 届会议上还采纳了一些新方法。
- 请世界遗产中心根据对定期报告的分析制定《区域方案》(Regional Programmes)[5]。《区域方案》将允许采取更积极的方法,同时为传统的国际援助提供补充。
- 请世界遗产中心为 4C[6] 中的每项提交《业绩指标》(Performance Indicators),以衡量在执行战略目标方面取得的进展。
- 世界遗产中心提出的《伙伴关系倡议》(The Partnership Initiative),旨在以更系的方式扩大参与世界遗产保护的人员的范围,可以在实验基础上发起[7]。

• 特别委员会会议(巴黎,2003 年 3 月)将审查对《程序》的修订:《操作指南》(*Operational Guidelines*)[8](1999 年以来持续修订)和《世界遗产委员会程序规则》[9]。

世界遗产委员会没有就世界遗产中心关于制定《保护世界遗产的原则》(*Principles for Conservation of World Heritage*)作为对现有国际公约、建议和宪章的补充的建议作出正式决定。这场辩论在后期还将继续。

将目标(4C)、分析(A)和工具(P)组合成一个矩阵,为将来的行动提供必要的指导。因此,布达佩斯会议和《布达佩斯宣言》被认为是世界遗产委员会对《世界遗产公约》通过30 周年及其未来的重大贡献。

## 监测的情况如何?

监视如何适应这种宏观情境?为什么世界遗产委员会需要监测世界遗产财产?答案很简单。对于世界遗产委员会的任何一场普通分会,已经有三个固定议程与监测直接相关:提名、保护状况报告和区域定期报告。虽然未正式说明这一点,但监测提供了这三个议程中每个项目决策所需的基本事实。换句话说,如果执行得当,监测世界遗产有助于世界遗产委员会的决策。由于讨论和决策依赖于所提供的信息的质量,人们甚至可以说,监测世界遗产有助于提高世界遗产委员会决策的质量。本文将进一步探讨监测与三个议程之间的关系。

因此,第一个结论可能是世界遗产委员会的监测本身并不是目的。这不是昂贵技术的推广。监测不能简化为物业管理,监测应为世界遗产委员会的基本问题提供答案,以便其决策。

## 监测和提名世界遗产委员会所关心与需要的

在审查缔约国提交的提名时,世界遗产委员会力求确定符合真实性和完整性条件,且具有突出的普遍价值的财产。世界遗产委员会也审查各缔约国建议如何确保突出的普遍价值、真实性和完整性随着时间的推移得到良好保护。与此同时,世界遗产委员会鼓励缔约国在准备提名之前或同时采取一切适当措施。基于此,委员会希望今后避免任何保护相关的问题。

世界遗产委员会可向缔约国在关于如何将财产列入《世界遗产名录》或制定相关列入条件[11]的决策方面提出建议。委员会审议的中心议题是 OUV-AI。

世界遗产委员会的决定是基于其咨询机构作出的科学独立的评价。因此,他们的评价是至关重要的。委员会成员在这些评价中寻找什么样的信息?

1. 对 OUV-AI 与其他类似性能进行精确评估并在《OUV-AI 声明》中加以总结。
2. 使用允许评测随时间变化的物理手段对财产现状及其 OUV-AI 进行关键描述。

3. 评估财产和 OUV‑AI 的保护问题。什么是潜在的对财产及其 OUV‑AI 的内部或外部威胁？

4. 缔约国将如何处理保护问题和潜在威胁？这些措施是否足以保证财产及其 OUV‑AI 的安全？

5. 在列入名单时，是否需要制定任何必要的建议或条件？如果需要，是哪些？缔约国能够执行这些规定吗？

## 监测如何帮助世界遗产委员会做出决策？

提名阶段的监测规划确保有参考数据可用于评测财产及其 OUV‑AI 随时间的演变。然而，评测应该集中，这意味着 OUV‑AI 应该被置于活动的核心。应该避免只做搜集数据本身。提名过程应更加注意监测，第一是在提名文件阶段，第二是在咨询机构评估阶段。无论在世界遗产名录的确立阶段，还是在保护状况报告阶段，委员会的决策都将得到促进（见本文第 4 节）。

在提名中，缔约国应包括：

1. 与 OUV‑AI 关联的物理属性的识别。

2. 借助物理属性描述财产的条件及其 OUV‑AI。

3. 对保护问题和财产及其 OUV‑AI 的潜在威胁的风险分析。分析应该检查恶化发生的概率和可能损坏的程度。

4. 重点监测大纲，包括确定关键指标和时间表。关键指标应涉及与 OUV‑AI 相关联的物理属性和财产状况，以及其他可能影响该财产及其 OUV‑AI 的内部或外部因素。时间表（规划）应表明监测是连续的、定期的还是临时的。如何组织监测在本书的其他论文中都有涉及。

5. 描述确保充分保护财产及其 OUV‑AI 的所有措施，即保护和管理系统。

监测已经包括在提名的现有标准形式中，但其目标应在修订的《操作指南》中明确规定。标准格式的标题也应该按照更合理的顺序重新组织：

1. 财产鉴定。

2. 描述（包括历史）。

3. 被列入的理由（包括 OUV‑AI 的物理属性）。

4. 保护问题和可能的威胁（包括风险分析）。

5. 保护和管理系统（包括监测）。

6. 文件编集。

7. 联系信息。

8. 代表缔约国答署。

关于咨询机构的评价过程，以下将是非常有益的：

1. 分两步评估：首先考虑 OUV，然后考虑其他因素。

2. OUV‑AI 的声明草案，包括对两个方面（OUV 和 AI）的物理属性的识别。

3. 由缔约国提出监测程序的评估方法，必要时加上建议。

4. 明确说明资料来源是缔约国还是咨询机构。

5. 明确区分事实与其解释。理想情况下，评价报告应遵循从事实到解释、从评价到建议的过程。

为了确保所有评价及其最终结论的统一呈现，可能有必要引入"清单"的概念。

## 监测和保护状况报告世界遗产委员会所关心与需要的

将一处财产列入《世界遗产名录》并不是结束，而是开始。缔约国、世界遗产委员会、世界遗产中心、咨询机构和整个国际社会有义务确保财产受到有效的保护。

当世界遗产财产的保护状况受到项目、工程、灾害或特殊情况等的影响时，实施被动监测，即在议程中广为人知的"保护状态"（SOCs），向世界遗产委员会提供信息。世界遗产中心在向世界遗产委员会提交《保护状况报告》之前征求有关缔约国和咨询机构的意见。

在审查国家保护报告时，世界遗产委员会本身并不反对改变，因为它寻求的是管理改变。真正的挑战是如何保护为《世界遗产名录》提供证据的 OUV‑AI。如果 OUV‑AI 受到威胁，世界遗产委员会将与缔约国进行对话并提出纠正措施和援助，以改善这种状况。

世界遗产委员会的决定是根据世界遗产中心收集和由缔约国、咨询机构或其他方面提供的资料作出的。世界遗产委员会成员对于《保护状况报告》有什么需要？

1. 更多事实信息：当被列入《世界遗产名录》时，该财产的状况如何？发生了什么或正在发生什么？具体在哪里：在遗产上，还是在缓冲区？以什么样的方式发生？在咨询机构和世界遗产委员会的监测下，保护/管理系统如何运作？如果缔约国采取了纠正措施，具体有哪些？如何（能够）衡量进展？

2. 评估情况：财产状况是否（正在）恶化？该财产及其 OUV‑AI 是否受到威胁？威胁严重与否？保护/管理系统是否有效？是否需要额外的措施？情况有改善吗？当然，在大多数情况下，不可能只用"是"或"否"来概括这些问题的答案。

3. 事实与解释之间的明确区分。

4. 引入层次概念的系统方法。《世界濒危遗产名录》（the List of World Heritage in Danger）中的一些财产多年来没有向世界遗产委员会报告；还有一些财产似乎是"永久客户"，但没有被列入《世界濒危遗产名录》[12]。

5. 回答上述问题的《保护状况报告》的统一介绍。

## 监测如何帮助世界遗产委员会的决策？

重点监测对于《国家保护报告》（State of Conservation Reports）的价值已经在本文第 3 节"监测和提名世界遗产委员会所关心与需要的"中得以阐释。关于对提名过程进行监测的说法同样适用于《国家保护报告》。还有一些额外的想法：

1. 监测只提供部分事实信息。
2. 应利用监测来衡量有关威胁和纠正措施影响的状况演变。
3. 只要有可能，对于所有最近的提名，在将财产列入《世界遗产名录》时该财产的状况应包括在用于解释监测结果的参考数据中。
4. 不管过去的参考数据是否可用，不管是否已经或将要进行一些监测，都应该把重点放在 OUV - AI 上。

对《保护状况报告》的总体进程加以评论需要[13]：

1. 在修订后的《操作指南》中澄清其程序，将重点从《世界濒危遗产清单》和《世界遗产清单》中删除转移到一般保护方法。
2. 阐明世界遗产中心和咨询机构不同但互补的作用。
3. 为每个世界遗产评估团起草职权范围。
4. 为每个面临严重保护问题的世界遗产财产制定有时限的行动计划，并采取纠正措施；这些行动计划需要纳入区域方案。
5. 优先考虑列入《世界濒危遗产名录》的财产。
6. 使用清单统一、连贯地介绍《保护状况报告》。

## 监测和区域定期报告世界遗产委员会所关心和需要的

《世界遗产公约》[14]提出了缔约国定期报告公约实施情况的概念。这些报告是根据下列时间表在区域基础上提交的：阿拉伯区域（2000）、非洲（2001、2002）、亚洲/太平洋（2003）、拉丁美洲（2004）、欧洲/北美（2005、2006）、评价（2007）。预计 2008 年将开始一个新的周期。

定期报告的格式包括关于文化和自然遗产政策问题的第 1 节和关于世界遗产财产保护状况的第 2 节。本文第 4 节中提到的《保护状况报告》作为对特定世界遗产财产发生意外的反馈提交给世界遗产委员会；定期报告第 2 节旨在系统介绍所有世界遗产财产的保护状况，包括它们是否受到威胁。

定期报告第 2 节更新所有世界遗产信息。边界类的关键信息有时没有提供，特别是对于《世界遗产名录》上记载在 20 世纪 70 年代和 80 年代的世界遗产。

原则上，第 2 节应该把所有的保护问题放在前面。据推测，目前世界遗产总数为 754，有些问题可能被忽视，或者至少被其他问题所掩盖。对于大多数世界遗产，自被列入《世界遗产名录》以来从未被编写过《保护状况报告》。显然，定期报告为研究所有财产的监测问题、收集以前监测方案的信息以及规划未来重点监测提供了机会。

定期报告的系统方法使世界遗产委员会能够提供定制的区域方案，同时考虑到缔约国和区域的需要和优先事项。任何有关文件、保护进而有关监测的积压问题都可以解决。根据定期报告第 1 节提供的综合信息，可以考虑缔约国和区域的优势、弱点以及特殊性。

因此,未来国际援助的分配也应更加有效。

**监测如何提供帮助?**

监测与区域定期报告之间的联系是以定期报告的形式建立的,但其目标和重点应该在修订的《业务准则》中更加明确。

在更新有关世界遗产财产的现有信息时,监测可以提供必要数据供今后参考,并收集有助于以后作出决策的数据(另见本文的第3节和第4节)。由于世界遗产委员会仍处于第一个周期的定期报告中,出于保护目的的监测过程将在未来几年充分展示优势,这点确凿无疑。因为参考阶段以及参考数据必须非常小心地进行识别,并且几乎肯定不会与定期报告练习的周期一致。

定期报告是在区域基础上提出的,这一事实应支持比较分析和分享的做法,特别是对于具有相似特征或面临类似挑战的世界遗产财产。

人们可以预期,在维琴察会议之后,这些问题是否可能会被再次讨论,并导致一些能力建设项目?

**结论**

为世界遗产委员会的监测本身不是目的,目的在于应该促进世界遗产委员会的决策。因此,监测的重点应放在保护世界遗产财产的突出的普遍价值、真实性和完整性的关键指标上。因此,它应该包括财产状况及其 OUV-AI、威胁以及在适当的时候纠正措施的影响等。在这些条件下,除特殊情况外,重点监测可以简单轻易地以合理的成本进行,同时有助于世界遗产的保护。

提名应包括重点监测的大纲,包括确定关键指标和时间表。关键指标应涉及与 OUV-AI 相关联的物理属性和可能影响该属性的其他内部或外部因素。

组织重点监测的目标和方式应在《业务准则》、提名和定期报告格式中更加明确。提名格式以及因此形成的暂定名单和定期报告的格式应当按照更合理的顺序进行重组,即对于财产的陈述、被列入的理由、保护所面临的挑战,以及缔约国提出的措施(即保护和管理制度,包括定时监测)。

向世界遗产委员会提交的文件(提名、评价、保护状况报告和区域定期报告)应明确区分事实、解释、评价和建议。

比利时瓦隆地区(the Walloon Region)顾问兼世界遗产委员会第 26 届会议和第 6 届特别会议报告员北内蒂科特·塞尔福斯拉特别参与了世界遗产委员会从 1999 年开始制定的改革进程。

(本文仅表达作者个人观点,不是世界遗产委员会或比利时代表团的官方立场)

注释：

1. 参见《世界遗产公约》第6条。

2. 提名是指由该财产所在的缔约国提交的、关于在世界遗产名录上记载财产的提案。

3. 数字为2004年1月，是出版日期。

4. 26 COM 9和26 COM 17.1号决定。

5. 26 COM 17.2和26 COM 20号决定。自维琴察研讨会以来，27 COM 20B.1-6号决定。

6. 26 COM 17.1号决定。自维琴察研讨会以来，27 COM 20B.6号决定。

7. 26 COM 17.3号决定。自维琴察研讨会以来，27 COM 20C.1号决定。

8. 26 COM 18号决定。自维琴察研讨会以来，6 EXT.COM 4和6 EXT.COM 5.1号决定，27 COM 10号决定。

9. 26 COM 19号决定。自维琴察研讨会以来，6 EXT.COM 3号决定。

10. 世界遗产委员会第25届会议报告（赫尔辛基，2001年），议程项目5。自维琴察研讨会以来，27 COM 20A.1号决定。

11. 最近的一个例子是维也纳历史中心：在缔约国和地方当局将审查与控制城市发展项目的预想背景下，该财产在世界遗产委员会第25届会议上被列入世界遗产名录。世界遗产委员会的行动被证明是有效的，并且已经提高了一个重大发展项目的质量[见26 COM 21(b)35和27 COM 7B 57号决定]。

12. 自维琴察会议以来，已向世界遗产委员会第27届会议（巴黎，2003年7月）提交了关于世界濒危遗产清单所列所有财产的保护状况报告。

13. 自第6届特别会议和第27届会议（巴黎，2003年7月）的维琴察会议以来，就所有这些问题取得了实质性进展。世界遗产委员会设立一个具体的预算项目，协助缔约国努力保护列入《世界濒危遗产清单》的财产（6 EXT.COM 6号决定）；商定对《业务准则》中关于养护国程序的一节的修订（6 EXT.COM 4和5.1号决定），并进一步精简这些程序（27 COM 7B.106号决定和关于具体地点的27 COM 7B.xx号决定）。

14. 参见《世界遗产公约》第29条。

（张　颖）

# 咨询机构评世界文化遗产监测发展现状

An Advisory Body View of the Development of Monitoring for World Cultural Heritage

## 荷波·斯托夫(Herb Stovel)

文化遗产咨询机构国际古迹遗址理事会和国际文物保护和修复中心在协助世界遗产委员会建立适当的监测机制，改善世界遗产的保护方面发挥了重要作用。从遗产遗址管理上来看，它们的注意力主要集中在以下几个关键问题上：监测工作具体监测什么？有效监测的必要条件是什么？哪些工具、机制和方法对监测最为有效？监测相关工作人员应具备哪些技能和态度？自20世纪80年代中期以来，国际古迹遗址理事会和国际文物保护和修复中心一直努力在世界遗产论坛中引起人们对这些问题的关注。本文概述了咨询机构在《世界遗产公约》框架内长期以来所使用的文化遗产监测方法的发展变化，并分析了这些方法在不同时间所着重处理的不同问题。

1983年，联合国教科文组织文化遗产司(教科文组织世界遗产秘书处负责文化遗产的分支)司长首先开始对列入教科文组织《世界遗产名录》的遗址的保护状况提出明确关切。咨询机构应邀为文化遗址监测系统的研发提供经验和意见。文化遗址管理机构方面的回应起初是试探性的，一段时间之后才初步完成了对所需方法的讨论和完善。到1986年，国际古迹遗址理事会提出了一份问卷，协助遗址机构和遗产管理方系统地评估遗产场址的保护状况。虽然该问卷未被委员会采纳，但它开启了后续一系列的自主开发行动。到90年代初，国际古迹遗址理事会每年向委员会提交一份监测报告，内容涉及不同遗址站点工作中的困境和难题，我们现在把这种监测称为"反应性监测"(reactive monitoring)。

这一时期，委员会分别收到国际古迹遗址理事会、世界自然保护联盟和世界遗产中心发来的监测报告，格式各不相同，各自采用不同的方法针对不同的监测目的分别作出回应。国际古迹遗址理事会自行决定要查看哪些遗址站点，以及向委员会提出哪些建议。国际古迹遗址理事会报告是独立编写的，通常并没有与《世界遗产公约》缔约方取得直接联系。委员会表示希望研发更系统的方法监测文化遗产和自然遗产，这也是十分恰当的。为了提高共同协作的工作效率，初期咨询机构采取了一些试验性的文化遗产监测举措，这为委员会的工作提供了重要参考。

- 挪威国际古迹遗址理事会与里克圣蒂克瓦尔雷(Riksantikvaren)密切合作，在几年内组织了一系列监测会议，邀请外部顾问参会，审查挪威的世界遗产遗址的养护状况，最初为勒罗斯(Roros)和卑尔根(Bergen)。NILs Marstein(里克圣蒂克瓦尔雷，国际古迹遗址理事会)和KutneEinna Larsen(特隆赫姆大学，国际古迹遗址理事会)组织合作进程，并主持了会议。

- 斯里兰卡国际古迹遗址理事会采用了不同的工作方式，组成了一个由外部和内部专家组成的团队。1994年，一个由三名斯里兰卡专家和来自国际古迹遗址理事会及盖蒂保护研究所的四名国际专家组成的小组，在荷波·斯托夫的领导下，展开了为期三周的工作，考察了三个世界遗址站点：阿努拉德普勒(Anuradhapura)、波隆纳鲁沃(Polonnaruwa)、锡吉里耶(Sigiriya)。

- 英国国际古迹遗址理事会的秘书弗朗西斯科·戈尔丁(Francis Golding)视察了英国的世界遗址站点，监测世界遗产现状，并将其与提名文件中描述的状况进行比较。

在拉丁美洲，联合国开发计划署在西尔维奥·穆塔尔(Silvio Mutal)的领导下，于20世纪90年代初发起了一个类似的项目，该项目范围扩展到整个拉美，到1994年，此项目全面概述了拉美地区所有《世界遗产名录》收入的文化遗址的保存情况。

这些探索性工作运用了一系列创新方法用于监测分析，并将需要解决的问题开始明晰化，从而促进监测工作。1993年11月初，新成立的联合国教科文组织世界遗产中心和咨询机构与英国剑桥的世界养护监测中心合作，组织了一次专家会议，审查这些问题并比较各种监测方法。这次会议邀请了一些来自文化和自然遗产领域的专家参加，得出了一些关键结论，这些结论主要仍是致力于改进文化遗产监测的。

- 认识到任何遗产监测工作的核心问题必须是时间和环境对遗产价值的影响，《世界遗产名录》收入认定过程中会对遗产价值进行认定评估。

这一点在今天似乎是显而易见的，因为目前遗址保护机构在准备提名材料时都被要求提供一份对提名遗产物意义价值的说明。但事实上，1986年国际古迹遗址理事会编写的早期监测问卷以及90年代初进行的联合国开发计划署在拉丁美洲的第一轮监测工作中(见下文)，其所进行的分析并没有包括有关时间对遗址价值的影响问题。

- 认识到监测中有必要比照可靠基准数据，开展监测审查。

剑桥会议指出，应收集"描述遗产属性、使用和管理情况及其特征、质量与意义价值"的数据，包括收集"与地方当局和机构合作进行的，描述遗产在物理、社会和行政状况等方面情况"的数据。

- 认识到有必要区分监测(对遗址物产的管理进行周期性的连续过程)和报告(遗址物产生命周期中某一时刻的"快照")。

要改进监测，必须解决这些根本性的差异问题。明确区分这些差异，能为世界遗产委员会提供参照，从而有效制定政策和方法。这些政策和方法，有些是长期性的，不间断地监测遗址管理效率；有些则是阶段性的，每隔一段时间向世界遗产委员会和其他相关机构报告遗址保护状况。

认识到区分"系统性监测"（遗址存续过程中定期审查）和"临时性监测"（对所发现的问题或需要紧急处理的情况作出回应）的必要性。

两者的区别在于，"系统性监测"的目的是汇集经验教训，以提高遗产保护的效率，而"临时性监测"的目的是改善遗址出现某一具体问题时进行的相应处理手段。世界遗产委员会的工作中长期以来一直以这样或那样的方式坚持区分这两者之间的差别。咨询机构也认识到区分这两者之间的差别十分重要，但长期以来一直在寻求从"临时性监测"工作中吸取经验教训，发现各地区不同的需求模式，从而帮助确定各区域遗产保护工作中要处理问题的优先次序。

人们认识到有必要研发出遗址保护机构、咨询机构和世界遗产中心通用的监测方法，使其既能用于文化遗产，也能用于自然遗产保护。

委员会早已认识到，允许遗址保护机构、教科文组织世界遗产中心和咨询机构独立组织监测是不利的，必须将它们组织到共同框架之下，统一力量，向世界遗产委员会提供相关一致的咨询意见，对有关支出和援助的优先次序问题提出建议。

人们认识到不应将监测活动视为政府机构外的代理机构所进行的"制裁处理"行为。

现有监测系统各方都认识到，负责部门、遗址管理主体和咨询机构或其他有能力的情报分析机构之间是协同合作关系，应该建立各方协同合作的监测系统。

令人遗憾的是，这些科学讨论在20世纪90年代中期中断了四年，而委员会，具体来说是《世界遗产公约》缔约各方大都进行了干预，他们明确要求各遗址保护机构各自有责任对遗址开展监测并提交正式报告。讨论中断的原因在某种程度上是由于现有的监测系统存在明显的混乱——剑桥监测会议提供的区分意见的确有助于建立总体框架，分清报告、监测、系统性监测和临时性监测等之间的差别，然而这些实际上在监测讨论中断之前并没有被委员会采纳落实。另外，不少遗址保护机构也一直心存疑虑，它们认为监测主体应该是它们自己，而不是由其他第三方负责提供保护现状的监测报告。这些疑虑很大程度上是针对咨询机构的，它们认为咨询机构的调查结果只是为了披露遗址保护机构工作中的失职，而对保护机构自己的观点并没有给予充分的关注。

这些辩论不仅澄清了世界遗产系统中所有合作伙伴的责任和作用问题，同时也提供了一个更明确的框架，以对监测结果展开科学的审查。剑桥会议中讨论的问题至少在一定程度上得到了相应的处理：

自1998年起，各缔约方被要求在其提名文件中列入"意义陈述"。其目的是为了阐明遗产物的意义价值。委员会一旦认定其为世界遗产，将为日后监测提供比照参考。

- 提名过程和定期报告过程被认为同等重要，如同一枚硬币的两面。提名过程仅是数据收集的第一阶段，提供了一组基准数据用于未来对照审查；定期报告过程则是对提名文件中收集的数据进行第二次、第三次或未来更多后续阶段的审查。

委员会采用的新监测系统中，采纳了监测和报告之间的区别，以及系统性监测和反应性监测（即之前所谓的"临时性监测"）之间的区别。

该系统邀请各方以地区为基础进行合作，撰写区域内"定期报告"（以前称之为"系统性监测"),并根据所认定的具体紧急情况,不定期地进行反应性监测任务(即 1993 年所称的"临时性监测")。此外,世界遗产中心在咨询机构的帮助下,针对每一次反应性监测任务,撰写《保护状况报告》,在报告中使用统一的方法,采用统一的格式。

过去几年的讨论已经在努力进一步解决这些问题。1999 年,国际文物保护和修复中心与国际古迹遗址理事会合作,在世界遗产中心的支持下,开始编写《监测参考手册》。该手册计划首先概述文化遗产监测规划中的重要原则,以及这些原则如何用于不同的文化遗址类型,诸如历史城市遗址、考古遗址和文化景观遗址等。手册的概述部分和历史城市监测部分已基本完成(2000 年 5 月在马耳他举行专家会议后完成,并得到了马耳他政府的慷慨支持);考古遗址部分已于 2002 年 2 月由国际古迹遗址理事会在以色列组织的一次会议上开始;国际文物保护和修复中心计划让参加国际古迹遗址理事会关于文化景观管理的第一个试点课程(定于 2002 年 11 月 18 日开始)的学习者开展与文化景观遗址监测规划工作类似的练习。

在《监测参考手册》编制过程中展开的研究和开发工作已经暴露了一些有关世界遗产监测的关键方法问题,在提高遗产监测工作效率方面存在的问题还有待解决。

"意义陈述"应该包括有效利用该声明作为有效监测参考的所有必要因素。

为了提供足够的参考基准,该"说明"应做到叙述宽泛,涵盖足以列入名录的意义价值的描述,体现该价值的具体属性表现,以及与属性相关联的真实性和完整性的程度。目前,在《世界遗产工作指南》(*World Heritage Operational Guidelines*)中,对"意义陈述"是什么或应包括什么并没有明确的定义,遗址保护机构可自行选择,自行对这一部分的内容进行解释。提名申报人有的提交了长篇论文,提供了详尽的科学意见或数据,有的提交了半页简短的价值意义概述。几乎所有的人都未能将所说明的意义价值与提名标准相联系,更别提进一步提供属性支撑说明以及对真实性或完整性的分析了。

● 基准数据的收集过程要求相关工作人员必须有日常管理意识,而且收集数据要明确地扩大到包含与日常管理有关的范围。

数据的收集应不限于世界遗产提名文件中的描述性数据。

《监测参考手册》中提出的监测框架要求收集三个方面的数据:

● 遗址及其构成要素的保存现状(即保存状态条件);

● 遗产要素为中心焦点,审查遗址物产所处的社会环境、实体环境的和经济环境的状况;

● 为改进遗址现状而采取行动或策略的有效性。

对这一点进行强调是很重要的,因为过去《保存现状报告》的编写通常只会收入与实体结构或遗址本身的物理条件相关的描述性数据。《监测参考手册》中所提出和使用的三重细分,为在多重并行环境中的数据收集提供了有价值的指导框架,有利于工作的展开。例如,这种方法与许多环境框架中使用的压力-条件-响应模型相呼应,用以组织信息和测量变化。

还需要注意的是,使用该三分框架将不可避免地要求所使用的基准参考值根据所收集的数据的类别而有所不同。如果有人认为监测工作只是收集适当"指标",那必须向他们指出,现实情况要复杂得多。为衡量保护行动或策略(例如《世界遗产工作指南》中称为"纠正措施")的有效性而确定的基准参考数据,应当与行动或策略中计划达成的目标相关联。用于测定保存现状的基准参考物可以是实物记录(例如照片等),或者它们也可以是定性或定量的"指标"。衡量遗址的实体环境、社会环境和经济环境的基准数据可能是统计性数据,也可能确实构成参照"指标"。

还必须指出,现有世界遗产系统与《世界遗产工作指南》的要求已有按照这种方式收集数据和将数据分组的趋向。然而,并不是所有的数据都被认为对监测评估同等重要,尤其在数据之间没有实现很好联系的情况下。定期报告格式一般要求评估人按照遗产保护现状(状态条件)、环境威胁以及采取的措施在改进保护的有效性等方面整理数据,虽然这些数据未被置于一个整体分析框架内。充分有效的数据收集工作还必须反映所有相关领域的相关因素间复杂的相互关系,并在所建立的数据整体框架体系内关注世界遗产价值。

这通常要求所收集的数据远超出世界遗产提名文件中包含的数据,并且还需要对目前提名文件格式和定期报告格式中收录与呈现的数据进行调整修改。

用于测量遗址产生变化情况而制定的指标,在使用中是否有效,在很大程度上取决于是否谨慎地确定遗址所需达成的目标,以及是否谨慎地考虑应该在哪些方面设立指标。

由于无法完全准确地建模和准确反映遗址的所有复杂情况,以及所有相关因素之间的联系,因此,监测重点应放在谨慎确定能反映更复杂现实的代表性主题,以及确定相关的替代性指标这些工作上。

- 定期监测报告流程已在几个地区实施,其中的经验教训显而易见。同时世界遗产中心也在加紧努力,将来自不同的反应性监测工作中收集的数据系统化,并将其与定期监测报告的结果联系起来。

目前,正在努力使定期监测和反应性监测这两种过程顺利进行,并且将这两个监测过程联系起来,其结果是在改进监测活动方面取得了一定的成果。目前,虽然反应性监测结果使文化遗址站点直接受益,但是,这些监测结果未被系统地收集或分析,并没有为解决系统性问题提供有益参考,也没有像定期监测报告那样,为阐明广泛的主题性或地区性趋势变化发挥作用。

新版《世界遗产工作指南》的制订工作开始于1999年,有望于2003年完成。新的工作指南有可能系统地处理所关注的问题,并确保将新的方法写进《工作指南》中的恰当章节。当然,在改善世界遗产名录中文化遗产物的监测工作方面仍存在许多挑战。其中包括:

监测系统要做到既反映遗产被普遍认可的"卓越价值",又反映当地认定的遗产价值,两者要综合起来。

管理者无力开发和实施两套监测系统,一套适用于世界遗产价值,一套适用于地方价值认定。因此,现有的管理体系必须找到整合这两个不同关注点的方法,任何一个都不落下。

- 改进监测系统,使其适应各社群团体越来越复杂的文化遗产评估系统。

现在人们很清楚,各社群团体在价值或方向上并不统一。许多社群团体开始出现开放性的评估体系,它们认识到大家并不需要完全赞同所有的价值,事实上也不可能完全赞同,人们容许差异共存的价值体系,而这是更具开放性和包容性的方法,可以帮助在决策中界定和采用多价值体系。然而,具体的监测过程必须确定客观既定的基准参考,怎样把开放性思路纳入其中,并与具体监测过程结合起来操作,目前并不清楚。

- 把文化遗产监测和自然遗产监测系统中经验教训归拢到一起,使其在一个涵盖内容更广泛的世界遗产监测框架下发挥作用。

虽然这是一个值得追求的目标,并与《世界遗产公约》的制定目标以及包括1998年阿姆斯特丹会议在内的一些最近的专家会议的结论相一致,但仍然要强调的是,这不但难以充分实现,而且并不一定就好。考虑到在各个领域内对文化和自然遗产的理解不同,自然遗产领域在评价过程中与科学联系更紧密,而文化遗产与人文学科联系更紧密,虽未明确提出,但都接受如下观点,即对既定价值的认识将随着时间的推移而发生变化,或因社群团体的不同而不同。因此要分别将科学与人文这两个领域的方法进行界定和确认,继而将其加以整合,事实上是有困难的。

遗产指标如何确定,下面有四个例子。这些例子说明了在某一自然遗产或文化遗产背景下,有实际参考作用的指标是如何选定的。这个过程从最理想的方向(这里描述为"原则声明")开始,之后以分级方式逐级移动,通过提出与"原则声明"中涉及的原则相关的一系列关键问题(并给出可能的答案)来选定。对每一个"关键问题"给出的回答,从中都可确定某一指标。这样,指标的选择可以反映管理方向的变化。如示例所示,有许多不同的方法来实现这一点。这里的主要思想是建立一个分级系统,识别关键问题和方向,在其中嵌入有用的指标。这些示例都出自国际文物保护和修复中心、教科文组织、国际古迹遗址理事会的《监测参考手册》。

荷波·斯托夫是国际文物保护和修复中心遗产处理部的主任。

"监测世界遗产物的方法:探索方式与方法"专家会议的报告,英国剑桥(1993年11月1日至4日)。WHC-93/CONF。002/IN

"世界遗产所在地拉丁美洲、加勒比和莫桑比克等地世界遗址的系统性监测:研究结果和国际视角",联合国开发计划署/教科文组织拉丁美洲和加勒比地区项目提交论文,联合国教科文组织世界遗产委员会,泰国普吉,1994年12月。

约翰·沃德编撰,《世界遗产监测(文化财产)》卷Ⅰ,1982—1990;卷Ⅱ,1991—1993,国际古迹遗址理事会1992—1993。这是1983年至1993年国际古迹遗址理事会记录中有关监测问题、方法和结果的47份监测文件的汇编。

挪威国际古迹遗址理事会,《挪威卑尔根世界遗产公约对卑尔根的评价》,里克圣蒂克瓦尔雷,1994年2月24日。

国际古迹遗址理事会评估斯里兰卡Anuradhapura、Sigiriya和Polonnaruwa世界遗址保护状况的代表团的报告，1994年11月，为斯里兰卡政府编写，最后定稿于1998年5月。

本报告反映了由荷波·斯托夫（加拿大国际古迹遗址理事会）领导的监测小组的结论，该小组组成人员包括亨利·克里尔（Henry Cleere，国际古迹遗址理事会世界遗产协调员）、弗朗西斯·爱潘迪（Frances Affandy，印度尼西亚国际古迹遗址理事会）、P.L. Prematilleke（斯里兰卡国际古迹遗址理事会）、Nimal de Silva（斯里兰卡国际古迹遗址理事会）、Gamini Wijesuriya（斯里兰卡国际古迹遗址理事会）、Margaret Maclean（盖蒂保护研究所）和Scott Cunliffe（盖蒂保护研究所）。

历史名城遗产价值的保存原则声明

表1　管理良好的历史城市的遗产属性将真实地反映其重要的遗产价值

| 关　键　问　题 | 指　　标 |
| --- | --- |
| 关于这座历史名城的遗产价值是否达成共识 | 是否为这座历史名城准备了明确的《意义陈述》 |
| 城市的世界遗产价值是否纳入历史城市自身定义的遗产价值 | |
| 历史城市自身定义的遗产价值是如何反映在其特征属性中的（特色、模式、传统等） | 《意义陈述》是否将遗产价值与其重要属性相联系 |
| 重要遗产属性的真实性是否与历史城市自身定义的遗产价值相关？是否得到了明确的理解 | 《意义陈述》是否提及重要遗产属性的真实性 |

表2　管理良好的历史城市将确保发展决策不会损害其重要的遗产价值

| 关　键　问　题 | 指　　标 |
| --- | --- |
| 对遗产价值的影响是否会成为评审发展决策的决定性因素 | 在发展决策中是否参考了《意义陈述》 |
| | 在讨论中，关键利益相关者是否了解并参考了《意义陈述》 |
| | 媒体在处理遗产问题时，是否提及《意义陈述》 |

表3　管理良好的历史城市的遗产价值将被公众理解为决策中的关键因素

| 关　键　问　题 | 指　　标 |
| --- | --- |
| 社群团体内普遍理解和接受认定的遗产价值吗 | 这座历史悠久的城市的遗产价值是否在教育中体现出来 |
| | 历史名城的遗产价值在观光信息和公众信息中是否对游客可见 |
| | 历史城市的遗产价值在公众信息中是否对居民可见 |

表 4　管理良好的历史城市的遗产属性将真实地反映其重要的遗产价值

| 关 键 问 题 | 指　标 |
| --- | --- |
| 所认定的遗产价值是什么<br>中世纪城市规划的最佳范例之一 | |
| 表示这些遗产价值的关键属性有哪些<br>中世纪街道格局 | |
| 关键遗产属性的真实性级别如何<br>高级别实物真实性 | 中世纪街道格局的物证 |

国际文物保护与修复研究中心、教科文组织、国际古迹遗址理事会的《监测参考手册》。

（王　霞）

# 监测世界遗产保护状况：操作实务（ICOMOS—咨询机构）

Monitoring the State of Conservation of World Heritage Properties: Operational Aspects (ICOMOS – Advisory Body)

## 瑞吉娜·杜里格哈罗（Regina Durighello）

国际古迹遗址理事会参与了1972年《世界遗产公约》规定的一项基本活动，即监测世界遗产名录收入的遗址物产的保护状况。在向《世界遗产名录》提名一项遗址时，对遗址管理方的工作展开仔细调查，要说明监测是在哪里进行的以及怎样进行的。在这一背景下，未来对遗址开展保护时，可以做到不损坏遗址，不使其遭遇重大问题。此外，国际古迹遗址理事会还参与了针对受到损坏威胁的遗址的反应性监测任务，参与了《世界遗产公约》各缔约方的定期监测任务报告，还与国际文物保护和修复中心及教科文组织一起合作编写管理和监测手册。

国际古迹遗址理事会是世界遗产委员会的咨询机构之一，也是一个非政府组织，汇集了在国际范围内从事遗产保护领域工作的专业人员。

国际古迹遗址理事会参加了1972年《世界遗产公约》规定的一项基本工作，即监测世界遗产名录中的遗产物保护状况，这项工作的重要性近年来变得越来越突出。国际古迹遗址理事会执行委员会在2002年1月的会议上主张这方面的工作应得到特别关注。咨询机构必须通过其国家委员会、国际科学委员会和个别成员，为促进遗产保护贡献一切资源。

此监测工作目前有多种形式：

1. 应世界遗产委员会或其秘书处（即世界遗产中心）的要求，对受到威胁的特定世界遗产物进行反应性监测；
2. 参加公约缔约方的定期监测报告；
3. 日常监测；
4. 组织成员自发编制报告；
5. 与国际文物保护和修复中心和教科文组织合作编写管理和监测手册。

这项活动得到了特别关注，但也提出了一些问题。维琴察研讨班的参加者可根据自己的经验提出问题和建议,以提高该监测工作操作实务方面的有效性。

## 反应性监测

世界遗产委员会及其秘书处越来越多地要求国际古迹遗址理事会在受威胁的遗址执行监测任务(1998年7次,2000年22次,2001年16次),维琴察研讨班的大多数与会者都参加了这类任务。很明显,听取国际古迹遗址理事会对组织和执行这类任务的意见,以及说明这类任务对遗址保护状况的具体影响是有益的。它们所提供的答案很可能是积极的,因为实例已经表明并且继续表明。反应性监测是一种必要的工具,它使世界遗产委员会确保《世界遗产公约》得到实施。我们已经注意到,由教科文组织世界遗产中心的一名工作人员和一名国际古迹遗址理事会专家组成的联合反应性监测特派团,在参与双方的工作中能做到相互促进。

然而,你也可以认为,世界遗产场址可以更好地利用国际古迹遗址理事会的专业知识来开展这种反应性监测活动。国际古迹遗址理事会在对其成员发送的信息进行初步审查后,可以提请世界遗产中心以及主席团和委员会注意具体遗产的保护情况。这一程序之后,可以向有关缔约方要求提供资料和作出反应,或者经缔约方同意对该场址进行访问。

尽管最近在监测遗产保护状况的方法方面取得了不少进展,但随着缔约方对定期监测报告的使用日益增加,反应性监测仍然是执行《世界遗产公约》的一个重要工具,因为它涉及独立的专家审查,这一职能目前是由咨询机构来完成的。

## 参与定期监测报告

咨询机构参与了关于定期监测报告的科学性和专业性的思考过程,因此被邀请编制缔约方提交的定期报告的格式,这一格式被世界遗产委员会第22次会议(1998年11月30日—12月5日,日本京都)所采纳。

在这次会议上,委员会强调咨询机构在制定区域战略和审查缔约方提交的报告方面应发挥重要作用。

1999年,咨询机构在提及了阿拉伯地区和非洲当时正在进行的监测工作相关文件后,向世界遗产委员会要求认定其作用。三年后,与秘书处进行更为密切联系的请求仍然是一个重要问题。

事实上,《世界遗产公约业务准则》(2002年7月)讨论定期监测报告的段落(第73、74和76段)提到了咨询机构,认为咨询机构能为秘书处准备区域概述报告时提供文书和协助,也能为《世界遗产公约》各缔约国撰写国家报告提供建议。

这种合作对国际古迹遗址理事会的实际影响是什么?其结果是教科文组织、国际古迹遗址理事会文件中心得到利用,秘书处在其帮助下完成其关于缔约国提名世界遗产的档案,并且在该遗产被列入名录后完成相应的报告或文件。缔约国随后也得到文件,并将其归入档案。

此外,教科文组织世界遗产秘书处的区域办公室已请国际古迹遗址理事会指派一名代表,请他参加秘书处编写区域概览报告之前组织的各种区域信息会议。在拉丁美洲和加勒比地区,同一名专家出席了2002年在蒙得维的亚(乌拉圭)和坎佩切(墨西哥)举行的两次区域会议。亚洲及太平洋地区举行的会议(包括区域性、次区域性和国家级会议等)数目较多,邀请了国际古迹遗址理事会若干代表参加(在韩国、印度尼西亚、澳大利亚、印度等地举行的会议)。

挪威、瑞典、波兰和英国等缔约国,已经邀请国际古迹遗址理事会的国别委员会编写列入《世界遗产名录》中的遗址的保护报告。不直接参与遗址物产管理的机构(咨询机构的国别专家或地区专家),他们的观点或评价是对遗址物产管理方提供的信息的有益补充。缔约国应邀请国际古迹遗址理事会国别委员会以最适当的方式参与到国家报告的草拟工作中去。

定期报告的监测:早在1998年,世界遗产委员会就曾提交报告,报告使委员会、秘书处和咨询机构关注到了定期监测报告工作。

委员会提交了阿拉伯地区(2000)和非洲(2001)两个地区的定期报告之后,又审议通过了建议提案,该建议旨在确保更好地保护遗产,是更好地保护遗产行动计划的一部分(参见关于阿拉伯国家世界遗产保护状况的报告,WHC-2000/CONF.204/7号文件)显然,这些建议(包括暂定名录的修订和协调,更新申请档案,探索和澄清意义概念的具体含义,真实性和完整性;协助编制文化和自然遗产国别目录等)的实施将是一个中期到长期的过程,既需要人力的投入,也需要物力资源。秘书处如何才能在行动计划获得通过的同时,满足缔约国和世界遗产委员会的意愿,如何管理好这项执行工作,如何利用咨询机构的能力资质?

## 日常监测

此外,国际古迹遗址理事会还在继续其日常监测工作,并发动其国别委员会、国际科学委员会和熟悉所涉遗址的个别成员,积极投入其中。日常监测的目的是针对相关信息进行核查和评论,不完整之处还要加以完善补充。这些信息大多数情况下都是由个人和协会提供,由世界遗产中心交付国际古迹遗址理事会(例如,2000年,国际古迹遗址理事会处理了涉及62个遗址的问题)。日常监测工作的重要性不应被低估,这一工作许多时候能帮助消除或者至少减弱遗址保护所面临的威胁(主题公园项目、道路建设项目等)。这一监测结果可以写进年度概述报告里,供世界遗产委员会使用。

## 国际古迹遗址理事会成员自发性报告草拟

大约十年前,国际古迹遗址理事会制定了一个非常简单的表格,名为《世界遗址站点访问报告》。该表交由成员使用,使其能根据表格就访问期间的观察结果提供简短的非正式报告。最初,报告的目的意在为建构数据库打基础,而数据库实际上目前仍未建立,可能是因为收到的报告数量还相对较少。尽管这一举措获得的答复或评论的内容很有限,在使用方面也有局限性,但其重要性仍不应低估。

我们支持国际古迹遗址理事会成员的这种自发报告行动,主要是因为其报告有相关性,我们已经收到一些、后续还将收到更多这样的报告,其中包括成员就印度世界遗址站点撰写的报告。这些报告开启了与有关缔约国的合作,它们与国际古迹遗址理事会联手,共同监测遗址保护的实际情况。

## 与国际文物保护及修复中心及教科文组织合作编写管理和监控手册

这一点将由国际文物保护和修复中心的代表介绍。这是此次研讨会的目标之一。

瑞吉娜·杜里格哈罗目前是国际古迹遗址理事会总部世界遗产项目主任。

(王　霞)

# 世界保护区委员会管理成效评估框架：监测和评估保护区管理工作的基础

The WCPA Management Effectiveness Evaluation Framework — a basis for Developing Monitoring and Evaluation Programs to Assess Management of Protected Areas

## 马克·霍金斯(Marc Hockings)

自从第一批保护区建立以来，管理人员和参与保护运动的其他人员一直在寻求对这些保护区进行有效的管理。然而，认识到管理成效是保护区管理中的重要问题，这还是一个相对较新的情况。1972年第二次世界国家公园会议上，还没有发言人提出过这个问题。十年后，第三届世界国家公园大会(巴厘，1982)上出现了一篇有关监测的论文，而关于保护区管理的大会研讨班则出现了两篇明确讨论管理成效问题的论文(德什勒，1982；Thorsell，1988)。此次大会结束时通过了《巴厘行动计划》，开发"工具和指南"以"评估现有保护区的生态和管理质量"被确定为计划中的一项行动。随后，研讨班的讨论结果被汇编成书，书名为《热带保护区管理》，其中专辟一章讨论了有关管理成效的评估问题(麦金农，1986)。

巴厘大会之后，保护区的管理成效问题开始在国际文献中出现，特别是在国家公园和保护区委员会(Commission on National Parks and Protected Areas, CNPPA)的工作与审议中。虽然这个问题被认为很重要，但在第三届和第四届世界国家公园大会之间也并未见采取相关行动。在第三次大会上提出的方法和随后的成书也并未在文献中得到跟进，或者在世界自然保护联盟的进一步工作中得到贯彻。在第四届国家公园大会(加拉加斯，1992)上，有效的管理被确定为全球关注的四大保护区问题之一。加拉加斯国会议向世界自然保护联盟呈交动议(第17号建议)，要求世界自然保护联盟进一步开发监测保护区管理成效的系统(麦克尼利，1993)。

直到1996年初，世界自然保护联盟才开始就此问题展开行动，其决定为国家公园和保护区委员会研究方法体系，在世界范围内广泛应用。本文概述了世界自然保护联盟研发的保护区管理成效评估框架。

## 管理成效的含义

在评估保护区的管理成效时,应考虑三个主要问题(霍金斯等,2000):
- 设计/规划问题:设计/规划问题考察的是诸如保护区的规模和形状、缓冲区的设计和管理以及保护区之间的连接等设计方面的因素。考察这些因素如何影响遗址站点、如何实现其既定功能,规划问题考察保护区是否有规划、规划是否适当。
- 管理资源、系统和流程的充分性和适当性:充分性/适当性考察管理的资源和管理执行的情况,既考察管理资源是否充足,也考察管理流程和行为是否适当。
- 保护区目标的达成:评估保护区是否达到了规定的目标,采用了怎样的措施。这些措施既要求考虑生物性方面的因素(如关键物种是否存活、回增或减少),也要求关注社会性方面的因素(如娱乐性场所的开发使用,或当地社区对保护区的态度和行为)。

## 为什么要评估管理的有效性?

人们想要评估管理成效的原因有很多。这种评估通常有三种常用的用途:
- 促进适应性管理(从反馈的情况中反思学习,并逐步改善管理);
- 改进项目规划;
- 强化责任制。

适应性管理:首先要把评价看成是管理过程中的常规内容。适应性管理是一种循环的管理过程,而不是线性的管理过程。它基于对过去管理工作信息的反馈,反复从中学习,将其用于改进未来的管理方式。通过这一学习过程,评估有助于改善和提高管理工作的效率。

改进项目计划:评估研究也可用于改进项目和计划。评估可以在初始设计时起作用,对已完成项目的评估审查也同样有益,前期项目中所得到的经验教训可以用于指导后续的项目。

强化责任制:随着社会各领域越来越多地对绩效问责,遗址保护管理同样也不例外。从前问责制的关注焦点更多地集中在财务和管理的廉洁性问题上,但现在已经扩展到对管理成效的关注。从这一点来看,问责制并不是要对管理者进行"检查",看看他们是否失职,而是为了找到专业的管理方法。

## 管理周期和评估

管理周期法把评价与管理过程相联系,是公共部门项目评估的一种常用方法。基于这种方法的评价体系已经受到了批评,因为人们认为其关注的重点是项目的输入、开展过程和结果输出,而不是从项目的预期目标来看,项目是否产生了实际影响,其结果是否达成了预期目标。然而,我们依然有理由相信,对结果的关注仍然可以出现在基于这一方法建立的评价体系中。这种方法的一个主要优点是在评估信息可以与管理者所使用的规划和管理系统之间形成现成的对应。因此,监测和评估信息可以使管理者很方便地在规划和管理系统中展开分析,并对这些信息加以利用。这在世界保护区委员会(World Commission on Protected Areas, WCPA)框架的开发中尤为重要,因为我们就是要设法将评价体系与管理者的需求和考虑问题的角度紧密联系起来,从而改善管理的适应性。

管理包括几个相互关联的常规阶段,即规划、行动和评审阶段(财政部,1989)。这个管理周期的出发点包括了解管理运行的环境(背景),制定目标和相关的管理策略,以实现这些目标(规划),根据既定的操作规范和标准,分配人力资源和资金(投入),进行管理活动和行动(过程)。该管理活动提供服务、生成产品(输出),旨在实现目标(效果)。

规划包括确定管理的方向和目标,以及确定实现目标所需的策略。规划有效的策略需要了解管理终端的目的(愿景和具体目标)以及管理出发点,即管理运行的背景。就保护区而言,重要的管理背景就是使该地区被宣布为保护区的重要意义和价值,还有该保护区面临的威胁和机会。

为管理配备资金和人力,应与规划决策挂钩,并在很大程度上由规划决策决定。虽然保护区管理计划少承诺具体的资金和人员,但管理计划能为短期或年度的运营规划奠定基础,其中会涉及为计划的实施进行资源配置的决策。随后,管理者可以利用这些资源,执行规划文件(如管理计划、年度运营计划、作用计划或特定问题计划)所指示的行动和策略,或通过反应性管理行动,或采取临时机会性的管理行动,完成自己的工作。在开展这些活动时,管理者遵循的是机构政策和常规做法,使用的是其所在保护区的一般管理规范和管理标准,同时还依据他们自己所接受的训练和积累的经验。

管理活动的效果可以从两个方面来考虑。其一,管理活动的直接产出通常由一系列产品或服务组成。以保护区为例,管理产出可以从喷洒除草剂的土地面积、维护的步道千米数、为游客提供的步行陪同导游次数以及反偷猎巡逻次数等来加以衡量。其二,还可以从管理活动产生的影响或结果来考虑,特别是考察其结果是否实现了为该地区确定的目标。同样,以保护区为例,可以是杂草减少的程度、游客对步道的满意程度、参加导游活动之后游客对保护区的认识和态度的改变、偷猎的控制程度等。

管理者对整个管理过程进行评定,并用该评审信息调整或修改规划和管理,此时便完成了一个管理周期。该评审通常以可视化形式呈现,且经常仅与管理效果相联系。然而,评估可以涉及管理周期的方方面面,包括管理执行的相关背景。每个方面的评估结果所得到的反馈意见都可以返回到整个管理周期,产生相应的作用。

这一管理周期也用在规划和管理的战略方法中,这一方法一直被认为是提高组织效率的关键因素(维尔约恩,1991)。关于战略管理概念这一问题,许多研究者都有撰文(例如,维尔约恩,1991;大卫,1997)提出战略管理模式,虽然各自稍有不同,但通常都包括如下内容:

- 战略分析和制定(包括了解组织和运营背景以及制定战略目标或长期目标);

- 战略执行(包括技能和资源的获取与分配,开发适当的管理系统和标准,执行计划行动);
- 战略评价(包括绩效的衡量和评价)。

战略管理,就是按照整体目标,依据外部运行环境等情况制订规划、分配内部资源和组织管理活动,从而达到提高效率,实现远期成功的作用(维尔约恩,1991)。因此,管理周期中各步骤之间的联系变得与各步骤同等重要,如此才能在了解管理背景的情况下制定计划;资源和人力也依计划进行分配;管理过程和系统都以既定战略的实施为目的;管理结果得到监测,将反馈又用于规划周期。

世界保护区委员会管理成效评估框架(霍金斯等,2000)就是基于这一管理周期建立的(如表1)。框架中的各要素和针对每一要素进行管理成效评估的标准见表1,具体解释见表后文字。

表1 用于保护区和保护区系统管理成效评估的世界保护区委员会框架

| 评估要素 | 设计问题 | | 管理系统和过程的适当性 | | 保护区目标的达成 | |
| --- | --- | --- | --- | --- | --- | --- |
| | 背景 | 规划 | 投入 | 过程 | 输出 | 效果 |
| 解释 | 现状如何?对遗址重要性、面临的威胁和政策环境的评估 | 想做到怎样的状态?保护区设计和规划评估 | 需要什么?对完成管理所需资源的评估 | 怎样实现?对管理活动执行方式的评估 | 结果如何?管理项目和计划的实施,对管理产出和提供服务的评估 | 效果如何?对管理效果和达成目标的程度的评估 |
| 评估管理成效的标准 | 意义价值<br>外部威胁<br>自身弱点<br>国家层面的背景 | 保护区立法和政策<br>保护区系统设计<br>保护区保留地设计<br>管理规划 | 管理机构资源配置<br>遗址资源配置<br>合作伙伴贡献 | 管理过程的适当性 | 管理行为的结果<br>服务和产出 | 管理行为达成目标方面的效果 |
| 评估重点 | 状态 | 适当性 | 充分性 | 效率<br>适当性 | 有效性 | 效率<br>适当性 |

(霍金斯等,2000)

(圆形图)管理周期和评估

design/planning 设计/规划

adequacy/appropriateness 充分性/适当性

delivery 目标的达成

context (status and threats, where are we now?) 背景(遗址保护现状和面临的威胁,目前管理情况如何?)

planning (where do we want to be and how will we get there?) 规划(想做到怎样的

状态? 怎样实现?)

  inputs (what do we need?) 投入(需要什么?)

  process (how do we go about management?) 过程(管理过程如何操作?)

  outputs (what did we do and what products or services were produced?) 结果(做了些什么? 有怎样的管理产出和服务?)

  outcomes (what did we achieve?) 效果(我们实现了哪些管理目标?)

## 设计问题——背景和规划

背景指的是保护区管理者或管理机构的直接运作范围以外的一些问题。管理者和管理机构在这一背景下开展工作,背景包括对保护区的保护现状的考虑,实现遗址管理目标必须考虑的其他价值,目前管理现状以及影响遗址保护的外在威胁和机会性因素,大的政策环境也包括在其中。虽然背景问题不是对管理本身的分析,但是相关发现却有助于将管理决策置于该背景下。在这一大背景下,评估有助于在整个保护区网络内确定管理优先次序,决定哪个保护区需要得到人力和资源配置,这些是主要的评估内容。

规划的重点是保护区系统或是个别保护区要实现怎样预期的效果,该保护区系统或具体个别保护场地规划要实现怎样的愿景,为实现这一愿景要采取怎样的策略。评估可考虑国家保护区立法和政策的适当性,保护区是否有系统规划和战略,该规划和战略是否适当,保护区具体个别设计及其管理规划是否充分和适当。

## 管理资源、系统和过程的充分性和适当性——投入和过程

对投入的评估衡量的是管理资源是否充分,重点衡量从管理机构这一级来看,或者从遗址全局来看,所需的人员数量、技能、资金、设备和设施是否充分。评估资源配置是否充分,要根据管理任务的大小,并结合国家和地区的标准来衡量。

管理需求受到保护区管理目标和策略的影响。例如,密集型旅游项目地区比游客稀少、站点散布不集中的项目区域需要更多的娱乐管理资源。面临威胁程度的大小,以及相应的将威胁减少的力度要求,还有区域内自然资源和文化资源的属性与条件都会影响对资金及人力资源的需求。各区域有关保护区管理的规范也将影响对管理资源的需求。例如,在为游客提供解释服务、游客基础设施的质量等方面,不同区域游客的期望值也存在差异,这些差异也会影响到管理的资源需求。

过程分析考虑管理过程和管理系统对于实现系统性管理目标或者遗址管理目标是否适当。各区域不同的保护区管理规范将影响整体评估框架下对这一要素的评估,同样也会影响对管理投入的评估。评估将考虑到各种管理过程,如设施维护、与当地社区的互动方法、游客管理、自然和文化资源管理程序、财务和办公室管理系统等。

## 保护区管理目标的达成——输出和效果

输出评估的是管理者完成了什么管理工作,并检查目标、工作项目或计划在多大程度上得到了实施。目标在管理计划或年度工作规划的过程中被确定。对于输出的监测,重点不在于这些管理行为是否达到了预期的目标(这属于效果评估的范围),而在于这些行为是否按计划进行,以及长期管理计划的执行是否取得了进展。

效果评估是从实现管理计划目标、立法目标、国家规划目标以及最终保护区在实现世界自然保护联盟分类目标方面,衡量管理是否成功。如果在国家立法、政策或具体遗址的管理计划中已经规定了具体的管理目标,则效果评估是最有实质意义内容的。效果评估的方法可能包括长期监测保护区系统/具体站点的生物和文化资源状况、社会经济状况,以及保护区系统/具体站点的管理对当地社区的影响。归根结底,效果评估最能够检验管理的有效性。

## 使用框架评估管理成效

在理想情况下,评估保护区管理成效的系统将涵盖本文罗列的每一个评价要素。因为每种类型的评估都有不同侧重,所以在评价管理成效时,它们相互之间是互为补充的,而不是替代关系。在保护区内或者系统内,按照时间序列的有关投入和输出的数据对于评估管理效率的变化具有特别重要的价值,能够帮助判断管理实践或策略变化的有效性。

## 世界保护区委员会框架的应用

弗雷泽岛世界遗产区这一案例就是一个长期的监测项目,重点关注的是满足遗址管理者的信息需求。

## 弗雷泽岛世界遗产区

弗雷泽岛是世界上最大的沙岛,沿昆士兰州南部海岸延伸了120多千米。该岛于1992年被列入《世界遗产名录》。昆士兰公园和野生动物服务处负责管理岛上的公共区域(包括国家公园、娱乐区和邻近的海洋公园等)。在与昆士兰公园和野生动物服务处管理人员密切协商之后,制定并实施了评估策略以及相关的监测计划。

弗雷泽岛管理成效评估工作分两个阶段进行,这两个阶段并不完全独立而是有所重叠。评估工作始于1994年,最初是为弗雷泽岛开发一个评价系统,重点评估结果和效果(第一阶段)。基于这一项目早期阶段的工作,世界自然保护联盟要求制定一个评估管理成效的通用方法,使其可以在世界范围内应用,其结果就是产生了世界保护区委员会框架草案,该草案于 1997 年发布,并邀请框架使用者提出意见反馈。在制定框架草案的过程中,对结果和效果以外的其他要素的评估潜在需求变得越来越明显,随后关注投入和过程的评估要素就被添加到监测和评价方案中了(第二阶段)。

在项目的第一阶段,对管理计划中的每一个主题预期达成的效果进行陈述,这些构成了制定评价策略的出发点。人们认识到,由于工作人员时间和资源的限制,无法为管理计划中所有 55 个主题领域建立监测方案,不可能一一对其管理效果进行考察。在与管理人员协商后,对最初阶段要评价的主题领域进行了筛选,并选择了那些被认为最具潜在重要性的问题,包括维持遗址保护价值、游客体验质量和管理投入力度等方面。对于每一个项目,都根据其是否能反映预期结果,实现效果中的关键属性等来确定性能评估指标。要完成这些评估需要哪些信息,明确之后,还要对收集这些信息的具体方法作出规定,并对在数据收集中相关的困难和问题作出说明。制定评估策略第一阶段的第二个内容是监测管理计划中规定的政策和行动的完成情况。这一部分内容的目的是为管理者和更广泛的社区提供数据信息,并向其通报管理计划实施的一般情况,以及计划各个部分的相关进展方面的具体信息。这一阶段工作的结果是制定出一个管理信息系统,为监测提供机制方法。

在弗雷泽岛监测项目的第二阶段,对管理投入和管理过程的评价要素被添加到现有的侧重结果与效果要素的监测计划中。

弗雷泽岛的评估系统是将其作为一个长期的评估项目来设计的,将持续不断地向管理者提供反馈意见。因此,监测报告主要提供给管理者和相关管理委员会,他们是该地区主要利益相关群体。该报告以项目为单位,按项目逐一进行汇报。露营、海滩上的车辆情况和道路监测项目的结果立即通过研讨班的讨论,以报告的形式反馈给管理人员。露营、海滩上的车辆情况等的监测研究也发表在科学文献上。此后还撰写了管理计划实施监测年度报告。本案例研究中第二阶段要素(投入和过程评估)的分析和监测报告,对植被、动物和水质的监测项目结果报告,一并写入 2000 年撰写完成的一份大型报告中。这份报告提交给社区咨询委员会(该委员会代表该地区的主要利益相关者)之后,监测结果被传播到更广大的利益相关者群体成员中。例如,弗雷泽岛保护者组织(一个与该岛相关的非政府保护组织)就以新闻通讯的形式报告了相关监测结果。

昆士兰公园和野生动物服务处对监测项目中信息(表 2)的使用反映了评估的三种常见用途中的一种或者多种,这三种用途分别是适应性管理(am)、改进规划(pi)和强化问责制(ac)等。信息的使用已被确认为有助于适应性管理,如监测结果能建议采取哪些具体的行动,能提示对策略作怎样的调整。问责也已被确认为用途之一,监测结果已经开始报告给利益相关人员,监测信息已经被纳入公共报告中。规划被确认为第三种用途,监测评估结果已被应用到后续规划工作中。

在 26 个使用了监测项目信息的实例中,规划是最常见的用途(46%),随后是问责(35%)和适应性管理(27%)。这有可能低估了信息用于促进适应性管理方面的用途,因为当监测信息表明当前管理活动有效且无须变更管理的情况下,促进适应性管理这一用途便难以得到认定。管理人员对评估信息使用最多的是与结果和效果因素有关的信息,

表2 昆士兰公园和野生动物服务处评估项目对各要素监测结果的应用及后续监测工作

| 评估要素 | | 已使用评估项目信息的实例* | 昆士兰公园和野生动物服务处后续监控工作 |
|---|---|---|---|
| 投入<br>(预算分配监控) | | 向世界遗产区域咨询委员会成员提交报告(ac) | 未知—可能在预算过程中予以解决 |
| 过程<br>(管理过程评估) | | 向世界遗产区域咨询委员会成员提交报告(ac) | 只有当研究人员在咨询委员会联席会议上提议采取行动时，才能采取后续行动 |
| 输出<br>(管理计划实施监控) | | 向世界遗产区域咨询委员会成员提交报告(ac)<br>向部长报告并在部长答复中使用(ac)<br>修订昆士兰公园和野生动物服务处正在进行的管理计划(ac,pl) | 2000年更新了行动状态 |
| 结果效果 | 露营 | 制定露营管理计划(pl)<br>沙滩露营场地管理(am)<br>将结果提交给社区和科学咨询委员会(ac)<br>制定修复计划(am) | 在大流量客流期(例如渔业博览会)，继续监测营地数量和监测游客遵守"最低限度影响海岛"规则情况 |
| | 溯溪 | 制定露营管理计划(pl)<br>沙滩露营场地管理(am)<br>将结果提交给社区和科学咨询委员会(ac)<br>用于评估和处理对年度渔业博览会的相关影响(am) | 继续对溯溪客计数，将分析结果用于应对大流量客流期(例如渔业博览会) |
| | 植被 | 制定逆风火管理计划(pl)<br>制定露营管理计划(pl)<br>制定计划烧除方案(am) | 监测由昆士兰公园和野生动物服务处于1999年进行，下一次调查将在2003年或2004年进行 |
| | 动物 | 制定逆风火管理计划(pl)<br>制定露营管理计划(pl)<br>制定丁格犬管理计划(pl)<br>与沿海露营有关的管理决策和其他管理决策(am)<br>制定计划烧除方案(am)<br>信息用于部长答复(ac)<br>监测结果是审查弗雷泽岛世界遗产价值的一个人主要信息来源(照片墙等,见新闻发布)(ac,pl) | 2000年和2001年由昆士兰公园和野生动物服务处进行监测；每年监测一半站点的方案已经到位 |
| | 道路 | 对交通管理研究的部分推动和投入 | 1999年道路系统严重退化后大修建，道路监测工作因此停止；交通管理研究正在进行中，其中内容之一是对监测方案进行修订 |
| | 水质 | 结果用于对弗雷泽岛的世界遗产价值的评审(Ingram 英格拉姆等,见新闻发布)(ac,pl)<br>用于更详尽的研究计划(pl) | 1999修订完成监测方案,监测工作继续开展中。 |

* ac=责任制；am=适应性管理；pl=规划
(R. Hobson, pers.comm, 2002年1月；L. Fullerton, pers.comm., 2002年1月)

这些信息主要用于规划和适应性管理。投入和过程相关信息使用较少,主要用于向咨询委员会联席会议报告。这种倾向使用结果和效果因素的衡量标准的偏向,可能在一定程度上源于最初的评价系统只考虑框架内有关结果和效果方面的因素,但也可能反映了管理者对这些绩效衡量标准的注重。

## 讨论

在过去的 20 年中,管理成效已经成为保护区的一个突出问题。在这段时间内,虽然管理机构的兴致很高,也制订出了一些评价系统,但还没有得到管理机构的广泛采用。世界保护区委员会框架开发目的是帮助开发评价系统,该框架是一个十分灵活的设计工具,可用于制订符合世界各保护区需要的评价系统。弗雷泽岛案例研究包括对管理进行详细和持续的监测与评估,并将评估结果用于未来调整保护区的规划和管理,并向利益相关者报告管理结果。公园管理人员直接参与监测方案的实施。该框架还被用于制订评估系统对具体公园或整个保护区系统进行快速评估。

## 致谢

评估保护区管理效果的世界保护区委员会框架的制定和完善过程中,众多工作人员参与了讨论。特别感谢世界保护区委员会管理成效工作组成员的意见和投入。昆士兰公园和野生动物服务处现场工作人员及昆士兰大学工作人员和学生为弗雷泽岛的监测项目的开展做出了贡献。特别感谢罗勃·霍布森(Rod Hobson)、尼基·特纳(Niki Turner)和基思·特福德(Keith Twyford)。

马克·布洛克(Marc Block)是昆士兰大学自然和农村系统管理学院自然系统和野生动物管理高级讲师,也是联合国教科文组织关于世界自然遗产站点监测、评估和报告的联合项目的项目负责人。

参考文献:
David FR.,《战略管理概念》,新泽西州上鞍河:普伦蒂斯霍尔出版社,1997 年。
财务部,《项目评估:项目负责人指南》,堪培拉,财务部,1989 年。
德斯勒 WO.,《有效管理保护区的系统性方法》,瑞士格兰德:世界自然保护联盟国家公园和保护区委员会,1982 年。
Hockings M.,Stolton S.,Dudley,《有效性评估:保护区管理评估框架》,瑞士格兰德:世界自然保护联盟,2000 年。
Mackinnon J.,Mackinnon K.,《热带保护区管理》,瑞士格兰德:世界自然保护联盟,1986 年。
McNeely JA.,《生命公园:1992 年 2 月 10 日至 21 日第四届世界国家公园和保护区大会的报告》,瑞士格兰德,世界自然保护联盟与世界自然基金会(WWF)联合报告,1993年。

Thorsell JW.,《世界自然保护联盟全球濒危保护区登记册》,《世界保护区体系面临的新挑战:世界自然保护联盟国家公园和保护区委员会第30次工作会议纪要》,ICoNPaP区域。圣何塞,哥斯达黎加,瑞士格兰德世界自然保护联盟:1988年,第29—39页。

Viljoen J.,《战略管理:如何分析、选择和实施公司战略》,澳大利亚维多利亚墨尔本:朗曼专业出版社,1991年。

(王　霞)

| 第二部分 |
# 世界遗产监测和定期报告之实践

# World Heritage Monitoring and Periodic Reporting Experiences

# 《世界遗产公约》背景下的监测与报告及其在拉丁美洲和加勒比地区的应用

Monitoring and Reporting in the Context of the World Heritage Convention and its Application in Latin America and the Caribbean

## 赫尔曼·凡·胡弗(Herman van Hooff)

自1992年以来,世界遗产委员会已采取若干措施加强世界遗产名录的可信度,评审了收录的程序和要求,引入了反应性监测和定期报告的程序与过程。这些措施有助于建立连贯的世界遗产框架,在这个框架下:
- 某一遗址突出的普遍价值在被列入世界遗产名录的时候被明确地标识了出来;
- 法律、体制和管理方面的安排可以确保长期保存突出的普遍价值;
- 引入机制以评估上述价值是否随着时间的推移得到了维持。

然而,某个遗址的世界遗产价值很少被明确承认,并被纳入其日常管理和监测。分析拉丁美洲和加勒比地区世界遗产监测与报告的实践,就可以证实这一点。

在讨论管理安排时,应当认识到,管理制度具有多样性,特定世界遗产的管理制度取决于其具体情况。当前的挑战是就管理和监测提供有意义与实用的指导,以便有足够的灵活性来适应特定的管理实践。

## 引言

1972年11月,联合国教科文组织大会通过了《保护世界文化和自然遗产公约》。迄今为止,已有175个缔约国坚持该《公约》及其最重要的法律文件,世界遗产名录现已包括730处,其中144处为自然遗产,23处为文化和自然混合遗产,563处为文化遗产。这些遗产分布于125个国家。但是世界遗产名录可信吗?换句话说:收录是否会提供有效的额外保护?是否根据要求采取了保护措施?遗址管理得当吗?它们是否得到了妥善的保存和保护,以致代代相传可以确保?各缔约国是否履行了《世界遗产公约》规定的义务?

1992年，世界遗产委员会通过了关于今后执行《世界遗产公约》的战略目标、目的和建议[1]。自那以来，委员会采取了若干措施来加强世界遗产名录的可信度，并评估名录中的世界遗产随着时间的推移，其价值是否得到了维持。委员会评审了收录程序和要求，引入了反应性监测和定期报告的程序和过程，并特别强调需要加强世界遗产的管理。

本文第一部分描述了上述过程，对其考察的角度是世界遗产委员会的下述努力：加强《世界遗产公约》的应用，建立连贯的框架，以确保世界遗产突出的普遍价值得以长期保存。

第二部分介绍了监测和报告进程在拉丁美洲和加勒比地区的应用。

## 第一部分：《世界遗产公约》背景下的监测和报告

### 1.1 世界遗产的收录、监测和报告程序

#### 1.1.1 世界遗产名录的收录

世界遗产名录上的第一批收录于1978年。准备提名档案时依据的表格直到1996/1998年都不曾变过。文件总数达10页，国际古迹遗址理事会的评估内容包括长为一页的技术审核表和一封给委员会主席的信，1983年以前，世界遗产委员会的决定并没有记录收录的标准。

1992年，形势发展了。档案可能长达30页，另外还有附件，国际古迹遗址理事会和国际自然保护联盟的评估报告有两到五页，委员会的决定已列明了收录的标准。然而，有些重要问题的信息，例如世界遗产收录原因的解释和遗址管理的安排等，仍然有限。

在制定定期报告机制、建立健全基线信息的同时，委员会全面修订了提名档案的格式。1996年采用了新的格式，并从1998年开始实行。这种新格式要求缔约国就遗址价值及其保存、管理的法律和体制安排，提供充分的文件。它要求文件分析可能影响遗址的外部因素，明确今后的监测安排，因而促进了前瞻性的行动。

因此，在2002年，提名档案可能多达几卷，评价超过五页，详细描述和分析了遗址的价值与管理安排，委员会的决定包括系列标准和适用这些标准的实质性理由。这套文件包括一些参考资料，对于遗址管理方和今后的监测与报告来说都是必不可少的。

#### 1.1.2 监测世界遗产的保护状况[2]

1982年，在世界遗产名录首批收录仅4年之后，世界遗产委员会及其主席团就开始讨论是否需要更新保护状况的信息、缔约国为保护和管理世界遗产所采取行动的资料。然而，委员会在其1983年的会议上倾向于不建立由缔约国报告的正式制度，而是鼓励国际自然保护联盟、国际古迹遗址理事会及国际文物保护与修复研究中心通过其专家收集信息。

作为回应，国际自然保护联盟在1984年开始提交了首批监测报告，国际古迹遗址理事会在1988年开始提交报告。

在1994年的《运行指南》中，委员会首次定义了从此以后被称为反应性监测的这个名

词：反应性监测是世界遗产中心、联合国教科文组织其他部门和世界遗产委员会及其主席团的咨询机构就某些受到威胁的世界遗产的保护情况做出的报告。

在2000—2001年期间，世界遗产委员会及其主席团审查了关于52处自然遗产、6处文化和自然混合遗产以及65处文化遗产的反应性监测报告。被审查的123处遗产代表了世界遗产总数的20%。几乎在所有的情况下，反应性监测都包括外部参与，在某些情况下，还包括专家亲临现场。对此，世界遗产委员会及其主席团就改善遗产的保存和管理向有关缔约国提出了具体建议。然后反馈和进展报告就提交给了世界遗产委员会及其主席团随后的会议。

### 1.1.3　濒危世界遗产名录

在某些特殊的情况下，反应性监测过程可包括考虑将遗址列入世界濒危遗产名单，或促进这种考虑。该名单是根据《世界遗产公约》第11.4条制定的，为保护名单上的遗产，需要大型作业，并已根据《世界遗产公约》请求提供援助。上述条款指出，列入名单的遗址应是受到了严重的、具体的危险的威胁，同时给出了这些危险的例子。委员会每年审查濒危遗址的保护状况，并向有关缔约国提出建议。目前，有33个遗址被列入世界濒危文化遗产名录。

### 1.1.4　定期报告

1987年，委员会为缔约国引入了问卷调查体系，以其系统地按时间顺序报告遗址保护状况。第一份系统性的报告于1990年提交给了委员会。这个系统在1991年被放弃，因为它没有产生预期的效果。然而，委员会要求秘书处继续监测文化遗产。

与此同时，若干监测和报告活动已经开始，它们采用了不同的方法和体制安排。例如，在某些情况下，是通过联合国的项目编写报告的，例如联合国教科文组织开发计划署的拉丁美洲和加勒比地区文化、城市和环境遗产区域项目（1991—1994年）[3]，或是通过联合国环境署编写的地中海地区遗址的报告。在其他情况下，由缔约国自己编写报告，或是与一个或多个咨询机构合作（国际自然保护联盟、国际古迹遗址理事会与国际文物保护与修复研究中心等）。

根据这些经验和1992年的战略目标之一（目标4：对世界遗产进行更系统的监测），委员会于1994年的会议上请各缔约国每五年一次通过世界遗产中心向世界遗产委员会提交报告，一份关于其领土上世界遗产保护状况的科学报告。为此，各缔约国可请求秘书处或咨询机构提供专家意见。经缔约国同意，秘书处也可以委托专家提供咨询意见。

虽然委员会认为这些报告是委员会完成任务、履行职责的技术手段，但一些缔约国质疑委员会要求的法律依据，并于1995年将该问题提交缔约国大会讨论，这是大会第一次讨论实质性问题。又经过三年的热烈讨论，才一致同意要求各缔约国根据《公约》第29条，提交《世界遗产公约》应用情况和世界遗址保护状况的定期报告[4]。

1998年，委员会通过了《世界遗产公约》应用情况定期报告的格式。该格式包括两部分：第一部分涉及缔约国应用《世界遗产公约》的情况，第二部分涉及特定世界遗址的保护状况。提名格式和定期报告的第二部分结构相同，以便比较信息、评估遗址的保护状况是否得到了改善以及缔约国采取的措施是否有效。

关于定期报告周期,委员会决定按区域审查的区域综合报告如下:

2000年:审查阿拉伯各国1992年底之前收录的遗址的报告;
2001/2002年:审查非洲1993年底之前收录的遗址的报告;
2003年:审查亚洲和太平洋地区1994年底之前收录的遗址的报告;
2004年:审查拉丁美洲和加勒比地区1995年底之前收录的遗址的报告;
2005/2006年:审查欧洲和北美地区1996年底之前收录的遗址的报告;

区域报告应促进制定满足该区域需要的区域性方案,以实现世界遗产委员会2002年6月第二十六届会议确定的新的战略目标。

### 1.2 将世界遗产价值与管理、监测和报告联系起来

上述所有决定都有助于建立一个连贯一致的世界遗产框架,在这个框架下:

- 在将遗址列入世界遗产名录时,遗址突出的普遍价值得到明确确认;
- 法律、体制和管理安排将确保长期保存突出的普遍价值;
- 引入各种机制以评估这种价值随着时间的推移是否得到了维持。

《执行世界遗产公约运行指南》的拟议修订目前正由世界遗产委员会讨论[5],它使得上述框架明晰。在将遗址录入《世界遗产名录》的那一章中,它指出:

II.G.3 某遗址须有明确证明其具有突出的普遍价值的陈述,在决定把该遗址收录进世界遗产名录时,委员会将在咨询组织(……)的建议下,就该陈述达成一致。

II.G.4 突出的普遍价值的陈述应包括:概述确定该遗址具有突出的普遍价值的结论,确定收录该遗址的标准,以及该遗址真实性或完整性的评估以及当前正在实施的管理机制。

II.G.5 突出的普遍价值的陈述应当成为今后遗址管理和保护的基础。

II.G.6 委员会亦可就遗址的价值、管理和保护提出其他建议。

在关于保存和保护世界遗产的某一新章节中,委员会界定的管理目的如下:

III.A.1 有效管理世界遗产的目的是确保为我们、为后代保护具有突出的普遍价值的遗产。

### 1.3 世界遗产的管理

通过上述措施,委员会确认了遗产突出的普遍价值的界定与其管理之间的直接联系[6]。它还建立了反应性监测和定期报告的机制,使世界遗产委员会能够评估某一遗产随着时间的推移,是否维持了其突出的普遍价值。目前还有待解决的是遗址的日常管理问题。

《世界遗产公约》第4条规定,保存和保护世界遗产的义务主要属于缔约国,为此目的,缔约国须尽其所能,最大限度地利用自己的资源,并酌情利用国际援助和合作。因此,管理这些遗址的首要责任仍由缔约国承担。

世界遗产委员会一向极其尊重缔约国的主权权利,缔约国的管理责任以及每个缔约国和遗址的特定条件与特点。它特意不强加具体的管理做法,并要求文化遗产有适当的法律保护或合同保护或传统的保护与管理机制,或上述三类保护以及管理机制[7]。对于自

然遗产,委员会更加具体,并要求制定管理计划[8]。修订后的《运行指南》为所有遗址提出了适当的管理计划或其他管理系统[9]。

这些表述承认管理系统多种多样,某一特定的世界遗产的管理系统取决于其具体情况[10]。

不过,它也建议管理方法的共同要素应包括:
- 规划、实施、监测、评估和反馈的周期;
- 对遗产有透彻的了解;
- 让合作伙伴和利益相关者充分参与;
- 分配必要的资源;
- 能力建设;
- 负责任的、透明的、表明如何管理遗产的制度。

它还指出,任何管理方法都应包括以 6 年为周期的定期报告机制[11]。

同时,如何管理世界遗产名录收录的遗址,缔约国如何履行这方面的义务,存在强烈的指导需求。1993 年,国际文物保护与修复研究中心公布了世界文化遗产地管理指南[12],1998 年,公布了风险应对指南[13]。还采取了若干主动行动来探索监测世界遗产遗址的方法[14],这些行动理应促进监测参考手册的编写[15],该手册目前正在由国际文物保护与修复研究中心和国际古迹遗址理事会编写。如果管理系统到位,监测可以集中衡量管理的有效性,就像在联合国基金会、国际自然保护联盟、联合国教科文组织的项目——"加强我们的遗产"中所做的那样。

### 1.4 结论

为了响应 1992 年的战略目标,世界遗产委员会对既定程序进行了重要修订,并成功地引入了新的监测和报告机制。

现在面临的挑战是回到起点,为管理和监测遗址的世界遗产价值提供实际与有意义的指导。指南应符合世界遗产制度、相关程序和要求,但同时应允许有足够的灵活性来适应特定的管理做法。

## 第二部分:拉丁美洲和加勒比地区的监测与报告

### 2.1 1991—1994 年间系统的监测实践

联合国开发署、教科文组织的文化、城市和环境遗产区域项目对拉丁美洲、加勒比地区和莫桑比克的文化与混合性世界遗产遗址进行了系统监测活动。这项活动是在世界遗产委员会的支持下从 1991 年到 1994 年执行的。区域项目于 1991 年、1992 年、1993 年和 1994 年向世界遗产委员会各届会议提交了一系列关于 30 个遗址的报告。1994 年,一份区域综合报告提交给了委员会[16]。

这一监测方案的基本部分是由案头研究和专家对每个遗址的到访组成。专家们进行了现场研讨会,并准备了报告。这种方法确保了缔约国和遗址管理人员的参与,以及外部人士对遗址保护状况的看法。墨西哥决定自行编写监测报告,并于1994年提交了10个文化遗址的报告。这些报告由国际古迹遗址理事会评估,被认为是可信和客观的[17]。

遗址报告是按照标准格式编写的,包括下列事项:
- 遗址的基本事实;
- 保护情况;
- 与保护情况有关的因素(社会经济和环境因素、灾害应对、旅游的冲击);
- 法律和制度框架;
- 人力资源和财力资源;
- 管理;
- 观察和发现;
- 结论和建议。

区域综合报告总结了各个遗址的报告,并介绍了该区域总的观察和结论。

遗址报告和区域综合报告是《世界遗产公约》应用情况重要而可靠的参考材料。多年来,这些报告被用来评估和核实保护状况报告与国际援助请求。1995年,世界遗产中心再次向有关缔约国分发了各个遗址的报告,并要求提供它们就报告建议采取的后续行动的资料。只有极少数缔约国做出回应。有意思的是,有一个缔约国要求国际古迹遗址理事会的专家编写一份后续报告。

### 2.2 "世界遗产城市指标"的倡议

世界遗产中心意识到世界遗产遗址的管理意味着监测其状况并预见到定期报告的要求,因此主动探讨拉丁美洲世界遗产遗址监测指标的问题。考虑到世界遗产名录上拉丁美洲历史城市的数量众多,这项倡议集中于此类遗址。该中心与安达卢西亚遗产研究所(安达卢兹·帕特里马尼奥历史研究所)合作,组织了两次专家会议。

第一次会议于1998年3月12—14日在乌拉圭的科洛尼亚·德·萨克拉门托市举行,会议的议事记录由国际港口协会出版[18]。在这次会议上,专家们汇报了案例研究,并首次尝试确定衡量历史城市保护状况的指标。专家们遇到的困难是如何清晰地定义价值,并直接将价值与属性联系,并进而与指标联系。与会者广泛讨论的问题之一是,历史城市远不止是历史遗址或世界遗产本身,其价值还包括城市建筑、环境、社会、文化和历史等方面,所有这些都需要在城市管理中加以考虑。1999年4月27—30日在西班牙乌韦达和巴埃萨举行的第二次会议上,同一批专家重新彻底翻阅了科洛尼亚·德·萨克拉门托市的文件。这样做时,其假设的前提是:在理想的情况下,城市的管理部署可以明确地预见其所有价值的保存,包括世界遗产方面的价值,以及其真实性的保存。如果情况如此,那么做到以下两点就够了:① 评估遗址的价值是否定义明晰并充分反映在目标、方案和措施的管理中;② 管理层在实现其目标方面,是否有效。为了评估管理的有效性,专家们在法律、体制框架和规划、环境和景观、社会经济、建筑学和考古学、社会文化和历史等方面制定了一套新的指标,包括41项。

但是,在大多数遗址的案例中,这种理想情况并不存在,此时又该如何呢?在这种情况下,应利用执行反应性监测任务、编写定期报告和开展国际援助活动的时机来评估与确认这些遗址的世界遗产价值,并促使人们在管理部署时加以考虑。

### 2.3 反应性监测与濒危世界遗产

#### 2.3.1 反应性监测

在2000—2001年期间,世界遗产委员会及其主席团审查了该区域8处自然遗产、1处混合遗产和9处文化遗产的反应性监测报告。主席团在2001年度的会议上还审查了自然灾害这个一般性问题及它们对加勒比、中美洲和南美洲世界遗产的影响。由国际自然保护联盟和国际古迹遗址理事会专家执行反应性监测任务的情况至少有9例,其中有4例,专家有联合国教科文组织的工作人员陪同。以下两例已多次见诸报章。

墨西哥埃尔维兹凯诺鲸鱼保护区:

1999年,世界遗产委员会派出一个联合国教科文组织与国际自然保护联盟的联合代表团前往该地,评估某个计划建造的盐场可能造成的影响。虽然调查团得出结论认为,现有的盐提炼不影响遗址的完整性和鲸鱼的数量,但它建议墨西哥政府在评估计划建造的盐场时充分考虑该遗址的世界遗产价值,这不仅包括灰鲸和其他野生动物的数量,而且也包括景观和生态系统的完整性。该报告经委员会认可后,墨西哥总统按照其精神,于2000年3月发表声明说盐场工程不再推进。随后,联合国基金会批准了一项名为"保护生物多样性与可持续旅游相结合"的项目,以向当地居民提供替代性的社会和经济发展。

秘鲁马丘比丘历史保护区:

1996年,世界遗产委员会对该遗址的管理和保护安排不足表示关注,对于计划建造缆车以便人们进入马丘比丘印加遗址,委员会也表示了关注。1997年,世界遗产委员会派出一个国际自然保护联盟和国际古迹遗址理事会的专家代表团前往该地,1999年和2002年,又两次派出了联合国教科文组织、国际自然保护联盟和国际古迹遗址理事会的联合代表团。这些代表团造访之后,秘鲁政府制定了总体规划,建立了一个多机构的联合管理处。2001年,秘鲁政府取消了研究和最终建造缆车的特许合同。然而,仍然有不少工作有待完成,在制定综合性的公共使用方案方面,尤其如此。该方案需结合承载能力和旅游的全方位管理来处理录入遗址的问题,以及其他一些问题。世界遗产委员会将继续密切关注该遗址的情况。

在汇报上述任务以及在拉丁美洲和欧洲执行的其他任务时,我们使用了标准格式,包括:

- 任务背景:

分析遗址录入世界遗产名录的历史(收录标准;国际自然保护联盟、国际古迹遗址理事会以及世界遗产委员会的意见);

检查保护状况;

说明此项任务的合理性。

- 保存、管理遗址的国家政策和地方政策:

法律框架;

制度框架。

- 具体问题的评估(每个遗址都分别对待)。
- 结论和建议。

这种格式有助于理解和明确该遗址的世界遗产价值,并促使代表团成员在检查保护状况时,将重点放在这一价值上。我个人的经验是,彻底了解一个遗址的世界遗产价值,对于明确真正的保护和管理问题从而制定适当的对策与建议具有决定性作用。

我个人认为,一般来说,联合国教科文组织的工作人员不应该自己执行反应性监测任务,监测任务的执行应委托给咨询机构指定的专家。在某些情况下,有必要对任务给予高度重视。在这种情况下,联合国教科文组织或世界遗产中心的一名代表与国际自然保护联盟和国际古迹遗址理事会的专家组成的联合代表团的证明是最有效的。

2.3.2 濒危世界遗产

在拉丁美洲,只有4个遗址曾被列入濒危遗产名单:

巴西,伊瓜苏(1999—2001):

当地人非法开辟了一条将伊瓜苏国家公园一分为二的道路,巴西的直升机航班以及公园的新管理方案——旨在处理对该公园的威胁未能实施,这些都是令人担忧的主要原因。2001年上述道路关闭,而且公园引入新的管理计划之后,委员会于2001年从濒危遗产名单将该地移除。

厄瓜多尔桑盖国家公园(1992—):

由于大量野生动物被偷猎、非法放牧现象严重、沿公园周边地区侵占土地以及毫无规划的道路建设,该公园被列入濒危世界遗产名录。

联合国基金会牵头提供了国际合作,以改善公园的监测和管理方案,这促成了该公园最终不再列入濒危遗产名单。

洪都拉斯普拉塔诺河生物圈保护区(1996—):

在小农户和牧场主的推动下,保护区西侧的农业边界不断推进,这已经减少了保护区的森林面积。保护区的南部和西部地区受到大量珍贵木材被开采的影响,如红木(大叶桃花心木)的开采。野生动物的商业性捕猎没有控制,外来物种的引入威胁着保护区的复杂生态系统。

2000年国际自然保护联盟的一个代表团提出若干建议,作为回应,洪都拉斯政府正在采取行动,通过世界遗产基金和联合国基金会牵头的国际合作,改善该保护区的保护和管理。

秘鲁昌昌城考古区(1986—):

1986年,昌昌城被列入世界遗产名录的同一年,这个广袤而脆弱的遗址也被列入了濒危世界遗产名录。其土坯或土制建造物由于暴露在空气和雨水中而迅速受到自然侵蚀,因此需要持之以恒的保护和大量的辅助措施。由于反复发生的厄尔尼诺现象,秘鲁沿海干燥的沙漠地区出现降雨和洪水,情况更加恶化。1998年,厄尔尼诺的影响异常强烈,导致暴雨和洪水。必须在世界遗产基金的协助下,采取紧急措施以保护昌昌城。

经过几年的时间，已经制定了一个处理保护和管理问题的综合性总体计划，并且还完成了为游客解说该遗址的工作。在昌昌城开办了两个针对全美洲的、关于保护和管理土制建筑遗产与考古遗产的课程，对该遗址的保存和管理规划有直接的益处［在世界遗产基金会的资助下，秘鲁政府、国际文化遗产保护及修复研究中心、国际土制建筑物中心和盖蒂保护研究所（此处原文如此）］。

录入濒危世界遗产名录能够给遗址带来更多的关注和援助。人们普遍认为，还有更多的遗址值得并将受益于这样的关注和援助，正如上述遗址已经受益的那样。然而，在许多国家，对于录入濒危世界遗产名录，存在着极大的抵制，因为许多人认为这是一个"警示名单"，折射出了遗址和国家的负面形象。

### 2.4 定期报告

世界遗产委员会将在2004年的会议上审查《拉丁美洲和加勒比世界遗产状况的报告》。该报告的编写始于2000年，当时在联合国教科文组织总部与该区域的常驻代表举行了一次磋商会议。会议商定，定期报告将分三个次区域组织：南美洲、中美洲与墨西哥、加勒比地区。随后，联合国教科文组织要求所有缔约国指定两个联络处（一个服务文化遗产，一个服务自然遗产）。这些联络处将全程参与定期报告审查过程，充当缔约国和联合国教科文组织之间的联络人，并负责协调国家一级的报告编写。

2002年3月13—16日在蒙得维的亚市为南美洲组织了次区域信息会议，2002年5月8—10日在坎佩切市为中美洲与墨西哥组织了次区域信息会议，古巴和多米尼加共和国也参加了此次会议。各联络处、部分遗址管理人员、三个咨询机构的代表以及各个区域的专家出席了上述信息会议。第三个次区域即加勒比地区，其特点是，讲英语和荷兰语的岛屿上的全部遗址，都不包括在本报告周期内。因此，在加勒比地区，注意力将集中在体制和法律框架上，以保护和管理文化遗产与自然遗产。2003上半年将举行一场次区域会议。

咨询机构的代表和各区域的专家现在组成了一个区域专家组，向缔约国和联合国教科文组织提供咨询意见，并将负责编写区域报告。

通过世界遗产中心主任致函、世界遗产中心和蒙得维的亚办事处的专门网站以及电子讨论小组，不断向各联络处和缔约国通报定期报告进程的进展情况。现已安排向一些缔约国派遣咨询团，为编写报告提供具体协助。

2003年将主要致力于分析各国定期报告以及与缔约国的最后协商和讨论。

虽然得出结论还为时过早，但已经可以对定期报告过程做一些一般性观察：

1. 难以实现连续性。各国文化遗产和自然遗产机构的负责人经常更换，世界遗产定期报告的指定联络处也经常变换。联络处职能终止时，通常无人通报联合国教科文组织。

2. 尽管所有被邀请的缔约国都出席了次区域信息会议并为其做出了有益的贡献，但关于国家层面的后续活动，各缔约国对联合国教科文组织的反馈有限。很少有人要求提供更多的信息和援助，电子讨论组主要是从联合国教科文组织到联络处的单向交流。

3. 缔约国对遗址的世界遗产价值知之甚少，遗址管理人员尤其如此。提名文件的副本很难获取，更不用说咨询机构的评估或世界遗产委员会的决定了。

4. 联合国教科文组织需采取高度积极的态度。经验表明，纠正上述情况，需要联合国教科文组织和世界遗产中心在某国的有力存在，这种有力存在可以通过联合国教科文组织的办事处实现，也可以通过一些世界遗产活动，或与该国官员保持良好的私人关系实现。但最可持续的解决办法是缔约国自己采取积极主动的态度，例如在有关部委中设立国际合作部门，或者设立跨部门、跨机构的国家世界遗产委员会。

5. 最后一点，通过区域专家组，我们建立了一个机制，让所有三个咨询机构和高级别区域专家参与准备报告、编写区域定期报告。

### 2.5 结论

以上第一部分在全球层面得出的结论与拉丁美洲和加勒比地区的经验相吻合：世界遗产进程中缺失的基本环节是明确界定某个遗址的世界遗产价值，管理过程中明确承认该价值，并将其纳入或转化为管理目标、方案和行动。

赫尔曼·凡·胡弗于1993—2001年任联合国教科文组织世界遗产中心拉丁美洲、加勒比地区、欧洲和北美事务股股长。自2001年9月以来，他担任了联合国教科文组织蒙得维的亚办事处的拉丁美洲和加勒比地区世界遗产顾问。

注释：

1. 联合国教科文组织，世界遗产委员会第十六届会议（美利坚合众国圣达菲市，1992年12月7日至14日），附件二。

2. 1995年，国际古迹遗址委员会加拿大委员会的公报全部致力于监测内容。该公报包括《世界遗产公约》背景下有关监测的一些文章和一些实际的监测经验和方法。见"动力1995，关键迹象：监测政策、方案和遗址"，《国际古迹遗址委员会加拿大委员会公报》，1995年第4卷，第3期。

3. 联合国开发署和联合国教科文组织牵头的文化遗产、城市遗产和环境遗产区域项目，《1991—1994年拉丁美洲、加勒比地区和莫桑比克世界遗产遗址系统监测实践之报告》，1994年。亦见下文之2.1部分。

4. 《世界遗产公约》第29条：

（1）根据联合国教育、科学及文化组织大会规定的日期和方式，本公约各缔约国在向大会提交的报告中，应当说明各自应用本公约所通过的立法和行政规定、采取的其他行动以及在该领域所获得的具体经验。

（2）这些报告应提请世界遗产委员会关注。

（3）委员会应在联合国教育、科学及文化组织大会每届常会上提交关于其活动的报告。

5. 《操作指南修订版草案（含注释）第三版》已提交给世界遗产委员会第二十六届会议（布达佩斯，2002年6月24—29日），并将在委员会2003年的会议上进一步审查。提及和引用本修订版《操作指南》仅仅是提示性的，需要强调的是，本草案不应解释为废止或以其他方式消极影响现行《操作指南》或世界遗产委员会或其主席团以往的任何行动。此外，应当指出，对草案中确定的、提议对《操作指南》的任何修改在得到世界遗产委员会的批准之前都不会生效。

6. 国际文物保护和修复研究中心制定的《世界文化遗产管理指南》（1993年出版，由Bernard M. Fielden和Jukka Jokilehto编写）中已强调指出。

7. 见 1999 年版《操作指南》第 24 段(b)(ii)。

8. 同上,第 44 段(b)(v)。

9.《操作指南修订版草案(含注释)第三版》,第 II.C.23 段。

10. 同上,第 III.A.5 段。

11. 同上,第 III.A.6 段。

12. 国际文物保护与修复研究中心制定的《世界文化遗产管理指南》,1993 年出版,由 Bernard M. Fielden 和 Jukka Jokilehto 编写。

13. 国际文物保护与修复研究中心制定的《风险防范:世界文化遗产管理手册》,1998 年出版,由 Herb Stovel 编写。

14. 以下两场拉丁美洲专家会议讨论了监测世界遗产城市保护状况可能用到的指标:1998 年 3 月 12—14 日于乌拉圭科洛尼亚·德·萨克拉门托市举行的会议(议事记录发表于 1999 年的《安达鲁兹爱国者历史研究所札记》)和 1999 年 4 月 27—30 日在西班牙乌韦达和巴埃萨举行的会议。见下文 2.2 部分。

15. 在多场专家会议上已经讨论,在 2000 年 5 月 21 日至 24 日在马耳他举行的国际文物保护与修复研究中心世界遗产城市监测会议上也已讨论。

16. 见尾注 4 和联合国教科文组织世界遗产委员会第十八届会议(1994 年 12 月 12—17 日于泰国普吉召开),第 IX.13—IX.16 段。

17. 同上,第 IX.17 段。

18. 见尾注 14。

(雷远旻)

# 改进世界遗产保护的监测

Improving Monitoring for World Heritage Conservation

## 乔瓦尼·博卡迪(Giovanni Boccardi)

本文讨论的是《世界遗产公约》框架下监测的设想和应用方式,特别是通过"定期报告"过程应用的方式。在这方面,本文强调需要区分遗址管理方面的监测(由当地工作人员连续进行)和作为定期报告一部分的监测(每六年一次,集中监测《世界遗产公约》的执行情况),并在《操作指南》中明确这一区别。

具体到阿拉伯地区,用于定期报告的调查表显得过于复杂,有时令人困惑。另一方面,从大多数回复中可以看出,遗址管理和监测明显缺少"文化"因素。为了规划和审查保护政策,系统地检查一些指标以获得决策过程的反馈意见,这个想法尚未被接受。

本文描述了阿拉伯地区行动计划的概念,以回应定期报告过程中明确的需要。这一行动计划将讨论加强监测世界遗产遗址能力的必要性。然后建议在《世界遗产公约》的程序内,使这些行动计划制度化,并将其与定期报告程序联系起来。

总之,阿拉伯地区的定期报告提供了许多深入一线的有用信息。缔约国首次认识到其遗址的管理和养护方面存在的问题的严重性,特别是几乎完全没有合适的监测系统。希望这将带来纠正性措施和区域合作的加强。

## 《世界遗产公约》中的监测简史

大约20年前,当世界遗产名录仅统计了130个遗址时,最为警醒的委员会成员开始意识到缺乏关于所有这些遗址保护状况的信息是危险的。

当时的提名文件,由几页纸和插图组成,只是为了让委员会相信某个遗址确实具有"突出的普遍价值"。名录上的遗址,其保护、管理甚至周边的情况及其缓冲区,几乎没有提供细节,也没有基线调查或明确的保护计划。例如,像罗马这样复杂和重要的遗址,在名录上仅有5页档案资料。

世界遗产委员会很快意识到,必须建立某种定期和系统的报告,这不仅是为了维护世界遗产名录的可信度,也是为了面临各种各样的威胁时,有限的资源可以得到合理的利用。世界遗产名录上的遗址越来越多，这些威胁影响着它们的保护状况。

在这方面，想法是变被动为主动。委员会决定不再就偶尔上报的"危险"采取行动，而是根据保护世界遗产的长期愿景有关的需要，综合评估，然后精简世界遗产基金的使用并使之合理化。

自那时以来，世界遗产委员会、公约缔约国大会和联合国教科文组织大会一直持续讨论建立关于世界遗产最新信息的最适当方法。许多缔约国和专家以及咨询机构参与了这一进程。缔约国监测和报告工作组1987年进行的工作和1992年举行的战略规划会议所进行的工作构成了主要阶段。由于上述进程和实际经历，世界遗产委员会于1994年12月第十八届会议上再次确认缔约国有责任每天监测遗产的状况，并邀请所有缔约国向世界遗产委员会定期提交保护情况的报告。

第十届大会（1995年）与世界遗产委员会第十九届和第二十届会议（1995年和1996年）研究了《世界遗产公约》规定的报告程序，并确定了监测和报告的主要原则。根据这些原则：

1. 监测世界遗产的保护状况是有关缔约国的责任，也是遗址管理的一部分；

2. 缔约国承诺提供关于世界遗产保护状况的定期报告符合《世界遗产公约》的原则，并应成为缔约国与世界遗产委员会之间持续合作的一部分；

3. 定期报告可按照《世界遗产公约》第29条提交。应要求联合国教科文组织大会启动《世界遗产公约》第29条，并委托世界遗产委员会负责对这些报告做出答复；

4. 世界遗产委员会应就国家主权原则界定此类定期报告的形式、性质和范围。

值得注意的是，从委员会对缔约国主权的强调以及缔约国对管理和监督过程毫不隐瞒的独自控制来看，当保护状况之报告质疑遗产价值的保全、质疑某遗址最终录入世界遗产名录的合法性时，这个问题变得多么敏感。

因此，委员会于1997年决定，在定期报告《世界遗产公约》适用情况和世界遗产保护状况时，确定报告的周期、形式、性质和范围，并在遵守国家主权原则的同时审查和回应这些报告。

1998年，从这一决定衍生出了定期报告工作的格式，这是在遗址和国家政策层面上监测《世界遗产公约》执行情况的首次系统的努力。格式包括两份问卷，一份在国家政策层面，另一份集中在各个遗址，国家主管当局将回答数百个问题。最终，定期报告于2000年首次针对阿拉伯地区实施。非洲区域在2001年和2002年紧随其后，而亚洲和拉丁美洲目前正在参与这一进程。

今天，我们正在考虑这项措施在阿拉伯和非洲区域的初次成果，并评估它们对委员会确定的目标在多大程度上有所应对，为制定深思熟虑的保护政策在多大程度上提供了基础。例如，作为阿拉伯国家组组长，我有责任从我们区域的定期报告中汲取信息，以便制定一项全面战略，帮助改善阿拉伯国家境内的世界遗产的保护和管理。

以下是我所负责的区域内实施这一进程的含义和结果的一些个人考虑，随后是一些建议，以便就《世界遗产公约》框架下的监测讨论今后可能的方向。

# 阿拉伯各国定期报告的经验教训

**监控什么？**

从阿拉伯各国的定期报告得出的第一个结论是，所采用的监测——现在人们所设想的监测并不符合"专家"具有的监测的概念。

根据专业的理论和实践，监测应该根据特定的指标来观察某遗址在特定时间段内的变化，这些指标告诉我们该遗址在多大程度上保留了其原始遗产价值。监测应使用标准化的方法和测量值进行，这些方法和测量值在一定时间段内应可以重复，以便根据所观察的、不同类型的过程进行比较，以尽可能减少主观性。它应该以照片、视频、测量图、访谈和书面报告等形式出现。所有这些观察都应该与过去所确定的保护状态（即基线）进行比较，并且尽可能与遗址录入世界遗产名录时进行比较。

显然，定期报告调查表的情况并非如此，该调查表的问题主要是是非题，或讨论缔约国是否认为该遗址保持了其原始价值和完整性，关于其重要性的声明哪种更合适，哪些项目正在实施或预计将要实施，在资金和人力资源等方面该遗址有什么需要等等。无须为了证实这些声明而辩护，或提供实地收集的物质证据，特别是因为作为基线的调查几乎没有。

因此，重要的是要理解，定期报告的主题与其说是遗址的实际保护状况，不如说是缔约国保护这些遗址的方式。然而，后一种信息极其重要，因为它向委员会提供了《世界遗产公约》在某个国家或世界遗产地执行程度的总体概览，从而能够确定行动战略，更有效地利用资源。

从这个更狭窄的意义上讲，我们可以说定期报告已经达到了目标。缔约国第一次认识到其遗址的管理和养护问题的严重性，特别是几乎完全没有适当的监测系统，这使得收集遗址本身的数据不可能实现。在凯恩斯市委员会会议（2000年）上提交的关于阿拉伯区域定期报告的最后报告提请所有缔约国注意这一情况。

在这方面，我们不应低估这些报告对一些世界遗产地保护政策产生的积极影响。例如，正是由于缔约国在其定期报告中所表示的关注，才促成两个遗址被列入世界濒危遗产名录，且提交了紧急援助请求，以及随后发起的长期保护行动。这两个遗址即也门的扎比德古城和阿尔及利亚的提帕萨考古学遗址。

**质量与可靠性**

首批定期报告的结果提出的第二个问题是它的质量和可靠性。监测应建立证据，以便负责遗址管理的人据此证明其保护政策、需要和决定的正当性。在这方面，它是中央行政部门评估当前遗址做法有效性的重要工具，也是遗址管理人员提出额外资源、资金等要求的基础。在现实生活中，建议中立、合格的专业遗产顾问参与进来，从外部控制方法系统，并根据需要提供咨询。

然而，定期报告有时会牵扯到对国家声望和主权的关注。这在某些报告里观察到的矛盾中尤其明显，例如一方面宣布遗址的管理和养护状况良好，另一方面要求紧急提供大量资金和技术援助来保护同一遗址。此外，大多数阿拉伯国家行政当局非常集中的结构削弱了定期报告进程的相关性，因为许多调查表是在国家行政总部填写的。

但是，质疑这项工作的质量和可靠性的主要原因是许多缔约国缺乏完成这一重大努力的能力。尽管在1999年度组织了一个区域信息工作坊，但对定期报告的调查问卷的答复，其水平和数量清楚地表明还需要加强阿拉伯地区的监测"文化"。

在该地区，系统地检查一些指标并反馈给规划和审查保护政策的决策过程，相对而言，是新鲜事物。就文化遗产而言，文物部门大多是在20世纪上半期创建的，作为考古机构负责发掘和博物馆的工作。遗址保护或管理不在其职权范围之内，即使是今天，人员配备和制度框架也反映了这种态度。

另一方面，主管当局没有财政和技术能力来确保对文物遗址进行充分的监测，因为在地中海和中东地区，文物遗址在每个国家内常常数以万计。因此，监控根本没有实施，或者只是在很小的程度上实施。定期报告过程表明了这一点，也是在这一点上蕴含着巨大的信息价值。

**跟进**

从更直接的角度来看，由于通过定期报告和其他信息来源收集的数据，世界遗产中心阿拉伯国家小组目前正在制定行动方案。作为技术援助一揽子计划和长期项目，该行动方案旨在为定期报告明确的某些优先需求准备一系列"答案"，以便精简中心的工作，并以实用的方式响应委员会提出的积极主动的呼吁。其设想是设立一定数量的现成的技术援助项目，做好实施的准备，并与区域和国际伙伴合作，缔约国可在世界遗产基金下申请这些项目。还可以制定更大规模的、长期的方案，作为上述方案补充性的"体制建设"要素，并通过预算之外的支持提供资金。当然，这些技术援助一揽子计划中的首批活动，应当有一个协助缔约国发展其监测和准备基线调查的能力。

如果我们在这里提出建议，确实就是使这种区域行动计划的制定成为《世界遗产公约》的一个常规特征，使之与定期报告进程相关；换言之，委员会应将行动计划的概念制度化，这些行动计划将以定期报告为根据并由中心与公约缔约国和咨询机构协商制订。如果这一点确定了下来，世界遗产基金的一部分可被指定用于支持行动计划（例如，国际援助预算的60%），而其余部分可留给紧急活动。此类行动计划及其结果应每六年审查一次，安排在定期报告周期之后。

**结论**

尽管有一些限制，如上所述，第一轮定期报告无疑提供了许多深入一线的有用信息。这一进程的测试，可以得出在阿拉伯和非洲地区执行《世界遗产公约》的（非常令人担忧的）状况的一般性结论。这本身就是朝着在国家机构内建立常规监测机制迈出的一大步，对缔约国的制度框架也会产生有趣的影响。

另一个非常重要的方面是支持各国当局与《世界遗产公约》秘书处，即世界遗产中心之间定期的合作和信息的交换，直到现在这种合作和交换还不常见。建立将监测与规划

(定期报告与区域行动计划)联系起来的常规流程可进一步加强这种合作。特别是因为在监测领域可以普遍看到能力的缺乏,人们一致认为,世界遗产中心和定期报告可以实现在遗址一级引入创新概念和做法的目的,随后亦可推广到国家政策层面。定期报告促成的行动计划应首先处理这一问题。

也许,最后一点意见是,有必要避免推广监测标准,这种标准在90%批准《世界遗产公约》的国家中永远不可能实施。正如我们已学会要谨慎地在发展中国家传播在欧洲或北美采用的保护技术和材料的方法一样,在世界上不太富裕的地区,我们也应该警惕在监测某些遗址的过程中,引入过多的地理信息系统制图、卫星成像、激光扫描等等。构思和计划监测时,应该考虑到当地情况,并且仅限于必要的观测,这将使我们能够确定遗产价值是否受到遗址发生的变化的影响。委员会应了解这方面,并促进符合当地情况的监测方法,当然不能损害结果的质量。

乔瓦尼·博卡迪是一名建筑保护师,在联合国教科文组织世界遗产中心负责在阿拉伯各国执行1972年《世界遗产公约》,他还负责协调编写提交给世界遗产委员会的保护状况报告。

(雷远旻)

# 非洲定期报告进程的经验教训

Lessons learned from the Periodic Reporting Process in Africa

## 伊丽莎白·旺加里(Elizabeth Wangari)

对于1994年以前列入世界遗产名录的非洲遗址的首次定期报告,对于《保护世界文化和自然遗产世界遗产公约》(以下称《世界遗产公约》)执行状况的首次定期报告,使得我们能够更好地解释在非洲实施1972年《世界遗产公约》25年来所取得的经验。世界遗产中心工作人员与保护的利益相关方之间的参与性战略的重要性已经得到强调,正如促进上述双方之间的互动关系很有必要已经得到了强调一样。非洲要解决的主要问题与非洲世界遗产的代表性有关,也与难以找到手段,确保遗产的保护并将其纳入缔约国可持续发展战略有关。

## 引言

关于非洲世界遗产遗址的第一次定期报告工作正是在20世纪末、《世界遗产公约》实施超过25年之后进行的。定期报告是根据《世界遗产公约》第29条进行的。该公约于1972年联合国教科文组织大会通过,其中提到"根据联合国教育、科学及文化组织大会规定的日期和方式,本公约各缔约国在向大会提交的报告中,应当说明各自应用本公约所通过的立法和行政规定、采取的其他行动以及在该领域所获得的具体经验"(《世界遗产公约》第29条)。世界遗产委员会在1998年举行的第二十二届会议上,请缔约国每六年提交一次定期报告,并决定按区域审查缔约国的定期报告,且为此目的确定了时间表(委员会,1998年)。

非洲定期报告活动不仅是对非洲世界遗产中心的实施情况和遗址保护状况进行一般性摸底的机会,而且对我们组织和进行命中靶心、富有成效的监测能力的状况,也是摸底的机会。历经一年之后,从这一具体活动中汲取主要经验教训,以便为今后的活动奠定基础,是可能的。这篇简短的论文试图研究战略框架,该战略框架应当加以改进,但不应忽视非洲地区独特的文化特征,非洲地区对遗产的意义的认识不能脱离为确保保护而正在开展的工作。

## 研究方法

这篇论文来源于第一次定期报告活动中获得的经验。文中的事实、例子和方法，在定期报告本身已被引用和列举。由于实际用于此分析的时间非常短，因此讨论的范围必然是有限的。

## 某些发现的陈述

### 简单总结从活动中学到的经验

在第一次定期报告活动结束时，非洲区域揭示了与执行《世界遗产公约》有关的若干独特特征。鉴于非洲的地理、历史、人文和文化重要性，收录的遗址数量（53个遗址）和面积（少于30万平方千米）显著低于其他区域。与其他地区不同，非洲收录的自然遗址多于文化遗址，这反映出人们不了解该地区特定的文化和精神特征。然而，随着在全球战略框架内采取行动之后，情况正在发生改变。

非洲也是世界濒危遗产名单上遗址数量最多的地区之一，凸显出该地区存在的众多问题。就《世界遗产公约》的执行情况而言，报告强调了某些必要的调整，例如改善管理和管理条件，需要为管理人员初步和持续的培训创造实质性手段，以及需要发展自主和参与式管理方法。最后，为了让文物保护成为社会和经济发展的推动力，显然需要大量资金的支持来改善保护和开发这种资源的条件。

### 研究方法的评估

第一次非洲定期报告活动提供了许多关于在缔约国一级和列入世界遗产清单的遗址执行《世界遗产公约》的新信息。活动的内容将在下一节讨论，这里并不深入内容，但也可以得出一些纯粹的方法学结论，与设施、技能和调查的一般方法有关。

（1）定期报告工作的一大困难是如何从委员会界定的理论和司法框架到缔约国官员和遗址管理人员在实地的具体实施。这相当于一种标准的交流场合，在这种场合里，顾问和秘书处工作人员必须经常阐释信息，不管他们是向参与报告工作的人提供信息，还是向委员会提交信息以供其裁决。这个过程不可避免地导致系统的此端或彼端的扭曲。因此，在实施一般性报告战略的地区，有必要根据具体的文化特点进行调整。

这一点也适用于改进报告表单以便增强其相关性。表格是国家或地方官员为了理解中心的期望、表达他或她自己的知识（数据）而必须与之交互的无声界面。这是报告活动成功的关键。因此，非常重要的是，填写表格的非洲人不应该因为任何原因（不理解、无知、无聊）而跳过某个特定的问题。因此，有必要传递出问题的重要性和内容的意义。对于第一次报告活动，计算相关性指数使我们能够量化和理解跳过某些问题的倾向。为了改进，强烈建议采用参与式方法，既包括中心官员，也包括国家代表或地方代表。例如，可以设立一个"智囊团"，包括中心官员和非洲保护专家（国家官员、遗址管理者）来确定措辞

（语义方面）和信息呈现的方式（句法方面），从而使得在回顾性理解方面，语用成分使反应质量得以提高。这个"智囊团"可以通过计算机网络进行电子操作，以限制会议次数并降低运营成本。

（2）非洲区域的第一次定期报告工作包括若干积极方面，在各国和各遗址的层面，非洲世界遗产保护的各参与方密切参与。

此项活动并不是纯粹的照章执行，还充当了所有参与者的培训。因此，这种战略至少应该在非洲继续执行，或者确实应该扩展到其他区域。

在所采用的参与式方法中，管理人员和官员密切参与监测过程，使得工作结论能够传递给参与者本身，而不是仅仅传递给范围狭小的协调小组或综合小组。在次区域会议（达喀尔市、纳库鲁市）和国家会议（埃塞俄比亚）一级，第一个发现是，与会者（国家官员或遗址管理人员）对执行相关的遗址管理和养护方法、对在缔约国的层面改进《世界遗产公约》的执行，表现出极大的兴趣。

由于可用于此目的的手段缺少、缺乏或已遭淘汰，上述兴趣通常受到削弱或严重限制。方法缺陷方面的证据涉及物质手段和分配给这些职位的人力资源。为了理解这一点，有必要提及可直接调动的资金（政府资金、自有资金）或间接调动的资金（双边或多边合作资金）到位的情况（广泛或有限、经常性或一次性的）。通常而言，可以看到，受益于管理自主权的遗址可以调动资金并可支配大量资金，这提高了其管理的质量和在养护领域的表现。另一方面，受政府部门（无论是自然遗产部门还是文化遗产部门）严格控制的遗址，既无自主生成和管理自身财政资源所需的设施，也无动力。特别是，它们不能轻易地将管理产生的资源再投资于改善保护或保护条件。参与报告工作的所有国家总体上人均国内生产总值都非常低，人类发展指数评级非常差，受到资源缺乏或资源非常有限的困扰。这反映了贫困传统的恶性循环，而且它随着时间的流逝而加剧。从务实的观点来看，我们可以把非洲在保护和管理领域表现最好的遗址作为有用的榜样，并通过推广它们的经验，将它们作为该地区的榜样。

总之，定期报告工作不应仅限于检查或盘点性的工作，还应被视为对负责保护和促进世界遗产的国家和地方工作人员进行持续培训的一个要素。

## 对后续工作的几点建议

### 反馈的重要性

报告工作激励了不同级别的众多参与者，现在，希望这些参与者作为回报收到的不仅仅是一份出版物或一张光盘。在反馈阶段，人的方面不应该被忽视。应该重新关注参与人员产生的回馈。需要集体思考报告工作的优点和缺点，这不仅是为了准备下一次报告工作，也是为了遗址管理人员和缔约国官员采纳在第一次定期报告活动中得出的结论以及做出的建议与决定，能让他们感受到自己曾参与其中。简言之，如果能够在非洲与有关与会者或在联合国教科文组织与有关缔约国的代表组织一次或多次情况介绍会，报告的结论和委员会的建议将会更容易、更有成效地获得通过。这一进程始于2002年2月23—3月2日在塞内加尔达喀尔市举行的会议，来自15个非洲国家的20名与会者出席了会议。在南非比勒陀利亚市，《非洲定期报告》是2002年8月23—26日举行的"非洲世界遗产与可持续发展"区域讲习班的主要报告，来自非洲区域的30个国家参加了讲习班。该讲习班是与"环境与发展问题全球首脑会议（2002年，约翰内斯堡市）"相伴随的。同样，未来的归还会议也计划由巴黎与联合国教科文组织的非洲常驻代表举行，以及与非洲各国主管文化和自然的部委当局等举行。

另有一些建议，我们发现极其积极并且同样促进互动，其中应当提及的是，非洲参与者表达了如下愿望：在报告期间进行评估，以便能够根据所要达到的目标，调整其努力方向或行动。在第二次报告活动期间，特别是如果中期评估得到认可，应该能够缩短报告活动时间，将其限制在一年，而不是像这次一样投入两年。经过这次活动，我们坚信，简化报告形式，消除所有冗余，将受益匪浅，我们还坚信问题应更清晰、更详细地提出。应特别注意获得对表格上所有问题的答复。

**下一阶段定期报告的一些指标**

关于执行《世界遗产公约》，特别是执行其精神方面，有三点在我们看来似乎凸显了一些弱点，而且不用说，正是这三点，将在这里做进一步的阐述：① 构成世界遗产的类别的代表性；② 将定期报告的范围扩大到缔约国；③ 遗址管理的组织。

（1）遗产类别的代表性。

如上所述，已经列入非洲世界遗产清单的遗产反映了对非洲遗产及其传统的看法，其中绝大多数（40处遗产里共有23处）是自然遗址。这在一定程度上给非洲树立了这样一个形象：在非洲大陆，人类贡献非常少，或被贬低。作为人类的摇篮，非洲广阔的自然空间（现在已经越来越少）至今仍在决定其遗产形象。在世界其他地区，自然遗址在很大程度上只占少数，但非洲不同，这种现象并非非洲文化遗产的真实写照，其文化遗产具有多样性和鲜明的特征，十分重要。然而，由于全球战略的贡献，暂定名单显示，考虑到文化景观、交流路线等概念框架内的自然和文化的相互作用，非洲文化遗产的面貌正在改变。今后有可能重新评估已收录的遗址的价值陈述，并仔细检查某些遗址所发挥的作用，如加纳的要塞和城堡、阿波美王宫、非洲的奴隶贸易路线。借着保护的机会，审查并包括生活在某些自然遗址（或被殖民者从这些地方赶走）的人口的文化因素，是可能的。一些遗址，如尼日尔的艾尔-泰恩雷或几内亚的宁巴山，已经开始被认可为与自然区域关联、质量出众的文化遗产。对于许多其他的非洲遗址也可以采取同样的程序，例如刚果民主共和国的奥卡皮保护区，其价值的陈述没有包括居住在那里的侏儒族群以及他们的文化，或喀麦隆的德贾保护区，从文化上讲，当地人口与该地区以及该地区的生物多样性之间没有联系起来。

在非洲，将自然遗产与相关文化分开是有害的，这也许比其他任何地方更是如此。更令人遗憾的是，这往往等于使殖民者所实施的掠夺行为合理化，并使之永久化，这些掠夺行为被国际条约所接受，然后又被永久化，特别是在生物多样性的初级保护方面。世界遗产的保护不能基于禁令清单。它必须将民众的信任和恢复与保护区有关的文化、精神和使用者的权利结合起来。所有这一切都必须重新考虑，因为世界遗产中心不仅被赋予了保护的方面，还有一个方面连接着行动，使得遗产构成公平和可持续的人类发展的基石之一。有鉴于此，我们建议缔约国更新它们1990年之前的提名档案。例如，当接收到扩展遗址表面区域的请求时，或者当推出世界濒危遗产清单时，可做上述更新。我们特别建议缔约国尽可能利用价值陈述更新或遗址提名修订的机会，囊括因全球战略而产生的新的遗产类别。在某些方面，这项建议反映了1999年在肯尼亚提维市举行的文化景观研讨会中与会者提出的建议。

对真实性和完整性概念的认知在非洲与北半球工业化国家不同，为了更密切地关注这些概念，建议世界遗产委员会采纳非洲专家在哈拉雷会议（2000年）上提出的关于完整性和真实性的建议。这一步骤应使上述双重概念得以澄清，并应能促进在《世界遗产公约》、缔约国和当地人民共同的基础与目标上实施保护政策。

总之，迫切需要纠正《世界遗产公约》框架下界定（批准）的遗产类别与人们对其遗产的理解之间存在的扭曲，因为人们知道真相在人民一方，而不是在《世界遗产公约》一方。在这方面，必须承认，全球战略在非洲产生了非常积极的影响。现在，重要的是，要通过推动提名文件朝这个方向发展取得更大成就，因为非洲仍然缺乏迅速完成提名文件和准确说明其领土上具有全球吸引力的遗址所必需的专业知识。同样重要的是，不要再剥夺非洲国家收录其遗产的机会，因为它们的反应时间（即它们在经济生存方面的优先事项）比工业化国家的反应时间要慢，这些国家的遗产现在正涌入新的遗产类别。

（2）报告工作的目标是谁？

1972年《世界遗产公约》的执行影响到《世界遗产公约》的所有缔约国，而不仅仅是那些有遗址被收录的缔约国。所有批准《世界遗产公约》的国家对本公约都有权利和义务。因此，期望获得关于它们执行公约的方式的信息是合理的。因此，它们最好能参与表格第一节的定期报告活动，以便在它们决定收录遗址的那一天，它们已经有了适当的基础设施。

（3）管理问题。

定期报告工作使我们能够注意到，目前只有一半的非洲遗址，其管理方案仍在运行。1978年和1991年之间收录的遗址通常没有起到作用的管理方案。因此，需要在这方面大大增强意识，推出培训。缺乏管理计划不仅反映了缺乏对这种管理工具的了解，而且往往是缺乏某些遗址进行中期或长期规划所需的经常资源所导致的。

**与其他公约的伙伴关系**

非洲进行定期报告工作的时候，其他一些公约如《生物多样性公约》和《拉姆萨尔公约》等也请求各国做出报告，特别是关于保护区的报告。有人指出，这些协定和方案所需的信息基本相同。据联合国环境署估计，目前有30多个与野生动物有关的现行公约和协定，实际上，对于非洲国家来说，所有这些公约的国家报告可能成为过重的负担，使资源紧张，并导致资金从至关重要的保护中流出。除了协调报告程序之外，还应明确利用新技术的方法,提高国家报告效率,允许各国精简其报告,避免为不同公约编写单独报告。今后,应努力促进伙伴关系,以便其他公约协定、议定书和协定更有效地合作。

## 结论

在对非洲第一次定期报告活动所汲取的教训进行快速总结之后,我们想提出五点声明,这些声明在我们看来特别令人关切:

(1) 非洲的保护需求是巨大的和非常多样化的。他们的评估远远超出了世界遗产基金可能提供的资金,为了迅速做出反应,需要设立专门基金,以便在世界遗产中心的监督下筹措和使用必要的资金,该基金可以继续发挥遗产监护人和知识型专家身份的双重作用。

(2) 关于非洲遗产的知识和专门知识在很大程度上仍然得不到承认,不被欣赏,并且正在消亡。因此,重要的是,要通过提高这些知识的地位来保护它们,要保护它们给当地人民和在全世界传播带来的条件。

(3) 在非洲推广世界遗产仍然有待改变组织方式,以便资金流向这一地区,用于文化旅游和生态旅游,旅游经营者在很大程度上仍然没有重视这一点(但并非完全忽视)。世界遗产遗址必须成为非洲国家可持续发展战略的基石之一,并且成为保护其他(非世界)非洲遗产的模式和动力。

(4) 将公约与定期报告伙伴关系结合起来,能提高效率,减轻各国的负担,并可节省不少费用。

(5) 鉴于过去 10 年所取得的进展,重要的是继续开展全球战略在非洲的活动并使其多样化。现在或许该考虑这个战略未来应该如何发展了。

伊丽莎白·旺加里博士曾专攻人口生物学和生态学。她目前是联合国教科文组织的资深项目专家,担任世界遗产中心非洲组组长。她于 1980 年加入联合国教科文组织生态科学司,在就职于世界遗产中心之前,曾担任联合国教科文组织达卡办事处科学技术组组长。

(雷远旻)

# |第三部分|
# 监测系统的监测框架设计方案

# Monitoring Frameworks
# Design of Monitoring Systems

# 以明确目标监测世界遗产区遗址的重要性

The Importance of Clear Objectives for Monitoring World Heritage Area Sites

## 布鲁斯·麦普斯顿博士(Dr. Bruce Mapstone)

监测自然生态系统以及人类对其产生的影响,通常需要涉及对这类系统选定特征状况的比较评估,而非监测我们期望其达到的绝对状况。监测管理的有效性,即行政绩效、管理进程的顺利进行和管理行为的效果,也需要采取同样的方法。然而,根据定义,世界遗产区(World Heritage Area,WHA)遗址往往是独一无二的。正是在于其独特性才被列入世界遗产,即具有值得保护的无与伦比的文化或自然价值。它们的独特性意味着监测世界遗产区遗址是评估其价值的绝对状况,而不是它们的相对状况。监测世界遗产区管理实践的有效性和监测世界遗产区价值状况并不一致,两者甚至不一定能相互提供有效信息。从有逻辑的客观层次结构中得出明确具体的目标,对于监测设计方案的有效性或是监测世界遗产区的区域价值都至关重要。明确、量化的目标也是能否实现在全面、细致的监测与监测后勤、财务的可行性之间取得平衡的关键。要解决世界自然遗产区以及世界文化遗产区的这些问题尤其困难,需要世界遗产区的管理者和研究人员紧密合作,通过切实可行的监测后勤(monitoring logistics)来达到满意的目标并衡量绩效。

## 引言

监测自然生态系统以及人类对其产生的影响,通常需要涉及对这类系统选定特征状况的比较评估。例如,在评估遗址地管理方案的有效性时,我们通常会于管理方案实施前后,将保护区与非保护区的状况进行对比。此外,我们会期待选取多个受保护和/或非保护区的实例(平行区),以此构建我们的比较框架。这一路径方法与成熟的环境影响评估和监测方法相似。只有通过这些方法,监测计划才能排除自然因素,从而显示出管理方案的有效性,并衡量管理方案是否达到了保护区的预期效果(或保护它们免受不良影响)。因此,管理成效的评估本质上是比较的:比较保护区与非保护区的差异,以及比较管理方案实施前后的不同。

根据定义,世界遗产区通常是独一无二的。选择它们是因为其具有无与伦比的文化或自然价值特征，极具留存的意义。它们的独特性为监测评估其价值特征是否得以保留或以不可接受的方式发生变化带来了难度。因为通常遗址只有一个，例如只有一个威尼斯（Venice）、一个大堡礁（Great Barrier Reef），无法通过比较其他世界遗产区来评估其相对状况。这促使我们引入时间变量，即通过评估世界遗产区在不同时期的变化（或停滞）来评估其状况，并根据监测数据判断其列出的特征是否正在得到有效的保护。要做出这样的评估，需要满足以下几点：遗址地的自然文化价值、我们对遗址地未来状况的预期，及那些被我们视为"不可接受"的变化，均得到明确、清晰的绝对定义，而非相对定义。

本文将探讨世界遗产区遗址监测成功的两个关键议题：将世界遗产区遗址的状况与其被列为世界遗产区的价值进行监测评估（世界遗产区价值评估）；对世界遗产区的管理是否有效进行监测评估（管理成效评估）。显然，这两个宽泛的议题间存在着明显的重合并应相互补充，但它们既无法相互转换，也不能自动相互提供有效信息。此外，它们将具有不同的监测设计标准和理论规范。我将以大堡礁世界遗产区为例来阐释这两个议题，也可举一反三，将其应用到其他世界遗产区遗址当中。

## 大堡礁世界遗产区

大堡礁是世界上最大的珊瑚礁群。它纵贯澳大利亚热带东部海岸，北起巴布亚新几内亚（Papua New Guinea）南部海岸（9°S），南至弗雷泽岛（Frazer Island）北部（25°S），绵延伸展超过16个纬度。超过3000多个浮现的珊瑚礁和浅滩已经被绘制，但是未浮现的珊瑚礁很有可能超过4000个。1975年，大堡礁的大部分区域（10°42′S—24°30′S）被设立为大堡礁海洋公园（GBRMP），并且在1981年，大堡礁及其相邻区域被宣布为世界遗产区（GBRWHA）。大堡礁是一个相对天然并且具有丰富生物多样性的自然系统，蕴含800多种珊瑚和1500种鱼类。

对于大堡礁海洋国家公园和大堡礁世界遗产区的主要管理方案是设立一个空间分区系统，其中大堡礁世界遗产区的不同区域被人类用作不同用途。这些分区目前正在施行一个内嵌式的区域层级结构，可以进行的渔业活动包括：对虾拖网在内的大部分捕鱼行为；手钓和收集鱼线；"可看不可碰"；"禁止前往"。每个区域中可开展的活动也可在层级结构的上级区域进行。

大堡礁世界遗产区的监测实践主要涉及运作、财务和行政方面，尤其是为了对这样一个大型生态系统进行充分的监测管理，需要大范围宽领域的实地作业，同时还要受到复杂的自然因素的影响。目前大堡礁世界遗产区已经开始或正在实行多种监测方案，主要侧重于监测水质、海洋生物生存环境营养状况、水温、底栖动植物（特别是硬珊瑚）的多样性、底栖鱼（demersal fish）、荆棘冠冕海星（crown of thorns starfish）、儒艮（dugongs）、渔业和旅游活动。上述监测方案的设计基于特定的目标，主要与生态研究议程有关。然而，没有一个是专门用于评估大堡礁被列为世界遗产区的优势条件和目前的状况，尽管也有人偶然提供这方面的宝贵信息。值得一提的是，只有一个是针对底栖生物群和底栖鱼类的长期监测计划,它由澳大利亚海洋科学所(Australian Institute of Marine Science)运营,负责监测大堡礁的地理范围,但即使是该计划也只是监测一处非常有限的栖息地。此外,很少有人监测评估大堡礁世界遗产区和大堡礁海洋国家公园管理方案的有效性,还有一些通常仅关注管理目标计划的一部分。

## 管理成效监测

其一,我们需要考虑如何促进大堡礁世界遗产区管理成效的监测评估工作。大堡礁的空间分区体系旨在通过保护其中的各个部分免受潜在的具有破坏性的人类活动(威胁)的危害,来保护整个大堡礁基本的生态完整性。这其中的原因在于,如果当地人对大堡礁的影响保持相对良性的水平,那么大堡礁整个的生态活动将"自然地"进行,生态系统也处在良性的状态。可以根据以下三种目标类型评估管理成效:行政目标、管理过程目标以及管理成果目标。管理的有效性可以从上述三个方面的监测中推演出来。

对行政绩效的评估可以通过监测管理计划制定和实施进展来进行。成功的设计、咨询和管理方案的公布将是绩效的衡量标准。可以通过监测限制使用的区域是否改变了利用的模式或强度以及通过衡量对法规的遵守程度来评估流程绩效。具体实施方法包括记录使用模式,统计旅游船只目的地和捕鱼活动,以及监督记录和违反法规行为记录。此外,成果绩效可以通过监测计划是否通过改变使用模式,促进生态实体(如鱼类种群)状况的变化来评估。大堡礁世界遗产区的成果监测可以通过对比评估每个区域可以承受范围内的"有威胁性"活动的影响,与下一级最受保护的区域进行比较(这是一种侧重于大堡礁特定区域的有效监测手段)来实现。例如,如果在允许捕捞的区域和不允许捕捞的区域之间发现差异,则推断捕捞保护区的目的基本实现。

其二,可以考虑和其他世界遗产区遗址实行平行监测。例如,管理建筑世界遗产区遗址需要制定对遗址地保护、修复和旅游管理计划,以便规范准入并减轻游客对历史遗址的影响。监测评估行政绩效和管理实施过程与上述大堡礁世界遗产区的案例类似。成果监测会衡量出人类对遗址地的影响已经得到怎样的改善。关于不同管理区域的这一系列推论可能会有助于管理成效的调查。但是,这些监测方案是否足以告诉我们大堡礁世界遗产区的价值得到了充分保护呢?

## 世界遗址区价值监测

大堡礁世界遗产区的特殊之处不仅仅是在于它拥有大量的珊瑚礁,而且在于它拥有世界上最大的长势良好的热带珊瑚礁系统。因此,列出大堡礁世界遗产区的价值所在本身就涉及整个大堡礁的福祉,而不仅仅是其中的一部分。所以,监测将帮助我们评估大堡礁世界遗产区的价值是否得到有效保护,同时监测也必须让我们了解大堡礁整个系统的状况,而不仅仅是其中的某些部分。这意味着监测实践必须涵盖相当大的地理范围,考虑大堡礁内部各种特征,并衡量大堡礁世界遗址地价值的重要组成部分的变量。尽管目前大堡礁世界遗产区的监测方案都未能做到,但是通过管理成效监测可以满足上述部分甚至所有的要求。

然而,评估大堡礁世界遗产区系统整体状态的需求并不一定得到了满足,因为所有或大部分管理评估监测要么与系统的内在价值无关,要么是比较性的。知道我们有一个管理计划,它有效地规范了人类活动,并且得到很好地遵守,这样一件事并没有传达出有关大堡礁世界遗产区价值状况的真实信息。此外,如果整个系统的鱼类数量正在下降,但在开放捕捞地区的鱼类数量下降幅度要大于禁止捕捞地区的数量,我们可能会认为管理方案是有效的(因为禁渔区有着比捕捞区域更多、更大的鱼类),事实上我们没有认识到大堡礁里鱼类数量呈总体下滑的趋势。我们将忽略一个重要的信号,即大堡礁世界遗产区的价值可能会降低。

相反,我们可能主要关注或仅仅关注大堡礁世界遗产区各种各样的监测活动,这些活动让我们相信遗产地生态系统在正常运行,并推断遗产地的价值得到了保护。例如,目前的监测可能会让我们相信大堡礁的水质、物种多样性、珊瑚覆盖(丰富程度)和结构完整性都是相对静态的(在自然变量的某些范围内)。然而,除非我们专门监测保护区管理战略旨在改善的潜在影响,否则监测方案无法揭示出管理是否有效。例如,某些种类的鱼类可能被过度开发,但我们一般的监测方案无法察觉,除非这些物种在统计清单的行列。同样,可以举一反三。例如,依靠精明的管理,通过最小化或消除历史遗址的路面和地面磨损的方式,并不一定意味着建筑物的世界遗产价值状况保持良好。那么我们应该如何避免此类错误?

## 运作目标十分关键

上述问题的解决方法在于为监测方案制定具体可操作的目标。管理过程和世界遗产区遗址几乎总是规定了高水平、宽泛的目标。有时,这些宽泛的目标被精练以具有更精确的含义,但很少被细化为定性或定量的目标,以便评估具体的绩效指标的实现程度。例如,大堡礁海洋国家公园(包括大堡礁世界遗产区大部分地区)的总体管理目标是"通过关怀和发展大堡礁海洋公园,做到永久保护,明智利用"。在25年的战略规划中,该目标被认为是为了制定与海洋公园保护和人类使用有关的更具体的目标和绩效措施。其中一个目标为:"确保大堡礁上的渔业保持生态可持续性发展"。进一步明确的目标可能是:"确保捕捞的珊瑚鱼种群保持可持续性繁殖"。然而,这些目标中没有一个是可操作性的——即使已经被提炼到可以专门评估管理绩效的参考点。

运作目标可以理解为:"在接近捕捞量超过80%未捕捞地区水平的区域保持成熟的珊瑚鳟鱼(coral trout)(收获的珊瑚鳟鱼)的数量。"最后这个目标的几个重要特性包括:① 具体目标是高层次目标的直接衍生物,如果特定目标没有得到实现,那么它的上级目标也将受到威胁;② 具体目标是定量的,因此可以提供以哪些指标来判定目标实现与否的直接指示;③ 隐性绩效指标是我们在监测方案中衡量变量的基础。因此,如果我们监测鱼类的数量和性别随着时间的推移发生变化,我们需要利用相关的信息统计绩效指标,这反过来将帮助我们推断特定目标是否已经实现,同时也直接反映出是否下一级别的目标会有可能得到满足,等等。值得一提的是,此示例主要涉及大堡礁的管理,而不是其作为世界遗产区的价值。

如果没有这样具体可操作的目标,没有这样从我们对世界遗产区的愿望和期待中系统地、有逻辑地构建出来的目标,我们将无法优化监测方案,从而无法评估世界遗产价值是否保持着良好的状态。从本质上来看,我们进行的监测也具有下列风险:低效率,无法提供有关世界遗产区价值或管理成效真实状况的信息,或者产生误导性信息。监测过程可以类比为一个虽有远大目标和无限热情却不知道到达何方的旅程。如果我们不明确目的地,那么要找到最佳的旅行方式和最便捷有效的路线是极其困难甚至是不可能的!因此,要确立包含明晰可操作性的目标和相关绩效指标的客观层级结构。这对监测世界遗产区的管理成效和关键价值状况至关重要。

## 监测方案设计

无论从后勤还是经济上来说,欲评估大堡礁的所有地方、所有生物是不可能的,在其他世界遗产区可能也是如此。监测方案的设计(我指的是选择在何处以及进行观察或收集样本进行分析的频率)和监测变量的选择,不可避免地涉及对可行性、负担能力和有效性至关重要的折中方案。监测系统设计不佳或变量的选择不能代表世界遗产区的价值状况,将导致我们盲目乐观地监测着系统的逐渐退化,原因往往是我们所监测的地点和事物并没有传达出世界遗产区价值退化的信号。

在很大程度上,应从完善细致的操作目标中选择适当的变量来进行测量。当然,需要验证变量是否可以使用现代技术进行测量,并且测量应既经济节约,又能提供足够的信息。接下来的问题与监测方案的设计直接相关。要想在理想的效果和技术的可行性之间取得平衡,需要政府和技术专家(或管理者和研究人员)之间的紧密合作。实际上,我认为普遍性目标向明确的可操作性目标的转换也取决于(至少涉及)技术和管理专业知识的结构化流程。

关于严谨的监测方案的设计已经提到过不少,此类严谨的方案可以提供环境影响或管理成效的合理推论。即引言中所提及的"前与后"和"控制与影响比较设计"。我不会在此重申此类观点,但请注意,设计此类方案的一个重要步骤是对遗址地研究采样的数量和时间频率进行规定,以便对人为影响或者管理实践引起的变化的存在与否提供有力的推断。本文提供了对遗址控制选择的大量讨论,用于将影响或管理遗址以及所需遗址(平行区)的数量进行比较。对大堡礁的变量进行的监测评估表明,通常需要采用非常多的样品来提高检测这种效应的准确性。

对单地域情况的监测关注较少,比如世界遗产区通常就是如此。世界遗产区的内在特征为此类监测带来了一定的困难。第一,没有"控制"——世界遗产区是独一无二的,所以我们如何比较它们的状况与"相对状况"？第二,由于通常没有"前期"的数据,所以我们永远不能确定我们希望维持的世界遗产区的"原始"状态是什么样子。第三,因为世界遗产区的独一无二性,因此通常没有相似的平行区。世界遗产区的任何"复制"实际上都是二次抽样,而不是世界遗产区的系统(价值)真实的替代品。然而,值得注意的是,对于监测规模相对较大的世界遗产区遗址(如大堡礁世界遗产区),此时要在大范围内进行二次抽样对在任何时间点内充分描述系统特征至关重要。

因此,在大多数情况下,推断世界遗产区价值的状况不可避免地成为评估变化或停滞的问题。因此,监测设计的最重要特征是监测的频率和预期的时间,而不是发生地的数量或可比区域所需的测量数量。只有在相对长期的数据统计中才能测量出变量是否以不适宜的(或理想的)方式发生变化,特别是在一年或更短时间范围内变化多端的自然系统当中。因此,评估世界遗产区的价值是否得到保护将不可避免地经历中期(十几年)到长期(几十年)的过程,除非发生非常严重或灾难性的变化。在这方面,相比于管理成效监测,世界遗产区遗址的监测与许多渔业的监测情况更相似,因为很多渔场也是独一无二的,并且我们需要对根据时间进行捕捞的单一种群状况变化进行评估。

## 做好推论

之前已经指出,从监测数据中得出的推论本质上并非直截了当的。在常规科学中,人们会非常谨慎,再三考虑现有的理论或范例,这通常是错误的或不适当的。因此,当收集数据以测试特定情况是否与现有理论一致时,常常把重点放在让我们不去错误地判定我们所做的观察实践与已有的范例不一致上。然而,在监测研究中,我们不会过多地关注现有的或完善的理论——我们是真的想探明某些事情是否在发生变化。

无论我们最终得出的结论是世界遗产区的价值是处于停滞状态还是正在受到破坏,我们都会采取相应的对策来解决问题。如果我们从监测中得出世界遗产区的价值处于停滞状态,我们将肯定现有举措的正确性,并且很有可能持续实施下去。如果我们得出结论是世界遗产区的价值正在不断贬值,那么我们将采取行动来避免价值损失,并可能对世界遗产区进行修复。任何一种结论的失误都将带来重要的影响。

在第一种情况下,若有失误就意味着做出世界遗产区不存在任何问题的推断,而这和实际情况刚好相反,这样便导致我们不会采取任何行动,而世界遗产区价值可能会持续下降。这样的失误将引发巨大的后果,因为当我们发现失误时,再来修复遗址地相比早期来说就显得更加紧迫,成本也更昂贵。反之,第二种情况是如果我们误以为遗址地价值在下降,我们也许会采取不必要的高成本的修复行动。

为了确定从监测数据得出肯定的推断需要做多少监测工作,我们需要认识到这两类失误带来的风险和造成的后果。可以推断的是,这两类失误并非完全割裂开的,必须准确判断它们相互联系的重要性。通常,未能检测出真实变化所带来的风险比错误地推断已经发生变化带来的后果将会花费更高的成本。因此需要决定每种类型的推断会有多少确定性,从而在我们期待确定性的愿望和获得确定性的成本之间进行权衡。要达到上述目的,有两方面至关重要的因素:我们对世界遗产区未来价值状况的预期,以及对具体目标的适当改进。只有当我们明确终极目标时,才能在实现目标的过程中及时判断出可能出现的失误,以及需要多少监测来检测这种失误。

## 总结

我认为,管理成效监测评估和世界遗产区价值状况监测评估并非同义词,两者的信息内涵有时并不相互一致。明确具体的目标对于监测系统的合理设计以及保持全面、敏锐的监测和后勤与财务可行性的平衡至关重要。要解决世界自然遗产地以及世界文化遗产地的这些问题尤为困难,需要世界遗产区管理人员和研究人员的紧密合作,明确具体目标并以切实可行的方式衡量绩效(后勤监测)。

还有许多与世界遗产状况监测直接相关的问题。例如,有一点需要注意的是监测通常揭示已发生的或未发生的变化。了解导致变化的过程(因果关系)属于研究领域而非监测领域。在某些情况下,最有可能的因果关系过程可以从对被监测的系统中推断出来,但在其他情况下可能需要进行特定的研究。这就出现了一个问题,即我们是否应该等到监测发现问题之后,才去研究背后的原因。还是在没有监测的情况下把对世界遗址区(未来的)的研究演变成对其价值的威胁?虽然推迟研究将节省短期和中期成本,但也会让我们陷入不知道如何应对新问题的迷茫中。如果我们现在就准备为今后的研究付出很多,那我们会花费大量时间和金钱去研究也许并不会出现的问题。

另外,我们还需要明确应采取何种应对措施确保监测方案取得应有的成效。显然,如果监测表明当地管理不当或世界遗产区的价值受到当地影响而有所下降,那么世界遗产区所在区域就应该做出适当的改进措施。另一方面,即使我们已经明确监测表明问题的原因所在,万一问题的解决不在辖区政府机构的管辖范围,又应如何处理?例如,如果全球变暖和海平面上升导致世界遗产区价值显著下降,那么让世界遗产区的管理人员对价值下降承担责任的行为是否合理?

简言之,我认为世界遗产区监测和其他相关问题的处理将会面临7个主要挑战:

1. 需要明确世界遗产区的价值是什么,及其不同价值的相对重要性。

2. 需要制定清晰的目标层级结构,包括针对世界遗产区价值的保护、保存、未来发展制定出具体、量化的目标,以指导监测方案和绩效评估。这需要技术专家和管理专家的积极参与。

3. 必须非常了解暗示问题出现的信号以及这些信号将在何时引发行政干预。通常,监测问题的出现比监测验证一切正常要容易得多。

4. 必须仔细选择问题指标,找出构成这些指标的变量。

5. 针对改善世界遗产区监测方案表明的世界遗产区价值下降的情况,应该制定应对措施反馈机制。

6. 应该认识到,对世界遗产区价值的监测效果只有在中长期的时间内才会显现。

7. 应定期对监测实践进行严格审查以更新我们的认识,并采取最佳方法进行监测。

布鲁斯·麦普斯顿博士是詹姆斯·库克大学大堡礁世界遗产区合作研究中心可持续产业项目的项目负责人(Program Leader at the Sustainable Industries Program, Cooperative Research Centre for the Great Barrier Reef World Heritage Area, James Cook University)。

(吴 攸)

# 监测历史中心的演变：基于摩洛哥非斯(Fes)的案例分析

Monitoring Processes of Change in Historic Centres: A Case Study of Fes, Morocco

## 蒙娜·拉格丁(Mona Serageldin)

历史中心包括嵌入城市实用性建筑群的纪念性建筑物和地标建筑。历史中心的修复方案始于对非斯阿拉伯人聚居区(Medina of Fez)前期的复原计划，当时要求探明对麦地那区(Medina)工作的多样性，同时查明来自机构和财政方面对投资造成的阻力并导致居民建筑区退化的原因。该评估是基于对该地区物理、社会和经济指标的空间分析，包括房地产交易和新建及改建的建筑许可。

有人提议建立一个制度化和定期更新的监测系统，记录这个项目准备过程中的关键指标，并将数据库与"埃德非斯"地理信息系统(ADER-FEZ GIS)联系起来，但尚未开始实施。通过完善的监测系统以及税务部门和市政当局之间的密切合作，麦地那的税收收益将会提高，并且政府的利益也会随之增加。

## 城市中心监测：挑战与优势并存

### 历史中心的保护策略和演变过程

业主和居民根据新需求和生活方式的变化也在不断改变着这些建筑。他们的干预也导致了这些建筑处在不断变化的进程中，可能会导致其得到保护或遭致损坏。在很大程度上这取决于他们对建筑品质的敏锐度、建筑遗产的文化意义，以及遗产的价值是否仅限于特定的建筑和某些特征，或其价值是否已超越仅仅是"一处地方"的空间内涵。它还反映了管理人员执行保护遗产地法规的能力和愿景，以及这些法规的有效性。

在发展中国家，保护历史中心的完整性是一项艰巨的任务，即使是被列入《世界遗产名录》(World Heritage List)的遗址，其城市建筑也以惊人的速度在消失。经济和社会变革，劳动力流动性增加以及技术创新的快速发展改变了人们的生活方式，破坏了传统社区的社会凝聚力，影响了年轻一代的观念和追求。

去中心化的权力模式使参与历史中心管理的机构数量成倍增加,而地方治理的持续民主化和社会的日益文明扩大了利益相关方的影响力,他们对历史城市结构的价值和用途看法不一。必须协调各方观点、利益、法规和职责,这让原本还要应对撤资、误用、滥用和忽视影响历史中心质量等问题的任务变得更为复杂。

伊斯梅尔·拉格丁(Ismail Serageldin)将这些相互关联的因素比作鲁比克方块(Rubik's cube),其中立方体任何面上的一个单元格的变化都会导致另一侧的单元格发生变化。了解系统的内在逻辑成为解决问题的关键。

在城市发展研究中心(Centre for Urban Development Studies),我们制定了历史中心复兴和修复战略,明确了历史中心的多个利益相关方,并且由专门机构评估历史城市建筑的不同组成部分中的文化内涵。我们的职责在于协助地方政府制定兼具一致性、包容性和影响力的方案。该行动方针的侧重点在于,使历史建筑在更大规模的城市群形成发展进程之中,基于自身的动态发展,提升其价值。

发展援助组织主要通过扶持旅游业发展和扶贫来推动文化遗产项目的发展。前者确实为国家政府提高外汇收入,但对于无人问津的历史城市建筑几乎没有很大的作用。我们认为,对历史文物中心投资的主要目的在于扭转历史遗产退化和文化遗产流失的局面,并将解决贫困问题纳入社会包容体系的一个组成部分。

每个历史中心都是独特的。以下 6 项指导原则提供了不同的保护方针:

1. 建立合作伙伴关系和社会包容体系。
2. 通过吸引历史中心复兴和修复方面的私人投资,创造一系列有利的活动,以扭转历史中心遗址的退化局面。
3. 建立可以促进和引导私人投资的制度化机制。
4. 将管理变化的框架制度化,并监测发展动态和评估发展动态对历史城市建筑的影响。
5. 提高居民,特别是青年一代对文化遗产在经济和社会资产方面重要性的认识。
6. 遗产属于现在,不在过去。

**历史城市中心监测**

我们对历史城市中心的监测严重不足或者可以说完全缺乏这方面的监测。原因在于缺少管理和财政资源或缺乏技术支持或两者兼而有之。然而,信息技术的进步给了地方政府一系列可以利用的工具。有限的预算和地域偏远不再是制约因素,许多国际组织和非政府组织(NGOs)也为遗产管理人员提供了技术帮助。

要改进对历史中心的监测,需要解决 4 个关键问题:

第一,承认基于文化遗产而产生的不同观点的合理性,并促成利益相关者达成共识,为后代保留有形和无形遗产。如果我们不能确定保留什么,我们就无法确定监测什么:是自然环境的完整性、地方感,还是吸引人们到访该遗址的活动或是传统社区的生活方式。

第二,为机构间的合作设计一个可以调控遗址地并规范其中的活动方案。职能和管辖权的重叠使这项任务变得更为复杂。每个机构都谨小慎微地保护自己的特权和垄断信息。谈判协议具有政治敏感性并且费时。负责遗产保护的机构往往将其观点强加进去,自称为"专家",并将获取其他机构的数据和信息视为正当的"权利"。

然而,现实已经证明这是适得其反的行为。对遗产的不同态度以及对历史中心作用和责任的不同意见阻碍了保护计划的实施与监测工作的开展。经过烦琐的官僚程序,信息有的被隐瞒有的只有一小部分被透露,几乎无法发挥应有的作用。保护机构和非政府组织必须认清地方政府在文化遗产保护中的关键作用。地方政府有权进行监管调控,并可采取行动保护文化遗产的健康安全发展。文化遗产监测需要地方政府的政治支持以及行政权力的支持。

第三,确定相关变量或指标以及它们的监测方法。这需要清楚地了解影响变化的社会文化和经济因素,并探明它们之间的相互作用以及它们在建筑环境中引发的转变。然而,查找和访问数据通常是一种考验。负责编制、处理和存储信息的机构为保护数据安全常常拒绝其他用户访问。可能需要通过劝说、诱导或正式谈判达成协议才能访问。

第四,分析数据并对其重新格式化,以便有效地用于规划、管理和监测。要使数据适应新的空间、功能和时间框架是一项困难且耗时的任务,但值得付出努力。要做到对纸质记录进行编码,地图数字化,属性映射以及让不同的数据库和地理信息系统(GIS)链接在一起。如今的网络技术极大地简化了10年前纷繁复杂的任务。

## 非斯阿拉伯人聚居区案例分析

为了阐明要点,我将以1980年被列入世界遗产遗址(World Heritage site)的非斯阿拉伯人聚居区做案例分析。非斯的历史中心麦地那是中东北非地区(Middle East North Africa region)在中世纪时期的历史中心区域中保存得最为完好的古城区。其密集的城市结构包括13 500个建筑体,拥有10 000个贸易区和34 500个住宅区,它们沿着世界上最狭窄的路径往外延伸。目前人口总量达181 000人。主要的文物古迹和大大小小的市场都镶嵌在这一城市结构当中。

非斯的工艺品由手工制作转变为使用化学产品的半机器工业生产后,开始对河流和地下水资源造成污染。商业街的热闹喧嚣和住宅区的破败失修形成鲜明的对比。近20%的建筑物破旧不堪,而接近10%的建筑物处于废墟之中。

### 体制结构

麦地那地区的管理在几个机构的共同运作或影响下进行。地方政府(Wilaya)负责管理历史中心的两个组成部分中的一个,而非斯Mechouar市政府管辖非斯J'did地区(人口35 000人)。市政府统辖非斯阿拉伯人聚居区(Medina of Fez)(人口146 000人)的治安和行使该地区理事会的权力。中央部委的地区分支机构持有土地和财产保有权,以及管理交易和税收有关的事项。"埃德非斯"(ADER FES),一个非斯阿拉伯人聚居区文化遗产保护组织,专注于文化遗产的修复,而非政府组织和当地民间团体也有着各自的使命与规划。显然,没有任何一个组织有能力独自承担起保护非斯的责任。必须确立合作伙伴关系和协作机制,来实施战略和开展行动。

**保护举措**

为防止文化遗产的损失,保护工作已经在进行。在国外和国内的援助下,保护组织"埃德非斯"正在修复纪念碑和保护完好的建筑物。为保护濒临倒塌的建筑物,非斯阿拉伯人聚居区的市政府资助开展了紧急援助计划。该城区正在把污染最严重的企业安置在历史中心以外,而"埃德非斯"正在将较大的无污染企业重新安置在车辆通道附近。

城市发展研究中心及"埃德非斯"和世界银行(World Bank)的工作人员共同与地方当局开展紧密合作,并与中央有关部委协商,制定振兴和修复方案。一项由世界银行资助的项目,其第一期目前正在开展。该项目的第一阶段包括 7 个主要组成部分:

1. 改善现有的道路网络,包括建造 14 千米长并可允许小型车辆通过的紧急通道。修复沿线的基础设施并移除楼梯。为了穿过密集的建筑物,路面最窄处的宽度应限制在 1.7 米,以便疏散人群和以免受到建筑物的阻碍。只需要对 33 座建筑物的角落的外立面和切口进行细微的修复(其中 3 个被认为具有"高级"文化价值,9 个被认为具有"中级"文化价值)。距此类道路网 100 米的区域内都有警察、消防和急救服务设施。

2. 确保持续的资金来源,以支持紧急维修和废墟清理。现有状况是每年整修 15 座建筑物,该项目的目标是将这一数量提升至 3 倍。

3. 设立翻新基金,通过向业主提供前端补贴,包括 20%—25% 的修复费用,尽量防止流离失所。

4. 支持持续进行的环境保护活动。

5. 提高市政当局和非斯阿拉伯人聚居区文化遗产保护组织"埃德非斯"的能力。

6. 创建主题旅游路线。

7. 通过创造就业机会扶贫。

非斯阿拉伯人聚居区文化遗产保护组织"埃德非斯"建立了一个地理信息系统,并对建筑状况、使用期限和占用情况展开了详尽的调查,将数百户家庭的社会经济调查放置在一个单独的数据库中。地理信息系统和数据库用于制定干预管理计划,但无法用于监测。

**监测信息的获取与分析**

监测需要市政当局和非斯阿拉伯人聚居区文化遗产保护组织"埃德非斯"之间的动态配合,并与其他相关机构建立联系。实践已经证明了存在对监测系统的需求以及这项任务的紧迫性。尽管在 1992 年仅有非斯静态的图片并且缺乏监测信息,先前对麦地那几乎没有建筑施工以及建筑环境的退化是因为缺乏投资的假设还是被否定了。我们应侧重于判断、记录和分析影响生活环境转变的错综复杂的因素。

**许可证的分配情况**

**从建筑许可证分析中阐明的信息**

自 1993 年非斯阿拉伯人聚居区被划分为一个独立的管辖区开始,它就一直由市政当局颁发施工和修复许可证。多年来许可证的增加提高了人们投资房地产的信心,尽管反面的例证也同样存在。地理信息系统上绘制的记录使研究小组能够开展战略性的深度调查，调查结果显示，只有在重建倒塌建筑物时才需要建筑施工许可证，翻修工作需要修复许可证，而修复工作不需要任何许可证。因此，实际上每年的建筑工作量要远远大于颁发的6—8份建筑许可证所能推断的数量。这些建筑活动可以让建筑物得到翻新和修复，也可以让建筑物退化或因过度密集和误用让其彻底毁掉。

一般人们都会安装厕所、淋浴间和厨房水槽，但一些业主也会拆分建筑物，因为这些建筑物之前住过的大家庭将其变成了公共住宅。管道泄漏带来的湿气以及锚固在承重墙上隔板的重量最终会导致建筑物坍塌。此外，将房屋改造为公共住宅会加速该地区中产阶级家庭的外流。

然而，尽管麦地那失去了中产阶级居民，但它仍能与发展中国家的其他历史中心相媲美。保护麦地那的社会多样性是其振兴的基石。有价值的文化遗产不能被用作城市的低成本住房而落入贫困和退化之手。

**从访问和分析房产交易中获取的信息**

确定房地产价值是最艰巨的一项任务。在麦地那登记的房地契很少。零散的所有权，复杂的保有权以及主要和次要权利的叠加都会妨碍登记。此外，麦地那传统的宗教基金会（Awqaf）持有超过25%的房产，另外还持有20%—25%的其他房地产，从而使麦地那近40%的房产成为不动产。产权交易由公证人起草民事合同，公证人将手写文件存放在放置契约的登记处。

在1990—1996年间通过对这些交易进行分类、处理和绘制表明，非斯的房地产价值远高于预期。尽管功能过时和恶化，但在毗邻车辆的道路上，非斯的房地产价值增长率约为6%，在较偏僻的地区中，价值增长率为3%。由于住房面积和商店规模较小，整体价格并不高。对建筑有改造和翻新要求的租户保护条例和规范使历史建筑价值下降，这就使得地理位置优越的空地比已经被使用的建筑价值更高。这种情况并非非斯所独有，这是一种因疏忽而导致拆迁的因素之一。

**1900—1996年间的产权交易**

**监测正在进行中的开发过程**

从监测的角度来看，房地产交易和翻新许可之间的联系是有益的。人们对房产的购买、升级、细分、出售或租赁等交易行为，会刺激房地产投资。水平式公寓需求量大，且价格高，接近麦地那商业地产（Medina Commercial property）平均价格（150美元/平方米—200美元/平方米）的1.5倍，通常仅有使用权。Qaysariyya的地产最为昂贵，可达3 000美元/平方米。

高房产价值刺激了人们对房产的使用需求并加速了房产建筑的密集程度，但同时它也具有复兴和修复建筑的潜能。然而租赁法规和租户保护法常常扼杀了这种潜力。在家庭收入申报中，人们往往会将数目控制在最低收入标准的范围内，这就导致了麦地那贫困程度被高估，但由于所有权和使用权分开交易，租金很难反映出实际投入资金的总额。

这种情况使得对房地产价格和购买者支付能力的监测变得尤为复杂，因为要想了解真实情况只能从麦地那经营的53家房地产经纪人处获取数据。研究小组进行的调查显示,收入低于平均收入水平 80% 的麦地那家庭中约有一半是租户,其中 25% 的家庭可以负担起经过部分装修的两个房间,而另外 20% 的家庭无法负担起较大的修整工作。

**评估干预措施的影响;未来的发展方案**

该城区近 30% 的建筑物将沿着包括旅游路线在内的紧急疏散通道或通往紧急通道的人行道进行街道整改。了解具体实施过程是评估拟议措施的关键。15 年来,对房地产市场的管理整顿让私人的建筑废墟得以重建,并让全新的和翻新的建筑面积增加了近 200 000 平方米。建筑行业、零售和服务业创造了近 10 000 个工作岗位。实际上,该项目没有把麦地那公共投资的直接成本回收统计在内。尽管如此,经济评估显示 15 年折扣率为 15%,回报率为 13%,杠杆率达到 3%。

直观地展示分析信息并通过覆盖图显示关键变量之间的相互作用,可以使利益相关者,特别是决策者掌握问题的严重程度,并通过对基本原埋的清晰埋解预见可能带来的影响,从而促进共识的达成。

**缺乏监督对政府财政的影响**

非斯阿拉伯人聚居区当地政府(Fez Medina Municipality)正经历其增值税份额所涵盖的长期经营赤字之中,而其他中央转移支付占预算的 60%。因此,投资主要依靠补助和贷款。公共和私人对建筑物翻新与复兴的投资可以为当地政府带来可观的收入。然而,依据目前的税收制度,当地政府只能获得 17.7% 的潜在商业税和 6.6% 的潜在房产税。

由于缺乏有效的方法来揭示麦地那正在进行的房地产开发,财政税务部门(Ministry of Finance Tax Department)的区域分支机构把整个税基的年增长率定为 2%,这就造成房产的实际价值和评估价值之间相差较大。根据租金法规进一步计算,这个差距可达 10—15 倍。此外,评估委员会重新评估了不超过 25% 的正在进行大规模翻修的房产。因此,难以取得长足的发展,而且由于所有权含糊和信息记录过时,征税率没有取得令人满意的效果。历史中心唯一重要的地方收入来源是市场税。

这种情况说明了市议会侧重点在市场份额外的穆罗斯土地(muros land)可以盈利但也会破坏历史中心的环境。如果不进行国家房地产税改革,监测系统将需要很长的时间才能提高税收收益。定期定位房地产交易和建筑物翻新的准确位置,并记录所进行的工程类别,将为税务部门提供估值的重要指标。

定期处理土地交易记录将有助于更新税收并改善征税记录。具备良好的监测系统,保持税务部门和市政府的密切合作,麦地那的税收收益将不断提高,其作为历史中心也将受到更广泛的关注。

## 结语

规划、管理和监控三方面既相互作用又相互协作。最终的目的是吸引利益相关方,提高对问题的认识,增强对遗产的审美,并影响关系到历史城市建筑的决策。为实现这些目标,监测记录必须是最新的,利益相关方可以随时访问,并与其他机构的有关数据库相关联。

我们建议市政府和非斯阿拉伯人聚居区文化遗产保护组织"埃德非斯"合作,将建筑许可记录电子化,并将监测与数据库和地理信息系统相连接,定期更新包括土地产权交易在内的信息记录,并使用为战略分析和评估复兴和修复项目一期行动计划而创建的模板。

迄今为止监测系统尚未建立,这种情况并非非斯所独有。在发展中国家的大多数历史中心都是如此。每个相关机构都垄断了影响建筑环境关键因素的信息,并从信息垄断中获取政治资本。对失去这种垄断特权的恐惧妨碍了机构间的合作。在打破这种僵局之前,对发展中国家历史城市中心状况的不准确信息仍会存在。

在利益相关方缺乏合作意愿的情况下,任何一个单一机构都无法承担监测任务。必须将合作伙伴关系结构制度化,使监测过程中的所有参与者权责分明,不管他们是不是主要的合作伙伴。有效的监测可以防止历史中心退化和消失,还能防止历史中心在中产阶级化和旅游业的浪潮中淹没掉其独特的地方精神。

蒙娜·拉格丁是哈佛大学设计研究生院城市规划副教授和城市发展研究中心副主任(Adjunct Professor of Urban Planning and the Associate Director of the Centre for Urban Development Studies at the Harvard University Graduate School of Design)。

**参考文献:**

Association Sauvegarde de la Medina de Tunis and Harvard University, Graduate School of Design, Centre for Urban Development Studies, 1994. Etude de l'impact social et économique du Projet Hafsia, 2 Volumes, Tunis, Tunisia.

Couillaud, Michael., 1997. Valorisation du Patrimoine de Fès. Rapport Final. Fès: ADER–FES.

Ebbe, Katrinka and Donald Hankey., 1999. Case Study: Ningbo, China. Cultural Heritage Conservation in Urban Upgrading. Washington, DC: The World Bank.

Harvard University, Graduate School of Design, Centre for Urban Development Studies., 2001. Cultural Heritage and Development: A Framework for Action in the Middle East and North Africa. Washington, DC: The International Bank for Reconstruction and Development/The World Bank.

Harvard University, Graduate School of Design, Centre for Urban Development Studies, 2001. Heritage Management and the Revitalization of the Historic Urban Fabric, (Presentation and Paper). Australian Council of National Trusts. Conference on The National Trust Into the New Millennium, Alice Springs, August 23–29 2000. Published in the conference proceedings, Christine Debono (ed), Australian Council of National Trusts.

Harvard University, Graduate School of Design, Centre for Urban Development Studies, December 2000. Preserving a Historic City: Economic and Social Transformations of Fez. (Presentation and Paper). The World Bank, Conference on Historic and Sacred Sites: Cultural Roots for Urban Futures. Washington, DC May 1999. Published in the conference proceedings, Ismail, Serageldin, Ephim Shluger and Joan Martin-Brown (eds), The World Bank, Washington, DC.

Harvard University, Graduate School of Design, Centre for Urban Development Studies, December 1998. Preserving the Historic Urban Fabric in a Context of Fast Paced Change, (Paper). Getty Conservation Institute, The AGORA.

Harvard University, Graduate School of Design, Centre for Urban Development Studies, 1998. Culture and Development at the Millennium. The Challenge and the Response. Washington, DC: The World Bank.

Harvard University, Graduate School of Design, Centre for Urban Development Studies, April 1998. Revitalization and Rehabilitation of Historic Districts: Challenges and Opportunities presented by the Cases of Fez and Hafsia Projects, (Presentation). The World Bank, MENA-Retreat on Knowledge and Development, speaker, session on Cultural Heritage and Development, Baltimore, Maryland.

Harvard University Graduate School of Design, Centre for Urban Development Studies, in collaboration with Agence pour la Dedensification et la Rehabilitation de la Medina de Fes (ADER-Fes), 1997. Projet de Réhabilitation de la Ville Historique de Fès, Environmental Assessment, Cambridge.

Harvard University Graduate School of Design, Centre for Urban Development Studies, in collaboration with Agence pour la Dedensification et la Rehabilitation de la Medina de Fes (ADER-Fes), Projet de Rehabilitation de la Ville Historique de Fes. Rapports

Techniques:
- No.1 Caractéristiques Socio-économiques de la Médina, 1996.
- No.2 Examen du Contexte Institutionnel, 1996.
- No.3 Examen du Contexte Juridique et Réglementaire, 1996.
- No.4 Enquête Rénovation, 1996.
- No.5 Enquête Foncière, 1997.
- No.6 Dynamique foncière et réhabilitation de l'habitat, 1997.

Harvard University, Graduate School of Design, Centre for Urban Development Studies and Association Sauvegarde de la Medina du Tunis, 1994. The Rehabilitation of the Hafsia Quarter of the Medina of Tunis, Project Assessment.

Klaesi Emanuel, 1996. Etude des accès, circulation et stationnements de la Médina de Fès. Rapport final provisoire. Fez: ADER – FES.

Navez, F., Lahbil N. and Fejjal A., 1995. Evaluation sociale. Projet de Sauvegarde de la Médina de Fes. Rapport de Synthèse. Fez: Banque Mondiale, Préfecture Fès Medina.

Rojas, Eduardo, 1999. Old Cities, New Assets. Washington, DC: Inter-American Development Bank.

Royaume du Maroc, 1997. Premier Ministre, Secrétariat d'état à la population, Indice du coût de la vie: Milieu urbain. Rabat: Direction de la statistique.

Scandiaconsult International AB, 1996. Sauvegarde de la Médina de Fès. Etude de restructuration de l'artisanat de la Médina de Fès et de protection de son environnement. Version finale. Fez: ADER – FES.

Serageldin Ismail, 1999. Very Special Places: The Architecture and Economics of Intervening in Historic Cities. Washington, DC: The World Bank.

Tagournet, Bernard, 1996. Projet de réhabilitation de la Médina de Fès.

Mobilisation des ressources locales. Washington, DC: Banque Mondiale.

The World Bank, 1994. Project Completion Report: Tunisia, Third Urban Development Project (Loan 2223 - TUN), Washington, DC.

The World Bank, 1982. Staff Appraisal Report: Republic of Tunisia, Third Urban Development Project, Washington, DC.

（吴　攸）

# 世界自然遗产管理成效评估

Assessing Management Effectiveness of Natural World Heritage Sites

## 苏·斯多顿(Sue Stolton)、奈杰尔·达德利(Nigel Dudley)

监测和评估越来越成为保护区管理中的关键部分。而管理成效评估主要包括：适应性管理——提升保护区的表现；问责制——协助遗产地和管理人员做报告；改进项目规划——审查工作方法并吸取经验教训。

本文主要对遗产优化(Enhancing our Heritage,EoH)项目进行研究，该项目旨在建立一个用于评估三大洲试点地区世界自然遗产(Natural World Heritage)和世界遗产(World Heritage)的管理成效系统。本文主要介绍该项目的具体内容，指出项目目标与《世界遗产公约》(World Heritage Convention)中监测要求之间的关系，并探讨过往的经验教训，最后通过几个问题总结全文引发对管理成效系统在世界自然和文化遗产地中应用的思考。

## 引言

监测和评估越来越成为保护区管理中的关键部分。因此，一系列改进监测保护有效性措施的系统和方法越来越多地被开发出来。然而，迄今为止，这些举措往往侧重于评估生物多样性的相互作用，即生态监测，而不是评估对自然资源干预管理措施的有效性，比如绩效监测。

最近，生态监测和绩效监测已被用于提高保护区规划管理的整体有效性。管理成效评估包括以下三个方面：

第一，适应性管理：发挥保护区的作用；

第二，问责制：协助遗产地和管理人员做报告；

第三，改进项目规划：审查工作方法并吸取经验教训。

## 遗产优化项目愿景

遗产优化：通过监测和管理共同促进世界自然遗产地的繁荣，是联合国教科文组织

(UNESCO)和世界自然保护联盟(IUCN)的一个为期4年的项目。世界自然保护联盟由联合国基金会（United Nations Foundation）资助，并与昆士兰大学（University of Queensland）、大自然保护协会（The Nature Conservancy）、世界自然基金会（World Wide Fund for Nature）和其他组织开展合作。遗产优化项目始于2001年，目前在南亚、拉丁美洲和非洲南部、东部的10个世界遗产区开展工作。

遗产优化项目旨在通过开发更好的监测和报告系统以及通过应用评估结果来优化遗产管理，从而改善世界遗产区的管理。世界自然保护联盟依据评估结果向世界遗产委员会提议，一方面要采取始终如一的方法监测和报告所有世界自然遗产地的保护状况、管理成效，另一方面要提高世界遗产区管理的有效性。遗产优化项目还指出应通过以下方法改善对10个世界遗产试点的管理：

- 建立用于评估管理成效和世界遗产价值保护状况的评估、监测与报告方案；
- 对遗产地管理人员和其他人员在评估和监测技术方面进行培训；
- 为确保项目结束之后评估和监测活动的持续开展，应促进或加强遗产地管理人员、当地社区和非政府组织、区域培训机构和其他主要专家以及利益相关方之间的沟通与合作；
- 通过项目提供的培训方案和小范围支持来改善问题领域的管理；
- 将评估和监测实践纳入管理框架之中；
- 要为解决任何已发现问题的大型项目编制项目提案、寻求充足的资金支持。

## 遗产优化项目设计

为建立适合世界遗产区的评估系统，遗产优化项目正在使用《世界自然保护联盟之世界保护区委员会关于管理成效评估准则》(IUCN's World Commission on Protected Areas Framework for Assessing Management Effectiveness)中概述的6个要素：背景、规划、投入、流程、产出和成果，并在试点区进行测试。

**世界保护区委员会关于管理成效评估准则(The WCPA Framework)**

为此，遗产优化项目正在提供专业技术和财务援助，以便在项目结束前完成对遗产地管理成效的初步和二次评估。初步评估提供了遗产地的基线数据，以确定监测系统要填补的信息空白和明确管理缺陷的解决办法。

**遗产优化项目实施步骤：创建管理成效系统**

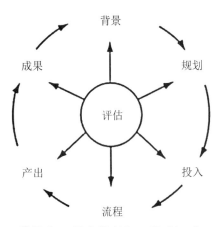

©马克·霍金斯（Marc Hockings）、苏·斯多顿（Sue Stolton）和奈杰尔·达德利（Nigel Dudley）(2000)；有效性评估-保护区管理成效评估框架；加的夫大学和世界自然保护联盟，瑞士

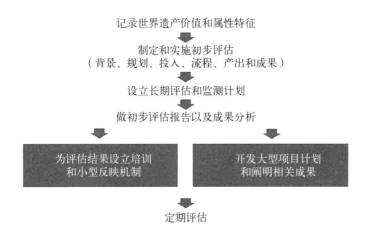

开发此类评估需要以下3个步骤(不一定连贯)。

1. 数据收集：收集遗产地信息,相关文献资源和与主要利益相关者的访谈信息。

2. 管理者研讨会：为完成遗产地的评估框架草案,需要将收集的数据与管理人员和主要工作人员、利益相关方的知识及经验相结合。

3. 遗产地研讨会：涵盖众多的利益相关方代表,并对遗产地评估框架草案进行讨论和最终的确定。

遗产优化项目仅仅进行了一年,下面将讨论从中得到的经验教训。初步评估的完成为项目的后续进行奠定了基础。第二年将侧重于对评估结果的研究,开展与管理人员和工作人员进行适应性管理的紧密合作,并通过开发监测系统加深对遗产地作用方面的认识。在初始评估中收集的信息可以满足向资助者、利益相关者和政府等对遗产地报告的要求。

管理(适应性管理)的改变会对以下几方面带来建设性的影响：管理实践的直接变化；帮助提高绩效的小型项目的产生或对大型项目的需要。在小型项目实施时,资金往往有限,例如在培训、设备采购等方面,同时遗产优化项目还有助于规划、编写和促进大型项目提案的形成,以解决评估中发现的问题。

初步评估还将提供制定长期监测系统所需的信息并定期评估管理的有效性。因此,在第二年,遗产地管理人员、区域培训机构工作人员、当地和区域专家以及当地社区将通过适当的合作建立监测方案,并根据需要确定并开展对遗产地工作人员的公共培训。

## 系统开发以进行管理成效评估

基于资源和需求的不同,世界保护区委员会保护区管理成效评估准则制定了不同级别的监测和评估方法。遗产优化项目旨在对世界遗产区使用最全面的评估方法,它不仅侧重于通过关注产出(管理结果)和成果(管理影响)来监测管理目标的实现程度,并且监测评估世界保护区委员会规定的其他管理要素(背景、计划、输入和流程)。

显然,监测和评估世界遗产区的所有情况是不可能的。因此,建议使用世界保护区委员会关于管理成效评估准则中的关键指标,帮助了解管理成效的总体情况。由于世界遗产区在管理和目标、评估和监测能力以及资源方面各不相同,遗产优化项目也提供了各种不同的方法(即一整套评估工具)来评估这些指标。

评估可以通过两种方式进行：收集描述性信息和应用特定方法。在多数情况下,世界遗产区已经拥有一系列监测管理行动的系统。因此,评估工具箱为监测和评估提供了改进意见和建议,但并不建议引入新系统来完全取代既定方法：评估系统将根据各个遗产地的需求和资源量身定制监测评估方法。

《遗产优化项目之世界遗产区的管理成效评估工具组合》(The Enhancing our Heritage Toolkit for Assessing Management Effectiveness of World Heritage Sites)包括工作手册(第1册)、说明书(第2册)和包含两份刊物与解释性演示文稿的光盘。工作手册包含项目介绍、项目实施指南以及世界保护区委员会关于管理成效评估准则的简要说明。

紧接着是对世界保护区委员会关于管理成效评估准则6个评估要素的详细说明,解释为什么每个要素都很重要,指出每个要素评估指标和一系列的评估方法。而说明书则总结了不同的评估系统及其使用示例,以协助现有方法评估世界保护区委员会关于管理成效评估准则中的所有要素,或者可以用于建立管理成效系统。在某种程度上,说明书和手册,将成为整个项目的"活文件"(living documents),它们会根据试点地区以及开发和改进评估系统的经验进行修改与更新。

## 将监测和评估管理与《世界遗产公约》的要求相联系

《世界遗产公约》的所有缔约国都必须保护遗产地被赋予世界遗产区位的价值。1998年,世界遗产委员会(World Heritage Committee)制定了两种监测制度：反应性监测和定期报告。

反应性监测是由世界遗产中心(World Heritage Centre)或咨询机构对正在遭受威胁的世界遗产区的状况而编写的报告。要求缔约国在监测到遗产地保护状况有重大变化时,需要通过提交报告和影响研究来进行反应性监测。

反应性报告便成为可能导致遗产地被列入《濒危世界遗产名录》(List of World Heritage in Danger)的因素之一,这会对成员国施加政治压力以改善遗产地的保护状况,或者在极端情况下可能导致遗产地从世界遗产区名录中除名。迄今为止,大多数关于自然遗址的反应性报告都来自世界自然保护联盟与联合国教科文组织世界遗产中心。

定期报告的4个主要目标：
- 评估缔约国对《世界遗产公约》的遵守情况;
- 评估被列入世界遗产名录(World Heritage List)的遗址是否随着时间的推移依然保持着世界遗产价值;
- 提供包括环境变化和保护状况在内的世界遗产区的最新信息;
- 促进缔约国之间在践行《世界遗产公约》和世界遗产保护方面的区域合作及信息与

经验的交流。

在过去,缔约国的报告是间歇性的,缺乏统一的形式和内容。世界遗产委员会内部关于定期报告的讨论始于 1982 年,但直到 1997 年才就格式、内容和时限达成共识。1998 年 12 月,世界遗产委员会在第二十二届会议上明确了定期报告的施行标准。定期报告侧重于提高遗产地管理水平,做好事前规划并减少紧急和临时干预措施的实施。

施行标准要求缔约国与遗产地管理人员开展合作,将监测工作落实到位。这反映了从反应性报告向定期报告的转变。定期报告可以在世界遗产价值严重退化之前,识别和纠正出现的威胁与问题。但是,由于缺乏下列因素,这项工作受到阻碍:

- 人力和财力资源;
- 涉及所有相关利益相关者的参与方式;
- 方法措施的一致性。

遗产优化项目旨在建立兼具一致性和可靠性的机制,以满足《世界遗产公约》的要求。世界自然保护联盟将利用该项目的成果,来说明如何利用这些评估和监测机制确定国际援助和其他管理干预措施的重要事项。

遗产优化项目还应为《濒危世界遗产名录》中的遗址列名和除名制定更加一致、透明和客观的决策流程。目前,威胁世界遗产价值的具体因素与委员会将其列入《濒危世界遗产名录》的决定之间的联系并不明确,希望定期监测系统能解决这一问题。

## 经验教训

尽管遗产优化项目刚刚实施到四年计划的第二年,但已经可以确定项目实施过程中的经验教训。随着初步评估结果的审查以及监测和评估活动的实施,更加详细的经验教训将浮出水面。

## 组建团队的重要性

遗产优化项目的基本前提是世界遗产区可以承担管理成效评估的任务。为了确保自我评估过程严格进行,遗产地管理人员必须组建一个利益相关方代表团队,与他们一起制定或进一步改进并确定监督和评估过程的方案。

尽管所有遗产地都已开展某种形式的利益相关方对话,但在大多数情况下,这往往是用于提供或获取信息的单向对话,而不是与利益相关方合作来实现有效的遗产地管理。开发项目实施团队并与更广泛的利益相关者合作开发和批准初步评估,有助于建立一支强大和一致的本地团队以共同进行评估管理。拉丁美洲的两个例子可以清楚地阐明这一点:

在委内瑞拉的卡奈依马国家公园(Canaima National Park),组建本地团队将民间团体、中央政府、地方政府和本土组织的作用相结合。这支当地团队已经展示了开展项目的能力和投入,并迅速将自己定义为一个集体,确保参与项目的所有利益相关者积极参与到项目实施进程中来。

然而，在洪都拉斯的雷奥普拉塔诺生物圈保护区（Río Plátano Biosphere Reserve）内，在介绍和规划研讨会上明显可以看出，参与保护区的组织几乎没有团结协作的经验。同样显而易见的是，各组织之间未解决的问题影响了初步评估的实施。特别是利益相关方的参与和现有信息的整合受到限制。尽管存在这些问题，但所有涉及保护区管理的利益相关者仍对该项目积极回应。在项目实施的第二年，要让这些组织克服困难并建立一支强大的团队将显得非常重要。

## 明确管理目标

评估的第一步是明确遗产地的价值和相关的管理目标。这些价值是提名世界遗产区的关键属性。对于具有重要的生物多样性价值并因其世界级的生物资产而被提名的遗产地，它们的价值不仅应完美地反映其独特的或受威胁、濒危物种或生态系统，还应反映所有的生物多样性（包括陆地、淡水和海洋多样性），以确保生态功能的可持续发展。遗产地价值还应反映其他自然价值，如地质或代表性的生态过程，以及对利益相关者而言的地方、国家或全球重要的文化或社会价值。

在一些试验性遗产地中，保持管理目标的一致性成为一个难题，特别是对于没有一个统一的管理计划的地区。南非的一处遗产地就是这样的一个案例：参与世界遗产区管理的利益相关方对保护遗产地的哪些价值意见不一的时候会带来问题。

遗产优化项目在南非的大圣卢西亚湿地公园（GSLWP）修建期间已经在实施。1999年成为世界遗产区的大圣卢西亚湿地公园给它带来了重大的管理变革。大圣卢西亚湿地公园管理局（GSLWPA）是该公园的总管理机构，其任务是与其他机构开展合作来履行其核心职能。

纳塔尔野生动物保护协会（KZN Wildlife）多年来一直参与世界遗产区的管理，也将继续开展对当地遗产地的日常保护管理，但现在大圣卢西亚湿地公园管理局负责整体的政策和监管，给如何处理好保护、旅游和发展之间的关系带来了困难。在遗产优化项目中，这一点在协商管理目标的过程中尤为明显。争论的焦点在于是世界遗产提名中详述的遗产地价值重要，还是国家法律在公园创建之初规定的保护、发展和生态旅游的目标重要。

纳塔尔野生动物保护协会担心旅游业和可持续发展可能会损害大圣卢西亚湿地公园的自然价值。因此，遗产优化项目旨在解决、定义和协调大圣卢西亚湿地公园管理局与纳塔尔野生动物保护协会间的不同管理目标。虽然有的时候难度很大，但参与管理的所有各方都认为，这一过程将提高两个管理合作伙伴之间的透明度，从而促进未来更好的管理。

## 结语或提问

鉴于遗产优化项目仍处于起步阶段，成功监测和评估管理成效的许多其他问题要比一个为期4年的项目需要更长时间来解决,因此遗产优化项目实施到今日要想得出结论还为时过早。相反,用一些问题来总结本文可能更有用,这可以帮助进一步讨论世界遗产区管理成效的监测和评估,具体说来,未来3年可以通过遗产优化项目来解决这些问题。

## 如何确定基线数据

对于实施遗产优化项目的遗产地,第一阶段是进行初步评估,可以确定监测方面的不足,突出适应性管理要求,并为遗产地提供满足各种报告要求所需的信息。初步评估才刚刚完成,因此要判断这些目标是否已经实现为时尚早。然而,显然初步评估已经证明是很费时间的,并且在某些情况下,只涉及最小的利益相关者。

这带来了两个问题:
1. 开展初步评估培训需要更多时间吗?
2. 是否应简化初步评估?

## 如何确保遗产地根据具体条件调整方法?

遗产优化项目团队以及世界保护区委员会关于管理成效评估准则一致认为,单一的方法对世界遗产区或任何其他遗产地的管理成效并不适用。因为存在栖息地和管理需求、资源和风格等方面的多样性。另一方面,遗产优化项目建议对世界保护区委员会关于管理成效评估准则所规定的管理周期的所有要素和关键指标都要进行评估。

因此,遗产优化团队制作了一个包含如何评估这些要素的建议的工具组合。它强调,其一,应利用这些工具填补现有监测和评估制度的信息空白,其二,应不断调整工具的使用来反映实际情况。尽管团队做出了最大的努力,但似乎有些遗产地收效甚微。例如,塞舌尔(Seychelles)阿尔达布拉环礁(Aldabra Atoll)的初步评估指出,"最初的困难在于阿尔达布拉世界遗产区不是一个'典型的'当地居民赖以生存的生活环境。因此许多数据并不适用"。

这引发了下列问题:
- 如何确保遗产地现有的监控系统可以为开发遗产优化项目的综合监控和评估系统打下基础?
- 如何确保人们将说明书中的监测系统视为模板并应用到遗产地中去?

## 如何确保遗产优化项目不仅在10个试点地区内,而且在其他世界(自然和文化)遗产及保护区内制度化?

在过去10年中,保护区的管理成效研究业已成为人们关注的问题,并且人们对保护区的管理成效研究方法论的开发兴趣甚浓。例如,厄瓜多尔(Ecuador)初步介绍遗产优化项目的研讨会促进了一个更大项目的形成（以及随后的种子资金的支持），该项目主要用以评估所有拉丁美洲世界遗产区。

然而，由于大多数保护区都是靠外部力量在驱动管理成效项目的进行，而不是依靠管理者或利益相关者对监测和评估系统必要性的认识，因此大部分工作尚未落实到位。但是，我们也应该认识到政策总是需要时间才能应用到实践中，至少在这种情况下，政策的发展的确坚定地以实地经验为基础。

## 世界自然遗产地的经验是否适用于文化或历史遗址？

尽管指标和评估工具箱有所不同，世界保护区委员会关于遗产地管理成效评估准则（背景、规划、投入、过程、产出和结果）中确定的六要素在理论上也可用于评估文化遗址管理的有效性。对于那些作为单一实体管理的文化遗址，如柬埔寨的吴哥窟（Angkor Watt），各个要素的对应评估可能相当精准，但当世界文化遗产处在市中心或位于多个管理机构之下更大的地域上时，管理成效评估将不可避免变得更为复杂。

关于文化遗址评估对象的选择也许更复杂：例如，应该仅仅评估建筑环境还是应把人文价值和文化价值涵盖在内？如果评估对象是后者那么我们应如何确定基线和掌握趋势？积累遗产优化项目经验和资源的其中一种方法是对其方法论进行改造并应用到其他世界遗产区中，先从兼具自然和文化价值的世界文化与自然双重遗产开始，再评估世界文化遗产，以检验评估方法应如何从自然遗产到文化遗产"过渡"（travel）。

## 致谢

本文材料摘自项目经理马克·霍金斯（Marc Hockings）和团队成员，特别是约瑟·科鲁（Jose Courrau）和杰夫·帕里什（Jeff Parrish）为遗产优化项目收集整理的资料。

Equilibrium是一家成立于1991年的环境研究和政策咨询公司。通过与非政府组织、学术机构和国际机构合作，工作范围遍布50多个国家。Equilibrium一直与澳大利亚昆士兰大学合作开展遗产优化项目。

（吴　攸）

# 世界遗产监测

Monitoring World Heritage Sites

## 克里斯托弗·庞德(Christopher Pound)

本文借鉴了世界遗产区遗址的审查和监测经验,并评估了被列入《世界遗产名录》(World Heritage List)的遗址。本文也探讨了遗产地被列入《世界遗产名录》时商定的价值和标准之间的关系。这些价值是遗产地被列入《世界遗产名录》的入选因素和评估指标。甄选标准和价值的关系不一定与遗产地的长期保护工作有关,但可以作为审查和监测的基础。

对遗产地的保护和管理工作也与可持续性、可行性、交通或访客管理以及设计控制变化等因素影响的价值有关。定期报告有利于对遗产地重新评估,并在必要时扩展对遗产地长期保护相关的其他价值和指标的管理与保护。

监测是一个衡量不同指标的长期过程。这些指标应针对遗产地的选择价值(selection values)和后选择价值(post selection values)。偶尔进行的审查可以评估监测及其指标的有效性。然而只有连续进行的并系统地推进调查结果的监测才能有效地提高审查的效果。如果要求每个遗产地的管理人员提交年度监测报告,作为五年一次审查的一部分,则可以有效确保对世界遗产区的监测工作。

为提高世界遗产区监测有效性,本文提出了以下14项建议。

## 定期报告

世界遗产区的全球定期报告审查正在进行中。此次审查旨在确保对《保护世界文化和自然遗产公约》(以下简称《公约》)的有效执行,并探明《公约》的实施情况和遗产地的保护状况[1]。审查的第一部分回顾了遗产地被列入世界遗产区的价值,并评估之后发生的变化。还收集了遗产地现状的信息。选择价值包括遗产地的真实性和普遍意义,后选择价值来源于遗产地保护和管理,这两种价值都与《公约》缔约国的义务紧密相关。

某些地区的遗产地定期报告已经完成或正在进行中。与此同时,各个国家也进行了内部审查,包括波兰和澳大利亚。挪威对其世界遗产区进行了五年一次的内部审查,其中最近的两个遗址具有相似的审查主题。1997 年挪威北部阿尔塔(Alta)岩画[2]的审查报告就边界、环境问题和基线数据提出了建议。挪威国际古迹遗址理事会(ICOMOS)在 1999 年对卑尔根市布吕根区(Bryggen at Bergen)进行了审查[3]。布吕根区的保护状况报告(State of Conservation report)涉及该遗产地的真实性、完整性、持续利用、重要性、对遗产地边界的重新评估、设立缓冲区和对比分析方法等方面。

这两项审查都提出了解决后选择价值的建议[4]，建议内容包括开展监测，对每个遗产地拟定管理计划和设立遗产地委员会以及做好充足的信息记录和资源支持。

英国国际古迹遗址理事会(ICOMOS - UK)于 1994 年 5 月对英国世界遗产区进行了审查。此次审查还揭示了遗产地的共同保护主题，包括对遗产地边界和缓冲区、资源利用、保护标准、交通管理和访客管理等方面的关注。第一个主题涉及遗产地的鉴定和选择，其他 4 个主题与后选择价值有关。

建议 1：

**遗产地的选择价值必须得到保护和管理相关的其他价值的支持。**

选择价值：鉴定和意义。被列入《世界遗产名录》的遗产地必须证明该遗址具有突出的普遍价值。这是根据《公约》规定的遗产地重要性的评价标准[5]来衡量的。《公约》将遗产地划分为文化遗产和自然遗产。自然遗址有 4 个评定标准，文化遗产有 6 个评定标准。

这些标准提供了评估遗产地重要性及价值的框架[6]。但是，历史城市与甄选标准或价值的关系表明，遗产地所属缔约国的不同以及时间的改变，甄选标准也会有所不同。建筑、城镇和城市经常按照与建筑物相关的标准(iv)进行评定。有些还根据交互影响的人文价值标准(ii)进行评定。然而，布吕根是一个例外，它是根据汉萨同盟贸易帝国(Hanseatic Kontor)的文化传统标准(iii)而被评定为世界遗产区。相比之下，吕贝克(City of Lübeck)和奎德林堡古城(Old Town of Quedlinburg)仅依据标准(iv)而入选世界遗产区，但维斯比(Visby)和布鲁日(Brugge)的评定标准却有好几个。不同遗产地和缔约国在甄选标准方面几乎完全不一样。

建议 2：

**遗产地的甄选标准差异较大，应定期提出异议并进行商讨。还应制定可用于评估这些标准的持续相关性的监测指标。**

布鲁日历史中心(Historic Centre of Brugge)被列入《世界遗产名录》的标准之一是标准(vi)。这涉及与布鲁日的佛兰芒原始绘画流派(Flemish Primitive Painting)密切相关的无形资产[7]。无形价值指标的选择往往是苛刻的，因为观察者的文化背景不同会造成对无形价值的理解存在较大差异。

最近的遗产地则被认为具有更复杂的价值。遗产的价值与每个遗产地的历史和背景相关，并且随着遗产地的新信息的发现或者随着遗产地更全面的发展，对遗产地价值的诠释也会随之改变[8]。应该根据其他汉萨港口对卑尔根布吕根的重要性进行对比评估分析。明确特定标准之下的遗产地以及遗产地的重要性非常重要。在使用多个标准审查同一个遗产地时，是否应考虑删除其中的标准或设立新的标准？

建议3：

选择价值将随着时间的推移而变化，这一点必须在审查中进行讨论。监测指标应该有力地反映出这一点。

保护过程：

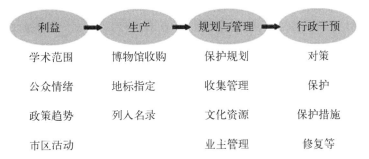

在提名世界遗产区时确定的遗产地价值以及遗产地具有的普遍意义受到高度重视。一致的价值是制定遗产地管理计划的基础和必要条件。埃里卡·阿夫拉米（Erica Avrami）和她的同事认为"价值影响行动"，并对价值在保护实践中并没有得到充分体现感到疑惑[9]。保护工作的目标是确保与遗产地相关的价值得到保护、保存和呈现，并将其流传给后代[10]。然而，保护工作通常从一个州转移到另一个州。适用于一个州的指标在监测下一个州时可能不那么适合。

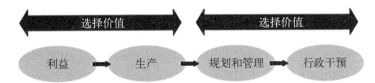

遗址地保护是一个持续渐进的过程，其中所有的政策和实践都围绕着保护对象的利益而展开。如果指定历史地的重要性已经得到了评估，保护工作就可以围绕其展开。对保护对象和行政干预手段的管理遵循干预计划与解决方案的规定。

建议4：

选择价值可能无法推进到后续管理制度或干预措施中。因此，指标应反映保护过程的连续性。

建议5：

确定选择价值后，保护过程必须处理好与遗产地保护和管理相关的价值。选用适当的指标来反映遗产地持续的保护工作。

选择价值：真实性。被列入《世界遗产名录》的遗产地必须证明该遗址的真实性和完整性。尽管评估真实性很重要，但对于城市中的遗产地来说，真实性评估相当困难。

考古遗址、宫殿和大教堂往往属于单一所有权，可能已经受到长期的保护，但作为城镇和城市形态存在的世界遗产区的保护与保存工作通常是近期才开展[11]。这类型的遗产地往往具有不同的所有权和责任。世界遗产委员会（World Heritage Committee）认可了仍然有人居住的历史古镇,将其列入《世界遗产名录》,这些城镇本质上在社会经济和文化变革的影响下已经得到发展并将继续向前发展。这无疑会给遗产地的真实性评估带来问题[12,13]。因此,城市背景下遗产地的"连续性"可能比"真实性"更可靠。尽管如此,随着时间的推移每个引入部分的真实性都将是可靠的。

尽管定期更换耐用性差的建筑材料会影响我们对建筑物真实性的理解,但它也展示了遗产地的连续性。建筑传统上的连续性体现在对建筑材料的更新替换上。这表明遗产地的真实性应该包含文化氛围、身份和建筑传统的连续性。

建议 6:
**对城市遗址真实性的评估和审查应重视建筑线、地块和建筑传统的连续性。**

建议 7:
**应根据建筑传统的连续性而不是真实性来评估由不耐用材料制成的城市遗产地和建筑物。**

选择价值:边界。评估工作的首要任务是清楚地了解该遗产地形成的渊源,尤其是其历史和起源。历史和起源揭示了遗产地的形成因素和与遗产地重要地位密切相关的部分。审查结果显示,对遗产地起源的调查工作通常都做得不够完善。例如,卑尔根市的历史起源就在沃根(Vågen)湾。该遗址的重要之处在于其地理、地质、盛行风、卑尔根(Bergenhus)建筑群、贸易路线和邻近的 Vågsbunnen 镇[14,15]。然而,只有汉萨同盟的仓库被确定为世界遗产。为了评估卑尔根和 Vågsbunnen 的历史作用,对卑尔根的审查提出,应重新评估早期的中世纪遗产。如果能够商定适当的敏感边界并更加仔细地评估遗产地的保护措施,那么对遗产地及其环境的充分了解就显得至关重要。

建议 8:
**选择价值应该涉及并反映地理、气候、贸易路线、动力工况以及相邻城镇和社区的作用。指标应该反映这些特征在塑造遗产地中的作用。**

尽管挪威的遗产保护法为每个遗产地提供了保护,但保护范围仅限于几米之内。对遗产地周边地区的管理还需要评估环境恶化、地下水和雨雪中携带的重金属等各种威胁。因此,管理区域必须远大于受遗产保护法划定的区域。

建议 9:
**遗产地的保护和管理有赖于不同的边界范围。指标应协调法定保护措施,管控更广泛的区域。**

提名遗产地的发布者被要求确定缓冲区并为该遗产地提供管理计划。对遗产地环境的保护需要依靠环境立法。随着对遗产地所处的环境背景认识的提高,需要修改主要的法律来保护遗址所处的环境。探索边界及边界与保护法的关系和局限性是审查的一项基本任务。所有这些都与管理制度有关。建立监督和行动系统的有效管理制度可能比"管理计划"带来的效果更持久。

建议 10:
**遗产地所处的环境比人工"缓冲区"更重要。如果没有保护性立法管理和支持,遗产**

地周围区域则显得无关紧要。

相关边界的选择与最合适的立法之间可能存在冲突，这个问题会决定是从州还是从当地社区中选择遗产地管理人员。

**建议 11：**

**一些遗产地边界的确定可能是为了方便现有立法，而不是为了保护遗产地周围环境。然而遗产地所处的环境必须得到保护和管理。**

后选择价值应体现出包括环境保护、游客管理、城市设计和设计控制在内的一系列管理机制。在英国，在规划遗产地的发展时，资金支持可能是一个重要的考虑因素，也许还会抵消遗产地保护政策的作用。

**建议 12：**

**应将选择价值扩大到对遗产地周围环境和背景环境的干预与指导措施之中。**

## 价值和环境问题

中欧最近的洪水灾害体现了许多遗产地应对气候变化的脆弱性。如今各方都开始重视环境带来的影响和可持续发展。对遗产地发展提案进行环境影响分析应该可以帮助遗产地解决问题。比如英国的政策努力在开展影响敏感地区发展的环境影响评估（Environmental Impact Assessments），其中也包括世界遗产区[16]。

世界遗产区管理方案必须解决环保问题和气候变化问题。无论是河岸还是沿海地区，所有与水有关的遗产地都将面临气候变化的威胁。随着管理制度逐步解决环境和污染问题，将为遗产地带来一系列与环境和管理相关的价值。

**建议 13：**

**指标应解决与环境和管理问题相关的一系列价值，这可能会导致对选择价值的重新评估。**

## 监测和指标

监测是管理制度的重要组成部分。监测是类似骑自行车一样持续渐进的过程，对过程和平衡的调整很小。审查则不同。审查过程相当于骑手下车检查制动器和车轮并查阅地图或寻找方向的过程。审查可以评估进展并考虑新的路线。

监测必须是一个持续的过程。但是，除非现有管理制度对监测做出规定，没有要求一定要开展这项工作。监测对于管理人员来说至关重要，但只有定期吸取经验教训才能发挥对世界遗产中心（World Heritage Centre）的作用。所以，改进监测是对定期报告（Periodic Reporting）的一项基本要求。

在英国，政府可以定期获得对每个世界遗产区的保护工作进展情况的反馈。这种方法可以发展为，缔约国向世界遗产中心提交每个遗产地的简明年度报告。这些报告将以一个六年计划为基础定期审查,提供良好的基础数据。除此之外,还将确保定期报告涵盖最新的信息,并且不会遇到保护过程受到限制或因缺乏信息而受阻的情况。

**建议 14：**
**指标应帮助每个遗产地制定简明的年度监测报告。**

克里斯托弗·庞德(Christopher Pound)是来自巴斯(Bath)的私人执业城市规划师和建筑师。

注释：

1. UNESCO World Heritage Centre Guidance Note referring to Article 29.1 of the Convention Concerning the Protection of World Cultural and Natural Heritage.

2. Alta is one of the most remote settlements in Europe and the most northern of the World Heritage Sites. Here there are three groups of Petroglyphs on rocks around Altafjord and small paintings on a cliffface outside the town.

3. The Bryggen in Bergen is the eighteenth century warehouse ensemble of the former Hanseatic Kontor. The present structures are built over the remains of early medieval buildings and these have determined the shape of the present buildings. The timber structures undergo continuous maintenance and regular conservation.

4. Christopher Pound, 2001. Periodic Review, United Kingdom Local Authority World Heritage Sites Forum World Heritage Notes No.1.

5. These are set out in Article 24 of the Convention.

6. Value is defined as the regard that something is held to deserve; the importance or preciousness of something. ... a person's principles or standards of behaviour. Criterion is defined as a principle or standard by which something may be judged or decided.

7. Christopher Pound, 2002. Intangible in Heritage Cities in Porto; A Dimensão Intangível Na Cidade Historica, CRUARB, Porto. pp.253 - 266.

8. See P.H.C. Lucas, T. Webb, P. S. Valentine and M. March, 1996. The Outstanding Value of the Great Barrier Reef — World Heritage Area, Great Barrier Reef Marine Park Authority, Townsville, Qd, Australia. p.22 and pp.50 - 53.

9. Erica Avrami, Randall Mason and Marta de la Torre, 2000. Values and Heritage Conservation, Getty Conservation Institute, LA, p.9.

10. Australian House of Representatives Standing Committee on Environment, Recreation and the Arts, 1996. Managing Australia's World Heritage.

11. By June 2002, some 730 sites have been inscribed on the World Heritage List and of these, 562 are cultural sites. Some 200 sites are urban and half of these are historic cities. For a large number of the world's significant heritage sites, there are issues of urban management.

12. World Heritage Committee meeting minutes, 1984.

13. Operation Guidelines para. 27 (ii).

14. Siri Myrvoll (ed.), 1993. The World Heritage City, Bergen, Bergen.

15. Siri Myrvoll, 1997. The Vågsbunnen Companion, Bergen.

16. DETR. 2000, Environmental Impact Assessment: — A guide to procedures, DETR, London p.10. Barbara Carroll and Trevor Turpin, 2002. Environmental Assessment Impact Handbook: A Practical Guide for Planners, Developers and Communities, Thomas Telford, pp.12, and 98.

（吴　攸）

## 第四部分
## 监 测 实 践

# Practical Experiences in Monitoring

# 文化背景、监测和管理成效(监测的作用及其在国家层面的应用)

Cultural Context, Monitoring and Management Effectiveness (Role of Monitoring and its Application at National Levels)

加米尼·维杰苏里亚(Gamini Wijesuriya)、
伊莲·怀特(Elaine Wright)和
菲利普·罗斯(Philip Ross)

在过去的30年里,世界遗产的全球概念对遗产管理计划产生了巨大的影响。随着这些概念的发展,出现了(或再次突出了)一些相关问题,例如遗产价值、对管理计划和古迹管理者的需求、遗产的真实性以及监测在管理中的作用。在南亚国家,传统的遗产管理实践在过去150年中得到了相对迅速的发展,并得到了强有力的立法支持。因此,新的替代管理制度和监测难以实施或推广。国际社会为引入(或重新引入)监测等想法而做出的努力要么被忽视,要么无法融合现有的管理实践、组织结构及其背后动力。

本文讨论了两种不同的管理和监测方式。斯里兰卡的管理制度依赖于监测,作为间接的、非正式的信息收集系统。这与新西兰施行的管理制度形成对比,后者将监测视为科学或技术过程。尽管社会和技术背景完全不同,但监测在指导管理行为中的作用是相似的。然而,监测管理系统的有效性与其所依赖的环境有关。对实施监测的社会和文化背景不敏感的管理风格可能无法实现其目标。通过对成果和对背景适合性的比较,可以更好地评估管理成效。这为实施世界遗产中心等机构推动的国际计划提供了启示。这两种监测管理系统都有《世界遗产公约》普遍的报告要求。重要的是,实施国际计划应考虑到使用现有的机制和组织结构,而不是强行照搬外国文化中的"解决方案"。

## 引言

在斯里兰卡,当一个古迹或遗址被列为遗产资源或被确定为需要保护时,它将被当局密切"检查"(正式的监测)并由公众间接地"观察"(非正式的监测)。对于未被确定的古迹和遗址也是如此。这些"检查"或"观察"的结果可能会直接引发不同的管理行动。因此，非正式观察系统可在实现管理成效过程中发挥非常实际的作用，并且是支持文化遗产管理的有效且重要的一部分。

西方文化中的监测往往更加明确，依赖于技术方法或结构化、正规化的系统，尤其是在自然遗产管理领域。与世界遗产管理有关的原则和程序主要由发达国家的专家开发制定。他们会自然地受到自身文化的主流思想和创新过程的影响，但这些并不一定完全适用于其他文化。

在没有深入了解这些系统应用的管理制度的情况下，引入新想法会遇到困难。新想法应该随着可接受的管理变革带来的制度甚至立法的变化而引入。唯一的另一种选择是在机构尚在发展时就实施计划，才能有效地推广新想法。

在与国际古迹遗址理事会和联合国教科文组织世界遗产中心合作时，其中一位作者维杰苏里亚（Wijesuriya）有机会审查一些相关工作并开展反应性监测活动。他认为，在相关社会背景下分析问题并了解每个国家当前的管理实践和体制结构非常重要。尝试引入新颖的管理思想往往忽视了社群已有的管理实践和制度结构。如果努力通过现有系统引入新的遗产管理思想，而不是试图使用不符合文化背景的系统，将会更有成效。

由于在适应现有的社会或文化系统方面缺乏努力，因此为实现世界遗产委员会的预期成果而实施的外部强加计划往往遇到抵制。另一方面，参与国的国家组织也必须认识到其在《世界遗产公约》下新的法律义务，并采取适当行动来应对其组织面临的新挑战。

本文的重点是讨论和对比两种适用于遗产管理方面的监测形式。有人认为监测的作用及其作用于遗产管理的有效性在很大程度上取决于管理制度的性质（由特定国家的社会文化和经济因素决定）。协助方，尤其是国际社会，需要意识到他们自身如何强行推广新思想来实现"公约"的目标，并考虑新思想是否切实符合接收文化的管理制度。在这方面，充分理解当前使用的系统将是最有价值的。

讨论将基于两个不同管辖区的经验，一个依赖于非正式的定性监测系统，另一个依赖于更多的技术定量系统。这将有助于理解监测的作用，及其在两个不同遗产管理系统中的有效性，并揭示这些系统的相似和不同。

## 监测斯里兰卡的文化遗产

文化遗产保护主要涉及不可再生、易受各种因素影响而且对于形成社群的社会认同非常重要的资源。斯里兰卡考古部成立于1890年，其职责是保护该国的考古遗产，其管理的主要资源包括古迹和历史遗址以及6个世界遗产地。

### 监测

监测是为特定管理目的收集观察资料的过程。监测可能是高度正式化的，包括使用标准化的方法创建具有特定属性的数据,或者可能包括非正式的观察和评估过程。因此,监测可以对不太明显的特征测量特定参数或进行定性评估,例如对古迹或历史遗址的周围环境进行监测。在任何一种情况下,监测结果都可能导致具体的管理行动。斯里兰卡以"观察"古迹和遗址的形式进行非正式监测。

在斯里兰卡,国家当局或公众不会挑选出与这些遗址相关的具体参数,而是将整个古迹或遗址视为国家遗产的一部分。这与西方的管理方式形成对比,西方式的监测通常针对特定的条件或价值参数。斯里兰卡对遗址的检查定期进行,具有被动反应性质,并且出于两个主要原因:预防性保护行动;支持保护管理决策,且仅部分用于报告。

### 为何要监测?

#### ·采取预防性保护行动

考古部的法定任务是保护古迹免遭"故意破坏、伤害、污损或损害",保护遗址免受"清理或破坏、修建、建造建筑物或结构、毁坏任何树木或侵占古迹"。该部门还有法律授权来控制古迹或遗址周围约365.76米范围内的任何可能对纪念碑的物理条件或外观造成压力的行动。考古部通过进行检查以履行这些义务。

法律还规定保护"任何阶层人士都视为神圣的或所崇敬的"古迹的无形价值,并检查是否有"任何伤害或冒犯,或可能伤害或冒犯宗教感情的行为"。为此目的,考古部对选定的古迹进行检查。这就需要对这一要求的遵守程度进行评估。要实现良好的遗产管理,需要进行系统的定性监测。

#### ·做出保护决定

考古部的法定任务是保护其考古遗产,并采取适当的管理行动,在政府分配的有限预算内保护古迹和遗址。古迹和遗址由当局定期进行检查。该部门所有级别的工作人员都参与这一过程,参与程度因古迹和遗址的重要性而异。定期和紧急管理行动以及国家资金的使用决策都以这些检查结果为基础。这类检查报告还用于向政府或捐助机构申请额外预算资金。

此外,根据从公众或其他线人收到的信息进行反应性检查。这些报告可能会启动不同的管理行动。反应性检查,即对感知到的威胁进行检查,是由管理当局和社会各界公众进行的。社会各阶层的意识水平使得这些反应性检查非常有力。

#### ·报告

检查还有助于通过媒体和议会向公众报告相关的古迹与遗址的保护状况以及可能需要的行动。

### 为了谁?

该部门承担保护国家遗产的任务。检查或监测有助于该部门通过向管理层提供其所要求的信息来履行这一义务，以制定预防措施并评估将公共资金用于保护行动的优先事项，也可以通过媒体或议会向公众进行报告。

## 我们在监测什么？

部门监测在很大程度上是一种定性评估，辅以有限的特定量化标准。如果由自然或人类活动引起任何变化，则可以有效地确定古迹所遭受的压力，评估古迹及其材料、遗址和周围环境的状况。此外，对古迹和遗址的潜在威胁及其无形价值进行评估。观察结果由照片或草图报告和佐证。没有正式格式，数据不是定量的（除了为编写条件报告而进行的特殊详细检查）。

## 通过谁？

检查由一些工作人员进行。包括：

- 古迹检查员：古迹检查员定期访问古迹或回应投诉。其书面报告交予其上级官员，并由上级官员提交给考古部门的相关部门以采取保护行动。由于其中一些检查是定期进行的，因此也可以评估检查过程的表现。这是一种质量控制方式。
- 乡村官员：村里的公务员叫作 *gramasevaka*（村仆），其任务还包括检查他所在地区的古迹。其任务是每月检查一下古迹，并向考古部门报告屋顶、建筑材料或绘画和雕塑的任何损坏情况。
- 警卫：一些古迹装有针对故意破坏的 24 小时监控，旨在对游客的任何行为、任何造成腐烂的自然原因或其他威胁进行监控。宗教场所的游客行为也受到监测。这些警卫也会监督一些相对较小的事情，比如在宗教场所脱掉鞋帽等文化敏感的行为。当地警卫已经阻止了针对古迹和遗址的许多威胁。当斯里兰卡政府电力委员会打算开始在世界遗产古遗址锡吉里耶（Sigiriya）内的建于 5 世纪的快乐公园（Pleasure Garden）中间建立电力传输的塔架系统时，正是警卫首先干预并阻止了这项工作。
- 其他工作人员：巡视是指从总干事到总部或区域办事处官员对古迹或遗址的定期或反应性的访问。他们会提交检查报告，将报告发送给相关部门以便采取行动。这已成为管理行动的有力手段。
- 学生：斯里兰卡的遗产监测积极融合当地社群。监测机构的最新成员是分配了各种考古遗址的公立学校。学校的师生定期访问该遗址。他们参加一般维护并就有关材料或古迹的任何变更准备报告。
- 业主：一些受保护的古迹位于私人业主的土地上，但根据法律宣布为国家古迹。未经考古部门同意，业主不得对古迹进行干预。土地所有者定期进行检查，并向考古部门报告。在某些情况下，社群成员也监测宗教古迹。这些监控报告对考古部门非常重要，是支持管理行动的重要资源。

● 一般公众：广大公众也是古迹和遗址的检查员。在斯里兰卡，公众常常评论一座历史建筑的修缮状况。大众媒体在报道与考古遗产保护有关的问题上也持续发挥作用。

## 怎么做？

基本上所有的检查报告都是书面形式，还有照片和偶尔的草图，无法进行定量分析。但是，管理系统关注这些类型的信息并做出回应。这对管理风格和后续管理行为产生着深远的影响。包含各种社群层面的参与和向公众报告确保了在监测中能够反映普遍标准与价值观。

## 监测新西兰的自然遗产

新西兰保护部（DOC，以下简称"保护部"）是保护该国自然和历史遗产的主要机构。作为一个相对年轻的组织，保护部已经从许多方面推进了遗产保护。保护部负责管理该国遗迹的1/3区域。监测被用作评估其保护政策和保护管理项目成败的重要组成部分。

该组织于1987年根据《保护法》（1987年）成立，反映了新西兰的西方文化风格。该部门按照商业模式进行管理，制定正式计划，进行绩效评估，旨在取得特定成果。该部门也是《世界遗产公约》和其他几项公约的执行机构，被要求进行定期报告。监测数据将用于这些报告的目的。

在自然遗产管理方面，保护部负责实施新西兰生物多样性战略的主要目标，旨在阻止新西兰本土生物多样性的减少。根据确定保护部长期方向和每年度管理行动的《2002—2005年意向书》，该部门将通过实现三项成果履行其职责：① 维持或恢复整个自然环境的情况，② 避免物种灭绝，③ 全面保护自然环境。

在国际上，各国积极响应《生物多样性公约》的报告要求，正在重新关注生物多样性评估和管理，重点是利用量化工具来衡量各种规模的生物多样性和生物多样性保护。

## 监测

进行保护，以"维持或改善保护资产的利益特征"。保护资产可以是历史资源或自然资源。保护部通常会尝试衡量保护行动和成果。这些措施旨在影响管理行动并加强资源的有效利用。

保护部将监测定义为对因某个行动而发生的变化的测量。换言之，监测是测量某事物的状态、数量或特征变化的行为。

保护部承担三种监测：

结果监测：就是否已经实现了对作用于保护资产特征的干扰或压力的预期变化提供有关信息。

成果监测：就是否已实现保护资产利益特征的预期变化提供有关信息。

监控监测：在专门行动缺失的情况下就是否正进行监测，提供有关保护资产状况的信息，以便审查和确定行动的优先性或提高基准知识（通常是研究项目的一部分）。

最近，监测重点从结果转向了成果。除了计划内的活动外，对监控监测投入的努力很少。

## 为何要监测？

生物多样性和历史遗产的保护是法律赋予该部门的任务。履行这项任务所需的资源每年由中央政府分配。保护部需要确保能够提供预期的结果并有效地使用资源。该部门需要监测生物多样性，以：

- 指导国家保护的重点；
- 提供定期更新的清单，以满足当地、国家和国际层面的报告要求；
- 通过记录以往管理行动的有效性和价值，履行问责制要求；
- 及时提供生物多样性变化信息，以指导当地管理行动；
- 为研究提供基础，以提高对生物多样性的了解，评估管理干预的最佳形式，并提高监测的有效性。

## 为了谁？

保护部通过年度报告报告新西兰自然遗产情况，回顾过去一年取得的进展，通过意向声明确定其在长期策略规划（5年）这一更广阔背景下的第二年的计划。此外，保护部还必须帮助部长履行若干国际条约的报告要求，例如《生物多样性公约》和《世界遗产公约》。报告被视为一个确保问责制的重要部分。目前，保护部正试图扩大对土著居民（iwi）、土地所有者、社区、特殊利益集团和其他政府机构的支持并鼓励他们参与。

## 我们在监测什么？

目前，生物多样性监测主要发生在与具体管理计划相结合的情况下，需要进行预防管理并确定其是否成功。具体的例子包括：种子雨可监测山毛榉桅杆周期，害虫监测可提供鼬鼠、大鼠和小鼠丰富度指数，鸟类数量可确定捕鼬是否成功保护濒危物种（如黄头鸟），永久性地块森林可确定鹿群数量对植被状况的影响，以及监测显示树种的树叶状况可确定负鼠控制行动是否成功。

保护部在很大程度上将监测与管理活动联系起来作为量化行动。最近的举措包括采用标准化方法和正式系统。此外还进行了定性监测，以确定是否有必要采取保护措施。然而，定性观察和评估网络在社群中不那么普遍。

### 通过谁？

保护部分为 5 个管理级别。每个级别负责业务的不同方面，以下作简要概述。

在地方一级，护林员和项目经理设计、规划与实施保护项目并监测结果，以确定保护行动是否成功；区域经理负责多个地区的结果。通过监测收集到的信息有助于确定保护行动的优先次序，并能够报告每个地方与预期结果相关的威胁减少和条件改善程度；保护人员减少不同威胁、优化不同地点和环境的工作分配。通过监测获得的信息可为报告提供每种环境中土著生物多样性状况差异的方法；指定具体工作人员负责地区和保护区的监测工作。这些人员往往接受过技术培训，并具备与保护相关的一系列技能；区域总经理需要能够报告所有环境中保护项目的差异；总干事需要能够报告阻止新西兰生物多样性减少的进展情况。如果没有系统和熟练的工作人员来获取所需信息，就无法在区域和国家范围内汇总数据。

### 怎么监测？

保护部大多使用标准现场协议和结构化报告格式进行结果监测活动。现场收集的数据可以直接输入计算机并生成运行报告。对结果和监视监测来说较少用到这些。最近，保护部承诺报告与管理相关的、一定规模范围内的自然遗产面临的压力及其状况。为履行这一承诺，该部门需要能够描述自然遗产的现状（即生态系统、土著分类群和自然特征），规划和优先考虑管理方案，并客观地报告自然遗产成果的实现情况。国家驱动的盘点和监测计划被视为履行其承诺的关键工具。

保护部正在开发一个包括技术变革和方法改进的正式系统，设想了一种多尺度、多用途的定量和定性方法，该方法将综合使用社区共享计划，员工通才和专业技能以及现代技术。保护部拥有先进的信息技术管理系统以满足这些要求，并将持续为长期专职人员提供必要的培训，以满足数据质量和保证标准。

然而，获得技术逻辑先进的系统支持，并不意味着能有效地实现保护结果。社会环境总是需要为组织提供整个社群的支持人员网络，缺乏这种支持可能导致一些社群反对保护行动。有些地方议会和组织致力于促进实现特定的保护利益，其中一些具有正式的授权，甚至具有一定的法律权威（例如鱼类和游戏委员会，皇家森林和鸟类保护协会）。这里社群为实现保护成果而进行的广泛参与是以与斯里兰卡不同的方式发展起来的，斯里兰卡现有的社会结构可用于实现遗产管理。

### 结论

自然遗产保护与文化遗产有着内在的差异。生物系统是动态的并且对许多外部刺激做出反应。相反,文化遗产可能限于特定区域或受保护的遗址。由于生物系统的动态性、物种的多样性、相互作用的复杂性以及栖息地和生态系统的广泛复杂性,对自然遗产的监测更为复杂。尽管如此,上述两个系统表明,监测在自然和文化资源的管理系统中具有持续与重要的作用。

在这两种管理方式中,都需要一个适当的信息管理系统,并且组织必须对其做出反应。该系统不需复杂的基础设施,而是需要适合当地环境。

监测是当今保护管理的一个基本特征,是生成有效管理遗产所需数据的一种方法。既适合本身计划,又能有效地实现成果的管理系统才是恰当的。

对两种不同的管理和监测方式进行简单比较,反映了监测在指导管理行动中的类似作用,尽管社会和技术背景完全不同,但是,监测管理的系统和有效性与其所依赖的社会背景紧密相关。对社会环境不敏感并且较少考虑现有系统的管理风格可能无法通过社群获得支持。正是基于这一点,两个系统显示出它们之间的相似和不同。这对执行《世界遗产公约》等条约推动的国际计划具有影响。这两个系统都具有《世界遗产公约》下普遍报告的要求。但重要的是要考虑到,国际项目可以使用现有的机制和组织结构。正如已经正确确定的那样,国际社会制定监测系统的目标不应是"对遗址或缔约国强加或规定一种监测方法,而应提请缔约国注意到一系列可能的方式,可以实现其监测目标(Stovel,1995)"。这将意味着在规定监测方法以确定管理成效时,对文化背景给予必要的重视。

加米尼·维杰苏里亚:斯里兰卡政府考古部前任保护主任,国际文物保护与修复中心(ICCROM)资深专员,现任新西兰政府保护司首席区域科学家,考古遗产管理专家。

伊莲·怀特:不列颠哥伦比亚省政府林务局前研究生态学家,现任新西兰政府保护司首席区域科学家,森林生态学专家。

菲利普·罗斯:曾任不列颠哥伦比亚省斯凯纳地区环境影响评估部门负责人,现任环境与监测团队负责人,Golder Associates(新西兰)有限公司环境监测专家。

(张珊珊)

# 以世界遗产管理者的视角看世界自然遗产地的监测和报告

Monitoring and Reporting in Natural World Heritage Areas — A World Heritage Manager's Perspective

## 乔恩·C.戴(Jon C. Day)

人们对许多世界自然遗产地(世界遗产地),无论是陆地的还是海洋的,都进行着一些监测。然而,大多数这些监测项目都针对的是特定的生物物理或社会方面,并且通常作为"独立"监测或研究任务进行。很少有项目提供对各自的世界遗产地整体状况的综合评估,或专门监测世界遗产价值。

越来越多的人呼吁对世界遗产地进行更系统的评估或监测,特别是要确定是否保持或降低某个世界遗产地的普世价值。人们也日益认识到,如果没有适当的监测、评估和适当的管理,就不可能对世界遗产地进行有效的管理。

虽然有一些监测自然遗产地的关键原则,但其中许多原则来自与世界遗产无关的项目,这些项目的目标可能截然不同。还有一种错误的观念就是"一刀切"地监测、定期报告并列出世界遗产地,即监测、报告或列出一处小型或单一标准下划分世界遗产地的方法,可能明显区别于多标准的、混合类别下划分的或包含许多生态系统的世界遗产地的方法。

同样,自然遗产地的监测方法可能与文化场所的有所不同,而且陆地地区的技术难以应用于海洋地区。

世界遗产地的管理者、决策者和评估者如果要证明其世界遗产地管理的有效性,则需要更有效地监测和报告与世界遗产价值及关键管理问题直接相关的情况。本文概述了更有效地监测和报告世界遗产地中的一些挑战和建议。

## 介绍

人们对许多世界自然遗产地(WHAs)都进行着一些监测(例如,有的监测概述了澳大利亚世界遗产地的监测项目)。此类监测通常是出于一个或多个管理目的而进行的,包括:

- 评估生态系统的一个或多个组成部分的生态状况；
- 检测和评估人为干扰的影响；
- 评估是否符合规定的绩效标准；
- 评估对修复工作的响应(Downes 等,2002)。

然而,大多数监测计划都是针对生物、生物物理或社会方面的,一般都是作为"独立"监测或研究任务进行的。虽然其中一些项目评估了具体管理行动的有效性,但很少有项目对其各自世界遗产地的整体状况进行综合评估,或者专门监测世界遗产价值。例如,在最近对大堡礁世界遗产地监测现状的评估中,列出了目前在物理、生物和社会经济领域广泛开展的约 56 个独立的监测项目(Harriott 等,2002)。这些监测项目以及之前的项目生成了大量数据,但能够直接帮助管理部门应对目前大堡礁世界遗产地面临的关键问题的项目数量少得可怜。

人们越来越多地要求对世界遗产地进行更系统的评估或监测,特别是要确定是否保持或降低某个世界遗产地的普世价值。人们特别要求每六年定期按地域提交一份报告,以便审查世界遗产地的状况和管理工作的有效性。

世界各地的人们也日益认识到,如果没有适当的监测、评估和适应性管理,就不可能实现有效的自然资源管理和世界遗产地管理。如果系统而有效地做到这一点,就会带来许多潜在的益处,包括"真正的"适应性管理、改进的规划、更好的问责制和更合适的资源分配(Day 等,新闻报道)。

而现实却不尽如人意,与管理有关的监测计划虽然在原则上得到支持,但往往为世界遗产地区"紧迫"(尽管往往不那么重要)的管理活动所取代。一般情况下,综合监测项目或报告都是"额外的选项",理论上很好,但很难实践。然而,如果没有针对由关键管理问题所产生的明确目标而进行综合监测和评估,世界遗产管理者就会"盲目行事",缺乏必要的循证反馈,从而无法从以往的管理行动中吸取教训并加以改进(Jones,2000)。

## 世界遗产地的监测工作应包括什么?

监测世界遗产地的要求与在其他自然保护区进行的更"正常"的监测项目的要求之间存在重要差异。主要的内在区别在于,根据定义,世界遗产地具有特殊性和独特性(Mapstone, in prep, this workshop),因此没有可用于比较的"管理",也很难应用更标准的监测方法。

在监测、定期报告和列出世界遗产地方面,人们也错误地认为有可放诸四海而皆准的方法。然而,监测、报告、列出一处小型世界遗产地的方法或根据非单一标准的划分世界遗产地的方法,可能明显区别于多标准的、混合类别下划分的或一个包含许多生态系统的世界遗产地的方法。同样,自然遗产地的监测和报告方法可能因文化遗址而异,而且陆地地区的技术难以应用于海洋保护区(见下文"监测海洋地区和陆地地区的共性和差异")。

时间安排上也很复杂——许多世界遗产地的监测计划只能提供给管理者在中长期内

直接有用的有意义的结果；然而，管理者需要在短期内做出明智的决策（而"政治大师"们往往希望快速得到响应特定管理的答案或理由）。

在大多数情况下，监测或衡量每个世界遗产价值的指标是不切实际的——特别是对于具有众多世界遗产价值和各种管理目标的复杂世界遗产地。相反，需要确定一套与主要世界遗产价值相关的"关键"指标，反映整个世界遗产地的重要性或战略及其广泛目标。

管理者应该如何确定这些"关键"指标？一种可行的方法是编制一个矩阵，清楚地表明下列各项之间的联系：

- 导致世界遗产地宣言的相关世界遗产价值；
- 影响世界遗产价值或世界遗产地区完整性的因素；
- 针对这些因素的现有管理措施；
- 用于评估管理行动有效性而进行的监测类型；
- 问题的优先级和规模。

考虑到上述所有因素，管理者和研究者可以共同确定关键绩效指标，这些指标可用于确定世界遗产价值的变化或管理措施的有效性。

表1给出了这种"关联"矩阵的一个例子。

## 监测与世界遗产定期的反应性报告进程之间的关系

当前的定期报告形式对监测和管理措施具有特定要求，但其以描述性和顺序性的方式呈现，因此很难对上述关联做出评价。另一种方法（即按表1所列方式编制的包含现有定期报告框架关键方面的"矩阵"）有可能：

- 更有效地显示定期报告中目前要求的相关方面之间的联系；
- 突出重要的"不足之处"（例如，如果缺乏对影响世界遗产区重要因素的监测）；
- 初期采用更简洁的定期报告形式；
- 协助对连续的定期报告进行更有效的比较。

世界自然保护联盟（International Union of Conservation of Nature）和世界遗产委员会（World Heritage Committee）已经在一定程度上接受了类似的形式，即为大堡礁世界遗产区（Great Barrier Reef World Heritage Area）编制的"管理框架"（Framework for Management）是为了响应对反应性监测报告的要求。矩阵形式是简明扼要地提供有关资料和使连续进度报告易于比较的有效方法。

## 监测海洋地区和陆地地区的共性和差异

为了获得更具代表性的世界遗产名录，人们正在倡导加强对世界遗产地内海洋和沿海生态系统的保护（希拉里·迪克罗斯等，2003）。尽管海洋占地球表面的70%以上，但海洋保护区（MPA）目前连地球表面面积的1%都不到（海洋世界遗产区面积更小），而陆

第四部分 监测世界文化遗产论文汇编 545

表1 提议的矩阵格式实例

| 世界遗产名录标准 | 世界遗产价值 | 影响世界遗产区域/世界遗产的因素 | 管理行动 | 监测 | 优先级和规模 | 主导机构（及参与机构） | 预期完成时间和评价 |
|---|---|---|---|---|---|---|---|
| N（i）重要的进行中的地貌过程的例子 | 世界上最大、最多样化的珊瑚礁系统 | 珊瑚白化对近岸珊瑚礁的影响 | 对白化的航空测量和水下测量，以及"热点"的卫星测绘 | 卫星监测海面温度及公众报告白化情况 | 高优先级，潜在大规模（但2002年只有少数近岸珊瑚礁遭受严重破坏） | 宝泽金融集团（大堡礁海洋公园管理局，美国国家海洋和大气局，CRC Reef） | 持续监察（最近最严重的白化情况发生在1998年及2002年） |
| N（ii）重大生物过程和人类与其自然环境相互作用的例子 | 重要的海草、红树林和近岸珊瑚礁群落 | 毗邻英国的34个流域大部分水质不佳 | 制定全港性的"珊瑚礁水质保护计划"，确定水质标准的目标和指标 | 监测《珊瑚礁水质报告》所载的目标 | 非常高优先级、大规模（25个流域被认为是中、高危区） | EA/大堡礁海洋公园管理局/Qld Premiers合作（美国国家环境保护局，CRC，AFFA，Industry） | 珊瑚礁保护计划于2003年2月推出。预计10年实现所有目标 |
| N（ii）重大生态和人类与其自然环境相互作用的例子 | 1 500种具有高度联系的鱼类 | 过度捕捞；过剩能力（潜在努力）；增加努力（技术蠕变）；对非目标物种和底栖生物群落的影响 | 评估英国的渔业资源，制定可持续的渔业管理计划 | 对拖网渔业进行审计，以实现东海岸拖网渔业管理1999年的规划目标。线钓捕鱼实验效果 | 非常高优先级、大规模拖网作业在英国占50%。线钓在英国占很大比例 | QFS（大堡礁海洋公园管理局，CRC，EA） | 拖网审计报告完成于2002年年中。2002年12月提交下一份EoLF报告 |

续表

| 世界遗产名录标准 | 世界遗产价值 | 影响世界遗产区域/世界遗产的因素 | 管理行动 | 监测 | 优先级和规模 | 主导机构（及参与机构） | 预期完成时间和评价 |
|---|---|---|---|---|---|---|---|
| N（iii）包含非凡的自然美 | 世界著名的海洋生物聚集地 | 海洋生物聚集对美学的影响，包括大型加拉加沉船上的探索者 | 向旅游经营者提供关注事项；禁止喂鱼 | 根据商定的形式，工业监测大型鱼与潜水员之间的互动 | 低优先级。每年约有5 000名潜水人士到访此地 | 潜水行业（美国国家环境保护局，CRC，大堡礁海洋公园管理局） | 在1月—2月2日进行监测。自监测开始以来，没有不良潜水报告 |
| N（iv）包括重要的自然环境，供生物多样性（包括受威胁物种）就地保护 | 大约3 000个珊瑚礁组成的世界上最大的珊瑚礁系统 | 影响珊瑚礁的因素，例如棘冠海星和珊瑚白化 | 每年对超过100个珊瑚礁进行调查（视频横断面，视觉调查及辐鳍拖曳），以监测情况及评估变化 | 由宝泽金融集团长期监测项目进行监测 | 中优先级。自1993年以来每年调查100个珊瑚礁（总共3 000个珊瑚礁） | 宝泽金融集团（CRC，大堡礁海洋公园管理局） | 在区域范围内出现了持续的有趣趋势（例如，棘冠海星在某些区域减少，而在其他区域增加） |
| N（iv）包括重要的自然栖息地，可就地保护生物多样性，包括受威胁的物种 | 全球濒临灭绝、英国拥有重要的儒艮种群 | 威胁包括陆地污染，沿海开发、船只运输、渔网缠结和偷猎 | 16个儒艮保护区已宣布限制渔网；清除鲨鱼网、船速限制等 | 自1985年以来每隔5年进行一次儒艮航空测量。确定船只模式和船只通过撞击 | 中—高优先级，为整个英国的儒艮分布进行标准化航空测量 | CRC（大堡礁海洋公园管理局，国际分子多样性保护组织，澳大利亚渔业管理局） | 上次测量完成于2000—2001年度。儒艮分布出现了有趣的时间变化趋势 |

地保护区占地球面积的9%左右。

全球海洋保护区继续申报,并提出更多的世界海洋遗产区。认识到陆地系统和海洋系统之间的主要差异是很重要的,与陆地遗产区相比,管理和监测世界海洋遗产区存在一些固有的挑战。这些包括(戴等,新闻报道):
- 海洋系统的三维特性(海洋的可居住容量是陆地的数百倍)。
- 海洋环境的"相互联系"程度(在所有三个维度中)。
- 海洋系统取样困难(许多海洋监测或管理是"暂时的",研究者或管理者必须在此之后返回陆地),因此难以看到或测量等。各种技术改进正在协助解决这个问题(见表1中的例子)。
- 物种的流动性(许多海洋物种分布广泛,个体可能分布更为广泛);即使是人们认为的成熟形态的静态海洋物种(例如许多软体动物和海藻),通常也具有高度流动性的幼虫或分散的繁殖阶段,且它们的种群可能受移动捕食者的控制。
- 具有自然变化的动态系统,其中变化或尺度的时间框架与用于陆地系统的时间框架非常不同(例如,海洋群落对变化的生理反应相对较快,但仅在化学反应缓慢且绝缘的海洋内;而陆地群落对变化的反应通常较慢,但会受到气候快速变化因素的冲击)。
- 极度缺乏对海洋系统中存在事物的了解,甚至缺少对海洋系统如何工作的最基本理解。

## 世界遗产监测的一些关键教训

1. "基线转移"的问题——这是一个重要的监测问题,保利在Sobel(1996)的如下的例子中对此进行了最佳解释:

"每一代人都以他们第一次观察到的物种组成和种群大小作为评估变化的自然基线。这忽略了一个事实,即这个基线可能已经代表一种受干扰的状态。然后资源继续减少,但下一代将他们的基线重置为这种新的低迷状态。其结果是资源物种逐渐消失,以及不适当的参考点……或用于确定目标……"

2. 目标的问题——海洋保护区(MPA)最近的许多科学讨论集中于尝试确定这些最低目标,以确保海洋保护区以空间可量化的方式实现其目标。然而,正如奥加尔迪等人(2003)所解释的那样,遵守严格的最小区域目标可能会产生一种错误的安全感,即如果达到目标,保护问题将得到充分的解决:

"一个单一的空间目标能够真实地描述任何给定生态系统维持生产力和生物多样性所需的最低保护水平。这种说法虽然被认为有些说服力,但其可能并不实际。……我们可能会遇到这样一种情况:确实达到了20%的目标,然而在制定出管制措施后,80%的生态系统仍会受到威胁(甚至比之前更糟),且真正和持久的问题仍可能对其余所谓的'受保护的核心'区域产生重大影响"。

3. 任何评价系统或指标在最初编制时都不完善(正确的信息并不总是立即可用的)。大多数,如果不是全部,管理方法需要进行定期审查和更新,任何成功的管理制度都需要与新的信息和新的技术保持紧密联系。

4. 一些世界遗产地的监测项目,按照其本身的方法,会对个别物种进行破坏性取样或杀害,其往往存在适当性上的问题。这可能需要新的监测方法,例如无损采样实践,例如澳大利亚海洋科学研究所开发的诱饵式远程水下视频(baited remote underwater video station,BRUVS),作为监测海洋保护区的视频捕鱼技术。

5. 显然,在我们的世界遗产地也存在自然变化——我们需要理解变化的频率和规模,人们可能认为该变化不"自然"……过多或过少,过快或过慢,或在错误的地方或时间,所有这些都可能会导致巨大的变化或生态完整性的损失。因此,我们面临的挑战是如何将过程保持在公众认为"自然的""历史的""可接受的"或"理想的"变化范围内。

6. 需要进行更多的社会、经济的评价或监测,以及认识这些信息对健全决策的重要性(监测和报告的"三重底线"办法)。

7. 重要的是,我们需要把产出、成果转化成一种简单的形式,让社会、决策者和我们的政治领袖都能理解这种形式。

8. 决策制定不一定要等待所有的答案(事实上,应认识到我们对自然环境及其工作原理知之甚少)——因此,我们需要采取预防措施原则。

9. 需要"跳出广场思考"(即在更广泛的背景下思考)——世界遗产地的完整性在很大程度上取决于其边界以外发生的事情。因此,我们的一些监测重点是否应该放在世界遗产地以外?

## 更多有用的世界遗产名录

在世界遗产地名录方面,目前的《联合国保护区名录》(WCMC/IUCN,1997)仅提供了世界遗产地的名称、面积、位置(按纬度/经度或矩心)和题字年份。

在2003年拟议修订的联合国《世界遗产名录》发行后,开始以电子方式提供新的《世界遗产名录》,并考虑:

● 每个世界遗产地的相关世界遗产标准;

● 世界自然保护联盟(IUCN)所有世界遗产地内的自然保护联盟类别和每个世界自然保护联盟类别内的区域(仅在相关的情况下,即主要是自然遗址)(Day 和 Kelleher,2001);

● 世界遗产地的(如有)或联合国教科文组织的网站地址,可进一步获取的信息,包括每个世界遗产地的最新定期报告。

## 结论

现在人们普遍认识到,监测、评价和适应性管理都是进行有效资源管理的基本组成部分。而更有效的关于世界遗产地的监测和报告似乎既合乎逻辑亦合乎常理，该项目与现有管理系统的整合为我们带来了一些重大挑战，不仅仅是承认"放诸四海而皆准"这一观念，还需要通过监测和定期报告以更具成本效益的方法达成的协议。

通常无法在管理项目结束时"附加"上有效监督。事实上，鉴于当今世界遗产管理者面临的资源日益减少，必须优先考虑进行任何监测，以解决最需要管理层做出回应的项目。这意味着监测必须集中在影响或潜在影响世界遗产地的最重要问题上，而不是研究者认为"科学有趣"或重要的个别研究或监测任务上。世界遗产管理者可以通过确定研究和监测重点来协助这方面的工作（例如，Green 等，2001）。

世界遗产管理人员还必须确保监测和评价是其年度管理、规划周期的一部分。

如果管理者、决策者和评估者认真对待我们对世界遗产地的有效管理，那么就需要更有效地对与世界遗产价值和关键管理问题直接相关的情况进行监测与报告。成功的真正考验，将是调查结果和建议能在多大程度上产生反馈，并为世界遗产地的管理带来正向的变革。

注：本文所表达的观点是作者的观点，不一定反映大堡礁海洋公园管理局或澳大利亚政府的官方观点或政策。

**表 2  澳大利亚世界遗产区域监测项目的例子**

| 世界遗产区域 | 监测计划/项目 | 监测类型 | "新"技术或新方法的使用 | 相 关 网 页 |
|---|---|---|---|---|
| 澳大利亚哺乳动物化石遗址 | 温度/湿度监控 | 物理 | | |
| | 遗址图像监测 | 物理 | | |
| | 蝙蝠数量监测 | 生物 | 红外线摄像头 | |
| | 游客进入遗址 | 社会 | | |
| 中东部雨林保护区 | 杂草监测 | 生物 | | |
| | 火灾监测 | 生物物理 | | |
| | 游客数量 | 社会 | | |
| 弗雷泽岛 | 尚未有信息 | | | |
| 大堡礁 | 水温监测 | 物理 | 实时远程站；卫星图像 | http://www.gbrmpa.gov.au/corp_site/info_services/science/seatemp/ |
| | 洋流监测 | 物理 | | |
| | 洪水羽流监测 | 物理 | | |
| | 水质监测 | 生物物理 | | |
| | AIMS 长期珊瑚礁监测 | 生物物理 | 基于网络的报告 | |

续 表

| 世界遗产区域 | 监测计划/项目 | 监测类型 | "新"技术或新方法的使用 | 相关网页 |
|---|---|---|---|---|
| 大堡礁 | 耐莉湾影响监测 | 生物物理 | | |
| | 长期叶绿素监测 | 生物物理 | | |
| | 精密棘冠海星调查 | 生物 | | http://www.reef.crc.org.au/publications/techreport/TechRep30.html |
| | 儒艮航空测量 | 生物 | | http://www.gbrmpa.gov.au/corp_site/info_services/publications/research_publications/rp70/index.html |
| | 海龟繁殖调查 | 生物 | | |
| | 海龟监测 | 生物 | | |
| | 海鸟监测 | 生物 | 卫星标记 | http://www.reef.crc.org.au/publications/techreport/TechRep12.html |
| | 海草监测 | 生物 | 视频雪橇 | http://www.dpi.qld.gov.au/far/9266.html |
| | 红树林监测 | 生物 | | |
| | 渔业长期监测 | 生物 | 船只监测系统 | http://www.dpi.qld.gov.au/fishweb/9014.html |
| | 鱼类视频监测 | 生物 | | 诱饵式远程水下视频（BRUVS） |
| | 线钓影响 | 生物 | | http://www.reef.crc.org.au/resprogram/taskoutline/mapstone.html |
| | 对休闲钓鱼者的调查 | 社会 | | |
| | 游客到访监测 | 社会 | 环境管理收费数据集 | |
| | 大堡礁游客认知调查 | 社会 | | http://www.reef.crc.org.au/publications/techreport/TechRep21.html |
| | 社区认知调查 | 社会 | 澳大利亚范围内的电话调查 | |
| | 航空监控 | 社会 | 高清图片 | |

续　表

| 世界遗产区域 | 监测计划/项目 | 监测类型 | "新"技术或新方法的使用 | 相 关 网 页 |
|---|---|---|---|---|
| 卡卡杜国家公园 | 陆生动物调查，包括调查海蟾蜍对特定物种的影响（蛙类、鹌鹑等） | 生物 | | |
| | 游客调查 | 社会 | | |
| | 水生动物调查 | 生物 | | |
| | 火灾监测（包括自主参与） | 生物/文化 | | |
| | 杂草监测 | 生物 | | |
| | 海水入侵监测 | 生物物理 | | |
| | 景观及栖息地监测 | 生物物理 | 航空摄影用以检查长期景观水平变化 | |
| | 艺术遗址监测 | 文化 | | |
| 豪勋爵岛 | 杂草监测 | 生物 | | |
| | 植被恢复优先区域 | 生物 | | |
| | 游客调查 | 社会 | | |
| | 网站监测 | 社会 | | |
| 鲨鱼湾 | 贝壳积累/清除 | 物理 | | |
| | 基准海水质量 | 生物物理 | | |
| | 潟湖冲洗/水质 | 生物物理 | | |
| | 底栖生物监测 | 生物物理 | | |
| | 火灾历史调查 | 生物物理 | 卫星图像 | |
| | 原生海洋生物的害虫 | 生物 | | |
| | 赤蠵龟调查 | 生物 | | |
| | 儒艮监测 | 生物 | | |
| | 海豚研究/监测 | 生物 | | |
| | 虾和扇贝渔场的渔获量 | 生物 | | |
| | 濒危物种调查 | 生物 | | |

续　表

| 世界遗产区域 | 监测计划/项目 | 监测类型 | "新"技术或新方法的使用 | 相关网页 |
|---|---|---|---|---|
| 鲨鱼湾 | 野生猫科动物调查 | 生物 | | |
| | 小型脊椎动物调查 | 生物 | | |
| | 商业渔船 | 社会 | | 渔船监测系统 |
| | 海洋废弃物监测 | 社会 | | |
| | 休闲渔业捕捞 | 社会 | | |
| | 度假胜地废水监测 | 社会 | | |
| | 游客网站监测 | 社会 | | |
| | 游客调查 | 社会 | | |
| 塔斯马尼亚荒原 | 尚未有相关信息 | | | |
| 乌鲁鲁卡塔丘塔国家公园 | 动物监测与调查，重点关注"列出"的物种 | 生物 | | |
| | 植物调查 | 生物 | | 利用地理信息系统编制公园整体植物分布图 |
| | 火灾监测（包括自主参与） | 生物 文化 | | |
| | 地理监测（包括岩石运动） | 物理 | | |
| | 含水层研究 艺术遗址监测 | 生物物理和文化 | | |
| 潮湿的热带地区 | 植被清除模式 | 生物 | | |
| | 雨林枯死 | 生物 | | |
| | 受威胁物种 | 生物 | | |
| | 害虫物种 | 生物 | | |
| | 社群态度 | 社会 | | |
| | 游客数量 | 社会 | | |
| | 游客满意度 | 社会 | | |
| 威兰德拉湖区 | 尚未有相关信息 | | | |

乔恩·C.戴与大堡礁（世界上最大的珊瑚礁群）有着 17 年的密切联系。他目前是大堡礁海洋公园管理局（Great Barrier Reef Marine Park Authority）的主任。

（张珊珊）

# 安第斯文化遗址的监测

Monitoring of Andean Cultural Heritage Sites

### 米雷娅·穆尼奥斯（Mireya Muñoz）

"安第斯文化遗址的监测"是根据我在安第斯地区的监测经验编写的一份概念性报告。监测报告不能超出它们所代表的批判性评价，因为教科文组织的制度不能违反缔约国的主权。然而，理想的情况是，监测应促使缔约国主动地保护其文化遗址，特别是那些世界遗产。

根据我在安第斯地区的经验，我认为我们没有做我们需要做的事情。大多数安第斯国家将大部分财政收入用于减贫，几乎无法保护其文化遗产。我们需要经常以"技术和行政审计"的形式进行监测报告，该报告还应指出在保护遗址方面所发现的积极方面。

监测的主要目标是确保缔约国尽最大努力保护世界遗产。当地的技术人员在签署《世界遗产公约》和要求将某一地点列入《世界遗产名录》前，应增进他们对该合同承诺的了解。在安第斯地区，由于负责保护遗址的当局和技术人员经常更换，因此缺乏机构记忆。在这些国家，国际古迹遗址理事会委员会所起的作用非常之大。但是，国际古迹遗址理事会的委员不应监测其本国境内的遗址，以避免不必要的压力和客观性的丧失。

总之，本报告提出了在使用《世界遗产操作指南》进行监测时应加以考虑的建议。

## 从反应性监测中我们了解到了什么？

就世界遗产的具体情况而言，我们理解反应性监测（或后登记监督）是世界遗产中心、教科文组织或其咨询机构（以下称为"教科文组织系统"）就受到威胁的具体世界遗产的保护状况提出的报告。这些报告将提交给世界遗产委员会或世界遗产局。因此，每当发生特殊情况或超出预期的情况时，各缔约国必须通过世界遗产中心向委员会提交具体报告或影响研究的报告。在最终将遗址从《世界遗产名录》中除名或在涉及列入、即将列入《世界濒危遗产名录》中除名时，将开展反应性监测。

在韦伯斯特词典中，"监测"指的是控制或验证，但并不意味着一定是一种反应性行为。另一方面，"监督"的概念明确地意味着"批判性评价"和"纠正行为"的建议。在我看来,我们应该谈论"监督"而不是"监测"。尽管如此,监测报告显然不能超越批评性评估,因为联合国教科文组织的体系十分规范,其要求不得干涉缔约国的主权。但很明显,在《世界遗产公约》第4条和第5条(d)款规定的法律框架内,进行监测是为了避免主要世界遗址的恶化,这意味着缔约国已正式承诺"尽最大努力来保护遗址"。

## 监测安第斯文化遗址的益处

安第斯国家——主要是玻利维亚、厄瓜多尔和秘鲁——是南美大陆最贫穷的国家之一。其当局必须考虑许多比保护文化遗址更重要的预算事项。社会需求和减贫事宜消耗了大部分的财政收入。事实上,这些国家的财政赤字很高,超过了国际货币基金组织(IMF)的要求。虽然文化遗产是影响一个国家内外形象和尊严的重要因素,但由于缺乏必要的资金,大多数安第斯国家无法保护其最重要的世界遗产。

另一方面,联合国教科文组织的系统似乎缺乏一种实质上的控制,其无法确定缔约国是否完全遵守其在订立《世界遗产公约》时所作的正式承诺。只有在教科文组织的咨询机构或其他人提供表明需要的信息时,缔约国才会开展监测性报告。缔约国应定期提交监测报告,且该报告应侧重于确定和推荐必要的纠正措施,以便更好地保护世界遗产。有关工作应采取技术和行政审计的形式。事实上,"审计"一词似乎比监测或监督更合适,因为这可能有助于缔约国更加认真地保护世界遗址。审计报告——以一种更自然的方式——将倾向于识别发现的问题,并提出相应的措施。尽管如此,审计报告还应明确政府在保护遗址方面所取得的积极结果和采取的适当行动。

显然,监管者或审计员不应该采取纠正措施,这是政府的责任。审计员必须提出需采取的行动,并在下次行动中对已采取的纠正措施进行监督。教科文组织应根据各协商机构预先编写的报告的建议,在必要时批准缔约国执行审计报告中建议的行动要求。在某些情况下,如果缔约国认为这些行动不合理或违反其利益,可决定不采取该建议的行动。在其他情况下,缔约国可由于财政原因,不执行这些建议。在这种情况下,教科文组织和政府官员应共同开会,以便就如何解决这一问题达成协议。

同样,教科文组织应定期(可能每两年)审查是否已开展审计建议。如果这些建议没有得到执行,则应更频繁地进行审查,并有必要查明一个国家是否需要技术或财政支持以充分执行建议。

如果某遗址由于缔约国的疏忽或缺乏适当的保护而使其出现严重的恶化,显然,教科文组织应承担责任,因为其没有要求该缔约国充分遵守《世界遗产公约》。因此,大力加强监测和审计职能似乎是必要且紧迫的,以确保缔约国尽最大努力保存和保护世界遗址。

## 《世界遗产公约》及缔约国的签署

根据我的经验,在我们这些国家,专家团体普遍对该国因参加《世界遗产公约》而做出的承诺缺乏了解,包括对将一个地点列入《世界遗产名录》的影响缺乏认知。这是政府信息流通不足导致的结果。从现在起,通过西班牙语互联网提供的服务将有助于最大限度地减少这一重要缺陷。在我们国家,当局频繁更迭,因此一般来说,缺乏机构记忆。因而有必要继续宣传《世界遗产公约》中的内涵要旨以及将一个地点列入《世界遗产名录》的意义(操作指南第 6 段,包含 v)。

通过签署《世界遗产公约》,我们国家承诺制定必要的法律和条例,以确保充分保护世界遗址。这些法律不仅需要考虑法律方面的问题,还需要考虑技术和财政方面的问题。由于大多数此类法律尚未获得批准,且在获得批准时缺乏财政支持,因此没有足够的资金来满足文化部门的需要和世界遗产遗址保护的要求。预算不足导致工作人员缺乏充分的准备来管理、保存和保护即便是最重要且最脆弱的遗址。但缺乏准备充分、知识渊博的专业人士并非问题的根源。在保存和保护文化遗址方面有许多杰出的专业人士,他们在该地区获得了高等学位,包括那些在拉丁美洲不同国家参加了教科文组织举办的保护课程的人士。问题在于,较低的薪酬雇佣不了这些专家。

首要的问题是,我们不应该要求一个国家对其为保存和保护遗址所进行的工作进行批判性评估。一方面,遗址的负责人必须面对社会压力,这些压力不允许他们一直保持批评态度。另一方面,他们的报告无法指出其工作中的所有缺陷。这就是为什么国际上规定审计工作应由外部和独立的审计员进行。政府的报告通常倾向于反映所进行保护工作的积极方面,而在分析尚待解决的需要纠正行动的问题上投入很少的精力。

## 安第斯地区的主要问题

(1) 缺乏足够的预算。我们在我国发现的主要问题是缺乏足够的预算来保存和保护世界遗产遗址。缺乏资金往往影响到落后地区的遗址保护,并对这些遗址产生不利影响。大多情况下,地方当局抱怨预算不足,尽管在大多数僻静的遗址,游客门票收入可能足以满足大多数保存和保护的需求。但问题是,这些资金通常大部分都送到了国家组织的总部,而没有考虑到当地的需要。这种不良的做法意味着没有足够的工资聘请准备充分的专业人员进行现场管理。从各个遗址收集的访客门票应该再投资在保存和保护工作中。只有当收入不足时,才应寻求国际合作的支持。

(2) 缺乏机构记忆。根据使用形式的要求,遗址所在地政府在定期报告中提供信息。然而,在许多情况下,由于没有机构记忆来收集世界遗产中心档案中包含的数据,因此无法获得该信息。在玻利维亚,以我的经验,没有任何一个遗址管理员能将所有遗址信息都整合在国家档案中。即使在文化部副部长的总部,也找不到所需文件的副本。由于这种机构记忆的缺失,我们难以开展任何形式的监督或审计工作。由于玻利维亚的遗址都是最近才列入《世界遗产名录》(不到 15 年),因此仍然可以从参与该过程的尚在世的人那里收集信息。此外,世界遗产中心应与政府在世界遗址发展保护档案的项目上达成协议。

(3) 缺乏管理计划,需要提高监控效率。在大多数情况下,缺乏适当的管理计划,尽管这是将遗址列入《世界遗产名录》的先决条件。当然,这是一个严重的缺陷,应尽快予以纠正,因为如果没有计划,就不可能实现有效的管理和有效的监督。此外,还存在一个实际的管理问题,这个问题源于自然场地管理依赖于与文化场所不同的事工。可持续发展部和文化部(教育部)关系极小,在协调方面投入很少。

(4)遗址负责人。尽管也有少数例外,但负责遗址管理的人员对方法问题以及保护、修复和保存的技术了解不多。如果要保存遗址的真实性,这个问题是最重要的。在保护过程中使用不良或不充分的技术可能会对遗址造成严重的损害。这与那些由资深负责人管理的遗址形成了鲜明的对比。在玻利维亚,由于国际合作提供了资金,一些遗址得到了充分管理。

(5)当地社区的参与。当地社区在不同地点的保护方面有不同程度的参与。有时,他们积极参与,并允许准备充分的玻利维亚专业人士管理遗址。在其他地方,当地社区则不允许其他地区的专业人士管理这些遗址。在波托西,当地社区反对在将该城市纳入《世界遗产名录》之前制定管理计划。然而,随着时间的推移,他们已经意识到制定完备计划的好处,现在对保存和保护工作充满热情。作为管理计划的一部分,当地房主确实模仿当局进行保存和保护工作。在其他地方,当人们对遗址价值和保存遗址所需努力方面缺乏足够的信息与意识时,他们往往即兴发挥,这在很大程度上威胁到了遗址的真实性。

## 国际古迹遗址理事会及其国家和科学委员会的作用

在安第斯地区,人们已多次提议国际古迹遗址理事会国家委员会参与开展监测或审计工作。尚未解决的问题是专业人员是否应该在他/她的国家工作,或者相反,他/她应该只在该地区的其他国家工作。显然,专业人员应该对安第斯文化有深入的了解,以便进行充分的监测工作,但是他/她不应该是该国国民,以避免在进行真正关键的评估时受到任何限制。因此,建议国际古迹遗址理事会各国家委员会参与对本国以外世界遗址的监测或审计工作。

国际古迹遗址理事会已编制表格,任何访问世界遗产遗址的国际古迹遗址理事会成员都可填写,以期建立一个有助于监测或审计的数据库。尽管表格已经在国际古迹遗址理事会新闻(ICOMOS News)上发布了一段时间,但是我们中的许多人并没有填写表格。我们建议开展一项活动,鼓励国际古迹遗址理事会成员填写这些表格,因为他们的见解可以为大家提供各种各样的意见和建议,这些意见和建议对加强有关世界遗产遗址的管理工作非常有用。

## 我的个人经验

以我的经验,我曾有机会在玻利维亚和安第斯地区的其他国家开展反应性监测工作。我的大多数结论已包括在上文中,但总结如下:

## 结论

- 政府当局对公约承诺及其工作的影响知之甚少。
- 负责管理文化和自然遗址的政府部门严重缺乏机构记忆。这种缺乏已经成为有效、持续管理和有效监测的巨大障碍。
- 预算不足,无法雇佣各国准备充足的专业人员,尽管他们可以制定出优良的管理计划,并开展有效的保存和保护工作。
- 政府部门的定期报告不能对遗址管理的质量进行一般性的客观的批判性分析,也不能保证进行了足够的监测或审计工作,因此不能确保在遗址管理和保存方面采取了适当的纠正措施。

## 提出解决方案

- 既然玻利维亚地方当局正在重新安排文化部副部长的工作内容,他们应该考虑设立一个办事处,负责管理该国所有世界遗址。该办事处应取代前几年选定的"联络点",以便继续进行世界遗址的监测或审计工作。
- 世界遗址办事处应收集关于这些遗址的所有信息,特别是世界遗产中心档案中的信息。该办事处还应该培训遗址管理人员对有关其管理遗址的活动做出报告,并应强调管理人员需要确定他们认为必要的纠正措施。该办事处应明确承担起就管理世界遗产的年度预算进行谈判的责任,并应与国际合作机构直接接触,以确定对外援助的对象。
- 办事处应设立培训和信息中心,向专家和当地公众提供有关世界遗产管理和审计的课程与研讨会。强烈建议出版一份期刊。该中心应努力提高公众对世界遗址及其保存和保护需要的认识。
- 办事处应发挥领导作用,确定可列入暂定名单的其他国家的遗址,提供信息、分析并提出初步管理计划。办事处应为暂定名单上的遗址提供必要的支持,使它们成为列入《世界遗产名录》的可行候选地点。

米雷娅·穆尼奥斯是一名建筑师和保护工作者,在过去 30 年里与多个国际组织,特别是安第斯地区的组织,一起研究文化遗产问题。她曾两度担任国际古迹遗址理事会玻利维亚委员会主席和玻利维亚文化部副部长的世界遗产顾问。

(张珊珊)

# 监测与报告桑盖国家公园(厄瓜多尔)的管理成效

Management Effectiveness, Monitoring and Reporting in Sangay National Park (Ecuador)

## 豪尔赫·里瓦斯(Jorge Rivas)

尽管在可持续发展框架内对保护区给予了重视并在创建新的保护区方面做出了努力,但其中一些保护区还未将创新法规运用到区域管理中去。不过,对一些保护区来说,管理已经改善,因此管理人员越发需要制订创新的规划和管理战略。部分新战略直接关系到各投资方对自然资源的使用方式,特别是在缓冲区内,这使得保护区的管理问题日益复杂。1992年,在加拉加斯举行的世界国家公园和其他保护区大会对保护区管理的复杂性进行了分析,将为其制定方法和开展研究列为高度优先事项,从而准确评估、监测保护区的管理工作及衡量保护目标的完成情况。认识到地方和区域间的环境差异,几个国家制定并实施了不同的保护区管理评估及监测的方法和机制。

自然基金会自1997年便为桑盖国家公园提供支持,本文简要分析厄瓜多尔对这一特定地区在评估、监测管理成效方面的经验。桑盖国家公园是世界遗产,为评估该地区的管理工作,我们自2002年起与其他机构合作,通过提升遗产保护计划对桑盖国家公园开展更为系统的管理成效评估。

## 厄瓜多尔在成效评估方面的经验

厄瓜多尔在监测和评估保护区管理成效方面的经验是近几年才取得的。最早的评估工作是针对加拉帕戈斯国家公园(凯奥,克鲁兹,1998)开展的,当时采用的是由德法里亚(1993)开创的评估办法。这次评估包括以下内容的分析:生物地理学、法律框架、政治背景、信息、行政、规划、管理、威胁分析以及资源的合法和非法使用。

1999年,厄瓜多尔环境部在全球环境基金项目的支持下,对国家保护区系统的管理进行了评估,建立了一个可供今后参考的基线(瓦拉雷佐,格美,塞列里,1999)。这次评估所采用的是修订后的德法里亚(1993)评估办法,从而检测出厄瓜多尔存在组织、体制和法律方面的问题,这些问题降低了国家保护区系统的管理成效。

评估显示国家保护区系统管理成效的比率如下：可用资源45%；已获产出45%；保护目标达成56%；平均效率50%（瓦拉雷佐，戈麦斯，塞列里，1999）。

1997年，自然基金会通过世界自然基金会（WWF）资助的生态区域规划项目，参与了加拉帕戈斯群岛的管理。这个项目启动了一个监测项目，并最终发展为由自然基金会和世界自然基金会执行、全球环境基金资助的加拉帕戈斯社会环境监测项目。

自然基金会在加拉帕戈斯群岛的主要工作目标是协助建立一个监测系统，特别是为与决策者保持联系并向其提供可影响决策的信息，就加拉帕戈斯群岛的问题向世界预警，并为更新加拉帕戈斯群岛的管理政策争取国际支持。

该项目为改进加拉帕戈斯国家公园管理局、查尔斯·达尔文科学站和渔业合作社执行的渔业监测方案做出了贡献，提供了赠款和技术援助，以强化数据库，确定渔业的社会经济指标。

该项目的成果之一是建立了一个监测旅游活动的数据库，该数据库由加拉帕戈斯国家公园的旅游部管理。该项目还提供资金和技术援助，由加拉帕戈斯国家公园管理局管理，监测各陆地景点旅游活动的影响。

## 桑盖国家公园

桑盖国家公园位于厄瓜多尔的中部地区的通古拉瓦省、钦博拉索省和莫罗纳—圣地亚哥省境内，占地2 720平方千米，包含了从海拔900米的热带森林到5 000米的高寒带云雾林和永久性火山积雪等多种生态系统。

因其丰富的生物多样性，桑盖国家公园于1983年被列为世界自然遗产，也被认定为热带安第斯山脉的一个优先保护单位。它所处的北安第斯生态区是世界自然基金会评出的全球最重要的200个生态区域之一。

桑盖是厄瓜多尔本土动植物保护最重要的地区之一。本地区有眼镜熊、山貘等濒危物种。该公园是厄瓜多尔三大眼镜熊种群区之一，其保护价值可见一斑（苏亚雷斯，1999）。

该公园本身包含3个动物地理层：亚热带（1 100—2 300米）、温带（2 300—3 300米）和区间在海拔3 300米至终年雪线4 800米的安第斯高地（厄瓜多尔自然地区森林研究所，1998）（图1）。

公园的另一个重要特征是园内丰富的文化和民族多样性，有下列土著群体生活在公园及其缓冲区内：基丘亚-普鲁哈斯人（西北部和中部）、基丘亚-卡纳里斯人（南部和西南部）、舒尔人（南部和东南部）。其民族多样性与公园的自然资源息息相关，反映在各民族关于山脉、湖泊、植物等自然资源的传统知识（故事、传说、神话和传统实践活动）中。

虽然对公园的考古资源知之甚少，但在厄瓜多尔自然地区森林研究所1998年的管理规划中提到，园区内已经发现了一些卡纳里斯和普鲁哈斯文化的遗迹。该文件报告提到，已经确定了 17 个考古遗址和待发掘的历史遗迹，这为该地区增加了科学和旅游的潜力。同时，文件还强调了在公园及其影响区进行更详细的考古田野工作的必要性。

公园还拥有高质量的地貌景观，分布有 327 个湖，其中许多湖（如奥索格契湖、阿提洛湖和库勒布里拉斯湖）是体育垂钓爱好者常去的地方。该公园还拥有 3 座火山：通古拉瓦山（5 016 米）、祭坛山（5 319 米）和桑盖山（5 230 米）。这些火山是登山者和其他游客最常去的地方。桑盖山和通古拉瓦山都是活火山，具备特殊科学价值和旅游吸引力。

桑盖国家公园的缓冲区主要居住着基奇瓦人、舒尔等土著民和梅斯蒂索混血农民，他们利用自己的土地从事自给自足的畜牧和农业活动，并将部分产品运往市场销售。为了获得足够的收入，他们必须经常为他人的土地工作或季节性地迁移到城市或其他农业区。

由于农业活动未遵循传统知识，生产条件逐渐恶化，导致目前土壤侵蚀及作物的基因流失。这已经造成可供家庭消费的农产品减少，导致农民家庭营养不良（该国 5 岁以下儿童长期营养不良的高指数证明了这一点）。

## 作为世界遗产的桑盖

根据《行动指南》中第二、三、四条标准，桑盖于 1983 年被列为世界遗产。桑盖公园不仅是该国最大的公园之一，还有着从 900 米到 5 000 米以上永久性积雪区的海拔跨度。甫被提名为世界文化遗产时，区域内只有极少的人类活动，并无影响园区环境的重大威胁。

在 80 年代，政府得到世界自然基金会和自然基金会的支持，制定了公园的第一个管理计划，并开展员工培训。通过自然基金会的保护项目，厄瓜多尔"以债务替换自然资源"，基金为其提供资金，进一步助益。这为该地区的管理提供了直接支持，包括对基础设施开发、设备和培训材料的采购、边界标记、公园警卫的招募以及对公园管理游说政策的支持。这些活动是由公园管理处和自然基金会按照第一个管理计划的总指导方针来共同规划、组织执行（加纳达里亚农业部长，1982 年）的。

## 桑盖被列为濒危世界遗产：报告

1992 年，公共工程部在没有编制环境影响研究报告或缓解计划的情况下签署了一项建造瓜莫德-马卡斯公路的合同。当时厄瓜多尔的法律对于这些研究没有硬性要求。早期的评估显示，桑盖会受到公路建设、狩猎、非法放牧和近路森林砍伐的威胁。评估报告指出，这条公路横穿公园 8 千米，可能对环境造成直接（砍伐树木、土方移动、使用炸药、水污染）和间接（建立定居点、狩猎、放牧等）的严重破坏。作为补偿，厄瓜多尔扩大了南部边界，将公园面积扩大到 2 720 平方千米。

建设瓜莫德-马卡斯公路一直是塞拉中部和亚马逊地区人民的长期愿望。这条公路的主要目标是使这些地区与该国北部结合起来，促进它们的经济发展。

政府和整个社会对环境问题及其保护有着迫切需求，这条公路的建设又威胁到公园环境,而国家立法缺乏这样的法规,即针对预防或减轻道路及其他基础设施建设造成的环境影响。在这个背景下,关于公路建设的讨论暴露了发展和环保之间显而易见的矛盾,以及两个政府实体——公共工程部(MOP)和自然地区森林研究所(现改组为环境部)之间的冲突。

由于当时没有环境立法和政治上的反对,降低公路建设不利影响的可能性很小。同时,资金的缺乏也使得处境更加艰难。将桑盖列入濒危世界遗产名录是一个有利的选择,既可以在国际上筹集资金,也可以为与公共工程部和其他对公路建设感兴趣的利益相关方进行谈判提供政治支持。

在第十六届联合国教科文组织世界遗产委员会期间(1992年12月,美国圣达菲),世界自然保护联盟(IUCN)报道,尽管公园管理处已推迟了瓜莫德-马卡斯公路建设并扩大了公园南部边界,该处仍受到猎杀濒危物种、非法放牧以及终将开展的翻新建设等活动的威胁。根据这份报告,世界遗产委员会决定按照《世界遗产公约》第11条,将桑盖列入濒危世界遗产名录。

虽然宣布桑盖为濒危世界遗产是对该国的一个警告,但环境组织和自然地区森林研究所欣喜地将其当作对其工作的进一步政治支持。宣言对其他政府机构的影响有限,公路建设实际上仍在继续,尽管如此,将其列为濒危地点还是产生了一些有利的影响。

- 总统的环境问题咨询委员会成为公园管理部门、环保非政府组织、公共工程部和瓜莫德-马卡斯公路建设公司之间对话的论坛。按照进程,组织了对建筑工地的联合视察,并提出建议以减轻施工的直接影响。可惜的是,政府预算不足,限制了这些措施的实施。

- 自然地区森林研究所(现环境部)获得了联合国教科文组织拨款的3万美元,为公路附近的公园哨所提供装备。不幸的是,1993年实施的结构调整政策削减了公园的工作人员数量。这种情况在工兵部队受雇完成公路建设时得到了部分缓解。该部队不仅接受了环境方面的专题训练,而且还起到了控制该地区的作用,特别是对木材开采和运输方面的控制。

- 1997年,由自然基金会发起的"桑盖国家公园生物多样性保护与参与式管理(桑盖项目)"项目由荷兰政府和世界自然基金会(WWF)提供资金与技术支持。沿路的区域被定为优先进行干预的区域。

- 同年,环境部利用全球环境基金项目的资金更新了园区管理计划。瓜莫德-马卡斯公路的建设成为亟待解决的问题,需作出灵活有效的反应。

在公园管理处和自然基金会的协调下,被列为濒危世界遗产时所提及的其他问题(如狩猎和非法放牧)也在桑盖项目中被列为优先解决事项。

世界自然保护联盟评估小组分别于1998年和1999年分析了解决这一世界遗产问题的进展。厄瓜多尔通过环境部和民间社会组织所取得的成就与所做的努力在教科文组织世界遗产委员会会议上得到了关注。针对园区主要问题开展的联合活动包括:

- 为了实施世界遗产委员会关于瓜莫德-马卡斯公路的相关建议,环境部与自然基金会的桑盖项目一起,对沿路地区的财产进行了普查。该报告提供了关于土地所有权和自然资源状况的最新资料。这些信息为环境部和国家农业发展研究所所用，作为解决土地所有权冲突和防止更多移民迁入该地区的信息基础。

- 公园管理部门和园区居民共同制定了管理标准，并针对沿路区域的土地使用活动进行了区域划分。目前，桑盖项目正在与当地社群合作，开展对自然资源的可持续性使用，其目标是减少该地区的贫困，而贫困本身就会引发森林砍伐和其他不可持续的活动。
- 对眼镜熊栖息地进行了研究，确定了道路附近的关键保护区（桑切斯等，2000）。这些信息使保护工作能够集中在最关键的地点，以便在分散的栖息地之间保持一定程度的连通性，同时为监测桑盖地区的这种物种提供了基线信息。

尽管如上所述，但我们很难知道，各机构提供的资金支持究竟是由于该地区作为濒危世界遗产的地位，还是因为该公园的内在价值。然而显而易见的是，将其列入世界遗产名录是一个有效手段，为该地区开展的保护行动提供了正当理由。

## 管理成效监测

自1999年以来，自然基金会作为桑盖项目的一部分，与环境部协作，一直在为桑盖国家公园制定一套社会环境监测方案，其中包括为一系列生态、社会经济和管理指标制定基线信息。

为评估公园目前的管理成效，进行了一项评估工作。其主要结果见《桑盖国家公园之评估》（自然基金会，2002）。这项评估采取的是世界自然基金会-热带农业研究和高等教育中心的方法（西富恩特斯等，2000），包括附加的标准，并遵循了哥斯达黎加和厄瓜多尔研究中所提的建议。这些标准经过了审查，并根据桑盖国家公园的情况进行了调整。

结果表明，桑盖国家公园的管理成效约为51.6%，安第斯地区为53.17%，亚马逊地区为50.15%。这个比例达到了中等管理满意度的下限，意味着该地区满足了所有管理上的最低要求，但存在成效管理基础不够坚实的局限。

然而，桑盖国家公园作为世界遗产评估起来需要一个系统程序，以便与其他遗址进行比较，同时改进对该地点的监测和评价。

在厄瓜多尔，桑盖国家公园也被选为世界遗产之"提升我们的遗产"项目的试点。在执行这个项目时，联合国教科文组织和国际自然保护联盟、南方与厄瓜多尔环境部、自然基金会和生态科学会达成一致意见，共同参与管理评估工作，促进信息交流，并利用一切可以利用的信息来改进公园管理。

桑盖国家公园作为世界遗产，其评估程序遵循国际自然保护联盟推行的框架（霍金斯等，2000）。就该评估方法开展了3次研讨会，对项目方法进行了调整，以适应当地的情况。该评估框架分为6个部分，每个部分评估该区不同的管理要素。此外，对于每个要素，还有额外的信息需求。这些需求将指导今后对该项目的监测活动。

随着对该公园的监测和评估系统的完善，以及关于该世界遗产保护状况的新信息的建立，"提升我们的遗产"之桑盖项目的第一份报告将在第二年进行更新。关于如何提高公园管理信息的质量,该项目向环境部提出的主要建议的简述如下。这些信息将有助于我们对桑盖国家公园这一世界遗产的系统监测进行改进。

按评估框架的要素分组,建议如下:

**背景**

优势

- 社会经济数据非常完整;
- 对于威胁有足够的数据可用来指导管理层制定应对措施;
- 国家政策背景清晰。

劣势

- 生物清查工作仍未完成;
- 园区的管理重点目标尚未确定;
- 公园对环境服务方面的研究很少;
- 对于政府、国内和国际非政府组织提供的资金支持缺乏系统化信息;
- 园区考古文化资源信息缺乏系统性;
- 关于利益相关者及其与园区关系的信息是大体概括性的,需要进一步调查。

**规划**

优势

- 已完成对规划成效的初步分析;
- 保护区立法明确;
- 景观分析被用于设计桑盖国家公园和兰甘纳茨国家公园之间的生态走廊。

劣势

- 管理规划没有被划为重点实施活动;
- 环境部的管理规划、年度经营计划和月度计划之间没有直接联系;
- 没有关于分区标准的信息;
- 没有制定解决土地所有权冲突的战略。

**投入**

优势

- 员工、设备和基础设施有系统化信息;
- 园区运营预算由国家环境基金担保。

劣势

- 没有更新的文件详细说明适当的公园管理所需的投入;
- 没有公园管理的详细预算,财务信息分散,对园区管理人员没有帮助。

**过程**

优势

- 先前所采用的世界自然基金会-热带农业研究和高等教育中心的评估方法已对管理进行了分析,确定了需要改进管理流程的主要领域。

劣势
- 需要建立起实施世界自然基金会-热带农业研究和高等教育中心评估建议的机制；
- 必须设计一种与战略合作伙伴建立联盟的战略。

输出

优势
- 提供实地输出的测量（边界划定、巡逻）。

劣势
- 管理规划不包括实施监测的机制（如指标、里程碑等）；
- 年度运营计划中关于活动计划完成情况的信息没有系统化。此外，没有前几年进行的活动记录，从而无法进行对比分析。

成果

优势
- 桑盖国家公园的社会经济监测项目（生态和社会经济）收集了大量信息。

劣势
- 管理重点目标以及对其保护状况的监测和评估机制尚未确定；
- 园区管理评估的关键要素和指标的监控方案尚未确定。

豪尔赫·里瓦斯是自然基金会桑盖项目的经理，在自然基金会的自然生态系统和生物多样性部门工作，处理诸如保护和发展、保护性规划及缓冲区、总体保护政策等方面的事务。同时也是厄瓜多尔世界保护区委员会（WCPA）的成员。

参考文献：

L. J.凯奥，F.克鲁兹，加拉帕戈斯国家公园管理效率评估手册。厄瓜多尔加拉帕戈斯群岛阿约拉港：加拉帕戈斯国家公园服务，厄瓜多尔林业和自然保护区和野生动物研究所，1998。

M.西富恩特斯，A.伊苏列塔和H.德法里亚，测量保护区管理的有效性。世界自然基金会，德国技术合作公司，世界自然保护联盟，哥斯达黎加，2000。

H.德法里亚，制定程序以衡量在哥斯达黎加的两个保护区管理和执行受保护的野生区域的有效性，科学硕士论文，哥斯达黎加：热带农业研究和高等教育中心，1993。

自然基金会，桑盖国家公园管理成效评估，基多：自然基金会，2002。

M.霍金斯，S.斯托顿和N.达德利，成效评估：保护区管理评估框架，保护区最佳实践指南系列第6号，瑞士格朗：世界自然保护联盟，英国卡迪夫：卡迪夫大学，2000。

厄瓜多尔林业和自然保护区和野生动物研究所，桑盖国家公园战略管理计划，基多：国家自然保护区和野生动物管理局，1998。

农业部和畜牧业，桑盖国家公园管理计划，基多：自然和野生动物管理部林业发展总务处，1982。

D.桑切斯，M.佩拉尔沃和F.奎斯塔，桑盖国际公园博尔施河流域瓜莫德-马卡斯公路建设对于安第斯熊栖息地的影响,基多:自然和生态科学,2000。

L.苏亚雷斯,厄瓜多尔眼镜熊的状况和管理。摘自 C.瑟弗辛,S.赫雷罗和 B.佩顿所著:熊的现状调查和保护行动计划,格朗:国际自然保护联盟/物种生存委员会,1999。

V.瓦拉雷佐,J.戈麦斯和 Y.塞列里,厄瓜多尔国家保护区管理成效评估,厄瓜多尔国家保护区系统战略计划,基多:厄瓜多尔环境部林业和自然保护区和野生动物研究所/全球环境基金会,1999。

(赵彦春)

# 第五部分
# 监测技术与工具

# Monitoring Technologies and Tools

# 计算机化的遗产信息系统和变化复杂性的监测

Computerised Heritage Information Systems and Monitoring the Complexity of Change

## 保利亚斯·库里考斯卡斯（Paulius Kulikauskas）

在过去的20年里，人们对人类遗产的理解发生了巨大的变化。这种变化由至少3个主要概念引发：综合性遗产管理概念，将遗产从一个线性的、单一的概念转变为与人类发展相关的跨学科概念；由自然遗产、人造遗产、有形遗产及无形遗产组成的整体性遗产的复杂性概念；以及公众参与遗产管理的概念。这种认识上的改变需要用不同的方法来处理复杂的问题，这就需要精简式的规划和管理，在传统规划的基础上，还要引入可实现不确定性管理的准则和关键价值观。如此，监测遗产的范围和方式就必须适应这种不断变化的概念架构。一方面，必须立即获取大量的信息，这可以通过建立和使用计算机化的信息系统来提供。另一方面，这些系统为各类使用者提供获取文物资料的机会，并通过与电脑系统的互动，让使用者参与监管过程。最后但同样重要的是，计算机系统虽然是有用的工具，但本身不足以监测复杂信息，因为法律、社会、经济架构以及社会态度已成为多变背景下的综合监测对象。这种对不断变化的复杂问题的监测不仅涉及其现实特征，而且还涉及这些特征与现实看法反映出的价值观之间的关系，这些看法和价值观都是在一套大的文化和历史背景下进行衡量的。

## 开展"环境建筑价值调查"的经验

丹麦森林和自然局在20世纪80年代末和90年代初开展了环境建筑价值调查。它基于几个预先构思的历史城市环境管理的系统方法。我的同事汉斯·克里斯蒂安·瓦伊比在20世纪80年代环境建筑价值调查行动之前开发了一个城市评估系统，并根据环境建筑价值调查的系统方法，于1995年开发了一个数据库，用于战后波斯尼亚和黑塞哥维那与科索沃的侦察建设工作。

我们的公司——丹麦市区重建公司，目前正在改进系统，用到正在丹麦、爱沙尼亚、拉脱维亚、立陶宛、俄罗斯、泰国开展调查的项目和即将在马耳他启动的项目中去。

让我简要概述一下我们目前使用的系统特性。

## 功能

该系统是基于对城市要素特征的区域评估,它可以通过公共互联网连接到任何现有的数据存储库,如地址、建筑和土地登记册,并且可以连接到全球地理信息系统地图(只要地图具备足够资质)。只要有对任何部分数据进行管理的唯一授权,即使是远程工作场所,也可以进行数据管理。无论是否有使用权限,公众都可以在互联网上查看数据的任何部分。

## 内容

该系统由三部分组成:

(1) 区域分析性调查的报告,以地图、分析性绘图、照片和说明等方式呈现;本报告可以文印件(书籍)、数码媒体(CD及网站)或两者兼有的形式发表。如有条件,它还可以根据全球地理信息系统地图提供信息并与之连接。

(2) 记录了所有建筑物资料(如有需要,还可包括其他环境要素)的数据库,包括任何各类数据的议定组合信息:① 适用于现有注册的其他数据集的识别码;② 议定守则一览表内的数量参数(例如建筑面积、楼层面积、楼层数目、各类建筑)及建筑详情(例如窗户、门、阳台等)的现场状况和数量;③ 常规定性参数(如建筑风格特征);④ 历史数据(如建筑工期、建筑师和建造者姓名、主要改建日期);⑤ 技术折旧数据(如屋顶、墙壁、窗户等建筑物构件的老化程度);⑥ 按照议定的区域分析的标准和修理到所需状态的平均费用得出的评估分数;⑦ 照片或图片;⑧ 任何在规划中强加限制或未决的行政资料。如以上任何类型的资料已实现数字化,即可从现有数据库连接到统一接口上来。

(3) 大多数常见建筑构件的维护说明。

如有需要,也可以供应其他类型的数据。

## 制度的建立

该系统通过三个步骤建立:

(1) 对委托人的需求和现有资料进行初步调查,同时对地形、历史、规划史和古建筑资料进行初步调查;在这一阶段,培训当地工作人员;开发数据库的代码列表和相应的数据库软件。

(2) 开展实地调查、测绘已开发的建筑物,并评估单体建筑物在建筑、历史和文化、环境和保真质量上的重要性。

(3) 就区域分析和数据库的完整性形成分析与报告;建立与其他数据库的引用途径,

安装远程工作场所,更改通用互联网界面接口以供公共使用。

## 技术

目前运行在微软结构化查询语言服务器(SQL)上的是强化版数据库系统(运行在微软数据库管理系统 MS Access 上的早期版本现在仍然可用但功能非常有限,主要用于单台计算机),配备有专门用于远程数据输入和网络发布的接口。我们使用数码相机拍照,让评估人员使用掌上设备(PocketPC)在现场采集数据(通过互联网与服务器同步),从而简化从纸质笔记到数据库的烦琐的传输过程。

最近,我们开始为小型项目寻找一种更简单、更经济的技术,它基于自由软件,能够托管在任何支持 MySQL 和 php 技术的公共网页托管供应方上。通过这种方式,任何有兴趣的用户都可以在几乎不需要任何软件和硬件成本的情况下对该系统进行安装,并且该系统可以在任何一台有网络连接的计算机上进行访问和使用。

## 系统的用途

凭借其已投入应用的功能,该系统有着非常广泛的用途。其主要优点是帮助建筑师和规划师以不同的眼光看待区域内的城市特征,并将信息组织起来以备操作,这有助于提高城市规划和管理的决策水平。即使是最基本的一组定量参数、历史数据和图片(可立即在电脑屏幕上显示),对于做决策的公务员以至行政官员来说也是一个巨大的优势。

增加部分有关折旧目测评估和平均重建费用方面的功能,可迅速评估区域任何部分或任何建筑物群(功能性或其他)的重建费用水平。

典型建筑物的维修说明可让业主和使用者学会如何正确维护并及时维修,以防止建筑老化,从而节省大笔投资。

系统的另一个优点是可实现数据的远程管理。它能使单位、部门、职能不同的公务员可以在一个服务器上管理(输入、更新和修订)他们所负责的数据。

分散式数据库技术允许在单个接口中使用来自诸如公共注册中心等其他数据库的数据,而不需要复制数据。

## 发展方向

几乎所有的历史遗产都已收集了大量信息,但这些信息很少被组织起来供操作者使用。然而,要实现遗产的高效管理需要快速访问和检索信息。光是有效地对遗产进行管理是不够的,因为遗产只是各种要素的集合——建筑、街道和广场、景观元素;我们还需要进行各种统计分析,以便根据不同特征的相似性进行分组。在有遗产的城市管理中,管理人员经常需要按特征分组的清单。例如,如果要策划一个防止建筑老化的紧急项目,就需要一份建筑清单,其中应包含:遗产的最佳品质,屋顶的最坏状况。因此,要根据不同的特征组合对数据库中的数据集进行计算机化过滤,必须根据不同的参数进行信息限定。

当局普遍欢迎为遗产管理进行计算机化注册、登记,包括为建筑物登记进行各类数据的补充。然而,在讨论如何组织遗产的各种信息时,我们经常遇到对特征评估类型化的抵制——许多专家认为,建筑和空间特征过于复杂和独特,最终要呈现出来的应是描述性文本,而不应是各种参数。虽然将建筑物文本信息免费放在数据库中可以快速访问这些信息,但是这种体量的数据对统计分析没有任何好处。

## 双层系统的集成

我们现在研究的是如何在计算机界面中综合区域分析以及如何呈现数据库数据,使用户不仅可以看到单个的字符或字符集,还可以看到它们之间的空间关系和感知关系。这无疑使类型化难上加难。这就是为什么我们需要一个双层系统:在可搜索的数据库中,一个"参数化"的层用于搜索环境中的单个元素;一个"描述性和可视化"的层用于分析地图和透视图,揭示这些元素之间的空间关系。我们现在启动的工作着眼于如何在方法上将这两层集成到灵活的、个性化的接口中。互联网上用户广泛,我们能建立经验交流论坛。将这样的论坛适当地组织成一个内容管理系统,就可以成为一个非常有用的智库,聚集不同用户的经验。

最后,要使系统发挥监测作用,必须增强系统管理和分析各种历史变化的能力。

## 用户参与

对基于环境建筑价值调查的信息系统进行开发时,我们经常会重新审视系统的开发目标,并问自己一个简单的问题:该系统如何能更有效地保护我们的遗产?计算机化的信息系统能记录历史的变化,是一种非常有用的监测工具。运行这个系统可以为制定各种管理决策加快信息的准备,所以进一步制定系统方法、开展系统收集和处理计算机系统数据至关重要,但是数据库和地图分析系统本身并不能保证所做决策符合复杂的遗产保护需求。此外,关于遗产不仅政府当局要做决策,公众个人也要做出决策。因此必须为公众提供获取这类信息的途径,使他们能够在信息充足的情况下做出决定。最后,当政府和公众使用相同的信息进行决策时,这就增加了公共治理决策的透明度。

综合性遗产管理方法大大增加了可能对各类信息感兴趣的各类用户量,他们的需求可能会有很大的差异。因此,应该为用户访问个性化定制不同数据的接口。为了让更多用户对使用该系统感兴趣,还有一种方法是让用户按自己的希望定义公共数据集的数据类型。因此,通过提交自己的数据,他们可以提升系统,参与系统管理,决定其他人是否可以访问这些数据。

## 系统方法的阐述

随着系统的日益复杂，评估方法必须明确。

因此，我建议将"遗产品质"作为保护和监测的主体，而不是"遗产价值"。"品质"是传统上定义的、存在于现实特征之间的完形关系（各要素作为整体的统一而不能只是各部分描述的总和），而"价值"是在大型文化历史背景下为衡量该品质时产生的概念，这样做是为了将两者区分开来。价值如何高度取决于个人，因此很难符合。

整个人类聚居区是一个非常复杂的系统，不仅涉及有形的东西，而且涉及无形的品质及其关系，包括整个人类活动的环境。这同样适用于考古遗址，甚至自然遗址。我能找到的最好的术语是"氛围"。这种氛围最终定义了特定领域内对于生活品质的情感感知，而这种氛围的各个方面是紧密相连的。仅仅监测和保护这种氛围中的物质文物，没有在物质环境和生活之间创造连接，往往会导致保护工作的失败。

由于这种环境的许多特征比非物质遗产的物质特征更具动态性，因此保护的过程必须既要看整体环境，又要看各种特征和品质。

因此，出于管理目的进行的监测不应限于观察物质的变化。它还必须包括观察法律、社会和经济框架的变化，以及不同行动者所持的态度和行动。遗产属性既是主体也是客体，要解决这一综合的跨学科问题，监测工作就必须对变化进行广泛的分析，不能只是简单地说何物产生了何种变化，还要弄懂并指出它为何发生了改变，监测对象的感知是如何发生改变的。

因此，要保证这种氛围分析的连续性，光靠专家分析建立的完备信息系统是不够的，还要向行政当局和公众提供获得这一分析结果的简易途径。通常，不良的决策是由于缺乏信息而做出的。做出决定并不仅仅是基于现有的信息——而是决策者根据其利益和价值观来衡量这些信息。因此，保护和监测工作必须处理好有形、无形品质的状态和影响决策的态度之间的关系。监测的结果必须传达给各决策者，告知其为区域遗产的整体氛围和单一元素创造价值的为何物，如建筑物，以及如何开发和引入新元素到历史环境中才可以确保品质的连续性，从而使特定的环境有益于个人和社会。仅保留遗产中最壮观、最独特、最古老的特征和品质并不能保证连续性。

## 通过处理复杂和不确定问题，实现品质的连续性

遗产管理的综合方法是基于对保护目标复杂性的全面理解，以及规划、管理和决策中各类参与者的参与。因此，传统的"精简式"管理方法已不足以应付这种复杂问题。遗产的规划和管理，实际上包括任何环境的规划和管理都需要控制方式来加强规划和管理：确定目标，设计行动框架，实施行动，包括处理和解决不确定性问题的方式。这可以通过建立一组广泛接受的准则和关键价值观来实现，根据这些准则和关键价值体系衡量其过

程及其结果，从而监测变化。

虽然这种新方式可以处理遗产保护中的复杂问题，但并不是说不再需要密切监测其物质变化了。计算机化的信息系统可以为制定决策和采取行动提高所需信息的收集速度。然而，基于遗产管理的综合性方法进行决策要考虑更广泛和更复杂的因素，信息系统如何安排使用应该反映和适应这种复杂性，整合对传统信息更有效的处理方式，同时促进参与式监管和遗产管理。

如需咨询，请联络本司的汉斯-克里斯蒂安·瓦伊比 *h-c.vejby@c.dk* 或本文作者 *paulius@kulikauskas.net*。

保利亚斯·库里考斯卡斯出生于立陶宛，毕业于维尔纽斯美术学院应用艺术和建筑专业。自 1991 年以来，一直生活在丹麦，并在世界各地担任城市改造、文化遗产和旅游方面的顾问，参与政府和政府间组织资助的项目。他是国际文物保护与修复中心的信息技术用户咨询委员会成员，并在欧盟"城市行动"项目中担任公私伙伴关系和综合方法方面的专家。

（赵彦春）

# 利用卫星图像和地理信息系统监测世界遗产

Use of Satellite Imagery and Geographical Information Systems to Monitor World Heritage Sites

## 马里奥·埃尔南德斯(Mario Hemandez)

本文将阐述联合国教科文组织内部,特别是教科文组织/世界遗产中心内利用卫星图像监测世界遗产地点的这一新活动的目标。由于卫星图像与地理信息系统联系密切,因此本文也将对它们的用途进行解释。

本文还将对监测和全面利用卫星图像(遥感)的概念进行探讨,特别是这项技术在发展中国家的应用。

本文是发表在维琴察监测研讨会上的系列论文的一部分。因此,我们建议读者参阅该研讨会的其他文件,以全面了解有关世界遗产监测的各个方面。

所有《世界遗产公约》的缔约国都应执行这一重要公约所规定的所有活动。世界遗产委员会的决定和建议不断推进了《世界遗产公约》的执行,世界遗产委员会指导秘书处开展了一系列活动,以加强和促进《世界遗产公约》的实施。

目前正在讨论的各项活动中,有一项与世界遗产地的监测任务有关。根据《世界遗产公约》,各缔约国的主要责任是监测其领土上的世界遗产。《世界遗产公约》还指出,所有其他缔约国有责任协助不具备监测知识的缔约国获得监测能力。

这是教科文组织世界遗产中心开展新活动的基础:建立伙伴关系网,利用这些伙伴的专业知识,协助《世界遗产公约》的发展中缔约国利用卫星图像履行各自的监测职责。

## 监测

无论是在发达国家还是在发展中国家,最复杂的任务就是开发一个对自然遗产和(或)文化遗产都适用的监测程序。监测活动向来围绕着收集、存储和管理数据、信息这些问题,以便更好地了解遗产所在地发生的变化。但最为重要的是如何消化这么大量的数据,从而使其转化成可以用来确定遗产是否受到威胁的数据。一旦了解了最终的威胁,就可以采取适当的预防措施。

虽然以上所述似乎合乎逻辑，但可惜这一点经常被无视。

维护和保护世界遗产的初步步骤是建立一个监测程序。当没有足够的人力和财力资源时（这种情况时有发生），监测工作应该采取简单且持续的方法，以当地资源为基础，运用当地的相关专业知识。

这应该是一个完善的例行程序，将观察结果记录在册。将所有观察结果与以前的观察结果进行比较。观察到的任何显著差异都可能是潜在威胁。然后应加强监测力度，以便密切注意记录之间的变化。

## 定期报告：对监测过程的监测

建立缔约国报告机制要找到最合适的方式，让缔约国报告《世界遗产公约》的执行情况以及对世界遗产的保护情况。对于如何建立报告机制的讨论开始于 1982 年，此后在世界遗产委员会的会议、缔约国大会和联合国教科文组织的大会上也对此开展了持续讨论。经协商于 1997 年达成了一致意见，即缔约国将根据《世界遗产公约》第 291 条，就《世界遗产公约》的执行和世界遗产保护情况提交定期报告。世界遗产委员会在 1998 年 12 月举行的第二十二届会议上通过了关于提交定期报告的若干决定。委员会议定了报告的周期、报告的内容以及其对缔约国报告的处理方式。委员会同时通过了定期报告的格式以及实质的解释性说明。

这项工作被称为《世界遗产公约》的定期报告。它大体上给缔约国制定了一系列格式和时间表，供其向世界遗产委员会汇报时使用。

对于世界遗产委员会而言，这是一个非常有效的机制，使其能够从国家层面上监管《世界遗产公约》的执行情况，并在区域层面上找出普遍存在的问题。在维琴察研讨会期间，定期报告被认为在国家层面上监管了缔约国的《世界遗产公约》执行方式并监督了缔约国对其世界遗产的监测方式。因此，有人把它称为"监测的监测"。

本文目的不是详细描述定期报告机制的形成过程，相关内容可查阅世界遗产中心网址：whc.unesco.org/nwhc/pages/doc/dc_f16.htm。

**对监测工作的评估**：必须要强调的是定期报告机制中的一个步骤是对秘书处收到的各国报告进行评估。遗产监测工作在这方面发挥着重要的作用——为遗产监测作出重大努力的缔约国会获得大量的调查结果，而很少监测遗产的缔约国则几乎没有任何调查结果。然而，当秘书处收到定期报告时，可能会产生困惑。困惑之处在于监测工作做得越多，发现的问题就越多，而监测工作做得越少，发现的问题就越少。这会导致监测水平低的缔约国无法发现遗产受到的威胁，其报告中遗产保护状况体现得堪称完美，而监测水平高的缔约国则会发现一系列威胁，其报告中体现的遗产保护状况则可能出现许多问题。

因此，强烈建议在评价方法中列入监测过程中所作出的努力。以下公式可以简单表明如何在评价过程中考虑监测工作：

$$监测补偿系数 = \frac{收集到的监测信息}{监测工作量}$$

考虑到"补偿系数"可使不同缔约国之间能够进行公平的比较，以便那些在监测工作方面作出重大努力并因此获得大量调查结果的缔约国不会因监测结果不佳而受到惩罚。

## 监测：信息管理工具

如本文所述，监测过程包括一个重要的数据采集步骤。因此，建议使用可以对所有已采集的数据进行存储的工具，但必须注意如何使用相关的信息技术工具。我们在上文中已经提到需要建立一个适当的监测程序。只有在监测程序已经建立的情况下，才能识别和获取相关的信息技术工具。如今，信息技术工具种类繁多，即使没有操作和结构化监测程序，也经常有机构会为了监测工作获取信息技术工具。但是，这么做的结果会是遭遇各种挫折，造成人力和财力资源的浪费，并在一定程度上遭到主要用户群对进一步使用信息技术的反对。

一个最常见的信息技术工具是可以存储和检索数据的数据库。我们不会在这里讨论数据库在设计、开发和执行方面的一切可能性。一般来说，"关系数据库"是最佳解决方案，因为所有变量都可以相互关联，系统可以根据用户的需求进行升级。

有一种特殊的数据库可以使用户能够知道数据是在何处收集的。这种类型的数据库，包括地理参考（定位）属性，称为地理信息系统（GIS）。

**地理信息系统**：地理信息系统是一种可用于处理数据的工具。从最严格的意义上说，地理信息系统是一种计算机系统，它能够汇编、存储、操作和分解地理参考信息，即根据地理位置识别出数据。地理信息系统使人们能够连接或集成难以通过任何其他方式关联的信息。因此，地理信息系统可以使用映射变量的组合来构建和分析新变量。地理信息系统的一个关键组成部分是它在屏幕上或纸上生成图形的能力，这些图形将分析结果传达给需要对资源做出决策的人。它可以生成墙图和其他图形，实现可视化，从而使人能够理解潜在事件的分析或模拟结果。比如在法国拉斯科附近洞穴的墙壁上，克罗马农族猎人画下了他们在 35 000 年前猎杀的动物的图画。

## 世界文化遗产：维泽尔山谷石窟

动物图画一般被认为与迁徙路线和记录有关。这些早期记录遵循现代地理信息系统的双元素结构：图形文件与属性数据库相对应。地理信息系统是制作地图的工具。使用计算机在一张地图上组合多层详细信息，这样你就可以看到一处遗产地上的内容是多么丰富。但是地理信息系统真正的长处在于分析。地理信息系统能够为你展示地理数据中的模型、关系和趋势，帮助你了解遗产所在地是如何架构起来的，帮你从选项中做出最佳选择,或给遗产地作未来的规划。地理信息系统是一种非常有用的工具,当没有所需的所有数据和(或)专业知识时,就会用到它。换句话说,该系统不是作为工具使用的,而是作为监测过程的替代品。这么做最终的结果可能是彻底的失败。因此,在开始使用地理信息系统之前,必须经过一定的准备过程。如果地理信息系统仅被当作是一种工具,那么可以从一开始就使用它。在这种情况下,地理信息系统将使用户能够存储和检索遗产所在地的监测数据。使用地理信息系统将有助于甚至迫使用户为所有数据的收集制定标准,这样一来,所有数据将变得兼容可用,这将为监测工作带来额外的助益。

## 监测:卫星图像的利用

卫星图像是监测大型自然和(或)文化遗产变化的出色工具。最近,民用卫星有了高分辨率的图像(1 m),这表明卫星图像也可能有助于监测中等规模的文化遗产。虽然卫星图像对监测进程做出了良好的贡献,但直接使用这些图像可能需要复杂的设备和专业的专家,而这些条件不总能实现。为了填补这一空白,教科文组织与国际空间机构合作发起了一项倡议。

## 教科文组织开放倡议

这是一项支持《世界遗产公约》的活动。该倡议由欧洲航天局(ESA)和教科文组织于2001年10月发起。它被称为开放倡议,是一项与所有国际空间机构合作,协助发展中国家利用空间技术监测其世界遗产地点的活动。整个方案的目标是向发展中国家提供技术援助。能力建设是这一重要举措的重要组成部分。

如今,开放倡议已成为现实。各组织和机构已加入这项倡议,各国政府正开始为有关活动的执行提供财政资助。

欧洲航天局完全参与此倡议并作出承诺。教科文组织正在与美国国家航空航天局就发展伙伴关系协议进行最后谈判。阿根廷国家空间委员会(CONAE)已正式申请加入这项倡议。目前教科文组织正在同加拿大航天局、印度航天局和日本航天局进行初步谈判。比利时的政府通过根特大学和卢万·拉纽夫大学赞助了一些活动。国际空间大学(ISU)正在讨论制订一份协议,欧洲国际空间年协会(EURISY)正在与教科文组织世界遗产中心合作组织各类能力建设研讨会和专题讨论会。

欧洲航天局和教科文组织与卢旺达、乌干达、刚果民主共和国政府共同执行了一个初步项目,致力于对非洲东部和中部的大猩猩栖息地进行监测与评估。这项研究将涵盖过去10年发生的变化。

目前已取得初步成果,整个项目正进入第二个阶段。本研究项目选择的世界遗产包括刚果民主共和国维龙加国家公园(已被列为"濒危")和乌干达布温迪国家公园。为了覆盖这一地区大猩猩栖息地的全部区域,这项研究还纳入了更多的世界遗产候选地点:卢旺达火山国家公园和乌干达姆加辛加大猩猩国家公园。

由于该地区多山，交通不便，大气条件不稳定，无法获得良好的光学图像，因此，必须由不同的空间组织和机构共同对该地区进行作业。刚果民主共和国地形地貌丰富多彩，维龙加国家公园拥有从海平面到海拔5 000米以上的海拔范围。为了能够生成精确的地图，正在根据卫星图像建立数字地形模型。

在进行上述活动的同时，教科文组织世界遗产中心与比利时政府合作，开始根据卫星图像为刚果民主共和国的所有世界遗产绘制地图。

除了前面提到的公园外，卡胡奇-比加、奥卡皮和萨隆加等世界遗产地也正在绘制地图。刚果自然保护学会（ICCN）将首次拥有精确的地图，以加强其遗产保护活动。

我们目前正在同各空间机构和缔约国进行谈判，以便涵盖更多的世界遗产。我们运用"专题化世界遗产地"的概念，拟订了一份处理所有"热带森林"世界遗产地的项目建议书，以监察其自列入名录以来的变化，并划定保护工作的优先次序。一些缔约国和机构组织表示愿意同教科文组织合作，对一些文化遗产进行监测。

工作是繁多的，但各方对这种伙伴关系产生了强烈兴趣，因此开放倡议正在实现其主要目标，即在发展中国家开展能力建设和加强发展中国家的世界遗产地监测。

教科文组织通过开放倡议，正在帮助发展中国家了解利用卫星图像监测世界遗产的优点和局限性。教科文组织认识到，监测工作主要由缔约国负责。因此，开放倡议只是加强发展中国家监测世界遗产地能力的一个额外工具。遥感技术从卫星图像中提取信息，生成了"附加层"。所有这些资料都应并入国家层面的监测工作中。

已有根据卫星图像初步绘制的比例尺为1∶25万的地图。这项工作是同各种非政府组织、欧洲航天局和根特大学合作进行的。

**世界遗产——维龙加国家公园**：占地0.79平方千米，有着丰富的地理特征，既有湿地、草原，又有海拔超过5 000米的鲁文佐里山，既有熔岩平原，又有延绵在火山坡上的热带稀树草原。公园里有山地大猩猩，河里生活着大约2万只河马，西伯利亚的鸟类在那里过冬。

**世界遗产——伊瓜苏**：位于伊瓜苏中心的半圆形瀑布高约80米，直径2 700米，位于阿根廷和巴西的边界线上。伊瓜苏瀑布是世界上最壮观的瀑布之一，周围的亚热带雨林有超过2 000种维管植物，是该地区典型野生动物貘、巨型食蚁兽、吼猴、豹猫、美洲虎和鳄鱼的家园。

诸如美国宇航局的地球资源卫星图像让我们能够看到一个地点的整体情况。

适当的管理规划和相关的监测必须考虑设置必要的基础设施用以接待参观世界遗产的游客。机场已扩建，从机场到瀑布的新道路已建成，从太空上能看到城市在向瀑布方向发展。

## 监测：利用卫星图像和遥感

本节是在开放倡议框架下，根据世界遗产中心的合作伙伴比利时地球观测组织提供的资料编写的。

利用遥感系统从卫星和飞机上观测地球表面，可以对地球上各个地区的资源和土地利用情况进行信息采集与分析。地理信息系统允许资源管理器处理来自多个数据源的大量地理参考数据。然后综合所有这些数据来生成地图，监视资源的变化，或者根据遗产地管理的决策调整建模。

遥感和地理信息系统参与对世界遗产地的监测，它们正开始显示出巨大的潜力。英国遗产中央考古服务处开展的一个项目就是很好的例子，这个项目研究了地理信息系统的概念和技术，以及它们对于管理世界遗产地内的考古资源方面的应用。此前在巨石阵保护和管理项目中强调，管理和研究都需要一种有效的数据处理和操纵方法。通过地理信息系统的开发和卫星图像的利用，确定了新的考古区并重新确定了遗址的边界。地理信息系统现在被用作巨石阵保护和管理的综合工具。遥感与地理信息系统技术互补。地理信息系统可以将遥感数据与其他来源的数据综合起来，更准确地解释遥感数据，还可以分析大量的地理图形参考数据，而手工处理这些数据是非常困难的。另一方面，卫星图像可以有效地更新地理信息系统中的某些数据层。

## 遥感

遥感是一种技术（图1），它使我们能够不用发生实际接触便能从某一物体、地区或现象上获取信息。也就是说将遥感器安装在飞机或卫星上，它就可以获取地球表面的信息。大多数遥感卫星位于极地轨道，距离地球约900千米，分辨率较高的卫星距离地球约600千米，而通信卫星和一些气象卫星位于地球静止轨道，距离地球约3.6万千米。

遥感器记录从地球表面发出或反射的电磁辐射（地球就像一面镜子，反射接收到的太阳光）。

不同类型的植被、土壤等特征释放和反射的能量不同。这种特性加上图像的每个点都有一个数值（数字图像），使其能够自动识别地表不同的覆盖物类型。使用多时图像即可以监测这些变化。最后，由于这些是数字化图像，它们可以被重新格式化，从而形成精确的地球几何图像。换句话说，利用卫星图像制作精确的地图是可能的。地球实际上被大约40颗地球观测卫星所包围。目前有许多机构提供了大量的卫星遥感数据。

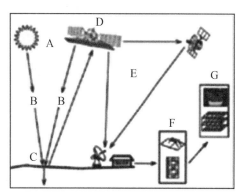

图1　遥感工作流程图

能量来源或照明（A），辐射和大气（B），目标间互动（C），传感器记录能量（D），传输、接收和处理（E），解释和分析（F），应用（G）

来源：加拿大自然资源

有了遥感器，就有可能比地面测量技术更迅速地更新数据，而且从理论上讲，还可以在接近真实或"足够真实"的时间内监测特征发生的变化。通过频繁更新的信息，资源管理器可以监视动态流程。在一些地方，决策者就可以对与世隔绝或人迹罕至的地区进行决策（见本文所述刚果民主共和国世界遗产地的例子）。

这样，想要获取最准确、最经济、最及时的资料用以甄别、评估遗产地状况，遥感数据分析便是唯一方法。

有不同类型的空间分辨率和光谱分辨率。新一代遥感器有着非常高的地面分辨率，伊科诺斯卫星的多光谱模式为4米，全色模式为1米；快鸟卫星的多光谱模式为2.8米，全色模式为0.7米。这些系统使用者能够更快地识别更多的特征，增强了自然资源勘探、城市规划、植被监测、污染检测、减灾和经济分析等领域的决策能力。同时，可以继续研究利用遥感技术，促进自然或环境和发展问题的战略规划。

遥感技术为考古遗址的调查提供了有用的数据，有些考古遗址甚至是通过遥感手段发现的（例如1992年在阿拉伯半岛发现失落的城市乌巴）。卫星图像可以在很短的时间内探测大面积的未挖掘遗迹。只有这样，才能在选定区域中进行进一步搜索。

无论是文化遗产还是自然遗产，遥感技术显然都是对其实施监测的有用工具。在测量和监测文化遗产周围环境时，遥感是一种极为有用的工具，但也有其明显的局限。

我们并不认为卫星图像可以取代监测工作，我们可能还是需要对文化遗产中个别建筑构件上的特殊威胁进行人工监测，如湿度、裂缝等。

## 监测：遥感技术与地理信息系统相结合

地理信息系统的主要特征是数据库的所有对象都有地理坐标参考。因此，所有来自这个特定数据库的数据都可以以地图的形式显示。地理信息系统既是硬件也是软件，还是用于存储、管理、处理和再现与之耦合的空间数据的程序。这些数据可以从地面测量、全球定位系统测量和遥感数据中获得。

计算机化的地理信息系统可使管理人员通过叠加和显示大量空间与非空间数据来进行复杂的分析。空间数据可以精确地指出地表特征的位置，如河流、水井或政治区域。非空间数据所描述的特征包括监测站所处河流的PH值和温度，水井开挖的日期或政治区域的名称。

目前已有多种地理信息计算机系统的硬件和软件，可以根据以下情况进行选择：
- 被分析数据的类型（这决定了输入数据所需设备的复杂程度）；
- 存储的数据量（决定所需存储空间的大小）；
- 要执行的分析类型（确定所需的分析软件）；
- 需要生成的地图、表格和图表的类型（决定显示或打印它们所需的硬件和软件）。

## 在资源管理方面的使用

地理信息系统可以帮助管理人员执行许多日常和复杂的任务。例如，地理信息系统可以用于：
- 分析空间关系。例如，估算一个地点的洪泛区的居民数。
- 识别能够满足多个条件的区域。例如，识别有停车、购物设施的区域，查询访问路线等。
- 为政策调整建模。例如，阐述待建建筑所产生的影响，以及如果一个地区要砍伐森林，可能发生的侵蚀程度等。
- 与遥感数据一起使用时，测量和监测动态过程。例如，测量靠近遗产地的城市的发展蔓延情况（如开罗和吉萨金字塔），以及沿海遗产区域内人类聚居区的扩张或变化等。

在涉及大量不同数据的情况下，例如专题地图、遥感数据、统计数字和文本，地理信息系统分析通常比人工分析更节省成本，也更为准确迅捷。

地理信息系统和遥感在世界遗产保护方面的优势是多方面的：
- 它们为保护活动提供了宝贵的工具；
- 所有信息都被精确地本地化并集中在一个工具中；
- 信息可以不断更新；
- 通过空间分析可以做出更好的决策；
- 可以直接提取地形和专门地图用于土地利用。

## 总结

卫星图像是对监测极为有用的工具，但我们要再次强调，卫星图像不能取代监测工作。缔约国必须建立一个持续的监测程序。如果有可操作的系统方法，那么卫星图像可以大大促进和加强监测活动。

利用多时卫星图像，即在不同年份和（或）不同季节拍摄的图像，可以更好地了解过去在监测点及其周围发生的变化。这可使决策者能够采取预防措施，制止这种变化。

卫星图像自1972年以来已向公众开放。那么，我们则拥有过去30年所有世界遗产的图像档案。这个30年的历时与1972年发布的《世界遗产公约》的历时完全相同。利用这样一份档案应使我们能够了解一些世界遗产地自其被列入名录以来所遭受的主要威胁，并鼓励缔约国加强其立法和保护政策，以避免这种威胁。

如本文所述，监测要通过数据收集和数据分析，来确定某些世界遗产地发生的潜在变化。这种变化过程可以被认为是一个"指示器"。然而，如何对指示器及其相关威胁进行准确定义仍待研究，尤其是对文化遗产的监测。对于自然遗产，使用这种监测则情况稍好一些。各种环境研究已经能够确定有关的环境指标。图7即说明了地理信息系统和遥感在监测过程中所起的作用。

遥感所得的资料通常作为额外的数据层包含在用于遗产保护的地理信息系统中。因此，这两种技术在某种意义上是互补的。

最后，我们要强调的，也是反复在文中提到的，即建立监测程序是至关重要的，而所使用的工具是次要的。工具绝不能取代监测工作,只能帮助监测工作变得更有效、更系统。

经验还表明,人类的专业知识是必不可少的。我们有机会在当地护林员的陪同下参观了国家公园。他们所拥有的丰富经验和专业知识令人惊讶。没有任何工具能代替这把巨大的知识之刃。在发展中国家,很多遗产地负责人虽然对其所面临的主要威胁有着准确的了解,但有时我们所缺少的不是知识,而是与这些威胁作斗争的手段,以及(或)缺少能够听取这些经验丰富的环保人士意见的当权人。

研讨会讨论了《世界遗产公约》的定期报告工作,向世界遗产委员会提出设立一个工作组的建议,以便总结定期报告目前的经验,为下一阶段工作的开展改进方法,更新数据。定期报告应该是一个不断创新的过程。

联合国教科文组织关于与国际空间机构及大学建立伙伴关系的开放倡议,可强化对发展中国家世界遗产地的监测。这项倡议的成功在很大程度上取决于希望从该倡议中受益的缔约国的参与。对有关缔约国来说,筛选卫星图像并进行相关分析以获得导出结果的过程也是对其能力的提升。最后,选定的国家将获得更多的信息层,可以充分了解使用卫星图像的优点和局限性。国家级的专家也能够很好地接触地理信息系统及其在保护方面的相关用途。

最后,我们想提醒读者注意《世界遗产公约》的以下摘录:

"注意到文化遗产和自然遗产日益受到威胁与破坏,不仅是传统原因上的腐朽造成的,还因为社会和经济条件发生变化而加重了情况的恶化,造成更为严重的破坏或损毁,

考虑到文化或自然遗产的任何项目的恶化或消失是世界各国遗产的有害破坏,

考虑到在国家层面对遗产的保护往往仍然是不完整的,因为它所需要的资源规模太大,而且遗产所在的国家的经济、科学和技术资源不足……"

**保护遗产关系到我们所有人!**

马里奥·埃尔南德斯工作于联合国教科文组织世界遗产中心,担任信息管理和遥感处主任。

(赵彦春)

# 监测遗产属性,监测环境中的遗产价值

Monitoring Heritage Properties, Monitoring Heritage Values in the Environment

## 弗莱明·阿伦德(Flemming Aalund)

《世界遗产公约》经过30年的运作已成为国际合作的重要文件,有175个签署国,是有史以来最成功的联合国教科文组织政府间的协议。最重要的是,《世界遗产公约》指出,文化遗产属于全人类,所有国家都有责任保护其领土上的自然遗产和文化遗产。

《世界遗产名录》已成为《世界遗产公约》的一项重要文件,并对此有大量投入,以确保维护这些代表着人类历史上重要文化成就的杰出古迹和遗址。但其中第5条在操作上稍欠考虑,这一条提出每个缔约国都有义务确保在保护和呈现其境内遗产方面采取积极有效的措施,但是对于那些经济资源有限、满足人们基本需求仍是首要任务的国家,强调国际社会作为整体进行合作的义务是非常有必要的。

全球化影响下,物质环境发生迅速变化。这既是挑战,也是威胁。在这种变化速度空前的情况下,《世界遗产公约》作为一种工具,可提高公众对作为环境质量的遗产价值的认识,并支持国家为保护遗产所作的努力。遗产保护必须与符合自然规律的规划目标相结合,要特别注意对文化和自然环境进行保护,也特别需要进行不断监测,以避免不可替代的损害。

## 介绍

在"监测世界遗产"研讨会的筹备工作中,我通读了《世界遗产公约》以及《实施世界遗产公约的操作指南》。

我特别注意到《世界遗产公约》的每个缔约国在国家层面和国际层面都肩负着双重义务。在国家层面上,每个缔约国都有义务采取一项总方针,以确保其领土上的文化与自然遗产得到适当的记录和保护,并在该领域进行适当的培训,鼓励该领域的研究(如《世界遗产公约》第二节第4—6条所规定)。国际合作则特别关系到世界遗产名录遗址的提名,以及世界遗产委员会为确保对这些杰出的古迹和遗址进行保护而采取的行动(如第三节第

11—13条所规定)。

《世界遗产公约》使用的语言大多都是直白易于理解的。但我却有点难以理解,《世界遗产公约》的哪些部分指的是全部遗产,而哪些部分指的是《世界遗产名录》中所包括的文化遗产。例如,在第6条的第一段和第三段中,提及国家对于文化遗产的责任(在第1条和第2条阐明),并给文化遗产下了一个一般定义。而在本条第二段则是特指有资格录入《世界遗产名录》的遗产。此外,第7条规定合作是整个国际社会的义务,但是该条款并没有清楚界定这项义务是否限定于"世界遗产"还是同时包括更广泛的国家范围内的文化遗产。

第12条引起了我的注意:"未被列入第11条第二和四段提及的两个目录的属于文化或自然遗产的财产,绝非意味着在列入这些目录的目的之外的其他领域不具有突出的普遍价值。"

用更简单的语言来说,我觉得第12条的意思是:即使一个自然或文化遗产没有被录入《世界遗产名录》,它也有可能具有突出的普遍价值。

通过签署《世界遗产公约》,国家还需承诺保护其国内的全部遗产,不论这个遗产是否被认定为世界遗产。然而,国家遗产的鉴定往往专注于对纪念性建筑进行列表,牺牲一般遗址来换取对特殊遗址的关注。那些成为周围环境一部分的遗产,人们通常意识不到其价值。如果人们感觉到《世界遗产公约》似乎在提倡精英主义,只关心一些收录在《世界遗产名录》的杰出遗迹,并且人们将更多的精力转移到对全体遗产的保护的话,这种更广泛的观点就会受到鼓励。在这个更广泛的层次上,监测遗产将包括对国家如何履行职责保护自然环境中的遗产价值,以及国家通过怎样的政策来解决普遍意义上的遗产问题,包括作为城镇和国家重点规划目标的建筑遗产的保护问题进行报告。

应当指出,《实施世界遗产公约的操作指南临时修订案》(2002年7月)确实包含了定期报告《世界遗产公约》实施情况的特别格式,并且注释中也确实强调了国家的职责,其中包括设立国家遗产清单的需求,以及对采用那些旨在使文化和自然遗产在社区生活中发挥作用的政策进行报告的需求(第1.3节)。此外,布什纳基先生(Mr. Bouchenaki)在世界遗产局第二十六届会议报告的第I.7段中提到了2000年在凯恩斯决定做出的改变,指出"制定适用于世界遗产的法律和管理制度是为了做出良好的榜样,来加强对国家和地区具有重要意义的文化、自然遗产的保护",并且当前针对《世界遗产公约》的改革也使得委员会更多地注重指导和强化执行的战略问题。

在过去30年,遗产保护的整体趋势(与世界遗产委员会的任期同时进行),已由关注重要遗产的保护转向关注以社区为基础的当地保护。当地人民凭借其特有技能,在拯救、维护以及复兴文化遗产上所扮演的角色,现在已得到广泛承认,对可持续发展起到至关重要的作用,特别在那些发展中国家,在全球化带来的困惑中,文化认同感有助于加强文化自尊。这种逐步的价值转变(范例的转变)在《联合国教科文组织世界文化多样性宣言》[1]制定时得出了最终的结论。《世界遗产公约》应反映这些观点,并鼓励有关公约和宣言能做到更加一致。

## 评估环境中的遗产价值

监测需要一个共同参照，这在某种程度上由《实施世界遗产公约的操作指南》提供，它强调"真实性的检验"——其中参考了有关（历史建筑）重建的《威尼斯宪章》——只有在完整而详细的原始文献的基础上进行时才可接受，而不是在推测上。这一提法源自世界遗产委员会1980年巴黎第四次会议，并不一定能反映不同地区间鲜明的文化差异。到20世纪90年代初，世界遗产中心开始重新审视真实性和完整性概念的变化，并在1994年奈良会议上得出结论，制定了《奈良真实性文件》[2]。

本次关于监测世界遗产的研讨会可以看作是这场辩论的延续，重点是为监测文化遗产建立一个共同的参考。我们现在已普遍认识到文化多样性的重要性，强调可持续性，包括避免让世界遗产成为主要的旅游景点，承受超出其承载能力的开发和利用[3]。我认为我们已经对连接不同文化感知的真实性概念有了大致的了解。以《威尼斯宪章》为出发点，对于历史遗迹以及单个历史建筑的维护有了一个共同的参照。但是处理更多不知名的居民区和城市地区时，会面临大家在遗产价值真正意义，以及构成文化环境的真实性和真实感因素上十分不同的想法——更不用说完成保护非物质文化的真实性这一不可能完成的任务了。

因此，欣赏和了解环境中的遗产是一切保护工作的先决条件。文化和建筑学意义的调查和环境评估也需要阐明特定遗址的特征，因为这些特征随着时间的推移在不断发生变化。遗产的内在品质包括建筑材料的质量、工艺、设计以及与环境的关系。《世界遗产公约》里强调在这样一个迅速变化发展的社会中，需要特别关注遗产的真实性。现代社会发展往往忽略现存的生态文化和传统文化环境。人们可能只意识到了这个复杂系统的一小部分，并倾向于关注各个部分而不是整体。当然，当地居民对他们生活和工作的地方肯定有深入的了解，但是仍需要一个专业的方法来充分了解和规定构成这个地方全部特点的地形、历史与建筑特征。而且这种评估最好通过对话和综合学科研究法进行。

## 真实性的微妙概念

修复和保护建筑遗产的准则将继续进行讨论。针对各地遗址遗迹的诠释总有不同的观点。尽管人们公认《威尼斯宪章》是根据欧洲传统起草的，但这些建议在修复原则方面仍保持权威。随后的工作，尤其是1994年的奈良会议对这些原则提供了更加多样化的观点，为不同的诠释提供了空间，更加注重手工艺的传统以及保留与古建筑技术和材料相关的技术及知识的需求。随后的讨论一直集中在非物质文化遗产的价值上。非物质文化遗产需与之前是关注焦点的历史建筑遗址一样列入遗产资源内。但是，真实性是遗迹遗址列入《世界遗产名录》的主要先决条件之一。

根据我自己评估古迹遗址的经验，特别是在阿拉伯世界时，我发现人们对于真实性概念有许多截然不同的看法。由于种种原因，人们没有普遍认可风化和磨损的原材料中铜绿所展示的年代感与内在特性，就像罗斯金（Ruskin）的《威尼斯之石》诠释的在欧洲兴起的浪漫情怀一样。

就我个人而言，在看到某个特定地点时有没有画水彩画的冲动是检验这个地方真实性的一个依据。一个地方经过现代化完美的改造，其全新的外观可能会使人感到印象深刻，但它不能唤起与美丽亲密接触的氛围。这种氛围只能通过保持其工艺和材料真实价值的环境传递，从而保持这个地方的特色。

阿尔弗雷德·帕森（Alfred Parson）所绘制的野生花园中爬山虎的精美画卷完整展现了真实性和因岁月而增添的魅力（图1）。

## 物理环境的退化

城市生活的社会退化和侵蚀已成为许多现代城市共同面临的严重问题，并随着全球化和城市化而不断恶化。快速发展导致了几乎不受控制的物理扩张。这种物质发展破坏了独特的文化和视觉环境。各地的情况不同，造成的影响也不相同。在东南亚的大都市，新高速公路（其中一些是高架桥）的规划，无视传统地方社区的布局，将社区分隔开，促使修建更多道路，进行更多开发。结果，总体环境开始发生恶化，使得曾经舒适宜人的环境失去了吸引力，个体对此也无能为力。随着传统经济与生活方式的消失，原来的居民区不见了，历史环境变得更加恶劣，开始恶性循环，最终导致它们的毁灭。

这不是一种新现象，物理退化正在加速，社会问题也层出不穷。忽视和滥用原始建筑，加上土地和房产价值投机，往往会改变甚至摧毁独特的历史城区。污染和车辆交通是其他严重影响历史城区的因素。无论是什么原因，在人们还未意识到将要失去什么之前，不可替代的文化遗产正在逐渐消失。更重要的是，人们需要意识到不是所有历史遗产的价值都是事先为人所知，或是认定为能提高生活质量的环境资产的。

简·雅各布（Jane Jacob）的著作《美国大城市的死与生》[5]中提出了关于城市更新和城市未来的争论的显著变化。在1993年版本的序言中，她提到城市是一个由物质—经济—伦理组成的生态系统。两种生态系统——一种是由自然创造的，一种是由人类创造的——具有共同的基本原则，都需要多样性来维持运转。从《世界遗产公约》的角度来看，这种比较也很有趣，它将自然保护与环境保护的各个方面同维护多样性结合了起来。

实体规划的先驱之一，令人尊敬的帕特里克·盖迪斯（Patrick Geddes）将这种整体方法理解为一种美德。他引入了地区调查的概念——在进行改革前对区域进行盘点。值得注意和发人深思的是，他于1909年结束了作为植物学和动物学教授的职业生涯，转向实体规划，并参与制定了英国第一个实体规划法。自然科学的专业背景使得他完全理解维持生命的各种生态因素之间的密切联系[6]。后来，他负责制定了苏格兰和海外的一些城市规划。在这些规划里他实现了他的人文主义理想。考虑到城市是一个有生命的有机体，他的规划策略基于"诊断性调查"和"保守性手术"。盖迪斯还发明了"城镇集聚区"一词，以强调工业化地区的城市化进程吞噬了个人曾居住于此的居民身份。

"全面破坏"的普遍做法受到了谴责,他对现代城市规划运动也提出了严厉的批评,他说:"城市从本质来说是用来保护和居住的,不是用来随意破坏、驱逐和投机的。"[7]然而,将城市看作一个整体并不容易。通过系统的观察,结合基于文化标准的艺术理解,形成了一个新的主题,盖迪斯称之为"公民重建"。他所希望的是保存过去最好的历史传统,让人们参与到城市改善中去,重新发现过去那些表达社区审美理想的城市建筑传统。

他对和平的热切关注与他在国际城镇规划展览中所做的公民再生宣传密切相关。盖迪斯提出了世界城市大会的构想,并通过国际城市间的直接交流勾勒了世界发展的蓝图。他希望建立世界文化资源中心的想法促进了1910年国际协会世界大会的召开。

不幸的是,第一次世界大战的爆发打断了这一国际运动。这项运动在许多方面可以视为正在实施的《世界遗产公约》的前身。

爱丁堡的瞭望塔是传播他的愿景和社会生物学信仰的手段之一,同时也帮助他实现了诊断调查和公民重建。一个人文化的根本,包括建筑环境遗产,在他看来是发掘个人成长潜力,并最终建立对基本人权的尊重的重要手段(参见1919年国际联盟、1954年《海牙公约》《日内瓦公约》和1977年增加的协议、1972年的《世界遗产公约》以及之后的《世界文化多样性宣言》)。

## 欣赏环境中文化遗产:欧洲倡议

在欧洲范围内,欧洲理事会于1975年发起的保护文化遗产运动对成员国政策产生了相当大的影响。欧洲理事会成员国随后通过了《阿姆斯特丹宣言》,这是接受环境综合区域保护概念的巨大进步。《欧洲建筑遗产保护公约》(1985年)进一步促进了对保护建筑遗产更全面的认识。各成员国承诺根据《世界遗产公约》制定保护古迹、建筑群和遗址的适当规定。大量广泛的职责还包括将保护建筑遗产作为地方和区域规划目标的基本组成部分。后来,经过研讨会和会议上的讨论,合作方案取得了进一步的发展,更充分地讨论了社会养护并将其与住房就业政策结合起来。此外,还更加强调提高对遗产价值的意识,开展培训和教育活动,以促进对环境中遗产的认识。

《格拉纳达公约》倡导采取协调的方法(第17条),欧洲理事会在完整保护文化遗产上的技术合作与咨询方案通过协助和交流良好实践以及协调配合新成员国立法来支持新成员国[8]。

## 调查环境中的建筑价值

《格拉纳达公约》中的规定直接促使《丹麦建筑保护法》于1979年进行修订,修订更加强调了保护规划中信息、文件和指导方面的责任。这一职责在系统的建筑环境价值调查(SAVE)发展中,以及随后大量所谓《丹麦市政地图集》(这些图集是与当地博物馆和市政当局密切合作编写的)的制作中得到实现。它们根据完善的调查、评估和政策模式对地质学、历史学以及建筑学特征进行了描述。这种方法基本上源自帕特里克·盖迪斯的"先调查后计划"理念，也受到卡米洛·西特(Camillo Sitte)、凯文·林奇(Kevin Lynch)和戈登·卡伦(Gordon Cullen)[9]等规划师最近提出的调查原则的启发。除了对环境特征的大体调查，1940年前建造的每一个建筑都是根据若干不同的标准进行评估的。

建筑物在建筑、文化和环境价值方面的评级都纳入了一般建筑物登记册，该登记册是管理和规划私人财产的手段。地图集还概述了建筑和自然环境的特点作为每四年制定地方规划和审查市政规划的基础。

## 规划中的文化环境

为了在不破坏重要文化环境的情况下管理城市和基础设施发展，官方进一步决定将对重要文化环境的调查列入丹麦区域规划中。这些调查由每个县的风景园林部门的工作人员与每个市的本地专家密切合作进行。通过这种方式，当地博物馆支持进行关于应该保护哪些遗产以及如何更好地保护环境中现有的文化元素的辩论，由此在当代社会中获得了一个新角色。新的博物馆不仅是过去的管理者，而且成了决策过程中重要的利益相关者。目前为止，每个县都可以自由决定方法和优先事项；该计划需要在每四年一次包括听证会在内的公开讨论中获得政治认可。

许多文化环境还未被确定或记入系统，因此，由于关系到土地使用的个人利益和基础设施发展上可能受到的限制，这一进程引发了相当大的政治争议。如果不重视文化环境，公众对法律措施和保护投资的支持和政治意愿就会减少。因此，透明度和参与度已经成为空间规划民主进程的关键要素。

因此，监测是一个持续不断记录变化、提供文件和诠释环境中遗产真实性的过程。与物质外观一样，在变化阶段，特定遗址中无形的精神价值和信仰也需要得到呈现与尊重。由于世界许多地区的种族和宗教冲突，这种观点具有特殊意义。监测还意味采用民主方式，征求利益相关方的意见，以确保不同的意见在管理文化遗址中都能得到考虑。

弗莱明·阿伦德(Flemming Aalund)是哥本哈根的一名执业建筑师，专门从事历史建筑的修复、文化旅游规划和遗产保护工作。

注释：

1. http://www.unesco.org/culture/pluralism/diversity/html_eng/index_en.shtml.

2. Nara Conference on Authenticity, Proceedings (1995), UNESCO, ICCROM and ICOMOS.

3. International Cultural Tourism Charter, 1999. ICOMOS. http://www.icomos.org/tourism/charter.html.

See also: ICOMOS International Committee on Cultural Tourism, Tourism at World Heritage Cultural Sites: The Site Manager's Handbook, 1993 (second edition).

4. Robinson William, 1870. The Wild Garden, London, reprint 1895, 1983.

5. Jacobs Jane, 1961. The Death and Life of Great American Cities, reprint N.Y. 1993.

6. Geddes Patrick, 1915. Cities in Evolution, new and revised edition by Jaqueline Tyrwhitt, London, 1949.

7. Meller Helen, 1990. Patrick Geddes, Social Evolutionist and City Planner, Routledge, London.

8. Pickard Robert, "Area-Based Protection Mechanisms for Heritage Conservation: A European Comparison", in Journal of Architectural Conservation, no.2, July 2002, pp.69 - 89.

9. Sitte Camillo, 1889. Der Stättebau nach seinen Künstlerischen Grundsätzen, Vienna, reprint 1972.

Lynch Kevin, 1960. The Image of the City, The MIT Press.

Gordon Cullen, 1961. The Concise Townscape, Architectural Press, London, reprint 1976.

（朱音尔）

# 参与式监测历史文物的保护

Monitoring the Conservation of Historical Heritage through a Participatory Process

## 苏里·拉莫斯·希弗(Sueli Ramos Schiffer)

本文旨在讨论把自然和历史遗产的监测过程作为当地人参与制定的综合城市规划的一部分。本文认为,与社区密切联系的当地人越了解他们自己的历史与各个遗址的象征意义,并通过参与式监测项目扩大范围,就越能有效地保护该地区,激发人们的公民意识。

本文以监测方法和活动相关文献为依据,讨论了阻碍参与式监测实施过程的一些因素。对选择可应用于参与式监测的合格指标以便对文化遗产项目进行充分评估的挑战,本文也进行了分析,强调了定性信息的重要性。

本文强调培训在参与式监测方面的作用,认为其在促进参与者一体化和确定共同目标、信息系统、方法过程以及定期评估的期望值方面是重要组成部分。

最后本文针对参与式检测行动提出了一些探索性建议,旨在讨论监测活动在改善保护文化遗产方面所发挥的关键作用。

## 介绍

参与式监测对于保护文化遗产和自然遗产,从保护历史遗址项目投资中获得更好回报至关重要。要保证文化遗产保护项目的成功除政治意愿和财政信贷外,还需居民和其他社会成员做出承诺。通过灌输公民意识和提高社会对文化遗产价值的认识并通过参与进程赋予全体人民权力,可以防止对已建成的历史环境造成破坏。社会历史的评估对产生更大的社会凝聚力和个人归属的自豪感也是至关重要的。

尽管学术和国际保护机构以及多边开发银行在许多报告中都接受了上述观点,但衡量后果后挑战仍然存在。参与式政策的长期后果和区分地理界线的困难是建立可衡量指标以进行短期项目评估的障碍。为了克服这些障碍,已经采取了一些方法,目的是制订标准,以便结合质量和(或)数量指标,设计有效的参与性监测,如下文所示。

开展培训课程重点在于协助有关保护历史遗址的治理,以实现改善参与式监测项目的目标。几乎所有监测活动都需要培训，尤其是民间团体不同成员和公共管理人员需就监测目标、程序、信息和数据系统以及语气的评估结果达成一致。

为了促进监测文化遗产保护行动，本文建议采取一些可行措施来解决和（或）改善参与式监测。

## 监测文化遗产：参与式监测

长期以来，人们将文化遗产理解为代表社会发展特定阶段的建筑环境。这个环境不仅包括古老的历史遗址，还包括那些具有时代象征意义的遗址。基于此，文化遗产的监测意义更加广泛，因为它意味着阻止文化遗产状态在未来的恶化，还意味着以更低的成本促进长期保护。

监测过程必须处理随着时间推移所带来的变化，这是保护文化遗产所需适应的新需求，同时要保留其历史特征和重要性。实现这些目标需要社会对其历史遗产怀有高度的责任意识。而这一切只有通过参与进程才能实现。

《牛津美式英语词典》（1980：576）中"monitor"一词的意思是"监视、记录、测试或控制"。对高斯林和爱德华兹（Gosling L. and Edwards M., 1995）来说，如阿博特和吉特（Abbot K. and Guijt I.）所引用的那样（1998：12），监测是"系统持续地收集和分析有关一项工作进展的信息，识别优缺点，为负责的工作人员提供足够的信息以便在正确的时间做出正确的决策，以提高质量"。

据世界银行的报告《增强权能框架》，尽管社会赋予"增强权能"一词特殊的含义，但从最广泛的意义上来说，它"意味着增加一个人对影响其生活的资源和决策的权威与控制"（世界银行，2002a：1）。在与增强权能[1]有关的4个要素中，共融参与更适用于对文化遗产保护的参与性监测。其中一个原因可能是"赋权参与的方式将人们视为共同合作的生产者，把对决策和资源的控制权下放到适当的最低级别"。报告考虑将排除在外的群体包括在制定优先事项和决策过程中是"确保建立在当地知识有限的公共资源和（……）［对变革的承诺（世界银行，2002a：1）］"。

如果将监测文化遗产的工作完全分配给公共部门，整个公民社会就会成为"被排除在外的群体"。因此，参与式监测不仅可以赋予直接受到影响的人们权力，还可以帮助社会上的其他成员，如行业代表、非政府组织、遗产专家和大学等。这将为保护历史遗址立下更广泛的承诺并扩大参与者对其历史[2]的认识。

关于文化遗产，桑切蒂和尤基莱托（Zancheti S. M. and Jokilehto J., 1996：4）声称监测活动不能与控制活动分离。就历史遗址而言，这两项活动"旨在处理城市结构的日常维护和变化过程"，应"建立在人民强烈的参与欲望上，作为提高公民意识水平的手段"。

瓦豪斯和库比（Valhaus M. and Kuby T., 2001：24）将传统监测与参与式监测区分开来，将前者理解为"在某个时间点由专家实施，根据预先确定的指标衡量和评估项目进展"，视后者为一个过程，过程中相关者在提供信息和"为规划和实施的变化提供建议"中发挥着积极的作用,而外部专家则"参与到这一过程中来并继续支持相关者的学习"(瓦豪斯和库比,2001:33)。

阿博特和吉特(1998)强调,虽然文献中可以找到几种监测的定义,但大多数人认为监测的主要目的是发掘潜在的变化。他们强调由于"监测需要对特定特征进行定期评估以便发现变化,因此必须明确需要评估的是变化的哪些方面"(阿博特和吉特,1998:11)。

发展研究所(IDS,1998:1)进行了更进一步的研究,认为"通过扩大参与,可以更清楚了解实际情况。它能让人庆祝成功,从失败中学习。对于那些参与其中的人来说,这也是一个赋权的过程,因为它让他们有了掌控权,学习培养了技能,并让他们知道他们的观点也很重要"。

世界银行最近的一份旨在评估监测和评估方法的报告(2002:16)中,也强调了"参与式方法使那些与项目、计划或战略有利害关系的人更加积极地参与到决策中去,并生成对监测和评估结果和建议的主人翁意识"。使用这种方法的主要优点之一就是它有可能"设计出更有号召性和可持续性的干预措施","在实施过程中有效识别问题和解决问题"以及"提供知识和技能以赋予穷人权力"。

将遗产作为监测的对象需要确认对哪些变化进行跟踪。除了确定由于结构不良和使用不当对文化遗产或自然遗产造成的损伤之外,监测和控制活动还需预测未来可能会阻碍文化遗产保护的因素。

巴西的历史小镇欧鲁普雷图镇(Ouro Preto)因其18世纪初独特的葡萄牙建筑遗产于1980年被提名为联合国教科文组织世界遗产城市,但现在却受到忽视。作为世界上最重要建筑之一的巴洛克建筑正面临着失去联合国教科文组织提名的风险,这是由于非法占用和污水用水处理设施的不稳定对历史遗址造成了破坏,使其正在渐渐失去其原有特征(ESP,2002:C1,C3)。

对欧鲁普雷图镇历史遗址缺乏保护做出反应的是民间团体,他们创建了非政府组织"Amo Ouro Preto"(我爱欧鲁普雷图),其主要目的是提高当地人对保护这一历史遗址重要性的认识。

17世纪中叶,为满足甘蔗和黄金出口的需求成立的巴西港口城市帕拉蒂(Paraty),是联合国教科文组织提名的世界遗产城市之一,如今也遭遇了类似的危机。

## 参与式监测面临的挑战

简而言之,文化遗产引入参与式监测之前必须克服两个主要挑战:一是与不同利益群体组织工作,二是根据初步建议衡量结果。

基于参与式监测的城市遗产保护应包括当地人之外的各种社会参与者。非政府组织(NGO)和其他形式的民间组织必须与当地公共管理层和利益相关者进行对话,以制定一个议程,使每位参与者都能在一个综合项目及其规划中发挥自己的作用。

根据阿博特和吉特(1998:25)对于参与式监测过程的4个与环境可持续性相关项目

的分析,这个障碍似乎不是不可逾越的。他们认为尽管每个参与者都侧重一个特定的目标,但整个群体都有明显的好处。这些好处可以归纳为:"对捐助者负责,加强参与,提高地方能力,以及改善项目活动的可持续性。"

为了实现上述共同利益,参与式监测不仅需要明确目标,还必须有完善的计划和充足的资金。IDS 政策简报 12(IDS,1998:2)假设参与式监测基于 4 个原则:参与、协商、学习和灵活性。实际上,所有这些都需要提前规划,并且需要随着时间的推移进行调整,因为参与式监测在执行过程中具有不确定性。这些不确定性出现的原因在 IDS 简报对"参与"的第一个定义中有论述。不确定性是由于"开放流程的设计,将直接受影响者包括进去一同分析数据"。这需要协商管理来解决利益冲突,确定监测主要目标,并决定如何以及何时获取和分析数据(IDS,1998:2)。这需要一个随着时间推移进行的学习过程,也意味着由于监测目标的变化和赋予参与者权利以及他们获得的知识增加了一些不确定性。

图 1 来自 IDS 政策简报(IDS,1998:3),显示了引入参与式监测的一系列可能的步骤,其中说明了利益相关者、民间团体和公共管理部门为了确保这种方法的成功需要克服的挑战。

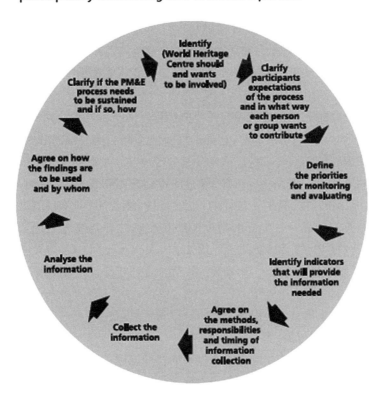

Source: IDS Policy Briefing 12, 1998, p.3.

**图 1　引入参与式监测的一系列可能的步骤**

世界银行提倡主张民间团体"在发展中起着关键作用"[鲁本(Reuben W.),2002：1]。与此同时,世界银行也承认它正面临来自"改进追踪民间社会参与世行支持的发展行动和国家扶贫议程的机制的挑战"(鲁本,2002：1)。至于世界银行,保护历史遗址是扶贫政策的重要举措。可以认为,人们参与讨论和监测文化遗产项目所有阶段不仅需要方法论方法,还需要一个培训方案。这在拉丁美洲国家尤为重要,因为这些国家的教育和生活质量非常不均等以至于更大的经济利益很容易阻碍赋予穷人权力的做法。

费特曼(Fetterman,2002)对赋权评估法提出了新的见解,认为可以将其应用于社会问题、政府和基金会等。他强调任何评估都存在于一个环境中,并且当参与者参与到与更大目标相关联的项目中时,他们会感到自己被赋予了权力。他还提议研讨会对项目参与者进行培训以评估和改进项目实践。

根据阿博特和吉特(1998：13)理解的意义可以将评价与监测区分开来。评估"归根结底就是判断一种情况和干预措施的益处和价值",而监测"是定期收集可能会反馈到评估中的信息,但它不一定注重于就一项方案的整体效果和方向得出结论。监测重点是评估趋势,研究不同时刻间的区别并得出一些临时的结论"。

针对项目范围内项目成果的评估可以将项目的真实效果投射出来。例如,翻新历史遗址能带动当地经济指标的上升,如平均收入和就业率。如果这些指标不能运用到整个区域中,那么它们衡量的可能只是从翻新区域转移到其他区域的问题。

指标和数据针对每种方法评估旨在确定项目实施的结果与外界因素无关,这通常需要更准确的指标和调查,最好是有对照组做比较。参与式监测作为一种工具,旨在提供一个项目的最新进展并在实施过程中整合当地人口,可能需要更精准的数据和中间指标(世界银行,2000年)。

选择旨在赋予目标人群权力的参与式监测指标是所有参与者共同面对的最大挑战之一。正如斯托夫(Stovel)强调的那样,选择过程要使不同层次的信息和期望标准化,并确定检测活动的主要目的。

正如阿博特和吉特(1998：41)所提到的,麦吉利夫雷和查德克(MacGillivray A. and Zadek S.,1995)提出的建议似乎是合理的,也就是说,接受那些"不仅能准确传达而且能引起预期群众共鸣的信息。一个好的指标能够在准确性和共鸣之间达到合理的平衡"。此外,阿博特和吉特(1998：30)强调了亚历山大(Alexandra J. S.)等人(1996)提供的示例,该示例使用了地理信息系统(GIS)将所生成的信息与提供定制数据和数字地图的数据库结合起来,以协助规划。

阿博特和吉特(1998：42)还提到了《西雅图可持续发展指标》(1995)通过的5项已确定有效参与监测的良好指标：

- 促进可持续性——反映社区几代人以来的长期问题；
- 获得社区的认可——得到当地人的理解；
- 吸引当地媒体——允许媒体宣传和分析社区趋势；
- 具有静态可测量性——允许与其他类似情景比较；

- 逻辑上或科学上站得住脚——以便得出大体结论。

此外,正如世界保护监测中心(1998:15)所表明的那样,适当的指标范围可以通过"一系列决定指标做出一个,避免可能造成不良后果的选择并增加一项共同商讨得出的协定"给予相关人员权力。适合监测一个特定文化遗产或自然遗产的指标必须由工作小组决定,以材质和管理状况为基础并将历史与历史遗址所在的整个区域的综合城市规划联系起来。

## 参与式监测行动的建议

下文的探索性建议清单旨在建议对文化遗产和自然遗产进行持续的参与式监测,汇集积极行动和兑现社会保护遗产的承诺。

- 建立公共听证办公室,负责登记日常用户和当地用户关于遗产保护的投诉,并将其转交给负责的办公室提出解决方案。
- 定期登记投诉和征求建议,建立民间团体的监测系统,以便随时就养护和翻新项目提出建议。此外,在保护一个特定历史遗址时能探测出主要的威胁,使人们能够获得宣传活动所需最确切的知识。
- 设立公共咨询办公室,以解决建筑损害相关的问题,未来可以避免损坏历史遗址的风险。该办公室应设立在历史遗址内,工作人员包括拥有相关领域知识的志愿者、大学生和研究生以及当地定期雇员和其他日常工作人员。
- 根据一项长期政策,为了避免历史遗址的状况恶化和被破坏而让学生(高中或大学)参与监测调查或控制过程,教育他们懂得他们生活的城市的历史价值并协助保护这座城市。保护最终会成为他们生活的一部分,如罗哈斯和卡斯特罗(Rojas and Castro, 1999)所提出的那样,保护行动将促使他们意识到文化遗产作为社会凝聚力因素的重要性。教科文组织在其青年计划特别是在志愿服务方面中也确认了这一点,认为这是"青年人以其公民身份通过共同努力和与他人合作来为地方、国家和国际一级的人类发展做贡献的机会"(教科文组织,2003:1)。正如埃利奥特(Elliot)所述,在安大略省遗产基金会监测文化遗产的工作中,学生在制定例行报告方面发挥了重要作用。
- 文化遗产项目的参与式监测还应包括倡导项目,特别是在历史鲜为人知或不受尊重的发展中国家。教育电视和广播节目、儿童文学以及媒体广泛宣传的文化活动可以传播有关社会历史的知识,帮助确定每个时期的地标建筑,并使其获得尊重。
- 培训中心应侧重于培训保护地区的技术工人,提高从事修复工作的专业人员的专业技能,编制清单、规范和手册以支持文化遗产保护的管理和战略规划。事实上,这是巴西文化遗产保护办公室—IPHAN(Taddei,2000)所表达的真实需求。
- 除了进行与具体项目相关的工作外还需要进行培训,引入方法和程序来帮助监测项目的参与者确定在保护当地文化遗产时要实现的目标并获得更好结果。
- 在最近由ASBEA(巴西建筑师事务所协会,Association of Brazilian Architect Offices)的建筑师和负责振兴圣保罗历史中心[5]召开的新市政经理组织的非正式会议中,有人建议建立一个非营利私营协会与市政府合作解决这个历史中心的翻新问题。为此，除中心之外，还将在城市的不同地方设立小型办公室。这一建议旨在强调一个事实，即像圣保罗这样拥有超过1 700万居民的大都市的历史中心属于整个城市，而不是只属于该地区的居民或游客。

本文提出的建议远未涵盖对文化和自然遗产进行有效和可持续积极监测的具有挑战性的整个范围。正如斯托弗（Stovel，1995：17）所述，关于实现更成功的监测挑战"已经取得了很大成就，但在充分有效的监测世界遗产保护状态的政策和措施就位之前，还有许多问题亟待解决"。如果将历史建筑或自然遗产保护需求的不断变化考虑进去的话，这一说法尤其重要。

## 结论

在文化遗产监测的主要目标中，最与之相关的可以概括为：防止未来文化遗产状况恶化并以更低的成本促进长期保护以及处理随着时间的推移带来的变化，使文化遗产适应新的要求同时保留其历史特征和重要性。

如果当地居民可以在监测过程付出更大的努力，那么就可以更好地保护历史遗址，不论是人工建成的遗址还是自然遗产。利益相关者与当地居民和政府工作人员一起，在监测过程中发挥着积极的作用，为改变规划和实施文化遗产保护项目提出建议，增强社会凝聚力的同时促进文化遗产的可持续发展。

协调保护传统遗产主要参与者的综合培训计划也有助于参与者确定一套一致的指标，这些指标将提供使项目解决方案长期可行的信息。外来专家参与培训时应侧重丰富当地从事修复工作的专业人员的知识，并加强文化遗产的公共管理。

实际上，发展中国家很少有城市能为参与式监测提供如此综合有效的管理。缺乏具体专业知识，缺少有效尝试来引入创新行动以确保扩大社会参与度，阻碍了发展综合城市的规划（其中文化遗产保护是重中之重）达到其应有的效率。

最后，本文提出了探索性建议，旨在实现参与式监测的核心目标之一，即付出更大强度和广度的努力，通过一个能促进社会对文化遗产价值的认识的教育过程，招募社会各界人士来保护历史遗址。这项提议的核心是在历史遗址建立公开的听证和咨询办公室，与当地居民和志愿者（包括学生）一起，共同解决关于立法、充分利用、建筑损坏或重建，以及防止未来历史遗址发生风险等自然遗产保护和文化遗产保护方面的问题。

尽管如此，如果实现了文化遗产的参与式监测，那么就一定会增强社会凝聚力，整个历史遗址地区的居民也会充满个人自豪感。城市历史遗址保护这一重要的历史成果用塞格雷（Segre，1991：289）的话说就是："城市是活生生历史的一部分。（城市）知道如何传递出电影、视频和书都无法传递的情感。因此，这座城市必须保护下去，同时也要使它恢复活力，通过新的表达和功能让它得到人们的理解。"这是一段活生生的历史，也是一段有学问的历史。在书中读历史和亲眼见证历史，见证社会重要历史发生的地方、风景、街道以及房屋是不一样的。

苏里·拉莫斯·希弗,建筑师,一直专注于城市和区域发展,在圣保罗大学从事研究和教学工作 25 年。1997 年被任命为国际文物保护与修复中心(ICCROM)名誉教授(Titular Professor),2001 年下半年开始从事遗产遗址项目的博士后工作。

参考文献:

Abbot K. and Guijt I., 1998. Changing views on change: participatory approaches to monitoring environment. *SARL Discussion Paper no.2*. July 1998.

Alexandra J.S. et al., 1996. *Listening to the Land. A Directory of Community Environmental Monitoring Groups in Australia*. Australia Conservation Foundation. (apud Abbot K. and Guijt I., 1998), Fitzroy, Australia.

Elliott P., 1995. Easements are forever: The Ontario Heritage Foundation's experiences in monitoring heritage properties. *ICOMOS Canada Bulletin Vol.4(3)*, pp.32-35.

ESP — O Estado de São Paulo, 2002. *Ouro Preto e Paraty, patrimônio ameaçado*. São Paulo, September 29, 2002. P. C1 and C3. (Ouro Preto and Paraty, the heritage at risk. From daily newspaper news).

Fetterman D., 2002. *Empowerment evaluation: collaboration, Action Research, and a Case Example*. Stanford University, The Action Evaluation Research Institute. (http://www.aepro.org/inprint/conference/fetterman.html).

Gosling L. and Edwards M., 1995. *Tookits — A Practical Guide to Assessment Monitoring, Review and Evaluation*. Save the Children Fund, London. (apud Abbot K. and Guijt I., 1998).

IDS — Institute of Development Studies, 1998. *IDS Policy Briefing 12*. University of Sussex, Brighton. (http://www.ids.ac.uk/ids/bookshop/briefs/brief12.html).

MacGillivray A. and Zadek S., 1995. *Accounting for Change: Indicators for Sustainable Development*. New Economics Foundation, London. (apud Abbot K. and Guijt I., 1998).

Oxford American Dictionary, 1980. New York: Avon Books. Heald Colleges Edition.

Reuben W., (supervisor), 2002. *Social Development Update: Monitoring Civic Engagement in Bank Lending and Policy Instruments*. The World Bank, Washington. (The NGO and Civil Society Unit, Social Development Department).

Rojas E. and Castro C. M., 1999. *Old cities, new assets. Preserving Latin America's urban heritage*. BID/Johns Hopkins University Press, Washington.

Schor S. and Artes R., 2001. Primeiro Censo dos Moradores de Rua da Cidade de São Paulo: Procedimentos Metodológicos e Resultados (First Census of the Homeless in São Paulo: Methodological Approach and Results). Brazilian Journal of Applied Economics. V.5 (4), October-December 2001. (Departamento de Economia FEA - USP).

Segre R., 1991. *América Latina Fim de Milênio. Raízes eperspectiva de sua história*. Studio Nobel, São Paulo, Brasil.

Stovel H., 1995. Monitoring World Cultural Heritage Sites. *ICOMOS Canada Bulletin Vol.4(3)*, pp.15-20.

Stovel H., 2002. Monitoramento para o gerenciamento econservação do patrimônio cultural. In:

Zancheti S. (org.) *Gestão do patrimônio cultural integrado*. UFPE/CECI, Recife, Brasil. pp.171 - 180.

Sustainable Seattle, 1995. *Indicators of Sustainable Community: a status report on long-term cultural, economic and environmental health*. Sustainable Seattle, USA. (apud Abbot, K. and Guijt, I., 1998).

Taddei Neto Pedro, 2000. *Conferencia de imprensa de lançamento oficial do programa MONUMENTA*. Brasília, Ministério da Cultura, 1999. (Press Conference concerning the official start of the MONUMENTA Program, May 25 edition, 2000). (http://www.archi.fr/SIRCHAL/seminair/sirchal4/TaddeiVPT.htm).

The World Bank, 2000. *Poverty Monitoring — A Review of Selected Bank Projects in South Asia*. Washington: The World Bank. (http://www.Inweb18.worldbank.org/sa.nsf/Attachments/).

The World Bank, 2002. *Monitoring and Evaluation: Some Tools, Methods and Approaches*. Washington.

The World Bank (Operations Evaluation Department). The World Bank, 2002. *Empowerment*. The World Bank, Washington. (http://www.worldbank.org/poverty/empowerment/).

UNESCO — United Nations Educational, Scientific and Cultural Organization, 2003. *Section for Youth-Voluntary Service*. (http://www.unesco.org/youth/Volservice2.htm).

Valhaus M. and Kuby T., 2001. *Guidelines for Impact Monitoring in Economic and Employment Promotion Projects with Special Reference to Poverty Reduction ImpactsSection 41: Economic and Employment Promotion*. Deutsche Gesellschaft für Technische Zusammenarbeit (GTZ), Eschborn. (http://www.gtz.de).

World Conservation Monitoring Centre, 1998. *WCMC Handbooks on Biodiversity Information Management. Volume 1: Information and Policy*. Reynolds J. H. (Series Editor). Commonwealth Secretariat, London.

Zancheti S. M. and Jokilehto J., 1996. *Reflections on integrated urban conservation planning*. ICCROM, Rome. (Working Paper).

注释：

1. 此处指信息、共融参与、问责制和当地组织能力。

2. 肖尔 & 阿特斯(2001)告诉我们，受影响人口的参与有时是制订一项调查的唯一手段，正如"圣保罗首次无家可归者人口普查"(First Census of the Homeless in São Paulo)得到了无家可归者不可或缺的帮助。

3. 其中一个项目是由巴西东北部的一个非政府组织开发的，该地区是巴西最贫穷的农业区，旨在提高农业生产率和可持续性，为低收入农民服务。[IIEAD/AS - PTA/STR - Remigio/STR - Solanea (1996) Monitoramento participativo da agricultura sustentável: Relatório do Primeiro Encontroem Paraíba. IIED, London and AS - PTA, Solânea]。

4. 参见 Schiffer (2001) "Notes on Cultural Heritage and Poverty Relief" ICCROM, Rome. (Working Paper).

5. 圣保罗市政府有一个名为"Pro-Centro"的办公室，旨在振兴该市的历史中心，自 2002 年初以来一直由建筑师纳迪亚·索梅克担任主席。

（朱音尔）

# 结　　论

# Conclusions

# 维琴察世界遗产监测研讨会最后讨论概要

Summary of Final Discussion — Vicenza Monitoring Workshop

## 马克·霍金斯(Marc Hockings)

### 全体讨论

本次研讨会总共进行了6场主题讨论：咨询机构及委员会的意见、世界遗产监测与定期报告的经验、监测框架/监测系统设计、监测中的实践经验、监测技术和工具以及监测问题与原则。最后召开的全体会议则侧重于确定研讨会讨论的结论和主要成果，并为后续行动提出建议。研讨会的参会者们指出，此次会议聚集了许多自然和文化遗产方面的专家，探讨世界遗产背景下的监测问题。《世界遗产公约》为来自不同自然和文化领域的技术专家召开的此类会议提供了宝贵的机制，如果没有《世界遗产公约》，此类学术会议不可能得以召开。在研讨会讨论过程中，参会者认识到这些领域的监测问题存在共性，专家可以互相交流汲取经验，另外也注意到了存在的差异（例如，在世界遗产城市的监测中，私人财产与治理体系之间有可能出现的各种复杂情况对监测系统和评估系统的开发带来了独特的挑战）。研讨会上提出的各种经验突出表明，需要了解并考虑到开展监测的文化背景及其多样性（包括自然多样性和文化多样性）。

研讨会全体会议集中讨论了两大主要议题：
- 适用于世界遗产地的监测过程；
- 监测与定期报告之间的联系。

研讨会对于每个议题所商定的结论总结如下。为了说明这些结论是如何商讨出来的，必要时，在每个结论下面对这些结论作出了评论。

### 监测过程

监测是遗产地管理流程中的关键一步，通过对遗产地进行监测来获得负责机构和其他利益相关者所需的信息，使它们能够评估目标实现的有效性，并推动、修改或调整管理流程和行动。

加强监测的有效性需要注意以下几个方面：

1. 支持为参与遗产地监测的人员制定并测试相关方法框架的举措，包括：

● 制定监测术语表，明确在主要国际语言中，监测、观察、评价、评估、报告等词汇之间的区别。

专门成立定义工作组制定监测术语表。该小组的初步研究成果已被列入会议记录的附录。与对遗产保护监测和评估感兴趣的其他人士合作，将制定监测术语表的工作继续开展下去，力争在2003年底之前制定出一份统一的术语表。

● 支持制定和测试监测方法的系统框架，以便在这些项目与世界遗产管理工作流程之间建立更紧密的联系。

● 制定并支持《文化遗产监测参考手册》的测试过程。

本手册的测试范围将涉及国际文物保护与修复中心（ICCROM）和国际古迹遗址理事会（ICOMOS）的相关专家、缔约国、遗产地管理人员及其他国内外专家。为因保护世界自然遗产而设立的"改善我们的遗产"项目提供了一个如何进行此类测试的模型。

● 考察并加强文化遗产地和自然遗产地监测方法的共同之处，解决在文化和自然遗产地实施的各种监测方法内部及之间的差异，为文化和自然遗产制定评估框架。

此次检查和讨论将需要各咨询机构、世界遗产中心工作人员与世界遗产委员会之间开展持续的对话。

● 确定最佳做法的原则和案例，以指导适宜的监测和评估系统的制定。

世界保护区委员会正结合重要自然保护区（世界保护区委员会指定保护区域）的监测和评估着手解决这一问题。这将是2003年世界园长大会（WPC）研讨会的主题。维琴察世界遗产监测研讨会的成果将被提供给本届大会的参与者。同时，世界园长大会审议的成果也将会被提供给世界遗产中心、国际文物保护与修复中心以及国际古迹遗址理事会。

● 在商定的良好做法原则范围内，促进人们对各种区域和文化背景下保护与管理方法多样性的认可，进而确保监测和评估的框架与方法尊重这种多样性。

参会者得出结论，监测和评估体系不能一刀切，应该适应当地和地区的情况，而不是试图推广某种完全标准化的监测和评估方法。最重要的考虑因素是监测和评估信息应采用便于管理者调整与改进遗产地管理的形式，跨遗产地和跨区域的一致性是次要考虑因素。

2. 需要认识到建立有效监测和评估系统的关键先决条件应包括以下几点：

● 确定并记录世界遗产价值及管理目标的重要性，将其作为监测体系设计和内容的基础。

在这一过程中，价值观和管理目标之间的联系也应当予以明确。作为世界遗产，遗产地的特殊地位意味着其被世界认可的价值应该在遗址的管理目标中得到承认。因此，对这些价值的状况监测应成为评估方案的核心部分。

● 确定可靠的监测基线，阐明这些基线是如何确定的（考虑到遗产地的历史、发展动态和背景）以及基线的选择对监测计划和数据的分析并阐释所产生的影响。

监测有可能出现的问题是测量状态变化的基线可能并不代表资源的原始或期望状态。如果定期改变监测方案并建立新的基线,这个问题可能会更加复杂,这反映出基线的缓慢变化和遗产状况的普遍恶化。

- 将把遗产所在地公认的价值与列入《世界遗产名录》时所认可的价值结合起来,并将之作为管理和监测的基础。

人们认识到,许多世界遗产地除了具有使其被列入《世界遗产名录》的独特价值之外,还具有其他价值和目标,从而受到保护和管理。监测和评估系统的设计和实施应该是整体的,应将所有管理价值和目标考虑在内。

- 阐明属性与价值之间的关系(《世界遗产公约》所认可的杰出普世性价值)并将其作为管理和监测的切实参考依据。

申遗过程中所准备的提名文件以及咨询机构对遗产地价值的评估和描述足以鉴定该遗址是否具有杰出普世价值,但并不够详细,不足以为监测这些价值的状况提供依据。进一步详细说明反映或支撑遗产地所具有的普世性价值的属性是设计监测和评估计划的重要的第一步。

- 认识到有必要将监测和评估的重点放在一组有限的关键指标上。

可用于监测的资源可能总是有限的,因此监测和评估工作应把重点放在遗产地最重要的价值和目标上。在大多数情况下,只能根据每项价值或目标评估一个或两个指标。因此,选择最有意义和最实用的指标非常重要。

- 需要明确哪些假设构成了监测系统设计以及目标和指标选择的基础。

这意味着指标的选择并不精确,并不科学,这其中涉及实用性、成本与精确性之间的权衡。明确指标的选择假设将有助于选择最有效、最具成本效益以及最有用的指标。

- 鼓励作为协调者的外部专家与内部专家之间进行合作,利益相关者和管理人员之间进行合作,以开展反应性和系统性监测。

- 为相关部门、组织和个人的参与提供适当的准备措施,使其能够采用适当的机制参与监测和评估。

相关团体和个人的参与被认为是有效评估的重要先决条件。这不仅包括利益相关者,还要确保具有相应学科专业知识的人员参与监测和评估。

- 认识到监测是一项持续的活动,因此需要注意持续不断地提供培训和资金,并记录所使用的监测方法和程序。

很多时候,虽然在初期对遗址进行了监测,但由于缺乏长期资金或改变遗产地的管理重点,使监测难以维持下去。在许多情况下,当趋势数据可以在较长时间内被使用时,监测可以为评估提供最有用的信息。对监测方法缺乏足够的记录可能会使计划的维持以及数据的分析和阐释变得困难,尤其是当负责计划设计的人员退出该计划时。

- 在监测过程中使用合适的技术有相当的重要性。

有许多不同的技术可用于监测,重要的是要运用最合适的监测技术,同时要考虑遗产地及其工作人员的需求、可支配的资源以及所具备的能力。在许多情况下,简单而又价廉的监测技术足以满足评估的需要,并具有可持续性。另一方面,使用诸如遥感技术及卫星等现代技术可以在收集对评估系统极具价值的数据时节约成本、提高效益。在任何情况下,非破坏性数据收集技术都是首选。

- 为管理人员提供与其特征相关的外部资源的信息。

来自所有可用来源的信息应作为评估过程的一部分。如果监测和评估过程是公开透明的,应将不同来源的信息同时纳入。

3. 需要认识到建立可持续监测系统的关键先决条件应包括以下几点:

- 建立制度性承诺以及支持性的制度文化。

如果管理机构对监测评估过程具有决策权,而不是为了满足某些外部报告要求而从外部施压,对监测和评估的制度性承诺就会得到加强,将监测纳入管理系统和筹资机制的主流也将提高可持续性。

- 各级监测能力(培训)建设。

目前,为遗产地及遗产保护部门的监测和评估所提供的培训机会有限。如果要满足管理人员和监测过程中其他参与者的需求,就需要大大提高培训能力。

- 通过关系网、合作伙伴及团队开展工作,并为所有利益相关者和社区的广泛参与提供机会,这一点极为重要。

经验表明,各种利益相关者的广泛参与提高了评估的可信度以及监测系统的可持续性。

4. 对下列问题的探讨:

- 定性和定量数据在评估过程中所起到的作用。

现有的监测和评估系统或使用定性数据或使用定量数据,但同时使用这两种数据的系统不太常见。进一步审视并记录这两类监测数据的优缺点以及两者互补的方式将会推进监测设计和实践。

- 在尊重缔约国责任的同时增强评估的可信度。

进一步研究管理人员和外部参与者在监测和评估过程中合作参与的益处将有助于缔约国建立有效的监测系统,并有助于解决责任的丧失或失控的问题。这种信息还将帮助所有参与者了解他们自己在这一过程中所扮演的角色以及所承担的责任。

- 处理复杂性和不确定性。

遗产管理系统内的复杂性和不确定性对监测与评估系统的设计提出了特殊的要求。需要进一步开展工作,以提高解决这些问题的能力。

- 记录监测系统的预期和不确定性。

重要的是要认识到监测系统的偏差和局限性,避免将不切实际的期望或错误的假设应用于所产生的数据。在监测和评估报告中,监测系统设计的这些方面较少受到关注。

- 分析现有保护状况报告以确定共同面对的问题和威胁。

为世界遗产委员会准备的现有保护状况报告将是对区域和(或)全球分析十分有用的数据来源,用于识别在许多遗产地运营中所出现的问题和威胁。确定这些共同问题将是制定针对这些挑战的综合区域对策或全球对策的第一步。

● 协调各公约之间的报告要求。

许多遗产地受到一个以上公约的报告要求的制约。相关公约包括《生物多样性公约》和《拉姆萨尔公约》(即《国际湿地公约》)。协调报告要求将有助于遗产地研发综合监测和报告系统,并最大限度地减少遗产地的各项工作之间的混淆或重复。

## 定期报告

定期报告程序是世界遗产委员会收集有关改进在国家层面和遗产地层面上实施《世界遗产公约》情况的信息的重要手段,并最大限度地提高其对缔约国的效用。该程序有以下几个方面的优点:

● 明确承认监测应成为定期报告程序的基础。

如果定期报告中的信息来自长期监测方案,而不是在编写定期报告时进行的评估,则其信息质量将得到改善。此外,长期监控更有可能为遗产地管理员提供可用于调整和改进遗产地管理的信息。

● 优先改善遗产地及国家的监测能力和活动,以提高信息的质量和效用。

● 通过加强持续的遗产地管理和监测并定期报告程序之间的联系与反馈策略,利用综合通讯形式总结定期报告中的监测结果(如:定期报告模型),认识到监测与定期报告之间的联系。

许多世界遗产地将有一批监测计划到位,可用于通报定期报告。制定模型总结定期报告中的监测结果将有助于沟通。该报告模型格式可以显示关键的遗产地价值、监测计划和结果以及后续的管理行为之间的关系。

## 实施的具体步骤

### 结论

为了将上述观点付诸实施,参会者提出了以下具体的实施步骤:

**政策问题:**

● 将会议中提出的许多技术性建议整合进修订的《操作指南》中。

● 探索沟通遗产地定期报告的替代方法(如模型格式),以提高对所呈现信息的理解和实用性。

● 成立工作组审核术语及定义,以便能够迅速达成共识,并将这些共识在即将举行的自然和文化遗产论坛上提出并接受审核,包括 2003 年 3 月对《操作指南》的审核。

**运作问题:**

● 提出建议,即建立一个以世界遗产监测为专题的在线网络平台,以便交流经验并建立一个由利益相关者的利益驱动的无障碍知识管理系统。其中一位参会者表示愿意在网络平台发展的初期阶段给予支持。

- 在设计和实施监测培训课程和活动(包括实地部分)时应号召区域科学合作伙伴及捐助者的参与。
- 在制定区域计划的过程中,公约秘书处应侧重于在适当的时间段内,在有足够资源的情况下监测选定的遗产地,以便委员会在执行决策过程中获取必要的数据。
- 秘书处可能还会考虑审核以前的监测报告,以找到处理这种评估形式的最有效方法。
- 目前正在制定的监测和评估手册应提供最佳做法的案例,指导遗产地管理人员完成记录和监测过程。
- 应探讨将"改善我们的遗产"项目(目前由世界保护区委员会和联合国教科文组织在10个自然世界遗产地实施)扩展到文化遗产监测的可行性。

(苗福光)

文化遗产监测
国际文献选编

第五部分

# 加强世界遗产反应性监测过程的有效性总结报告

教科文组织反应性监测审查小组(戴维·谢泼德和加米尼·维耶苏里亚)提交的报告

# 目录

Contents

缩写词

致谢

报告

**1. 引言**
    1.1  项目背景

**2. 遵循流程**
    2.1  在线调查
    2.2  访谈
    2.3  世界遗产管理论坛研讨会

**3. 反应性监测的背景和一般观点**
    3.1  反应性监测的背景
    3.2  反应性监测对实现以下目标的重要性《世界遗产公约》的目标？
    3.3  反应性监测的积极方面
    3.4  反应性监测的负面影响

**4. 法定框架**
    4.1  《世界遗产公约》《操作指南》和《议事规则》

**5. 反应性监控过程中的主要参与者**
    5.1  概述
    5.2  世界遗产委员会
    5.3  缔约国(SPs)
    5.4  世界遗产中心
    5.5  咨询机构
    5.6  民间社会(CS)

**6. 反应性监测程序**
    6.1  反应性监测过程的开始到结束

6.2 选择要报告的遗产

6.3 缔约国提交保护状况报告

6.4 咨询机构和世界遗产中心对缔约国提交的保护状况报告的审查

6.5 反应性监测任务和其他非法定的任务及报告

6.6 评估对世界遗产的突出普遍价值的各种影响

6.7 缔约国自愿提交资料（第172段）及咨询机构和世界遗产中心的审查

**7. 其他具体程序——列入《濒危世界遗产名录》、从《世界遗产名录》中除名和加强监控**

7.1 列入《濒危世界遗产名录》

7.2 将遗产从《濒危世界遗产名录》中除名

7.3 将遗产从《世界遗产名录》中除名

7.4 强化式监测机制

**8. 建议、路线图和后续步骤**

**9. 结论**

参考文献

附件

附件 A　建议摘要

61

附件 B　访谈流程

3

附件 C　调查的详细结果

附件 D　遗产地管理者论坛

附件 E　反应性监测项目的职权范围和概念说明

附件 F　划拨给《濒危世界遗产名录》中若干被选中的世界遗产的资金

附件 G　案例研究和使用反应性监测流程的积极例子

# 缩写词

AB 咨询机构

Abs 诸咨询机构

CBD《生物多样性公约》

CITES《濒危野生动植物种贸易公约》

CMS《养护移栖物种公约》

COM 委员会会议

DSOCR 保存的理想状态

DL 濒危名录

EIA 环境影响评估

HIA 遗产影响评估

ICCROM 国际文物保护与修复研究中心

ICOMOS 世界古迹遗址理事会

IUCN 世界自然保护联盟

NGO 非政府组织

OG 操作指南

OUV 突出普遍价值

PR 定期报告

RAMSAR《拉姆塞尔国际重要湿地公约》

RM 反应性监测

RoP 议事规则

RT 审查小组

SD 可持续发展

SD 遗产地管理者

SMF 遗产地管理者论坛

SOC 保护状况

SOUV 突出普遍价值声明

SP 缔约国/各缔约国
UNESCO 联合国教育、科学及文化组织
WCPA 世界保护区委员会(国际自然保护联盟下设机构)
WH 世界遗产
WH Committee 世界遗产委员会
WH List 世界遗产名录
WHC 世界遗产中心

# 致谢

　　许多人慷慨地为这份报告付出了时间并提供见解。作者要感谢所有做出贡献的人，尤其要感谢本报告附件 B 中接受本项目采访的所有参与者，本报告附件 C 中所有的调查参与者，以及参加 2018 年巴林麦纳麦遗产地管理者论坛和本报告附件四中概述的反应性监测会议的所有世界遗产地管理者。感谢遗产地管理者论坛的组织者提供了与管理者们互动的机会。我们还要感谢教科文组织世界遗产中心（WHC），该中心为调查的实施和分析提供了宝贵的支持。作者还要感谢世界遗产中心政策和法定会议组主任彼佳·托查洛娃，以及理查德·韦隆，他在整个项目中给予了宝贵、有益和友好的支持。我们感谢咨询机构（国际天主教移民组织、国际古迹遗址理事会和世界自然保护联盟）和世界遗产中心的工作人员对发放给缔约国和其他利益攸关方的初步问卷提出意见，并对本报告初稿提出非常详细的意见。作者感谢世界遗产中心主任梅切尔德·罗斯勒的宝贵指导和支持，也感谢世界遗产中心所有行政人员对项目行政方面的支持。最后，感谢缔约国瑞士通过联邦环境办公室（FOEN）对本项目的财政支持。

# 报告

## 1. 引言

### 1.1 项目背景

（1）《世界遗产公约》（以下简称《公约》）是最重要的全球性保护文书之一。该公约创建于1972年，其主要任务是确定和保护被认为具有突出普遍价值的世界自然和文化遗产。该公约基于这样一个前提，即有些地方如此重要，保护它们不仅是一个国家的责任，也是整个国际社会的责任；不仅是为了这一代，也是为了子孙后代。《操作指南》为《世界遗产公约》的实施提供了便利，该指南规定了新的碑铭、遗址保护、濒危名录以及在世界遗产基金下提供国际援助的程序。《公约》由缔约国大会和世界遗产委员会管理，并得到教科文组织世界遗产中心（世界遗产中心）、公约秘书处和委员会三个技术咨询机构（世界自然保护联盟、国际古迹遗址理事会和国际文物保护与修复研究中心）的支持。《公约》的一个独特之处是其监测世界遗产保护状况的能力。

（2）实施世界遗产公约的《操作指南》将反应性监测定义为："世界遗产中心、教科文组织其他部门和咨询机构向世界遗产委员会报告濒危的特定世界遗产的保护状况"（第169段）。反应性监测程序是根据国际法律文书开发的最广泛的监测系统之一，多年来已从纯粹的临时和经验性报告发展到《操作指南》第四章规定的当前程序，有一套明确的程序和格式。就本报告而言，反应性监测是指与《操作指南：世界遗产保护状况监测程序》第四条相关的所有程序和操作。

（3）然而，参与执行《世界遗产公约》的一些关键行为者并不总是完全理解反应性监测进程的程序和益处。这种缺乏理解（或误解）有时会妨碍恰当执行世界遗产委员会通过的关于自然和文化遗产保护状况的决定。因此，2017年世界遗产委员会通过了关于反应性监测的第40届委员会会议7号决定，内容如下：

- 27. 注意到议程项目7A和7B下进行的讨论，并要求世界遗产中心与咨询机构和缔约国协商，促进更好地了解列入濒危世界遗产名录的遗产的影响和利益，并制定适当的这方面的信息材料，以消除对《濒危世界遗产名录》的负面看法。信息材料应强调保护突出普遍价值的重要性；

- 28. 要求世界遗产中心与咨询机构合作,评估反应性监测的有效性,包括程序和案例研究,并提交一份初步报告,供世界遗产委员会 2018 年第 42 届会议审议(如果有资金)。

(4) 为执行这一决定,教科文组织世界遗产中心开发了一个项目:附件 E 概述了该项目的职权范围。该项目的目标是:"通过增强《世界遗产公约》反应性监测程序的有效性和增进对程序的理解,加强《公约》的实施。"该项目由一个审查小组负责实施,该小组由国际天主教移民委员会的前工作人员加米尼·维耶苏里亚先生和自然保护联盟的前工作人员戴维·谢泼德先生组成,前者负责项目的文化遗产方面,后者负责项目的自然方面。然而,项目结果一向被预期为一份整合性的综合报告。

## 2. 遵循流程

(5) 该项目是以完全公开和协商的方式进行的。本报告以广泛的信息投入为基础,其中包括:① 审查小组在世界遗产中心的支持下开展的详细在线调查(分发给所有 193 个缔约国,且对《公约》感兴趣的任何人都能参加这项调查);② 对教科文组织世界遗产主要利益相关方,包括澳大利亚统计局、卫生和植物检疫处、专家和其他相关人士进行了多次访谈;③ 在与 2018 年世界遗产委员会联合举办的 2018 年世界遗产地管理者论坛(SMF,2018 年)上与世界遗产遗产地管理者进行了咨询沟通;④ 审查与世界遗产反应性监测有关的一系列文件;⑤ 参加 2018 年在巴林举行的世界遗产委员会会议。第 1.2 条和相关附件详细说明了调查和访谈的信息。该报告包括各项建议,这些建议在报告全文中列出,并在附件 A 中作了概述。这些建议按优先顺序排列,并为每项建议确定了绩效指标。本报告第 8.0 条概述了执行建议的路线图。

### 2.1 在线调查

(6) 审查小组还开展了一项在线调查,以《公约》的英文和法文两种语言版本尽可能广泛地分发给教科文组织世界遗产利益相关方,所有利益相关方都有机会完成调查。在分发之前,调查草案被分发给一部分世界遗产利益相关方,征求他们的意见和建议,提出的意见被纳入最终的调查问卷。本报告附件 C 概述了此次调查完整、详细的报告,调查结果纳入了本报告全文。调查有 90 名受访者,在区域和性别之间保持了良好平衡。这 90 名受访者并非都回答了调查中的每一个问题,因为有些问题与其具体专业知识无关。例如,有些问题是针对世界遗产委员会成员的,世界遗产地管理者无法合理地回答这些问题。这解释了为什么在某些情况下,统计数据基于 90 个答复,而在其他情况下,基于较少的回复数字。如图 1 所示,大多数答复者来自缔约国代表(52%),其次是世界遗产管理者(36%)。

(7) 如图 2 所示,大多数受访者来自文化遗产领域(74%),其次是自然遗产领域(19%)和混合遗产领域(6%)。这些数字大致反映了世界遗产名录上的遗产数量,其中 1 092 项遗产中,77% 为文化遗产,19% 为自然遗产,4% 为混合遗产。

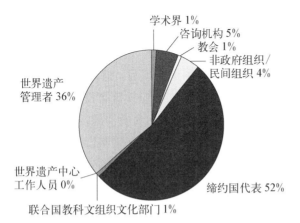

图 1 参与调查的受访者

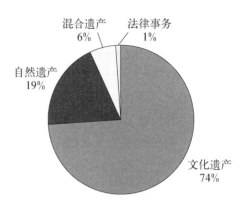

图 2 受访者专业领域

（8）大多数调查问题的答案根据满意度从 0 到 5 进行评分，0 表示"不满意"，5 表示"优秀"。审查小组注意到，该调查已广泛分发给教科文组织世界遗产所有利益相关方，所有利益相关方都有平等的机会参与。事实上，如果愿意，任何对世界遗产感兴趣的人都有机会参与。与教科文组织可比较的世界遗产调查相比，该调查答复率很高，这突出了本报告全文中汇报的调查结果的可信度。

### 2.2 访谈

（9）访谈产生的信息也是审查的重要内容。附件 B 列出了所有受访者的名单。在受访者中，32% 为女性，68% 为男性，65% 代表文化遗产领域，35% 代表了自然遗产领域。大多数访谈遵循审查小组制定的标准模板（见附件 B），以便对访谈信息进行汇总和分析。审查小组在巴林举行的 2018 年世界遗产委员会会议上采访了一些人士，随后通过电话和 Skype 进行了采访。审查小组共访谈了 53 人，代表以下各方：

- 世界遗产委员会缔约国：代表 12 个世界遗产委员会缔约国的 14 人；
- 《世界遗产公约》的其他缔约国：12 人，代表 11 个缔约国（其中大多数是世界遗产委员会前成员）；
- 世界遗产中心：代表世界遗产中心的 11 人；
- 咨询机构：代表 3 个咨询机构的 12 人；
- 遗产地管理者：随机选择 5 名；
- 非政府组织：3 人，代表 3 个不同的非政府组织。

### 2.3 世界遗产地管理者论坛(SMF)

（10）结合 2018 年世界遗产委员会会议，为世界遗产管理人员举办了一次论坛。该论坛的部分内容涉及反应性监测项目，所有 27 名参加者都完成了一项调查问卷。该调查的结果以及世界遗产管理者对反应性监测优缺点的看法摘要收录在附件 D 中。

## 3. 反应性监测的背景和一般观点

### 3.1 反应性监测的背景

（11）如上所述，《世界遗产操作指南》将反应性监测定义为"世界遗产中心、教科文组织其他部门和咨询机构向世界遗产委员会报告受威胁的特定世界遗产的保护状况"（第169段）。多年来，反应性监测进程已经从纯粹的临时性和经验性报告演变为《操作指南》第四章中界定的当前过程，包括一套明确的程序和格式。

（12）反应性监测必须在《世界遗产名录》的背景下考虑。截至2018年11月1日，该名录包括1092处世界遗产，其中有：845处文化遗产（77%）；209项自然遗产（19%）和38项混合遗产。自《世界遗产公约》出台以来，尤其是自1978年最早的12处遗产列入名录以来，《世界遗产名录》发展迅速，具体可见：https://edition.cnn.com/travel/article/unesco-first-12-world-heritage-sites/index.html，其中包括厄瓜多尔的加拉帕戈斯群岛、美国的黄石国家公园和塞内加尔的戈雷岛。名录的增长如图3所示。

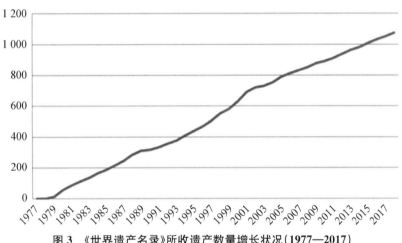

图3 《世界遗产名录》所收遗产数量增长状况（1977—2017）

（13）这种增长给反应性监测带来了挑战，保护状况报告经世界遗产委员会审查的遗产数量也显示出类似的增长。如图4所示。

（14）卡梅伦和罗斯勒（2013）详细记录了世界遗产地的监测历史，指出反应性监测的起源可追溯到1982年，"当时世界遗产委员会支持定期了解世界遗产地的保护状况、为保护它们采取的措施以及在世界遗产基金协助下开展的活动"。委员会请咨询机构就这一问题提供咨询意见，1983年，世界自然保护联盟（IUCN）向世界遗产委员会提交了一份文件。该委员会的决定指出："非常希望定期了解世界遗产的保护状况"，并进一步指出："委员会倾向于目前（1983年）不建立正式的报告制度，而是鼓励自然保护联盟（IUCN）、国际古迹遗址理事会（ICOMOS）和国际文物保护与修复研究中心（ICCROM）通过其专家收集信息"。这标志着对世界遗产地保护状况的非正式监测的启动，促进了保护信息的提供，

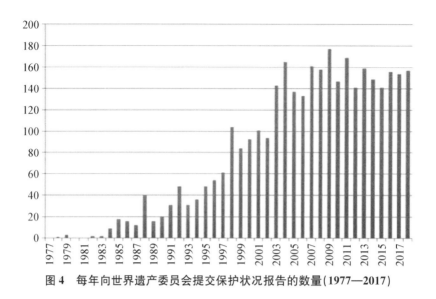

图4　每年向世界遗产委员会提交保护状况报告的数量(1977—2017)

并最终建立了《世界遗产操作指南》所界定的"反应性监测"和"定期报告"的正式程序。这一演变表明,《世界遗产公约》缔约国越来越重视世界遗产的保护地位。

（15）部分受访者认为,与提名流程及相关问题相比,对反应性监测流程仍缺乏了解。当被问及"对《世界遗产公约》下反应性监测的认识水平"时,37％的受访者指出他们"定期参与",63％的受访者指出他们"有时参与过反应性监测",见图5。在接受采访的27名遗产管理者中,只有8名表示他们知道保护状况（SOC）的流程,11名表示他们知道,但不是非常详细。

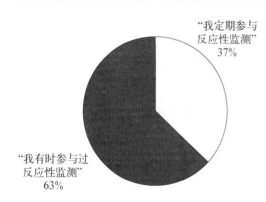

图5　《世界遗产公约》下反应性检测调查受访者的认识水平

### 3.2　反应性监测对实现《世界遗产公约》的目标有多重要？

（16）这个问题直接向所有受访者提出,也向巴林研讨会上的世界遗产管理者提出。所有答复的压倒性共识是,反应性监测是《世界遗产公约》的一个基本要素,也是加强《公约》的一个关键特征。一些受访者指出,反应性监测实际上是《公约》下最重要的过程,因为这关系到世界遗产是否能为子孙后代保存下去。然而,与会者还一致认为,反应性监测程序可以改进,下文概述了一些具体建议。

（17）许多受访者指出,多年来,处理世界遗产保护状况的反应性监测过程有了很大发展,既有积极的方面,也有不太积极的方面(作者以这种表述替代"消极的方面")。从积极的一面来看,人们注意到,报告的专业性,特别是咨询机构和世界遗产中心的报告质量有了显著提高。从不太积极的一面来看,一些受访者指出,近年来,世界遗产委员会已经从更加"注重技术"转变为更加"注重政治",例如推翻咨询机构的建议,这使《世界遗产公

（18）《世界遗产公约》下的反应性监测过程是基于任何遗产地的生物多样性相关公约下最大和最有效的监测系统。《拉姆塞尔公约》也有类似的程序，包括《蒙特勒议定书》（相当于濒危名录），但就所涵盖的遗产和程序的范围而言，该公约并不全面。应在《世界遗产公约》下的反应性监测和其他基于遗产的公约下①的监测之间建立更好的联系，以确保交流信息，吸取和分享经验教训。这对于拥有一个以上公约②的遗产地尤其重要，例如奥卡万戈三角洲，它既是世界遗产，也是《拉姆塞尔公约》指定的遗产。信息和环境评估会议讨论了在国家一级对具有多种名称的遗产进行多重报告的问题。这些会议指出，应当在基层努力加强协同作用，但每项公约都有自己的特点，不可能设计一种"一刀切"的报告格式。因此，不可能避免某种程度的重复努力。

（19）反应性监测也是评估世界文化遗产保护状况的唯一国际监测过程，尽管它仅限于被视为对突出普遍价值（OUV）构成威胁的世界文化遗产。自然保护联盟还开发了"自然保护联盟世界遗产展望"（https://www.worldheritageoutlook.iucn.org/），这是自然保护联盟的一个产品，不属于《公约》下的正式咨询机构程序。它是对世界遗产地保护前景的单一时间点综合评估，但仅限于世界遗产中的自然遗产和混合世界遗产的自然方面。它被定位为支持法定程序的补充工具，并借鉴法定监测程序（保护状况报告、监测任务等）以及纳入最终评估的其他数据/证据来源。

（20）定期报告是《世界遗产公约》下的另一个过程，由缔约国作为自我报告系统进行，没有咨询机构和世界遗产中心的直接参与。反应性监测审查小组注意到，这两个过程各不相同，但二者都产生与世界遗产保护状况相关的信息，并在《世界遗产公约》中发挥重要作用。应探索机会更好地将这两种监测形式联系起来，并加强定期报告和自然保护联盟"世界遗产展望"之间的联系。此外，在很大程度上由于世界遗产过程和相关能力建设的推动，遗产地一级的监测已经发生了很大变化。还应加强反应性监测和国家一级监测之间的联系，以确保共同为世界遗产地的突出普遍价值做出贡献。另外，监测应与世界遗产地的管理明确挂钩，以支持突出普遍价值的可持续性，并避免重复劳动。

（21）调查提出了一个问题："你如何评价反应性监测对实现《世界遗产公约》目标的贡献程度"，回答见下文图6。这清楚地表明了反应性监测在实现《世界遗产公约》目标方面的重要性。这一重要性强化了所有受访者的观点。因此，显而易见，反应性监测是至关重要的对世界遗产的贡献，主要挑战是确保反应性监测及其成果得到最有效的应用，特别是保护和维护突出普遍价值。

（22）如图7所示，对世界遗产地进行监测的调查对象也对监测的有效性持积极态度。这表明反应性监测对缔约国和世界遗产管理者的重要性。

---

① 这部分是通过由联合国环境署推动的信息环境评估倡议进行的：https://www.informea.org，世界遗产委员会通过的所有决定都通过该系统与所有其他生物多样性相关公约共享。

② 自然保护联盟已经编写了一份关于多重国际指定区域管理的出版物（MIDAS），http://www.iucn.org/content/managing-midas-harmonising-management-multi-internationally-designated-areas。

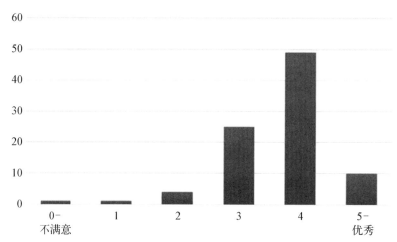

图6 对问题"你如何评价反应性监测对实现《世界遗产公约》目标的贡献程度"的回答数量

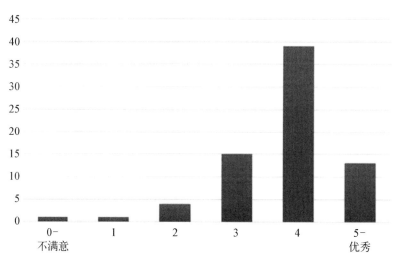

图7 对问题"如果你的财产被纳入反应性监测,你如何评价这对达成世界遗产中心目标的贡献程度?"的回答数量

### 3.3 反应性监测的积极方面

(23) 许多受访者指出,反应性监测为世界自然遗产和文化遗产带来了许多关于保护的"成功故事"。通过《保护状况报告》进行的反应性监测促进了一些明显的行动,这些行动"在实地"产生了影响,例如启动积极的保护行动,停止或限制影响世界遗产"突出普遍价值"的房地产开发项目。受访者提到了一些例子,包括:

通过在1公里内限制基础设施建设保护科隆大教堂。这是对世界遗产标志性建筑的"突出普遍价值"存在潜在影响的有力回应;

墨西哥埃尔比兹凯诺世界遗产地一个盐矿的停产是《世界遗产公约》的一个重大成功案例。民间社会的大力参与和公众压力,包括世界遗产中心收到的3万封信,使盐矿停止

开采；

俄罗斯天然气工业股份公司提议将圣彼得堡世界遗产地缓冲区的塔楼移至距离原位置6英里的地方，这对民间社会和反应性监测过程来说是一个"大胜利"；

将跨西伯利亚输油管道的建设改道至贝加尔湖世界遗产区边界之外①；

改变华斯卡兰国家公园的道路路线，以避免损坏脆弱的高山草甸而影响该场地的"突出普遍价值"。这获得了相关公司的直接合作，以及2 000万美元的直接现金支持，用于围绕脆弱的生态系统重新铺设道路；

停止与冬季奥运会相关的索契国家公园（毗邻西高加索世界遗产区）的一些不适当的开发项目，尽管仍存在一些问题；

根据反应性监测代表团的建议，玛纳斯野生动物保护区的保护工作有了重大改进，使该遗产从世界濒危遗产名录中删除；

停止意大利阿德里亚娜别墅缓冲区内市政当局最初批准的住房开发项目；

有一些涉及战争/活跃冲突地区的世界遗产地，例如在刚果民主共和国和马里，这些遗产地在武装冲突期间没有被遗弃，仍然受到保护，这在很大程度上归功于反应性监测代表团和相关的后续行动；

在一些情况下，缔约国要求将世界遗产列入濒危名录，以作为强调世界遗产地面临挑战的积极工具。这些案例包括：美国的沼泽地和厄瓜多尔的加拉帕戈斯；

协助将伯利兹世界遗产从濒危名录中删除；

科特迪瓦世界遗产科莫埃国家公园，在动物和栖息地的保护管理得到改善后，从世界遗产濒危名录中删除②；

塞伦盖蒂国家公园内，塞伦盖蒂南部绕行公路的可行性研究和初步设计已经启动，以减少环境对世界遗产地内自然价值的影响；

维龙加国家公园内，索科国际公司——一家国际石油和天然气勘探和生产公司，决定停止在世界遗产地的石油勘探活动。

（24）附件G概述了使用反应性监测过程的积极例子的案例研究，包括使用世界遗产濒危名录的积极例子。这些案例研究既包括世界遗产的自然和文化遗产，也包括缔约国本身要求将其领土上某个遗产地纳入濒危名录的例子。案例研究还包括了濒危名录带来的前景引发重要保护行动的例子。还有许多其他成功案例显示了反应性监测为世界遗产保护状况带来的重大积极变化。一些受访者指出，这些成功的故事并不广为人知，应该更好地推广和宣传。

建议1：鉴于人们对《世界遗产公约》下反应性监测的许多积极保护成果的认识有限，建议：世界遗产中心和咨询机构应与缔约国合作并通过缔约国制定一项宣传战略，以突出和宣传《世界遗产公约》的成功案例，包括与《濒危世界遗产名录》相关联的案例。

---

① 见世界遗产中心第30次委员会会议（COM）7B.18号决定（2006年）。
② 更多信息请访问：https://whc.unesco.org/en/news/1682/.

(25) 反应性监测不仅改善了遗产地保护和管理，还有许多其他积极影响。例如，反应性监测为与主要利益相关方讨论与世界遗产相关的关键问题提供了基础。反应性监测往往为确保缔约国、世界遗产管理人员、咨询机构和民间组织之间的有效对话与合作提供框架。此外，反应性监测还为世界遗产专题方法和行动计划的发展做出了贡献，如世界遗产委员会于2011年通过的《教科文组织宗教遗产倡议》①。

(26) 与缔约国进行有效、公开和明确的对话是反应性监测过程所有阶段的一个基本要素。尤为重要的是，世界遗产中心、咨询机构、缔约国和其他主要利益相关方在反应性监测任务的规划、执行和后续行动中要有明确的沟通。反应性监测的一个优势是与主要利益相关方的伙伴关系，特别是缔约国、世界遗产中心和咨询机构之间的伙伴关系。与民间组织进行有效对话和沟通也很重要，民间组织可以发挥重要作用。在许多情况下，反应性监测为民间组织提供了一个重要的、有时是唯一的切入点，来讨论和表达他们对世界遗产的保护和管理的看法。民间组织对世界遗产的参与因国家而异，但总体而言，在保护世界各地的世界遗产方面都发挥了重要作用②。一些非政府组织为一些世界遗产划拨了大量资金，这也凸显了民间组织在《世界遗产公约》中可以发挥的重要作用。

(27) 还需要与私营部门等合作伙伴就世界遗产进行有效对话，这些合作伙伴的行动可能会影响世界遗产的突出普遍价值。已经与一些行业合作伙伴就具体的世界遗产进行了大量对话，尤其是与采掘业就世界遗产中的采矿"禁止"承诺开展了对话。目前正在与一系列其他"非传统"团体和部门发展对话和伙伴关系，如投资银行家和保险部门。这一点尤其重要，因为银行的政策指示和行动，包括发放贷款，可能对阻止世界遗产进程中的不适当发展，如对重大基础设施项目产生重要影响。这也与欧洲联盟的政策指令相关，包括强制性影响评估（另见6.5反应性监测任务和其他非法定的任务及报告）。

建议2：鉴于就反应性监测需要开展更好的对话，建议：世界遗产组织缔约国、世界遗产中心与咨询机构应确保在反应性监测进程的所有阶段进行有效对话。对话应由明确的沟通计划指导，该计划须在世界遗产反应性监测流程开始时制定，须明确主要利益相关方，并说明他们应该如何参与。主要利益相关方应包括每个国家的相关政府机构、世界遗产遗址管理人员和民间组织。非传统部门，如基础设施开发、能源、银行和保险部门，也应参与和保护世界遗产有关的对话。

(28) 反应性监测的另一个积极好处是改善了世界遗产地管理机构的形象。就政府机构和优先事项而言，这些机构往往"地位较低"，反应性监测任务可以提高遗产地保护问题的重要性，也可以提高这些机构本身的相对重要性。根据许多受访者的说法，反应性监测已经引起了高层政治家和官员的注意。它还鼓励缔约国分配更多资源用于世界遗产地的保护和管理。反应性监测也有助于缔约国重新思考和改进自身的世界遗产管理流程系

---

① 更多信息请访问：https://whc.unesco.org/en/religious-sacred-heritage/.
② 民间社会的关键作用得到了委员会会议（COM）一些决定的支持，如 http://whc.unesco.org/en/decisions/7112 的 42COM 7 第 13—16 段，或 http://whc.unesco.org/en/decisions/6940 的 41 COM 7 第 40 段。

统,并支持和促进有针对性的能力建设,如引入遗产影响评估(HIA)。缔约国还受益于《世界遗产公约》《拉姆塞尔公约》和《保护水下文化遗产公约》等其他公约之间加强的合作。例如,在《世界遗产公约》和《保护水下文化遗产公约》①的框架内,国际古迹遗址理事会/国际古迹遗址理事会联合代表团对世界遗产(保加利亚内塞巴尔)进行了咨询访问。

**3.4 反应性监测的负面影响**

(29) 许多受访者评论道,世界遗产委员会日益"政治化",这是反应性监测的"不太积极的方面"之一。在世界遗产委员会推翻、削弱或软化咨询机构关于反应性监测建议的背景下,"政治化"经常被提及。在同样的背景下,由于突出的作风和管理问题,违反咨询委员会建议的遗产登记往往需要进一步的反应性监测。同意指数是接受咨询委员会建议的一个指标,图8显示了咨询机构关于《濒危世界遗产名录》的建议随着时间推移被世界遗产委员会接受的百分比。

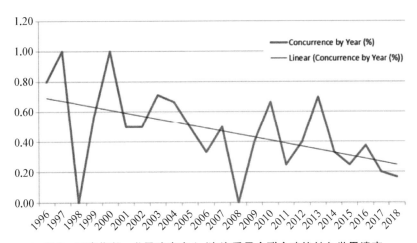

图8 同意指数:世界遗产中心/咨询委员会联合建议纳入世界遗产濒危名录与被世界遗产委员会接受的百分比

同意占比/每年(%) 直线[每年的同意占比(%)]

(30) 现有资源是反应性监测的一个特殊挑战,特别是反应性监测过程产生的建议与缔约国可用于执行这些建议的资金不匹配。虽然有一个良好的反应性监测系统,有明确的程序,但咨询委员会和世界遗产中心的资源限制使其难以监测和提供进一步的建议,以确保结果的适当实施。实质上,没有可用的办法实现保护状况过程中表达的雄心,特别是保护状况报告和世界遗产委员会通过的报告中概述的建议。例如,对世界遗产地内或附近的活动进行环境或遗产影响评估的建议当然有效,但有时超出了世界遗产管理机构的能力,尽管这通常是他们的责任。或者,资金可能无法立即到位,需要时间通过国家程序获得。由于缺乏资金,世界遗产中心和咨询机构在及时提供咨询方面也受到限制。

(31) 一些受访者提议,在世界遗产地内或附近进行开发的情况下,与环境影响评估/

---

① 见 http://whc.unesco.org/en/news/1758/.

遗产影响评估相关的费用和相关费用应由提议者承担,但应由缔约国执行此类政策规定。反应性监测过程的建议需要更好地与国家一级的资金来源合作,这需要缔约国和国际层面采取行动,以确保这些建议得到执行。鉴于这些不匹配的情况,受访者还指出,分配给执行委员会决定和汇报的时间既不充分也不实际。

(32)第6.5节(反应性监测任务和其他非法定任务及报告)中讨论了反应性监测代表团的其他一些不太积极的方面。

建议3:鉴于反应性监测过程的结果与现有资源之间的不匹配,建议:反应性监测过程产生的决策和建议应更明确地与国家和国际层面的潜在资金来源相关联,在可用于实施的资源和时间方面也应切合实际。建议和决定的优先顺序应考虑资源和时间限制。

(张珊珊)

## 4. 法律框架

### 4.1 《世界遗产公约》《操作指南》和《议事规则》

(33)大多数受访者指出,《世界遗产公约》《操作指南》和《议事规则》为反应性监测提供了一个适当的框架,目前不需要作出改变。若干受访者强调,《议事规则》是相关的、明确的,写得很好。一些受访者指出,任何审查或重写都可能弱化《操作指南》,因此应该避免。关于《议事规则》也提到类似的意见。比如,一些受访者提到 21 世纪初对《操作指南》的审查中,有人建议,在把某一项世界遗产列入《濒危世界遗产名录》清单前应先征得缔约国同意,这可能就会削弱世界遗产委员会的独立性和作用。这一点当时没有被接受或纳入《操作指南》,但是如果被接受,那就会削弱《世界遗产公约》。

(34)一些受访者对世界遗产委员会在实施《操作指南》中的有效性提出挑战。重要的是,世界遗产委员会所有成员都应充分了解《操作指南》的内容,并按照《世界遗产公约》的精神加以实施。《公约》旨在确定和保护具有"突出普遍价值"(Outstanding Universal Value)的遗产。

(35)调查结果显示,公众对《实施〈世界遗产公约〉操作指南》持积极观点。如图 9 所示,受访者就《操作指南》是否足以确保遗产的"突出普遍价值"作出评分,评分结果显而易见,受访者认为《操作指南》在保护"突出普遍价值"(OUV)中起着关键作用。

(36)受访者对于世界遗产委员会会议对反应性监测报告的审查和《议事规则》的满意度很高,如图 10 所示。

(37)反应性监测审查小组提到,许多受访者认为目前不应修改《操作指南》和《议事规则》。但是,审查小组提到了一些需要改变或改进的领域,他们建议这些改变可以通过《操作指南》增加一些修订或制定内部政策和程序文件来实现。这些领域包括:

- 修改报告书的格式,使其更简单易用(审查小组已获悉,这项工作已经在进行中)。
- 要求为所有列入《濒危世界遗产名录》清单的遗产制定明确的成本计划,这将有助

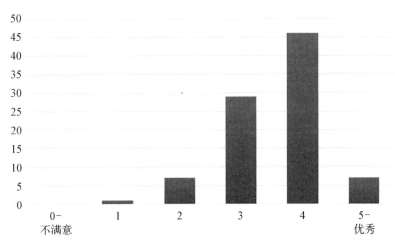

图9 对问题"您如何评价《操作指南》(第四章)的规定的充分性,它是否确保世界遗产的'突出普遍价值'得到充分保留?"的回答数量

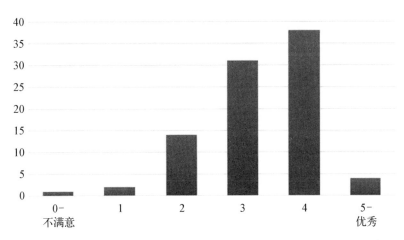

图10 对问题:"您是否认为世界遗产委员会《议事规则》的条文足以框定在委员会会议期间对反应性监测报告(《保护状况报告》)的审查进行充分讨论?"的回答数量

于将该遗产从《濒危世界遗产名录》中移除。事实上,《世界遗产公约》明确指出:"此清单应包括所有操作的成本估算。"这种成本计算方法应该确定每一遗产的优先级操作及其成本,以解决每项遗产的保护问题。这应该和对捐赠者的有效了解和沟通联系起来,例如通过召开捐赠者圆桌会议,旨在调动资金来解决导致被列入《濒危世界遗产名录》清单的问题(参见 7.1 和建议 29)。

● 对于已列入《濒危世界遗产名录》清单超过 10 年且严重受损的遗产,需要特别注意,这些遗产往往与冲突有关,而且难以解决。因此,这阶段的目标应该是限制损害并调动支持和行动来保护它(参见 7.1)。

(38)受访人士提到一些与术语和表述有关的问题。例如,受访者中一些很有经验的人士表示对"反应性监测工作流程"(Reactive Monitoring Process)和"反应性监测任务"(Reactive Monitoring Missions)之间的区别感到困惑。尽管我们最初的解释是我们讨论的是更广泛的反应性监测流程,但大多数回复都集中在任务上。有些人认为,即使缔约国采取的"积极行动"(proactive actions)(例如根据第 172 段提供的信息)也可归入反应性监测的范畴。《保护状况报告》有两种类型:一种由缔约国编写,另一种由世界遗产中心(WHC)和咨询机构(AB)为委员会编写。一些受访者指出,"濒危世界遗产名录"一词虽然来自公约文本,但具有一些消极含义,他们认为有必要采用其他更具积极含义的措辞。事实上,这些观点并不是新的,委员会已经要求"在这方面编撰适当的材料,以克服对《濒危世界遗产名录》的负面看法"①。一些受访者指出,列入《濒危世界遗产名录》清单的遗产可以改为"根据第 11 条第 4 款列入的遗产",以便进行必要的保护行动,并根据《公约》要求提供援助;它不是《濒危世界遗产名录》,而是可以称为"第 11(4)条所列的世界遗产名录"。

建议 4:虽然大多数受访者认为世界遗产《操作指南》和《议事规则》是详尽的,但反应性监测审查小组发现可以做出一些改进并建议:世界遗产委员会考虑通过制定内部政策和程序文件来做出改变,以提升世界遗产《操作指南》的功能,包括但不限于以下方面:以更积极的方式描述《濒危世界遗产名录》的术语;制定濒危遗产的成本估算行动方案;并且需要特别关注已列入《濒危世界遗产名录》超过 10 年的遗产。

## 5. 反应性监控过程中的主要参与者

### 5.1 概述

(39)反应性监测过程中涉及若干关键角色,本节将讨论下列问题:(5.2)世界遗产委员会;(5.3)缔约国;(5.4)世界遗产中心;(5.5)咨询机构;(5.6)民间组织/非政府组织(Civil Society)。该调查询问了受访者对每个参与者的有效性的看法,并在下面的章节中报告对每个参与者的调查结果。需要提出的是:"有效性"是在广义上使用,"民间组织/非政府组织"也包括在内,尽管它在反应性监测进程中没有正式的作用。调查结果详见下文图 11。

(40)以下为每一个主要角色的评分均为"非常好"(4)或"优秀"(5)时的百分比
- 非政府组织/民间组织:25%的在线调查受访者表示其有效性为"非常好"或"优秀"。
- 咨询机构:53%的在线调查受访者表示其有效性为"非常好"或"优秀"。
- 世界遗产中心:56%的在线调查受访者表示其有效性为"非常好"或"优秀"。
- 缔约国:34%的在线调查受访者表示其有效性为"非常好"或"优秀"。
- 世界遗产委员会:42%的在线调查受访者表示其有效性为"非常好"或"优秀"。

(41)这些结果突出了世界遗产中心和咨询机构的高可信度,在下文的访谈结果中也

---

① 参见《决议:40 COM 7》,第 27 段,http://whc.unesco.org/en/decisions/6817 23.

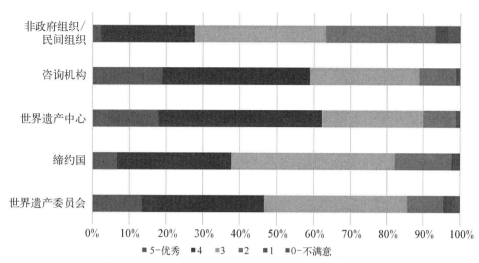

图 11　受访者对世界遗产主要参与者在反应性监测方面的有效性的看法

强调了这一点。同时,调查结果和访谈中都提到同一个问题:在资源不足的情况下,所有主要参与者都面临着压力,工作负荷不断增加,特别是每个世界遗产委员会在《世界遗产名录》清单中不断增加世界遗产数量,这就意味着要不断增加需要提交的《保护状况报告》的数量。值得注意的是,世界遗产委员会要求世界遗产中心将每届会议提交的《保护状况报告》总数保持在150左右。考虑到所涉及的工作量和需要保持高质量的报告,这也是世界遗产中心和咨询机构每年可以产生的最大报告数量。然而,《保护状况报告》只是"冰山一角",因为工作人员很大一部分的时间花在了保护事务上,而世界遗产委员会对此并没有进行审查①。

### 5.2　世界遗产委员会

(42)世界遗产委员会的结构和作用载于《操作指南》第19至26条。《操作指南》中,与委员会在反应性监测中的作用最相关的部分包括:

23:委员会的决定基于客观和科学的考虑,为此进行的任何评估工作都应该得到彻底和负责的贯彻。委员会认识到这类决定取决于以下几个方面:(a)认真编撰的文件;(b)详尽、统一的程序;(c)资深专家的评估;(d)必要时,使用专家仲裁。

24:委员会的主要职能是与缔约国合作,除其他外:(b)通过反应性监测和定期报告,审查已经列入《世界遗产名录》清单的遗产的保护情况;(c)决定《世界遗产名录》中哪些遗产应该列入《濒危世界遗产名录》或从中删除;(d)决定是否将一项遗产从《世界遗产名录》上删除。

(43)为了讨论这一问题,世界遗产委员会指出,出席委员会会议的人,无论他们的背景如何,无论是外交官还是遗产专家,他们拥有就反应性监测进程做出决策的最终权力。

---

① 例如通过根据《操作指南》第172至174段操作得到的信息。

（44）50%的调查对象参与了委员会层面的决策工作。受访的14名委员会成员和12名前委员会成员参与了委员会一级的决策。当被问及"您是否认为世界遗产委员会《议事规则》的规定充分考虑了在委员会会议期间对《保护状况报告》的审查进行讨论"时，只有45%的被调查者选择"非常好"（4）和"优秀"（5），参见图12。

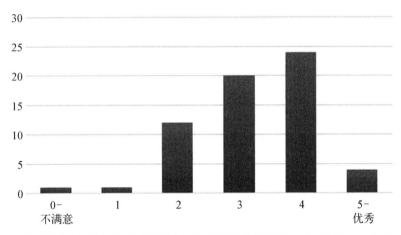

图12 对问题："您认为世界遗产委员会《议事规则》的规定是否足以框定委员会会议期间就审核《保护状况报告》进行讨论的规范？"的回答数量

（45）关于他们如何"总体上理解委员会会议决议的内容和明确性"，反应不一，如图13所示。调查中的大多数答复都指出，会议决议是"明确的"（55%），并且"反映了实际情况"（39%）。然而，相当多的受访者指出，决议"难以实施"（27%）和"难以理解"（21%）。这表明了委员会会议决议尚待改进的领域，特别是在确保决议更容易执行方面。必须记住，许多《世界遗产名录》中的遗产地和管理机构都不是用英语或法语的。即使是对母语为英语或者法语为母语的人，会议决议和咨询机构的建议也可能非常微妙，甚至难以解释。因此，在必要时将会议决议和建议转化为当地语言非常重要，尤其是对于遗产地现场工作人员的操作。

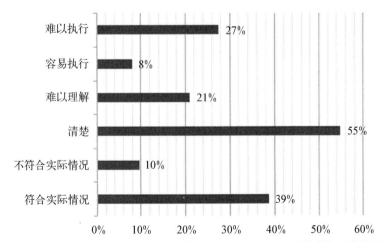

图13 对问题："您如何看待委员会会议决议的内容和明确性？"的回答数量

(46)调查中,当被问及"如果已经接受过反应性监测,您如何看待委员会关于您所在的遗产地现场①的决议内容和清晰度?"回答是不同的,见图 14。有趣的是,55%的被调查者表示,这些决议反映了实际情况,而 39%的被调查者表示这些决议难以实施。此外,访谈中,大多数被访者认为决议没有反映实际情况,也难以实施。这一结果就进一步强调了上文提到的观点,即委员会的会议决议必须反映实地现实,并明确告知负责在缔约国内执行决议的工作人员。

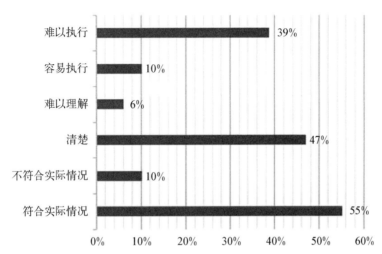

图 14  对问题:"如果已经接受过反应性监测,您如何看待委员会关于您所在的遗产地现场的决议内容和清晰度?"的回答数量

建议 5:鉴于反应性监测审查所提出的、有关世界遗产委员会决策的理解和执行的问题,建议:应更加注意确保世界遗产委员会的决定反映实地现实,并确保世界遗产委员会的决定向利益相关者做出明确阐释,特别是那些负责实施决定的人员,包括世界遗产管理者。如有需要,世界遗产委员会的会议决议和建议应翻译成当地语言,以加强理解和执行。

(47)一些受访者注意到越来越大的工作量对委员会产生影响的问题。其中一个方面是,不顾咨询机构的建议(他们强调法定保护和管理不充分等)坚持把一项遗产列入《世界遗产名录》清单,这就会给反应性监测过程带来越来越多的压力。正如一位受访者所说:"考虑把遗产列入《世界遗产名录》清单与反应性监测之间的关系至关重要:许多遗产不顾咨询机构的建议而被列入清单,这必将给《保护状况报告》带来很多问题。重点应该从把越来越多的遗产列入《世界遗产名录》清单转向对现有名录中的遗产的保护。"

(48)继这个话题之后,另一名受访者指出,目前的系统过于紧张,建议是,如果各个国家希望一项遗产被列入《世界遗产名录》清单,可以要求国家支付费用,而发达国家须支付更多费用。这可能会减少提名的数量,并为世界遗产系统,包括反应性监测活动,增加

---

① 这个问题将由遗产所在地接受过反应性监测的人来回答。

额外的资金。

（49）大多数受访者的回应指出，从咨询机构的建议和世界遗产中心近年来日益失衡看，世界遗产委员会的会议决议变得越来越"政治化"，这一点从"赞同指数"（Concurrence Index）也可见，见图 8（第 3.4 条）。《2011 年世界遗产全球战略审计报告》（UNESCO 2011）也指出了这一点，其中（第 172 条）称："委员会的会议决议越来越频繁地偏离咨询机构的科学建议"。如果世界遗产委员会坚持把一项遗产列入《世界遗产名录》清单，而咨询机构出具的建议正好相反，比如根据管理和/或完整性问题建议推迟列入或不列入清单。这样的话，这项遗产通常就会直接进入反应性监测流程，从而增加了咨询机构的工作量。

（50）一些受访者注意到，在委员会会议期间，世界遗产委员会成员越来越倾向于互相支持，甚至是支持其他缔约国，而不是对特定遗产问题进行客观和科学的讨论，这被认为不符合《操作指南》。《操作指南》第 23 条指出："委员会的决定基于客观和科学的考虑，为此进行的任何评估工作都应该得到彻底和负责的贯彻。"这些评论强调了每个世界遗产委员会成员的重要性，包括其代表团内的自然和文化专家，并进一步确保他们在其专业领域充分参与世界遗产委员会会议中的相关讨论和决定。这也符合《公约》本身（第 9.3 条："委员会成员国应选择在文化或自然遗产领域具有资格的人士作为其代表。"）此外，遗产地管理者参加委员会会议将有助于形成更客观、以技术为基础的决策。在最近举行的"世界遗产地管理者论坛"（麦纳麦，2018 年）的宣言中提到："我们邀请缔约国将遗产地管理者纳入其代表团参加世界遗产委员会，以便我们更好地了解遗产地现场进展情况、政策的采用情况以及我们期待实施的决策情况。这将成为一项机制，并有望通过对话加强和保证决策的可信度和透明度。我们将提供明智的见解，期待能更有效和高效地管理流程，并预防和解决可能出现的冲突。"

建议 6：鉴于反应性监测审查期间对世界遗产进程日益"政治化"所表达的关注，建议：世界遗产委员会有关反应性监测的决定必须基于最高水平的、客观而科学的考虑，且符合《操作指南》。此外，世界遗产委员会的所有成员应在其代表团中包括自然和文化专家（《公约》第 9.3 条），并确保他们充分参与世界遗产委员会的讨论和决策过程。

### 5.3 缔约国（SPs）

（51）缔约国是加入《世界遗产公约》的国家，因此同意在其本国境内确定和提名列入《世界遗产名录》清单的遗产。缔约国要保护所列遗产的世界遗产价值，并鼓励缔约国定期报告这些遗产的状况。这些目前适用于《世界遗产公约》的 193 个缔约国：http://whc.unesco.org/en/statesparties/。

（52）参与反应监测进程的缔约国成员众多，包括部长、高级部级官员、遗产地管理机构，为《定期报告》确定的协调中心（focal points）（但作为世界遗产的协调中心）、遗产地管理人员、由缔约国雇用的支持反应性监测的专家以及教科文组织全国委员会（UNESCO National Committee）的官员。这种情况下，在世界遗产地进行的反应性监测中，就很难明确缔约国内相关成员的具体责任。因此，鉴于缔约国在《世界遗产公约》中的关键作用，特别是反应性监测的影响应主要反映在遗产地现场一级，确定缔约国内的直接负责人或牵头人就显得特别重要。

（53）在线调查中对"您（缔约国）在《世界遗产公约》下的反应性监测过程中的参与程度如何"这一问题的答复突出了这种复杂性。如图 15 所示，58%的被调查者在国家协调中心/节点机构（Nodal agency）/部门级别参与，32%在遗产地现场参与，5%通过参加委员会会议参与。

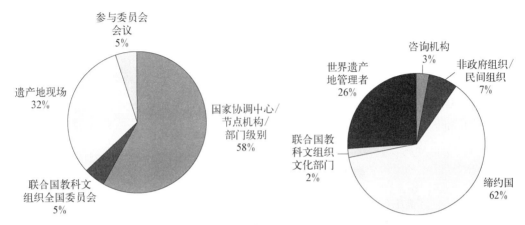

图 15　对问题："您（缔约国）在《世界遗产公约》下的反应性监测过程中的参与程度如何？"的回答数量

图 16　在线被调查者的构成

（54）在线被调查者的构成中，62%的被调查者为缔约国，26 为遗产地管理者，这两项都属于缔约国，占总被调查者的 88%，如图 16 所示。

（55）如上文第 2.2 条所述，除了在线调查外，反应性监测审查小组（RM Review Team）中有 53 人接受了采访，其中 14 人是世界遗产委员会成员，12 人是前委员会成员，5 人是遗产地管理者。

（56）针对调查问题"您如何参与《世界遗产公约》下的反应性监测？"的结果，如图 17

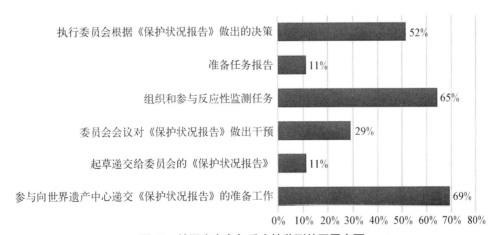

图 17　被调查者参与反应性监测的不同方面

所示：69%的人参与向世界遗产中心提交的《保护状况报告》的准备工作，65%的人组织和参与反应性监测任务，52%参与执行委员会根据《保护状况报告》做出的决策，所有这些都是缔约国承担的任务。

（57）对"您如何评价世界遗产缔约国在反应监测方面的有效性"这一问题的回答，如图18所示。值得注意的是，只有34%的人认为"非常好"或"优秀"。

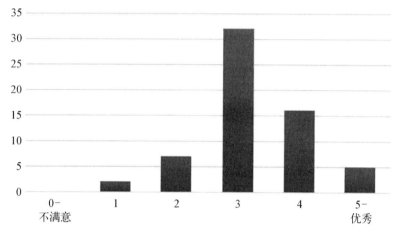

图18 对问题："您如何评价世界遗产缔约国在反应监测方面的有效性？"的回答数量

（58）缔约国不是委员会成员，但是在反应性监测和世界遗产委员会会议中，对世界遗产的决策应该有更多的参与空间。有许多缔约国参加世界遗产委员会会议，通常有非常专业的自然和文化专家，但他们很少有机会在这些会议中参与反应性监测，也没有机会在反应性监测中与其他缔约国分享他们的专业知识。可以进一步探索增加他们参与反应性监测的机会。事实上，两个地区已经开始召开世界遗产委员会预备会议（pre-WH Committee sessions），将该地区的专家聚集在一起，协助向世界遗产委员会成员传达他们的意见。

（59）一些受访者和被调查者都认为需要继续加强缔约国参与反应性监测的能力建设。能力建设应旨在提高缔约国履行《世界遗产公约》规定的反应性监测义务的能力，包括提高向世界遗产委员会报告反应性监测的质量和有效性。除了在每年两次的世界遗产培训课程期间针对委员会成员举行的简短会议外，反应性监测审查小组不了解其他任何主要针对反应性监测的能力建设活动。反应性监测评估小组认为，应该继续将反应性监测纳入这些培训会议，并且应该增加用于介绍和讨论该主题的时间。反应性监测审查小组注意到国际文物保护与修复研究中心（ICCROM）与中国有关机构一起组织了关于世界遗产监测的培训，他们认为这样的培养应该鼓励和扩大。反应性监测审查小组注意到缔约国内的工作人员的稳定性可能是一个问题，一些缔约国的世界遗产和反应性监测工作人员流动率很高，这一点更加强调了必须重视开发维持世界遗产和反应性监测的机构性知识的手段。

（60）一些受访者指出，缔约国应避免在反应性监测中为他们的世界遗产游说。比如，派出包括高级政治官员在内的高级别代表团，游说世界遗产委员会不要将他们的遗产列入《濒危世界遗产名录》清单。

建议 7：鉴于能力建设对于改进反应性监测的实施十分重要，建议：应坚持并扩大反应性监测缔约国的能力建设，首要重点是加强直接参与保护状态过程的缔约国，包括世界遗产地管理者的能力。缔约国应尽力保持参与保护状态过程的员工的稳定性。现有的世界遗产入职培训应针对反应性监测过程，用于介绍和讨论该主题的时间应该增加。今后"世界遗产能力建设战略"的任何修订都应加强从事反应性监测的人员的能力。

（61）世界遗产地管理机构/管理者（WH Management Authorities/ Managers）在保护世界遗产自然价值和文化价值方面发挥着关键作用。许多世界遗产地管理者参加了2018 年世界遗产委员会会议上举行的"世界遗产地管理者论坛"（SMF）。在世界遗产委员会会议期间举办了两次"世界遗产地管理者论坛"，这些会议可能在今后委员会会议的反应性监测讨论中发挥重要作用。但是，似乎没有多少参与者可能了解或参与到反应性监测过程。例如，当2018 年参加"世界遗产地管理者论坛"的27 名遗产地管理者被问到："您总体上了解反应性监测流程吗？"时，只有8 名遗产地管理者回答其了解或参与了反应性监测，另有11 人回答有所了解但不太详细。

建议 8：近来，世界遗产地管理者论坛与世界遗产委员会会议同时举行，成果丰硕。有鉴于此，建议：在今后，世界遗产地管理者论坛应继续作为世界遗产委员会会议的重要组成部分举行。在世界遗产委员会的会议上，针对反应性监测的讨论和问题，应积极探索如何更好地利用遗产地管理者的专长。论坛应该用于加强世界遗产地管理者的能力建设。

（62）参与世界遗产地管理者论坛的世界遗产地管理者和该项目的受访者指出，反应性监测为实现《世界遗产公约》提出的目标做出了重要贡献，并强调了有效地让遗产地管理者参与他们所在地遗产的反应性监测的各个阶段的重要性。遗产地管理者指出，反应性监测能有效地使国家级组织、遗产地组织以及民间组织等各级组织积极参与到世界遗产工作中。反应性监测还提供了识别关键问题和纠正措施的机会，并可以创设更多机会为世界遗产募集更多的国际和国内捐赠基金。然而，参与世界遗产地管理者论坛的遗产地管理者和受访者也提到世界遗产地管理者目前不能参与世界遗产委员会会议的最终决策，希望以后能给遗产地管理者更多的参与空间。"世界遗产地管理者论坛"中还提到需要进一步改善参与反应性监测过程的各方人员之间的沟通，例如缔约国提交的报告可能并不能反映遗产地管理者的观点，因为某些情况下，报告一般都是由"总部"一级拟订，而他们无法参与。

建议 9：鉴于缔约国已建立世界遗产协调中心和国家级别的反应性监测的重要性，建议：缔约国内现有的世界遗产协调中心还应协调与反应性监测有关的方面，或者指定另一个联络点来实现这一目的。缔约国应确保世界遗产地管理者始终密切参与其负责的遗址的反应性监测的一切事务。

**5.4　世界遗产中心**

（63）世界遗产中心的结构和作用载于《操作指南》第27 至29 条。《操作指南》中与世界遗产中心在反应性监测方面的作用有关的最相关部分如下所述：

"28：秘书处的主要任务是：(f)协调和进行反应性监测，包括反应性监测任务，以及酌情协调和参与咨询任务"。

（64）世界遗产中心在反应性监测中发挥关键作用，特别是在接收缔约国和其他来源的资料、与咨询机构进行协调分析、与咨询机构一起为委员会编写《保护状况报告》，以及组织和参与反应性监测任务。世界遗产中心在和咨询机构一起向委员会提交的《保护状况报告》中发挥着关键作用。

（65）当被问及"您如何评价世界遗产中心在反应性监测方面的有效性"时，调查参与者给出了积极的回应，69%的参与者表示"非常好"和"优秀"，参见图19。

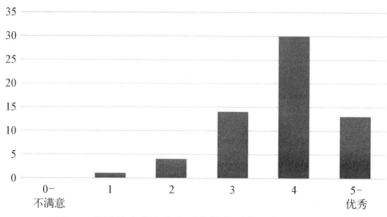

图19 世界遗产中心参与反应性监测有关方面的有效性

（66）访谈受访者的结果和线上调查结果相似，他们一致反映，世界遗产中心在反应性监测方面做得非常专业、勤奋并有助于缔约国和其他相关方。受访者代表性评价摘录如下：

- "该中心的工作做得很好，工作量很大，需要进行大量的游说"；
- "他们做得很好，他们确保每年的工作周期得到妥善实施"；
- "缔约国从世界遗产中心及时获得所需的信息"；
- "世界遗产中心在反应性监测方面做得非常好。他们面临许多挑战，有很多急需解决的事情要做，但资源有限。不过，他们非常有效地使用了他们手头上的资源"；
- "世界遗产中心发挥着强大的协调作用，他们已经做了很多工作来简化《保护状况报告》流程"。

（67）通过调查问题"您如何评价上述参与者在反应性监测中的沟通"，了解了反应性监测过程中主要参与者之间的关系。认为"非常好"和"优秀"（32%）的比例较低，表明需要进一步改进和协调反应性监测的主要参与者之间的关系，参见图20。可能的改进领域包括鼓励教科文组织地区办事处与有关缔约国之间就反应性监测进行更好的对话与合作。教科文组织总部外办事处的一些工作人员接受了采访，他们认为，尽管他们中的一些人与缔约国密切合作执行委员会的决议,也熟悉遗产所在地现场和一些相关问题,但是他们通常被排除在反应性监测过程之外。自然保护联盟地区办事处(Regional Offices of IUCN)与教科文组织(UNESCO)以及国际古迹遗址理事会(ICOMOS)相关国家委员会之间也应就反应性监测进行更多的对话和沟通,这也将有助于反应性监测流程。

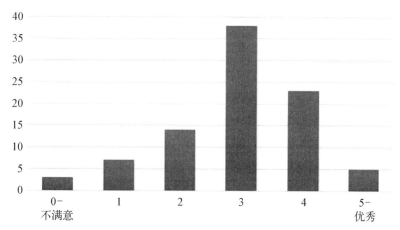

图20 对问题:"您如何评价上述参与者(世界遗产委员会、缔约国、世界遗产中心、咨询机构和民间组织)在反应性监测方面的对话"的答复数量

建议10:鉴于世界遗产中心和咨询机构在反应性监测中的重要作用,建议:应采取措施改善主要利益相关方之间关于反应性监测的对话和沟通,在国家和地区层面,包括联合国教科文组织地区办事处和相关的缔约国之间,以及自然保护联盟各自的地区办事处和国际古迹遗址理事会有关的国家委员会之间,尤应如此。

(68)很多受访者提到了世界遗产中心与咨询机构之间的关系。一些人认为,不同参与者的作用有重叠之处,这也很困扰缔约国,建议对各方的作用和责任作出更明确的定义和划分。但并非所有人都认同这一看法,世界遗产中心和咨询机构中的很多人认为他们的作用和责任都是清晰明确的。但是反应性监测审查小组对此并不认同,并提出两者的责任"分界线",咨询机构的作用应该是向世界遗产委员会和缔约国提供关于反应性监测的客观、高质量的技术建议,而世界遗产中心的主要职能应该是向缔约国提供有关反应性监测政策和流程的建议和指导、确保有关反应性监测的有效协调,以及管理反应性监测过程的政治层面问题,包括与缔约国大使和《世界遗产公约》成员就反应性监测问题进行对话和互动。一些受访者指出,世界遗产中心内遗产保护专业知识的不断发展,一定程度上造成世界遗产中心和咨询机构之间的传统角色变得模糊,这既有积极的一面,也有消极的一面。然而,反应性监测审查小组指出,世界遗产中心内的遗产保护专业知识的某些"临界质量"(critical mass)是必不可少的,这应该与咨询机构内的专业知识互补,以确保向世界遗产委员会提供有关反应性监测的最高水平的建议和指导。

建议11:鉴于世界遗产中心与咨询机构之间在反应性监测方面的角色定义的重要

性,并鉴于对这一问题的看法不同,建议:世界遗产中心和咨询机构各自的作用应明确告知世界遗产主要利益相关方,包括世界遗产委员会和世界遗产缔约国。反应性监测审查小组认为,咨询机构的作用是向世界遗产委员会和缔约国就反应性监测提供客观而高质量的技术建议,而世界遗产中心的主要职能应是就反应性监测的政策和流程向缔约国提供建议和指导;确保反应性监测方面的有效协调。但是,反应性监测审查小组指出,世界遗产中心还应继续在世界遗产反应性监测方面发挥重要的技术作用。

(69)调查参与者和被采访者提出了另一个问题,即反应性监测任务是否应仅由咨询机构执行,还是应该由咨询机构和世界遗产中心共同执行。值得注意的是,世界遗产中心的一些前任主管部门认为在可能的情况下应该鼓励咨询机构独立执行,原因有很多,包括成本最小化。反应性监测审查小组指出,这样做优缺点都存在,但总的来说,还是应该鼓励联合执行,特别是在涉及政治敏感问题时。但是,不能因为联合执行反应性监测任务反而影响提供高质量的客观的技术建议,例如,因为考虑到政治因素而在技术上做了妥协。一些受访者还认为,在世界遗产委员会会议期间,世界遗产中心的工作人员应在干预反应性监测方面发表更多意见,他们认为这些干预措施目前由咨询机构主导。反应性监测审查小组还提出,世界遗产中心和咨询机构之间的角色划分也应适用于世界遗产委员会会议的干预措施,并应力求相辅相成。

建议12:鉴于对世界遗产中心和咨询机构在反应性监测任务中的作用所表达的不同看法,建议:在可能的情况下,应在世界遗产中心和咨询机构之间联合执行反应性监测任务,特别是涉及政治上比较敏感的问题时。但是,联合任务不得损害反应性监测任务的主要职能,即向世界遗产委员会和缔约国提供高质量而客观的技术建议。

(70)一些被采访者认为世界遗产中心应在反应性监测方面更"灵活"和"主动",特别是在筹集资金、解决《保护状况报告》提出的问题和执行世界遗产委员会提出的建议等方面。反应性监测审查小组指出,尽管世界遗产中心、咨询机构可能利用他们相熟的机构为世界遗产募集到一些活动经费,但是为世界遗产募集资金的任务主要还是在缔约国。还有人建议,世界遗产中心应更积极主动地鼓励缔约国更好地利用《操作指南》第172条,其中提到:"如缔约国将在《公约》保护地区开展或批准开展有可能影响到遗产突出普遍价值(OUV)的大规模修复或建设工程,世界遗产委员会促请缔约国通过秘书处向委员会转该意图……"反应性监测审查小组认为,在这些问题上,世界遗产中心当然有更"积极主动"和"灵活"的空间,但也指出,世界遗产中心目前人才匮乏,这将限制它在这方面的运作。

建议13:鉴于增加筹资以解决世界遗产面临的各项问题的重要性,建议:世界遗产中心应在筹资等问题上更加积极和灵活,与此同时,应注意到可用资源有限,且世界遗产的资金筹措主要由世界遗产缔约国负责。如果相关活动能催生资源,世界遗产中心还应更加积极地鼓励缔约国更多地利用《操作指南》第172条。

(朱音尔)

## 5.5 咨询机构

(71) 咨询机构的结构和作用载于《世界遗产操作指南》第 30 至 37 节。《操作指南》中,与咨询机构在反应性监测中作用最相关的部分包括:

> "31:咨询机构的作用是:(d) 监测世界遗产的保护状况(包括通过完成应委员会要求的反应性监测任务和应缔约国邀请的咨询任务)……"

(72) 咨询机构,即世界自然保护联盟、国际古迹遗址理事会和国际文物保护与修复研究中心,与世界遗产中心一起向世界遗产委员会报告受到威胁的世界遗产的保护状况。他们在反应性监测中的作用包括:分析世界遗产中心收到的信息并发布报告;帮助准备提交给委员会的保护状况报告;审查各缔约国报告,包括影响评估研究和委员会要求的其他报告;确定完成反应和咨询任务的专家;承担反应性监测任务;并在世界遗产委员会会议上提交保护状况报告。此外,咨询机构还为各缔约国提供 COM 决策执行方面的技术咨询和协助。

(73) 在回答调查问题"你如何评价世界遗产咨询机构(世界自然保护联盟、国际古迹遗址理事会和国际文物保护与修复研究中心)在反应性监测方面的有效性?"时,66%的被调查者认为效果"非常好"或"优秀"。与其他类似调查问题的反馈比较而言,这是一个相对较高的比例。

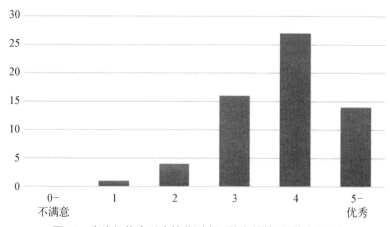

**图 21 咨询机构在反应性监测方面的有效性(回答者数量)**

(74) 与咨询机构有关的访谈意见总体上是积极的,一位被访者的评论总结了这些积极的观点:"咨询机构做得很好,他们在确保提供专业知识和信息以向世界遗产委员会提供技术合理可行的决策草案方面发挥了重要作用。"

(75) 尽管受访者肯定咨询机构的专业性,其能力的不足仍被认为是一种限制因素,往往与优点相提并论。尽管对咨询机构做出积极评价,但许多受访者都注意到咨询机构"资源匮乏"和"面临压力",而且随着越来越多的遗址被加入世界遗产名单,包括那些咨询机构曾经建议"不录入"或"推迟"但被世界遗产委员会驳回的,这些问题被进一步加剧。咨询机构关于提名的初步建议通常基于遗址保护问题和突出普遍价值所面临的威胁;这些遗址一旦被录入名单,通常最终会在保护状况报告过程中重新出现,给已经过载的系统增加更多的压力。一位受访者总结了这种关于超负荷的观点,他指出:"所有咨询机构都很好,但他们承受着巨大的压力,尤其相对于不断增加的工作量而言,资源有限,每个世界遗产委员会都增加了许多需要关注的地址。咨询机构和世界遗产中心的能力有限是主要制约因素。"

(76)据指出,世界自然保护联盟的优势在于能够利用其专家网络,包括通过世界自然保护联盟委员会特别是世界保护区委员会(WCPA)的专家指导以及通过世界自然保护联盟国家和区域办事处的能力支持。然而有人指出,世界自然保护联盟的世界遗产工作是通过自然保护联盟总部的一个小型计划实施的,世界自然保护联盟可以而且应该更加团结地支持世界遗产组织,包括增加反应性监测方面的世界自然保护联盟计划和加强世界自然保护联盟区域办事处对反应性监测的参与。如上所述(第63段),受访者指出,反应性监测进程将受益于自然保护联盟和教科文组织区域和国家办事处之间的更多对话,这是一种增加参与机会的方法。在资源方面,世界自然保护联盟在其世界遗产工作中独立投资的水平与教科文组织资助的水平相当或更高,包括通过世界遗产展望、连接实践和世界遗产领导权(WH Outlook, Connecting Practice, WH Leadership)方面的工作。世界自然保护联盟还提供35万美元的核心资金,用于支持其世界遗产工作,这超过了通过教科文组织世界遗产合同提供的资金。

(77)很多受访者指出,国际古迹遗址理事会在过去十年中提高了专业水平,这一点得到了赞赏。反应性监测审查小组指出,文化遗产在反应性监测和保护状况方面的问题比自然遗产和自然文化双遗产多,因此相对于可用资源的工作量更大。与世界自然保护联盟一样,国际古迹遗址理事会利用了其广泛的国际科学委员会专家网络和专家个体。但是,应该在加强国际古迹遗址理事会履行反应性监测方面考虑和探讨世界自然保护联盟中同样存在的能力问题、应用和方案。

(78)受访者对当前国际文物保护与修复研究中心对反应性监测参与有限的情况也有所评论,许多人强调国际文物保护与修复研究中心的参与将使反应性监测过程受益。虽然国际文物保护与修复研究中心没有特定的网络(除了一个区域办事处),由于其校友来自135个成员国的国家机构及现场管理机构,因此处于有利地位。国际文物保护与修复研究中心更多地参与反应性监测还可以减少世界古迹遗址保护协会的工作量并促进其工作。

建议14:鉴于世界遗产咨询机构在反应性监测方面发挥的至关重要的作用,建议:世界自然保护联盟、国际古迹遗址理事会和国际文物保护与修复研究中心应探索如何加强其反应性监测能力,包括:对世界自然保护联盟而言,提高对其他世界自然保护联盟项目以及世界自然保护联盟地区办事处参与反应性监测的程度;对国际古迹遗址理事会而言,可以探索各种备选办法,例如开发与世界自然保护联盟类似的网络,以及更多地利用国际古迹遗址理事会国家委员会的专业知识支持反应性监测;对于国际文物保护与修复研究中心而言,可以探索如何增加活动,利用其全球校友网络,与国际古迹遗址理事会分担责任。

（79）一些受访者指出了关于咨询机构在反应性监测中作用的可能改进领域和关注重点。受访者的具体意见包括：

- 所有发送反应性监测任务的咨询机构专家必须具有最高的专业水平，并且每个咨询机构都应该有一个严格的流程来选择这些专家，对他们过去的经验和反应性监测绩效有全面评估。还应该建立对进行反应性监测任务的咨询机构专家进行定期的独立绩效评估制度。
- 应及时向世界遗产中心提交报告，避免在咨询机构和世界遗产中心之间到最后一刻才交流而延误了进程。在这方面，2018年索科特拉群岛世界遗产事宜就是一例，在此期间教科文组织总干事与自然保护联盟之间的高层讨论延迟了保护状况报告的提交。反应性监测审查小组指出这是一个需要关注的问题，但进一步指出，索科特拉的案例报告是一个极其复杂的文件，需要进行深度分析，何况保护状况报告仍然按照法定截止日期交付了。
- 咨询机构之间加强合作以加强反应性监测的提供非常重要，应探索各种方案。受访者指出，在过去十年中，合作实际上有所增加，但建议进一步加强反应性监测方面的合作。
- 如上文第63段和图20所述，促进咨询机构与其他世界卫生组织参与者之间的对话非常重要，应予以加强。
- 需考虑并应用创新方法，以确定可以最有效地解决反应性监测工作量增加的"智能"方式。对"更智能"方法的一个建议是增加"最先进"信息技术的使用，如无人机，以远程监测自然世界遗产。

建议15：鉴于咨询机构应不断寻求改善其在反应性监测方面的作用，以及受访者对该项目提出的建议数量，建议：咨询机构应不断探索如何改善他们在反应性监测方面的作用，包括但不限于：确保持续评估任务专家的绩效；改进咨询机构和世界遗产中心之间的合作；探索实施反应性监测"更智能"的方法。

（80）一些受访者表示，咨询机构目前对反应性监测以及其他世界遗产咨询服务具有"垄断性"。根据《操作指南》第38节，替代机构应有机会参与其中。《操作指南》指出，"委员会可以呼吁具有适当能力和专业知识的其他国际组织和非政府组织协助实施该方案和项目，包括反应性监测任务"。反应性监测审查小组指出，对其他相关组织没有任何限制，但认为应该努力改进现有系统，并建议咨询机构和其他世界遗产行动参与者通过现有的咨询机构努力提高反应性监测建议和指导系统的能力和有效性。

### 5.6 民间社会(CS)

（81）民间社会在《世界遗产公约》的法定框架中并没有正式发挥作用，尽管涉及"世界遗产保护伙伴"的《操作指南》第39和40节对它们的作用有很多阐述。《操作指南》中，与民间社会在反应性监测中的作用最相关的部分包括：

- "39：提名、管理和监督的伙伴关系方法为保护世界遗产做出了重大贡献……"

- "40：合作伙伴……可以是那些个人和其他利益相关者,特别是当地社区,土著人民,政府、非政府和私人组织以及对世界遗产的保护和管理感兴趣和参与的所有者"

(82) 关于让民间社会参与反应性监测的重要性,特别是根据《操作指南》第174节中从缔约国以外的来源收到的有关世界遗产的信息,已达成普遍共识①。在"如何评价与反应性监测有关的第三方/民间社会效率"这一问题上,回答总体是积极的,如图22所示。

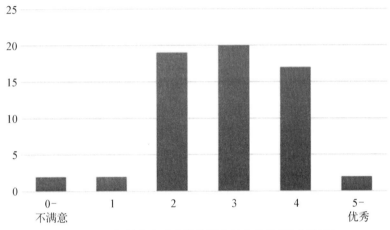

图 22 民间社会在反应性监测中的有效性(回应数量)

(83) 许多受访者指出,民间社会对反应性监测和世界遗产的参与越来越有效和积极,这种趋势应该继续下去。民间社会应该更积极地帮助确定世界遗产选项和解决方案,就像在伯利兹案例中一样,民间社会的积极参与促使世界遗产脱离危险清单。世界遗产委员会2017年和2018年第7号决定中邀请民间社会发挥更积极的作用,指出在反应性监测任务中应始终有效地咨询民间社会并将其作为反应性监测过程的一部分。

---

① 有几个相关的世界遗产委员会,包括:
41 COM 7:第40段:赞赏世界遗产委员会第四十一届会议主席关于与民间社会进行有组织对话的倡议,鼓励缔约国和民间社会组织继续探索民间社会如何进一步促进加强在遗址和国家一级保护遗产,并为全球的遗产相关辩论提供相关投入;以及2 COM 7第13—16段:

与民间社会的对话:
13. 欢迎民间社会组织继续关注《公约》,认可它们对促进和保护当地遗产以及能力建设作出的重要贡献;
14. 还欢迎世界遗产中心倡议向包括民间社会在内的更多利益攸关方开放与《公约》有关的协商进程;
15. 关注2018年3月世界自然基金会(WWF)倡议组织的世界遗产民间社会讲座。该讲座讨论了民间社会如何进一步改善《公约》,特别是世界遗产委员会会议的参与情况;
16. 再次鼓励缔约国和民间社会组织继续探索进一步促进民间社会参与《公约》的可能性,这既有助于加强对遗产地和国家一级的遗产保护,又可为全球范围内与遗产有关的辩论提供相关投入。

(84) 民间社会的参与在缔约国之间差异很大。在一些国家,如澳大利亚,非政府组织组织有序,知道"如何使用世界遗产系统",而在其他国家,民间社会的参与被忽略不计。一些受访者指出,在后一种情况下"应听取民间社会的意见",并且指出"需要一个更具包容性的程序,确保民间社会更好地参与反应性监测"。这种情况会影响反应监控过程,因为在世界遗产地的管理问题上,有些国家和地区所提供的信息比其他国家多。

(85) 民间社会能够并且确实在提高认识方面发挥重要作用,特别是在某些世界遗产面临威胁时。民间社会可以提供与反应性监测相关的有用信息,并与世界遗产所在的和周围的当地社区在基层工作中发挥重要作用。重要的是要确保民间社会提供的信息准确并经过核实,而不是"来者不拒",这符合确保世界遗产委员会拥有客观和经过验证的信息以使其能够做出最佳决策的原则。民间社会还需要与各缔约国进行更密切的合作而不是单独沟通,并与咨询机构展开合作。一些受访者指出,需要确保民间社会更多的"上层"参与,并明确能够和不能与民间社会分享和沟通的内容。反应性监测审查小组指出,任何第三方信息在出现在保护状况报告中或与其他人共享之前,需发回各缔约国进行论证。

(86) 已经制定了结构和框架,以促进和鼓励民间社会参与反应性监测。世界自然保护联盟还与一些非政府组织建立了伙伴关系,以支持其对《世界遗产展望》(WH Outlook)的评估,这为更广泛的应用提供了积极的模式。

建议16:鉴于民间社会在反应性监测方面发挥的重要作用,建议:民间社会应更多地参与反应性监测进程,并应鼓励民间社会与世界遗产缔约国以及咨询机构更密切地合作。有些现有的框架便于民间社会参与《世界遗产公约》的工作,例如世界自然保护联盟与世界遗产展望进程。应该审阅这些框架,或许能在缔约国和其他咨询机构内得到更广泛的应用。

## 6. 反应性监测程序

### 6.1 从启动到终止反应性监测过程

启动

(87) 反应性监测过程在以下一个或多个情况下开始:

- 从缔约国收到信息;
- 根据第172段,从缔约国收到信息;
- 根据第174段,从第三方收到信息;
- 缔约国向委员会报告,作为对委员会上一项有关遗产保护状况的决定的答复;
- 缔约国向委员会报告,作为对提名后决定的答复;
- 如果灾难影响世界遗产列表中的一个或多个地点;
- 通过启动强化监测机制。

(88) 根据通过上述一个或多个来源接收到的信息,世界遗产中心与咨询机构和其他机构协商,发起行动。参与反应性监测过程的各方包括世界遗产委员会、缔约国、世界遗产中心、咨询机构和民间社会①。这些参与者执行与反应性监测相关的不同任务,包括:

- 准备一份保护状态报告,以供发送给世界遗产中心;
- 起草保护状况报告供委员会审查;
- 在委员会会议期间进行与保护状况有关的干预;
- 组织/参与反应性监测任务;
- 编制任务报告;
- 对委员会的保护状况决定采取行动。

(89) 受访者没有提出与启动反应性监测过程有关的重大问题,尽管有些人认为这个过程应该更"主动"而不是"被动"。需要采取更积极主动的做法,这是世界自然保护联盟的一个基本原则。已被指出,需要更积极主动的方法是世界自然保护联盟开发其《世界遗产展望进程》(WH Outlook process)的理由之一。一些受访者指出,关于遗产可能受到的威胁的信息应首先来自缔约国,但很多时候这种情况不会发生,因为一些缔约国不愿意提交可能的"让他们处境不利"的信息。此外,受访者指出,包括非政府组织在内的第三方提供的信息可能在检查和核查方面占用缔约国、咨询机构和世界遗产中心大量的时间和精力。而在另一方面,此类信息经常向世界遗产委员会提醒特定世界遗产所面临的威胁。

终止

(90) 一旦列入保护状况过程,就没有明确的指示反应性监测将何时或如何终止,除非是那些列有危险的地点,为了将它们从濒危世界遗产名单中移除而所需要的保护有着实施的标准和时间表。预期保存状况报告(DSOCR)包括从濒危世界遗产名单中移除地址的标准和实施时间表;这并不一定意味着没有进一步的保护状况报告作为后续行动。在某些情况下,世界遗产委员会所考虑的遗产的保护状况流程可以经历多个周期并持续10年以上。

(91) 一些受访者指出,被长期不断地反应性监测审查的地点是反应性监测过程的一个问题。在2018年世界遗产委员会会议上,世界遗产委员会的一些成员也对此问题提出了负面评论。但其他人指出,这种持续审查有充分的理由,例如,存在持续的威胁,或存在长期的能力缺失。有人建议制定更明确的标准;包括和终止在反应性监测过程中所涉及的世界遗产地址;将世界遗产列入和移出危险名单。

(92) 委员会根据以下一项或多项决定濒危提名的终止:

- 在满足委员会规定的要求(濒危世界遗产名单或纠正措施)后,从濒危名单中移出。在这种情况下,该遗产不再受到《操作指南》的威胁(第191段b部分);
- 委员会建议的主要边界的修改(重新提名);
- 从世界遗产名单中删除。

---

① 如第3节所述。

## 6.2 选择要报告的遗产

（93）需要报告的财产由世界遗产中心和咨询机构共同选择决定。已被指出的是，委员会报告的约95%的遗产源自委员会自己先前的决定（前一个保护状况决定或提名）。世界遗产中心和咨询机构每年只为保护状况带来数量有限的"新"财产。近年来保护状况数量的增多促使对大量地址的选择要像在世界遗产网站上列出的那样报告（见下方文字框1）。最近，根据当时存在的保护问题，在财产登记时已经提出了一些对保护状况的要求。

---

**报告哪些财产？**

根据以下考虑因素，从世界遗产名录中选择要报告的财产：
- 列入《濒危世界遗产名录》的遗产。每年为所有这些保护状况报告准备保护状况；
- 列入《世界遗产名录》的、世界遗产委员会在前几届会议上要求提供其保护状况报告和/或反应性监测任务的遗产；
- 自世界遗产委员会上届会议以来受到威胁的遗产，除了缔约国、世界遗产中心和咨询机构之间通常进行的磋商和讨论外，还需要采取紧急行动，以解决威胁；
- 被列入世界遗产名录的、世界遗产委员会要求进行后续跟踪的遗产。

世界遗产中心（通常与教科文组织总部外办事处和其他计划部门合作）和咨询机构全年审查有关世界遗产保护状况的大量信息。在许多情况下，不需要向世界遗产委员会提交报告，因为通过与有关缔约国的磋商和讨论或通过就具体项目提供的专家咨询来解决问题。在某些情况下，缔约国决定邀请一个咨询团审查一个可能影响该财产"突出普遍价值"（the Outstanding Universal Value/OUV）的具体问题。
(https://whc.unesco.org/en/reactive-monitoring/#2)

---

（94）如图23所示，近年来越来越多的保护状况对世界遗产委员会和咨询机构的人力和财力构成了巨大压力，并限制了它们有效处理这些压力的能力。这进而也给世界遗产委员会增加了压力，因此在世界遗产委员会被口头报告或"被开放"的地址数量受到了

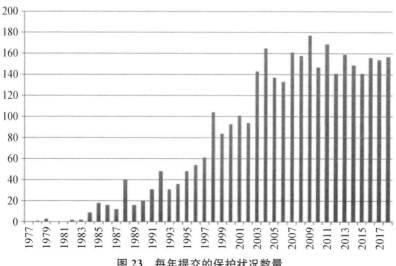

**图23　每年提交的保护状况数量**

限制。对于2018年世界遗产委员会,通过工作文件报告了157个保护状况,其中包括54个对被列入濒危名录的遗产地的保护状况报告,其中少数被开放供讨论。近年来,许多世界遗产的反应性监测周期已从一年回归到两年。

(95)"如何评价在反应性监测下向世界遗产委员会报告的财产的选择方式"时,48%的受访者投票赞成"非常好"或"优秀"。见图24。大多数受访者都指出,有许多现实因素需要限制在世界遗产委员会参与讨论的保护状况的数量,否则,用一位受访者的话说,"在世界遗产委员会会议上没有时间讨论其他任何问题"。那些关于保护状况 s 选择的受访者似乎普遍满意,尽管有人指出开放新地址始终是世界遗产委员会的特权,正如一位受访者所说,"他们(世界遗产委员会)掌控这个过程,这必须被反映在关于哪些地址可以被讨论的决定中"。大家也明确表示,关于开放哪些场所用于讨论需基于明确的标准,包括世界遗产的突出普遍价值所受威胁的程度。

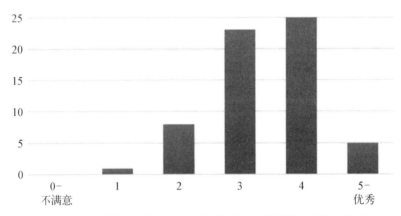

图24 对问题:"您如何评价在反应性监测下向世界遗产委员会报告的财产的选择方式"的回答数量

(96)越来越多的保护状况给世界遗产委员会增加了压力,因此需限制关于将要被准备的、并在世界遗产委员会"开放"的地点的报告数量。值得注意的是,(被包括在世界遗产委员会的工作文件中、但不建议进行口头陈述或讨论的)其他保护状况可以由缔约国先于或在世界遗产委员会上要求"开放"。世界遗产委员会的决定建议优先考虑保护和监测、保持每年保护状况报告的数量为150个,具体如下:"第39 COM 15号决定的第22段:注意到世界遗产委员会对保护和管理的重视,这是最重要的,并考虑到实际的费用/预算编制没有反映这一优先次序,建议世界遗产中心在执行下一个两年期预算(2016—2017)时优先考虑保护和监测活动,因此要求增加世界遗产基金致力于保护的投入比例,并决定保持每年的保护状况报告数量为150份。"

(97)有关供世界遗产委员会陈述和讨论的地址的选择问题在2018年世界遗产委员会和其他场合被提出。一些受访者注意到2018年世界遗产委员会选择的讨论地点反映了不同世界遗产中心工作人员的意见,强调选择保护状况应该基于明确的标准,而不仅仅由世界遗产中心或咨询机构决定。然而,值得注意的是,现有标准用于选择要开放讨论的保护状况,其挑战可能在于如何确保更好地传达和严格地应用这些标准。2018 年世界遗产委员会的一些代表建议,被提交的世界遗产应基于代表性标准,口头提供保护状况以确保覆盖不同的教科文组织地理区域。在很大程度上,这是由于有观点认为,现有过程往往过于关注非洲世界遗产所面临的保护挑战而忽略了世界其他地区。

建议 17:鉴于最近倾向于限制口头提交给世界遗产委员会的保护状况的数量,并鉴于对这些遗址的选择方式存在担忧,建议:提交给世界遗产委员会的保护状况,包括那些"开放"供讨论的保护状况,应基于明确而客观的标准,包括遗址面临的威胁的程度和紧迫性,以及遗址是否在濒危名录之上,而不应基于其地理代表性。

(98)一些受访者注意到一些世界遗产委员会成员似乎不清楚选择和"开放"保护状况的过程和标准,建议更清楚和有效地传达这些标准。有人建议,这些过程和标准应在世界遗产委员会的每个保护状况会议开始时被更清楚地描述,并被写在与保护状况有关的文档开头。这些可以被添加入与反应监控过程相关的世界遗产介绍会中。

建议 18:鉴于在世界遗产委员会会议上,就"开放"保护状态以供讨论的进程,需要进行更清晰的交流,建议:选择和"开放"保护状态的进程和标准应更清晰和有效地进行交流,包括在世界遗产中心为世界遗产委员会议程七所写的引言中,清晰地描述上述进程。这个问题也应在世界遗产入职培训中的反应性监测会议中加以讨论。

### 6.3 缔约国提交保护状况报告

(99)根据委员会的决定,缔约国必须提交保护国报告。值得注意的是,一些缔约国已经习惯了这种格式,并能够提交长度恰当的保护状况报告;其他缔约国则提交非常冗长的、很难分析和总结的报告。此外,所附文件可能非常冗长,包括大型文件,如世界遗产管理计划和地图。官方语言版本可能难以理解。提交报告的截止日期也包含在决定中。该决定中出现的典型声明如下:"请缔约国在 2019 年 2 月 1 日之前向世界遗产中心提交关于财产保护状况和上述执行情况的最新报告,供世界遗产委员会在 2019 年第 43 届会议上审议。"然而,虽然提交报告的截止日期可能多种多样,但在决定中还是给予了明确规定。下面给出了几个选项:

**最后期限**

- 委员会会议的次年 2 月 1 日决议通过,并在下一届委员会会议上进行审查。这适用于濒危名单上的所有遗产以及世界遗产中心和咨询机构建议在下一届委员会会议上讨论的一些关键地址。典型的陈述如下:
  ○ 请缔约国在 2019 年 2 月 1 日之前向世界遗产中心提交关于遗产保护状况和上述执行情况的最新报告,供世界遗产委员会 2019 年第 43 届会议审议。
- 委员会会议的次年 12 月 1 日决议通过,两年后由委员会进行审查。
  ○ 请缔约国在 2019 年 12 月 1 日之前向世界遗产中心提交关于遗产保护状况和上述实施情况的最新报告,供世界遗产委员会第 42 届会议审议。
- 委员会会议两年后的 12 月 1 日决议通过,三年后由委员会进行审查。
  ○ 请缔约国在 2020 年 12 月 1 日之前向世界遗产中心提交关于遗产保护状况和上述

执行情况的最新报告,供世界遗产委员会 2021 年第 45 届会议审议。

● 有些情况下,只有世界遗产中心和咨询机构要求检查报告,但这是委员会决定的一部分。

○ 还请缔约国在 2019 年 12 月 1 日之前向世界遗产中心提交关于财产保护状况和上述执行情况的最新报告,供咨询机构审查。

(100) 当被要求评估缔约国提交的保护状况报告的质量时(关于格式;截止日期;内容质量等),50%的被调查者表示"很好"或"优秀"。

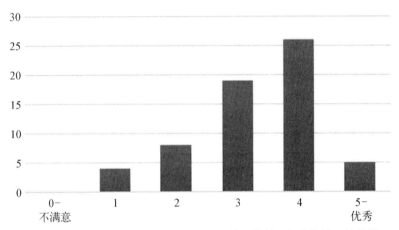

图 25　对问题:"您如何评价缔约国提交的保护状况报告"的回答数量

(101) 除了世界遗产中心希望澄清的第一种情况外,缔约国报告的内容应基于世界遗产委员会的决定。报告必须遵循格式规定,如《操作指南》①第 169 段所述。保护状况报告还可能包括缔约国确定的新的潜在威胁。另一方面,委员会的决定基于世界遗产中心和咨询机构提交的报告。这些决定包括要求缔约国执行并提供报告以供审查。此外,为了指导各缔约国报告的编写,已经规定了格式,但对长度没有限制。受访者对于格式没有具体的评论。

(102) 一些受访缔约国指出了为缔约国提供充分和现实的时间安排以执行决定和报告的重要性(另见对委员会决定的反思)。一些受访者表示,他们应该有 18 个月而不是 12 个月的时间来执行决策,而不是把所有时间花在准备报告上:这些论点强调了现实的时间安排对于实施建议的重要性。反应性监测审查小组指出,反应性监测报告的要求和时间安排将根据问题的性质和世界遗产的突出普遍价值所面临的威胁而有所不同。此外,人们认识到报告要求对缔约国来说可能是繁重的,特别是资源较少的国家和管理机构,应该明确允许它们采取不同方法以在世界遗产保护和管理方面"能应付得过来",包括通过精简报告,只提供为履行《世界遗产公约》所规定的必需部分。但也有人指出,某些遗产面临的问题的紧迫性需要年度报告,而且委员会决定的执行程度也可以变化。一些受

---

① 格式详见《操作指南》附件 13。

访者指出，缔约国迟交保护状况报告可能会对起草流程以及各缔约国、世界遗产中心和咨询机构①之间的对话产生负面影响。

建议 19：鉴于精简和优化反应性监测报告的重要性，建议：应探讨精简和优化缔约国反应性监测报告的办法，使缔约国能够更有效地履行《世界遗产公约》规定的义务，而不损害世界遗产的突出普遍价值。

（103）世界遗产管理者也在其 2018 年论坛上指出，他们并不总是充分参与保护状况过程，有时这些报告是在"总部"或类似机构拟制的，未与"实际操作的"工作人员进行充分和公开的协商。反应性监测审查小组注意到，在很多层面上存在沟通和商讨的问题；但是，作为一项基本原则，专业的反应性监测报告必须让世界遗产的管理者有效且充分地参与。

建议 20：鉴于世界遗产管理者充分参与保护状况过程的重要性，建议：缔约国应确保世界遗产管理者充分、有效地参与为世界遗产委员会编写反应性监测报告以及后续的行动。

**6. 咨询机构和世界遗产中心对缔约国提交的保护状况报告的审查**

（104）咨询机构和世界遗产中心审查缔约国报告并编写《保护状况报告》，提交委员会最后通过。这些报告的编写有世界遗产中心内部文件的指导，下面的文本框 2 提供了一般程序。

---

**如何阐述保护状况报告？**

世界遗产中心和咨询机构审查世界遗产委员会下届会议审查的有关《保护状况报告》（保护状况）的所有信息：缔约国提交的保护状况报告，从第三方收到的或由世界遗产中心和咨询机构通过实地调查收集来的信息。

一个重要的信息来源是相关缔约国根据世界遗产委员会的要求（《操作指南》第 169 段）或根据世界遗产中心提供具体问题信息的要求在规定日期之前提交的报告。该报告是缔约国有机会提请世界遗产中心和咨询机构注意所有相关信息的机会。根据《操作指南》第 172 段的规定，还鼓励缔约国提交有关发展项目的、可能会影响突出普遍价值（OUV）的详细资料，以通知世界遗产中心。

世界遗产委员会鼓励所有缔约国通过世界遗产中心的保护信息系统（第 37 COM 7C 号决定）公布所提交的关于世界遗产保护状况的报告，以加强机构记忆，提高程序的透明度，并使更多的利益攸关方更容易获取相关信息。此类报告必须按照要求格式提交（《操作指南》附件 13）。

如上所述，世界遗产中心和咨询机构也从缔约国以外的其他来源（非政府组织，个人，新闻文章等）获得信息。在这种情况下，根据《操作指南》第 174 段，收到的资料将通知缔约国，以核实信息的来源和内容，并澄清所报告的问题。然后，如果威胁得到确认，相关咨询机构将对缔约国的答复进行审查，并将其纳入保护状况报告中

在大多数情况下，保护状况报告由世界遗产中心和咨询机构联合编制，并作为工作文件提交世界遗产委员会审查。

---

① 这在 2018 年 42COM 提交的文件 7 第 11—14 段中被强调：
http://whc.unesco.org/archive/2018/whc18-42com-7-en.pdf。

值得注意的是,缔约国可通过若干"切入点"为确保保护状况报告的准确性作出贡献:

- 缔约国将提交世界遗产中心的关于保护状况的报告,
- 缔约国在《操作指南》第172段实施之前提交的具体资料,
- 在实施《操作指南》第174段时,缔约国对世界遗产中心关于从其他来源收到的具体信息的答复,
- 缔约国在反应性监测任务期间提供的信息,
- 缔约国对反应性监测任务报告的评论。

(https://whc.unesco.org/en/reactive-monitoring/#2)

文本框 2　概述:"如何详细阐述保护状况报告?"

(105)委员会的决定以保护状况报告的内容和世界遗产中心与咨询机构提出的决定草案为指导。有关此过程,请参阅下方文本框3,其中还说明了保护状况报告的格式。

世界遗产委员会的决定是什么?

在常会期间对保护状况报告进行审查之后,世界遗产委员会通过一项决定,该决定可能采取以下一个或多个步骤:

- 可能认为遗产没有严重恶化,或其保护状况得到充分改善,不应采取进一步行动;当委员会认为该遗产严重恶化但未达到无法恢复的程度时,如果该缔约国采取必要措施,在一段合理的时间内修复该遗产,可以决定将该遗产保留在世界遗产名录上。委员会还可决定在世界遗产基金下提供与恢复遗产有关的工作方面的技术合作,并建议缔约国如果尚未得到此类援助可要求提供;
- 当满足特定要求和标准时,委员会可决定将该遗产列入"濒危世界遗产名录"(见《操作指南》第177—189段);
- 当有证据表明该遗产已经恶化到无法挽回地丧失确定其列入名单的特征时,委员会可决定从该名单中删除该遗产。在采取任何此类行动之前,世界遗产中心将通知有关缔约国。缔约国可能提出的任何评论都将提请委员会注意;
- 如果现有资料不足以使委员会采取上述措施之一,委员会可决定授权世界遗产中心采取必要行动,与有关缔约国协商确定遗产状况、遗产危险和充分修复遗产的可行性,并向委员会报告其行动结果;这些措施可能包括发送事实调查或专家咨询。如果需要采取紧急行动,委员会可通过紧急援助请求授权世界遗产基金提供资金。在过去,委员会主席曾经不得不授权这种中介行为。

为促进世界遗产委员会的工作,委员会提交的所有保护状况报告均使用标准格式,标题如下:

- 遗产的名称,缔约国的名称和身份证号码
- 世界遗产名录上的登记年份
- 铭文标准
- 《濒危世界遗产名录》上的年份
- 先前的委员会决定
- 国际援助
- 教科文组织预算外资金
- 以前的监测任务
- 影响先前报告中遗产确定的因素
- 说明性材料
- 当前的保护问题
- 世界遗产中心和咨询机构的分析和结论
- 供委员会通过的决定草案

(https://whc.unesco.org/en/reactive-monitoring/2)

文本框 3　概述:"世界遗产委员会的决定是什么"

(106) 当被问及"您如何评价咨询机构和世界遗产中心对各缔约国提交的保护状况遗产中心报告的审查?",59%的受访者认为"非常好"或"优秀"(图26)。

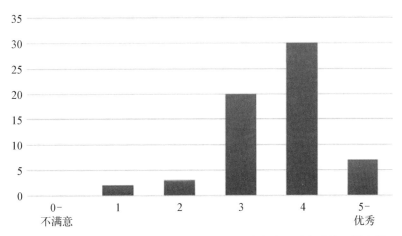

图26 对问题:"您如何评价咨询机构和世界遗产中心对各缔约国提交的保护状况遗产中心报告的审查?"的回答数量

(107) 另一方面,作为对这个问题的回应,"在许多情况下,缔约国、咨询机构和委员会成员之间会有意见冲突;您如何评价目前为止所取得的最终结果",只有24%的人认为"非常好"或"优秀"(图27)[①]。

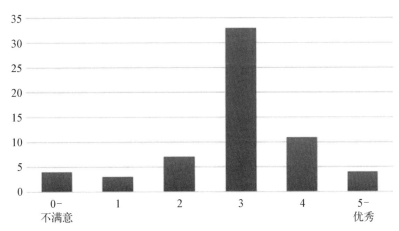

图27 对问题:"在许多情况下,缔约国、咨询机构和委员会成员之间意见冲突;你如何评价到目前为止所取得的最终成果"的回答数量

(108) 在对咨询机构和世界遗产中心的有效性投票时,虽然分别有65%和69%的受访者表示"非常好"或"优秀",但有很多人建议在反应性监测方面加以改善。被受访者反

---

① 有人指出,仅从一个问题本身得出结论是有偏颇的,除非这个实际问题被阐释得更详细——对所得到的"结果"进行评级可能是(我同意结果或 b)我不同意——取决于你的观点。

复提及的一个主题是反应性监测过程的主要参与者之间需进行更好的沟通和对话，并尽可能在该过程的早期就开始交流①。

（109）关于咨询机构和世界遗产中心对缔约国保护状况报告的审查，缔约国提出了若干具体建议，包括以下关于如何改进反应性监测过程的相关引用：

- 确保在制定保护状况报告和决定草案时更有效和公开地咨询缔约国；
- 在世界遗产委员会的决定中为执行行动提供更多时间，以使缔约国能够"继续"现场管理和保护工作（如上所述）；
- 确保保护状况报告更短、更清晰，并专注于关键问题。而且保护状况报告的撰写需要更多沟通。
- 讨论资源限制问题，并使相关处理更为现实。缔约国的预算有限，咨询机构和世界遗产中心起草的决定和建议必须以现有（也可能是未来）可用资源的现实为基础；
- 确保建议和决定与相关国家层面的工作计划及优先事项一致。

（110）反应性监测审查小组指出，由于时间和资源的限制，缔约国提出的一些建议将难以实施，并注意到缔约国参与起草保护状况决定可能会损害保护状况过程的客观程度。反应性监测小组还指出，已采取措施实施其中的许多建议，例如确保保护状况报告更短更清晰。

（111）一位受访者表示："当世界遗产中心和咨询机构面临反应性监测或保护状况过程中出现的问题时，一种典型的方法是要求各缔约国提供更多信息。但是，'更多信息'很少能解决问题。重要的是寻求积极的双赢结果，并确保动员国际援助，使缔约国努力解决世界遗产问题和相关困难。"然而，反应性监测审查小组指出，在某些情况下，好的信息可以带来真正的改变，例如通过更好地澄清问题和边界，可以反过来促进对世界遗产价值的保护行动。

### 6.5 反应性监测任务和其他非法定的任务及报告

（112）《操作指南》第28段定义的反应性监测任务是委员会授权并由世界遗产基金资助的任务，这些与保护状况报告中提出的问题直接相关。反应性监测任务通常由世界遗产中心和一个或多个咨询机构的代表共同执行。任务小组专家由咨询机构确定，世界遗产中心各部门的工作人员或其他教科文组织工作人员或顾问可以加入任务小组。这些任务以职责范围为指导，反映世界遗产委员会的决定。任务小组专家以各咨询机构单独制定的行为守则为指导。任务小组编写的报告被视为重要产出，并始终由世界遗产委员会审查。已经商定的格式可用于编写任务报告。一位接受采访的人士对这种格式提出了一些疑问："任务报告格式很糟糕，重复，不清楚，而且不必要地复杂：它需要大量的精简和修订。"其他受访者也表达了类似意见。反应性监测审查小组同意可以而且应该简化反应性监测任务报告格式，应更明确地关注关键问题和解决方案，并认为这一修订应由咨询

---

① 在这里没有被观察到的是，反应性监测流程中的各缔约国在铭录财产方面存在问题，因此，关于对咨询机构任何行动报告或推荐的不满被理解为公开或暗示的批评，相关意见还存有偏差。

机构和世界遗产中心进行。

建议 21：鉴于对反应性监测任务报告格式的意见，建议：缩短和简化反应性监测任务报告的格式，更加明确地关注关键问题和解决方案，建议这项任务由咨询机构和世界遗产中心承担。

(113) 在某些情况下，应缔约国的请求额外实施咨询任务，通常由发出邀请的缔约国自己提供资金。这些任务报告未在委员会处理，而是由缔约国本身审议，反应性监测任务则由委员会处理。(见第 56 页)

(张　颖)

审查小组提出，反应性监测和咨询任务的同时存在，可能引发一些模糊和混乱的情况。两者应明确区分，并应将这种差异明确传达给主要利益相关方。此外，咨询任务的增多也带来重大挑战，加重了世界遗产中心和咨询机构已经满载的工作负荷。

建议 22：鉴于应缔约国要求使用咨询任务以及反应性监测任务，可能引发一些模糊和混乱的情况，建议：反应性监测任务和咨询任务应明确区分，并应将这种差异明确传达给主要利益相关方。应谨慎使用咨询任务，并逐渐减少使用。

(114) 以上任务的主要目标之一是与缔约国和所有利益相关方进行对话。在调查期间，据透露，在被要求对反应性监测任务期间上述参与者之间的对话进行评级时，只有 32% 的受访者认为"非常好"或"优秀"(图 28)。

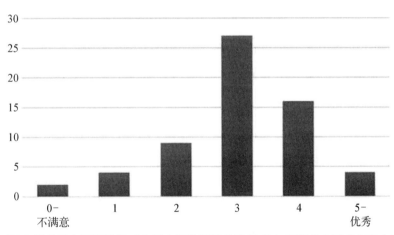

**图 28**　对该问题的调查回复数量："在反应性监测任务期间，您如何评价上述参与者之间的对话"

(115) 许多受访者认为，在反应性监测任务期间正在进行对话，但需要改进。在某些情况下，这有助于让包括资深政治家和决策者在内的所有利益相关方参与有关世界遗产的讨论。通过反应性监测任务，多地的世界遗产已有诸多改进。此外也注意到，尽管对话是重要的，但其并不能经常解决问题。另一方面，有些人还评论说，这些监测任务给人的印象是"执行警务"。在 2018 年的世界遗产地管理者论坛期间，还强调了与遗产地工作人员缺乏对话的担忧。

(116) 在对话问题上，27 位接受访问的遗产地管理者中有 15 位参与了整个反应性监测过程。在这些管理者中,只有4位与其所属遗产地的反应性监测任务有联系。然而,这可能反映了在任务开始时管理者尚未被分配到遗产地的情况。值得注意的是,反应性监控任务强调与遗产地管理者进行交互,这被视为该监控过程的重要部分。

(117)如上所述,由任务小组撰写的反应性监测任务报告被认为是反应性监测过程的一项重要成果。这些任务报告在遗产保护状况报告中被引用,随后上传到网站以供公众访问。当被要求对反应性监测任务报告进行评级时,64%的受访者将其评为"非常好"或"优秀"(图29)。

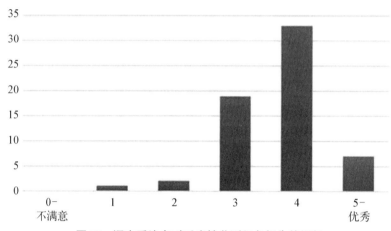

图29 调查受访者对反应性监测任务报告的评级

(118)然而,也有一些受访者对反应性监测任务的评价是消极的,其具体批评包括:
- 挑选的专家中有些缺乏必要的专业水平以执行高级技术任务;
- 任务时间不足;
- 任务小组在执行任务前准备不够充分;
- 与当地专家和工作人员以及当地社区的磋商不够充分。

(119)一些受访者指出,任务专家往往缺乏对背景的理解,有时是主题本身,并且往往对建筑解决方案(有关世界文化遗产地)有很大的偏见。有人建议,每个监测任务小组必须充分了解背景情况,并应与主要利益相关方进行充分协商,并确保在任务报告中充分考虑到他们的意见。一些受访者强调,任务小组中缺乏当地专家的参与是一个缺陷。此外还指出了在挑选任务小组专家方面缺乏政治敏感性(例如来自前殖民地国家)。

(120)受访者对一些任务小组专家提出了批评:"在没有充分考虑当地需求和遗产对可持续发展的贡献的情况下,主观臆测并试图强加原则。"其他一些批评包括:① 选择专家的理由不明确;② 考虑将要从《濒危世界遗产名录》中删除的遗产地时经常增加新的要素;③ 建议不一致;④ 缺乏问题的优先次序;⑤ 与当地工作人员缺乏充分协商;⑥ 缺乏确保跟进的机制。同样值得关注的是,监测任务通常是在非常有限的"小额"预算下进行的,例如:向任务小组专家支付1 000美元以完成至少一个月的工作(任务准备,任务执行时间,报告等);因此,某些任务的结果不可避免地会出现问题。

建议 23：鉴于有些受访者对反应性监测任务专家的选择提出关切，以及需要确保反应性监测任务报告最高的质量，建议：世界遗产中心和咨询机构共同制定一项政策，规定他们如何选择参与任务的专家以及如何根据他们的角色和职责评估其绩效。这一点应使缔约国知悉。

（121）关于反应性监测任务是否应仅由咨询机构执行，还是由咨询机构与世界遗产中心共同执行的问题，先前已在第 6.3 条中讨论过。反应性监测审查小组建议，应尽可能在世界遗产中心和咨询机构之间联合开展反应性监测，特别是在涉及政治敏感问题时。但是，这不得损害反应性监测任务的主要功能，即向世界遗产委员会和缔约国提供高质量的技术和客观建议。

（122）反应性监测审查小组认为，反应性监测过程为主要世界遗产利益相关方之间的建设性对话提供了绝佳机会。但是，需要有效管理这一过程，包括确保：① 每项任务都有明确且相关的职责范围；② 缔约国和任务小组在任务之前、期间和之后进行明确公开的对话；③ 所有主要利益相关者都以相关的方式参与任务，并且他们的需求得到尊重。

建议 24：鉴于在反应性监测过程中进行有效对话的重要性，以及反应性监测任务是一个关键组成部分，建议：应更有效地使用反应性监测任务过程，以鼓励关键的世界遗产利益相关方之间进行建设性对话。必须有效管理反应性监测任务进程，包括确保：① 每一次任务都有明确而相关的职责范围；② 在任务开展之前、期间和之后，缔约国和任务小组之间都有明确、公开的对话；③ 所有相关的主要利益相关方都应有效地参与反应性监测任务。

### 6.6 评估对世界遗产的突出普遍价值的各种影响

（123）在分析对突出普遍价值的影响时，世界遗产中心和咨询机构使用影响遗产因素的标准列表，其中包括 13 个主要因素，每个因素下都有许多子因素。世界遗产委员会在定期报告调查问卷第一次修订时采用了这一标准列表。这些因素可以积极和/或消极地影响某一遗产地的突出普遍价值的所有支柱［属性（标准）、真实性、完整性和管理］，但主要关注的是负面影响和/或威胁。使用标准的因素列表支持在遗产保护状况报告的年度周期内进行更有效的分析，并支持评估和识别趋势和关键问题。该分析每年作为"7 号文件"提交给世界遗产委员会。该文件的内容也有助于制定新的战略和政策以及支持能力建设计划。

（124）当被问及"您如何评价对遗产地突出普遍价值的各种影响的评估，特别是关于内容和清晰度"时，47％的受访者认为"非常好"或"优秀"（图 30）。

（125）一些受访者提出了建议，即应重新回顾影响遗产的因素的概念框架，以扩大影响因素。在 2007—2008 年期间，主要关注的是影响突出普遍价值的各种因素。现在，人们坚信不能仅通过专注于突出普遍价值来管理世界遗产地。因此，必须考虑影响遗产地所有价值（包括无形价值）的因素。另一方面，可持续发展模式现已纳入遗产管理实践。

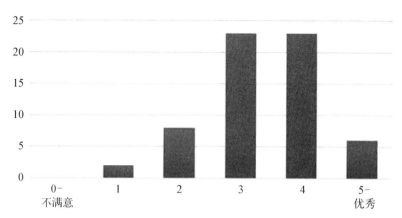

图 30 对该问题的调查回复数量:"您如何评价对遗产地突出普遍价值的各种影响的评估,特别是关于内容和清晰度"

(126) 所有咨询机构通过各种与自然、文化和人民联系在一起的倡议,采用以人为本的保护方法,并将权利问题纳入其中。事实上,这些方法已经存在并发展了很多年,例如,在2003年的世界自然保护联盟(IUCN)的世界保护区大会和同年启动的国际文物保护与修复研究中心(ICCROM)有所体现。问题是如何以更具体的方式将这些范式最有效地纳入《世界遗产公约》的过程和模式。反应性监测审查小组指出,正在将这些范式整合到反应性监测过程中,并且应持续不断地进行下去。但是,这一做法必须"全面",即反应性监测不是孤立存在的。例如,用于反应性监测的标准因素列表也用于定期报告。世界遗产中心目前正在开始一个新的定期报告周期,该周期将在6年后结束。如果未与定期报告的列表一同更改,则不建议单独更改反应性监测的因素列表。

建议25:鉴于保护和管理遗产的不同和新兴的方法,建议:世界遗产委员会和咨询机构应确保对概念框架中的因素以及标准因素清单进行持续审查,以服务于反应性监测和定期报告。

### 6.7 缔约国自愿提交资料(第172段)及咨询机构和世界遗产中心的审查

(127) 这一点包括缔约国自愿提交资料(第172段,见文本框4)以及咨询机构和世界遗产中心的审查。自愿提交的材料是指缔约国所做的可能影响遗产地的突出普遍价值的工作。一些受访者评论认为第172段是含糊不清的,该问题也在2011年4月在塞内加尔举行的关于保护状况的会议上被讨论过。特别是在定义"重大修复或新建设工程"方面似乎存在困难。但是,如果缔约国能够提前通知委员会,委员会可以协助寻求适当的解决方案,以确保突出普遍价值得到充分保护。

(128) 在大多数情况下,只有在项目启动后才会收到资料,因此,如果该项目有可能影响特定遗产地的突出普遍价值,提交的资料仅提供很少或毫无缓解/变更的可能性。或者,缔约国经常不得不面临艰难的政治挑战,在某些情况下,甚至需要支付大笔资金作为对发展支持者的补偿。

(129) 目前的情况是在开始此类项目之前要求进行环境影响评估(EIA)或遗产影响

评估(HIA),并将结果提交给世界遗产中心进行审查。事实上,这种做法代表了世界遗产委员会的政策,得到了若干决议的支持,包括世界遗产委员会第7次会议第40号决议第20段:"要求《世界遗产公约》的所有缔约国确保在EIA和HIA框架内对包括来自自然和/或文化地边界以外的项目可能带来的对突出普遍价值的直接、间接和累积的影响进行具体评估,并且根据《操作指南》第172段,将以上评估报告提交世界遗产中心供咨询机构审查。"事实上,EIA在大多数国家都是标准做法,重点是确保EIA评估对突出普遍价值的影响,如果是文化遗产,则包括HIA。这为开展此类影响评估开辟了一个新的技能领域,并需要人力和财力资源来开展这些评估,并审查评估结果。

> 第172段:如《公约》缔约国将在受《公约》保护地区开展或批准开展有可能影响到遗产突出普遍价值的大规模修复或建设工程,世界遗产委员会促请缔约国通过秘书处向委员会转达该意图。缔约国必须尽快(例如,在起草具体工程的基本文件之前)且在做出任何难以逆转的决定之前发布通告,以便委员会及时帮助寻找合适的解决办法,保证遗产的突出普遍价值得以维护。(《实施〈世界遗产公约〉操作指南》)

文本框4 《实施〈世界遗产公约〉操作指南》第172段

(130)当被问及"您如何评价缔约国自愿提交资料"时,39%的调查对象表示"非常好"或"优秀"(图31)。

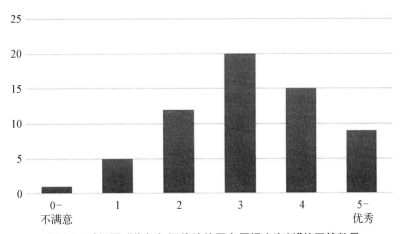

图31 对问题:"您如何评价缔约国自愿提交资料"的回答数量

(131)反应性监测审查小组指出,《公约》操作第172段需要更加明确,包括在早期阶段整合影响评估研究。

## 7. 其他具体程序——列入《濒危世界遗产名录》、从《世界遗产名录》中除名和加强监控

### 7.1 列入《濒危世界遗产名录》

(132)本条将审查《濒危世界遗产名录》的应用,包括有关《濒危世界遗产名录》的决

定草案的益处、有效性及对其的尊重。以列入《濒危世界遗产名录》以《操作指南》的第177—198段为指导(参见文本框5)

> 《操作指南》第177段根据《公约》第11条第4段,委员会可在符合下列要求时将某一遗产地列入《濒危世界遗产名录》:
> a) 被考查的遗产地在《世界遗产名录》之中＿＿＿＿＿＿＿＿＿＿＿＿;
> b) 该遗产地受到严重和特殊危险的威胁;
> c) 该遗产的保护需要采取较大的措施;
> d) 已要求对该遗产地提供《公约》范围内的援助;委员会认为,在某些情况下,其援助可能仅限于提出关注的信息,包括将遗产地列入《濒危世界遗产名录》所传递的信息,并且任何委员会成员或秘书处都可以要求提供这类援助。

**文本框5** 《实施〈世界遗产公约〉操作指南》第177段关于列入《濒危世界遗产名录》的规定

(133)《濒危世界遗产名录》的数量逐年增长,如图32所示。目前(2018年11月)《濒危世界遗产名录》包含来自32个缔约国的54个遗产地,包括38个文化遗产和16个自然遗产。

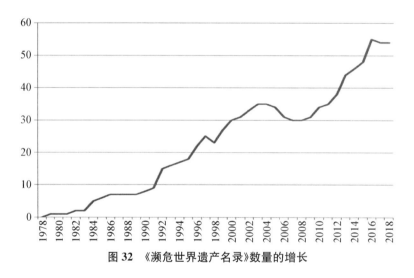

**图32** 《濒危世界遗产名录》数量的增长

(134) 多年来,这一直是《世界遗产公约》的一个有争议的方面。将遗产地列入《濒危世界遗产名录》的初衷是为相关缔约国提供援助,以应对遗产地的突出普遍价值受到的特殊威胁。《濒危世界遗产名录》的初衷是积极的,目的在于引发对遗产地问题的关注,并强调在多层面提供援助的必要性。然而在很多情况下,缔约国将《濒危世界遗产名录》视为带有贬义的"红色名单"。另一方面,也有一些关于《濒危世界遗产名录》帮助保留世界遗产突出普遍价值的成功事例,如帮助调度重大捐赠资金。

(135) 当被问及列入《濒危世界遗产名录》的益处时,86%的受访者表示"有益"或"非常有益"(图33)。

(136) 对于那些本国的遗产地被列入《濒危世界遗产名录》的受访者来说,他们的回答是相似的,77%的受访者认为《濒危世界遗产名录》"有益"或"非常有益"(图34)。

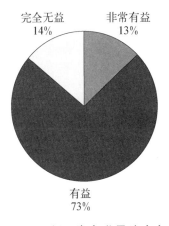

图 33　列入《濒危世界遗产名录》的益处

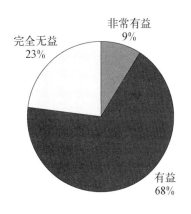

图 34　对以下问题的回答:"如果您国家的遗产地被列入《濒危世界遗产名录》,您认为是否有益?"

(137) 当被问及遗产地被列入《濒危世界遗产名录》是否有助于避免突出普遍价值的损失,60%的受访者回答"是"(图35)。

(138) 当被问及遗产地被列入《濒危世界遗产名录》后参与的活动,58%的受访者表示他们参与了反应性监测任务,而仅有23%的受访者参与执行修复措施(参见图36)。这一点可能与一些受访者的评论相关,即反应性监测任务可能会开始,但不一定经常带来实质性的变化。有关受访者没有参与执行监测任务的原因也有其他的解释:很多人参与了任务(部级、国家的联合国教科文委员会,等等),但主要是遗产地的管理部门来执行建议。

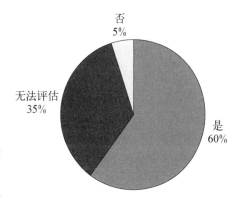

图 35　受访者对于遗产地被列入《濒危世界遗产名录》是否有助于避免突出普遍价值的损失的回答

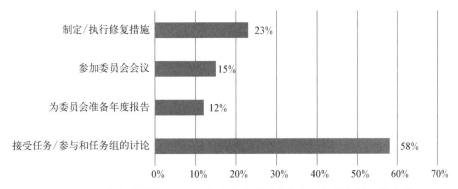

图 36　列入《濒危世界遗产名录》的遗产地的受访者参与相关保护工作的情况

(孙　序)

(139) 对于"您如何评价列入《濒危世界遗产名录》对遗产保护状况的影响"这一问题,49％的调查对象的回答是"很好"或"优秀"(图 37)。

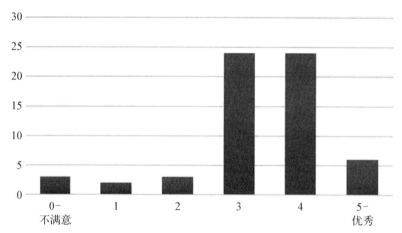

**图 37** 对问题"您如何评价列入《濒危世界遗产名录》对遗产保护状况的影响?"的答复数量

(140) 总体而言,调查回复表明受访者对濒危名录持积极看法,认为名录是有益的。然而,正如世界遗产委员会多次会议上的情况,很多受访者也强调,现实情况是许多缔约国并不希望将自己的遗产地列入濒危名录,因为濒危名录被认为是负面的,或如上文所述是"红色名单"。正如一位受访者所指出的那样:"濒危名录是一个很好的概念,但我国不应加入。"另一个关键问题则是列入濒危名录是否需要经过缔约国的同意。这一点已经过世界遗产委员会的若干届会议的讨论,但本报告并不对此加以探讨。

(141) 应当指出的是,在若干案例中,缔约国也把濒危名录作为保护遗产的积极工具加以使用。例如,在伯利兹政府与联合国教科文组织、世界自然保护联盟和民间社会密切合作对伯利兹大堡礁保护区采取重大保护行动之后,2018 年世遗委员会批准将伯利兹大堡礁保护区系统从《濒危世界遗产名录》中删除①。伯利兹大堡礁于 2009 年被列入联合国教科文组织《濒危世界遗产名录》,原因是人们对于出售保护区内土地进行私人开发、破坏红树林和开采海上石油的现象表示担忧。伯利兹政府积极应对对大堡礁遗产价值的威胁,包括在整个伯利兹近海水域永久暂停石油开采,通过新的红树林保护条例,以及加强许可证法规以防止不可持续的发展。

(142) 关于被列入《濒危世界遗产名录》而引发的重大保护行动还有其他一些积极的例子。此外,也有另一些例子表明缔约国自己要求将其领土内的遗产列入濒危名录。例如:

● 厄瓜多尔政府要求将加拉帕戈斯群岛列入濒危名录以求国际社会关注该国所面临的许多威胁。厄瓜多尔政府与民间社会合作,并在许多国际和国内捐助者的支持下,对加拉帕戈斯群岛采取了保护措施,从而使得该遗产在 2010 年世界遗产委员会第 34 届会议

---

① 有关详细信息请参阅 http://whc.unesco.org/en/news/1839/.

上从濒危名录中删除。

● 缔约国阿尔巴尼亚在1994年内乱期间要求将布特林特国家公园列入濒危名录；在2005年冲突后，该资产的管理制度得到了改善并从濒危名录中删除①。

● 由于武装冲突带来的威胁，缔约国刚果民主共和国要求将其5个世界遗产全部列入濒危名录。这为争取包括参与冲突各方的政治支持、保护世界遗产价值以及激励捐助者和合作伙伴提供额外资金援助提供了重要手段。

● 受访者，包括世遗中心和咨询机构的代表，建议将坦桑尼亚的基尔瓦·基西瓦尼遗址和松戈姆纳拉世界遗产地遗址列入濒危名录，这有助于保护该遗产的突出普遍价值②。

(143) 附件G中的案例研究强调了这些以及其他积极利用反应性监测程序，包括濒危名录的例子。这些例子表明，虽然存在许多"成功的故事"，但这一信息并未被世界遗产委员会成员们所接受。正如一位受访者所指出的那样："人们认为，世遗中心和咨询机构将濒危名录用作惩罚缔约国的'大棒'，因此应当采取更多措施来积极应对这一消极看法"。一方面，反应性监测审查小组注意到了对濒危名录的普遍负面看法，但另一方面，也发现了濒危名录所取得的积极成果。审查小组认为，在应用《濒危世界遗产名录》方面存在沟通问题，并认为应开展更多工作，通过有针对性的宣传来鼓励缔约国积极主动地利用濒危名录。世界遗产委员会在2017年第40号决议第7条款第27段中对此做出了要求：

> 请记录其在议程项目7A和7B下进行的讨论，并请世界遗产中心与咨询机构和缔约国协商，以求更好地了解列入《濒危世界遗产名录》给遗产带来的影响和惠益，并编写适当的相关信息材料，以消除对《濒危世界遗产名录》的负面看法。该信息材料应强调保护突出普遍价值的重要性。

世遗中心目前正在制定一份概念说明以吸引预算外资金来开展此项宣传。

(144) 反应性监测审查小组指出，有些外部因素，例如气候变化，不在缔约国的控制范围之内，但往往对跨国界的世界遗产地的价值产生重大影响。这些因素通常需要缔约国、世界遗产中心和咨询机构之间达成协调一致的态度和应对方法。

**建议26**：鉴于需要更好地传达与《濒危世界遗产名录》相关的各个方面，包括积极因素，建议：世界遗产中心和咨询机构应围绕濒危世界遗产的应用开展有针对性的宣传活动，这应包括识别和推广积极的例子，在这些例子中，将某些世界遗产列入濒危名录已导致显著和积极的行动，改善世界遗产的保护状态。这项活动还应注意到，外部因素，如气候变化，可能会影响世界遗产的价值，而且这种威胁需要缔约国、世界遗产中心和咨询机构采取协调有效的行动。

(145) 还应指出，将某地列入濒危名录的建议可导致对世界遗产地采取的积极保护行动。在某些情况下，这种方法实际上会比将其真正列入濒危名录更具影响力和效力。世界遗产委员会的许多决定中都出现过将某地列入濒危名录的建议，其典型表述如下：

---

① 参见 https://whc.unesco.org/en/list/570.
② 参见 https://whc.unesco.org/en/list/144.

最后请缔约国在2019年2月1日之前向世界遗产中心提交一份关于遗产地保护状况和上述执行情况的最新报告，供世界遗产委员会2019年第43届会议审议。以期在《世界遗产名录》所列遗产保护状况方面以及上述提议执行方面如未取得充分进展的情况下，并且在确认对突出普遍价值产生确定或潜在危险的情况下，可能将该遗产列入《濒危世界遗产名录》。

（146）一些受访者指出，列入濒危名录的建议能够引起高层政治人士的注意，并带来必要资源以应对特定世界遗产地的问题。例如，2018年4月澳大利亚政府决定资助5亿澳元用于改善大堡礁遗产地的保护和管理，而是否将其列入濒危名录正是作出这项决定的关键因素。决定也包括与大堡礁基金会建立伙伴关系，投资应对珊瑚礁面临主要风险的各类项目，并寻求私人投资者和慈善家的共同资助[①]。

（147）许多受访者对濒危名录的批评主要集中在名录并不能对解决导致遗产地被列入濒危名录的种种问题提供具体帮助。

然而，《世界遗产操作指南》第189段指出："委员会应划拨世界遗产基金中的一大部分特定款项用于资助，以向列入《濒危世界遗产名录》中的世界遗产地提供可能的援助。"值得注意的是，世界遗产基金越来越多地用于支付《世界遗产公约》的工作费用，特别是咨询机构服务的费用；而且该基金规模太小，不足以解决列入濒危名录里的世界遗产地所面临的种种问题，因此应一直不断寻找并确定其他资金来源。表1总结了自2004年（创建该特定预算额度的年份）以来，世界遗产基金中划拨给濒危名录中世界遗产地的份额。

表1 自2004年以来，世界遗产基金中划拨给濒危名录中世界遗产地的份额

| | 2004—2005 | 2006—2007 | 2008—2009 | 2010—2011 | 2012—2013 | 2014—2015 支出计划 | 2016—2017 支出计划 | 2018—2019 支出计划 |
|---|---|---|---|---|---|---|---|---|
| 世界遗产基金 | 6 777 470 | 6 988 526 | 7 649 041 | 7 618 542 | 6 162 996 | 6 127 047 | 6 182 285 | 6 116 876 |
| 濒危遗产预算额度 | 300 000 | 265 000 | 116 464 | 95 000 | 60 000 | 60 000 | 108 000 | 150 000 |
| 基金中濒危遗产预算额度所占百分比 | 4% | 4% | 2% | 1% | 1% | 1% | 2% | 2% |

所有数字均以美元为单位
＊包括紧急援助和汇率，但不包括宣传和专项资金

（148）濒危名录中世界遗产地的预算额度以两年期为单位，是由世界遗产委员会分配的，但很难确定具体用于濒危名录中遗产地的确切划拨款项。咨询机构草拟保护状况报告的费用是从其专项预算额度，而非濒危名录预算额度中支付的。反应性监测审查小组认为，为了透明起见，应修改此濒危遗产地预算额度，将直接划拨给濒危名录中遗产地

---

① 参见 http://www.gbrmpa.gov.au/media-room/latest-news/corporate/2018/$500-million-funding-game-changer-for-the-great-barrier-reef.

的款项单独列出。

建议27：鉴于通过世界遗产基金划拨的资金需要透明度，建议：对世界遗产基金濒危遗址预算线进行修订，以便单独显示划拨给列入《濒危世界遗产名录》的遗址的资源数额。

（149）图表38表明，世界遗产基金中划拨给濒危遗产的资金极少，特别是考虑到濒危名录上世界遗产地的数量在不断增加（请参见图31），以及这些遗产地正面临着重大威胁。还应注意的是，《操作指南》第189段指出："委员会应划拨世界遗产基金中的一大部分特定款项用于资助，以向列入《濒危世界遗产名录》中的世界遗产地提供可能的援助。"显然，当前情况并非如此。

（150）附录F中选择了若干列入濒危名录的世界遗产地并概述了为其划拨的资金和提供的援助情况，以进一步说明对濒危名录中某些特定世界遗产地的资助。反应性监测审查小组认为，从世界遗产基金获得的款项以及为濒危名录遗产地提供的技术援助既不可信也不充分，因此世界遗产委员会应考虑增加世界遗产基金划拨给濒危名录遗产地资金的相对百分比。然而，相对于解决濒危名录遗产地所有问题所需的资金而言，通过世界遗产基金可获得的金额总是很少的。重要的是要认识到世界遗产基金无力解决濒危名录遗产所面临的问题并确定其他资金来源。同样重要的是，世界遗产基金为列入濒危名录的遗产地提供的资金应以促进的方式使用，包括通过筹集资金和其他相关手段来激励其他资金来源。

建议28：鉴于世界遗产基金中，可用于《濒危世界遗产名录》上的遗产的资金水平较低，建议：世界遗产基金中，可用于《濒危世界遗产名录》上的遗产的资金，应按百分比增加，同时要承认世界遗产基金的局限性，要坚持确定其他资金来源。世界遗产基金向缔约国提供的资金应像催化剂一样使用，包括通过筹资和其他相关手段刺激其他资金来源。

（151）受访者指出，必须争取国际社会的支持来帮助被列入濒危名录的世界遗产地；他们特别提到，设立《世界遗产公约》的部分原因就是为了鼓励国际上对受到威胁的世界遗产地的支持和合作。反应性监测审查小组注意到，将世界遗产列入濒危名录在为世界遗产地筹集来自外部捐助者的资金方面发挥了重要作用，这为解决濒危名录中世界遗产地，例如加拉帕戈斯群岛的保护问题做出了重大贡献。受访者建议世界遗产委员会和咨询机构可以更为积极主动地寻找潜在资金来源以解决遗产保护问题；其中一方面就是所有关于濒危名录遗产地的保护状况报告都应包括一章用以说明国内和国际捐助者为解决对遗产地造成影响的问题所捐赠的资金选项。

（152）反应性监测审查小组指出，咨询机构和世界遗产中心在履行《世界遗产公约》所规定的职责方面已是精疲力竭，因此筹款方面仍应是缔约国的主要责任。然而，反应性监测审查小组还指出，咨询机构和世界遗产中心在了解和概述世界遗产地各种问题方面处于独特的地位；因此，小组认为他们仍然可以在此领域发挥重要的积极作用，以支持缔约国努力为列入濒危名录的世界遗产地开拓外部资金来源。

（153）受访者建议，由于世界遗产委员会决议中所列行动建议数量众多，但又没有划分明确的优先顺序,也没有调动所需资源的战略方针,导致世界遗产委员会的决议在执行方面存在诸多挑战,因此应该为濒危名录遗产地面临的问题确定更有效的优先顺序。同样,在被列入濒危名录的世界遗产地之间也需要按轻重缓急排出顺序,以确保资源根据最高优先级进行分配。反应性监测审查小组认为这一观点非常合理,并支持许多受访者提出的建议,即每个濒危遗产地在被列入濒危名录时均应制定一份经完全成本估算的行动计划。计划应按优先顺序确定解决导致该遗产地列入濒危名录的问题所需采取的行动,并逐项列出其费用。

（154）反应性监测审查小组注意到《世界遗产公约》本身指出:"由于委员会应根据情况在必要时以'濒危世界遗产名录'为标题建立、更新并发布已列入《世界遗产名录》中的需要采取重大行动来保护的并已根据本公约要求向其提供援助的遗产地名单。此名单应包含这些行动的成本估算。"（我们的重点在此）。但是,对于一份完全成本估算的行动计划具体应包括哪些内容,目前尚无明确的看法。反应性监测审查小组认为,一份完全成本估算的濒危遗产地行动计划应至少确定:对突出普遍价值的主要威胁、按大概优先顺序排列的威胁及其应对战略,以及应对这些威胁所需的预算成本估计。反应性监测审查小组指出,制定完全成本估算的行动计划具有挑战性,但非常重要;此外,威胁及其应对成本可能会随着时间的推移有所变化。制定完全成本估算的行动计划应由缔约国负责,并在可能和适当的情况下,由世界遗产中心和咨询机构予以支持。

建议29:鉴于应对《濒危世界遗产名录》上的遗产所面临的威胁时,资金充足十分重要,建议:濒危名录上的遗址,在列入名录时,都应制定一份成本核算完整的行动计划。该计划应按优先顺序确定导致遗址被列入濒危名录的问题,以及解决这些问题所需的行动和分项成本。

（155）调查和访谈的参与者还提出了一些其他建议,这些建议逐字记录如下:

● 是否可能在濒危名录中设立不同类别的遗产,包括受灾害影响的遗产作为一个单独的类别;对于在濒危名录中已存在很长时间（例如 10 年以上）的那些遗产,也可以设立单独的类别。另一个建议是为濒危遗产地建立分级体系,以标示问题的严重程度,例如,使用绿色、琥珀色,并协助世界遗产委员会对濒危遗产地作出相关决策。反应性监测审查小组认为这是一个未来可能产生的领域,可由各咨询机构以及国际自然保护联盟世界遗产展望联合探讨。

● 需要最高质量的信息来支持世界遗产委员会关于是否将某一遗产列入或移出濒危名录的决定。一些受访者认为,在某些情况下,关于濒危名录的申请,除了咨询机构提供的信息和建议外,还可能需要寻求额外的信息和专家建议。这一想法与《操作指南》第 38 段相符:"委员会可以呼吁具有适当能力和专门知识的其他国际和非政府组织协助实施方案和项目,包括执行反应性监测任务。"

● 考虑使用更积极的语言来描述濒危名录以及相关的活动和流程。一些受访者指出,"濒危名录"一词具有直接的负面含义,对这一术语和其他相关措辞作出一些改动可能是值得考虑的。

● 需要为列入濒危名录制定更明确的标准。例如,《操作指南》中关于文化遗产的确定性危险和潜在性危险的描述和标准相对而言较为陈旧,未提及自 2005 年以来的发展情况。再比如,也未提及遗产的突出普遍价值,相反却谈到了所谓"文化意义"的标准,而这一标准在缔约国必须提交的任何文件中都没有找到。

(156)反应性监测审查小组指出,在上述问题和建议中,一些已经得到解决,而另一些则要么难以处理,要么无法采取行动,例如更改"濒危名录"这一名称,因为该名称已经载入《世界遗产公约》文中。尽管如此,上述评论确实反映了该项目许多受访者的观点。

**7.2 将遗产从《濒危世界遗产名录》中除名**

(157)本节将讨论从濒危名录中除名遗产。访谈和调查的参与者们指出,将任何世界遗产从濒危名录中除名必须遵循严格而明确的程序,该程序以必须满足将遗产从《濒危世界遗产名录》中除名的要求为基础;在该遗产列入濒危名录时或之后不久由世界遗产委员会批准的《理想保护状况报告》中会列出这些要求的概述。实际上,总是在列入名录的第二年才会采纳《理想保护状况报告》,因为必须与缔约国,世界遗产中心和咨询机构一起准备,并且这一过程需要很长时间。《操作指南》第 183 段概述了《理想保护状况报告》的相关内容,说明如下:"在考虑将遗产列入《濒危世界遗产名录》时,委员会应尽可能与相关缔约国协商制定并采纳将其从《濒危世界遗产名录》中除名的理想保护状况,及其纠正措施方案。"《理想保护状况报告》以及从濒危名录中除名的基础则是完全按商定时间表来有效实施这些纠正措施,还有遵守世界遗产委员会关于濒危名录遗产的决议。

(158)调查中包含以下问题:"您如何评价将遗产从《濒危世界遗产名录》中除名的要求"。受访者的回答如图 38 所示,表明从濒危名录中除名遗产的要求总体上是令人满意的。

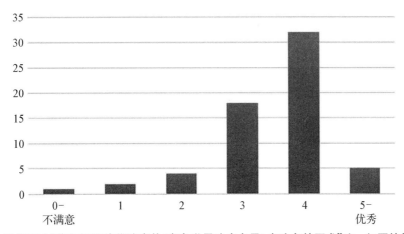

图 38 对调查中"您如何评价将遗产从《濒危世界遗产名录》中除名的要求"这一问题的答复数量

(159)访谈和调查的参与者们指出从濒危名录中除名遗产的程序总体而言是合理的,但他们也强调了与除名相关的所有决定都必须以最高质量的信息资料为基础,并且除名程序必须以客观和专业的方式执行,不得有政治干预。受访者们还提到了制定明确的

《理想保护状况报告》的重要性,报告中应充分确定除名所需的要求和达到要求的时间范围。评审小组的评估认为,"理想保护状况"这一概念是有用的,且其持续使用与《世界遗产公约》高度相关。

(160)受访者强调,《理想保护状况报告》中概述的行动必须明确、切实可行且按其重要性排好优先顺序。他们指出,纠正措施中应包括具体行动,理想保护状况应成为遗产何时可以除名的指标。受访者还强调,需要有充足的资金,和相关的完全成本估算的行动计划,否则,《理想保护状况报告》中的行动就有可能无法实现。受访者达成的普遍共识是,必须给予缔约国足够的时间,令其采取必要的措施以确保可以将世界遗产从濒危名录中除名。缔约国,包括世界遗产地管理者,应与咨询机构和世遗中心密切合作,制定《理想保护状况报告》并在世界遗产委员会通过该报告后根据需要进行修正。目前的情况其实正是如此。有受访者建议应考虑到从濒危名录中除名遗产是否符合世遗中心/咨询机构的提议。在某些情况下,委员会可能会在遗产地情况满足《理想保护状况报告》要求之前就决定将其从濒危名录中除名。

(161)将某一世界遗产从《濒危世界遗产名录》中除名对《世界遗产公约》而言通常是重大的"成功案例";当这样的"成功案例"出现时,应对缔约国进行表扬,并应安排媒体对该案例进行适当的宣传。

建议30:鉴于某项世界遗产从濒危名录中移出,通常值得庆祝,建议:某项世界遗产从濒危名录中移出,通常应作为《世界遗产公约》重要的"成功范例"进行推广和广泛传播。

(162)另一项关于地点的公约是《拉姆塞尔国际重要湿地公约》,该公约的保护对象是国际重要湿地,同样有列入和移除受到威胁的湿地的机制。受到威胁的湿地会被列入1990年建立的"蒙特勒记录"中。这表明了"自愿将特定地点列入蒙特勒记录是缔约国可用的一种有效工具",并且可能只有在其所在缔约国同意的情况下,才能将地点列入或移出记录。该公约的运作框架与《世界遗产公约》不同;但是,建议两个公约的秘书处之间定期交流关键问题,例如在《濒危世界遗产名录》中列入和除名遗产地点的相关信息。应当指出,与生物多样性有关的其他公约,比如《濒危野生动植物种国际贸易公约》和《养护移栖物种公约》,也可能采取类似的相互支持的行动。例如,《濒危野生动植物种国际贸易公约》在很多方面解决了导致马达加斯加的阿辛纳纳纳雨林被列入《濒危世界遗产名录》的种种问题。各公约之间在国家层面上的协同作用,例如相关国家重要地点之间的交流,也非常重要。

建议31:鉴于各公约之间就与反应性监测有关的问题开展合作十分重要,建议:世界遗产中心应保持与《拉姆塞尔国际重要湿地公约》现有的密切关系,并定期共享彼此都感兴趣的领域的信息,例如在各自的"濒危名录"或对等的名单中添加或删除保护对象。世界遗产中心还应与其他相关公约合作,如《濒危野生动植物种国际贸易公约》和《迁徙物种公约》,包括在国家层面的合作,这与保护世界遗产有关。

### 7.3 将遗产从《世界遗产名录》中除名

(163)本节将探讨从《世界遗产名录》中移除遗产。截至2018年11月,已有两个世界遗产从《世界遗产名录》中除名：(1) 德国德累斯顿易北河谷，2009 年除名；(2) 阿拉伯大羚羊保护区，2007 年除名。

（164）《世界遗产操作指南》第 192—198 段对"最终决定从《世界遗产名录》中除名遗产"的程序进行了阐述，指出，除其他情况之外，除名还可能在以下情况下发生："当该遗产已严重退化以致失去将其列入世遗名录的决定性特征"，"当提名时人类行为已威胁到该世界遗产地的内在品质时，以及当缔约国未在计划的时间内实施其提出的必要纠正措施时。"

（165）当被问及目前遗产除名的流程是否充分时，只有 28% 的人持赞同意见，这也清楚地表明了除名程序的改进空间（图 39）。

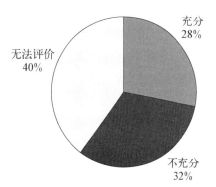

图 39　对"目前遗产除名的流程是否充分"的调查回复

（166）受访者的评价也反映了调查中所显示的这一不足。一些受访人士对德累斯顿的除名提出了具体的批评。批评主要集中在与缔约国和其他利益相关方的接触和对话不够充分，以及在将该遗产从世界遗产名录中除名之前未能探讨其他备选方案。评论包括如下内容："即使是代表团成员，自开始以先入为主的想法进行谈判以来，也对所遵循的进程不甚满意。代表团没有谈判空间，也没有考虑到连续性和变化的概念。委员会与当地社区之间的对话是不够的。"一些人认为，如果当初沟通纽带经过精心设计的话，应当可以避免该遗产被除名。

（167）阿拉伯大羚羊保护区[①]是 2007 年从《世界遗产名录》上除名的有史以来的第一个遗产地。它最初是因其濒临灭绝的野生动植物，包括自由放养的阿拉伯大羚羊和濒危的胡巴拉鸨，而被列入世界遗产名单的。2007 年 6 月 28 日，世界遗产委员会将保护区从《世界遗产名录》中除名，理由是阿曼决定减少保护区 90% 的面积，以及由于偷猎和栖息地的消失，阿拉伯大羚羊的数量从 1996 年的 450 只减少到 2007 年的 65 只。这一决议非常明确，几乎没有发生异议，因为原始遗产的突出普遍价值显然已经丧失并且不可挽回。这是遗产地应从《世界遗产名录》中除名的一个"教科书式"的范例。有趣的是，反应性监测审查小组指出，该遗产是因自然保护联盟咨询机构的提议而被列入《世界遗产名录》的，该组织曾强烈建议不要因为完整性问题而将遗产地列入名录。

（168）另一个令人困惑的案例是没有被明确视为除名的格鲁吉亚巴格拉蒂大教堂和盖拉蒂修道院，于 1994 年被列入《世界遗产名录》并于 2010 年被列入《濒危世界遗产名录》。正式登记时，该处遗产包括两个主要部分——巴格拉蒂大教堂和盖拉蒂修道院——分别位于相距约 10 公里的两个地方。巴格拉蒂大教堂已成废墟，但仍是该国最具标志性和神圣的地方之一。2010 年，针对缔约国为重建巴格拉蒂大教堂而采取的干预措施，编

---

① http://whc.unesco.org/en/list/654.

写并审议了一份保护状况报告,在此基础上该遗产被列入了《濒危世界遗产名录》。据下表所示,在管理遗产方面的国际援助仅限于通过一系列反应性监测任务所提供的技术建议。

(169)缔约国已在此遗产地进行了重建工作,以期恢复大教堂作为格鲁吉亚主要大教堂的原始功能,然而最终的保护状况报告得出的结论却是大教堂"经历了有损其完整性和真实性的重大重建"。因此,缔约国被要求提交对遗产地边界线的重大修改,新边界线将巴格拉蒂大教堂排除在外,成为一项新的提名。其主要后果是从《世界遗产名录》中删除了几乎一半的原始遗产地——而1994年正是原始遗产地集体展现了其突出普遍价值的真实性和完整性。这项决定对除名或部分删除世界遗产的某些属性的标准产生了许多影响。文化遗产的突出普遍价值取决于四个核心:世界遗产标准、真实性、完整性和管理。那么,将遗产从名录中除名的标准又是什么呢?当任一或多个核心受到负面影响时,是否应该将其除名?在巴格拉蒂大教堂案例中,将修改边界线作为解决方案这一举措受到了质疑。该解决方案是否会开创一个错误的先例?废墟的部分重建在多大程度上影响了该遗产的突出普遍价值?这些是就此提出的一些问题,值得我们进一步探讨。

表2 格鲁吉亚巴格拉蒂大教堂和盖拉蒂修道院列入濒危名录期间获得的国际援助

| 遗 产 | 地区 | 列入濒危名录的年份 | 列入濒危名录期间对该遗产开展的工作 | 列入濒危名录期间向该遗产提供的财政援助 |
| --- | --- | --- | --- | --- |
| 巴格拉蒂大教堂和盖拉蒂修道院(格鲁吉亚) | 欧洲 | 2010—2017 | 2010年3月和2012年4月:世界遗产中心/国际古迹遗址理事会联合开展反应性监测工作;2014年10月:国际古迹遗址理事会对盖拉蒂修道院开展技术评估工作<br><br>2015年1月:国际古迹遗址理事会开展咨询工作 | 不适用 |

(170)一些受访者关于从《世界遗产名录》中将遗产除名这一问题的其他评论还包括:

● 除名程序已经准备就绪,然而世界遗产委员会并没有很好地使用这一程序。关于如何在实际中除名遗产,还没有足够的指导。如果我们要(在除名方面)取得成功,我们应该重新思考整个过程,并在该过程上花费更多的时间,并与主要利益相关方,尤其是缔约国,进行更多磋商;

● 当某一遗产从《世界遗产名录》中除名时,这是整个世界遗产公约的"失败"。但另一方面,它也增强了《世界遗产名录》的可信度,因为它发出了一个明确的信息,即已经无可挽回地失去了突出普遍价值的遗产不应列入《世界遗产名录》;

● 应从《世界遗产名录》中删除更多遗产地。除了阿拉伯大羚羊保护区和德累斯顿之外,还有一些遗产地已经失去了它们的突出普遍价值,世界遗产委员会应该认识到这一

点,并为此作出一些努力;
- 我们可以改进除名程序,也可以对此进一步讨论。然而,这太"政治"了,我们目前应该不会这么做。任何除名都必须以全面公开的程序和现有最佳信息为基础;
- 反应性监测在濒危名录和除名中均起着关键作用。除名不应是最终目的,而应只是万不得已的最后手段。

（171）反应性监测审查小组指出,目前人们对从《世界遗产名录》中将遗产除名存在一定程度的不安。一方面,人们坚定地认为,对于已无可挽回地失去其突出普遍价值的遗产,除名是确保《世界遗产名录》可信度的一个重要措施;但另一方面,也有人认为,目前的程序,尤其是协商程序尚不完善,在某些情况下甚至根本不现实。因为在许多情况下,除名所导致的损失是无法逆转或弥补的。世界遗产委员会的审查中也讨论了这个问题,今后关于遗产除名问题的任何建议都应与本次审查保持一致。

建议32：鉴于从《世界遗产名录》中移除某些遗产时,人们看法不同,建议：世界遗产中心和咨询机构讨论"移除遗产"的问题,并提出建议以便改进从《世界遗产名录》中移除某些遗产的程序,供世界遗产委员会审议。

### 7.4 强化式监测机制

（172）2007年,基督城,世界遗产委员会第31届会议作出的第5.2号决定通过了强化式监测机制的决议。截至2018年11月,该决议已应用于以下11个遗产地：

- 耶路撒冷旧城及其城墙(约旦提议),自2007年起;
- 维龙加国家公园(刚果民主共和国),自2007年起;
- 卡胡兹-比耶加国家公园(刚果民主共和国),自2007年起;
- 加兰巴国家公园(刚果民主共和国),自2007年起;
- 萨隆加国家公园(刚果民主共和国),自2007年起;
- 奥卡皮野生动物保护区(刚果民主共和国),自2007年起;
- 柏威夏神庙(柬埔寨),自2008年起(教科文组织总干事2008年12月30日决定);
- 科索沃(塞尔维亚)中世纪纪念碑,自2009年起(教科文组织总干事2009年4月1日决定);
- 马诺沃-贡达圣弗洛里斯(中非共和国),自2009年起;
- 廷巴克图(马里),自2012年起;
- 阿斯基亚墓(马里),自2012年起。

（173）2009年,塞维尔世界遗产委员会在其第33届会议作出的7.2号决议中指出,该机制旨在于特殊具体情况下提供协助,并且主要限于监测列入《濒危世界遗产名录》中的遗产,因为委员会担心这些遗产将在短期内失去其突出普遍价值。委员会进一步指出："如果将强化式监测机制用作既定监测程序——例如将遗产列入《濒危世界遗产名录》——的替代办法,则可能产生歧义,并可能降低现有反应性监测系统及其程序的可信度。"

(174) 2011年在巴黎举行的世界遗产委员会第35届会议上提交了对强化式监测机制进行的评估。该综合性报告可在 http://whc.unesco.org/archive/2011/whc11-35com-7.2e.pdf 上查阅。

(175) 反应性监测审查小组指出,该评估是彻底和可信的;并且还指出,该评估概述了该机制所面临的一些挑战,包括报告频率、预算不足以及反应性监测与强化式监测机制之间可能产生的混淆。审查小组认为,评估的主要意见和建议在2019年仍是有效的。

(176) 图40概述了对问题"您如何评价强化式监测机制迄今的有效性"的回复。回答"很好"(34%)和"优秀"(4%)的百分比相较于受访者对其他类似问题的回答似乎偏低。

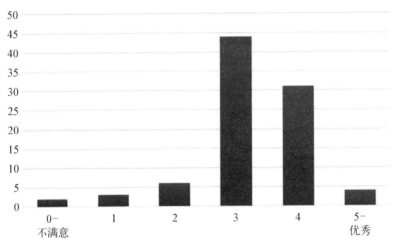

图40 对问题:"您如何评价强化式监测机制迄今的有效性"的回答数量

(177) 大多数受访者对强化式监测并不清楚,对反应性监测与强化式监测之间的区别也不明确。那些了解强化式监测的人,例如来自世界遗产中心和咨询机构的受访者,指出资金有限制约了监测的有效执行。有人指出:"我们应该提出的问题是:强化式监测机制执行以来给遗产带来了什么变化?没有额外资金,也没有增派任务……"值得注意的是,强化式监测机制一经创建,就被用作列入濒危名录的替代方案。因此,委员会决定仅将其用于已列入濒危名录的遗产(第33届会议第7.2号决定第6段),参见:http://whc.unesco.org/en/decisions/1760/。

(178) 对调查和访谈的回复似乎更突出了强化式监测机制2011年评估的主要结果。建议世界遗产中心和各咨询机构对该评估进行重新审查和讨论,以期为世界遗产委员会下届会议提出建议。反应性监测审查小组认为,应继续——但仅在特殊情况下,例如当世界遗产委员会一致认为世界遗产有可能立即失去其突出普遍价值时——使用强化式监测机制;但通常不应将其用作将遗产列入《濒危世界遗产名录》的替代方案。

建议33:鉴于强化式监测机制已在许多场合使用,并且可能与反应性监测混淆,建议:强化式监测机制应予以保留,但仅应在特殊情况下使用,例如有的时候,世界遗产委员会认同某些世界遗产的突出普遍价值可能很快丧失。一般不应将其用作《濒危世界遗产名录》过程和程序的替代方案。鉴于强化式监测机制 2011 年评估结果的有效性,我们进一步建议世界遗产中心和咨询机构讨论这些结果,以便为随后的世界遗产委员会会议提出建议,包括就《操作指南》中是否应包括强化式监测机制提出建议。

## 8. 建议、路线图和后续步骤

(179) 附件 A:"建议和路线图"概述了本报告中的 34 项建议并提供:
- 文中相关段落编号查阅;
- 反应性监测审查小组对建议优先级的看法:
  高(H)具有最高优先级(19 项建议);
  中等(M)具有中等优先级(14 项建议);
  低(L)具有最低优先级(1 项建议)。

(180) 附件 A 中的表格为世界遗产委员会提供了反应性监测路线图的框架,并附标记为 H 优先级的建议,在反应性监测审查小组看来应将其作为关注和执行的最高优先事项。优先级的分配(H,M,L)基于反应性监测审查小组根据下列标准作出的专业判断:
- 需要采取紧急/立即采取行动,例如,由于世界遗产委员会会议即将召开导致的行动需求;
- 建议对世界遗产委员会及其主要机构(缔约国、世界遗产中心和咨询机构)的效力和效率的潜在影响程度;
- 与反应性监测有关的建议对《世界遗产公约》声誉的潜在影响程度;
- 如果不执行建议,对世界遗产委员会工作计划和声誉的影响程度;
- 立竿见影的效果或"速赢"的可能性;
- 对相比建议成本的获益的广泛评估。

(181) 反应性监测审查小组建议,世界遗产委员会应与世界遗产中心和咨询机构密切协商,对这些建议的实施情况进行监督。反应性监测审查小组提出以下建议作为实施计划:
- 世界遗产中心应与世界遗产咨询机构协商,为这些建议制定详细的实施计划,以供 2019 年委员会会议之后的第一次世界遗产委员会会议审议。
- 世界遗产中心应与世界遗产咨询机构协商,在 2020 年世界遗产委员会通过实施计划 3 年后的后续世界遗产委员会会议上,即在 2023 年世界遗产委员会第 47 届会议上,报告执行此反应性监测实施计划的进展情况。
- 世界遗产委员会应根据世界遗产中心和咨询机构的建议,每两年对实施计划和具体建议的执行情况进行评估。

建议 34:鉴于需要采取分阶段和切实可行的方法实施反应性监测审查,建议通过并实施以下《实施方案》：

● 世界遗产中心应与世界遗产咨询机构协商，为上述建议制定详细的《实施方案》，供2019年委员会会议后的世界遗产委员会第一次大会审议。

● 世界遗产中心应与世界遗产咨询机构协商，在随后的世界遗产委员会会议上报告实施该反应性监测《实施方案》的进展情况，即在2020年世界遗产委员会会议上通过《实施方案》3年后，在2023年世界遗产委员会第47届会议上做此报告。

● 世界遗产委员会应根据世界遗产中心和咨询机构的建议，每两年对《实施方案》和具体建议的执行情况进行一次评估。

## 9. 结论

（182）执行《世界遗产公约》的《操作指南》将反应性监测定义为"世界遗产中心、教科文组织其他部门和咨询机构向世界遗产委员会提交的关于受到威胁的特定世界遗产保护状况的报告"（第169段）。联合国教科文组织世界遗产公约所规定的反应性监测进程已发展成为有史以来根据国际法律文书建立的最广泛的监测系统之一，并且无疑是全球自然和文化遗产公约中最杰出的监测系统。多年来，反应性监测已经从纯粹的临时和实证报告发展成为《操作指南》第四章中定义的现行流程，并形成了一套明确的程序和格式。然而，正如本报告中清楚表明的那样，执行《世界遗产公约》的一些关键参与者并不总能充分理解反应性监测进程的程序和惠益。这种理解缺失（或误解）有时会妨碍他们正确执行世界遗产委员会通过的有关自然和文化遗产保护状况的决议。本报告阐述了作者对如何改进反应性监测流程以使世界遗产受益以及参与反应性监测进程的关键参与者的初步看法。非常欢迎世界遗产利益相关方，特别是世界遗产委员会，就这些建议进行进一步的讨论和反馈。

**参考文献**

1. Arabian Oryx Sanctuary https://en.wikipedia.org/wiki/Arabian_Oryx_Sanctuary.

2. Cameron, C. and Rössler, M. 2013b. Many Voices, One Vision: The Early Years of the World.

3. Heritage Convention: Farnham: Ashgate.

4. CNN Travel: First 12 sites on the World Heritage List.

5. https://edition.cnn.com/travel/article/unesco-first-12-world-heritage-sites/index.html.

6. Great Barrier Reef, Australia: $500 million funding game-changer for the Great Barrier Reef 29 April, 2018: http://www.gbrmpa.gov.au/media-room/latest-news/corporate/2018/$500-million-funding-game-changer-for-the-great-barrier-reef.

7. Rössler, M. and Veillon, R. 2013. Monitoring and reporting: trends in World Heritage conservation. In K. Van Balen and A. Vandesande (eds), Reflections on Preventive Conservation, Maintenance and Monitoring of Monuments and Sites. Leuven, Acco.

8. Stovel, H. 1995. Monitoring World Cultural Heritage Sites. ICOMOS Canada Bulletin, 4,

(No. 3). 15 - 20.

9. UNESCO (2011) Independent evaluation by UNESCO's external auditor on the implementation of the Global Strategy from its inception in 1994 to 2011 and the Partnerships for Conservation Initiative (PACT).

10. UNESCO. 1972. The World Heritage Convention. http://whc.unesco.org/en/conventiontext/ UNESCO. 2016. The Operational Guidelines for the implementation of the World Heritage.

11. Convention. http://whc.unesco.org/en/guidelines/.

12. UNESCO Intergovernmental Committee for the Protection of the World Cultural and Natural.

13. Heritage. July 2015. Rules of Procedure, WHC-2015/5. http://whc.unesco.org/en/committee UNESCO. State of conservation Information System of the World Heritage Centre.

14. http://whc.unesco.org/en/soc.

15. UNESCO. World Heritage Centre Documents Database.

16. http://whc.unesco.org/en/documents/.

17. UNESCO. World Heritage Centre Decisions Database. http://whc.unesco.org/en/decisions/.

18. ICOMOS. 2009. Compendium of key decisions on the conservation of cultural heritage properties on the UNESCO List of World Heritage in Danger, WHC-09/33.COM/9. http://whc.unesco.org/document/102013 (pages 3 - 61).

19. IUCN. 2009. Compendium of key decisions on the conservation of natural heritage properties on the UNESCO List of World Heritage in Danger, WHC-09/33.COM/9. http://whc.unesco.org/document/102013 (pages 62 - 109).

20. IUCN WH Outlook https://www.worldheritageoutlook.iucn.org/.

21. UNESCO. 2011. World Heritage Centre. Report of the expert meeting on the global state of conservation challenges of World Heritage properties (13 - 15 April 2011, Dakar, Senegal). WHC - 11/35.COM/INF.7C. http://whc.unesco.org/archive/2011/whc11 - 35com-inf7Ce.pdf.

22. UNESCO. States Parties to the WH Convention http://whc.unesco.org/en/statesparties/.

23. UNESCO. Reactive Monitoring https://whc.unesco.org/en/reactive-monitoring/#2.

24. UNESCO. Reinforced Monitoring Mechanism, Report of the Independent Evaluation, 2011, presented to the 35th Session of the WH Committee in Paris in 2011. The evaluation report is available at http://whc.unesco.org/archive/2011/whc11-35com-7.2e.pdf.

25. UNESCO. Sigiriya World Heritage site abandonment of project which would have threatened WH values https://whc.unesco.org/en/soc/2562.

26. UNESCO. Butrint National Park, Albania, removal from the List of World Heritage in Danger https://whc.unesco.org/en/list/570.

**附件**

附件 A——建议摘要

附件 B——访谈流程

附件 C——调查的详细结果

附件 D——遗产地管理者论坛

附件 E——反应性监测项目的职权范围和概念说明
附件 F——划拨给《濒危世界遗产名录》中若干被选中的世界遗产的资金
附件 G——案例研究和使用反应性监测流程的积极例子

（赵泂蔚）

## 附件 A  建议摘要

| 建议编号与段落位置 | 建 议 内 容 | 优先级,根据反应性监测审查小组的判断,分高(H)、中(M)或低(L)三级 |
|---|---|---|
| 1(第3.1节第24段) | 建议1：鉴于人们对《世界遗产公约》下反应性监测的许多积极保护成果的认识有限,建议：世界遗产中心和咨询机构应与缔约国合作并通过缔约国制定一项宣传战略,以突出和宣传《世界遗产公约》的成功案例,包括与《濒危世界遗产名录》相关联的案例。 | 高 |
| 2(第3.1节第27段) | 建议2：鉴于就反应性监测需要开展更好的对话,建议：世界遗产组织缔约国、世界遗产中心与咨询机构应确保在反应性监测进程的所有阶段进行有效对话。对话应由明确的沟通计划指导,该计划须在世界遗产反应性监测流程开始时制定,须明确主要的利益相关方,并说明他们应该如何参与。主要的利益相关方应包括每个国家的相关政府机构、世界遗产管理者和民间组织。非传统部门,如基础设施开发、能源、银行和保险部门,也应参与和保护世界遗产有关的对话。 | 中 |
| 3(第3.4节第32段) | 建议3：鉴于反应性监测过程的结果与现有资源之间的不匹配,建议：反应性监测过程产生的决策和建议应更明确地与国家和国际层面的潜在资金来源相关联,在可用于实施的资源和时间方面也应切合实际。建议和决定的优先顺序应考虑资源和时间限制。 | 高 |
| 4(第4.1节第38段) | 建议4：虽然大多数受访者认为世界遗产《操作指南》和《议事规则》是详尽的,但反应性监测审查小组发现可以做出一些改进并建议：世界遗产委员会考虑通过制定内部政策和程序文件来做出改变,以提升世界遗产《操作指南》的功能,包括但不限于以下方面：以更积极的方式描述《濒危世界遗产名录》的术语;制定濒危遗产的成本估算行动方案;并且需要特别关注已列入《濒危世界遗产名录》超过10年的遗产。 | 中 |

续　表

| 建议编号与段落位置 | 建 议 内 容 | 优先级,根据反应性监测审查小组的判断,分高(H)、中(M)或低(L)三级 |
|---|---|---|
| 5(第5.2节第46段) | 建议5:鉴于反应性监测审查所提出的、有关世界遗产委员会决策的理解和执行的问题,建议:应更加注意确保世界遗产委员会的决定反映实地现实,并确保世界遗产委员会的决定向利益相关方做出明确阐释,特别是那些负责实施决定的人员,包括世界遗产管理者。如有需要,世界遗产委员会的会议决议和建议应翻译成当地语言,以加强理解和执行。 | 高 |
| 6(第5.2节第50段) | 建议6:鉴于反应性监测审查期间对世界遗产进程日益"政治化"所表达的关注,兹建议:世界遗产委员会有关反应性监测的决定必须基于最高水平的、客观而科学的考虑,且符合《操作指南》。此外,世界遗产委员会的所有成员应在其代表团中包括自然和文化专家(《公约》第9.3条),并确保他们充分参与世界遗产委员会的讨论和决策过程。 | 高 |
| 7(第5.3节第60段) | 建议7:鉴于能力建设对于改进反应性监测的实施十分重要,建议:应坚持并扩大反应性监测缔约国的能力建设,首要重点是加强直接参与保护状态过程的缔约国,包括世界遗产管理者的能力。缔约国应尽力保持参与保护状态过程的员工的稳定性。现有的世界遗产入职培训应针对反应性监测过程,用于介绍和讨论该主题的时间应该增加。今后"世界遗产能力建设战略"的任何修订都应加强从事反应性监测的人员的能力。 | 高 |
| 8(第5.3节第61段) | 建议8:近来,世界遗产地管理者论坛与世界遗产委员会会议同时举行,成果丰硕。有鉴于此,建议:在今后,世界遗产地管理者论坛应继续作为世界遗产委员会会议的重要组成部分举行。在世界遗产委员会的会议上,针对反应性监测的讨论和问题,应积极探索如何更好地利用遗产地管理者的专长。论坛应该用于加强世界遗产地管理者的能力建设。 | 高 |
| 9(第5.3节第62段) | 建议9:鉴于缔约国已建立世界遗产协调中心和国家级别的反应性监测的重要性,建议:缔约国内现有的世界遗产协调中心还应协调与反应性监测有关的方面,或者指定另一个联络点来实现这一目的。缔约国应确保世界遗产地管理者始终密切参与其负责的遗址的反应性监测的一切事务。 | 高 |

续 表

| 建议编号与段落位置 | 建 议 内 容 | 优先级,根据反应性监测审查小组的判断,分高(H)、中(M)或低(L)三级 |
|---|---|---|
| 10(第5.4节第67段) | 建议10:鉴于世界遗产中心和咨询机构在反应性监测中的重要作用,建议:应采取措施改善主要利益相关方之间关于反应性监测的对话和沟通,在国家和地区层面,包括联合国教科文组织地区办事处和相关的缔约国之间,以及自然保护联盟各自的地区办事处和国际古迹遗址理事会有关的国家委员会之间,尤应如此。 | 中 |
| 11(第5.4节第68段) | 建议11:鉴于世界遗产中心与咨询机构之间在反应性监测方面的角色定义的重要性,并鉴于对这一问题的看法不同,建议:世界遗产中心和咨询机构各自的作用应明确告知世界遗产主要利益相关方,包括世界遗产委员会和世界遗产缔约国。反应性监测审查小组认为,咨询机构的作用是向世界遗产委员会和缔约国就反应性监测提供客观而高质量的技术建议,而世界遗产中心的主要职能应是就反应性监测的政策和流程向缔约国提供建议和指导;确保反应性监测方面的有效协调。但是,审查小组指出,世界遗产中心还应继续在世界遗产反应性监测方面发挥重要的技术作用。 | 高 |
| 12(第5.4节第69段) | 建议12:鉴于对世界遗产中心和咨询机构在反应性监测任务中的作用所表达的不同看法,建议:在可能的情况下,应在世界遗产中心和咨询机构之间联合执行反应性监测任务,特别是涉及政治上比较敏感的问题时。但是,联合任务不得损害反应性监测任务的主要职能,即向世界遗产委员会和缔约国提供高质量而客观的技术建议。 | 中 |
| 13(第5.4节第70段) | 建议13:鉴于增加筹资以解决世界遗产面临的各项问题的重要性,建议:世界遗产中心应在筹资等问题上更加积极和灵活,与此同时,应注意到可用资源有限,且世界遗产的资金筹措主要由世界遗产缔约国负责。如果相关活动能催生资源,世界遗产中心还应更加积极地鼓励缔约国更多地利用《操作指南》第172条。 | 高 |
| 14(第5.5节第78段) | 建议14:鉴于世界遗产咨询机构在反应性监测方面发挥的至关重要的作用,建议:世界自然保护联盟、国际古迹遗址理事会和国际文物保护与修复研究中心应探索如何加强其反应性监测能力,包括:对世界自然保护联盟而言,提高对其他世界自然保护联盟项目以及世界自然保护联盟地区办事处参与反应性监测的程度;对国际古迹遗址理事会而言,可以探索各种备选办法,例如开发与世界自然保护联盟类似的网络,以及更多地利用国际古迹遗址理事会国家委员会的专业知识支持反应性监测;对于国际文物保护与修复研究中心而言,可以探索如何增加活动,利用其全球校友网络,与国际古迹遗址理事会分担责任。 | 高 |

续　表

| 建议编号与段落位置 | 建 议 内 容 | 优先级，根据反应性监测审查小组的判断，分高(H)、中(M)或低(L)三级 |
| --- | --- | --- |
| 15(第5.5节第79段) | 建议15：鉴于咨询机构应不断寻求改善其在反应性监测方面的作用，以及受访者对该项目提出的建议数量，建议：咨询机构应不断探索如何改善他们在反应性监测方面的作用，包括但不限于：确保持续评估任务专家的绩效；改进咨询机构和世界遗产中心之间的合作；探索实施反应性监测"更智能"的方法。 | 中 |
| 16(第5.6节第86段) | 建议16：鉴于民间组织在反应性监测方面发挥的重要作用，建议：民间组织应更多地参与反应性监测进程，并应鼓励民间组织与世界遗产缔约国以及咨询机构更密切地合作。有些现有的框架便于民间组织参与《世界遗产公约》的工作，例如世界自然保护联盟与世界遗产展望进程。应该审阅这些框架，或许能在缔约国和其他咨询机构内得到更广泛的应用。 | 中 |
| 17(第6.2节第97段) | 建议17：鉴于最近倾向于限制口头提交给世界遗产委员会的保护状态的数量，并鉴于对这些遗址的选择方式存在担忧，建议：提交给世界遗产委员会的保护状态，包括那些"开放"供讨论的保护状态，应基于明确而客观的标准，包括遗址面临的威胁的程度和紧迫性，以及遗址是否在濒危名录之上，而不应基于其地理代表性。 | 高 |
| 18(第6.2节第98段) | 推荐18：鉴于在世界遗产委员会会议上，就"开放"保护状态以供讨论的进程，需要进行更清晰的交流，兹建议：选择和"开放"保护状态的进程和标准应更清晰和有效地进行交流，包括在世界遗产中心为世界遗产委员会议程七所写的引言中，清晰地描述上述进程。这个问题也应在世界遗产入职培训中的反应性监测会议中加以讨论。 | 高 |
| 19(第6.3节第102段) | 建议19：鉴于精简和优化反应性监测报告的重要性，建议：应探讨精简和优化缔约国反应性监测报告的办法，使缔约国能够更有效地履行《世界遗产公约》规定的义务，而不损害世界遗产的突出普遍价值。 | 中 |
| 20(第6.3节第103段) | 建议20：鉴于世界遗产管理者充分参与保护状态过程的重要性，建议：缔约国应确保世界遗产管理者充分、有效地参与为世界遗产委员会编写反应性监测报告以及后续的行动。 | 中 |
| 21(第6.5节第112段) | 建议21：鉴于对反应性监测任务报告格式的意见，建议：缩短和简化反应性监测任务报告的格式，更加明确地关注关键问题和解决方案，建议这项任务由咨询机构和世界遗产中心承担。 | 高 |

续 表

| 建议编号与段落位置 | 建议内容 | 优先级,根据反应性监测审查小组的判断,分高(H)、中(M)或低(L)三级 |
|---|---|---|
| 22(第6.5节第113段) | 建议22:鉴于应缔约国要求使用咨询任务以及反应性监测任务,可能引发一些模糊和混乱的情况,建议反应性监测任务和咨询任务应明确区分,并应将这种差异明确传达给主要利益相关方。应谨慎使用咨询任务,并逐渐减少使用。 | 高 |
| 23(第6.5节第120段) | 建议23:鉴于有些受访者对反应性监测任务专家的选择提出关切,以及需要确保反应性监测任务报告最高的质量,建议:世界遗产中心和咨询机构共同制定一项政策,规定他们如何选择参与任务的专家以及如何根据他们的角色和职责评估其绩效。这一点应使缔约国知悉。 | 中 |
| 24(第6.5节第122段) | 建议24:鉴于在反应性监测过程中进行有效对话的重要性,以及反应性监测任务是一个关键组成部分,建议:应更有效地使用反应性监测任务过程,以鼓励关键的世界遗产利益相关方之间进行建设性对话。必须有效管理反应性监测任务进程,包括确保:① 每一次任务都有明确而相关的职责范围;② 在任务开展之前、期间和之后,缔约国和任务小组之间都有明确、公开的对话;③ 所有相关的主要利益相关方都应有效地参与反应性监测任务。 | 高 |
| 25(第6.6节第126段) | 建议25:鉴于保护和管理遗产的不同和新兴的方法,建议:世界遗产委员会和咨询机构应确保对概念框架中的因素以及标准因素清单进行持续审查,以服务于反应性监测和定期报告。 | 中 |
| 26(第7.1节第144段) | 建议26:鉴于需要更好地传达与《濒危世界遗产名录》相关的各个方面,包括积极因素,建议:世界遗产中心和咨询机构应围绕濒危世界遗产的应用开展有针对性的宣传活动,这应包括识别和推广积极的例子,在这些例子中,将某些世界遗产列入濒危名录已导致显著和积极的行动,改善世界遗产的保护状态。这项活动还应注意到,外部因素,如气候变化,可能会影响世界遗产的价值,而且这种威胁需要缔约国、世界遗产中心和咨询机构采取协调有效的行动。 | 高 |
| 27(第7.1节第148段) | 建议27:鉴于通过世界遗产基金划拨的资金需要透明度,建议:对世界遗产基金濒危遗址预算线进行修订,以便单独显示划拨给列入《濒危世界遗产名录》的遗址的资源数额。 | 中 |

续　表

| 建议编号与段落位置 | 建　议　内　容 | 优先级，根据反应性监测审查小组的判断，分高（H）、中（M）或低（L）三级 |
| --- | --- | --- |
| 28（第7.1节第150段） | 建议28：鉴于世界遗产基金中，可用于《濒危世界遗产名录》上的遗产的资金水平较低，建议：世界遗产基金中，可用于《濒危世界遗产名录》上的遗产的资金，应按百分比增加，同时要承认世界遗产基金的局限性，要坚持确定其他资金来源。世界遗产基金向缔约国提供的资金应像催化剂一样使用，包括通过筹资和其他相关手段刺激其他资金来源。 | 高 |
| 29（第7.1节第154段） | 建议29：鉴于应对《濒危世界遗产名录》上的遗产所面临的威胁时，资金充足十分重要，建议：濒危名录上的遗址，在列入名录时，都应制定一份成本核算完整的行动计划。该计划应按优先顺序确定导致遗址被列入濒危名录的问题，以及解决这些问题所需的行动和分项成本。 | 高 |
| 30（第7.2节第161段） | 建议30：鉴于某项世界遗产从濒危名录中移出，通常值得庆祝，建议：某项世界遗产从濒危名录中移出，通常应作为《世界遗产公约》重要的"成功范例"进行推广和广泛传播。 | 中 |
| 31（第7.2节第162段） | 建议31：鉴于各公约之间就与反应性监测有关的问题开展合作十分重要，建议：世界遗产中心应保持与《拉姆塞尔湿地公约》现有的密切关系，并定期共享彼此都感兴趣的领域的信息，例如在各自的"濒危名录"或对等的名单中添加或删除保护对象。世界遗产中心还应与其他相关公约合作，如《濒危物种贸易公约》和《迁徙物种公约》，包括在国家层面的合作，这与保护世界遗产有关。 | 中 |
| 32（第7.3节第171段） | 建议32：鉴于从《世界遗产名录》中移除某些遗产时，人们看法不同，建议：世界遗产中心和咨询机构讨论"移除遗产"的问题，并提出建议以便改进从《世界遗产名录》中移除某些遗产的程序，供世界遗产委员会审议。 | 中 |
| 33（第7.4节第178段） | 建议33：鉴于强化式监测机制已在许多场合使用，并且可能与反应性监测混淆，建议：强化式监测机制应予以保留，但仅应在特殊情况下使用，例如有的时候，世界遗产委员会认同某些世界遗产财产的突出普遍价值可能很快丧失。一般不应将其用作《濒危世界遗产名录》过程和程序的替代方案。鉴于强化式监测机制2011年评估结果的有效性，我们进一步建议世界遗产中心和咨询机构讨论这些结果，以便为随后的世界遗产委员会会议提出建议，包括就《操作指南》中是否应包括强化式监测机制提出建议。 | 低 |

续 表

| 建议编号与段落位置 | 建 议 内 容 | 优先级,根据反应性监测审查小组的判断,分高(H)、中(M)或低(L)三级 |
|---|---|---|
| 34(第8节第181段) | 建议34:鉴于需要采取分阶段和切实可行的方法实施反应性监测审查,建议通过并实施以下《实施方案》:<br>● 世界遗产中心应与世界遗产咨询机构协商,为上述建议制定详细的《实施方案》,供2019年委员会会议后的世界遗产委员会第一次大会审议。<br>● 世界遗产中心应与世界遗产咨询机构协商,在随后的世界遗产委员会会议上报告实施该反应性监测《实施方案》的进展情况,即在2020年世界遗产委员会会议上通过《实施方案》3年后,在2023年世界遗产委员会第47届会议上做此报告。<br>● 世界遗产委员会应根据世界遗产中心和咨询机构的建议,每两年对《实施方案》和具体建议的执行情况进行一次评估。 | 高 |

**附件 B**
**访谈流程**

从访谈中获取的信息也为审阅提供了重要的信息。附件B罗列了所有的受访人员。受访人员中,32%为女性,68%为男性,65%代表文化遗址,35%代表自然遗址。大多数访谈遵循审阅小组制定的标准模板(见附件B),以便于对访谈提供的信息进行汇编和分析。审阅小组于2018年在巴林举行的世界遗产委员会会议上采访了有关人员,随后通过电话和Skype又进行了采访。审阅小组采访了53人,代表以下类别:

● 世界遗产委员会缔约国:14人,代表12个世界遗产委员会缔约国;
● 世界遗产公约的其他缔约国:12人,代表11个缔约国(其中大多数是前世界遗产委员会成员);
● 世界遗产中心:11人,代表世界遗产中心;
● 咨询机构:12人,代表3个咨询机构;
● 遗产地管理者:5人,随机选择;
● 非政府组织:3人,代表3家非政府组织。

采访了以下人士:

| | 国家 | 姓名 | 其他的附属关系 | | | | | 文化遗址/自然遗址 | 性别 | 采访人 |
|---|---|---|---|---|---|---|---|---|---|---|
| | | | 是否为委员会成员 | 是否隶属于咨询机构 | 是否隶属于联合国教科文组织世界遗产委员会 | 是否为前委员会成员 | 是否为遗产地管理者/缔约国 | 非政府组织 | | | |
| | 委员会 | | | | | | | | | | |
| 1 | 挪威 | 因贡·克维斯特 | 是 | | | | | | 自然 | 女 | 甘米尼·维耶苏里亚 |
| 2 | 中国 | 吕舟 | 是 | 是 | | | | | 文化 | 男 | 戴维·谢波德/维耶苏里亚 |
| 3 | 澳大利亚 | 澳大利亚队 | 是 | | | | | | 文化/自然 | 男/女 | 戴维·谢波德/维耶苏里亚 |
| 4 | 危地马拉 | 丹尼尔·阿基诺 | 是 | | | | | | | 男 | 戴维·谢波德 |
| 5 | 坦桑尼亚 | 多纳提乌斯·卡马巴 | 是 | | | | | | | 男 | 甘米尼·维耶苏里亚 |
| 6 | 阿塞拜疆 | 拉沙德·巴拉特利 | 是 | | | | | | 文化 | 男 | 戴维·谢波德 |
| 7 | 乌干达 | 由理查德·恩杜胡拉书面提交 | 是 | | | | | | | 男 | 甘米尼·维耶苏里亚 |
| 8 | 布基纳法索 | 阿兰·弗朗西斯·古斯塔夫·伊尔布多大使 | 是 | | | | | | | 男 | 戴维·谢波德 |
| 9 | 安哥拉 | 提交的书面回复 | 是 | | | | | | | | |
| 10 | 挪威 | 奥利索·埃克森 | 是 | | | | | | | 男 | 戴维·谢波德 |

续表

| | 国家 | 姓名 | 是否为委员会成员 | 其他的附属关系 | | | 是否为遗产地管理者/缔约国 | 非政府组织 | 文化遗址/自然遗址 | 性别 | 采访人 |
|---|---|---|---|---|---|---|---|---|---|---|---|
| | | | | 是否隶属于咨询机构 | 是否隶属于联合国教科文组织世界遗产委员会 | 是否为前委员会成员 | | | | | |
| 11 | 坦桑尼亚 | 坦桑尼亚国家公园管理局高级公园生态学家阿尔伯特·姆齐雷 | 是 | | | | | | 文化 | 男 | 戴维·谢波德 |
| 12 | 科威特 | 艾尔·穆拉 | 是 | | | | | | | 男 | 甘米尼·维耶苏里亚 |
| 13 | 刚果民主共和国 | 刚果自然保护研究所总干事克斯玛·威伦古拉博士 | 是 | | | | | | | | |
| 14 | 中国 | 马克平、郭湛 | | 是 | | | | | 自然 | 男 | 戴维·谢波德 |
| | 咨询机构 | | | | | | | | | | |
| 15 | 国际古迹遗址理事会 | 理查德·麦凯 | | 是 | | | | | 文化 | 男 | 戴维·谢波德/甘米尼·维耶苏里亚 |
| 16 | 国际文物保护与修复研究中心 | 约瑟夫·金 | | 是 | | | | | 文化 | 男 | 戴维·谢波德/甘米尼·维耶苏里亚 |
| 17 | 世界自然保护联盟 | 雷姆科·范·莫姆 | | 是 | | | | | 自然 | 男 | 戴维·谢波德 |

续表

| 序号 | 国家 | 姓名 | 是否为委员会成员 | 是否隶属于咨询机构 | 是否隶属联合国教科文组织世界遗产委员会 | 是否为前委员会成员 | 是否为遗产地管理者/缔约国 | 非政府组织 | 文化遗址/自然遗址 | 性别 | 采访人 |
|---|---|---|---|---|---|---|---|---|---|---|---|
| 18 | 国际古迹遗址理事会 | 马里亚娜·科里亚 | | 是 | | | | | 文化 | 女 | 甘米尼·维耶苏里亚 |
| 19 | 国际古迹遗址理事会 | 卡罗丽娜·卡斯特拉诺 | | 是 | | | | | 文化 | 女 | 甘米尼·维耶苏里亚 |
| 20 | 国际文物保护与修复研究中心 | 韦伯·恩多罗 | | 是 | | | | | 文化 | 男 | 甘米尼·维耶苏里亚/戴维·谢波德 |
| 21 | 加拿大 | 吉姆·索塞尔 | | 是 | | | | | 自然 | 男 | 戴维·谢波德 |
| 22 | 澳大利亚 | 马克·霍金斯 | | 是 | | | | | 自然 | | 戴维·谢波德 |
| | 前委员会成员 | | | | | | | | | | |
| 23 | 德国 | 芭芭拉·恩格斯 | 是 | | | | | | 自然 | | 戴维·谢波德 |
| 24 | 英国 | 克里斯·杨 | | 是 | | 是 | | | 文化 | | 戴维·谢波德/甘米尼·维耶苏里亚 |
| 25 | 加拿大 | 克里斯蒂娜·卡梅伦 | | 是 | | 是 | | | 文化 | | 戴维·谢波德 |
| 26 | 韩国/国际文物保护与修复研究中心 | 尤金·乔 | | 是 | | 是 | | | 文化 | | 戴维·谢波德/甘米尼·维耶苏里亚 |

续表

| | 国家 | | 姓名 | 其他的附属关系 | | | | | 文化遗址/自然遗址 | 性别 | 采访人 |
|---|---|---|---|---|---|---|---|---|---|---|---|
| | | | | 是否为委员会成员 | 是否隶属于咨询机构 | 是否隶属于联合国教科文组织世界遗产委员会 | 是否为前委员会成员 | 是否为遗产地管理者/缔约国 | 非政府组织 | | |
| 27 | 日本 | 5 | 米田久美子 | | | | 是 | | | 自然 | 戴维·谢波德/甘米尼·维耶苏里亚 |
| 28 | 日本 | 6 | 稻叶信子 | | 是 | | 是 | | | 文化 | 戴维·谢波德/甘米尼·维耶苏里亚 |
| 29 | 瑞士 | 7 | 奥利弗·马丁 | | | | 是 | | | 文化 | 甘米尼·维耶苏里亚 |
| 30 | 葡萄牙 | 8 | 莱蒂西亚·莱托 | | 是 | | 是 | | | 文化 | 甘米尼·维耶苏里亚 |
| 31 | 肯尼亚 | 9 | 乔治·阿本古 | | 是 | | 是 | | | 文化 | 甘米尼·维耶苏里亚 |
| 32 | 波兰 | 10 | 卡塔知娜·彼得罗夫斯卡 | | | | | | | 自然 | 戴维·谢波德 |
| 33 | 俄罗斯 | 11 | 亚历克西·布托林 | | | | 是 | | | 自然 | 戴维·谢波德 |
| 34 | 美国 | 12 | 史蒂夫·莫里斯 | | | | 是 | | | 文化 | 戴维·谢波德/甘米尼·维耶苏里亚 |
| | 遗产地管理者 | | | | | | | | | | |
| 35 | 澳大利亚 | 1 | 史蒂夫·盖尔 | | | | | 是 | | 自然 | 戴维·谢波德 |
| 36 | 伯利兹 | 2 | 罗斯福·布莱兹 | | | | | 是 | | 自然 | 戴维·谢波德 |

续表

| | 国家 | 姓名 | 其他的附属关系 | | | | | 文化遗址/自然遗址 | 性别 | 采访人 |
|---|---|---|---|---|---|---|---|---|---|---|
| | | | 是否为委员会成员 | 是否隶属于咨询机构 | 是否隶属于联合国教科文组织世界遗产委员会 | 是否为前委员会成员 | 是否为遗产地管理者/缔约国 | 非政府组织 | | |
| 37 | 尼泊尔 | 苏雷什·谢斯特拉 | | | | | 是 | | | 甘米尼·维耶苏里亚 |
| 38 | 南非 | 帕斯卡·塔鲁文加 | | 是 | | | 是 | | | 甘米尼·维耶苏里亚 |
| 39 | 泰国 | 阿育塔雅 | | | | | 是 | | 文化 | 甘米尼·维耶苏里亚 |
| | 教科文组织 | | | | | | | | | |
| 40 | 世界遗产中心 | 埃德蒙·穆卡拉 | | | 是 | | | | | 男 | 甘米尼·维耶苏里亚 |
| 41 | 世界遗产中心 | 迈克蒂尔德·罗斯勒 | | | 是 | | | | | 女 | 戴维·谢波德/甘米尼·维耶苏里亚 |
| 42 | 世界遗产中心 | 佩蒂娅·托恰洛娃 | | | 是 | | | | | 女 | 甘米尼·维耶苏里亚 |
| 43 | 世界遗产中心 | 盖伊·德邦 | | | 是 | | | | | 男 | 戴维·谢波德 |
| 44 | 世界遗产中心 | 冯静 | | | 是 | | | | | 男 | 戴维·谢波德 |
| 45 | 教科文组织加达办事处 | 齐巴·莫伊 | | | 是 | | | | | 女 | 甘米尼·维耶苏里亚 |
| 46 | 教科文组织曼谷办事处 | 蒙蒂拉·霍拉扬古拉 | | | 是 | | | | | 女 | 甘米尼·维耶苏里亚 |

续表

| | 国家 | 姓名 | 其他的附属关系 ||||| 文化遗址/自然遗址 | 性别 | 采访人 |
|---|---|---|---|---|---|---|---|---|---|---|
| | | | 是否为委员会成员 | 是否录属于咨询机构 | 是否录属于联合国教科文组织世界遗产委员会 | 是否为前委员会成员 | 是否为遗产地管理者/缔约国 | 非政府组织 | | | |
| 47 | 世界遗产中心 | 乔瓦尼·博卡尔迪 | | | 是 | | | | 文化 | 男 | 甘米尼·维耶苏里亚 |
| 48 | 世界遗产中心 | 纳达·阿尔·哈桑伊莎贝尔·阿纳托利·加布里埃尔 | | | 是 | | | | | 女 | 甘米尼·维耶苏里亚 |
| 49 | 世界遗产中心 | 伊洛杜·阿索莫·拉扎尔 | | | 是 | | | | | 男 | 戴维·谢波德 |
| 50 | 世界遗产中心 | 莫罗·罗西 | | | | | | | | 男 | 戴维·谢波德 |
| | 非政府组织 | | | | | | | | | | |
| 51 | 澳大利亚 | 杰夫·罗 | | | | | | 是 | | 男 | 戴维·谢波德 |
| 52 | 德国 | 斯特凡·邓姆普 | | | | | | 是 | | 男 | 戴维·谢波德/甘米尼·维耶苏里亚 |
| 53 | 澳大利亚 | 亚历克·马尔 | | | | | | 是 | | 男 | 戴维·谢波德/甘米尼·维耶苏里亚 |

## 附件 C
## 调查的详细结果

审阅小组还进行了一项调查,尽可能广泛地分发给教科文组织世界遗产利益相关方:所有利益相关方都有机会完成该项调查。在正式分发之前,调查以草稿形式分发给少数世界遗产利益相关方,供其输入信息,做出贡献:他们提出的意见已纳入最终调查。本次调查完整而详细的报告概述如下。调查结果贯穿本报告全文,并在附件 A 中做了总结。调查共有 90 名受访者,性别分布和地理分布平衡得当。

| | |
|---|---|
| 您的称谓 | 90 名受访者 |
| 先生 | 43 |
| 女士 | 47 |
| 教科文组织选举组 | 90 名受访者 |
| 1. | 21 |
| 2. | 38 |
| 3. | 11 |
| 4. | 7 |
| 5a | 7 |
| 5b | 6 |
| (A1) 请说明您是否代表: | 89 名受访者 |
| 学术机构 | 1 |
| 咨询机构 | 4 |
| 非政府组织或民间社会 | 4 |
| 缔约国 | 46 |
| 教科文组织文化部门 | 1 |
| 世界遗产中心工作人员 | 0 |
| 世界遗产遗址管理人员 | 33 |
| (A2) 请说明您的专长主要是: | 86 名受访者 |
| 文化遗产 | 64 |
| 自然遗产 | 16 |
| 混合型遗产 | 5 |
| 法律事务 | 1 |
| (A3) 您对《世界遗产公约》领导下的反应性监测的认识程度如何? | 86 名受访者 |
| 我知道但从未参与其中 | 27 |
| 我定期参与其中 | 23 |
| 我有时参与其中 | 39 |

| | | |
|---|---|---|
| 我从未听说过 | 1 | |
| 参与者占比 | | 69% |
| (A4) 您参与《世界遗产公约》下的反应性监测过程做了什么？<br>（如果需要，请勾选多个选项） | 90 名受访者 | 百分比 |
| 编制要提交给世界遗产中心的保护状况报告 | 56 | 62% |
| 起草保护状况报告，提交给委员会 | 10 | 11% |
| 在委员会会议期间进行与保护状况有关的干预 | 19 | 21% |
| 组织或参与反应性监测任务 | 43 | 48% |
| 准备任务报告 | 11 | 12% |
| 执行委员会对保护状况采取的决策 | 38 | 42% |
| (A5) 您参与《世界遗产公约》下的反应性监测过程的程度如何（对缔约国而言）？ | 90 名受访者 | 百分比 |
| 国家联络点/节点机构/部级 | 41 | 46% |
| 联合国教科文组织国家委员会 | 3 | 3% |
| 常驻联合国教科文组织代表团 | 0 | 0% |
| 遗址场地级别 | 41 | 46% |
| 出席委员会会议 | 5 | 6% |
| (A6) 如果您管理的遗址列入了《濒危世界遗产名录》，或是您参与了某个被列入《濒危世界遗产名录》的遗址的工作，您参与《世界遗产公约》下的反应性监测过程中做了些什么？ | 38 名受访者 | 百分比 |
| 被分配任务，或参加了与任务团的讨论 | 17 | 45% |
| 编制提交给委员会的年度报告 | 4 | 11% |
| 出席委员会会议 | 5 | 13% |
| 制定或实施纠正性措施 | 12 | 32% |
| (B1) 反应性监测对实现《世界遗产公约》目标的贡献程度如何？ | 90 名受访者 | 百分比 |
| 0—不满意 | 1 | 1% |
| 1 | 1 | 1% |
| 2 | 4 | 4% |
| 3 | 25 | 28% |
| 4 | 49 | 54% |
| 5—极好 | 10 | 11% |
| "非常好"与"极好"占比 | | 65% |

| (B2) 如果您管理的遗址接受了反应性监测,它对实现《世界遗产公约》目标的贡献程度如何? | 73 名受访者 | 百分比 |
|---|---|---|
| 0—不满意 | 1 | 1% |
| 1 | 1 | 1% |
| 2 | 4 | 5% |
| 3 | 15 | 21% |
| 4 | 39 | 53% |
| 5—极好 | 13 | 18% |
| "非常好"与"极好"占比 | | 71% |

| (B3) 如果您管理的遗址接受了反应性监测,它对遗产管理的贡献程度如何? | 73 名受访者 | |
|---|---|---|
| 很有用 | 39 | |
| 一般有用 | 33 | |
| 没有用 | 1 | |

| (C1)《操作指南》(第四章)各项规定在确保世界遗产的突出普遍价值得到充分保护这一块,是否完备? | 90 名受访者 | 百分比 |
|---|---|---|
| 0—不满意 | 0 | 0% |
| 1 | 1 | 1% |
| 2 | 7 | 8% |
| 3 | 29 | 32% |
| 4 | 46 | 51% |
| 5—极好 | 7 | 8% |
| "非常好"与"极好"占比 | | 59% |

| (C2) 您是否认为世界遗产委员会议事规则的规定充分限定了委员会会议期间审查反应性监测报告(保护状况报告)的讨论的范围? | 90 名受访者 | 百分比 |
|---|---|---|
| 0—不满意 | 1 | 1% |
| 1 | 2 | 2% |
| 2 | 14 | 16% |
| 3 | 31 | 34% |
| 4 | 38 | 42% |
| 5—极好 | 4 | 4% |
| "非常好"与"极好"占比 | | 46% |

| (C4) 一般而言,您如何看待委员会所做决定的内容和清晰度? | 89名受访者 | 百分比 |
|---|---|---|
| 反映现实情况 | 32 | 36% |
| 不切实际 | 7 | 8% |
| 清楚 | 50 | 56% |
| 含混不清/难以理解 | 17 | 19% |
| 易于实施 | 6 | 7% |
| 难以实施 | 19 | 21% |
| (C5) 如果您管理的遗址接受了反应性监测,委员会与之有关的决定,就内容和清晰度而言,您怎么看? | 65名受访者 | 百分比 |
| 反映现实情况 | 31 | 48% |
| 不切实际 | 5 | 8% |
| 清楚 | 32 | 49% |
| 含混不清/难以理解 | 5 | 8% |
| 易于实施 | 5 | 8% |
| 难以实施 | 20 | 31% |
| (D1) 您如何评价世界遗产委员会在反应性监测方面的有效性? | 90名受访者 | 百分比 |
| 0—不满意 | 1 | 1% |
| 1 | 3 | 3% |
| 2 | 9 | 10% |
| 3 | 35 | 39% |
| 4 | 30 | 33% |
| 5—极好 | 12 | 13% |
| "非常好"与"极好"占比 |  | 46% |
| (D2) 你如何评价世界遗产缔约国在反应性监测方面的有效性? | 90名受访者 | 百分比 |
| 0—不满意 | 0 | 0% |
| 1 | 2 | 2% |
| 2 | 14 | 16% |
| 3 | 40 | 44% |
| 4 | 28 | 31% |
| 5—极好 | 6 | 7% |
| "非常好"与"极好"占比 |  | 38% |

| (D3) 你如何评价世界遗产中心在反应性监测方面的有效性？ | 90名受访者 | 百分比 |
| --- | --- | --- |
| 0—不满意 | 0 | 0% |
| 1 | 1 | 1% |
| 2 | 8 | 9% |
| 3 | 25 | 28% |
| 4 | 40 | 44% |
| 5—极好 | 16 | 18% |
| "非常好"与"极好"占比 |  | 62% |

| (D4) 您如何评价世界遗产咨询机构（世界自然保护联盟、国际古迹遗址理事会、国际文物保护与修复研究中心）在反应性监测方面的有效性？ | 90名受访者 | 百分比 |
| --- | --- | --- |
| 0—不满意 | 0 | 0% |
| 1 | 1 | 1% |
| 2 | 9 | 10% |
| 3 | 27 | 30% |
| 4 | 36 | 40% |
| 5—极好 | 17 | 19% |
| "非常好"与"极好"占比 |  | 59% |

| (D5) 您如何评价第三方以及民间社会在反应性监测方面的有效性？ | 90名受访者 | 百分比 |
| --- | --- | --- |
| 0—不满意 | 3 | 3% |
| 1 | 3 | 3% |
| 2 | 27 | 30% |
| 3 | 32 | 36% |
| 4 | 23 | 26% |
| 5—极好 | 2 | 2% |
| "非常好"与"极好"占比 |  | 28% |

| (D6) 您如何评价上述各方之间与反应性监测有关的对话？ | 90名受访者 | 百分比 |
| --- | --- | --- |
| 0—不满意 | 3 | 3% |
| 1 | 7 | 8% |
| 2 | 14 | 16% |
| 3 | 38 | 42% |
| 4 | 23 | 26% |

| | | |
|---|---|---|
| 5—极好 | 5 | 6% |
| (E1) 选择某些世界遗产,就其向世界遗产委员会递交反应性监测报告。您如何评价其选择方式? | 90 名受访者 | 百分比 |
| 0—不满意 | 0 | 0% |
| 1 | 3 | 3% |
| 2 | 13 | 14% |
| 3 | 31 | 34% |
| 4 | 38 | 42% |
| 5—极好 | 5 | 6% |
| (E2) 委员会成员在会议期间选取了一些世界遗产供讨论或开放,您如何评价此项工作? | 90 名受访者 | 百分比 |
| 0—不满意 | 0 | 0% |
| 1 | 3 | 3% |
| 2 | 14 | 16% |
| 3 | 32 | 36% |
| 4 | 35 | 39% |
| 5—极好 | 6 | 7% |
| (E3) 您如何评价缔约国提交的保护状况报告的质量(格式、截止日期、内容质量等) | 90 名受访者 | 百分比 |
| 0—不满意 | 0 | 0% |
| 1 | 4 | 4% |
| 2 | 11 | 12% |
| 3 | 29 | 32% |
| 4 | 41 | 46% |
| 5—极好 | 5 | 6% |
| (E4) 您如何评价咨询机构和世界遗产中心对缔约国提交的保护状况报告的审查工作? | 90 名受访者 | 百分比 |
| 0—不满意 | 0 | 0% |
| 1 | 2 | 2% |
| 2 | 4 | 4% |
| 3 | 31 | 34% |
| 4 | 45 | 50% |
| 5—极好 | 8 | 9% |
| (E5) 您如何评价反应性监测任务报告? | 90 名受访者 | 百分比 |

| 0—不满意 | 0 | 0% |
|---|---|---|
| 1 | 1 | 1% |
| 2 | 4 | 4% |
| 3 | 32 | 36% |
| 4 | 44 | 49% |
| 5—极好 | 9 | 10% |

| (E6) 您如何评价对世界遗产突出普遍价值各个影响因素的评估,尤其是内容和清晰度方面? | 90名受访者 | 百分比 |
|---|---|---|
| 0—不满意 | 0 | 0% |
| 1 | 2 | 2% |
| 2 | 10 | 11% |
| 3 | 41 | 46% |
| 4 | 30 | 33% |
| 5—极好 | 7 | 8% |

| (E7) 您如何评价缔约国自愿提交信息的情况? | 90名受访者 | 百分比 |
|---|---|---|
| 0—不满意 | 1 | 1% |
| 1 | 7 | 8% |
| 2 | 14 | 16% |
| 3 | 37 | 41% |
| 4 | 21 | 23% |
| 5—极好 | 10 | 11% |

| (E8) 您是否有足够的信息使您能够充分参与反应性监测过程? | 90名受访者 | 百分比 |
|---|---|---|
| 0—不满意 | 4 | 4% |
| 1 | 5 | 6% |
| 2 | 11 | 12% |
| 3 | 25 | 28% |
| 4 | 35 | 39% |
| 5—极好 | 10 | 11% |

| (F1) 您如何评价将某遗产列入《濒危世界遗产名录》对其保护状况的影响? | 90名受访者 | 百分比 |
|---|---|---|
| 0—不满意 | 4 | 4% |
| 1 | 3 | 3% |
| 2 | 3 | 3% |
| 3 | 33 | 37% |

| | | |
|---|---|---|
| 4 | 36 | 40% |
| 5—极好 | 11 | 12% |
| (F2) 一般而言,您如何评价将某遗产列入《濒危世界遗产名录》的好处? | 90名受访者 | 百分比 |
| 非常有益 | 18 | 20% |
| 有利 | 60 | 67% |
| 毫无益处 | 12 | 13% |
| (F3) 如果您管理的遗产被列入《濒危世界遗产名录》,您如何评价其益处? | 49名受访者 | 百分比 |
| 非常有益 | 5 | 10% |
| 有利 | 35 | 71% |
| 毫无益处 | 9 | 18% |
| (F4) 在许多情况下,缔约国、咨询机构和委员会成员之间存在着相互矛盾的观点。您如何评价迄今为止取得的最终结果? | 90名受访者 | 百分比 |
| 0—不满意 | 5 | 6% |
| 1 | 6 | 7% |
| 2 | 10 | 11% |
| 3 | 41 | 46% |
| 4 | 24 | 27% |
| 5—极好 | 4 | 4% |
| (F5) 您如何评价从《濒危世界遗产名录》中移出某遗产的要求(门槛:"取得了将某遗产从濒危世界遗产名录中移出的预期的保护状态",实施了纠正性措施,尊重从《濒危世界遗产名录》中移出的决议草案,等等) | 90名受访者 | 百分比 |
| 0—不满意 | 1 | 1% |
| 1 | 4 | 4% |
| 2 | 6 | 7% |
| 3 | 27 | 30% |
| 4 | 45 | 50% |
| 5—极好 | 7 | 8% |
| (F6) 鉴于列入《濒危世界遗产名录》的遗产数量并考虑到围绕它们的讨论,您认为目前从名录中删除遗址的过程是否充分? | 90名受访者 | 百分比 |
| 充分 | 26 | 29% |

| | | |
|---|---|---|
| 不够充分 | 25 | 28% |
| 无法评论 | 39 | 43% |
| (F7) 到目前为止,您如何评价强化式监测机制的有效性: | 90名受访者 | 百分比 |
| 0—不满意 | 2 | 2% |
| 1 | 3 | 3% |
| 2 | 6 | 7% |
| 3 | 44 | 49% |
| 4 | 31 | 34% |
| 5—极好 | 4 | 4% |
| (G1) 反应性监测过程是否是有效的工具,可以确保世界遗产的突出普遍价值得到充分保护? | 90名受访者 | 百分比 |
| 是 | 26 | 29% |
| 经过改善,则是 | 60 | 67% |
| 否 | 4 | 4% |
| (G2) 反应性监测过程对于改善您所管理的世界遗产的保护状况是否有影响? | 72名受访者 | 百分比 |
| 它引起了上级的注意 | 48 | 67% |
| 它使得能够获得更多资源 | 15 | 21% |
| 它改变了立法或监测从而改善了保护状况 | 20 | 28% |
| 它提供了与咨询机构、世界遗产中心以及公约其他利益相关方进行更密切对话的机会 | 39 | 54% |
| 它影响了其他世界遗产遗址管理人员的工作 | 10 | 14% |
| (G3) 您认为将某遗址列入《濒危世界遗产名录》是否有助于避免其突出普遍价值的丧失? | 90名受访者 | 百分比 |
| 是 | 49 | 54% |
| 无法评估 | 36 | 40% |
| 否 | 5 | 6% |

## 附件D
## 遗产地管理者论坛

世界遗产地管理者研讨会与2018年世界遗产委员会会议同时举行。该研讨会讨论了反应性监测项目,27名与会人员完成了一项调查。该调查的结果以及世界遗产地管理者对反应性监测的优缺点的看法概述如下。

## 加强世界遗产反应性监测流程的有效性
### 世界遗产地管理者非正式研讨会提出的关键问题

**时间：** 2018 年 6 月 27 日

**主持人：** 戴维·谢泼德、甘米尼·维耶苏里亚

提示：有 20 至 30 名世界遗产地管理者参加了本次非正式研讨会，他们来自自然遗产、文化遗产和混合型遗产。讨论集中于世界遗产地管理者对三个问题的看法：

(1) 反应性监测对实现《世界遗产公约》的目标有多重要？

(2) 对《世界遗产公约》而言，反应性监测最积极的方面是什么？

(3) 对《世界遗产公约》而言，反应性监测最消极的方面是什么？

在整个非正式研讨会上，与会者的讨论和参与都很积极。虽然提到了某些具体的世界遗产，但评论者没有列明。提出的部分主要观点如下。

**讨论的问题有：**

(1) 反应性监测对实现《世界遗产公约》的目标有多重要？

- 与会者的一般观点是，反应性监测对实现《世界遗产公约》的目标做出了重要贡献。然而，许多缔约国对濒危名录的负面看法妨碍了它作为一项工具，改进和加强管理世界文化遗产和自然遗产的有效性。

(2) 对《世界遗产公约》而言，反应性监测最积极的方面是什么？

- 在自然遗产和文化遗产管理者之外，反应性监测一直是接洽世界遗产中其他利益相关方并吸引他们参与其中的积极工具。这个工具非常有用，提高了世界遗产问题的曝光度，对于世界遗产遗址做出的跟进反应性监测任务的决定，也可获得认可。世界遗产的曝光度在政治和管理层面上都得到了提高。

- 在促成世界遗产从濒危名录中移除方面，反应性监测一直起着积极作用。以伯利兹为例，反应性监测积极地促使人们共同努力，也为缔约国采取积极主动的保护措施提供了重要的动力。在促进、刺激民间组织参与到世界遗产管理中来，也发挥了重要作用，这对伯利兹非常重要。

- 总的来说，《濒危世界遗产名录》是个良机，凸显了某一遗址需要特别的关注和支持，包括来自国际捐助界的关注和支持。正如一位参与者所指出的那样，这表明"患者正在接受重症监护，需要特殊治疗，医生需要决定行动的进程"。

- 反应性监测为缔约国与任务小组之间展开开放而富有建设性的对话提供了机会。这提供了识别关键问题和纠正措施的机会。它还可以刺激项目概念的发展，以寻求国际捐助者和国家捐助者的资助。

- 在某些方面，反应性监测"就像管理方面的审计"，对于遗产地管理者来说非常有用，可以作为改善遗址管理的工具，而且可能的话，可以从其他的世界遗产遗址的"最佳实践"中学习，特别是向任务小组学习。它经常提供新的视角来看待问题，而这些问题在地方一级往往显得难以克服。

(3) 对《世界遗产公约》而言，反应性监测最消极的方面是什么？

- 缔约国方面普遍存在一种负面看法,即认为《濒危世界遗产名录》是一个"黑色标记",是需要避免的消极方面。人们承认,列入濒危名录的意图——改善遗址管理——是好的,但这种负面看法往往是真实存在的,应由世界遗产主要利益相关方,包括缔约国、世界遗产中心和咨询机构,予以承认和解决。
- 与会者指出,"濒危名录"一词是贬义的,人们也是这么看待它的,因此可以考虑使用不同的术语,提出的建议包括"处境危险的遗址"和"危险迫在眉睫的遗址"。他们提议,审核小组或许可以进一步考虑这个问题。
- 与会者建议,加强各个层次的能力建设是改进反应性监测、应用濒危名录的方法的关键要素。这应该包括在全世界强化第二类培训中心的能力。
- 与会者进一步指出,因自然灾害而处境危险或受损的世界遗产与因管理不善而受损或处境危险的世界遗产应有所区别。
- 许多世界遗产已经在濒危名录中收录多年,这是一个应该解决的重大问题。目前,这个问题似乎没有得到解决,看上去也不令人担忧!世界遗产委员会应该努力防止某些遗址常年名列濒危名录之中。
- 有时人们"急于"将某些遗址收录进濒危名录。重要的是,将某遗址收录进濒危名录之前,必须要确认、采取一系列明确的步骤。在这一过程中,必须与缔约国和其他利益相关方进行明确和公开的协商。
- 一些与会者指出,根据世界遗产《操作指南》第172节,可以邀请缔约国提交有关世界遗产新进展的信息,鉴于世界遗产中心对提交的信息做出回应所需的时间,这是有问题的。一位与会者指出:"世界遗产中心(回应)非常缓慢。"
- 一位与会者指出:"编辑一份更好的世界遗产遗址名录大有益处,可以就这些遗址的保护状态提供更多信息。"
- 与会者指出,将跨国界的世界遗产地列入濒危名录需要更多关注。
- 考虑到当地情况,包括世界遗产可以用到的资源,(特派团工作组中的)"局外人"可能会提出无法实施的建议。有人指出,某些反应性监测任务无法"深入调查造成世界遗产问题的根本原因"。
- 至关重要的是,每个反应性监测任务都应有明确且可以实现的目标,反应性监测任务的结果是要明确世界遗产地的关键问题、轻重缓急和明确的行动方案。
- 在某些情况下,任务小组可能会被缔约国"误导",以便仅仅展示缔约国"希望被看到的东西"。重要的是,反应性监测任务小组专家不能被"蒙蔽双眼",应有机会看到和讨论影响世界遗产保护状态的所有相关问题。
- 反应性监测任务应更努力地让联合国其他参与世界遗产管理的机构参与进来。在许多情况下,在世界遗产地的层面上,就资金和参与而言,咨询机构不是主要参与者,其他联合国机构如开发署、环境署、难民署等参与更加积极,他们也应该参与其中。在某些冲突地区,有许多濒危名录上的遗产地,与维和相关的机构参与通常最为适宜。
- 实施反应性监测任务还必须认识到,不同层次的行政单位经常涉及世界遗产地的管理，这给反应性监测任务增添了重要的考虑层面和复杂性。地方政府层面尤其重要，市长等地方官员必须参与反应性监测任务，并且必须了解所涉及的关键问题。

- 一些与会者注意到，国际古迹遗址理事会和世界自然保护联盟针对联合任务的方法各不相同，包括这两个机构政策不同的领域，例如在世界遗产范围内的采矿问题。他们指出，这可能会使缔约国和遗产地管理者感到困惑，并呼吁咨询机构之间针对联合任务采取更加一致和连贯的方法。
- 一些与会者指出，从时间上来说，某些任务往往非常短暂，这使得反应性监测小组对复杂问题的审议和分析非常困难。建议一般而言任务时间更长一些，并应留出足够的时间以供充分考虑世界遗产所面临的问题。

非常重要的一点是，任务小组中的人员必须经过精心挑选，具备必要的能力，以及在各个层面（从高层政治家、决策者到遗产地管理者）进行有效互动和工作的能力。应客观评估任务小组成员的绩效和有效性。

**遗产管理者参与论坛时提出的某些关键问题及其答案**

| 问 题 | 是 | 没有 | 没有答案 | 是（很多） | 是（较小） | 一点也不 | 总计 |
|---|---|---|---|---|---|---|---|
| 您管理的遗产地是否参与了反应性监测流程？ | 15 | 8 | 4 | | | | 27 |
| 您参与了吗？ | 14 | 6 | 7 | | | | 27 |
| 如果曾有反应性监测小组，您能和他们交谈吗？ | | | 15 | 4 | 3 | 1 | 23 |
| 您认为委员会的决定实际上实施了吗？ | 10（部分上是，3） | 1 | 13 | | | | 24 |
| 您管理的遗产地是否因为保护状态流程而被列入濒危名录了？ | 2 | 10 | 15 | | | | 27 |
| 在您看来，这对遗产地有益吗？ | 11 | 0 | 16 | | | | 27 |
| 您大概知道反应性监测流程吗？ | 8 | 4（不是非常了解，11） | 4 | | | | 16 |

**附件 E**

**反应性监测项目的职权范围和概念说明**

**背景**

《世界遗产公约》第 4 条是指保护列入《世界遗产名录》的遗产，并指出："本公约各个缔约国均认识到,确保第 1 条和第 2 条所述并位于其领土上的文化遗产和自然遗产的识别、保护、养护、展示和传给后代的责任,主要属于该缔约国。为此目的,它将竭尽所能,倾其所有,并在适当情况下,寻求一切国际援助和合作,特别是它可能获得的财政、艺术、科学和技术等方面的援助和合作。"

《世界遗产公约实施操作指南》将反应性监测定义为"世界遗产中心、教科文组织其他部门以及咨询机构向世界遗产委员会报告受到威胁的某些世界遗产的保护状况"(第 169 段)。

在将遗产列入《濒危世界遗产名录》、或将其移除以及将遗产从《世界遗产名录》中删除的过程中,预计会进行反应性监测。

反应性监测过程是为了应对某遗产面临的威胁,或应世界遗产委员会的要求而触发。作为反应性监测的一部分,世界遗产中心和咨询机构共同审查:

- 缔约国提交的报告和其他资料;
- 任务报告;
- 所收到的任何第三方的信息;
- 通过他们自己的专家网络提供的任何内部信息。

在此基础上,他们编制相关遗产保护状况的报告,供世界遗产委员会审查。除了审查来自不同来源的信息外,这些报告还突出了影响某些遗产及其突出普遍价值的因素和威胁,并提议采取减轻这些威胁的行动。在许多情况下,它们还包括一系列纠正措施以及这些措施的实施时间表。自 1979 年以来,世界遗产中心和咨询机构编制了超过 3 300 多份关于世界遗产保护状况的报告,供世界遗产委员会审查。在这 3 300 份报告中,有 760 份报告涉及《濒危世界遗产名录》中列出的遗产的保护状况。

通过遵守以下规定,缔约国可以通过若干切入点为确保保护状况报告的准确性做出贡献:

- 通过在法定截止日期内向世界遗产中心提交保护状况报告;
- 根据《操作指南》第 172 段,提前提交所有开发项目或修复项目的具体信息;
- 根据《操作指南》第 174 段,回应世界遗产中心关于从其他来源收到的具体信息的信件;
- 在反应性监测、咨询或技术任务期间提供充分和相关的信息;
- 在必要时针对反应性监测、咨询或技术任务报告发表评论。

在讨论某保护状况报告后,委员会应通过一项决定,由其决定:

- 缔约国应在合理的时间内采取具体措施减轻威胁;
- 缔约国应按规定的时间表通过新报告向世界遗产中心通报必要措施的执行情况;
- 在采取更明智的决定之前,是否需要专家团到访现场,检查遗产的保护状况。

在情况需要时,委员会可决定将某遗产收录进《濒危世界遗产名录》,或者在情况没有得到充分改善时,将该遗产保留在这份名录上。如果某遗产明显恶化到不可逆转地丧失了足以确保其收录进《世界遗产名录》的那些属性,委员会可以决定将其从该名录中删除。

2016年,在伊斯坦布尔举行的联合国教科文组织第40届会议期间,世界遗产委员会审查了156个世界遗产的保护状况。这次会议突出了如下事实:反应性监测进程被许多人视为"公约"本身作为遗产保护国际协定的有效性的关键指标,并提供了独特的遗产保护状况全球概览。但有人强调,其内容和程序并不总是很清楚。

此外,委员会成员强调,不幸的是,《濒危世界遗产名录》往往被视为有失体面的"红名单",在许多情况下,缔约国不愿将其领土上的遗产面临的问题暴露于国际审查面前。委员会决定现在是时候正式解决这个问题,以扭转这种负面看法,并强调反应性监测框架这一基本组成部分的影响和益处。

委员会随后通过了第40 COM 7号决定,内容如下:

27. 留意委员会针对议程项目7a和7b的讨论,并请世界遗产中心与咨询机构和缔约国协商,促进人们更好地了解某遗产列入《濒危世界遗产名录》的影响和好处,在这方面编制合适的信息材料,以克服对《濒危世界遗产名录》的负面看法。信息材料应强调保护突出普遍价值的重要性;

28. 请世界遗产中心与咨询机构合作,评估包括程序和案例研究在内的反应性监测的有效性,并提出初步报告,供世界遗产委员会2018年第42届会议审议,如果有资金的话。

**拟议活动的目标**

反应性监测过程是根据国际法律文书制定的最广泛的监测系统之一。多年来,从纯粹的临时性、经验式的报告发展到《操作指南》第四章中定义的目前的过程,具有明确的程序和格式。

但是,实施《世界遗产公约》的一些主要参与者往往不能完全理解反应性监测过程的程序和好处。这种不理解(或者说误解)有时会妨碍正确实施世界遗产委员会在现场一级采取的决定,或者可能导致延误,并对这些决定理应保护的遗产的保护状况产生负面影响。

缺乏理解(或者说误解)主要取决于反应性监测过程及其程序的目标,特别是在以下方面:

- 威胁突出普遍价值时,评估其各种影响;
- 启动和终止针对各个遗产的流程;
- 选择要包含在保护状况报告中的遗产;
- 与缔约国的沟通以及相应的时间表;
- 咨询机构和世界遗产中心审查保护状况报告以及缔约国提交的其他具体信息;
- 咨询机构与世界遗产中心之间的职责分工;
- 反应性监测任务以及其他非法定任务和报告;
- 在发生威胁的情况下,在保护状况过程中修改边界;
- 遵守程序;
- 尊重世界遗产中心和咨询机构提出的建议;
- 了解纠正措施;

- 一致性问题（例如相似威胁的相似处理方法）。

该项目的目标是通过加强反应性监测进程的有效性、加深对它的理解来加强《世界遗产公约》的实施。拟议的评估应该考虑目前的反应性监测过程是什么，它应该是什么，以及如何提供更好的结果，并应在5个方面推进：

- **准备阶段：法定框架**
  - 公约：第4、5、6、7、11.4、13.1等条；
  - 操作指南：第四章：第169至198段，附件13；
  - 世界遗产委员会议事规则；
  - 反应性监测的目的及其发展历程。
- **反应性监测过程：阶段和执行方**
  - 单个遗产监测过程的启动到终止；
  - 世界遗产委员会的作用；
  - 缔约国的作用；
  - 世界遗产中心的作用；
  - 咨询机构的作用；
  - 第三方及民间组织的作用。
- **反应性监测程序**
  - 选择需要报告的遗产；
  - 缔约国提交保护状况报告（格式、截止日期、内容等）；
  - 咨询机构和世界遗产中心审查缔约国提交的保护状况报告，并与有关缔约国进行交流；
  - 反应性监测任务和其他非法定任务和报告；
  - 评估对遗产突出普遍价值的各种影响（一致性问题）；
  - 缔约国自愿提交资料（适用第172段）并由咨询机构和世界遗产中心审查。
- **其他具体程序**
  - 将某遗产列入《濒危世界遗产名录》（益处、有效性、对濒危名录提案的决议草案的尊重等）；
  - 从《濒危世界遗产名录》中剔除某遗产（基本条件：达到了"将遗产从《濒危世界遗产名录》中剔除所需的保护状态"，尊重从濒危名录中除名的决议草案等）；
  - 从《世界遗产名录》中删除某遗产；
  - 强化监测机制（定义、启动、范围、有效性）。
- **质疑反应性监测过程的结果**
  - 反应性监测过程是否是评估世界遗产保护状况的高效工具？
  - 《濒危世界遗产名录》是否有助于避免突出普遍价值的损失？
  - 如果相关，可以采取哪些措施来加强反应性监测过程的有效性并确保达成更好的结果？

此外，选择相关的案例研究将对评估起到补充作用，可以例示所明确的各种问题，包括成功案例、良好做法，但也包括困难。

**方法**

该活动应涵盖过去 10 年间（例如 2006 年至 2016 年，含起止年份）世界遗产委员会审查的具有代表性的保护状况报告以及后续决定。

评估方法将包括数据和信息采集：通过案头审查法定文本、工作文件和信息文件、网页和理事机构的决定以及此前关于该主题的研究（如果有的话）、与《公约》秘书处及各个咨询机构工作人员的访谈和根据需要对专家的访谈。

在可行的情况下，本次研究的签约顾问参加即将举行的第二届世界遗址管理者论坛（将与 2018 年世界遗产委员会第 42 届会议同时举办）将是非常可取的。

**角色和责任**

评估小组（顾问）负责后勤、数据收集与分析以及报告的编写。

世界遗产中心政策和法令条文会议组将通过提供 1972 年公约利益相关方的一些相关文件和联系方式，为数据收集提供便利。

世界遗产中心将与有意向的捐助者密切协商，负责项目的整体行政协调。

**预期结果**

评估将提供对世界遗产反应性监测过程的更好理解，并将在适用的情况下作为改善程序效果和效率的基础。

评估还将帮助人们更好地了解某遗产被列入《濒危世界遗产名录》的影响和益处。根据其结果，将制定适当的信息材料，以克服目前对《濒危世界遗产名录》的负面看法。

**预期产出**

该研究的预期成果之一应该是对反应性监测过程的目的及其组织提供明确的指导方针。

它应附有针对《世界遗产公约》各利益相关方而提出的一系列建议，以进一步简化程序，加强其有效性并提高所有利益相关方对程序的理解。根据这项研究的结果，将编制合适的信息材料，以克服目前对《濒危世界遗产名录》的负面看法。此外，希望本研究的结果将在委员会第 42 届会议（2018 年 6 月、7 月）期间，作为编号为 WHC/18/42.COM/7 工作文件的一部分提交给世界遗产委员会成员。此时还将设想一个会外活动，以推广上述结果和编制的信息材料。

**临时预算**

据估计，实施该项目需要预算外总资金 95 943 美元，用于支付顾问费、旅行和住宿费、通信费以及编制报告。所需预算还将用于世界遗产中心对项目的协调，所编制材料的翻译，相关信息材料的设计和印刷。

**暂定时间表**

如果资金到位，可以预期以下评估反应性监测过程（包括程序和案例研究）有效性的时间表：
- 2017年12月至2018年7月：收集数据、确定有关的案例研究并设计调查问卷，以便采访关键的世界遗产保护参与者；
- 2018年6月：参加世界遗产委员会第42届会议和遗址管理者论坛，采访关键的世界遗产保护参与者，并提交进度报告；
- 2018年7月至10月：编写评估报告和案例研究草案；
- 2018年11月至2019年2月：世界遗产中心和咨询机构审查报告草案；
- 2019年3月至5月：完成报告和案例研究；
- 2019年6月、7月：向世界遗产委员会第43届会议提交最终报告并举办附带活动促进该评估；
- 2019年8月至11月：设计最终出版物并广泛传播该评估。

**相关文件（非详尽清单）**
- 联合国教科文组织.1972.世界遗产公约. http://whc.unesco.org/en/conventiontext/.
- 联合国教科文组织.2016年.世界遗产公约实施操作指南. http://whc.unesco.org/en/guidelines/.
- 联合国教科文组织世界文化遗产和自然遗产保护政府间委员会.2015.程序规则，WHC-2015/5. http://whc.unesco.org/en/committee.
- 联合国教科文组织.世界遗产中心保护状况信息系统. http://whc.unesco.org/en/soc.
- 联合国教科文组织.世界遗产中心文件数据库. http://whc.unesco.org/en/documents/.
- 联合国教科文组织.世界遗产中心决策数据库. http://whc.unesco.org/en/decisions/.
- 国际古迹遗址理事会.2009年.保护联合国教科文组织《濒危世界遗产名录》中文化遗产的重要决定汇编，WHC-09/33.COM/9. http://whc.unesco.org/document/102013（第3—61页）.
- 世界自然保护联盟.2009.保护联合国教科文组织《濒危世界遗产名录》中文化遗产的重要决定汇编，WHC-09/33.COM/9. http://whc.unesco.org/document/102013（第62—109页）.
- 联合国教科文组织.2011.世界遗产中心.世界遗产保护状况全球性挑战的专家会议报告（2011年4月13日至15日，塞内加尔达喀尔市）.WHC-11/35.COM/INF.7C. http://whc.unesco.org/archive/2011/whc11-35com-inf7Ce.pdf.
- 喀麦隆、罗斯勒.[M].2013b.看法很多，但愿景只有一个：世界遗产公约的初期发展.法纳姆：阿什盖特.
- 罗斯勒、韦隆.2013.监测和报告：保护世界遗产的趋势.见K·凡·巴楞、A·万德三德.对古迹和遗址的预防性保护、维护和监测的思考.鲁汶：ACCO.
- 斯窦夫.1995.监测世界文化遗产遗址.国际古迹遗址理事会加拿大公报,4,(第3期)：15—20页。

**联系人**

佩蒂娅·托恰洛娃  理查德·韦隆
主任  项目官员
政策和法令条文会议组  政策和法令条文会议组
联合国教科文组织世界遗产中心  联合国教科文组织世界遗产中心
p.totcharova@unesco.org  r.veillon@unesco.org

附件 F
划拨给《濒危世界遗产名录》中若干被选中的世界遗产的资金

本表概述了《濒危世界遗产名录》上一定数量的世界遗产的信息,本表旨在例示,显然并不详尽。通常情况下,在某世界遗产被列入《濒危世界遗产名录》之前,会有任务组派出,以评估该遗产是否符合列入濒危名录的条件。

附件 G
案例研究和使用反应性监测流程的积极例子

**引言**

本节简要概述了自然遗产和文化遗产的一些案例研究,作为积极的例子说明世界遗产被收录进濒危名录会带来切实的保护行动,此外,有些例子是某些缔约国自己要求将其境内的某处遗产地收录进濒危名录。下面的列表还表明,在某些遗产地,可能收录进濒危名录的潜在危险促进了遗产地重要的保护行动。

**文化类世界遗产**

**案例研究 1：阿尔巴尼亚布特林特国家公园：（缔约国要求收录进濒危名录）**

布特林特遗址于 1992 年被列入《世界遗产名录》,并于 1999 年根据遴选标准(iii)扩大了该遗址受保护的范围,形成了布特林特国家公园。

1997 年,应缔约国的请求,该遗址被列入《濒危世界遗产名录》,以应对当地的内乱和不稳定局势,在此期间,该遗产地博物馆遭到抢劫,遗产地的设备被盗。该遗产地被列入《濒危世界遗产名录》时,没有适当的保护制度,没有管理部门,没有管理方案。尽管列入濒危名录的一些原始原因已不复存在,但该遗产地在濒危名录上保留了一段时间。在这段时间内,通过任命一名管理人员、专门的工作人员并在国际援助下于 2005 年之前制定了管理计划,遗产地的管理得到了实质性的改善。同一年,遗产地从濒危名录上移除。(https://whc.unesco.org/en/list/570)

| 世界遗产名称 | 地区 | 列入濒危名录的年份 | 列入濒危名录期间针对该遗产执行的任务 | 列入濒危名录期间该遗产获得的财政援助 |
|---|---|---|---|---|
| 廷巴克图（马里） | 非洲 | 1990—2005年，2012年至今 | 2002年、2004年、2005年：世界遗产中心执行的任务；<br>2012年5月、10月和12月：教科文组织针对马里的紧急任务；<br>2013年6月：教科文组针对廷巴克图的评估任务；<br>2017年4月：联合国教科文组织评估马里世界遗产保护状况的专家任务。 | 2013年以来教科文组织预算外资金的拨款总额：意大利信托基金10万美元；教科文组织应急基金5.5万美元；马里文化遗产恢复和西迹保护行动计划基金21万美元；<br>国际援助：<br>1990年—2005年：150 638美元，共4项请求，全部批准；<br>2012年至今：7万美元，针对三处世界遗产（廷巴克图、阿斯基亚王陵和杰内古城）的紧急援助；<br>2012年批准：2.5万美元，用于保护杰内古城，2015年批准：4 150美元用于4处世界遗产（廷巴克图、阿斯基亚王陵、杰内古城和邦贾加拉悬崖）的管理方案；24 585美元用于修复阿斯基亚王陵，24 580美元用于保护杰内古城，于2018年批准。 |
| 加兰巴国家公园（刚果民主共和国） | 非洲 | 1984—1992年，1996年至今 | 2000年：针对刚果民主共和国的调解任务；<br>2001年：世界遗产中心主任率领的，针对刚果民主共和国的任务；<br>2002年：前任金沙萨出席教科文组织、联合国基金项目协调会议的任务；<br>2005年9月：世界遗产中心派往金沙萨的特别任务，通知刚果民主共和国当局可能会将该地世界遗产移出濒危名录，改善其管理，并教促他们采取率领北非白犀牛免遭灭绝；<br>2006年3月至4月：世界遗产中心、世界自然保护联盟联合监测任务；<br>2009年3月：增援性监测机制任务（注意，该机制目前应用于加兰巴国家公园）<br>2010年：世界遗产中心、世界自然保护联盟联合反应性监测任务。<br>注意：应世界遗产委员会第31届会议（澳大 | 联合国教科文组织预算外资金：超过90万美元，来自联合国基金会、意大利、比利时和西班牙政府以及快速反应保护设施（由联合国基金会、意大利和比利时资助）的刚果民主共和国世界遗产保护项目——刚果民主共和国项目—（2001—2005年）：约40万美元，快速反应设施警卫站内，以及反来更换通信设备（总计6万美元）。在第三阶段的框架内，西班牙政府已为该地划拨了45万美元。<br>国际援助：1984年至1992年以及1996年以来，共计批准了303 270美元，主要用于购买设备和资助工作人员。实际支付的有256 019美元。最近一次30 000美元的申请已于2018年获批准，但尚未付诸实施。<br>管理栖息地，监测关键物种，西班牙捐助者会议。注意：2004年9月13日至17日在教科文组织总部举行了一次过渡政府获得高级别诸国和赠助者会议。会议目标是：①从过渡政府获得高级别的政治承诺，以解 |

续表

| 世界遗产名称 | 地区 | 列入濒危名录的年份 | 列入濒危名录期间针对该遗产执行的任务 | 列入濒危名录期间该遗产获得的财政援助 |
|---|---|---|---|---|
| | | | 利亚基督城,2007年)的要求,2011年在刚果民主共和国举行了一次关于保护该国世界遗产(金)的高级别会议,并促成了《金沙萨宣言》。总理在该宣言中承诺实施世界遗产委员会为恢复刚果民主共和国五处世界遗产的突出普遍价值而采取的所有纠正措施,并创造必要条件,以便实施刚果保护刚果国林园管理局即将提出的自然保护研究所提出的战略行动计划。 | 决保护世界遗产的关键问题,如侵占、非法资源开采以及军事和武装团体的存在;②动员必要的财政资源,以维持教科文组织和联合国基金会项目中实施世界遗产的成果,确保恢复五处遗产的世界遗产价值;③提高国际社会对在刚果保护世界遗产的认识。 |
| 图尔卡纳湖国家公园(肯尼亚) | 非洲 | 2018年至今 | 2012年3月和2015年4月:世界遗产中心、国际自然保护联盟联合反应性监测任务;这两项任务是在该遗产被列入《濒危世界遗产名录》之前好几年进行的,但他们门的建议一直没有得到落实,导致该遗产于2018年被列入《濒危世界遗产名录》。 | 不适用。该遗产刚刚被列入《濒危世界遗产名录》(2018年7月)。 |
| 巴姆及其文化景观(伊朗) | 亚太地区 | 2004—2013年 | 自2004年1月起:教科文组织执行了数次任务(2004年,2005年,2006年,2010年);2011年10月:世界遗产中心、国际古迹遗址理事会联合反应性监测任务。 | 2004年以来的教科文组织预算外资金的拨款总额:来自教科文组织日本信托基金的568000美元(2004—2007年);来自教科文组织意大利信托基金136 985美元(2005—2010年);来自世界遗产基金的20 000美元(2004年);国际援助:2004年批准的,来自世界遗产基金的5万美元紧急援助。 |
| 沙赫利苏伯兹历史中心(乌兹别克斯坦) | 亚太地区 | 2016年至今 | 2014年6月:联合国教科文组织塔什干的事实鉴定任务;2016年3月:反应性监测任务;2016年12月:世界遗产中心与国际古迹遗址理事会联合反应性监测任务;预计将于2018年11月开展一项高级别任务。 | 2018年3月,请求提供世界遗产基金下的23 823美元的国际援助,以协助"乌兹别克斯坦的世界遗产管理",但未经批准(需要更多地聚焦于能力建设活动)。 |

第五部分　加强世界遗产反应性监测过程的有效性总结报告

续　表

| 世界遗产名称 | 地区 | 列入濒危名录的年份 | 列入濒危名录期间针对该遗产执行的任务 | 列入濒危名录期间该遗产获得的财政援助 |
|---|---|---|---|---|
| 兰马多：密克罗尼西亚东部仪式中心（密克罗尼西亚联邦） | 亚太地区 | 2016年至今 | 2018年1月：世界遗产中心与国际古迹遗址理事会联合反应性监测任务。 | 教科文组织预算外资金：荷兰信托基金提供的26 232美元，用于向密克罗尼西亚马多（濒危遗产）提供技术支持。国际援助：2017年批准3万美元，用于清除非侵入性植被过度生长。 |
| 菲律宾科迪勒拉山脉的水稻梯田（菲律宾） | 亚太地区 | 2001—2012年 | 2001年9月：国际古迹遗址理事会与世界遗产联盟联合反应性监测专家任务；2005年6月：教科文组织中心、国际自然保护联盟将其列入《世界遗产名录》；2006年4月：世界遗产中心、国际古迹遗址理事会、世界自然保护联盟反应性监测任务；2011年3月：世界遗产中心、国际古迹遗址理事会联合反应性监测任务。 | 联合国教科文组织预算外资金：2009年5月"台风"台风援助参与紧急援助计划后的资金4.7万美元；2011年7月"洛坦"台风稳定紧急基金4.06万美元，用于加强恢复水稻梯田。国际援助：2001年批准的75 000美元，用于加强水稻梯田保护和管理的应急技术合作。 |
| 东伦内尔（所罗门群岛） | 亚太地区 | 2013年至今 | 2012年10月：国际自然保护联盟反应性监测任务；2015年11月：世界遗产中心、国际自然保护联盟咨询任务。 | 教科文组织预算外资金：2016年5.6万美元，来自国际信托基金：用于向东伦内尔提供技术支持；2017年，3.5万美元，来自国际教科文组织与荷兰信托基金：用于支持东伦内尔。 |
| 苏门答腊热带雨林遗产（印度尼西亚） | 亚太地区 | 2011年至今 | 注：在2004年评估报告认为多条道路建设和道路建设对该遗产的直接威胁，这也使不少偷猎、侵占和非法伐木。世界自然保护联盟建议将该遗产列入《世界遗产名录》的同时，将其列入《濒危世界遗产名录》，但这一建议未被采纳。2009年2月：世界遗产理事会与世界自然保护联盟反应性监测任务；2011年4月：世界遗产监测任务；2013年10月：世界遗产理事会与世界自然保护联盟反应性监测任务；2018年4月：世界自然保护联盟反应性监测任务。 | 教科文组织预算外资金：180万美元，用于3年期的联合国基金会与联合国国际伙伴项目——"保护苏门答腊自然遗产伙伴关系"（2005—2007年）；3.5万美元快速反应列入濒危名录拨款（2007年）；此处列明该遗产列入濒危名录后的投款，是因为验证列入名录合理性的威胁任时已经明确。国际援助：2012年拨款3万美元，用于综合协调管理遗产应急行动计划的制定和社会适应。 |

续表

| 世界遗产名称 | 地区 | 列入濒危名录的年份 | 列入濒危名录期间针对该遗产执行的监测任务 | 列入濒危名录期间该遗产获得的财政援助 |
|---|---|---|---|---|
| 巴格拉蒂大教堂和盖拉蒂修道院（格鲁吉亚） | 欧洲及北美地区 | 2010—2017年 | 2010年3月、2012年4月：世界遗产中心与国际古迹遗址理事会联合反应性监测任务；<br>2014年10月：国际古迹遗址理事会技术评估团前往格拉蒂修道院；<br>2015年1月：国际古迹遗址理事会。 | 不适用。 |
| 维也纳历史中心（奥地利） | 欧洲及北美地区 | 2017年至今 | 2015年11月：国际古迹遗址理事会"维也纳历史中心"反应性监测任务。 | 不适用。 |
| 伯利兹堡礁（伯利兹） | 拉丁美洲及加勒比地区 | 2009—2018年 | 2009年3月：世界遗产中心与世界自然保护联盟联合反应性监测任务；<br>2013年2月：世界自然保护联盟反应性监测任务；<br>2015年1月：世界遗产中心与世界自然保护联盟联合技术派团；<br>2017年12月：世界遗产中心与世界自然保护联盟联合反应性监测咨询团。 | 教科文组织预算外资金：来自快速反应设施的30 000美元，用于监测布赖登自然保护区内影响遗产的、未经授权的活动；<br>3万美元用于紧急保护行动，支持极度濒危的锯木鱼（2010年）；<br>8万美元，用于支持蓝洞自然遗迹的公共用途规划和遗产融资战略制定（2008—2009年）。<br>国际援助：不适用。 |
| 亨伯斯通和圣劳拉硝石采石场（智利） | 拉丁美洲及加勒比地区 | 2005年至今 | 2007年5月：世界遗产中心参观遗址；<br>2010年4月：世界遗产中心与世界自然保护联盟联合反应性监测任务；<br>预计将于2018年10月或11月进行一次技术咨询任务。 | 国际援助：135 000美元，共批准3项请求：保护和巩固该遗产（2007年），举行国际专家会议（2012年），提供地震后紧急援助（2015年）。 |
| 洛斯卡蒂奥斯国家公园（哥伦比亚） | 拉丁美洲及加勒比地区 | 2009—2015年 | 2011年11月：世界遗产中心与国际自然保护联盟联合反应性监测团前往哥伦比亚，以代替参观该遗产（由于安全原因）；<br>2015年1月：世界自然保护联盟反应性监测任务。 | 国际援助：2009年批准3万美元，用于缓解洛斯卡蒂奥斯国家公园和世界自然遗产面临的突出普遍价值的威胁，需与有关当局和当地社区协调，但从未实施。 |

**案例研究 2：意大利阿德里安娜别墅：（通过遗产影响评估实施反应性监测的积极结果）**

意大利蒂沃利的阿德里安娜别墅于 1999 年根据遴选标准(i)(ii)(iii)被列入《世界遗产名录。》

世界遗产委员会了解到，有人计划在该遗产地缓冲区内建造一组总体积约为 120 000 米$^3$ 的建筑群，随后，该遗产地于 2011 年 12 月进入了反应性监测程序的监控中。开发商已经获得了规划许可。应世界遗产委员会的要求，缔约国进行了遗产影响评估(HIA)，得出的结论是，尽管该项目是针对缓冲区规划的，但新的开发可能对遗产地的突出普遍价值及周边环境产生负面影响。根据这一结论，政府采取措施终止了该项目，这个案例可以被视为成功案例。

**案例研究 3：马来西亚马六甲海峡历史城市马六甲市和乔治市（积极成果，但缔约国开支甚巨）**

根据遴选标准(ii)(iii)(iv)，马六甲海峡历史城市马六甲和乔治市于 2008 年被列入《世界遗产名录》。

2008 年 11 月，世界遗产中心通过媒体报道了解到乔治市有四个酒店开发项目，其中两个位于世界遗产范围内，另外两个位于缓冲区。据媒体报道，这些开发项目包括建造高层建筑（高度在 12 层到 28 层之间），这可能对遗产的突出普遍价值产生负面影响。作为回应，世界遗产中心致函缔约国，要求提供有关这些开发提案的详细信息以及马来西亚当局的评论。

2009 年，世界遗产中心收到了缔约国的报告，内含已经开工的两个项目的信息以及两名专家进行的遗产影响评估。该报告还解释了导致这些项目获得批准的法律程序。

根据缔约国提交的报告，早在乔治市列入《世界遗产名录》的提案制定之前，开发项目就已经设计和获得批准。因此，这些项目不符合随后制定的规定——并收录于 2007 年 1 月提交的提名档案所附的保护区和历史建筑指南——规定乔治市内位于世界遗产范围内或其缓冲区内的任何建筑物的最大高度为 18 米。

根据这些条例，缔约国已与开发商进行对话，目的是说服他们修改项目并降低建筑物的高度，这一点开发商已经同意了。由于意识到需要与教科文组织和世界遗产委员会进行协商，该缔约国另已要求已经在进行的两个项目的开发商停止在该遗产地的施工，尽管这对缔约国有重大的经济影响。

最后，缔约国成功地根据新规定降低了建筑物的高度，因为如果根据原始计划建造，规定区域内两个拟议开发项目将影响该遗产地的突出普遍价值。这一结果意味着该缔约国承担了成本，但就反应监测程序的有效性而言，该案例被视为成功案例。

**案例研究 4：斯里兰卡锡吉里亚古城（缔约国自愿提交资料、世界遗产中心采取紧急行动）**

锡吉里亚古城于 1982 年根据遴选标准(ii)(iii)(v)被列入《世界遗产名录》。

该遗址是 2001 年一次反应性监测进程的主题，当时负责保护该遗址的斯里兰卡国家遗产管理局,即考古部,主动向世界遗产中心汇报称,在锡吉里亚 2 公里范围内,有建造军用机场的计划。机场如果建成,将会对该遗址产生以下负面影响:

● 声波振动,会对装饰有绘画和铭文的古代墙面灰泥造成损害,对已经斑驳的石质表层也会造成损害;

● 飞机产生的噪声污染,会对古老的墙面灰泥和石质表层造成损害。

应该国当局的邀请,世界遗产中心于 2001 年 3 月组织了一次紧急的、针对该遗址的反应性监测任务。该中心副主任与巴黎机场的一名国际机场规划工程师一起执行任务,与斯里兰卡的国家官员和军事官员进行了详细的讨论和磋商。国际古迹遗址理事会受邀参加此次任务,但由于通知时间仓促,因此无法参加。不过,国际古迹遗址理事会斯里兰卡理事会参与了此次任务。

联合国教科文组织反应性监测团发现,拟议将锡吉里亚机场扩建为战斗机的主要基地将破坏该遗址的特性,特别是因为存在安全风险(敌方袭击)。而且,空气污染和噪声污染不仅对古迹脆弱的结构和壁画产生负面影响,而且将对拟议飞行路径沿途的自然保护区内的动植物产生负面影响。在上述机场规划工程师编写的技术研究报告中,建议斯里兰卡当局考虑扩大替代性的印古拉歌达简易机场,它距离锡吉里亚约 40 公里,状况较好,因此升级费用较低,更适合将来作为商业机场使用。尽管斯里兰卡政府当时有严重的国家安全问题,但锡吉里亚机场的拟议扩建还是被放弃了。

**自然类世界遗产**

**案例研究 5**:伯利兹堡礁保护区系统(移除。缔约国自愿提交资料、世界遗产中心采取紧急行动)

伯利兹堡礁保护区系统于 1996 年根据遴选标准(vii)(ix)(x)被列入《世界遗产名录》。

伯利兹堡礁于 2009 年被列入联合国教科文组织《濒危世界遗产名录》,此前人们担心该遗产地范围内将出售土地用作私营开发,红树林将遭到破坏,近海岸将开采石油。

2013 年和 2017 年对该遗产地进行了反应性监测任务。该缔约国从 2014 年至 2018 年,每年均提交保护状态报告。伯利兹政府积极处理对遗产地突出普遍价值的威胁,包括对伯利兹近海水域全面实施永久性的石油暂停开采,通过新的红树林保护法规,并加强许可证发放规定,以防止不可持续的发展。反应性监测在确定和澄清问题方面发挥了重要作用,也是在伯利兹各个级别采取行动保护珊瑚礁的重要刺激因素。

在伯利兹政府与教科文组织、世界自然保护联盟和民间组织密切合作采取重大保护行动后,2018 年,世界遗产委员会批准将伯利兹堡礁保护区系统从当年的《濒危世界遗产名录》中移除。http://whc.unesco.org/en/news/1839/。

**案例研究 6**:墨西哥埃尔维萨诺鲸鱼保护区(通过阻止一项重大的开发提案,列入《濒危世界遗产名录》可能成为保护行动的刺激因素)

埃尔维萨诺的鲸鱼保护区于 1993 年根据遴选标准(x)被列入《世界遗产名录》。

保护区为灰鲸、海豹、加利福尼亚海狮、北象海豹和蓝鲸提供了繁殖和越冬场所,这在全球都很重要。潟湖也是四种濒临灭绝的海龟的家园。

1999年,世界遗产组织发起运动,反对在埃尔维萨诺湾的拉古纳圣伊格纳西奥（Laguna San Ignacio）将现有的某盐厂扩大到商业规模的计划,这是太平洋灰鲸最后一个原始的繁殖潟湖。基于这一开发所带来的重大威胁,该遗产地可能被收录进《濒危世界遗产名录》。联合国教科文组织世界遗产委员会预先警告墨西哥政府,将盐厂设在保护区内,会威胁海洋和陆地生态系统、会威胁作为关键物种的灰鲸以及该世界遗产地的整体完整性。民间组织深入参与,来自公众的压力很大,世界遗产中心为此收到3万封信。

结果,墨西哥政府在2000年3月不批准建立该盐厂。本案例研究表明了列入《濒危世界遗产名录》的可能性能够为有效的保护行动提供刺激,特别是阻止对世界遗产突出普遍价值造成威胁的重大开发项目。它还表明,民间组织在应对此类威胁方面可以发挥重要作用。它还强调了缔约国与其他世界遗产行动部门合作,为实现遗产保护的双赢局面采取联合行动,非常有效。在墨西哥的埃尔维萨诺世界遗产地阻止建立盐厂是世界遗产公约的一个重大成功案例。

**案例研究7：美国大沼泽地国家公园（缔约国要求将该遗产地列入《濒危世界遗产名录》）**

根据遴选标准（viii）（ix）（x）,大沼泽地国家公园于1979年被列入《世界遗产名录》。

大沼泽地国家公园是北美大陆指定的最大的亚热带野生保护区。它位于美洲温带和亚热带、淡水和微咸水、浅水湾和较深沿海水域的交界处,形成了一个复杂的动植物栖息地,供养着多种多样的植物和动物。它包括西半球最大的红树林生态系统,北美最大的、连续不断的锯齿草草原和最重要的涉禽繁殖地。

该遗产地面临着重大威胁,包括来自上游的农业活动的污染,城市发展的侵蚀以及繁忙的旅游业。美国政府要求将该遗产地列入《濒危世界遗产名录》,因为他们认为这是一种积极的保护工具,可以促使更多人关注该遗产地面临的威胁,并加强协调一致行动的必要性。从1993年到2007年,该遗产地被列入《濒危世界遗产名录》,从2010年直到现在,再次被列入《濒危世界遗产名录》。

列入《濒危世界遗产名录》为联邦政府和州政府在财政和人力资源方面的重大分配提供了重要的刺激。为应对保护方面的威胁,政府已开展了多项重大活动,包括收购对遗产地完整性至关重要的陆地区域、完善生态指标以及生态恢复。大沼泽地是《世界遗产名录》中生态恢复最突出的例子之一,也是制定生态指标来指导保护决策的例子之一。这方面的专业知识已经共享,包括在1997年召开了一次大型国际研讨会,邀请了西半球全部世界遗产的管理者参加。

本案例研究表明,缔约国可以积极要求将其某个世界遗产列入《濒危世界遗产名录》,并将这一措施作为积极手段,更有效地保护遗产。

**案例研究8：厄瓜多尔加拉帕戈斯群岛（利用《濒危世界遗产名录》引起人们关注保护某个世界遗产面临的挑战,利用反应性监测协助查明世界遗产面临的问题和解决办法）**

根据遴选标准（vii）（viii）（ix）（x）,加拉帕戈斯群岛于1978年被列入《世界遗产名录》。

加拉帕戈斯群岛位于太平洋,距厄瓜多尔海岸约1 000公里。这个群岛及其巨大的海洋保护区被称为独特的、"活的博物馆和进化的陈列柜"。它位于三股洋流交汇处,是世界上最丰富的海洋生态系统之一。持续的地震和火山活动反映了形成这些岛屿的过程。这些过程,加上岛屿的极端隔离,形成了极不寻常的动植物,如海洋鬣蜥、不会飞的鸬鹚、巨型陆龟、巨大的仙人掌、该地特有的树木以及嘲鸫和雀类许多不同的亚种。1835年查尔斯·达尔文访问这个群岛后,上述的一切激发了他的物竞天择而进化的理论。

该遗产地面临许多挑战,包括入侵物种的威胁、发展迅速的旅游业和非法捕鱼。1996年、2003年、2006年、2007年、2010年和2017年对该遗产地进行了反应性监测任务。其中一些任务由咨询机构承担,一些任务由世界遗产中心承担。该缔约国于1997年、2014年、2016年和2017年提交了保护状态报告。

厄瓜多尔政府要求将加拉帕戈斯群岛收录进《濒危世界遗产名录》,以向国际社会突出该国面临的许多威胁。反应性监测任务协助该国政府搞清了该遗产地面临的威胁的性质和程度,并评估了解决这些威胁的方案,包括捐助者更多的支持。加拉帕戈斯群岛提供了如何解决世界遗产所面临的难题的模范,包括制定和实施生物安全措施,管理旅游业以及更有效地控制非法捕鱼。该遗产地也表明,政治支持和法律行动非常重要,包括1998年通过了《加拉帕戈斯省保护和可持续发展特别制度法》。

该国政府与民间组织合作并在许多国际和国内捐助者的支持下采取了重要的保护措施,促使该遗产地在2010年的世界遗产委员会第34届会议上被移出《濒危世界遗产名录》。

**案例研究9:澳大利亚大堡礁(利用列入《濒危世界遗产名录》的可能性,引起人们关注保护某世界遗产面临的挑战,并在查明世界遗产面临的问题和解决办法方面,刺激筹资。)**

1981年,根据遴选标准(vii)(viii)(ix)(x),大堡礁被列入《世界遗产名录》。

大堡礁位于澳大利亚东北海岸,生物种类繁多,景色优美。它拥有世界上最大的珊瑚礁系列,有400种珊瑚、1 500种鱼类和4 000种软体动物。它作为儒艮(海牛)和大绿龟等面临灭绝威胁的物种的栖息地,具有重大的科学价值。

该遗产地面临许多威胁,包括遗产地范围外的农业活动造成的污染、旅游业、航运和沿海开发。此外还存在一系列与气候变化相关的威胁和问题,包括珊瑚褪色,对遗产地的影响越来越大。

2012年和2017年对该遗产地进行了反应性监测任务,该缔约国在1998年、2014年和2015年提交了保护状态报告。

大堡礁的问题吸引了全世界的兴趣和关注,该遗产地面临的威胁促使许多人要求将其列入《濒危世界遗产名录》。反应性监测任务一直非常引人注目,吸引了国际、国内和地方媒体的兴趣,并推动了澳大利亚政府提供重大财政支持,并宣布将于2018年向大堡礁提供5亿美元的一揽子支持,这是一个特别的亮点。反应性监测任务还鼓励州和联邦政府更好地合作,以消除该遗产地面临的威胁。

(雷远旻)

# 后记

《文化遗产监测国际文献选编》源于中国国家文物局的一个委托项目,在中国文物报社的大力支持下,我们上海大学团队有幸承担了这一任务。

改革开放以来,"保护为主,抢救第一"成为我国文化遗产工作的最强音,随着我国经济社会的持续快速发展,中央和地方各级财政对文化遗产保护的经费投入也稳步增长。在国家文物局和地方各级文物主管部门的大力推动下,经过几十年的不懈努力,全国大量濒危文化遗产得到了抢救,可以说初步扭转了我国文化遗产保护领域曾经面临的被动局面。

大约在 2010 年前后,我国文化遗产保护工作从理念到实践都开始过渡到"抢救与预防并重"的新阶段。从 2013 年开始,国家文物局同财政部在"全国重点文物保护专项补助经费"中新增了"预防性保护"科目,可视为这一重大转变的突出标志。文化遗产的"预防性保护"理念,是 20 世纪 30 年代由意大利文物保护专家正式提出,20 世纪 70 年代在欧美发展为比较成熟的技术学科。它其实与我国中医自古以来提倡的"上医治未病"理念是完全相通的。如果说文化遗产的抢救类似医院 ICU 的功能,那文化遗产的预防性保护就类似疗养院的功能。因此,欧美国家博物馆内负责藏品保护修复的技术部门也常常被称为"艺术品医院",既治疗、抢救,又保养、预防。我国文物博物馆单位积极借鉴了这一理念,四川省文物考古研究院在 2013 年率先将其文保修复室命名为"文物医院",故宫博物院也在 2016 年将其文保科技部正式挂牌为"文物医院"。

监测工作也很早就成为我国文化遗产保护的重要基础性工作,比如敦煌莫高窟从 20 世纪 80 年代即开始通过国际合作开展系统的科学监测,为抢救性保护提供了有效支撑。在向"抢救与预防并重"转变的背景下,文化遗产监测工作 21 世纪以来在全国范围内更加受到重视,我国已逐步建立起覆盖各世界遗产地的监测预警体系,并向国家和省级重点文物保护单位延伸。从遵循国际文化遗产监测公约、了解国外相关法规和借鉴国外实践经验等需求出发,本翻译出版项目可谓应时而生,我们也很荣幸能借此为我国文化遗产监测工作尽绵薄之力。

本书由五部分组成:

第一部分是"国际公约",包括联合国教科文组织、欧洲委员会等国际组织的 8 份公约、文件,其中 4 份此前有中文译本,我们原样采用或略作修订并予以说明(后同),另 4 份属于本书新译。

第二部分是"国际规范性文件",包括联合国教科文组织、国际古迹遗址理事会、欧洲委员会、非洲统一组织等机构发布的 31 份宪章、宣言、共识、声明等文献,其中 5 份此前有中文译本,其余 26 份属于本书新译。

第三部分是"国别文件"。本书编译团队收集、梳理了一批文明古国或文化遗产特色国家的法规文件,虽然未必都与"监测"主题直接有关,但考虑到国内迄今尚缺这些国家的资料,因此将其中与管理机制有关的内容收录以供参考。这部分包括 17 个国家的 30 份文献,按发布时间顺序排列。其中 10 份此前有中文译本,其余 20 份属于本书新译。

第四部分是"联合国教科文组织《监测世界遗产论文汇编》",包括一系列相关会议的 20 余篇论文,全部为本书新译。

第五部分是"联合国教科文组织反应性监测小组《加强世界遗产反应性监测过程的有效性总结报告》",全部为本书新译。

此外,本书尽可能保留了相关文献的注释及一些延伸阅读的线索,以便有需求者进行更广泛、深入的研究。

上海大学外语学院的翻译团队和上海大学出版社的编辑团队为本书付出了大量精力,但是由于主客观条件限制,错谬之处亦在所难免,特此恳请方家教正。

上海大学 段 勇

2020 年 4 月 28 日